國學院大學図書館所藏

# 佐佐木高行家旧蔵書目録

國學院大學 編

汲古書院

郵便はがき

1028790

102

料金受取人払

麹町局承認

7948

差出有効期間
平成21年11月
30日まで
（切手不要）

東京都千代田区
飯田橋二—五—四

汲古書院 行

通信欄

# 購 入 者 カード

このたびは本書をお買い求め下さりありがとうございました。今後の出版の資料と、刊行ご案内のためおそれ入りますが、下記ご記入の上、折り返しお送り下さるようお願いいたします。

| | |
|---|---|
| 書　名 | |
| ご芳名 | |
| ご住所 | |
| ＴＥＬ | 〒 |
| ご勤務先 | |
| ご購入方法　① 直接　② | 書店経由 |
| 本書についてのご意見をお寄せ下さい | |
| 今後どんなものをご希望ですか | |

國學院大學図書館所藏

# 佐佐木高行家旧蔵書目録

國學院大學 編

汲古書院

# 佐佐木家蔵書印（原寸大）

## 1　佐佐木高行蔵書印

図書番号 269

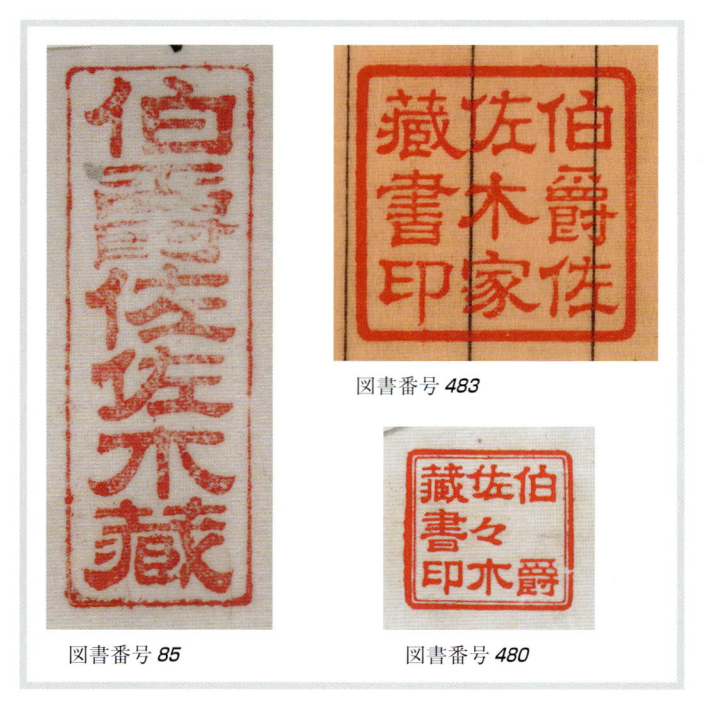

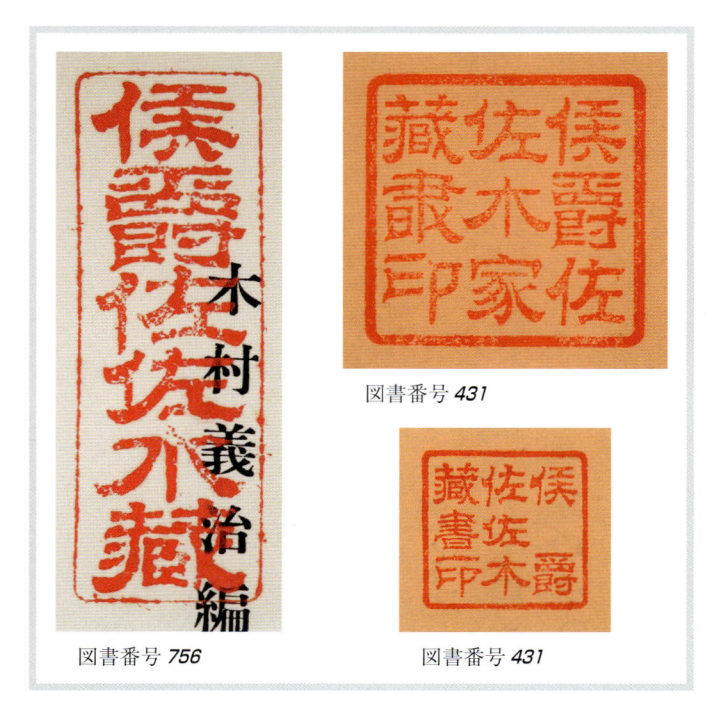

図書番号 85

木村義治編

図書番号 756

図書番号 483

図書番号 480

図書番号 431

図書番号 431

注　「侯爵」の蔵書印（3種）は、孫行忠が調製した可能性もあるが、便宜ここに収めた。

2　佐佐木高美蔵書印

図書番号 563 　　図書番号 1681

3　佐佐木行忠蔵書印

図書番号 2301 　　図書番号 1442 　　図書番号 153 　　図書番号 2301

4　佐佐木高志蔵書印（印主は高行の子息にして高美の弟）

図書番号 1124 　　図書番号 1416

5　佐佐木家蔵書印等

図書番号 2293 　　図書番号 597 　　図書番号 428 　　図書番号 927 　　図書番号 919

図書番号 68

# 序

　佐佐木高行侯爵は、幕末期には土佐藩士として国事に奔走し、明治政府に仕えては諸要職を歴任し、明治天皇の御信任まことに厚く、内親王方の御養育を託された多忙な中、國學院の院長に就任され、本学がやがて大学として発展する基礎を築かれました。

　後嗣の高美氏は、欧米で勉学の研鑽を重ね、帰国後、國學院で教鞭を執り育英の任に当たりましたが、若干41歳で惜しまれつつ早逝されました。

　三代目の当主、行忠氏は、大正から昭和、ついには敗戦という危局の時代に貴族院議員として対処し、昭和天皇の側近中の筆頭というべき木戸幸一内大臣（木戸孝允の孫）ら同志と「十一会」という会合を定期的に催し、国運の前途をおおいに憂慮しました。昭和11年からは皇典講究所長、翌年には貴族院の副議長に選任され、そして戦中の昭和17年2月から戦後の21年8月までを國學院大學の学長、さらに石川岩吉氏の後任として、昭和34年から45年までを國學院大學の学長・理事長として本学の復興に粉骨砕身されました。

　この御三方に共通しているのは、尊皇愛国の念と國學院への貢献であります。これを思う時、小職は常に感謝と畏敬の気持ちから頭の下がることばかりです。

　また、この御三方に共通しているのは、いずれもたいへんな読書家・集書家であったことです。

　三代の旧蔵書については、高行旧蔵書（高美旧蔵書を含む）は大正8年に本学図書館に寄託をうけ、行忠旧蔵書については戦後の学長時代に数次に亘って寄贈を受けておりました。登録の上、公開もされ、貴重な図書・資料については内外の注目するところとなっておりました。しかし、高行旧蔵書は戦時を挟んで長らく寄託の状態のまま推移し、この度、平成18年3月、佐佐木家四代目御当主で東京大学名誉教授・本学顧問の佐佐木行美氏の格別のご理解により、ようやく寄贈とさせて頂くことが出来ました。

　さて、そうした貴重な図書・資料群であるにもかかわらず、その全体像を知るための『目録』が存在しませんでした。そこで、今回、寄託から寄贈へと切り替えて頂いた機会に、高美・行忠旧蔵書も併せた三代の旧蔵書を『佐佐木高行家旧蔵書目

録』として刊行する次第です。

　本目録の編纂には、図書館と日本文化研究所（現、研究開発推進機構 校史・学術資産研究センター）のスタッフが当たりました。出版については、現下の厳しい諸状況の中、汲古書院が引き受けて下さいました。末尾ながら、関係者各位に心より感謝申し上げます。

　平成20年2月吉日

　　　　　　　　　　　　　　　　　　　　　　　國學院大學理事長　宇 梶 輝 良

# 刊行にあたって

　『國學院大學図書館所蔵佐佐木高行家旧蔵書目録』編纂刊行の仕事は、國學院大學日本文化研究所の総合プロジェクト「『梧陰文庫』を中心とする学術資産の構築と運用」の事業として、図書館との全面的な提携のもと、平成17年度に発足した。同19年度からは國學院大學研究開発推進機構のなかに新設された校史・学術資産研究センターがプロジェクトを継承し、この事業を続行した。先の総合プロジェクトにおいて、國學院大學創立120周年記念学術関係事業に指定された『梧陰文庫総目録』（平成17年3月、東京大学出版会）の刊行を終えた後、この『佐佐木高行家旧蔵書目録』の編纂作業が引き続き図書館との連携により開始されたものである。

　佐佐木高行の旧蔵書を中心とする「佐佐木家旧蔵図書」は、本学が大正9年（1920）4月、「大学令」による大学昇格を控えた大正8年10月21日の理事会決議により、寄託が決議された（2371点）。この寄託は佐佐木高行が明治29年（1896）から同43年（1910）の長きにわたり、國學院の第三代院長および初代学長を勤めた縁由によるものである。その寄託分の仮目録は、図書館において作成されたが、この仮目録は、むしろ受入台帳と言うに近く、またこの仮目録自体が一般に公開されることはなかった。しかし、この「佐佐木高行旧蔵書」には、単に一般図書だけではなく佐佐木高行が所持した公文書類なども含まれ、わずかではあるが高行の子息高美、孫行忠の旧蔵書も混入している。

　従来からも、その存在は研究者等には知られており、「佐佐木家旧蔵図書」を利用した研究成果も1、2には留まっていない。しかしながら、独立のカード目録は作成されておらず、一般図書のカード目録に混排されている。また前記冊子形式の目録も、出納用の簡単な目録でしかなく、十分に利用される状況にはなかった。今回の目録作成により、「佐佐木家旧蔵図書」の全容が明らかになるとともに、利用者にとってはこれまでの利用の不便さが解消され、研究面での進展も大いに加速されることと思われる。

　前記寄託の後、高行の子息高美氏が所持していた「佐佐木高美旧蔵洋書」（244点）も寄託された。佐佐木高行・高美親子旧蔵の寄託図書は、現在の御当主佐佐木行美氏（ゆきよし）（高行の曾孫・東京大学名誉教授・國學院大學顧問）の格別の計いにより、平成18年3月24日、寄贈に切り替えていただいた。

　また昭和36年9月5日、國學院大學理事長兼学長の職にある行忠氏はその所蔵する

書籍（和書150点・洋書8点）を本学に寄贈された。つまり、ここに公刊する『佐佐木高行家旧蔵書目録』は佐佐木家三代（高行・高美・行忠）の旧蔵書目録なのである。

　さて、ここで佐佐木家三代の経歴を簡単に紹介する。
　高行（1830～1910）は、天保元年、土佐藩士佐佐木高順の次男として土佐国吾川郡瀬戸村（現在の高知市長浜）に生まれた。8歳で「習字読書を修めたが、固より家貧しいので書物を買ふの金がないから、藩校教授館の書庫から借りて筆写して読んだ、其の写本の四書五経は、今猶同家に保存されて居るさうだ〔現在の「佐佐木家旧蔵図書」には含まれていない〕」（津田茂麿『明治聖上と臣高行』昭和10年刊）と早くも集書への関心を示している。儒学・国学・兵学を学び、藩政の面では文武調役・作事奉行・郡奉行・普請奉行・大目付などを歴任し、一方で藩内の尊攘派との連絡もあった。慶応3年には京都で後藤象二郎・坂本竜馬らと大政奉還の建白につき協議している。明治元年には海援隊を率いて長崎奉行所接収に当たった。新政府に入り、浦上基督教事件処理にも関与した（これら長崎関係史料は「佐佐木家旧蔵図書」の中に若干含まれている）。4年には司法大輔として岩倉遣外使節団に参加し、帰国後は元老院議官となる（司法省・元老院関係史料も「佐佐木家旧蔵図書」に若干含まれている）。11～12年一等侍補となり明治天皇側近として東北御巡幸に随行した。この時佐佐木が受理した各種陳情・建白等の史料は「佐佐木家旧蔵図書」に比較的まとまって残されており、一部は『明治建白書集成』に採録されている。また、この随行に関連するものか、旧会津藩関係者による著述にも独自のものが見られる。14年参議兼工部卿、18年宮中顧問官、21～43年枢密顧問官を務めた。その間、29年に皇典講究所長兼國學院長となった。17年に伯爵、42年には侯爵に昇叙した。明治43年、享年81にて逝去。
　高美（1862～1902）は高行の長男として、文久2年、土佐国土佐郡杓田村（現在の高知市旭元・南元町）に生まれ、年少より漢学・洋学を修める。明治16年、外務省御用掛を命ぜられ、17～21年まで英国に留学して、英国憲法・国際公法を研究した。帰国後、官を辞すと、23年には東京文学院を創立し、自ら院長となり、国際法も教授する。29年に父高行が皇典講究所長・國學院長となると、これを助けて経営の任に当たる。35年、病のため逝去、享年41。
　行忠（1893～1975）は高美の長男として、明治26年、東京に生まれる。大正6年に京都帝国大学を卒業、東京帝国大学を中退した。昭和11年、皇典講究所長に就任、12年に貴族院副議長を務める。戦中・戦後の困難な時代に國學院大學学長・東京大神宮宮司・神宮（伊勢神宮）大宮司を歴任し、34年、神社本庁第三代統理となり、神社神道の

復興に尽力した。50年逝去、享年83。

　以上に見るように、佐佐木家三代の当主は國學院大學にとって大恩人なのである。

　前記のように、佐佐木高行は早くから集書に興味を示したが、後年の演説筆記や論文の中に「群書類従を読む」や「読史所感」などがあるように、高行は特に歴史書に関心が深かったようである。特に幕末・維新期に関する写本も豊富である。また、司法省関係の図書には書き込みも見られる。さらに晩年には、日光東照宮の宮司で幕末の儒者林家の当主から旧幕府関係の秘書を書写している。その他、各種地図や囲碁関係図書も比較的豊富である。なお、続群書類従完成会から翻刻・刊行された『泰平年表』のように、種々ある写本の中から「佐佐木高行旧蔵書」を底本としたものもある。

　また「佐佐木家旧蔵図書」の中には、著名な人物の旧蔵書も散見される。たとえば、それらが井上毅・小中村清矩などの所蔵した書物であることが蔵書印によって判明する。それから「高行旧蔵図書」「高美旧蔵洋書」の中には先記のように高美・行忠の旧蔵書が少しばかり混在する。たとえば高美が留学先のロンドンから留守宅に送った図書や、行忠が自ら少年雑誌を切り取り貼り付けたスクラップブックなどである。加えて岩倉遣外使節団の随員・渡辺洪基が米国で購入し書き込みをした洋書なども含まれている。


　本目録編纂に携った者は、以下の通りである。
　　　高塩　博（國學院大學研究開発推進機構校史・学術資産研究センター教授）
　　　柴田紳一（國學院大學研究開発推進機構校史・学術資産研究センター准教授）
　　　西岡和彦（國學院大學神道文化学部准教授、平成17〜18年度）
　　　齊藤智朗（國學院大學研究開発推進機構校史・学術資産研究センター助教）
　　　池田直隆（國學院大學研究開発推進機構校史・学術資産研究センター客員研究員）
　　　城﨑陽子（國學院大學研究開発推進機構校史・学術資産研究センター客員研究員）
　　　高見寛孝（國學院大學研究開発推進機構校史・学術資産研究センター客員研究員）
　　　長又高夫（國學院大學研究開発推進機構校史・学術資産研究センター客員研究員）
　　　宮部香織（國學院大學研究開発推進機構校史・学術資産研究センター客員研究員）
　　　古山悟由（國學院大學学術メディアセンター事務部図書館事務課長）
　　　長谷川孝彦（國學院大學学術メディアセンター事務部図書館事務課長補佐）
　　　安達　匠（國學院大學学術メディアセンター事務部図書館事務課主任）
　　　千家慶子（國學院大學学術メディアセンター事務部図書館事務課書記）

　目録編纂の作業は、次のようにして行われた。図書館において現物を確認しながらの作業は、図書館との緊密な連携の下、長又を責任者として、齊藤、城﨑、高見、宮部が

これを担当し、「佐佐木高美旧蔵洋書」及び「佐佐木行忠旧蔵書」中の洋書については、同じく図書館との連携の下、池田が主にこれを担当した。全体の調整は高塩、柴田、古山がはかった。西岡は学部にあってその専門分野から助言を行い、内山京子（國學院大學大学院史学専攻）・坂根誠（同大学院文学専攻）・高杉洋平（同大学院法学専攻）の３君からはおもに調査と入力作業について協力を得た。

　漢籍に関しては栗田陽介氏（徳心学園横浜高等学校教諭）の助力を得、難解な蔵書印の判読は國學院大學文学部教授の佐野光一氏にお願いした。ともに特記して深謝の意を表するものである。

　また、出版事情の厳しい折柄にもかかわらず、汲古書院は本目録の公刊をお引き受けくださった。末尾になってしまったが、社長石坂叡志氏ならびに編集担当の小林詔子氏の名を記して御礼を申し上げる次第である。

　平成20年2月

高塩　　博

柴田　紳一

古山　悟由

## 國學院大學図書館所蔵　佐佐木高行家旧蔵書目録

## 目　　次

（口　　絵）
序……i
刊行にあたって……iii
目　　次……vii
凡　　例……ix

**佐佐木高行旧蔵書**……………………………………………………………… 1 頁
　　　　　神　　道　　　 1 〜  100 (100) … 5 頁
　　　　　宗　　教　　　101 〜  175 ( 75) … 15 頁
　　　　　思　　想　　　176 〜  269 ( 94) … 23 頁
　　　　　教　　育　　　270 〜  410 (141) … 31 頁
　　　　　歴史・伝記　　411 〜  949 (539) … 43 頁
　　　　　地誌・紀行　　950 〜 1160 (211) … 91 頁
　　　　　言語・文学　 1161 〜 1483 (323) …109 頁
　　　　　社　　会　　 1484 〜 1524 ( 41) …137 頁
　　　　　政治・法律　 1525 〜 1850 (326) …141 頁
　　　　　経済・産業　 1851 〜 1979 (129) …173 頁
　　　　　統　　計　　 1980 〜 1997 ( 18) …185 頁
　　　　　科　　学　　 1998 〜 2041 ( 44) …187 頁
　　　　　軍　　事　　 2042 〜 2108 ( 67) …193 頁
　　　　　美術・諸芸　 2109 〜 2177 ( 69) …199 頁
　　　　　雑　　　　　 2178 〜 2371 (194) …205 頁

附　　載
**佐佐木高美旧蔵洋書**…………………………………………………………… 225 頁
　　　　　辞典・辞書・言語学
　　　　　歴　　史
　　　　　政治・社会・法律
　　　　　文　　学
　　　　　地誌・紀行
　　　　　伝記類
　　　　　雑（宗教ほか）

**佐佐木行忠旧蔵書**……………………………………………………………… 243 頁

佐佐木高行・行忠旧蔵書索引…………………………………………………… 257 頁
佐佐木高美旧蔵洋書索引………………………………………………………… 293 頁

# 凡　例

《和書》
・佐佐木高行旧蔵書は、受入れ台帳の順番（1～2371）に従って排列し、分類もまた、おおむねそれに従った。
・佐佐木行忠旧蔵書は、十進分類法にもとづく図書館の請求番号順に排列した。
・旧漢字は、人名などの固有名詞を含め、原則として今日通用の漢字に改めた。
・各図書に対する記載事項は、書名、巻立、図書番号、編著者名、刊記、冊数、和装・洋装の別、寸法からなり、その他の特記事項は（注）に記載した。
・書名は原則として内題から採ったが、内題以外から採った場合には、（注）にその旨を明記した。
・表題の無い合綴本の場合は、その中に収める代表的な本の書名を挙げ、その横に「ほか合綴」と記した。
・叢書の端本である場合には、寸法の後に（　）を以って叢書名を記した。
・編著者名は、書物に記されているままを採録し、一般的な人名を（　）で補った場合がある。
・編・著・講述等の別は、書物の表記をそのまま採録した。
・書物に編著者名、出版者(社)、刊年等を欠く場合でも、推定できるものについては〔　〕で補った。また、写本などで書名の明記されていない場合、編者が書名をあたえ、〔　〕を附した。
・1冊のみの刊本、3冊以内の写本に限り、冊数の後に丁数または頁数を記した。
・書き込みについては、佐佐木高行・高美・行忠の自筆と思われるものを採録した。ただし本の来歴を知る第三者の書き込みは、それも採録した。
・合綴本・合写本の枝番は①②③と表記した。全集・叢書などの枝番は1，2，3，と表記した。

《洋書》
・佐佐木高美旧蔵洋書（244点）は、十進分類法に準じて分類した。
・佐佐木行忠旧蔵書（158点）中の洋書（8点）は、受入れ台帳の順番に従って分類した。
・各図書に対する記載事項は、著者名、書名、出版地、出版社、出版年、頁数からなる。
・その他に関しては、特記のない限り、和書に準ずる。

國學院大學図書館蔵
佐佐木高行家旧蔵書目録

佐佐木高行旧蔵書

# 神　　道

**いふきのさきり　五十鈴の川波　1**
山本比呂伎 述
新潟県　山本比呂伎　明治27年（1894）
1冊（本文73丁）　和装　26.3cm × 18.5cm
(注)外題書名：『伊吹狭霧 五十鈴廼川波』
「伯爵 / 佐々木 / 蔵書印」朱文方印

**氏子廼栞　2**
佐伯有義 編纂
東京　全国神職会　明治36年（1903）
1冊（本文33頁）　洋装　22.0cm × 13.5cm
(注)「伯爵佐 / 佐々木家 / 蔵書印」朱文方印

**官故　3**
敷田年治 編
刊　明治36年（1903）　和装
(注)現在所在不明

**眼前神道案内大全　4**
写　1冊（34丁）　和装　23.0cm × 15.4cm
(注)裏表紙に「此ぬし南仙波」との墨書あり

**教会提要　5**
千家尊福 著
島根県　千家尊福　明治15年（1882）
1冊（本文20丁）　和装　23.0cm × 14.0cm
(注)「伯爵佐 / 佐々木家 / 蔵書印」朱文方印

**教導目的篇　6**
角田忠行 著
愛知県　神道事務分局　明治12年（1879）
1冊（本文8丁）　和装　21.9cm × 14.0cm
(注)書名は外題による
「伯爵 / 佐々木 / 蔵書印」朱文方印

**神祇感応　皇軍必勝編　7**
茂木充実 編輯
東京　茂木充実　明治27年（1894）

1冊（本文154頁）　洋装　18.6cm × 11.8cm
(注)「権中 / 蕃章」朱文方印

**学階授与規則・同細目・附学階所有者待遇規定・学階徽章規定 ほか合綴　8**
合綴1冊　和装　20.8cm × 14.3cm
【内容】
①『学階授与規則・同細目・附学階所有者待遇規定・学階徽章規定』
　東京　皇典講究所　明治40年（1907）　24頁
　(注)「伯爵 / 佐々木 / 蔵書印」朱文方印
②『国光貯金法』
　小林八郎兵衛 識
　刊　明治26年（1893）　14頁
③『官国幣社経費国庫支弁之件・府県郷村社ニ神餅幣帛料供進之件』
　刊　明治38年（1905）　12頁
④『華族会館規則・華族会館分局規則・華総会規則』
　刊　明治29年（1896）　21頁
⑤『枢密院官制』
　刊　明治21年（1888）　7頁
(注)表紙に「佐々木」との佐佐木高行自筆朱書あり

**皇典講究所評議会協議会議事録　9**
皇典講究所 編
刊　明治36年（1903）　洋装
(注)現在所在不明

**皇道奥義　10**
寺田彦太郎 述
東京　開運社　明治34年（1901）
1冊（本文10頁）　洋装　26.0cm × 18.0cm
(注)2部存す

**国内神名帳　11**
写　2冊（①103丁②72丁）　和装　26.5cm × 19.0cm
(注)「伯爵佐 / 佐々木家 / 蔵書印」朱文方印

祭天古俗説弁義　12
宮地厳夫　著
東京　国光社　明治25年（1892）
1冊（本文122頁）　和装　21.0cm × 13.5cm

祭天古俗説明弁　13
刊　1冊（本文132頁）　和装　21.0cm × 13.0cm
(注)「伯爵／佐々木／蔵書印」朱文方印

諸祭神略記　14
小池厳藻　輯述
写　1冊（72丁）　和装　13.8cm × 15.0cm
(注)無銘朱12行罫紙
『蕫田乃浦 一名 古四王神社考』（小野崎通亮 撰　須田茂穂、井口紀 校　片野磐村 補）を含む

神祇官設置意見　15
写　1冊（54丁）　和装　25.7cm × 17.0cm
(注)書名は外題による
無銘青13行罫紙
「伯爵／佐々木／蔵書印」朱文方印
「伯爵佐／佐木家／蔵書印」朱文方印

神祇全書　第1・3〜5輯　16
佐伯有義等　編纂校訂
東京　皇典講究所　明治39年（1906）〜41年（1908）
4冊　洋装　18.7cm × 12.8cm

神宮祭神提要　17
田中頼庸　撰
東京　田村猛麿　明治22年（1889）
1冊（本文44丁）　和装　23.8cm × 16.0cm
(注)「伯爵／佐々木／蔵書印」朱文方印
「伯爵佐／佐木家／蔵書印」朱文方印

神社法草案・寺法草案　18
明治31年（1898）
写　1冊（28丁）　和装　23.5cm × 16.0cm
(注)扉に「明治三十一年九月内密にて写す 神社法草案 寺法草案 自笑記」との佐々木高行自筆墨書あり
「神社法草案」・「寺法草案」の各扉に「明治三十一年九月　宮地厳夫ヨリ借用写之　佐々木高行」との佐々木高行自筆墨書あり
「伯爵佐／佐木家／蔵書印」朱文方印

真道基礎弁　19
（米）ジョン・デフォレスト　撰
写　1冊（28丁）　和装　23.0cm × 15.0cm
(注)「伯爵佐／佐木家／蔵書印」朱文方印

神道教誡輯論　20
写　1冊（9丁）　和装　22.0cm × 15.0cm
(注)明治17年11月付無声洞山川良水の識語あり
「伯爵佐／佐木家／蔵書印」朱文方印

神道興教論　21
磯部武者五郎　著
東京　磯部武者五郎　明治23年（1890）
1冊（本文92頁）　和装　18.0cm × 12.0cm
(注)「伯爵／佐々木／蔵書印」朱文方印

神道国教論　22
川合清丸　著
刊　明治33年（1900）　洋装
(注)現在所在不明

神道叢書　1〜4・7・8巻　23
〔中島博光等　編〕
〔東京　神宮教院〕〔明治29年（1896）〜31年（1898）〕
6冊　和装　21.5cm × 14.3cm
(注)「伯爵佐／佐木家／蔵書印」朱文方印

神道のおはなし ほか合綴　24
合綴1冊　和装　21.2cm × 14.5cm
(注)書名は外題による
「伯爵／佐々木／蔵書印」朱文方印
【内容】
①『神道のおはなし』
　池田住　編集
　東京　池田住　無刊年　16頁
②『日本国教 神の道』
　宮井鐘次郎　編集
　東京　宮井鐘次郎　明治40年（1907）　16頁
③『日本魂』
　石村清七　述
　東京　仏教伝道協会事務所
　明治40年（1907）第4版　12頁
④『皇室と仏教の関係』
　大内青巒　述

東京　仏教伝道協会事務所　明治40年（1907）
41頁
(注)「伯爵／佐々木／蔵書印」朱文方印
⑤『円光余影』
当麻堅定 編集
京都　宗粋社　明治34年（1901）　18頁
⑥『こゝろの光』
望月信亨 編集
京都　宗粋社　明治34年（1901）　20頁
⑦『有害宗教痛撃論』
巌井義恭 講述
刊　明治40年（1907）　13頁
(注)「伯爵／佐々木／蔵書印」朱文方印
⑧『白石山参拝私記』
志水美英 誌
刊　明治40年（1907）　13頁
(注)見返に明治40年8月26日付高山盟兄宛志水美英書簡の挟み込みあり

### 世界之大道　25
池田由巳止 述
京都　松井二郎　明治37年（1904）
1冊（29頁）　和装　27.0m × 19.0cm

### 挙国一致 戦捷祈願祭状況　26
高山昇 編輯
東京　目黒和三郎　明治38年（1905）
1冊（93頁）　洋装　22.0cm × 15.0cm
(注)『屋まとにしき』を含む

### 総裁奉戴再上申書 附会長推薦書　27
刊　明治40年（1907）
合綴1冊（18丁）　和装　28.0cm × 19.5cm
(注)書名は外題による
皇典講究所朱10行罫紙
佐佐木高行皇典講究所所長宛
「伯爵佐／佐々木家／蔵書印」朱文方印
【内容】
①岡部譲等 著『総裁奉戴之儀ニ付再上申書』
②西内成郷等 著『全国神職会会長推薦書』

### 大神宮本紀帰正抄　28
御巫清直 著
写　和装

(注)現在所在不明

### 大道問答　29
千家尊福 講述　島多豆夫 筆録
島根県　千家武主　明治15年（1882）
1冊（本文32丁）　和装　22.2cm × 14.0cm
(注)「伯爵佐／佐々木家／蔵書印」朱文方印

### 大道要義　30
千家尊福 講述　佐々木幸見,長谷川静義 筆録
島根県　千家武主　明治14年（1881）
1冊（本文57丁）　和装　22.2cm × 15.2cm
(注)表に「駿河台甲賀町山領南坂上右側　佐々木参議卿　一峡　親展」、裏に「小石川原町八号地　大教正平山省斎」とある封筒の挟み込みあり
「伯爵佐／佐々木家／蔵書印」朱文方印

### 明治四十一年十二月廿一日国学院ニ於テ高木男爵演説　31
写　1冊（104丁）　和装　23.5cm × 16.3cm
(注)山田製緑400字詰原稿用紙
外題書名：『高木男爵演説』
高木兼寛の演説筆記

### 玉襷　巻1～10　32
平田篤胤 著　伊吹廼屋 講　大野広則等 校
刊　10冊　和装　26.7cm × 18.4cm
(注)「伯爵佐／佐々木家／蔵書印」朱文方印
「華意竹情軒」白文方印
不明朱文方印

### 徴古新論　1～3巻　33
岡吉胤 著
東京　皇典講究所印刷部　明治32年（1899）
3冊　和装　26.0cm × 18.5cm
(注)「伯爵佐／佐々木家／蔵書印」朱文方印

### 天地組織之原理　巻之第1～5　34
美甘政和 著
東京　神典研究会事務所　明治25年（1892）再版
5冊　和装　22.0cm × 15.2cm
(注)巻之第1表紙見返に5月20日付高山盟台宛竹内要助書簡（1通）の貼り付けあり
「伯爵／佐々木／蔵書印」朱文方印

**天地麗気記 上 35**
写　1冊（43丁）　和装　23.7cm × 17.0cm
(注)当路館茶10行野紙
『天地麗気記』は『麗気記』の巻18にあたる
「伯爵／佐々木／蔵書印」朱文方印
「小杉」朱文円印

**特選神名牒 36**
写　32冊　和装　26.1cm × 19.0cm
(注)「伯爵佐／佐木家／蔵書印」朱文方印

**直毘霊 37**
本居宣長 著
片野東四郎蔵板　明治8年（1875）
1冊（前付2丁,本文26丁,後付1丁）
和装　22.3cm × 15.3cm

**八神原由章・八神遷座章・神祇官原由章・神祇官職員章 ほか合綴 38**
写　合綴1冊　和装　27.0cm × 18.6cm
【内容】
①『八神原由章・八神遷座章・神祇官原由章・神祇官職員章』
栄木廼舎（羽田野敬雄）筆記
明治22年（1889）
写　6丁
(注)「伯爵佐／佐木家／蔵書印」朱文方印
②『越前国敦賀郡曙町国幣中社 気比神社』　34丁

**八万大神 伏敵原縁 39**
松田敏足 著
東京　会通社　明治40年（1907）
1冊（本文154丁）　和装　22.5cm × 15.2cm

**道之栞 1～7巻 40**
久米幹文 著
東京　温古堂　明治14年（1881）
1冊（本文309頁）　洋装　19.6cm × 13.2cm
(注)外題書名:『教道大意 導之栞』
「伯爵／佐々木／蔵書印」朱文方印

**神祇志料 巻1～17 41**
栗田寛 編輯

山梨県　内藤伝右衛門　明治9年（1876）～10年（1877）
17冊　和装　25.0cm × 17.5cm
(注)「伯爵佐／佐木家／蔵書印」朱文方印

**出雲問答 42**
千家尊紀 述　佐々木幸見,吉川賢太郎 筆録
千家蔵版　島根県　千家義丸　明治12年（1879）
1冊（前付1丁,本文48丁,後付1丁）
和装　22.0cm × 15.2cm
(注)「伯爵佐／佐木家／蔵書印」朱文方印

**伊勢神宮 43**
広池千九郎 著
三重県　伊勢新聞社活版部　明治41年（1908）
1冊（前付7頁,本文106頁,後付1頁）
洋装　26.2cm × 19.0cm

**伊勢神宮 44**
広池千九郎 著
三重県　伊勢新聞社活版部
明治42年（1909）増訂再版
1冊（前付27頁,本文231頁,後付1頁,図版1頁）
洋装　26.2cm × 19.0cm
(注)「伯爵佐／佐木家／蔵書印」朱文方印

**稲荷神社志料 45**
大貫真浦 編輯　井上頼圀 校閲
京都　大貫真浦　明治37年（1904）
1冊（前付19頁,本文420頁,後付1頁,図版14頁）
洋装　26.0cm × 19.5cm

**宇佐神宮記 46**
祝儀麿 編輯
愛媛県　祝儀麿　明治38年（1905）
1冊（前付9頁,本文62頁,後付1頁）
和装　26.0cm × 18.0cm

**織田公彰徳会趣旨書 ほか合綴 47**
刊　合綴1冊　和装　25.5cm × 18.5cm
【内容】
①『織田公彰徳会趣旨書』　2丁,図版1頁
②『織田公彰徳会規約』　1丁

③『織田公彰徳会事業費』 1丁
④『織田公彰徳会特別賛成』 3丁

**橿原神宮御由緒記 ほか合綴  48**
西内成郷 編
奈良県　橿原神宮　明治19年（1886）
合綴1冊　和装　26.5cm × 18.5cm
(注)「伯爵佐／佐木家／蔵書印」朱文方印
【内容】
①『橿原神宮御由緒記』15丁
②『橿原神宮御祭神記』19丁
③『橿原神宮御祭神記備考』6丁

**鎌倉宮ニ関スル取調綴  49**
写　合綴1冊　和装　24.0cm × 16.5cm
(注)「伯爵佐／佐木家／蔵書印」朱文方印
【内容】
①『鎌倉宮ニ関スル取調書』 38丁
　(注)無銘青10行罫紙
②『長崎県杵郡浦上山里村字長尾皇大神宮調査書』
　14丁
　(注)無銘青10行罫紙,無銘橙11行罫紙
③『神道解』 11丁
　(注)鎌倉宮青10行罫紙

**北野薬草図書　第1～4  50**
北野宮寺学堂蔵板　京都　石田治兵衛　無刊年
6冊　和装　26.0cm × 18.5cm
(注)『北野拾葉』,『菅家三代紀略』を含む

**清川神社御崇敬見聞録引 初岬  51**
写　1冊（18丁）　和装　24.0cm × 16.0cm
(注)「伯爵／佐々木／蔵書印」朱文方印

**皇国神社志  52**
今井熊治 編纂　内藤弥 校閲
新潟県　中川書店　明治27年（1894）
1冊（前付3丁,本文28丁）　和装　23.5cm × 16.5cm
(注)「伯爵／佐々木／蔵書印」朱文方印

**官幣社史 暦乃祭日  53**
大北亀太郎 著　木野戸勝隆 校閲
三重県　国史比学会　明治34年（1901）第3版

1冊（前付23頁,本文132頁,後付1頁）
洋装　18.2cm × 12.6cm

**沙々貴神社崇功会趣意書幷規則  54**
刊　1冊（前付1丁,本文6丁）
和装　23.0cm × 15.5cm
(注)書名は外題による
「伯爵／佐々木／蔵書印」朱文方印

**三社明神和光明神遷座書類  55**
御霊神社社務所　明治14年（1881）
写　1冊（17丁）　和装　26.2cm × 19.0cm
(注)『唐沢山神徳記』『唐沢山神社改築資募集趣意書』『川匂神社・六所明神社・八幡社』などを含む
「伯爵／佐々木／蔵書印」朱文方印

**塩竈神社地図1  56**
五島広高 著
宮城県　遠藤信道　明治11年（1878）
1枚　56.0cm × 120.5cm（折りたたみ13.8cm × 18.5cm）

**小楠社碑幷略記  57**
刊　1冊（本文25頁）　和装　18.6cm × 12.2cm
(注)「伯爵／佐々木／蔵書印」朱文方印

**神苑会開設ノ主意書  58**
刊　1冊（本文15丁,図版4枚）
和装　23.5cm × 15.0cm
(注)「伯爵／佐々木／蔵書印」朱文方印

**神苑会史料 第1～10編  59**
藤井清司 編　太田小三郎 閲
満岡勇之助蔵板　三重県　神苑会清算人事務所
明治44年（1911）
1冊（前付16頁,本文995頁,後付1頁,図版10枚）
洋装　22.5cm × 16.0cm

**多度大神宮略縁起  60**
刊　1冊（本文8丁）　和装　26.5cm × 18.5cm
(注)6部存す
「伯爵佐／佐木家／蔵書印」朱文方印

竹生島要覧 １～２巻　61
背水処士（河村吉三）著
東京　春陽堂　明治33年（1900）
1冊（前付8頁, 本文105頁, 後付2頁, 図版3頁）
洋装　22.4cm × 15.0cm

都久夫須麻神社々紀　62
寺村敬止 編次
刊　1冊（前付3丁, 本文16丁, 後付2丁, 附録2丁, 図版1丁）　和装　22.5cm × 15.4cm
（注）『竹生島神社考略』を含む
「伯爵／佐々木／蔵書印」朱文方印

東照宮御鎮座史記　63
明治25年（1892）
写　1冊（32丁）　和装　16.0cm × 18.4cm
（注）「伯爵佐／佐木家／蔵書印」朱文方印

土佐国式社考　64
〔谷重遠 著〕
平安　茨城汰左衛門　無刊年
1冊（本文15丁, 後付2丁, 附録1丁）
和装　28.0cm × 19.0cm
（注）「伯爵佐／佐木家／蔵書印」朱文方印

土佐国神名帳　65
広成 校
写　1冊（39丁）　和装　23.0cm × 16.5cm
（注）「伯爵佐／佐木家／蔵書印」朱文方印

近江国長瀬八幡宮碑　66
刊　1冊（本文10丁, 後付3丁）
和装　22.5cm × 14.0cm
（注）『近江国長浜八幡宮碑陰記』『長浜八幡宮の石碑立てる時の辞』を含む
「伯爵／佐々木／蔵書印」朱文方印

国幣中社中山神社祭神考　67
刊　1冊（15丁）　和装　23.0cm × 15.0cm
（注）『中山神社祭神神徳弁』を含む
表紙に「宮司　美甘政和　謹識」とあり
「伯爵佐／佐木家／蔵書印」朱文方印

日光山沿革略記　68
彦坂諶照 編纂
栃木県　輪王寺々務所　明治28年（1895）
1冊（前付4丁, 本文108丁, 後付1丁）
和装　23.5cm × 15.5cm
（注）如蓮 編『附録 輪王寺什宝目録』を含む
「伯爵／佐々木／蔵書印」朱文方印
「佐々木」朱文円印

日吉山王権現知新記　巻之上・中・下　69
写　3冊（①52丁②68丁③55丁）
和装　24.0cm × 16.0cm
（注）「伯爵／佐々木／蔵書印」朱文方印

日吉山王知新記　天・地・人巻　70
写　3冊（①64丁②58丁③44丁）
和装　26.0cm × 18.5cm
（注）「伯爵佐／佐木家／蔵書印」朱文方印

三嶋宮御由緒書　71
明治30年（1897）　写
1冊（43丁）　和装　26.5cm × 19.0cm
（注）矢田部盛次旧蔵『装束深秘書』1巻を含む
末尾に「明治三十年三月写　原写本所有者伊豆国三島町　矢田部盛次」との墨書あり
「伯爵佐／佐木家／蔵書印」朱文方印
「伊豆／宿祢／盛次」朱文方印

八幡神社由緒　72
池田由巳止 著
写　1冊（34丁）　和装　24.0cm × 16.0cm
（注）無銘青9行罫紙, 無銘10行罫紙
『神祇院職制』などを含む

天都詔詞太詔詞考　巻１～４　73
大国隆正 著　福羽美静 校
大国家蔵版　東京　吉川半七　明治33年（1900）
1冊（本文230頁）　和装　21.5cm × 14.5cm
（注）「伯爵／佐々木／蔵書印」朱文方印

伊吹狭霧　天津諄詞考　74
山本比呂伎 著
山本家蔵版　東京　山本安兵衛　明治25年（1892）
1冊（前付4丁, 本文30丁）　和装　26.5cm × 19.0cm
（注）「伯爵佐／佐木家／蔵書印」朱文方印

大祓述義　75
岡吉胤　記
佐賀県　岡吉胤　明治24年（1891）
1冊（前付13丁,本文47丁）　和装　22.5cm×15.0cm
(注)「伯爵佐／佐木家／蔵書印」朱文方印

大祓踏分草講説　上・下篇　76
池田実信　訳述
秋田県　池田吉郎兵衛　明治30年（1897）
2冊　和装　22.0cm×15.0cm
(注)「伯爵／佐々木／蔵書印」朱文方印

宮中三殿并に祝祭日解説　77
皇典講究所　編
刊　明治41年（1908）　和装
(注)現在所在不明

祭式要義　78
宮川建雄　著
刊　明治35年（1902）再版
(注)現在所在不明

祭礼私攷　79
栗田寛　著
刊　1冊（本文94頁）　和装　21.2cm×14.5cm
(注)末尾に「明治八年七月廿一日夜於東京芝郷僑居成藁」とあり
「伯爵／佐々木／蔵書印」朱文方印

神教歌譜　80
権田直助　編述
神奈川県　大山阿夫利神社社務所蔵版
明治14年（1881）
1冊（前付3丁,本文25丁,後付2丁,附録12丁）
和装　25.2cm×17.0cm
(注)「伯爵／佐々木／蔵書印」朱文方印

天地人祝詞祭文　上・下　81
岡熊臣　遺稿　石河正養　校補
多頭土屋蔵版　島根県　石河年養　明治13年（1880）
2冊　和装　26.0cm×18.0cm
(注)「伯爵／佐々木／蔵書印」朱文方印

祝詞式講義　82
春山頼母　述　井上頼囶　閲
新潟県　春山頼母　明治40年（1907）第12版
1冊（前付3頁,本文180頁）　洋装　18.6cm×12.8cm
(注)背の書名：『学階試験科目全書 第弐巻 祝詞式講義』
「伯爵／佐々木／蔵書印」朱文方印

戦時祝詞集　83
三崎民樹　纂　本居豊穎　閲
東京　津田茂麿　明治37年（1904）
1冊（前付12頁,本文199頁）　和装　21.9cm×14.4cm

祝詞正解　上・下　84
青柳高鞆　注　小田清雄　校
京都　池村久兵衛　明治16年（1883）～17年（1884）
2冊　和装　22.5cm×15.8cm
(注)「伯爵佐／佐木家／蔵書印」朱文方印
「小山」朱文円印

祝詞正訓　上・下　85
〔平田銕胤　訓〕
刊　明治2年（1869）序
1冊（前付3丁,本文52丁）　和装　26.5cm×18.5cm
(注)「伯爵佐佐木蔵」朱文長方印
「皇典講究所」朱文方印

祝詞略解　巻1～6　86
久保季茲　編輯　吉田徳明　校訂
東京　平田胤雄　明治15年（1882）～16年（1883）
6冊　和装　22.5cm×15.0cm
(注)「伯爵佐／佐木家／蔵書印」朱文方印
「顕義」朱文長方印
「足立／顕義」朱文円印

府県郷村社祭典通式　87
岡吉胤（乃楽舎主人）記
三重県　岡吉胤　明治31年（1898）
1冊（前付1丁,本文5丁,附録1丁）
和装　22.5cm×15.0cm
(注)「伯爵／佐々木／蔵書印」朱文方印

礼典の栞　88
大久保芳治　著述
東京　大久保芳治　明治27年（1894）

1冊（本文12丁） 和装　22.2cm×15.3cm
(注)「伯爵／佐々木／蔵書印」朱文方印

**宇宙之精神　巻之1・2　89**
芳村正秉 著作
東京　神習教大教庁出版部　明治39年（1906）
2冊　和装　22.5cm×15.0cm
(注)「伯爵／佐々木／蔵書印」朱文方印

**教祖宗忠神御小伝　90**
星島良平 著　安道直道 校
岡山県　朝陽堂　明治19年（1886）
1冊　和装折本　16.7cm×7.4cm
(注)外題書名：『宗忠神御小伝』

**近世習合弁　91**
足立栗園 著
東京　警醒社　明治34年（1901）
1冊（前付11頁,本文169頁）　洋装　18.9cm×12.5cm
(注)「伯爵／佐々木／蔵書印」朱文方印

**執中学々則註解　上巻　92**
藤田一郎 著
京都　執中学派関西仮本部　明治20年（1887）
1冊（前付1丁,本文76丁）　和装　22.3cm×15.4cm
(注)「伯爵佐／佐木家／蔵書印」朱文方印

**執中学派 一名 人道学派立教大意 ほか合綴　93**
合綴1冊　22.1cm×15.5cm
(注)「伯爵佐／佐木家／蔵書印」朱文方印
「佐々木／蔵書印」朱文長方印
【内容】
①『執中学派 一名 人道学派立教大意』
　藤田一郎 著
　刊　明治20年（1887）　5丁　和装
　(注)「伯爵／佐々木／蔵書印」朱文方印
　「佐々木／蔵書印」朱文長方印
②『執中学則略解』
　藤田一郎 著
　刊　明治20年（1887）　9丁
③『執中学派主義目的』
　藤田一郎 著
　刊　明治19年（1886）　5丁　和装　22.1cm×15.5cm
④『執中学派々憲』

刊　36丁

**天啓全世界之大宗教　94**
馬場秀周 著
東京　天啓全世界之大宗教　明治39年（1906）
1冊（前付16頁,本文77頁）　洋装　22.0cm×14.7cm
(注)背の書名：『一名 片仮名之講義』

**天理教　95**
茂木充実 編
東京　丸利印刷　明治42年（1909）
1冊（前付20頁,本文129頁）　和装　26.1cm×18.6cm
(注)「伯爵佐／佐木家／蔵書印」朱文方印

**本教真訣　96**
平山省斎 著
東京　大成教館　明治15年（1882）
1冊（前付4丁,本文13丁）　和装　25.5cm×18.0cm
(注)「伯爵佐／佐木家／蔵書印」朱文方印

**本教真訣　97**
平山省斎 著
東京　大成教教書　明治20年（1887）
1冊（本文8丁）　和装　22.3cm×15.1cm
(注)「伯爵佐／佐木家／蔵書印」朱文方印

**本教真訣略解　上・下巻　98**
平山省斎 著
東京　大成教会教書　明治15年（1882）
1冊（前付11丁,本文25丁）　和装　25.8cm×18.1cm
(注)「伯爵佐／佐木家／蔵書印」朱文方印

**本教神理図　99**
佐野経彦 著
刊　明治16年（1883）
1冊　和装折本　25.0cm×17.9cm
(注)「伯爵佐／佐木家／蔵書印」朱文方印

**本教神理図解　上・下巻・目録　100**
佐野経彦 著
本教神理教会蔵版　明治16年（1883）
2冊　和装　25.0cm×17.6cm

(注)「伯爵佐／佐木家／蔵書印」朱文方印

# 宗　　教

### 訂正増評 学教史論 付跋文 一名 耶蘇教ト実学トノ争論　101
小来栖香平 訳述
長野県　鴻盟社　明治 26 年（1893）3 版
1 冊（前付 47 頁, 本文 419 頁）　和装　18.5cm × 12.5cm
(注)「伯爵／佐々木／蔵書印」朱文方印

### 教誡一覧　102
橘幸久（良水）編
刊　明治 17 年（1884）
1 冊（前付 3 丁, 本文 8 丁）　和装　22.0cm × 14.5cm
(注)無銘青 10 行罫紙
「伯爵佐／佐木家／蔵書印」朱文方印

### 宗教進化論　103
(英) ハーバード・スペンサー　著　(日) 高橋達郎 訳
高知県　板垣退助　明治 19 年（1886）
1 冊（前付 10 頁, 本文 69 頁）　洋装　18.9cm × 13.0cm
(注)「伯爵／佐々木／蔵書印」朱文方印

### 神武権衡録 巻 1 〜 15　104
松下郡高 著
写　5 冊　和装　24.0cm × 16.8cm
(注)「伯爵／佐々木／蔵書印」朱文方印
「伯爵佐／佐木家／蔵書印」朱文方印
「石田」墨陽長丸印

### 政教分離意見　105
岡本柳之助 著
大阪　岡本柳之助　明治 32 年（1899）
1 冊（本文 33 頁, 付録 11 枚）　和装　24.8cm × 18.1cm
(注)「伯爵／佐々木／蔵書印」朱文方印
「伯爵佐／佐木家／蔵書印」朱文方印

### 世界宗教会演説摘要　106
柴田礼一 著
東京　実行教本館　明治 27 年（1894）
1 冊（前付 19 頁, 本文 79 頁, 付録 13 頁）
和装　18.0cm × 12.0cm

### 世界之十大宗教　107
久津見息忠 著
東京　普及舎　明治 30 年（1897）
1 冊（前付 7 頁, 本文 120 頁）　和装　21.1cm × 13.8cm
(注)「伯爵／佐々木／蔵書印」朱文方印

### 破邪編　108
冨樫譲（黙恵）著　冨樫昧渓, 木曽頓爾 校
佐々木義祥 閲
石川県　佐々木秀三郎　明治 16 年（1883）
1 冊（前付 8 丁, 本文 45 丁, 附録 1 枚）
和装　22.8cm × 15.5cm
(注)「伯爵／佐々木／蔵書印」朱文方印
「伯爵佐／佐木家／蔵書印」朱文方印

### 万国宗教大会一覧　109
宗演 著
東京　鴻盟社　明治 26 年（1893）
1 冊（前付 13 頁, 本文 139 頁, 付録 19 頁）
和装　18.6cm × 12.5cm
(注)「伯爵／佐々木／蔵書印」朱文方印

### 法界独断　110
北畠道龍 著　西河称等 校
東京　九春堂　明治 22 年（1889）
1 冊（前付 6 頁, 本文 118 頁）　洋装　19.1cm × 13.1cm
(注)「伯爵佐／佐木家／蔵書印」朱文方印

### 迷想的宇宙観　111
加藤弘之 著
東京　丙午出版社（高島大円）　明治 41 年（1908）
1 冊（前付 6 頁, 本文 321 頁）　洋装　22.2cm × 15.5cm
(注)本文 4 頁と 5 頁の間に昭和 27 年 8 月 17 日の予定を記した覚書および 148 頁と 149 頁の間に覚書（ともに佐佐木行忠自筆と思しき）の挟み込みあり
「伯爵佐／佐木家／蔵書印」朱文方印

### 洋教宗派　112
若山儀一 訳　久保吉人 校
文部省　明治9年（1876）
1冊（前付6頁,本文139頁,後付6頁）
和装　18.0cm × 12.0cm
(注)「伯爵／佐々木／蔵書印」朱文方印
「若山氏／図書記」朱文長方印

### 吾国体と宗教　113
亀谷聖香 著
東京　名教社　明治41年（1908）3刷
1冊（前付4頁,本文114頁,後付4頁）
洋装　22.7cm × 15.0cm
(注)「伯爵／佐々木／蔵書印」朱文方印

### 永平祖師家訓綱要　114
京都　風月勝佐衛門　無刊年
1冊（前付9丁,本文93丁,後付33丁）
和装　25.5cm × 17.6cm
(注)「伯爵佐／佐木家／蔵書印」朱文方印

### 海外仏教事情　第1・2集　115
（米）シー・ボローウェー等 著　海外宣教会 編
京都　海外宣教会　明治22年（1889）3版
2冊　和装　17.9cm × 11.9cm
(注)第2集は無刊年
「伯爵／佐々木／蔵書印」朱文方印

### 各宗高僧譚　116
栗園主人 著
刊　1冊（25丁）　和装　27.2cm × 19.2cm
(注)「伯爵／佐々木／蔵書印」朱文方印

### 貴婦人会法話 ほか合綴　117
合綴1冊　和装　17.4cm × 12.1cm
(注)「伯爵／佐々木／蔵書印」朱文方印
【内容】
①『貴婦人会法話』
　渥美契縁 著　明治19年（1886）　14頁
②『貴婦人会法話』
　小来栖香頂 著　明治19年（1886）　26頁
③『十善略説』
　葛城慈雲 著
　刊　15頁
④『皇道一貫』
　刊　8丁
⑤『釈民憲法』
　刊　4丁
⑥『十善戒略解総論』
　雲照 著
　刊　29頁
⑦『密宗祈竫禳弁初論』
　雲照 著
　刊　28頁

### 国家要書　118
磯村松太郎 講述　門下生 筆記
東京　鬼子母神堂　明治33年（1900）
1冊（前付3丁,本文64丁）　和装　23.4cm × 16.5cm
(注)「伯爵／佐々木／蔵書印」朱文方印

### 三式貫註 乾・坤　119
敬光 述
園城寺蔵版　寛政2年（1790）
2冊　和装　26.6cm × 19.0cm
(注)「伯爵佐／佐木家／蔵書印」朱文方印

### 七衆戒義諺詮　120
雲照 述
真言宗法務出張所蔵版　明治14年（1881）
1冊（前付4丁,本文27丁）
和装　25.2cm × 17.1cm
(注)「伯爵佐／佐木家／蔵書印」朱文方印

### 緇門正儀　121
雲照 述
真言宗法務書蔵版　明治13年（1880）
1冊（前付2丁,本文75丁,後付2丁）
和装　25.2cm × 17.1cm
(注)「伯爵佐／佐木家／蔵書印」朱文方印

### 宗門之維新　122
田中巴之助（智学）著
神奈川県　師子王文庫蔵版　明治34年（1901）
1冊（前付3頁,本文106頁,後付36頁,図版4枚）
洋装　22.2cm × 15.1cm
(注)「伯爵／佐々木／蔵書印」朱文方印

### 受十善戒用心　123
雲照 述
刊　1冊（本文16丁）　和装　18.3cm × 12.3cm
(注)「伯爵／佐々木／蔵書印」朱文方印

### 真宗問答　124
前田慧雲 著
東京　哲学書院　明治23年（1890）
1冊（前付10頁,本文143頁）　和装　18.4cm × 12.4cm
(注)「伯爵／佐々木／蔵書印」朱文方印

### 禅林佳話　125
森慶造（大狂）著
東京　森江書店　明治35年（1902）
1冊（前付12頁,本文292頁）　洋装　18.6cm × 12.8cm
(注)「伯爵／佐々木／蔵書印」朱文方印

### 贈貴族女性法話筆記　126
覚成寺超然 著　天保3年（1832）
1冊（本文8丁）　和装　17.0cm × 12.0cm
(注)「伯爵／佐々木／蔵書印」朱文方印

### 僧尼令第七　127
真言宗法務出張所蔵版　明治14年（1881）
1冊（本文10丁）　和装　22.7cm × 15.0cm
(注)「伯爵佐／佐木家／蔵書印」朱文方印

### 大日本国教論 幷序　128
雲照 著述
真言宗法務出張所蔵版　明治15年（1882）
1冊（前付6丁,本文112丁）　和装　25.3cm × 17.8cm
(注)「伯爵／佐々木／蔵書印」朱文方印
「伯爵佐／佐木家／蔵書印」朱文方印

### 東嶺和尚法語快馬鞭 上・中・下巻　129
東嶺 著　了慧 集　玄如 校
東京　三倉鉦三郎　明治26年（1893）
1冊（前付2頁,本文62頁,後付4頁）
洋装　18.8cm × 12.7cm

### 蓮のかをり　130
苅米是寛 編　脇田堯惇等 講述
東京　宗祖降誕会　明治34年（1901）

1冊（前付3頁,本文42頁）　洋装　22.1cm × 14.5cm

### 盤珪仏智弘済漸次御示聞書 上・下巻　131
刊　宝暦7年（1757）
1冊（本文67丁）　和装　25.5cm × 17.7cm
(注)版心書名：『盤珪御法語』
「山中／書屋」朱文方印

### 日置黙仙老師満韓巡錫録　132
田中霊鑑,奥村洞麟 著
大阪　香野蔵治　明治40年（1907）
1冊（本文127頁,図版35枚）　和装　22.2cm × 15.1cm
(注)「伯爵／佐々木／蔵書印」朱文方印

### 訂正四版 仏教大意　133
雲照 著述
東京　井上円成　明治27年（1894）4版
1冊（前付12頁,本文151頁,後付7頁）
和装　18.4cm × 12.4cm
(注)「伯爵／佐々木／蔵書印」朱文方印

### 仏教或問　134
斎藤聞精 著
京都　興教書院　明治23年（1890）3版
1冊（前付3頁,本文114頁）　和装　18.4cm × 12.4cm
(注)「伯爵／佐々木／蔵書印」朱文方印

### 不妄真理談 ほか合綴　135
合綴1冊　和装　21.2cm × 14.5cm
(注)外題書名：『不忘真理談其他合本綴』
小口書名：『不妄真理談及其他合綴』
「伯爵／佐々木／蔵書印」朱文方印
【内容】
①『不妄真理談』
　石川敬直 著
　刊　明治25年（1892）　24頁
②『十善業道経』
　雲照 著
　東京　哲学書院　明治23年（1890）　38頁
③『不殺生戒法の軍事に対する観念』
　普照 編
　東京　経世書院　明治27年（1894）　21頁
　(注)外題書名：『軍事に対する観念』
④『千八百八十八（明治廿一）年四月廿六日東京千住

小塚原に於て行なわれたる死刑者供養会の演説』
（仏）ボアソナード 弁　（日）黒田太久馬 訳
東京　黒田太久馬　明治 21 年（1888）　13 頁
(注)外題書名：『東京千住小塚原供養会の演説』
⑤『壬辰組報告』
東京　下田義天類　明治 25 年（1892）　43 頁

**碧巌録講義　136**
大内青巒 著
刊
(注)現在所在不明

**遍照発揮性霊集　巻之 1 〜 10　137**
真済 撰集
京都　菱屋友五郎　無刊年
5 冊　和装　24.9cm × 17.7cm
(注)外題書名：『性霊集』
「伯爵佐 / 佐木家 / 蔵書印」朱文方印

**菩薩戒落草談　138**
堅光禅師 講説　墻外（高田）道見 復演
刊　明治 32 年（1899）
1 冊（前付 6 頁, 本文 73 頁, 後付 11 頁）
和装　22.0cm × 14.6cm
(注)「伯爵 / 佐々木 / 蔵書印」朱文方印

**梵網律宗僧戒説　亦名 諺談円頓戒義　139**
京都　赤井長兵衛　寛政 5 年（1793）
1 冊（前付 2 丁, 本文 30 丁, 後付 4 丁）
和装　26.4cm × 19.1cm
(注)外題書名：『僧戒説』
「伯爵佐 / 佐木家 / 蔵書印」朱文方印

**末法開蒙記　巻上・下　140**
雲照 著
東京　森江佐七　明治 29 年（1896）
2 冊　和装　23.2cm × 16.0cm
(注)「伯爵 / 佐々木 / 蔵書印」朱文方印

**仏教退治迷のめざまし　141**
市川義方 著
神聖会蔵版　東京　三島謙三　明治 30 年（1897）
1 冊（前付 6 頁, 本文 73 頁, 後付 3 頁, 図版 8 枚）
和装　21.5cm × 14.4cm
(注)小口書名：『迷のめざまし』
「伯爵 / 佐々木 / 蔵書印」朱文方印

**密宗安心義草　巻上・下　142**
雲照 纂集
真言宗法務所蔵版　無刊年
2 冊　和装　25.6cm × 17.8cm
(注)「伯爵佐 / 佐木家 / 蔵書印」朱文方印

**夢中問答集　地・人巻　143**
夢窓疎石 述
天龍寺蔵版　京都　出雲寺文次郎　正保 4 年（1647）
2 冊　和装　26.1cm × 19.2cm
(注)天巻欠
小口書名：『夢中』

**六波羅密通俗談　144**
雲照 閲　慈海 口述
東京　森江書店　明治 32 年（1899）再版
1 冊（前付 12 頁, 本文 66 頁）　洋装　18.7cm × 12.7cm

**和語陰騭録 ほか合綴　145**
〔(明) 袁了凡 鷺編〕
栃木県　阿由葉家蔵版　〔明治 31 年（1898）〕
合綴 1 冊　和装　22.8cm × 15.2cm
(注)外題書名：『文昌帝君陰騭録及株宏大師功過自知録』
「伯爵 / 佐々木 / 蔵書印」朱文方印
【内容】
①『和語陰騭録』　22 丁
②『自知録』　38 丁

**因果経和賛　146**
東京　希有菴蔵版　明治 18 年（1885）
1 冊　和装折本　17.6cm × 7.9cm
(注)外題書名：『因果菩提観音経和賛』

**国訳大蔵経　第 1 〜 11・14・15 巻　147**
国民文庫刊行会 編
東京　鶴田久作
25 冊　洋装　22.4cm × 15.7cm
(注)書名は外題による
原 15 巻
「侯爵 / 佐佐木 / 蔵書印」朱文方印

「佐佐木／行忠蔵」朱文長方印
【内容】
1,『論部第 1 巻　国釈大智度論』(巻の第 1 〜 21)
　山上曹源 訳　大正 8 年(1919)　832 頁
　(注)解題に「役者山上曹源識」とあり
2,『論部第 2 巻　国訳大智度論』(巻の第 22 〜 43)
　山上曹源 訳　大正 8 年(1919)　768 頁
3,『論部第 3 巻　国訳大智度論』(巻の第 44 〜 71)
　山上曹源 訳　大正 8 年(1919)　793 頁
4,『論部第 4 巻　国訳大智度論』(巻の第 72 〜 100)
　山上曹源 訳　大正 9 年(1920)　809 頁
5,『論部第 6 巻　国訳瑜伽師地論』(巻の 1 〜 27)
　佐伯定胤 訳　大正 8 年(1919)　814 頁
6,『論部第 7 巻　国訳瑜伽師地論』(巻の 28 〜 53)
　佐伯定胤 訳　大正 8 年(1919)　749 頁
7,『論部第 8 巻　国訳瑜伽師地論』(巻の 54 〜 79)
　佐伯定胤 訳　大正 9 年(1920)　768 頁
8,『論部第 9 巻　国訳瑜伽師地論』(巻の 80 〜 100)
　佐伯定胤 訳　大正 9 年(1920)　749 頁
9,『論部第 10 巻　国訳成唯識論』(巻の 1 〜 10)
　護法等菩薩 造　島地大等 訳　大正 9 年(1920)
　608 頁
10,『論部第 10 巻　国訳摂大来論本』(巻の上・中・下)
　190 頁
11,『論部第 11 巻　国訳阿毗達磨倶舎論』
　荻原雲水, 木村泰賢 共訳　大正 9 年(1920)　818 頁
12,『論部第 14 巻　国訳大品・国訳小品』
　立花俊道 訳　大正 9 年(1920)　776 頁
13,『論部第 15 巻　国訳成実論・国訳因明入正理論』
　訶梨跋摩 著　宇井伯寿 訳　大正 10 年(1921)
　687 頁
14,『国訳因明入正理論』
　商羯羅主菩薩 著　宇井伯寿 訳　91 頁
15,『国訳大蔵経』(第 1 〜 13 巻)
　東京　国民文庫　大正 6 年(1917)〜 7 年(1918)
　13 冊　洋装　22.4cm × 15.7cm
　(注)「侯爵／佐佐木／蔵書印」朱文方印
　「佐佐木／行忠蔵」朱文長方印

## 十善戒信受の人に示す法語　148
江戸　和泉屋庄次郎　文政元年(1818)
1 冊 (本文 13 頁)　和装　26.1cm × 18.0cm
(注)外題書名:『十善戒法語』
「伯爵／佐々木／蔵書印」朱文方印

## 十善戒略解　ほか合綴　149
合綴 1 冊　洋装　17.8cm × 11.8cm
(注)外題書名:『十善戒略解其外綴込』
小口書名:『十善戒略解其他綴込』
「伯爵／佐々木／蔵書印」朱文方印
【内容】
①雲照 訳述『十善戒略解』　8 頁
②雲照 訳述『十善戒略解』第 2　8 丁
　(注)版心に「真言宗法務所」とあり
③葛城慈雲 撰述『十善略説』　16 頁
　(注)明治 17 年跋
④雲照 述『受十善戒用心』　17 丁
⑤雲照 述『十善会規約主義略解』　71 頁
⑥雲照 述『十善戒略解総論』　29 頁

## 十善法語　150
慈雲 著
東京　十善会蔵版　無刊年
1 冊 (前付 14 頁, 本文 461 頁, 後付 18 頁)
洋装　18.9cm × 13.5cm
(注)外題書名:『上法正論治国之要　十善法語』
「伯爵／佐々木／蔵書印」朱文方印

## 十善法語　151
慈雲 著
摩尼蓮華蔵版　無刊年
1 冊 (前付 15 丁, 本文 31 丁, 後付 21 丁)
和装　25.0cm × 18.0cm
(注)外題書名:『十善法語　不殺生』
「伯爵佐／佐木家／蔵書印」朱文方印

## 仏道教経　亦名 仏垂般涅槃略説教誡経　152
鳩摩羅什 訳　樹下覚三 編
転法輪蔵版　明治 13 年(1880)
1 冊　和装折本　19.3cm × 6.8cm
(注)「伯爵／佐々木／蔵書印」朱文方印

## 仏教大系　153
仏教大系刊行会 編纂
東京　仏教大系刊行会　大正 7 年(1918)〜 9 年(1920)
23 冊　洋装　22.4cm × 15.8cm
(注)「佐佐木／行忠蔵」朱文長方印
【内容】
1,『大乗起信論・華厳金獅子章・華厳法界経』
　(注)書名は背による

2.『大毘盧遮那成仏経疏』第 1
(注) 5 冊中の 1 冊 (第 2～第 5 欠)
背の書名:『大日経疏』
3.『仏説無量寿経』第 1
(注) 5 冊中の 1 冊 (第 2～第 5 欠)
背の書名:『浄土三部経』
「佐佐木／行忠蔵」朱文長方印
4.『正法眼蔵註解全書』第 1・3～4
(注) 11 冊中の 3 冊 (第 2・5～10・別巻欠)
5.『法華玄義』第 1～3
(注) 背の書名:『法華玄義』
5 冊中の 3 冊 (第 4・5 欠)
6.『阿毘達磨倶舎論』第 1
(注) 5 冊中の 1 冊 (第 2～5 欠)
7.『観無量寿経四帖疏』第 1～2
(注) 現在所在不明
8.『顕浄土真実教行証文類』第 1～3
仏教大系刊行会 編輯 (第 2,3)
(注) 9 冊中の 3 冊 (第 4～第 9 欠)
9.『七十五法名目』
10.『如来滅後五五百歳始観心本尊鈔』
11.『大乗三論大義鈔 三論玄義』
12.『天台四教儀集註』第 1
(注) 2 冊中の 1 冊 (第 2 欠)
第 1 のみ 2 部存す
背の書名:『四教儀集註』
13.『成唯識論』第 1・2
(注) 4 冊中の 2 冊 (第 3・4 欠)
14.『倶舎論頌疏』
15.『摩訶止観』第 1
(注) 4 冊中の 1 冊 (第 2～4 欠)

**維摩詰所説経　上・中・下巻　154**
〔聖徳太子 著〕
東京　島田蕃根　明治 13 年 (1880)
5 冊　和装　26.8cm × 18.6cm
(注)「伯爵佐／佐木家／蔵書印」朱文方印

**金閣林和泉歴覧　155**
大都城一 編
京都　伊藤宗徳　明治 36 年 (1903)
1 冊 (前付 1 頁, 本文 32 頁, 図版 2 枚)
和装　18.5cm × 12.8cm

**善光寺繁昌記　初・2・3 編　156**
長尾無墨 著

長野県　松葉軒　明治 11 年 (1878)
3 冊　和装　23.4cm × 15.8cm
(注)「伯爵佐／佐木家／蔵書印」朱文方印

**鑁阿寺小史　157**
山越忍空 著
栃木県　鑁阿寺　明治 32 年 (1899) 再版
1 冊 (前付 6 頁, 本文 61 頁, 後付 22 頁, 図版 5 枚)
和装　21.9cm × 15.0cm
(注)「伯爵／佐々木／蔵書印」朱文方印

**井上博士と基督教徒　続篇　一名 教育と宗教の衝突 顛末及評論　158**
関皐作 編纂
東京　関皐作　明治 26 年 (1893)
1 冊 (前付 12 頁, 本文 305 頁)　和装　18.2cm × 12.1cm
(注) 小口書名:『井上博士と基督教徒続編』
「伯爵／佐々木／蔵書印」朱文方印

**浦上耶蘇宗徒処置顛末提要　159**
写　1 冊 (54 丁)　和装　24.0cm × 16.0cm
(注)「伯爵佐／佐木家／蔵書印」朱文方印

**教の鑑　160**
正教会　明治 17 年 (1884) 再版
1 冊 (88 頁)　洋装　18.9cm × 12.4cm

**国体と基督教　161**
渡瀬常吉 著
東京　警醒社書店　明治 40 年 (1907)
1 冊 (前付 10 頁, 本文 88 頁)　洋装　22.4cm × 15.0cm
(注) 外題書名:『国体と基督教 加藤博士の所論を駁す』
「伯爵／佐々木／蔵書印」朱文方印
「伯爵佐／佐木家／蔵書印」朱文方印

**護国新論　162**
慨癡道人 述
拈華精舎　無刊年
1 冊 (前付 1 丁, 本文 7 丁)　和装　21.5cm × 14.8cm
(注) 外題書名:『外国新聞 外弐冊 壱』
「伯爵／佐々木／蔵書印」朱文方印

**天道溯源　上・中・下巻　163**
(米) 丁韙良 (マーチン) 著　(日) 中村正直 訓点

東京　山田俊蔵蔵版　明治8年（1875）
1冊（前付10丁,本文107丁）　和装　23.5cm × 15.6cm
(注)外題書名：『訓点天道溯源』
「伯爵佐 / 佐々木家 / 蔵書印」朱文方印

**駁邪鉄槌 一名 西教新論　164**
青柳高鞆 講述
東京　養徳会　明治22年（1889）
1冊（前付2頁,本文148頁）　洋装　22.3cm × 15.5cm
(注)外題書名：『駁邪鉄槌 一名 西教新論 創世紀之部』

**破邪叢書 第1・2集　165**
神崎一作 編
東京　哲学書院　明治26年（1893）
2冊　和装　18.7cm × 12.7cm
(注)「伯爵 / 佐々木 / 蔵書印」朱文方印

**耶蘇教公認可否論 ほか合綴　166**
刊　合綴1冊　和装　21.8cm × 14.5cm
(注)『京華日報』よりの転載
「伯爵 / 佐々木 / 蔵書印」朱文方印
【内容】
①『耶蘇教公認可否論』
　木村鷹太郎 著　明治31年（1898）　153頁
②『神道国教論 並序』
　川合清丸 講述　明治33年（1900）　22頁

**耶蘇基督一代記　167**
刊　1冊（前付7頁,本文352頁）
洋装　24.0cm × 16.8cm
(注)「伯爵 / 佐々木 / 蔵書印」朱文方印

**進化の人 ほか合綴　168**
刊　1冊　和装　17.7cm × 11.8cm
(注)外題書名：『ユニテリアン教及道理問答』
「伯爵 / 佐々木 / 蔵書印」朱文方印
【内容】
①（米）マイノット・チェー・サヴェーヂ 述『進化の人』
　19頁
②（米）マイノット・チェー・サヴェーヂ 述『進化の神』
　24頁
③（米）アーサー・メーナップ 述『ユニテリヤンの教義』
　16頁
④（米）クレイ・マッコレイ 述『ユニテリアン教の三

標準』
　兵庫県　目加田栄　明治20年（1887）　33頁
⑤小原正雄 著『道理の問題』
　兵庫県　目加田栄　明治20年（1887）　36頁

**旧約聖書歴史　169**
（英）エス・ジイ・マクラレン 著
神奈川県　倫敦聖教書類会社　明治11年（1878）
1冊（前付35頁,本文433頁）　洋装　22.3cm × 15.4cm

**日本西教史 上・下巻　170**
太政官翻訳係 訳述
刊　明治11年（1878）
1冊（前付47頁,本文705頁）　洋装　18.9cm × 13.5cm
(注)「伯爵 / 佐々木 / 蔵書印」朱文方印

**日本西教史 上・下巻　171**
内閣書記官室記録課蔵版　東京　博聞社
明治27年（1894）2版
6冊　和装　21.6cm × 14.7cm
(注)「伯爵佐 / 佐々木家 / 蔵書印」朱文方印

**訓点 旧約聖書 上・中・下巻　172**
米国聖書会社 編集
神奈川県　米国聖書会社　明治16年（1883）
1冊（前付1頁,本文586頁,図版1枚）
洋装　19.9cm × 13.4cm
(注)「伯爵 / 佐々木 / 蔵書印」朱文方印

**新約全書 馬太伝福音書　173**
翻訳委社中米国聖書会社 編集
神奈川県　米国聖書会社蔵板　明治10年（1877）
1冊（本文95頁）　和装　22.5cm × 15.0cm
(注)「伯爵佐 / 佐々木家 / 蔵書印」朱文方印

**新宗教即極致経 三十年四月十一日五月九日講演　174**
細川潤次郎 著
刊　1冊（本文27頁）　和装　18.6cm × 13.0cm

**モルモン教　175**
（米）ジョセフ・スミス 英訳
（米）アルマ・オー・テイラー 和訳

宗教　21

末日聖徒耶蘇基督教会日本伝道部　無刊年
1冊（前付34頁,本文942頁）　洋装　19.6cm × 13.8cm

(注)見返に「末日聖徒耶蘇基督教会日本伝道部長アルマ・オー・テイラーより別冊同宗教典及小冊子閣下贈呈致度旨を以て送り越し候間及御配布候也　明治四十二年十二月二日　枢密院事務所」との墨書あり
「侯爵／佐佐木／蔵書印」朱文方印

# 思　　想

**統一年有半 一名 無神無霊魂　176**
中江篤介（兆民）著
東京　博文館蔵版　幸徳伝次郎
明治4年（1871）
1冊（前付9頁, 本文232頁, 図版2枚）
洋装　22.6cm×15.2cm
(注)「伯爵／佐々木／蔵書印」朱文方印

**改訂増補 哲学字彙　177**
井上哲次郎, 有賀長雄 増補
東京　東洋館書店　明治17年（1884）再版
1冊（前付2頁, 本文283頁）　洋装　18.5cm×12.5cm
(注)『梵漢対訳仏法語藪』『清国音符』を含む
「伯爵／佐々木／蔵書印」朱文方印

**日本哲学要論　178**
有馬祐政　著述
東京　光融館蔵版　明治38年（1905）訂正再版
1冊（前付21頁, 本文296頁）　洋装　21.7cm×14.7cm
(注)見返に「恭呈 佐佐木伯爵閣下　有馬祐政」との朱書あり
「伯爵佐／佐木家／蔵書印」朱文方印

**尹文子　179**
高(橋)関慎 句読
刊　1冊（前付5丁, 本文14丁）
和装　25.7cm×18.1cm
(注)「伯爵／佐々木／蔵書印」朱文方印
「佐々木／高美」白文方印

**周易 上・下巻　180**
荒井公廉 編
皇都　千鐘房等　天保11年（1840）序
2冊　和装　25.3cm×18.0cm
(注)本書は197, 213, 218, 256と共に『林家正本 再刻改点 校正音注 五経』
外題書名：『校正音注易経 再刻改点』
「伯爵佐／佐木家／蔵書印」朱文方印

**周易 首巻・1〜24巻　181**
（宋）程頤 伝　朱熹 本義　（日）松永昌易 編
浪華　河内屋茂兵衛等　慶応3年（1867）再版
13冊　和装　26.2cm×18.2cm
(注)外題書名：『再刻頭書 易経集註』
「伯爵佐／佐木家／蔵書印」朱文方印

**延平李先生師弟子答問　182**
（宋）朱熹 編　（明）周木 校正
刊　正保4年（1647）
2冊　和装　26.5cm×18.3cm
(注)周木 編『延平李先生答問後録』, 同『延平答問補録』を含む
「伯爵佐／佐木家／蔵書印」朱文方印
「大岬大次郎／図／書／之／印」朱白雑文方印
「字君／彝岬」白文方印

**韓子解詁 1〜21巻　183**
津田鳳卿（梧岡）述　安江信等 録
大阪　半千塾蔵版　河内屋喜兵衛　無刊年
10冊　和装　25.6cm×18.3cm
(注)外題書名：『校正韓非子解詁全書』
「伯爵佐／佐木家／蔵書印」朱文方印
「騏」白文方印

**管子 1〜24巻・附録　184**
安井衡（息軒）纂詁
江戸　玉山堂　慶応元年（1865）
12冊　和装　25.7cm×17.7cm
(注)外題書名：『管子纂詁』
「伯爵佐／佐木家／蔵書印」朱文方印

**近思録 1〜14巻　185**
（宋）朱熹, 呂祖謙 編集　葉采 集解
浪華　加賀屋善蔵　弘化3年（1846）
4冊　和装　21.9cm×15.3cm
(注)「伯爵佐／佐木家／蔵書印」朱文方印
「駿河台／佐々木／蔵書印」朱文方印

**論語 巻1〜4　186**
〔清〕喇沙里等 奉勅撰〕　（日）大郷穆 標註

重野安繹, 中村正直 校
大阪　大郷氏蔵版　修道館　明治15年（1882）
6冊　和装　17.8cm × 12.8cm
(注)外題・扉書名：『康煕欽定四書解義 論語』
「伯爵佐／佐木家／蔵書印」朱文方印

### 講学鞭策録　*187*
佐藤直方 著
皇都　久保権八　寛政10年（1798）再刻
1冊（前付5丁, 本文49丁）　和装　25.4cm × 18.4cm
(注)「伯爵佐／佐木家／蔵書印」朱文方印
「酔経堂／良固蔵／書之印」朱文長方印
「松井氏／蔵書」朱文長方印
「松イ」朱文瓢箪形印

### 孝経刊誤附考　*188*
延享2年（1745）写
1冊（15丁）　和装　26.0cm × 18.4cm
(注)「伯爵／佐々木／蔵書印」朱文方印

### 孝経滴解　*189*
大石貞質 著　大電 批閲
刊　1冊（122丁）　和装　19.0cm × 13.2cm
(注)扉書名：『教育勅語奉解一滴 今文孝経滴解』
「伯爵／佐々木／蔵書印」朱文方印

### 孔子家語　1～10巻　*190*
（魏）王肅 注　（日）太宰純（春台）増注
蒿山房蔵板　江都　須原屋小林新兵衛
寛保2年（1742）
5冊　和装　26.4cm × 17.5cm
(注)「伯爵佐／佐木家／蔵書印」朱文方印
「駿河台／佐々木／蔵書印」朱文方印

### 孔叢子　1～10巻　*191*
冢田虎（大峯）註
京師　文林堂等　寛政7年（1795）序
5冊　和装　20.0cm × 14.3cm
(注)「伯爵佐／佐木家／蔵書印」朱文方印

### 改正音訓五経　*192*
後藤芝山 点　後藤師周, 後藤師邵 校
京都　北村四郎兵衛等　安政2年（1855）5刻
11冊　和装　25.3cm × 18.0cm
(注)『周易』上・下巻2冊,『尚書』上・下巻2冊,『詩経』上・下巻2冊,『春秋』1巻1冊,『礼記』4巻4冊からなる
扉に「林屋正本再刻」とあり
「伯爵／佐々木／蔵書印」朱文方印

### 標註詳解　五経片仮名付　*193*
後藤己男 訓点詳解
東京　中外堂蔵版　柳河梅次郎　明治15年（1882）
7冊　和装　18.4cm × 12.5cm
(注)『周易』上・下巻2冊,『春秋』1巻1冊,『礼記』4巻4冊からなる（『尚書』と『毛詩』は欠）
「伯爵／佐々木／蔵書印」朱文方印

### 玉経図彙　上・中・下　*194*
愚山（松本慎）輯録　余夙夜（青木夙夜）画
京都　山本長左衛門　寛政3年（1791）
3冊　和装　25.5cm × 18.3cm
(注)「伯爵佐／佐木家／蔵書印」朱文方印
「児玉少介／蔵書之記」朱文方印
「成蹊」朱文方印

### 賈子新書　乾・坤　*195*
（漢）賈誼 著　（明）銭震瀧 閲
京都　植村蒔右衛門　寛延2年（1749）
2冊　和装　25.8cm × 18.0cm
(注)「伯爵／佐々木／蔵書印」朱文方印
「伯爵佐／佐々木／蔵書印」朱文方印
「駿河台／佐々木／蔵書印」朱文方印

### 孝経　*196*
〔大橋〕綽堂 校
東京　別所平七等　明治16年（1883）
1冊（前付3丁, 本文14丁）　和装　25.9cm × 18.2cm
(注)外題書名：『改正音訓 古文孝経』
「伯爵／佐々木／蔵書印」朱文方印

### 詩経　下　*197*
荒井公廉 編
皇都　千鐘房等　天保11年（1840）序
1冊（本文83丁）　和装　25.2cm × 18.0cm
(注)本書は180, 213, 218, 256と共に『林家正本 再刻改点 校正音注 五経』
原上・下2冊
「伯爵佐／佐木家／蔵書印」朱文方印

### 詩経　1～8巻　*198*
（宋）朱熹 集伝　（日）〔松永〕昌易 注
鈴木温記 校正

大坂　河内屋茂兵衛等　慶応3年（1867）再版
8冊　和装　26.1cm×18.8cm
(注)外題書名：『再刻頭書 詩経集註』
「伯爵佐／佐木家／蔵書印」朱文方印

**翻刻四書藕益解　199**
（明）釈智旭 著　（日）赤松連城 校点
京都　田中治兵衛　明治26年（1893）
1冊（前付4頁,本文35頁）　和装　22.6cm×15.1cm
(注)『中庸直指』『大学直指』のみ存す

**四書纂要　1～5巻　200**
金済民（金子霜山）学
芳州軒蔵版　安政5年（1858）
5冊　和装　26.5cm×18.0cm
(注)『大学』『中庸』のみ存す
「伯爵佐／佐木家／蔵書印」朱文方印
「駿河台／佐々木／蔵書印」朱文方印

**四書集註　1～10巻　201**
（宋）朱熹 撰　（日）山崎嘉（闇斎）点
薩摩府学蔵版　弘化2年（1845）
10冊　和装　25.1cm×18.1cm
(注)「伯爵佐／佐木家／蔵書印」朱文方印
「双野氏／蔵書記」朱文方印

**四書集註　202**
〔（宋）朱熹 集注〕
群馬県　煥乎堂高橋常蔵　明治13年（1880）
3冊　和装　17.5cm×11.5cm
(注)「伯爵佐／佐木家／蔵書印」朱文方印

**〔四書章句集註〕　203**
（宋）朱熹 章句集註
刊　26冊　和装　27.8cm×19.5cm
(注)「伯爵／佐々木／蔵書印」朱文方印

**四書通旨　1～6巻　204**
（元）朱公遷 学　（清）成徳（納蘭性徳）校
昌平坂学問所　文化8年（1811）
6冊　和装　25.8cm×18.1cm
(注)「伯爵佐／佐木家／蔵書印」朱文方印
「□酒屋文庫」朱文長方印

**四書略解　205**
重田蘭渓 著
東京　万蘊堂蔵板　嘉永6年（1853）
6冊　和装　22.1cm×15.5cm
(注)『孟子略解』1～4巻は欠
原10冊
「伯爵佐／佐木家／蔵書印」朱文方印

**斯道大要　一名 日本哲理　206**
常賀速水 謹述
刊　明治20年（1887）
1冊（前付4丁,本文14丁,後付4丁）
和装　23.0cm×15.0cm

**周易象義弁正　首巻　207**
根本通明 著作
東京　子龍氏蔵版　明治34（1901）
1冊（前付13丁,本文29丁,後付2丁,附録7丁）
和装　26.5cm×18.2cm
(注)首巻のみ存す
『周易復古筮法』を含む

**衆教論略　1～8　208**
（日）加藤熙 著述　（清）王治本 評閲
東京　桜陰社　明治10年（1877）～12年（1879）
8冊　和装　22.4cm×15.2cm
(注)「伯爵佐／佐木家／蔵書印」朱文方印

**重校十三経不弐字　209**
〔（清）李鴻藻 撰〕
慎記書荘　光緒22年（1896）
1冊（前付4丁,本文52丁）　和装　14.8cm×9.2cm

**御纂朱子全書　1～66巻　210**
（清）李光地等 奉勅編
刊　康熙53年（1714）
25冊　和装　24.5cm×16.5cm
(注)「伯爵佐／佐木家／蔵書印」朱文方印

**儒門語要抄録　211**
〔（清）倪元坦 著〕
写　1冊（12枚）　和装　26.2cm×18.0cm
(注)「伯爵／佐々木／蔵書印」朱文方印

思想　25

**荀子 1～20巻・補遺 212**
（唐）楊倞 注 （日）山世璠（片山兼山）編
久保愛（久保田筑水）増注　土屋型 重訂
京都　水玉堂　文政13年（1830）
11冊　和装　26.0cm × 18.0cm
（注）「伯爵佐／佐木家／蔵書印」朱文方印

**春秋 213**
荒井公廉 編
皇都　千鐘房等　天保11年（1840）序
1冊（前付3丁,本文72丁）　和装　25.2cm × 18.2cm
（注）本書は180, 197, 218, 256と共に『林家正本 再刻改点 校正音注 五経』

**春秋左氏伝校本 1～30巻 214**
（晋）杜預 集解　（唐）陸徳明 音義　（日）秦鼎 校
大阪　積玉圃等　明治4年（1871）3刻
15冊　和装　25.5cm × 17.8cm
（注）「伯爵佐／佐木家／蔵書印」朱文方印

**春秋四伝 首巻・1～38巻 215**
松永昌易 編
野田庄右衛門　寛文4年（1664）
15冊　和装　27.5cm × 19.5cm
（注）書名は外題による
「伯爵佐／佐木家／蔵書印」朱文方印

**小学 1～6巻 216**
（明）陳選 句読
東京　須原茂兵衛　延宝8年（1680）改刻
4冊　和装　25.2cm × 18.2cm
（注）「伯爵佐／佐木家／蔵書印」朱文方印
「駿河台／佐々木／蔵書印」朱文方印

**小学 内・外篇 217**
鷲雄左衛門 編
刊　2冊　和装　26.2cm × 18.3cm
（注）扉書名：『合璧摘要 小学本注』
「伯爵佐／佐木家／蔵書印」朱文方印
「榎本／蔵書」朱文方印

**尚書 上・下 218**
荒井公廉 編
皇都　千鐘房等　天保11年（1840）序
2冊　和装　25.2cm × 18.0cm

（注）本書は180, 197, 213, 256と共に『林家正本 再刻改点 校正音注 五経』
外題書名：『校正音注 書経 再刻改点』
「伯爵佐／佐木家／蔵書印」朱文方印

**書経 1～6巻 219**
（宋）蔡沈 集伝
大坂　河内屋茂兵衛　慶応3年（1867）再版
6冊　和装　26.0cm × 19.0cm
（注）外題書名：『再刻頭書 書経集註』
「伯爵佐／佐木家／蔵書印」朱文方印

**諸子彙函 首巻・1～26巻 220**
（明）帰有光 鬼輯　文震孟 訂
聚英堂珍蔵　無刊年
27冊　和装　25.4cm × 15.3cm
（注）「伯爵佐／佐木家／蔵書印」朱文方印

**新語 上・下巻 221**
（漢）陸賈 撰
京都　吉野屋仁兵衛等　無刊年
1冊（前付5丁,本文64丁）　和装　25.2cm × 17.8m
（注）「伯爵／佐々木／蔵書印」朱文方印
「石山堂／蔵書記」墨陽長方印

**伝説問答 222**
寿文堂　無刊年
1冊（前付2丁,本文16丁）　和装　27.6cm × 18.8cm
（注）序文に「寛文戊申仲夏上浣　山崎嘉序」とあり
「伯爵佐／佐木家／蔵書印」朱文方印

**精神論 223**
佐々木秀三 著述
東京　静脩堂蔵版　三協　明治30年（1897）
1冊（前付6丁,本文12丁）　和装　23.0cm × 14.5cm
（注）「伯爵／佐々木／蔵書印」朱文方印

**説苑 1～20巻 224**
（漢）劉向 著　（明）程栄 校
江戸　千鐘房蔵版　無刊年
10冊　和装　26.0cm × 18.0cm
（注）序文に「嘉清丁未八月東海何良俊撰」とあり
「伯爵佐／佐木家／蔵書印」朱文方印

佐佐木高行旧蔵書

独目附標 補義荘子因 1～6巻　*225*
（清）林雲銘 撰
浪華　河内屋喜兵衛　無刊年
6 冊　和装　25.5cm × 18.0cm
(注) 序に「寛政九年丁巳五月八日　平安皆川愿撰併書」とあり
「伯爵佐／佐木家／蔵書印」朱文方印

合刻宋明四先生語録　*226*
（明）呉勉学 校
刊　慶安 5 年（1652）
6 冊　和装　26.2cm × 17.6cm
(注)「伯爵／佐々木／蔵書印」朱文方印
「伯爵佐／佐木家／蔵書印」朱文方印
【内容】
1,『朱子語録』
　（明）周汝登 纂　陶望齢 校
2,『象山先生語録』上・中・下巻
　（明）耿定向 編輯
3,『薛文清公読書録抄』上・下巻
　（明）凌珆 抄輯
4,『陽明先生則言』上・下巻
　（明）銭中選 校正

増補蘇批孟子　上・中・下巻　*227*
（宋）蘇洵 撰　（清）趙大浣 増補
（日）井上揆（桜塘）纂評　頼山陽等 評
東京　丸家善七等　明治 10 年（1877）
3 冊　和装　23.2cm × 15.7cm
(注)「伯爵／佐々木／蔵書印」朱文方印

徂徠先生学則幷附録標註　上・下巻　*228*
荻生徂徠 撰　〔三浦〕竹渓,〔伊藤〕南昌 校
伊東藍田（亀年）再校標註
刊　天明元年（1781）
2 冊　和装　27.4cm × 18.4cm
(注)「伯爵佐／佐木家／蔵書印」朱文方印
「天游館／蔵書記」朱文方印
「雲園／図書」朱文方印
「臥雲／斎印」白文方印
「門」白文方印
「慧」朱文方印

孫子詳解　1～13巻　*229*
伊藤磐（鳳山）著　永嶋謙等 校
京都　勝村治右衛門　文久 2 年（1862）

13 冊　和装　26.0cm × 18.1cm
(注)「村岡／藩蔵」朱文方印
「子志坐右図書」朱文方印

絵本孫子童観抄　2・3 巻　*230*
中村経年 編輯
刊　2 冊　和装　25.5cm × 17.5cm
(注) 書名は外題による
原 3 巻 3 冊

大学　*231*
（宋）朱熹 章句　（日）〔林〕道春（羅山）点
大阪　宋栄堂蔵版　嘉永 5 年（1852）再刻
1 冊（本文 19 丁）　和装　25.2cm × 17.8cm
(注) 本書は 242, 252 と共に『校正四書』
外題書名：『嘉永再刻 大学』
「伯爵佐／佐木家／蔵書印」朱文方印

大学　*232*
（宋）朱熹 章句　（日）佐藤一斎 閲
浪華　文金堂蔵　文政 8 年（1825）叙　再刻
1 冊（前付 3 丁, 本文 15 丁）　和装　24.5cm × 17.2cm
(注) 本書は 243, 254, 261 と共に『再刻 四書集注』
外題書名：『大学章句 再刻』
「伯爵佐／佐木家／蔵書印」朱文方印

大学或問　*233*
（宋）朱熹 撰　（日）山崎嘉（闇斎）点
大坂　武村佐兵衛等　無刊年
1 冊（本文 37 丁）　和装　26.4cm × 18.1cm
(注) 本書は 241, 245, 253 と共に『倭板四書』
「伯爵佐／佐木家／蔵書印」朱文方印

高嶋易説　*234*
〔高嶋嘉右衛門 著〕
刊　1 冊（前付 5 頁, 本文 127 頁）
和装　21.0cm × 13.5cm
(注)「伯爵／佐々木／蔵書印」朱文方印

高嶋易占　第 1～4 篇　*235*
高嶋嘉右衛門 著
神奈川県　望欣台蔵版
明治 13 年（1880）～ 21 年（1888）
2 冊　和装　22.2cm × 14.8cm
(注)『北陸道鉄道建築ヲ勧ムルノ演説』『神易説』『仏易説』『神人伝信 易占大意』を含む

思想　27

第4篇表紙見返に「奉呈　佐々木高行伯閣下」との墨書あり

**高島易断　1〜10巻　236**
高島嘉右衛門 著述
神奈川県　高島嘉右衛門　明治19年（1886）
10冊　和装　25.3cm × 17.6cm
(注)「伯爵佐／佐木家／蔵書印」朱文方印

**増補高島易断　第18冊　237**
高島嘉右衛門 著
神奈川県　高島嘉右衛門　明治39年（1906）
1冊（前付44頁, 本文150頁, 後付1頁）
洋装　24.9cm × 18.2cm

**増補高島易断　上・下巻・附録　238**
高島嘉右衛門 著
神奈川県　高島嘉右衛門　無刊年
8冊　和装　25.0cm × 17.5cm
(注)「伯爵／佐々木／蔵書印」朱文方印
「伯爵佐／佐木家／蔵書印」朱文方印

**談経　1〜9巻　239**
(明) 郝敬 撰　郝洪範 輯　田必成, 彭大翺 校
写　7冊　和装　26.5cm × 18.6cm
(注)本書は郝敬『山草堂集』内編の一部である
第2冊に「大瀬正班」の説の挟み込みあり
「伯爵佐／佐木家／蔵書印」朱文方印

**沖虚至徳真経　1〜8巻　240**
(晋) 張湛 註　(唐) 殷敬順 釈文
鳳城　出雲寺文治良等　寛政3年（1791）再刻
4冊　和装　25.7cm × 18.0cm
(注)外題書名：『張注列子』
「貞幹／之印」白文方印
「嘉郷／字」右白文左朱文方印

**中庸　241**
(宋) 朱熹 章句　(日) 山崎嘉（闇斎）点
大坂　武村佐兵衛等　無刊年
1冊（前付5丁, 本文47丁）和装　25.4cm × 18.3cm
(注)本書は233, 245, 253と共に『倭板四書』
「伯爵佐／佐木家／蔵書印」朱文方印

**中庸　242**
(宋) 朱熹 章句　(日)〔林〕道春（羅山）点
大阪　宋栄堂蔵版　嘉永5年（1852）再刻
1冊（前付6丁, 本文29丁）和装　25.2cm × 18.0cm
(注)本書は231, 252と共に『校正四書』
外題書名：『嘉永再刻 中庸 校正道春点』
「伯爵佐／佐木家／蔵書印」朱文方印

**中庸　243**
(宋) 朱熹 章句　(日) 佐藤一斎 閲
浪華　文金堂蔵　文政8年（1825）叙　再刻
1冊（前付4丁, 本文31丁）和装　25.5cm × 17.2cm
(注)本書は232, 254, 261と共に『再刻 四書集注』
外題書名：『中庸章句 再刻』
「伯爵佐／佐木家／蔵書印」朱文方印

**中庸　244**
(宋) 朱熹 章句　(日) 後藤〔芝山〕点
刊　再刻
1冊（前付5丁, 本文37丁）和装　25.2cm × 17.4cm
(注)外題書名：『新刻改正 中庸 再刻後藤点』
「伯爵佐／佐木家／蔵書印」朱文方印

**中庸或問　245**
(宋) 朱熹 撰　(日) 山崎嘉（闇斎）点
大坂　武村佐兵衛等　無刊年
1冊（本文53丁）和装　26.2cm × 17.9cm
(注)本書は233, 241, 253と共に『倭板四書』
「伯爵佐／佐木家／蔵書印」朱文方印

**伝習録　上・中・下巻　246**
(明) 王守仁（陽明）撰
浪華　嵩山堂　無刊年
3冊　和装　26.1cm × 18.5cm
(注)附巻は欠
原4冊

**統一学　247**
鳥尾小弥太 著
東京　鳥尾小弥太　明治35年（1902）
1冊（本文16丁）和装　23.2cm × 14.6cm
(注)「伯爵／佐々木／蔵書印」朱文方印

**文中子中説　1〜10巻　248**
(宋) 阮逸 註　(日)〔佐野〕山陰 閲

京都　錦山堂等　文化3年（1806）
4冊　和装　25.6cm × 18.2cm
(注)「伯爵／佐々木／蔵書印」朱文方印
「井／伊」朱文方印


**中説　1～10巻　249**
(宋) 阮逸 註
世徳堂　無刊年
1冊（前付5丁, 本文146丁）　和装　27.3cm × 17.9cm
(注)外題書名：『文中子中説』
「伯爵佐／佐木家／蔵書印」朱文方印
「蘆／洲」朱陰陽相刻方印


**闢雅小言　1～4巻　250**
大橋順周（訥菴）著　並木韶等 校
東京　思誠塾蔵版　無刊年
4冊　和装　26.0cm × 17.2cm
(注)「伯爵佐／佐木家／蔵書印」朱文方印
「駿河台／佐々木／蔵書印」朱文方印


**墨子　1～16巻　251**
(清) 畢沅 校注
江戸　松本氏蔵板 霊巌山館　天保6年（1835）
5冊　和装　26.3cm × 18.1cm
(注)外題書名：『経訓堂本墨子』
「伯爵／佐々木／蔵書印」朱文方印
「伯爵佐／佐木家／蔵書印」朱文方印


**孟子　1～6・11～14巻　252**
(宋) 朱熹 章句　(日)〔林〕道春（羅山）点
大阪　宋栄堂蔵版　嘉永5年（1852）再刻
3冊　和装　25.3cm × 17.8cm
(注)本書は231, 242と共に『校正四書』
原14巻4冊
外題書名：『嘉永再刻 孟子 校正道春点』
「伯爵佐／佐木家／蔵書印」朱文方印


**孟子　1～14巻　253**
(宋) 朱熹 集註　(日) 山崎嘉（闇斎）点
大阪　武村佐兵衛等　無刊年
4冊　和装　25.3cm × 18.3cm
(注)本書は233, 241, 245と共に『倭板四書』
「伯爵佐／佐木家／蔵書印」朱文方印


**孟子　1～7巻　254**
(宋) 朱熹 集註　(日) 佐藤一斎 閲

浪華　文金堂蔵　文政8年（1825）叙　再刻
4冊　和装　24.5cm × 17.3cm
(注)本書は232, 243, 261と共に『再刻 四書集注』
「伯爵佐／佐木家／蔵書印」朱文方印


**礼記　3・4巻　255**
後藤〔芝山〕点
大阪　山内蔵板　明治2年（1869）再刻
2冊　和装　25.2cm × 18.2cm
(注)原4巻4冊
外題書名：『改正音訓 礼記 再刻後藤点』
「伯爵佐／佐木家／蔵書印」朱文方印


**礼記　1・2巻　256**
荒井公廉 編
皇都　千鐘房等　天保11年（1840）序
2冊　和装　25.1cm × 18.1cm
(注)本書は180, 197, 213, 218と共に『林家正本 再刻改点 校正音注 五経』
原4巻4冊
外題書名：『校正音注 礼記 再刻改点』
「伯爵佐／佐木家／蔵書印」朱文方印
「駿河台／佐々木／蔵書印」朱文方印


**礼記集説　5～30巻　257**
〔(元) 陳澔 撰〕　(日)〔松永〕昌易 編
京都　野田庄右衛門　無刊年
13冊　和装　27.4cm × 16.3cm
(注)原30巻15冊
「伯爵佐／佐木家／蔵書印」朱文方印


**老子講義　1～6巻　258**
佐藤楚材（牧山）著　佐藤雲韶等 校
愛知県　美濃屋文治郎蔵版　明治18年（1885）
6冊　和装　22.2cm × 15.0cm
(注)「佐々木／高美」白文方印


**老子道徳真経　1・2巻　259**
(魏) 王弼 註　(唐) 陸徳明 音義
(日) 宇佐美恵（灊水）考訂
江戸　須原屋茂兵衛, 須原屋平助等　明和7年（1770）
2冊　和装　25.3cm × 17.8cm
(注)外題・扉書名：『王注老子道徳経』
「伯爵佐／佐木家／蔵書印」朱文方印

論語古訓 1～10巻 260
太宰純（春台）撰
江戸　嵩山房蔵板　元文4年（1739）
5冊　和装　25.9cm×17.7cm
(注)「伯爵／佐々木／蔵書印」朱文方印
「馬場／家蔵／之記」朱文方印

論語 1～10巻 261
（宋）朱熹 集註　（日）佐藤一斎 閲
浪華　文金堂蔵　文政8年（1825）叙　再刻
4冊　和装　24.5cm×17.1cm
(注)本書は232, 243, 254 と共に『再刻 四書集注』
外題書名：『論語集注 再刻』
巻6冒頭に独語で書かれた覚書の挟み込みあり
「伯爵／佐々木／蔵書印」朱文方印
「伯爵佐／佐木家／蔵書印」朱文方印

論語 1・2巻 262
（宋）朱熹 集註
刊　1冊（前付8丁, 本文43丁）
和装　26.6cm×18.5cm
(注)巻3～10(4冊)を欠く
原5冊
裏表紙に「今政姓」との墨書あり
裏表紙見返に「今政要吉」との墨書あり
「伯爵佐／佐木家／蔵書印」朱文方印

改正淮南鴻烈解 1～21巻 263
（漢）高誘 注　（明）茅坤 批評　（日）東山（宇野成之）
著　〔片山〕兼山 考　筑水（久保田愛）閲
浪花　文栄堂蔵版　寛政10年（1798）
7冊　和装　25.0cm×17.5cm
(注)外題書名：『再刻改正 淮南鴻烈解』
封面書名：『再刻改正 淮南子』
「伯爵佐／佐木家／蔵書印」朱文方印

国民教育愛国心 264
穂積八束 著
東京　八尾新助　明治30年（1897）
1冊（前付14頁, 本文94頁, 後付1頁）
和装　20.5cm×14.4cm
(注)「伯爵／佐々木／蔵書印」朱文方印

諫草 上・下 265
刊　4冊　和装　26.8cm×19.1cm
(注)「伯爵佐／佐木家／蔵書印」朱文方印

奢是吾敵論 上・下巻 266
（仏）ビュフヲン 著　（日）井上毅 訳
農商務省蔵版　明治18年（1885）
2冊　和装　22.6cm×15.4cm
(注)「伯爵／佐々木／蔵書印」朱文方印

泰西勧善訓蒙 267
箕作麟祥 訳述
名古屋学校蔵版　明治4年（1871）
3冊　和装　22.5cm×15.5cm
(注)「伯爵佐／佐木家／蔵書印」朱文方印
「駿河台／佐々木／蔵書印」朱文方印

泰西勧善訓蒙続篇 268
箕作麟祥 訳述
二書房蔵版　愛知県　永楽屋正兵衛　明治7年（1874）
4冊　和装　22.5cm×15.2cm
(注)「伯爵佐／佐木家／蔵書印」朱文方印
「駿河台／佐々木／蔵書印」朱文方印

泰西勧善訓蒙後篇 269
箕作麟祥 訳述
中外堂蔵版　明治8年（1875）
8冊　和装　22.5cm×15.2cm
(注)「伯爵佐／佐木家／蔵書印」朱文方印
「駿河台／佐々木／蔵書印」朱文方印

# 教　　育

**教育勅語模範講話** **270**
井上頼囶, 中垣孝雄 勤述
東京　明誠館蔵版　明治42年（1909）
1冊（前付10頁, 本文270頁）　和装　21.9cm × 15.0cm
（注）「侯爵佐／佐木家／蔵書印」朱文方印

**修身科用 勅語例話** **271**
今泉定介, 深井鑑一郎 編纂
東京　吉川半七　明治25年（1892）
1冊（前付6頁, 本文52頁）　洋装　19.1cm × 13.5cm
（注）「伯爵佐／佐木家／蔵書印」朱文方印

**〔教訓片々〕** **272**
写　1冊（32丁）　和装　26.0cm × 18.7cm
（注）享保19年から元文元年までの土佐藩領内の孝子, 篤行者に関する記録（頭部分は欠）

**挙国の精神** **273**
神田息胤 講演
東京　神宮奉斎会東京本部　明治37年（1904）
1冊（本文30頁）　洋装　22.5cm × 15.0cm

**今上詔勅集** **274**
福田滋次郎 編
東京　晴光館　明治38年（1905）
1冊（前付36頁, 本文640頁）　和装　18.8cm × 12.7cm
（注）「伯爵／佐々木／蔵書印」朱文方印

**増補 今上詔勅集** **275**
東京　晴光館　無刊年
1冊（本文51丁）　洋装　18.9cm × 12.9cm
（注）「伯爵／佐々木／蔵書印」朱文方印

**啓蒙勅語講義録** **276**
大久保芳治 謹述
福岡県　大久保芳太郎（芳治）　明治30年（1897）
1冊（本文34頁）　和装　24.0cm × 16.0cm

（注）「伯爵／佐々木／蔵書印」朱文方印

**告志篇** **277**
〔徳川斉昭 著〕
写　1冊（27丁）　和装　26.6cm × 19.2cm
（注）「服部所持」との墨書あり
「伯爵佐／佐木家／蔵書印」朱文方印

**高想妙思** **278**
隅谷巳三郎 編
東京　開拓社蔵版　明治33年（1900）再版
1冊（前付8頁, 本文268頁）　和装　14.8cm × 10.3cm

**孝道 上・下巻** **279**
沢柳政太郎 編著
東京　冨山房　明治43年（1910）3版
2冊　洋装　23.0cm × 16.6cm
（注）「明治四十四年一月九日　佐佐木行忠」との自筆ペン書あり

**靖国神社誌** **280**
山内岩雄 編纂
東京　図書編輯社　明治38年（1905）
1冊（本文48頁）　和装　22.0cm × 15.1cm
（注）「伯爵／佐々木／蔵書印」朱文方印
「伯爵佐／佐木家／蔵書印」朱文方印

**高等小学修身訓 教師用　巻之1～4** **281**
末松謙澄 編纂
東京　精華舎　明治25年（1892）
4冊　和装　22.5cm × 14.6cm
（注）外題書名：『末松氏高等小学修身訓 教師用』

**高等小学修身訓　巻之1～4** **282**
末松謙澄 編纂
東京　精華舎　明治25年（1892）
4冊　和装　22.4cm × 14.1cm
（注）外題書名：『末松氏高等小学修身訓 生徒用』
「伯爵佐／佐木家／蔵書印」朱文方印

**高等小学修身書 第一〜四学年教師用　283**
文部省 編纂
東京　日本書籍　明治37年（1904）
4冊　洋装　22.0cm × 14.7cm
(注)「伯爵／佐々木家／蔵書印」朱文方印

**高等小学修身書 第一〜四学年児童用　284**
文部省 編纂
東京　日本書籍　明治37年（1904）
4冊　洋装　22.1cm × 14.9cm
(注)「伯爵／佐々木家／蔵書印」朱文方印

**国体演説　第一回　285**
大久保芳治 著述
茨城県　伊藤孝七　明治24年（1891）
1冊（前付4丁,本文41丁）　和装　22.7cm × 15.3cm
(注)「伯爵佐／佐木家／蔵書印」朱文方印

**国体述義　286**
磯部武者五郎 著
東京　哲学書院　明治25年（1892）
1冊（前付6頁,本文99頁）　和装　21.2cm × 14.4cm
(注)「伯爵／佐々木／蔵書印」朱文方印

**国体論　287**
藤田一郎 謹述
京都　藤井孫兵衛　東京　山中市兵衛
明治20年（1887）
1冊（前付6丁,本文72丁）　和装　23.8cm × 16.3cm
(注)「伯爵佐／佐木家／蔵書印」朱文方印
「佐々木／蔵書印」朱文方印

**国民性十論　288**
芳賀矢一 述
東京　冨山房　明治40年（1907）
1冊（前付2頁,本文259頁）　洋装　19.1cm × 13.4cm
(注)「伯爵／佐々木／蔵書印」朱文方印
「伯爵佐／佐木家／蔵書印」朱文方印

**国民道徳之涵養　289**
湯本武比古 演説　後藤 速記
東京　開発社　明治35年（1902）
1冊（前付2頁,本文42頁,後付4頁）
洋装　18.6cm × 13.0cm

**古道概要　290**
皇典講究所 編纂
東京　皇典講究所出版部　明治41年（1908）
1冊（前付4頁,本文146頁）　和装　22.2cm × 14.7cm
(注)巻末に「渡辺重石丸 校閲　大宮兵馬 編纂委員」とあり
「伯爵佐／佐木家／蔵書印」朱文方印

**古道要義　291**
皇典講究所 編纂
東京　皇典講究所国学院大学出版部　明治42年（1909）
1冊（前付5頁,本文156頁）　和装　22.2cm × 14.6cm
(注)巻末に「渡辺重石丸 校閲　大宮兵馬 編纂委員」とあり
「侯爵／佐々木／蔵書印」朱文方印

**坤徳　292**
清藤正輔 編纂
東京　国光社　明治35年（1902）
1冊（前付2頁,本文38頁）　和装　22.3cm × 15.3cm

**斯邁爾斯自助論　一名 西国立志編　293**
（英）斯邁爾斯（スマイルス）著　（日）中村正直 訳
静岡県　木平謙一郎蔵版　明治3年（1870）
11冊　和装　23.4cm × 16.0cm
(注)「伯爵佐／佐木家／蔵書印」朱文方印
「駿河台／佐々木／蔵書印」朱文方印

**催眠余論　294**
笠原昌吉 著
写　1冊（29丁）　和装　24.5cm × 16.9cm
(注)鎌倉宮水色10行罫紙
外題書名：『催眠余論及偶感』
「侯爵佐／佐木家／蔵書印」朱文方印

**時局に対する佐佐木所長の講話　295**
国学院 編輯
東京　国学院　明治37年（1904）
1冊（本文69頁,後付12頁）　洋装　22.1cm × 14.6cm
(注)外題書名：『皇典講究所長佐佐木伯爵の時局に対する講話』
『国学院雑誌』臨時増刊
「伯爵／佐々木／蔵書印」朱文方印

**視志小言　296**
塩谷世弘（宕陰）著
写　1冊（36丁）　和装　23.5cm × 15.6cm
(注)無何有書斉黒10行罫紙

『晩香慮記』『記与小川三平話』『鞭駘録小引』『録鞭駘録中話』『与山田琳卿書』を含む

### 十訓抄　297
摂陽　書堂礒野氏蔵版　享保6年（1721）
12冊　和装　22.2cm × 15.1cm
(注)「伯爵／佐々木／蔵書印」朱文方印

### 修身女訓 生徒用　298
末松謙澄 編纂
東京　精華舎　明治26年（1893）
4冊　和装　22.5cm × 14.6cm
(注)「伯爵佐／佐木家／蔵書印」朱文方印

### 修身説約 巻1・4・10　299
木戸麟 編纂
東京　原亮三郎　明治14年（1881）再版
3冊　和装　22.1cm × 14.4cm
(注)「佐々木／高志」白文方印

### 修身入門 教師用　300
末松謙澄 著
東京　精華舎　明治25年（1892）
1冊（前付4丁,本文24丁）　和装　22.4cm × 14.7cm
(注)「伯爵佐／佐木家／蔵書印」朱文方印

### 修身入門 生徒用　301
末松謙澄 著
東京　精華舎　明治25年（1892）
1冊（前付3丁,本文29丁）　和装　22.4cm × 14.6cm
(注)「伯爵佐／佐木家／蔵書印」朱文方印

### 修身宝典　302
松本貢 著
東京　済美館　明治26年（1893）
1冊（前付5頁,本文201頁）　洋装　22.0cm × 14.7cm
(注)外題書名：『勅語衍義 修身宝典』
「伯爵／佐々木／蔵書印」朱文方印

### 修養　303
新渡戸稲造 著
東京　実業之日本社　明治45年（1912）17版
1冊（前付20頁,本文622頁）　洋装　22.4cm × 16.2cm

### 松翁道話　304
〔布施矩道 著〕　八宮斎 輯
大阪　図書出版蔵版　明治25年（1892）再版
1冊（本文240頁,後付2頁）　和装　18.5cm × 12.3cm
(注)扉に「上河先生 鎌田先生 校閲」とあり
「伯爵／佐々木／蔵書印」朱文方印

### 小学修身経 尋常科生徒用 巻1～4　305
西村茂樹 校定　天野為之 謹輯
東京　冨山房蔵版　明治26年（1893）
4冊　和装　22.7cm × 15.1cm
(注)「伯爵／佐々木／蔵書印」朱文方印

### 小学修身経入門 尋常科生徒用　306
西村茂樹 校定　天野為之 謹輯
東京　冨山房蔵版　明治26年（1893）
1冊（本文13丁）　和装　22.8cm × 15.1cm
(注)「伯爵／佐々木／蔵書印」朱文方印

### 小学修身訓 教師用 巻之上・中・下　307
末松謙澄 著
東京　精華舎　明治25年（1892）
3冊　和装　22.6cm × 14.6cm
(注)「伯爵佐／佐木家／蔵書印」朱文方印

### 小学修身訓 巻之上・中・下　308
末松謙澄 著
東京　精華舎　明治25年（1892）
3冊　和装　22.5cm × 14.6cm
(注)外題書名：『末松氏 小学修身訓 生徒用』
「伯爵佐／佐木家／蔵書印」朱文方印

### 女子修身鑑 巻之1～4　309
中村正直 閲　山井道子 編述
東京　東条蔵版　明治24年（1891）
4冊　和装　23.0cm × 15.5cm
(注)「伯爵佐／佐木家／蔵書印」朱文方印

### 心学叢書 第1～5編　310
赤堀又次郎 校訂
東京　博文館蔵版　明治37年（1904）～38年（1905）
5冊　和装　22.7cm × 15.3cm
(注)「伯爵／佐々木／蔵書印」朱文方印

**進修社約述義** *311*
写　1冊（68丁）　和装　24.3cm × 16.8cm
(注)「伯爵佐／佐木家／蔵書印」朱文方印

**尋常小学修身書 第一～四学年教師用** *312*
文部省 編
東京　日本書籍　明治36年（1903）
4冊　洋装　22.1cm × 15.2cm
(注)「伯爵／佐々木／蔵書印」朱文方印

**尋常小学修身書 第二～四学年児童用** *313*
文部省 編
東京　日本書籍　明治36年（1903）
3冊　洋装　22.2cm × 14.7cm
(注)「伯爵／佐々木／蔵書印」朱文方印

**人道要論** *314*
鳥尾小弥太 述
東京　金港堂書籍　明治33年（1900）
1冊（本文54丁）　和装　23.0cm × 15.3cm

**成功の心得** *315*
九鬼隆一 口授　石川松渓 聴講速記
東京　金港堂書籍　明治38年（1905）
1冊（本文31頁）　洋装　21.6cm × 15.0cm
(注)非売品
明治39年1月1日付九鬼隆一添状（印刷）の貼り付けあり
「伯爵／佐々木／蔵書印」朱文方印

**世機 精神素養** *316*
中島蒿 著
刊　明治37年（1904）
1冊　洋装
(注)現在所在不明

**聖徳余聞** *317*
亀井忠一 編輯　東久世通禧 監修
東京　三省堂　明治39年（1906）
1冊（前付78頁, 本文194頁）　洋装　26.3cm × 19.2cm
(注)「佐佐木／行忠蔵／書之印」朱文方印

**聖諭大全 首巻・上・中・下巻** *318*
国家教育社 編

東京　大日本図書
明治33年（1900）～34年（1901）再版
4冊　洋装　22.2cm × 16.0cm
(注)上巻は明治25年刊(初版)
「伯爵佐／佐木家／蔵書印」朱文方印

**中等教育 聖諭之栞** *319*
湯本武比古 謹撰
東京　紅梅書屋　明治35年（1902）
1冊（前付23頁, 本文24頁）　和装　22.5cm × 14.9cm
(注)「伯爵／佐々木／蔵書印」朱文方印

**戦後ニ対スル斯道上ノ設備 ほか合綴** *320*
写　合綴1冊　和装　26.6cm × 18.7cm
(注)「伯爵佐／佐木家／蔵書印」朱文方印
【内容】
①池田由巳止 稿『戦後ニ対スル斯道上ノ設備ニ付』
　明治37年（1904）　9丁
　(注)皇典講究所長佐佐木高行伯爵宛
②早尾海雄 稿『大日本帝国臣民 微臣海雄謹テ』
　明治23年（1890）　2丁
　(注)佐佐木高行宛
　版心墨塗朱10行罫紙
③早尾海雄 稿『上殖産興業之議書』
　明治20年（1887）　4丁
　(注)版心墨塗朱10行罫紙
④早尾海雄 稿『祭厳君之神霊文』　2丁
　(注)版心墨塗朱10行罫紙
⑤宮地厳夫 謹稿『国体ノ義ニ付上申筆記』　32枚
　(注)無銘青13行罫紙
⑥『〔国体の字義に関する調書〕』　9丁
　(注)宮内省朱13行罫紙, 元老院橙13行罫紙

**治国修身録 上・下** *321*
岡〔田〕白駒 著
東京　明治堂　寛政5年（1793）跋
1冊（本文44丁）　和装　22.4cm × 15.9cm
(注)「伯爵／佐々木／蔵書印」朱文方印

**忠孝活論** *322*
井上円了 講述　本間酉水 手録
東京　哲学書院　明治26年（1893）
1冊（前付16頁, 本文98頁）　和装　18.1cm × 12.0cm
(注)「伯爵／佐々木／蔵書印」朱文方印

**明治三十七八年戦役 忠勇美譚 第1～5編　323**
教育総監部 編
東京　東京偕行社　明治40年（1907）
5冊　洋装　22.2cm×15.8cm
（注）「伯爵佐／佐木家／蔵書印」朱文方印

**勅語玄義　324**
田中巴之助（智学）謹述
神奈川県　師子王文庫　明治38年（1905）再版
1冊（本文48頁）　洋装　17.6cm×10.7cm
（注）表紙に「妙宗別刊 文字布教第一冊」とあり

**勅語私解 ほか合綴　325**
合綴1冊　和装　20.9cm×14.0cm
【内容】
①『勅語』
　刊　明治23年（1890）識語　19頁
　（注）「筒井明俊謹識」とあり
②『[教育勅語注釈]』
　寺田彦太郎 著
　静岡県　寺田彦太郎　明治30年（1897）　21頁
　（注）「伯爵／佐々木／蔵書印」朱文方印
③『女教一斑』
　華族女学校 編
　東京　華族女学校　明治29年（1896）
　73頁　20.9cm×14.0cm
　（注）非売品
　「伯爵／佐々木／蔵書印」朱文方印
④『日本女子大学校設立之趣旨』
　刊　15頁
　（注）「伯爵／佐々木／蔵書印」朱文方印
⑤『学習院教育要領』 上・下
　刊　明治23年（1890）序　103頁
　（注）「学習院学科一覧表」の挟み込みあり
　「伯爵／佐々木／蔵書印」朱文方印

**勅諭写　326**
刊　1冊（本文9丁）　和装　26.8cm×19.0cm
（注）「伯爵佐／佐木家／蔵書印」朱文方印

**勅諭演讃 ほか合綴　327**
合綴1冊　和装　17.1cm×12.0cm
（注）「伯爵／佐々木／蔵書印」朱文方印
【内容】

①『勅諭演讃』
　多田賢住 著
　東京　開導書院　無刊年　31頁
②『祝日祭典由来』
　内藤耻叟 謹述
　東京　青山清吉　鈴木正之助　明治24年（1891）
　47頁
③『家訓趣意書』
　大鳥圭介 述
　刊　明治20年（1887）　10頁
④『言語取調所方法書』
　言語取調事務所 編
　東京　黒田太久馬　明治21年（1888）序　20頁
⑤『高知県尋常中学校今後の方針（演説筆記）』
　千頭清臣 演説
　刊　〔明治26年（1893）〕　46頁
⑥『古典講習科開業演説案』
　小中村清矩 述
　刊　〔明治15年（1882）〕　15頁
⑦『酒の害』
　津田仙 著
　東京　佐々城豊寿　明治20年（1887）　40頁
⑧『頑癬毒之弁』
　小田耕作 述
　東京　小田耕作　明治17年（1884）　32頁
　（注）不販売

**つらつらふみ 君・臣の巻　328**
〔細井〕平洲 著
写　1冊（70丁）　和装　23.4cm×16.5cm
（注）『野芹』上・下を含む
『つらつらふみ』末尾に「壬戌之春正月 久留米 石梁主人重識」との墨書あり
「伯爵佐／佐木家／蔵書印」朱文方印
「湯本武／蔵書印」朱文方印

**手島道話　329**
手島堵庵 著　図書出版会 編輯　上河正揚 校
大阪　図書出版会　明治25年（1892）再版
1冊（本文304頁）　和装　18.5cm×12.4cm
（注）「伯爵／佐々木／蔵書印」朱文方印

**絵事空事 ほか合綴　330**
写　合綴1冊　和装　26.6cm×18.6cm
【内容】

①広井好脩 記『桃蹊家訓』 2丁
（注）「伯爵佐／佐木家／蔵書印」朱文方印
②橘大枝 述『絵そら事』 上・下巻 40丁
（注）「伯爵佐／佐々木／蔵書印」朱文方印
③『土陽政談』 18丁
④『土陽政要実記』 22丁
（注）慶応三年正月付の清孝なる者による識語あり
⑤『宇佐浦流船記』 12丁

### 道二翁前訓　331
〔中沢道二 述〕 浅井きを女 聞書
参前舎蔵版　天明9年（1789）聞書
1冊（本文14丁）　和装　22.6cm × 15.4cm
（注）2部存す
「伯爵／佐々木／蔵書印」朱文方印

### 日支両国ノ国体ノ異同 ほか合綴　332
写　合綴1冊　和装　24.3cm × 16.6cm
（注）「伯爵佐／佐木家／蔵書印」朱文方印
【内容】
①加藤弘之 著『日支両国ノ国体ノ異同（太陽第五巻第六号）』 11丁
②龍山学人 著『神社協会ノ桐屋主人ニ』 9丁
③龍山学人 著『再ビ法学士桐屋主人ニ』 10丁
④井上哲次郎 著『近時ノ倫理問題ニ対スル意見（太陽第九巻第六号）』 54丁
⑤大町桂月 著『我国道徳ノ過去及ビ将来』 21丁

### 二宮翁夜話 巻之1～5　333
福住正兄 筆記
静岡県　報徳社蔵版　明治17年（1884）～20年（1887）
5冊　和装　22.8cm × 14.9cm
（注）「伯爵／佐々木／蔵書印」朱文方印
「伯爵佐／佐木家／蔵書印」朱文方印

### 日本主義国教論　334
木村鷹太郎 著
東京　開発社　明治32年（1899）2版
1冊（前付46頁,本文254頁）　和装　21.7cm × 14.5cm
（注）「伯爵佐／佐木家／蔵書印」朱文方印

### 日本道徳原論 巻上・下　335
野中準 謹述

東京　松成堂　明治21年（1888）
2冊　和装　22.7cm × 14.8cm
（注）「伯爵／佐々木／蔵書印」朱文方印
「伯爵佐／佐木家／蔵書印」朱文方印

### 日本道徳論　336
西村茂樹 演説
東京　西村金治　明治20年（1887）
1冊（前付2丁,本文100丁）　和装　20.3cm × 12.8cm
（注）「伯爵／佐々木／蔵書印」朱文方印

### 日本武士道　337
三神礼次開雲 著　内藤耻叟 校閲
東京　三神家満　明治32年（1899）
1冊（前付4頁,本文243頁,後付51頁）
洋装　26.8cm × 18.8cm
（注）「伯爵佐／佐木家／蔵書印」朱文方印

### 日本倫理談 ほか合綴　338
合綴1冊　和装　18.5cm × 12.4cm
（注）「伯爵／佐々木／蔵書印」朱文方印
【内容】
①『日本倫理談』
　飯山正秀 謹述　藤井庄一郎 編輯
　東京　藤井庄一郎　明治28年（1895）　67頁
②『日本弘道会大意』
　西村茂樹 述
　東京　吉川半七　明治22年（1889）　48頁
③『二宮翁御遺訓 附道歌集』
　石井伊兵衛 編輯
　神奈川県　石井伊兵衛　明治28年（1895）　10丁
　（注）非売品
④『公衆之道徳』 37頁

### 日本倫理要論　339
有馬祐政 著述
東京　冨山房　明治40年（1907）3版
1冊（前付8頁,本文176頁）　洋装　22.1cm × 14.9cm
（注）遊び紙に「謹呈佐佐木伯爵閣下　有馬祐政」との朱書あり
「伯爵佐／佐木家／蔵書印」朱文方印

### 万国亀鑑 巻1～3・8・23～24　340
石川利之 著
東京　石川氏蔵版　明治16年（1883）

3冊　和装　22.2cm × 14.8cm
(注)「伯爵佐／佐木家／蔵書印」朱文方印

### 現代大家 武士道叢論　*341*
秋山梧庵 編
東京　博文館　明治38年（1905）
1冊（前付10頁,本文498頁,後付2頁）
洋装　22.1cm × 15.7cm
(注)「伯爵／佐々木／蔵書印」朱文方印

### 闢邪小言評　*342*
古義軒醜翁（鹿持雅澄）著　〔鹿持〕雅賀 訂
写　1冊（10丁）　和装　23.6cm × 16.8cm
(注)「伯爵佐／佐木家／蔵書印」朱文方印

### 戊申詔書衍義　*343*
建部遯吾 著
東京　同文館　明治42年（1909）4版
1冊（前付8頁,本文206頁）洋装　22.7cm × 15.4cm
(注)「侯爵／佐々木／蔵書印」朱文方印
「侯爵佐／佐木家／蔵書印」朱文方印

### 戊申詔書講義　*344*
佐伯有義 謹述
東京　忍舎蔵版　明治42年（1909）4版
1冊（前付7頁,本文76頁,後付37頁）
和装　22.4cm × 15.0cm
(注)「侯爵佐／佐木家／蔵書印」朱文方印

### 御国の光 ほか合綴　*345*
合綴1冊　和装　21.7cm × 14.3cm
(注)「伯爵／佐々木／蔵書印」朱文方印
【内容】
①『御国の光』
　喜多文之助 謹撰
　東京　成功堂　明治33年（1900）3版
　112頁
　(注)『教育勅語述義』を含む
②『九条節子姫』
　喜多文之助 謹撰
　東京　成功堂　明治33年（1900）3版
　45頁
　(注)『菊桐の御紋章』を含む

### 明治孝節録 巻1～4　*346*
近藤芳樹 編輯
東京　宮内省蔵版　明治10年（1877）
4冊　和装　22.8cm × 15.4cm
(注)「伯爵佐／佐木家／蔵書印」朱文方印

### 明治聖勅集　*347*
小中村清矩等 校閲　佐村八郎 纂述
東京　六合館書店　明治28年（1895）
1冊（前付29頁,本文263頁,後付4頁）
洋装　22.8cm × 15.7cm
(注)「伯爵／佐々木／蔵書印」朱文方印

### 明治のをしへ　*348*
福羽美静 述
東京　福羽読書堂　明治32年（1899）
1冊（前付3頁,本文50頁）　和装　21.8cm × 14.6cm
(注)非売品
附録『風俗』を含む
「伯爵／佐々木／蔵書印」朱文方印

### 大和魂　*349*
天然逸人（桑原敏郎）著
東京　開発社　明治37年（1904）
1冊（本文100頁）　洋装　14.9cm × 10.6cm

### 日本魂原解　*350*
山本比呂伎 述
新潟県　山本比呂伎　明治32年（1899）
1冊（本文38丁）　和装　23.2cm × 14.9cm
(注)「伯爵／佐々木／蔵書印」朱文方印

### 幼学綱要 巻之1～7　*351*
元田永孚 著
東京　宮内省蔵版　明治16年（1883）再版
7冊　和装　23.3cm × 15.6cm
(注)「伯爵／佐々木／蔵書印」朱文方印
「伯爵佐／佐木家／蔵書印」朱文方印

### 楽訓 巻之上・下　*352*
益軒貝原篤信 書
安政3年（1856）生野順作 写
1冊（43丁）　和装　26.6cm × 20.0cm
(注)生野順作旧蔵

教育　37

巻之上の末尾に貼紙1枚(明治28年3月26日付)あり
公田連太郎宛の山石惣太郎の葉書1枚(明治28年6月26日消印)
挟み込みあり
「伯爵／佐々木／蔵書印」朱文方印
「伯爵佐／々木家／蔵書印」朱文方印
「生野／図書」白文方印
「一善／堂蔵」白文方印
「生立／之印」白文方印
「愚／太」朱文方印

### 歴朝詔勅録 下　353
荒城重雄 編
東京　荒城重雄　明治26年（1893）
1冊（本文296頁）　和装　22.7cm×15.6cm
(注)「神宮教院／文庫之章」朱文方印

### 歴朝聖訓　354
高橋龍雄 謹撰　井上哲次郎 校閲
東京　同文館蔵版　明治23年（1890）
1冊（前付14頁,本文202頁,後付38頁）
和装　22.5cm×14.9cm

### 日本武士道史　355
蜷川龍夫 編
東京　博文館蔵版　明治40年（1907）
1冊（前付17頁,本文352頁）　洋装　23.0cm×15.2cm
(注)「伯爵佐／々木家／蔵書印」朱文方印

### 日本倫理学史　356
大江文城 著
東京　開発社　明治39年（1906）
1冊（前付14頁,本文677頁）　洋装　22.6cm×15.3cm
(注)「伯爵佐／々木家／蔵書印」朱文方印

### 日本倫理史　357
有馬祐政 著
東京　博文館　明治42年（1909）
1冊（前付9頁,本文290頁）
洋装　22.5cm×15.4cm（帝国百科全書 第192編）
(注)扉に「謹呈　祐政」とのペン書あり
「侯爵佐／々木家／蔵書印」朱文方印

### 日本倫理史稿　358
湯本武比古, 石川岩吉 共編
東京　開発社　明治34年（1901）
1冊（前付27頁,本文926頁）　洋装　22.0cm×15.6cm

(注)「伯爵／佐々木／蔵書印」朱文方印

### 日本倫理史要　359
湯本武比古, 石川岩吉 共編
東京　開発社　明治42年（1909）
1冊（前付24頁,本文640頁）　洋装　22.6cm×15.7cm
(注)遊び紙に「寄贈者弐名」との墨書あり
「侯爵佐／々木家／蔵書印」朱文方印

### 致知啓蒙　第1・2巻　360
西周 著
東京　甘寝舎　明治7年（1874）
2冊　和装　22.1cm×15.0cm
(注)「伯爵／佐々木／蔵書印」朱文方印
「駿河台／佐々木／蔵書印」朱文方印

### 論理学 巻之1～4　361
千頭清臣 謹述
東京　敬業社　明治23年（1890）～24年（1891）
3冊　洋装　21.5cm×14.0cm
(注)巻之3・4の234頁と235頁の間に佐佐木高美自筆と思しき墨書覚書の狭み込みあり
「伯爵／佐々木／蔵書印」朱文方印
「伯爵佐／々木家／蔵書印」朱文方印

### 論理学講義　362
〔東京　東京文学院〕
2冊　和装　20.3cm×13.1cm
(注)「伯爵／佐々木／蔵書印」朱文方印
【内容】
東京文学院第一年級講義録（千頭清臣 謹述『論理学講義』, 福富孝季 述『心理学講義』, 国府寺新作 口演『史学講義』, 中村忠雄 述『法学通論』, 菊池熊太郎 述『理学』, 加藤弘之 演説『東京女学院ノ開院式ニ臨テ』, 畠山建 述『日本文法』, 福富孝季 講述『史学（近世史）』）

### 論理学入門　363
千頭清臣 謹述
東京　敬業社　明治23年（1890）
1冊（前付3頁,本文134頁）　洋装　21.5cm×14.4cm

実地教育論抄訳　*364*
(英) エッジウォース 著　(日) 徳大寺公弘 訳
写　1冊 (89丁)　和装　25.6cm × 17.7cm
(注)(孛) ハウスクネヒット著『皇子教育方案』を含む

学否弁論　*365*
〔山内規重 著〕
写　1冊 (9丁)　和装　26.1cm × 18.5cm
(注)「伯爵佐／佐木家／蔵書印」朱文方印

旧膳所藩学制　*366*
杉浦重文 編纂　杉浦重剛 補修
東京　杉浦重剛　明治34年 (1901)
1冊 (前付3丁, 本文25丁, 後付15丁)
和装　23.3cm × 15.5cm
(注)『遵義堂図書目録』を含む

井上毅君教育事業小史　*367*
木村匡 編
東京　安江正道　明治28年 (1895)
1冊 (前付15頁, 本文188頁)　和装　18.6cm × 12.5cm
(注)「伯爵／佐々木／蔵書印」朱文方印

教育辞典　*368*
木村一歩 編纂
東京　博文館　明治26年 (1893)
1冊 (前付15頁, 本文863頁, 後付52頁)
洋装　25.9cm × 20.1cm

教育と宗教の衝突　*369*
井上哲次郎 著
東京　敬業社　明治26年 (1893)
1冊 (前付12頁, 本文183頁)　和装　18.2cm × 12.1cm
(注)「伯爵佐／佐木家／蔵書印」朱文方印

教育之大本　*370*
稲垣満次郎 著
東京　哲学書院　明治25年 (1892)
1冊 (本文133頁)　和装　21.2cm × 14.2cm
(注)「伯爵／佐々木／蔵書印」朱文方印

御教育方針　*371*
〔明治26年 (1893)〕写
1冊 (34丁)　和装　23.5cm × 15.7cm
(注)372の写し
「伯爵／佐々木／蔵書印」朱文方印

御教育方針　*372*
〔明治26年 (1893)〕写
1冊 (63丁)　和装　28.2cm × 20.5cm
(注)371に写しあり
「伯爵／佐々木／蔵書印」朱文方印

実業教育及倫理教育　*373*
玉利喜造 著
刊　明治37年 (1904) 序
1冊 (本文37頁)　洋装　22.4cm × 16.0cm
(注)表紙に著者名刺の貼り付けあり

小学校教科書事件善後策につきて　*374*
学制研究会 著
刊　〔明治36年 (1903)〕
1冊 (本文28頁)　洋装　22.0cm × 14.6cm
(注)外題書名：『小学校教科書事件善後策調査』

昌平志　巻1〜5　*375*
犬冢遜 著
写　2冊 (①131丁②170丁)　和装　26.0cm × 18.4cm
(注)「伯爵／佐々木／蔵書印」朱文方印
「伯爵佐／佐木家／蔵書印」朱文方印

女子教育　*376*
成瀬仁蔵 著述
東京　青木恒三郎　明治29年 (1896)
1冊 (前付16頁, 本文254頁)　和装　21.0cm × 14.2cm
(注)「伯爵／佐々木／蔵書印」朱文方印

精神教育参考書　*377*
依田美狭古 編纂　小笠原長生 校閲
神奈川県　水交支社福嶋増之助　明治34年 (1901)
1冊 (前付64頁, 本文712頁, 後付3頁)
洋装　22.5cm × 15.7cm
(注)扉・奥付に「横須賀鎮守府編纂」とあり
「伯爵／佐々木／蔵書印」朱文方印

全国教育者大集会報告　第1・2巻　*378*
刊　明治23年 (1890)

1冊（本文258頁, 後付166頁）　和装　21.4cm × 14.4cm
(注)外題書名：『大日本教育会雑誌号外』
「伯爵／佐々木／蔵書印」朱文方印

### 全国連合教育会議事速記録　379
帝国教育会 編
刊　〔明治31年（1898）〕
1冊（本文157頁）　和装　22.2cm × 14.7cm

### 菊池前文相演説 九十九集　380
田所美治 編纂
東京　大日本図書　明治36年（1903）
1冊（前付47頁, 本文567頁）　洋装　23.0cm × 16.1cm
(注)「伯爵佐／佐木家／蔵書印」朱文方印

### 帝国教育会講演集　381
帝国教育会 編
東京　帝国教育会　明治41年（1908）
1冊（前付1頁, 本文38頁）　洋装　22.1cm × 14.6cm
(注)「伯爵佐／佐木家／蔵書印」朱文方印

### 帝国六大教育家 附名家叢談　382
全国教育家大集会 編
東京　博文館　明治40年（1907）再版
1冊（前付4頁, 本文280頁）　洋装　22.3cm × 15.1cm
(注)「伯爵佐／佐木家／蔵書印」朱文方印

### 天台道士教育論纂　383
渡辺元吉, 草川清 編
東京　敬業社　明治23年（1890）
1冊（前付7頁, 本文214頁）　洋装　22.0cm × 14.6cm
(注)遊び紙に「謹呈 杉浦重剛」との墨書あり
「伯爵／佐々木／蔵書印」朱文方印

### 東京市学事一班　384
東京市役所総務部教育課 編纂
東京　多田栄次　明治36年（1903）
1冊（前付7頁, 本文141頁）　洋装　25.9cm × 17.6cm
(注)外題書名：『東京市学事一班 第二回』

### 東京府学事 第二十九年報　385
東京府内務部第三課 編纂
東京　小川邦孝　明治36年（1903）

1冊（前付5頁, 本文105頁）　洋装　25.1cm × 17.9cm
(注)外題書名：『東京府学事第二十九年報 明治三十四年』

### 日本遊学指南　386
(清)　章宗祥 記
刊　光緒27年（1901）序
1冊（前付3丁, 本文27丁）　和装　24.6cm × 14.9cm

### 藩閥之将来 附教育之大計　387
外山正一 著
東京　博文館蔵版　明治32年（1899）
1冊（前付2頁, 本文124頁, 後付20頁）
洋装　22.7cm × 15.1cm

### 碧海学説　388
内藤正直（耻叟）著
東京　内藤耻叟　明治30年（1897）
1冊（本文17丁）　和装　19.8cm × 13.6cm

### 和蘭学制 巻1・2　389
内田正雄 訳
官版　東京　開成学校　明治2年（1869）序
2冊　和装　22.5cm × 15.5cm
(注)「駿河台／佐々木／蔵書印」朱文方印

### 学制 1・2編　390
文部省 編
刊　合綴1冊（115丁）　和装　21.4cm × 14.5cm
(注)外題書名：『学制 明治五年』
「伯爵佐／佐木家／蔵書印」朱文方印

### 大日本帝国文部省 第十九年報　391
文部大臣官房報告課 編
東京　橘磯吉　明治26年（1893）
1冊（前付4頁, 本文155頁）　洋装　25.4cm × 18.7cm
(注)「伯爵／佐々木／蔵書印」朱文方印

### 米国学校法 上・下　392
文部省 編
東京　文部省　明治11年（1878）
2冊　洋装　18.7cm × 13.8cm
(注)「伯爵／佐々木／蔵書印」朱文方印

文部省年報　*393*

刊　14 冊

【内容】

1,『文部省第一年報』

　1 冊（前付 3 丁, 本文 180 丁, 後付 2 丁）

　　和装　24.8cm × 16.7cm

　（注）外題書名:『文部省第一年報 明治六年』
　「伯爵 / 佐々木 / 蔵書印」朱文方印

2,『文部省第二年報』

　1 冊（前付 3 頁, 本文 479 頁）　和装　25.0cm × 17.8cm

　（注）外題書名:『文部省第二年報 明治七年』
　「伯爵 / 佐々木 / 蔵書印」朱文方印

3,『文部省第二年報統計表』

　1 冊（本文 781 頁）　和装　24.9cm × 17.8cm

4,『文部省第三・五・七年報』

　合綴 1 冊（200 頁）　和装　21.3cm × 14.8cm

　（注）3 冊を 1 冊に合綴
　「伯爵 / 佐々木 / 蔵書印」朱文方印

5,『文部省第三年報』

　2 冊　洋装　26.1cm × 19.8cm

　（注）外題書名:『文部省第三年報 明治八年』
　「伯爵 / 佐々木 / 蔵書印」朱文方印

6,『文部省第四年報』

　1 冊（前付 2 頁, 本文 447 頁）　洋装　26.1cm × 19.7cm

　（注）外題書名:『文部省第四年報 明治九年 第一冊』
　「伯爵 / 佐々木 / 蔵書印」朱文方印

7,『文部省第五年報』

　2 冊　洋装　25.9cm × 19.4cm

　（注）外題書名:『文部省第五年報 明治十年』
　「伯爵 / 佐々木 / 蔵書印」朱文方印

8,『文部省第六年報』

　1 冊（前付 2 頁, 本文 474 頁）　洋装　26.0cm × 19.6cm

　（注）外題書名:『文部省第六年報 明治十一年』
　「伯爵 / 佐々木 / 蔵書印」朱文方印

9,『文部省第七年報』

　1 冊（前付 3 頁, 本文 529 頁）　洋装　26.1cm × 19.2cm

　（注）外題書名:『文部省第七年報 明治十二年』
　「伯爵 / 佐々木 / 蔵書印」朱文方印

10,『文部省第八年報』

　1 冊（前付 5 頁, 本文 631 頁）　洋装　25.8cm × 19.2cm

　（注）外題書名:『文部省第八年報 明治十三年』
　扉と序の間に「佐々木参議殿　福岡文部卿 送呈」との謹呈用紙の挟み込みあり
　「伯爵 / 佐々木 / 蔵書印」朱文方印

11,『文部省第九年報』

　明治 16 年（1883）序

　1 冊（前付 6 頁, 本文 1023 頁）　洋装　25.7cm × 19.5cm

　（注）外題書名:『文部省第九年報 明治十四年』
　「伯爵 / 佐々木 / 蔵書印」朱文方印

12,『文部省第十年報』

　明治 17 年（1884）序

　1 冊（前付 6 頁, 本文 1126 頁）　洋装　25.7cm × 20.1cm

　（注）外題書名:『文部省第十年報 明治十五年』
　「伯爵 / 佐々木 / 蔵書印」朱文方印

13,『文部省第十一年報』

　明治 18 年（1885）序

　1 冊（前付 3 頁, 本文 122 頁）　和装　24.5cm × 17.4cm

　（注）外題書名:『文部省第十一年報 明治十六年』
　「伯爵 / 佐々木 / 蔵書印」朱文方印

14,『文部省第十七年報』

　明治 23 年（1890）序

　1 冊（前付 5 頁, 本文 169 頁）　洋装　25.3cm × 18.7cm

　（注）外題書名:『文部省第十七年報（明治二十二年分）』
　「伯爵 / 佐々木 / 蔵書印」朱文方印

理事功程　1 〜 15 巻　*394*

文部省 編

東京　山中市兵衛　明治 6 年（1873）〜 8 年（1875）

15 冊　和装　22.2cm × 15.0cm

（注）「伯爵佐 / 佐木家 / 蔵書印」朱文方印

【内容】

1・2 巻『合衆国』, 3 〜 6 巻『仏国』, 7 巻『仏国・白耳義国』, 8 〜 11 巻『独乙国』, 12 巻『和蘭国』, 13・14 巻『瑞士国』, 15 巻『瑞士国・連国・魯国』

工部大学校学課並諸規則　*395*

刊　明治 16 年（1883）〜 19 年（1886）

合綴 1 冊（464 頁）　和装　22.5cm × 15.0cm

（注）3 冊を 1 冊に合綴
「伯爵 / 佐々木 / 蔵書印」朱文方印

工部大学校第一・二年報　*396*

刊　明治 16 年（1883）〜 17 年（1884）

合綴 1 冊（338 頁）　和装　23.0cm × 15.0cm

（注）2 冊を 1 冊に合綴
「伯爵 / 佐々木 / 蔵書印」朱文方印

帝国大学一覧　*397*

帝国大学 編纂

東京　帝国大学　明治 24 年（1891）

1 冊（前付 5 頁, 本文 488 頁, 後付 7 頁, 表 7 枚）

和装　19.2cm × 13.0cm

（注）「伯爵 / 佐々木 / 蔵書印」朱文方印

### 東京外国語学校一覧　*398*
刊　3冊　和装　19.2cm × 13.2cm
(注)内容は明治15～18年
「伯爵／佐々木／蔵書印」朱文方印

### 東京大学医学部一覧　*399*
東京大学医学部 編纂
東京　丸家善七　明治15年（1882）～17年（1884）
合綴2冊　和装　19.7cm × 12.9cm
(注)4冊を2冊ずつに合綴
「伯爵／佐々木／蔵書印」朱文方印

### 東京大学一覧略表　*400*
刊　1枚　48.8cm × 63.7cm（折りたたみ 24.4cm × 16.1cm）
(注)外題書名:『東京大学一覧略表 明治十四・五年』

### 東京大学法理文三学部一覧　*401*
東京大学法理文三学部 編纂
東京　丸家善七　明治15年（1882）～17年（1884）
合綴2冊　和装　19.7cm × 12.9cm
(注)外題書名:『東京大学法理文学部一覧 従十六年至十七年』
4冊を2冊ずつに合綴
「伯爵／佐々木／蔵書印」朱文方印

### 東京大学予備門一覧　*402*
東京大学予備門 編纂
東京　丸家善七　明治15年（1882）～17年（1884）
1冊（前付3頁,本文197頁）　和装　19.7cm × 12.8cm
(注)3冊を1冊に合綴
「伯爵／佐々木／蔵書印」朱文方印

### 明治二十四年十一月発布学事法令説明書　*403*
文部省普通学務局 編
刊　明治24年（1891）
1冊（前付4頁,本文158頁）　和装　21.2cm × 14.3cm
(注)「伯爵／佐々木／蔵書印」朱文方印

### ふし　1～5・上・中・下・聞書　*404*
写　9冊　和装　25.2cm × 15.4cm
(注)「伯爵／佐々木／蔵書印」朱文方印

### 華族女学校規則　*405*
刊　1冊（本文11頁）　洋装　21.6cm × 14.9cm
(注)表紙に「明治二十六年八月改正」とあり
『授業料及保育料規定』（明治34年4月華族女学校）の挟み込みあり

### 国定教科書編纂趣意書・追加　*406*
文部省 編
2冊
【内容】
1,『国定教科書編纂趣意書』
　東京　高島孝三郎　明治37年（1904）
　1冊（本文101頁,後付4頁）　洋装　22.0cm × 14.6cm
　(注)「伯爵／佐々木／蔵書印」朱文方印
2,『高等小学読本編纂趣意書』
　東京　大西錬三郎　明治37年（1904）
　1冊（本文23頁,後付1頁）　和装　21.9cm × 14.5cm
　(注)外題書名:『国定教科書編輯趣意書追加』
　『高等小学書キ方手本編纂趣意書』を含む
　「伯爵／佐々木／蔵書印」朱文方印

### 中等教育私議　*407*
勝浦鞆雄 著
東京　吉川半七　明治25年（1892）
1冊（前付2頁,本文68頁）　和装　18.5cm × 12.1cm
(注)「伯爵／佐々木／蔵書印」朱文方印

### 東京府立第一中学校沿革誌　*408*
東京府第一中学校 編
東京　石川金太郎　明治36年（1903）
1冊（本文58頁,後付28頁）　洋装　22.1cm × 15.4cm
(注)非売品
『正誤表』『東京府立第一中学校創立二十五年記念式次第』『記念の行進曲』（計3枚）の挟み込みあり

### 普通教育ニ対スル希望　*409*
勝浦鞆雄 述
東京　冨山房　明治29年（1896）
1冊（前付2頁,本文97頁）　和装　18.4cm × 12.3cm
(注)「伯爵／佐々木／蔵書印」朱文方印

### 文部省直轄大坂中学校一覧　*410*
文部省直轄大坂中学校 編纂
刊　明治17年（1884）
1冊（本文200頁）　和装　19.2cm × 13.1cm
(注)「伯爵／佐々木／蔵書印」朱文方印

# 歴 史・伝 記

史学会論叢 第1輯 411
史学会 編纂
東京 史学会 明治37年（1904）
1冊（前付16頁,本文691頁,図版5枚）
洋装 22.5cm × 16.0cm
(注)「伯爵／佐々木／蔵書印」朱文方印
「伯爵佐／佐木家／蔵書印」朱文方印

管見年録 412
竹舎主人（稲葉新六）編集
天保13年（1842）写
1冊（53丁） 和装 23.0cm × 16.3cm
(注)外題書名：『続泰平年表稿 管見年録 全』
小口書名：『年表稿本 全』
巻末に大谷木醇堂の識語あり
「富岳南／三好印」朱文方印（抹消）
「三好」朱文円印（抹消）
「不朽亭」朱文長方印
「大谷／木猛」朱文方印〔大谷木醇堂の印〕

近世歴史綱領 413
史談会 編
東京 史談会 無刊年
1冊（本文43頁） 和装 21.5cm × 14.6cm
(注)天保2年から明治4年までの記事
末尾に『史談会紀事』15頁を付す
「伯爵佐／佐木家／蔵書印」朱文方印

古史対照年表 414
井上頼圀 著 大関克 校
写 1冊（90丁） 和装 26.7cm × 19.2cm
(注)『古史対照年表緒言』23丁および『古史対照年表付言』41丁を含む
「侯爵佐／佐木家／蔵書印」朱文方印

増補訓点 四裔編年表 1～6 415
（美）林楽知（ヤング・ジョン・アーレン）訳
（支）厳良勲,李鳳苞 原編 （日）広瀬乗信 補纂
東京 広瀬乗信 明治12年（1879）
1冊（前付4頁,本文467頁）
洋装 24.1cm × 17.0cm

(注)「伯爵佐／佐木家／蔵書印」朱文方印

新撰年表 416
清宮秀堅 著
佐倉順天堂蔵版 無刊年
1冊（前付11丁,本文47丁,後付1丁）
和装 25.8cm × 17.7cm
(注)「伯爵佐／佐木家／蔵書印」朱文方印
「駿河台／佐々木／蔵書印」朱文方印

古今人物年表 天・地 417
早川蒼淵 著 井上頼圀,関藤成緒 校正
松石山房蔵版 東京 丸善書店 明治33年（1900）
2冊 和装 22.7cm × 15.6cm
(注)「伯爵佐／佐木／蔵書印」朱文方印

新撰 和漢洋年契 418
河村貞山 編次
文求堂蔵版 明治19年（1886）
1冊（前付4丁,本文48丁） 洋装 18.7cm × 14.0cm
(注)背の書名：『世界之宝』
「伯爵佐／佐木家／蔵書印」朱文方印

武家必擥 泰平年表 419
忍屋隠士（大野広城）謹輯
忍屋隠士蔵版 無刊年
1冊（前付2丁,本文119丁） 和装 17.0cm × 12.0cm
(注)本文中に他筆朱書あり
「伯爵佐／佐木家／蔵書印」朱文方印

泰平年表 1～7編 420
忍屋隠士（大野広城）,竹舎主人（稲葉新六） 編輯
写 40冊 和装 26.3cm × 19.8cm
(注)1冊目前付に明治30年の佐佐木高行自筆識語,明治29年の東照宮祢林昇自筆跋並びに同主典竹内帯陵自筆識語あり
泰平年表5冊（天文11年～天保8年）,続泰平年表35冊（寛政5年～文久4年）
5・6編本文鼇頭に佐佐木高行自筆朱書あり
本文中に林昇,竹内帯陵の校語（墨・朱）多数あり
「伯爵佐／佐木家／蔵書印」朱文方印
「南□□／水越氏」朱文長方印

異本 太平年表  *421*

写  4冊  和装  26.1cm × 19.6cm

(注)書名は外題による
「伯爵佐／佐木家／蔵書印」朱文方印


新撰東西年表  *422*

井上頼圀, 大槻如電 合撰

東京  吉川半七  明治31年（1898）

1冊（前付2丁, 本文44丁, 後付9丁）

和装  26.1cm × 18.1cm

(注)「伯爵／佐々木／蔵書印」朱文方印
「伯爵佐／佐木家／蔵書印」朱文方印


沿革考證 日本讀史地図 附略説  *423*

河田羆等 著

東京  冨山房  明治34年（1901）4版

1冊（前付3丁, 彩色図52枚）洋装  27.0cm × 20.2cm

(注)「伯爵／佐々木／蔵書印」朱文方印


和漢年契  *424*

蘆屋山人（高安蘆屋）著

大坂  葛城宣英堂蔵版  無刊年

1冊（前付6丁, 本文48丁, 後付1丁）

和装  25.6cm × 18.0cm

(注)「伯爵／佐々木／蔵書印」
「中村氏／蔵書印」墨陽長方印


馭戎論 一名 千世の神風  *425*

平田延篤 著

写

(注)現在所在不明


近世諸家史論抄 巻1～6  *426*

飯田直 輯

東京  青黎閣蔵梓  明治11年（1878）

6冊  和装  22.4cm × 15.1cm

(注)「伯爵佐／佐木家／蔵書印」朱文方印


皇国古史紀年考 上巻  *427*

蘆廼屋徳明 撰

写  1冊（39丁）  和装  23.1cm × 15.6cm


考古日本  *428*

細川潤次郎 著  三輪義方 校

吾園蔵板  東京  細川潤次郎  明治22年（1889）

1冊（前付6丁, 本文47丁）  和装  23.0cm × 14.8cm

(注)「伯爵佐／佐木家／蔵書印」朱文方印
「佐々木／蔵書印」朱文長方印


国史学の栞  *429*

小中村清矩 述

東京  吉川半七  明治28年（1895）

1冊（前付13頁, 本文136頁, 後付2頁, 図版1枚）

和装  22.7cm × 15.2cm

(注)非売品
「伯爵／佐々木／蔵書印」朱文方印


国史大辞典挿絵及年表  *430*

萩野由之 監修  八代国治等 編纂

東京  吉川弘文館  明治41年（1908）

1冊（前付14頁, 年表220頁, 図版85枚）

洋装  25.7cm × 19.3cm

(注)「伯爵佐／佐木家／蔵書印」朱文方印


国史の研究 巻1～4  *431*

瓜生寅 撰

東京  吉川弘文館  明治40年（1907）

1冊（前付2頁, 本文293頁）  洋装  22.0cm × 15.1cm

(注)2部存す
巻末に「明治40年10月28日」付「大宮先醒」宛「西村半兵衛」発書状を添付
「伯爵佐／佐木家／蔵書印」朱文方印
「侯爵／佐々木／蔵書印」朱文方印
「侯爵佐／佐木家／蔵書印」朱文方印


鎖国論 上・下  *432*

（蘭）検夫爾（ケンペル）著

（日）志筑忠雄 訳

写  1冊（82丁）  和装  24.5cm × 17.0cm

(注)原題は『ベシケレイヒンギハシャッパン』
「伯爵／佐々木／蔵書印」朱文方印


史籍集覧  *433*

近藤瓶城 編

東京  近藤瓶城, 近藤圭造

明治14年（1881）～18年（1885）

460冊  和装  18.2cm × 12.2cm

(注)「伯爵／佐々木／蔵書印」朱文方印

「伯爵佐／佐木家／蔵書印」朱文方印
【内容】
 1，近藤瓶城 著『史籍集覧総目解題』1冊
 2～9，『扶桑略記抄節本』8冊
 10・11，『神皇正統録』2冊
 12・13，『神明鏡』2冊
 14～23，『一代要記』10冊
 24・25，『十三代要略』2冊
 26・27，屋代弘賢 校正『水鏡』2冊
 28～32，屋代弘賢 校正『大鏡・水鏡』合5冊(31欠)
 33～36，屋代弘賢 校正『増鏡』4冊
 37～52，『校本栄花物語』,『栄花物語　系図』,伴信友 著『栄花物語考』合16冊
 53～58，『校本続世継』6冊
 59・60，〔荒木田麗女 著〕『月のゆくへ』2冊
 61～64，〔荒木田麗女 著〕『池のもくす』4冊
 65・66，『宇多天皇実録』2冊
 67～77，〔遠山信春 著〕『総見記』11冊
 78・79，『北條九代記』2冊
 80～125，今井弘済校訂，内藤貞顕 重校『参考源平盛衰記』46冊
 126・127，桜『南方紀伝』2冊
 128，『桜雲記』1冊
 129～144，大岬公弼編『南山巡狩録，付録南山巡狩録追加，南山巡狩録追加，南山遺草』合16冊
 145～153，『応仁前記』,『応仁広記』,『応仁後記』,『続応仁後記』合9冊
 154～163，小瀬甫菴 輯録『太閤記』10冊
 164～192，成島司直 改撰，塚本明毅校正『改正三河後風土記』29冊
 193～201，〔槇嶋昭武 著〕『関八州古戦録』9冊
 202～206，三浦常心 著『北條五代記』5冊
 207，多々良一龍 編『雲州軍話』1冊
 208～211，『安西軍策』4冊
 212～216，『浅井三代記』5冊
 217～220，『朝倉始末記』4冊
 221・222，井沢長秀 輯『菊池伝記』2冊
 223～233，『歴代鎮西要略』11冊
 234・235，『校本鎌倉大草紙』2冊
 236・237，『肥陽軍記』2冊
 238～244，長林樵隠 著『豊薩軍記』7冊
 245～253，香西成資 輯述『南海治乱記』9冊
 254～256，香西成資 輯述『南海通記』3冊
 257～272，戸部一憨斎 著『奥羽永慶軍記』16冊

273，『将門純友東西軍記』,『泰衡征伐物語』合1冊
274・275，『承久兵乱記』,『竹崎五郎絵詞』,『舟上記』合2冊
276，『永享記』,『永享後記』,『上杉憲実記』合1冊
277，『嘉吉物語』,『長禄記』,『応仁乱消息』合1冊
278，『細川勝元記』,『官地論』,『長享年後畿内兵乱記』合1冊
279，下村五郎左衛門入道崇福 著『細川大心院記』,『瓦林政頼記』,〔祖看 著〕『道家祖看記』,〔立入宗継 著〕『立入左京亮入道隆佐記』合1冊
280・281，『豊内記』2冊
282，『佐久間軍記』1冊
283，『賎嶽合戦記』1冊
284，大村由巳 著『惟任退治記』,同著『紀州御発向之事』,同著『四国御発向並北国御動座事』,同著『任官之事』,桑原弥左衛門 著『本山豊前守安政父子戦功覚書』合1冊
285，牧丞太夫 著『細川忠興軍功記』1冊
286，『脇坂家伝記』,『中村一氏記』合1冊
287，『一柳家記』,渡辺勘兵衛 著『渡辺勘兵衛記』合1冊
288，〔三ッ枝土左衛門 著〕『大和軍記』,『和田系図裏書』,『関岡家始末』,『清須合戦記』,『名古屋合戦記』合1冊
289，〔斎藤道斎 著〕『今川記又称富麗記』1冊
290，『深沢城矢文』,『湘山星移集』,『里見代々記』合1冊
291，『里見九代記』1冊
292，『土気古城再興伝来記』,『国府台戦記』,『鴻台後記』,『長倉追罰記』,園部宮内大輔 著『園部状』合1冊
293，『常陽四戦記』,徳岩叟 著『水谷蟠龍記』,『土岐累代記』合1冊
294，『飛騨国治乱記』,〔堯深 著〕『大塔軍記』,〔依田康真 著〕『蘆田記』合1冊
295，『兼山記』,『堂洞軍記』合1冊
296，〔二木寿斎 著〕『寿斎記』1冊
297，『新田老談記』1冊
298，〔松陰 著〕『松陰私語』,『館林盛衰記』合1冊
299，〔佐野宗綱 著〕『唐沢老談記』,〔反町幸定 著〕『反町大膳訴状』合1冊
300・301，『那須記』,『藤葉栄衰記』合2冊
302，『丹州三家物語』1冊
303，〔目黒祐欣 著〕『備前文明乱記』,『妙善寺合戦記』合1冊
304，『備中兵乱記』,『太田水責記』,湯川彦右衛門 著『若

歴史・伝記　45

州湯川彦右衛門覚書』合1冊
305，〔伊藤一蓑 著〕『九州紹運記』1冊
306，『宗像軍記』1冊
307，古橋左衛門尉藤原又玄 集記『清正記』1冊
308，『島津家譜』1冊
309，『西行一生涯草紙』1冊
310，『三人懺悔冊子』1冊
311・312，『足利季世記』2冊
313，『松隣夜話』1冊
314，『就御尋書上候信州川中島五ヶ度合戦之次第』、『公方光源院義輝公へ上杉輝虎より注進状』合1冊
315，『毛利元就記』1冊
316，〔小田木工允 著〕『老翁物語』1冊
317，『太閤素生記』、〔柿屋喜左衛門 著〕『祖父物語』合1冊
318，『南蛮寺興廃記』1冊
319，『飛州軍覧記』、〔玄海 著〕『飛州千光寺記』、『飛州三沢記』合1冊
320，〔村井長明 著〕『利家夜話』1冊
321～323，杉原親清 撰『会津陣物語』3冊
324・325，『氏郷記』2冊
326，『福島太夫殿御事』1冊
327，加沢平次左衛門 著『加沢平次左衛門覚書』1冊
328，『以貴小傳』1冊
329，『東鑑脱漏四十五』1冊
330，『島津家本東鑑』1冊
331・332，〔実厳 編〕『細々要記』2冊
333，『興福寺英俊法印記』1冊
334・335，藤原（町尻）量原 著『六史要覧』2冊
336～338，『校本古事談』3冊
339～348，『今昔物語集』10冊
349～355，橘成季 撰『古今著聞集』7冊
356・357，日夏繁高 著『武芸小伝』2冊
358，『今物語』、『和気清麻呂為勅使参宇佐宮事被書絵詞』、源俊房 撰『日本新国史』合1冊
359，一条忠 撰『叡山大師伝』、『伝教大師行状』、〔円豊等 著〕『延暦寺故内供奉和上行状』、『慈覚大師伝』合1冊
360，真済等 撰『空海僧都記』1冊
361，『諸寺塔供養記』、附『那須雲厳寺旧記』合1冊
362，『山門三井確執起』、文覚 著『文覚四十五箇条並官符』、『高雄山中興記』、顕実徳業 作『法隆寺古今目録抜萃』、定円 著『法隆寺宝物和歌』合1冊
363，『朝鮮陣古文』、〔細井広沢 著〕『広沢記』、『颶風紀

事』、『天明七丁未歳四月十五日将軍宣下御転任御兼任御次第』、『承応元年別木林以下徒党一件書付』合1冊
364，『田楽法師由来之事』、平（伊勢）貞丈 輯『田楽考』合1冊
365，『玉音抄』、『耳嚢抄』、『天明七丁未年江戸飢饉騒動之事』合1冊
366，『定西法師伝』、『琉客談記』、『享保十年巳十二月荻生惣七ェ訂正写点被仰付候節差出候書付』合1冊
367，『介寿筆叢』1冊
368～377，伴信友 編『武辺叢書』10冊
378～391，『史料叢書』14冊
392・393，『塵塚』2冊
394，江村専斎 口述『老人雑話』1冊
395，『備前老人物語』1冊
396・397，南条八郎 編『続武将感状記』2冊
398・399，大道寺友山 著『落穂集追加』2冊
400，『渡辺幸庵対話』1冊
401～405，三浦常心 著『慶長見聞集』5冊
406，小宮山昌秀 著『耆旧得聞』1冊
407，亀岡石見入道宗山 書置『後見草』1冊
408，細井貞雄 謹撰『姓序考』1冊
409～411，『礼典抜萃』3冊
412，『式目新編追加』1冊
413，『年中恒例記』、『諸大名出仕記』、『諸家参会之時可覚悟条々』合1冊
414・415，〔山県豊寛 著〕『明良帯録』2冊
416，小田又蔵源彰信 謹撰『恩栄録』1冊
417・418，〔小田彰信 著〕『廃絶録』2冊
419～423，慈円 著『愚管鈔』5冊
424～428，伴信友 稿『中外経緯伝草稿』5冊
429～439，武元立平 著『史鑑初編』、同著『史鑑中編』、同著『史鑑後編』合11冊
440，『上杉略譜』1冊
449～451，『以伝五種』（『浪合記』、『信濃宮伝』、『十津河之記』、『底倉之記』、『足利治乱記』）合3冊
452～460，『春日山日記』9冊
461～467，『鎌倉管領九代記』7冊
468，『鎌倉九代後記』1冊

## 改定史籍集覧　*434*

近藤瓶城 原撰　近藤圭造 補撰
東京　近藤圭造　明治34年（1901）～36年（1903）
13冊　洋装　19.3cm × 13.3cm
(注)「伯爵／佐々木／蔵書印」朱文方印

【内容】
1．改定史籍集覧総目解題
2．改定史蹟集覧18（新加通記類1）
『歴代皇紀』,『朝野群載』
3．改定史籍集覧19（新加通記類2）
『皇年代私記』,『続皇年代私記』,太田牛一 著『信長公記』,〔川角三郎右衛門 著〕『川角太閤記』,〔田畑吉正 著〕『儒職家系』,大江匡房 撰『本朝神仙伝』,〔実伝宗真 著〕『日本名僧伝』,三善為康 撰『後拾遺往生伝』,蓮禅 撰『三外往生記』,藤原宗友『本朝新修往生伝』
4．改定史籍集覧20（新加通記類3）
松下見林 編集『異称日本伝』
5．改定史籍集覧21（新加通記類4）
瑞渓周鳳 著『善隣国宝記』,『続善隣国宝記』,『続善隣国宝外記』,〔近藤守重 撰〕『外蕃通書』
6．改訂史籍集覧22（新加通記類5）
大島武好 輯編『山城名勝志』
7．改訂史籍集覧23（新加纂録類）
『二中歴』,『簾中抄』,『今昔物語集』,〔鴨長明 著〕『発心集』,塙保己一 著『蛍縄抄』
8．改訂史籍集覧24（新加別記類1）
『大臣補任』,『古今摂政関白補任』,『典薬頭補任次第』,『尾張国郡司百姓等解』,〔安倍泰親 著〕『安倍泰親朝臣記』,〔後鳥羽天皇 著〕『後鳥羽院宸記』,〔九条良経 著〕『後京極摂政良経記』,〔菅原為長 著〕『五條為長卿記』,〔順徳天皇 著〕『順徳院御記』,〔小槻秀氏 著〕『左大史小槻季継記』,〔広橋経光 著〕『経光卿記』,『亀山院御凶事記』,西園寺公衡 著『亀山院崩御記』,『嘉元記』,〔日野俊光 著〕『日野大納言俊光卿記』,『鈴鹿家記』,『細川頼之記』,〔広橋仲光 著〕『広橋大納言仲光卿記』,〔源康成 著〕『北面源成記』,〔山科教言 著〕『教言卿記』,〔一条経嗣 著〕『経嗣卿記』,〔賀茂在盛 著〕『在盛卿記』,〔白川資益王 著〕『資益王記』,〔大宮長興 著〕『長興宿祢記』,〔五条為学 著〕『拾芥記』,〔鷲尾〕隆康 著『左少将隆康私記』,後奈良天皇 著『後奈良院宸記』
9．改定史籍集覧25（新加別記類2）
『鶴岡社務記録』,『鶴岡事書日記』,『塔寺長帳』,〔太極 著〕『碧山日録』,〔厳助 著〕『厳助往年記』,〔厳助 著〕『永正十七年記』,〔経厚 著〕『経厚 法印日記』,〔常誉 著〕『信長公阿弥陀寺由緒之記録』,〔宇野主水 著〕『宇野主水記』,『豊太閤入御亜相第記』,〔駒井重勝 著〕『駒井日記』,神戸良政 著『勢州兵乱記』,『朝鮮日々記』,〔面高連長坊 著〕『面高連長坊高麗日記』,『戸川記』,『寒川入道筆記』,〔壬生孝亮 著〕『左大史孝亮記抜粋』,壬生忠利 著『左大史忠利記』
10．改定史籍集覧26（新加別記類3）
〔林羅山,林鵞峰 著〕『関原始末記』,板坂卜斎 著『慶長年中卜斎記』,〔大島豊長 著〕『信綱記』,山本基庸 著『微妙公御夜話』,別当杢左衛門 著『別当杢左衛門覚書』,『島原記』,石岡道是 著『石岡道是覚書』,『忠秋公御意覚書』,『元和日記』,〔曲直瀬道三 著〕『医学天正記』,『桂川地蔵記』,『五山伝』,『鎌倉五山記』,『五山記考異』,〔成尋 著〕『参天台五台山記』
11．改定史籍集覧27（雑類1）
『播磨風土記』,『越中国官舎納穀交替記』,『建久図田帳』,『能登国田数帳』,『注進丹後国諸庄郷保惣田数目録帳』,『律書残篇』,『法曹至要鈔解』,『執政所鈔』,後水尾天皇 著『後水尾院当時年中行事』,一条兼良 著『完本桃花蘂葉』,洞院実熙 著『名目抄』,『胡曹抄』,滋野井公麗 著『御元服和抄』,滋野井公麗 著『亮闇和抄遺詔奏事』,『姓名録鈔』,〔天章慈英 著〕『扶桑禅林書目』,藤貞幹 輯『逸書』,『阿不幾乃山陵記』,『潤背』,日静 著『鎌倉殿中問答記録』,平政連 著『平政連諫草』,『職掌録』,伊達稙宗 編『塵芥集』,『和簡礼経』,〔甘露寺〕元長 著『藤元長記』,〔広橋守光 著〕『是称院贈内府記』,『室町家御内書案』,『当道要集』,杉山和一 撰『当道新式目』
12．改定史籍集覧 外編
『政事要略』
13．改定史籍集覧 外編
『西宮記 付天皇御元服記,皇太子御元服記』

### 続史籍集覧　*435*

近藤瓶城 編集
東京　近藤圭造　明治26年（1893）〜31年（1898）
67冊　和装　19.0cm×13.0cm
【内容】
1．林信篤 著『寛永小説』,鈴木倫庸 校『つれづれ草拾遺』,杉山精一 編『金沢文庫考附足利学校考』,〔平賀源内 著〕『飛花落葉』
2．『釈門事始考』
3．実厳 著『真本校訂細々要記』
4．『矢島十二頭記』,葛西正信 輯『奥州葛西実記』
5．『峰相記』,『大伝法院本願聖人御伝』
6．『松雲大師奮忠紓難録』
7．〔立石正賀 記〕『長元物語附元親記』,『紀伊国物語』
8・9．〔室鳩巣 著〕『鳩巣小説』
10・11．『秀郷流藤原氏諸家系図』
12．『児物語部類』

13,〔大道寺友山 著〕『駿河土産』
14〜16,愚軒 編『義残後覚』,『国分寺志料』
17・18,〔黒川春村 著〕『池底叢書要目』
19・20,〔瑞渓周鳳 著〕『臥雲日件録抜尤』
21・22,『続扶桑拾葉集』
23〜25,〔義堂周信 著〕『空華老師日用工夫略集』
26・27,『新抄』
28・29,〔松浦鎮信 著〕『武功雑記』
30・31,藤貞幹 著『好古小録』
32,『喜連川判鑑』,『みよしき』
33,『正慶乱離志』,『碧山日録抜萃』,『人鏡論』
34,穂井田忠友 稿『続日本紀問答』,伊勢貞丈 著『旧事本紀剰偽』,壺井義知 考『周敷神社鎮座違郡考』
35〜38,松岡行義 抄録『相京職鈔』,『妙法寺記』,飛鳥井雅澄 著『南京遺響』
39,天与清啓 著『応仁二年 成化四年戊子入明記』,策彦和尚（周良）著『策彦入唐記』,〔東洋允澎 著〕,『允澎入唐記』,〔策彦周良 著〕『下行価銀帳并駅程録』
40,『新加制式』,『沙汰未練書』,『室町家成敗寺社御教書』,井上頼圀 校『武政軌範』
41〜43,『官撰慶元古文書』
44〜46,〔清原宗賢 著,清原枝賢 改定〕『式目抄』
47・48,『故実拾要』
49・50,堀内伝右衛門 著『堀内伝右衛門覚書』,湯元禎之祥 識,湯本明 善子誠 校『文会雑記』
51・52,権田直助 編述『語学自在』
53〜57,戸田氏徳 編輯『番外雑書解題』
58〜62,藤原（小川）守中 輯,村岡良弼 校『歌舞品目』
63・64,栗田寛 編『氏族考』
65,戸田氏徳 編輯『附録雑書撰者小伝』
66・67,『足利時代の法制』

### 日本史類名称訓  436
伊能頴則 著
刊　1 冊（前付 13 丁,本文 54 丁）
和装　7.3cm × 17.7cm
(注)「伯爵 / 佐々木 / 蔵書印」朱文方印

### 版籍奉還に関する一問題  437
三上参次 講演
東京　史学会　明治 37 年（1904）
1 冊（27 頁）　洋装　21.9cm × 14.5cm
(注)『史学雑誌』第 15 編第 6 号（明治 37 年 6 月）の抜刷

### 史学叢書 歴史談その折々 第1・2編  438
大森金五郎 述
東京　石川栄司　明治 39 年（1906）
1 冊（前付 7 頁,本文 290 頁）　洋装　22.1cm × 14.9cm
(注)「伯爵 / 佐々木 / 蔵書印」朱文方印
「伯爵佐 / 佐木家 / 蔵書印」朱文方印

### 新刊 吾妻鏡 巻1〜44・巻46〜52  439
菅聊卜 訓点
刊　寛永 3 年（1626）
25 冊　和装　29.0cm × 21.0cm
(注)「伯爵佐 / 佐木家 / 蔵書印」朱文方印
「東園文庫」朱文円印〔林東園の印〕
「林氏図書」朱文方印〔林東園の印〕

### 新刊 吾妻鏡 巻1〜44・巻46〜52  440
京都　野田庄右衛門　寛文元年（1661）
25 冊　和装　26.4cm × 20.5cm
(注)「伯爵 / 佐々木 / 蔵書印」朱文方印
「三条之印」朱文方印〔三条実万の印〕

### 吾妻鏡人名考  441
写　13 冊　和装　24.0cm × 15.8cm
(注)書名は外題による
外題に「彰考館謄本」とあり
4 冊目の 38 丁に付箋書あり
「伯爵 / 佐々木 / 蔵書印」朱文方印

### チャンバーレーン氏 英訳古事記  442
（英）チャンバーレーン 著　（日）飯田永夫 訳
東京　矢野万太郎　明治 22 年（1889）再版
1 冊（前付 1 頁,本文 131 頁）　洋装　17.5cm × 12.0cm
(注)外題書名：『日本上古史評論 原名英訳古事記』

### 大八洲史 巻之4  443
久米幹文 著
東京　大八洲学会　明治 24 年（1891）
1 冊（本文 265 頁）　和装　18.6cm × 12.6cm

### 近世事情 巻1〜10  444
山田俊蔵,大角豊治郎 共著
山田氏,大角氏蔵版　明治 6 年（1873）〜8 年（1875）
10 冊　和装　22.3cm × 15.0cm
(注)「伯爵佐 / 佐木家 / 蔵書印」朱文方印
「駿河台 / 佐々木 / 蔵書印」朱文方印

皇国史要　上・下巻・附図　**445**
勝浦鞆雄 編著
東京　吉川半七蔵版　明治 27 年（1894）
3 冊　和装　23.0cm × 15.6cm
(注)「伯爵 / 佐々木 / 蔵書印」朱文方印

鼇頭挿画校正 王代一覧　巻之 1 ～ 7　**446**
春斎林恕（林春斎）編次　西野古海 校正
高田義甫 註　鮮斎永濯 画図
協力舎蔵版　明治 6 年（1873）
8 冊　和装　26.0cm × 18.3cm
(注)「伯爵佐 / 佐木家 / 蔵書印」朱文方印

鼇頭挿画校正 王代一覧後編　巻之 1 ～ 4　**447**
高田義甫, 西野古海 編纂　大関克 校正
鮮斎永濯 画図
協力舎蔵版　明治 7 年（1874）
6 冊　和装　26.0cm × 18.0cm
(注)「伯爵 / 佐々木 / 蔵書印」朱文方印
「伯爵佐 / 佐木家 / 蔵書印」朱文方印
「駿河台 / 佐々木 / 蔵書印」朱文方印

皇武史略 幷万物之始頭　**448**
明治 12 年（1879）写
1 冊（67 丁）　和装　23.9cm × 16.5cm
(注)書名は外題による
巻末に「小高万次朗 所持」との墨書あり
「伯爵 / 佐々木 / 蔵書印」朱文方印

高等小学 国史　巻 1 ～ 3　**449**
東久世通禧 著　副島種臣 閲
東京　国光社蔵版　明治 26 年（1893）
3 冊　和装　22.4cm × 14.7cm
(注)「伯爵 / 佐々木 / 蔵書印」朱文方印

稿本 国史眼　巻之 1 ～ 7　**450**
久米邦武等 合纂
帝国大学蔵版　東京　大成館　明治 23 年（1890）
7 冊　和装　23.7cm × 15.9cm
(注)「伯爵 / 佐々木 / 蔵書印」朱文方印
「伯爵佐 / 佐木家 / 蔵書印」朱文方印

国史紀事本末　巻 1 ～ 40　**451**
青山延光 編次
茨城県　青山勇　明治 9 年（1876）

20 冊　和装　25.7cm × 17.7cm
(注)「伯爵佐 / 佐木家 / 蔵書印」朱文方印

国史綜覧稿　巻 1 ～ 10　**452**
重野安繹 総修　河田熊, 植松彰 同纂
東京　静嘉堂文庫　明治 39 年（1906）
10 冊　和装　26.4cm × 19.1cm
(注)1 冊目見返に「進呈重野安繹」謹呈札添付印記
「伯爵 / 佐々木 / 蔵書印」朱文方印
「伯爵佐 / 佐木家 / 蔵書印」朱文方印

絵本訓蒙 国史略　巻 1 ～ 15　**453**
堤正勝 訳　重野安繹 閲　山本勝月 画工
光啓社　明治 7 年（1874）
12 冊　和装　22.4cm × 15.6cm
(注)「伯爵 / 佐々木 / 蔵書印」朱文方印
「駿河台 / 佐々木 / 蔵書印」朱文方印

国史略　巻之 1 ～ 3　**454**
源朝臣（岩垣）松苗 編次
河内介源（岩垣）言忠等 校
皇都　五車楼梓　文政 9 年（1826）序
3 冊　和装　25.7cm × 18.5cm
(注)版心書名：『文政新刻巌垣東園先生編次国史略』
「駿河台 / 佐々木 / 蔵書印」朱文方印

国史略　巻之 2　**455**
岩垣松苗 編次　岩垣杉苗 改訂
京都　五車楼　無刊年
1 冊（本文 94 丁）　和装　19.5cm × 12.9cm

訂正古訓古事記　上・中・下巻　**456**
皇都　菱屋亦兵衛　享和 3 年（1803）
3 冊　和装　26.3cm × 18.6cm
(注)書名は外題による
「伯爵佐 / 佐木家 / 蔵書印」朱文方印
「駿河台 / 佐々木 / 蔵書印」朱文方印

古今紀要　巻 1 ～ 4　**457**
川島楳坪 編　那珂梧桜, 木原老谷 閲
埼玉県　埼玉県蔵版　明治 12 年（1879）
4 冊　和装　22.5cm × 15.1cm
(注)「伯爵佐 / 佐木家 / 蔵書印」朱文方印

古史概要　*458*
皇典講究所　編纂
東京　皇典講究所　明治 41 年（1908）
1 冊（本文 127 頁, 後付 5 頁）　和装　22.2cm × 14.7cm
(注)内容は神職講習会の国史のテキスト
「伯爵佐／佐木家／蔵書印」朱文方印

古事記伝　1～44 之巻　*459*
本居宣長　謹撰
名古屋　永楽屋東西郎　天保 15 年（1844）
48 冊　和装　26.2cm × 18.5cm
(注)『古事記目録』3 冊,『三代考（古事伝十七附）』1 冊を含む
「柱川臣太田／氏得恩館／図書記」朱文方印
「伯爵佐／佐木家／蔵書印」朱文方印
「駿河台／佐々木／蔵書印」朱文方印

校註古事記読本　上・中・下巻　*460*
井上頼文　校註
東京　小川尚栄堂　明治 38 年（1905）5 版
1 冊（本文 237 頁, 後付 7 頁）　洋装　21.5cm × 14.9cm
(注)『古事記上巻幷序』を含む
「伯爵／佐々木／蔵書印」朱文方印

古史成文　1～3 之巻　*461*
平（平田）篤胤　謹記
刊　3 冊　和装　26.7cm × 18.6cm
(注)「伯爵佐／佐木家／蔵書印」朱文方印

古史徴　1～4 之巻　*462*
平（平田）篤胤　謹撰述
刊　11 冊　和装　26.6cm × 18.3cm
(注)『神代系図』『祝詞』を含む
巻 1 の「春・夏・秋・冬」には各冒頭に山崎篤利の『問題記目録大意』を附す
「伯爵佐／佐木家／蔵書印」朱文方印
「平田氏記」朱文方印
不明朱文方印

古史伝　1～31 之巻　*463*
平（平田）篤胤　謹撰　平田銕胤等　続攷
東京　平田胤雄, 平田以志
明治 15 年（1882）～20 年（1887）
33 冊　和装　26.5cm × 18.4cm
(注)「伯爵佐／佐木家／蔵書印」朱文方印
「平田氏記」朱文方印
不明白文方印

古史要義　*464*
大宮兵馬　著
東京　皇典講究所国学院大学出版部　明治 42 年（1909）
1 冊（前付 6 頁, 本文 124 頁）　和装　22.4cm × 14.7cm
(注)「侯爵／佐々木／蔵書印」朱文方印

三十年史　*465*
木村芥舟　編
東京　木村駿吉　明治 25 年（1892）
1 冊（前付 36 頁, 本文 753 頁）　洋装　22.0cm × 16.0cm
(注)本文鼇頭に他筆墨書あり
「伯爵／佐々木／蔵書印」朱文方印

日本三代実録　巻第 1～50　*466*
藤原時平等　奉勅撰
蓬嵩舎蔵版　無刊年
20 冊　和装　25.0cm × 17.8cm
(注)「伯爵佐／佐木家／蔵書印」朱文方印

十三朝紀聞　巻之 1～7　*467*
源（安田）照矩　編次　源（安田）頼矩　校
其親楼鎸蔵活版　慶応 3 年（1867）
8 冊　和装　17.6cm × 12.2cm
(注)『今日鈔』2 巻 1 冊を含む
「伯爵佐／佐木家／蔵書印」朱文方印
「駿河台／佐々木／蔵書印」朱文方印

小学国史談　第 1・2 巻　*468*
東久世通禧　著　副島種臣　閲
東京　国光社　明治 26 年（1893）
2 冊　和装　22.5cm × 14.8cm
(注)「伯爵／佐々木／蔵書印」

聖代四十五年史　後編　*469*
物集高量等　著
東京　時事通信社　大正元年（1912）
1 冊（前付 28 頁, 本文 956 頁, 図版 40 枚）
洋装　22.8cm × 17.0cm

続日本紀　巻第 1～40　*470*
菅野真道等　奉勅撰
京都　出雲寺松栢堂　明暦 3 年（1657）
20 冊　和装　25.3cm × 18.2cm
(注)「伯爵佐／佐木家／蔵書印」朱文方印

続日本後紀 巻第1～20 *471*
藤原良房等 奉勅撰 立野春節 校
京都 出雲寺林元章 寛政7年（1795）
10冊　和装　25.3cm×17.9cm
(注)「伯爵佐／佐木家／蔵書印」朱文方印

増訂 新撰大日本帝国史 *472*
松井広吉 編
東京 博文館 明治29年（1896）再版
1冊（前付14頁,本文550頁）　和装　21.0cm×14.2cm
(注)「伯爵／佐々木／蔵書印」朱文方印
「伯爵佐／佐木家／蔵書印」朱文方印

新撰日本外史 一名 世々の趾 第1編 *473*
落合直文,小中村（池辺）義象 著
東京 博文館 明治25年（1892）
1冊（前付8頁,本文140頁）　和装　22.3cm×14.8cm

神代史大意 *474*
角田忠行 講述　小出亀次郎 筆記
愛知県　大東社　明治41年（1908）
1冊（前付1丁,本文10丁）　和装　24.1cm×16.6cm
(注)「伯爵佐／佐木家／蔵書印」朱文方印

神典疑惑問答 *475*
大久保芳治 著
(注)現在所在不明

評註校正 神皇正統記 巻之1～6 *476*
准后源（北畠）親房 撰
皇都 吉野屋仁兵衛 慶応元年（1865）跋
6冊　和装　25.9cm×18.0cm
(注)「伯爵／佐々木／蔵書印」朱文方印
「駿河台／佐々木／蔵書印」朱文方印

新調更正 華族名鑑 *477*
彦根正三 著
東京 博公書院 明治21年（1888）増補
1冊（前付5丁,本文104丁）　和装　15.7cm×11.0cm
(注)「伯爵／佐々木／蔵書印」朱文方印
「伯爵佐／佐木家／蔵書印」朱文方印
「佐々木／蔵書印」朱文長方印

続皇朝史略 巻之1～5 *478*
青山延于 著　青山延光 校
江都 須原屋伊八 無刊年
5冊　和装　25.0cm×16.6cm
(注)「伯爵佐／佐木家／蔵書印」朱文方印
「駿河台／佐々木／蔵書印」朱文方印

続国史略 巻之1～5 *479*
谷寛得 原撰　小笠原勝修 刪補
東京 柏悦堂 明治8年（1875）
5冊　和装　18.4cm×12.6cm
(注)「伯爵佐／佐木家／蔵書印」朱文方印

続国史略 巻之1～5 *480*
谷寛得 原撰　小笠原勝修 刪補
東京 内野屋弥平治 明治8年（1875）校正再刻
1冊（前付13丁,本文241丁,後付5丁）
和装　18.1cm×12.7cm
(注)「伯爵／佐々木／蔵書印」朱文方印
「駿河台／佐々木／蔵書印」朱文方印

続国史略後編 巻1～5 *481*
小笠原勝修 纂述
東京 柏悦堂 明治9年（1876）
5冊　和装　18.4cm×12.6cm
(注)「伯爵佐／佐木家／蔵書印」朱文方印

続日本史 首巻・巻之1～100 *482*
一色重熙 著
東京 甫喜山景雄 明治15年（1882）
11冊　和装　23.1cm×15.2cm
(注)首巻扉に明治15年9月26日付佐佐木参議閣下宛一色重熙（愛知県貫士族）の送状（無銘黒8行罫紙3丁）の挾み込みあり
「伯爵佐／佐木家／蔵書印」朱文方印

大日本史 *483*
源（徳川）光圀 修　源（徳川）綱条 校
源（徳川）治保 重校
刊　173冊　和装　25.7cm×17.6cm
(注)「伯爵佐／佐木家／蔵書印」朱文方印
「駿河台／佐々木／蔵書印」朱文方印
【内容】
本紀・列伝100冊
　1～35,本紀　　　　第1～73
　36～40,后妃列伝　　第1～12

41〜48, 皇子列伝　　　　第1〜14
49・50, 皇女列伝　　　　第1〜6
51〜74, 列伝　　　　　　第1〜73
75〜77, 将軍列伝　　　　第1〜8
78・79, 将軍家族列伝　　第1〜4
80〜87, 将軍家臣列伝　　第1〜22
88・89, 文学列伝　　　　第1〜5
90, 歌人列伝　　　　　　第1〜4
91, 孝子列伝・義烈列伝・列女列伝
92, 隠逸列伝・方技列伝
93〜95, 叛臣列伝　　　　第1〜4・逆臣列伝
96〜100, 外国列伝　　　　第1〜10
志 73冊
　1〜20, 神祇志　　　　巻1〜23
　21〜32, 氏族志　　　　巻1〜13
　33〜37, 職官志　　　　巻1〜5
　38〜51, 食貨志　　　　巻1〜16
　52〜61, 礼楽志　　　　巻1〜16
　62・63, 兵志　　　　　巻1〜6
　64, 刑志　　　　　　　巻1・2
　65〜67, 陰陽志　　　　巻1〜6
　68〜73, 仏事志　　　　巻1〜6

### 大日本時代史　484
東京　早稲田大学出版部蔵版　明治40年（1907）
8冊　洋装　22.5cm × 15.6cm
(注)「佐佐木／行忠蔵／書之印」朱印方印
【内容】
1, 久米邦武 著『日本古代史』
2, 久米邦武 著『奈良朝史』
3, 池田晃淵 著『平安朝史』
4, 三浦周行 著『鎌倉時代史』
5, 渡辺世祐 著『室町時代史』
6, 渡辺世祐 著『安土桃山時代史』
7, 池田晃淵 著『徳川幕府時代史』
8, 小林庄次郎 著『幕末史』

### 大日本歴史　上巻　485
有賀長雄 編
東京　博文館蔵版　明治40年（1907）
1冊（前付25頁, 本文1024頁）洋装　22.7cm × 16.3cm
(注)巻末に「佐佐木家」との鉛筆書あり

### 増訂 帝国史略　上・下巻　486
有賀長雄 編
東京　博文館　明治38年（1905）19版
1冊（前付35頁, 本文983頁）洋装　22.5cm × 16.0cm
(注)「伯爵／佐々木／蔵書印」朱文方印
「伯爵佐／佐木家／蔵書印」朱文方印

### 徳川実紀　第1〜7編　487
経済雑誌社 校
東京　経済雑誌社　明治37年（1904）
7冊　和装　19.7cm × 13.8cm
(注)「伯爵／佐々木／蔵書印」朱文方印
【内容】
1, 第1編（東照宮御実紀巻1〜10, 東照宮御実紀附録巻1〜25, 台徳院殿御実紀巻1〜60, 台徳院殿御実紀附録巻1〜5）
2, 第2編（大猷院殿御実紀巻1〜80, 大猷院殿御実紀附録巻1〜6）
3, 第3編（厳有院殿御実紀巻1〜60, 厳有院殿御実紀附録上・下巻）
4, 第4編（常憲院殿御実紀巻1〜59, 常憲院殿御実紀附録巻上・中・下）
5, 第5編（文昭院殿御実紀巻1〜15, 文昭院殿御実紀附録巻上・下, 有章院殿御実紀巻1〜15, 有章院殿御実紀附録, 有徳院殿御実紀巻1〜47）
6, 第6編（有徳院殿御実紀48〜62, 有徳院殿御実紀附録1〜20, 惇信院殿御実紀巻1〜31, 惇信院殿御実紀附録）
7, 第7編（浚明院殿御実紀巻1〜55, 浚明院殿御実紀附録巻1〜3）

### 徳川十五代史　第1〜12編　488
内藤耻叟 編次
東京　博文館蔵版　明治25年（1892）〜26年（1893）
12冊　和装　22.3cm × 14.7cm
(注)「伯爵／佐々木／蔵書印」朱文方印

### 徳川太平記　第1〜12編　489
小宮山綏介 編輯
刊　6冊　和装　22.3cm × 14.6cm
(注)「伯爵／佐々木／蔵書印」朱文方印

日本逸史 巻第 1 ～ 40  *490*
鴨県主祐之 輯補
京都　島谷長庸, 茨城方道　享保 9 年（1724）
20 冊　和装　22.5cm × 18.2cm
(注)『日本逸史考異』1 巻を含む
「伯爵佐／佐木家／蔵書印」朱文方印

日本王代一覧 巻 1 ～ 7  *491*
林鵞峰 編
東都　山城屋佐兵衛　嘉永 7 年（1854）
7 冊　和装　24.8cm × 17.5cm
(注)「伯爵佐／佐木家／蔵書印」朱文方印
「駿河台／佐々木／蔵書印」朱文方印

日本後紀  *492*
藤原冬嗣等 奉勅撰
温古堂蔵版　江戸　山城屋佐兵衛　無刊年
10 冊　和装　25.6cm × 17.8cm
(注)巻 5・8・12・13・14・17・20 ～ 22・24
「伯爵佐／佐木家／蔵書印」朱文方印

日本書紀 巻 1 ～ 9・12 ～ 30  *493*
舎人親王等 奉勅撰
刊　14 冊　和装　26.0cm × 18.1cm
(注)「駿河台／佐々木／蔵書印」朱文方印
「毛利大江／元喜蔵書」朱文方印
「時習／学図／書記」朱文丸印
「荒陽／逸民」朱文方印
「邊之望」白文方印

日本書紀 巻第 1 ～ 30  *494*
舎人親王等 奉勅撰
東都　須原屋茂兵衛　文政 13 年（1830）
15 冊　和装　25.6cm × 18.8cm
(注)「伯爵佐／佐木家／蔵書印」朱文方印
「宮城中／学校図／書之印」朱文方印
「宮城県／図書消印」朱文方印

日本書紀 巻 1 ～ 30  *495*
舎人親王等 奉勅撰
写　30 冊　和装　26.3cm × 19.0cm
(注)「伯爵佐／佐木家／蔵書印」朱文方印

日本書紀 神代上・下・神祇  *496*
舎人親王等 奉勅撰
写　3 冊（① 49 丁 ② 46 丁 ③ 39 丁）

和装　26.0cm × 19.0cm
(注)外題書名：『日本書紀神代 天之巻～人之巻 北野本所添』
「伯爵佐／佐木家／蔵書印」朱文方印

日本政記 巻之 1 ～ 16  *497*
頼襄子成（山陽）著
頼又次郎蔵版　浪華　柳原喜兵衛　文久元年（1861）
8 冊　和装　24.9cm × 17.4cm
(注)「伯爵佐／佐木家／蔵書印」朱文方印
「駿河台／佐々木／蔵書印」朱文方印

修訂日本文明史略  *498*
物集高見 著
東京　大日本図書株式会社　明治 35 年（1902）
1 冊（前付 31 頁, 本文 657 頁）　洋装　22.5cm × 16.5cm
(注)「伯爵／佐々木／蔵書印」朱文方印

幕末小史 第 1 ～ 3 巻  *499*
戸川安宅 著
東京　春陽堂　明治 31 年（1898）～ 32 年（1899）
2 冊　和装　21.7cm × 14.6cm
(注)「伯爵／佐々木／蔵書印」朱文方印

本朝通紀後編 巻之 1 ～ 30  *500*
長井定宗 集編
浪華　渋川与市　元禄 11 年（1698）
17 冊　和装　25.8cm × 18.5cm
(注)「伯爵佐／佐木家／蔵書印」朱文方印

明治外史 初～ 6 篇  *501*
松村操 編輯
思誠堂蔵版　明治 14 年（1881）
4 冊　洋装　18.3cm × 12.8cm
(注)「伯爵／佐々木／蔵書印」朱文方印

明治史要 巻 11 ～ 16
補正明治史要 巻 1 ～ 14
補正明治史要附録表  *502*
修士館 編纂
修士館蔵版　東京　博聞本社
明治 14 年（1881）～ 19 年（1886）
5 冊　洋装　20.5cm × 14.6cm
(注)『明治史要』2 冊目（巻 15, 16）巻頭に明治 19 年 3 月付佐佐木高行宛重野安繹送状（内閣朱 13 行罫紙）の貼り付けあり

「伯爵／佐々木／蔵書印」朱文方印

**日本文徳天皇実録 巻1～10** *503*
藤原基経等 奉勅撰
大坂　河内屋徳兵衛　無刊年
10冊　和装　25.8cm×18.2cm
(注)「伯爵佐／佐木家／蔵書印」

**野史 巻1～291** *504*
飯田忠彦 修　飯田文彦 訓点　竹中邦香 校
東京　飯田文彦　明治15年（1882）
100冊　和装　22.0cm×13.3cm
【内容】
1, 序(飯田忠彦略伝・凡例・引書用目)
2, 総目録上・中・下
3～8, 巻1～巻21　　本紀第1(後小松天皇)～本紀第21(仁孝天皇, 欠, 目次のみ)
9, 巻22～25　　后妃列伝1～3, 皇子列伝1
10, 巻26～28　　皇子列伝2・3, 皇女列伝
11, 巻29～32　　皇族列伝1～4
12, 巻33～38　　皇族列伝5・6, 武将列伝1～4
13～22, 巻39～63　　武将列伝5～30
23, 巻65～67　　足利公族列伝1・2, 織田公族列伝1
24, 巻68～72　　織田公族列伝2・3, 羽柴公族列伝1, 大樹公祖列伝1・2
25, 巻73～75　　大樹公族列伝1～3
26・27, 巻76～80　　徳川公族列伝12～16
28, 巻81・82　　徳川外戚伝1・2
29～31, 巻83～92　　文臣列伝1～10
32～83, 巻93～250　　武臣列伝1～158
84・85, 巻251～254　　儒林列伝1～4
86, 巻259～260　　儒林列伝9・10
　　巻261　　歌人列伝
87, 巻262・263　　孝子列伝1・2
88, 巻264～266　　孝子列伝3, 義勇列伝1・2
89, 巻267　　義勇列伝3
90, 巻268～270　　貞烈列伝1～3
91, 巻271～273　　方技列伝1～3
92, 第274・275　　隠逸列伝, 任侠列伝
93, 第276～278　　奸臣列伝, 叛臣列伝, 逆臣列伝1
94, 第279～281　　逆臣列伝2, 釈氏列伝1・2
95～100, 第282～291　　外国伝1～10

**野史 首巻・巻1～291** *505*
飯田忠彦 修　飯田文彦 訓点
東京　吉川弘文館
明治37年（1904）～39年（1906）増訂再販
30冊　和装　22.8cm×15.4cm
(注)「伯爵／佐々木／蔵書印」朱文方印
「伯爵佐／佐木家／蔵書印」朱文方印
【内容】
1, 序, 略伝, 引用書目等
2, 野史本伝索引, 総目
3, 分類年表, 弘文館校本写本異同表
4・5, 巻1～21　本紀11～21
6, 巻22～34　　后妃列伝1～3, 皇子列伝1～3, 皇女列伝, 皇族列伝1～6
7, 巻35～44　　武将列伝1～10
8, 巻45～50　　武将列伝11～16
9, 巻51～55　　武将列伝17～21
10, 巻56～64　　武将列伝22～30
11, 巻65～75　　足利公族列伝1・2, 織田公族列伝1～3, 羽柴公族列伝1, 大樹公祖列伝1・2, 大樹公族列伝1～3
12, 巻76～82　　徳川公族列伝1～16, 徳川外戚伝1・2
13, 巻83～92　　文臣列伝1～10
14, 巻93～100　　武臣列伝1～8
15, 巻101～112　　武臣列伝9～20
16, 巻113～119　　武臣列伝21～27
17, 巻120～133　　武臣列伝28～41
18, 巻134～141　　武臣列伝42～49
19, 巻142～157　　武臣列伝50～65
20, 巻158～168　　武臣列伝66～76
21, 巻169～181　　武臣列伝77～89
22, 巻182～196　　武臣列伝90～104
23, 巻197～211　　武臣列伝105～119
24, 巻212～230　　武臣列伝120～138
25, 巻231～250　　武臣列伝139～158
26, 巻251～264　　儒林列伝1～10, 歌人列伝, 孝子列伝1～3
27, 巻265～273　　義勇列伝1～3, 貞烈列伝1～3, 方技列伝1～3
28, 巻274～281　　隠逸列伝, 任侠列伝, 奸臣列伝, 叛臣列伝, 逆臣列伝1・2, 釈氏列伝1・2
29, 巻282~287　　外国伝1～6
30, 巻288~291　　外国伝7～10

日本書紀（六国史校本）巻第1～16　**506**
飯田武郷, 木村正辞 訂正
東京　魚住長胤　明治25年（1892）
1冊（本文314頁, 附録55頁）　洋装　23.8cm×17.1cm
(注)附録は『日本書紀考異』
「伯爵／佐々木／蔵書印」朱文方印

明カラス　上・下巻・附録　**507**
小河一敏 輯録
東京　吉岡保道　明治13年（1870）
2冊　和装　18.2cm×12.5cm
(注)附録は『清水寺成就院信海闍梨小伝』
外題書名：『明烏』
「伯爵佐／佐木家／蔵書印」朱文方印

足利持氏滅亡記　**508**
写　1冊（12丁）　和装　23.3cm×15.5cm
(注)奥書に「明治十五年四月東洋新報第七百五十二号ヨリ同七百五十六号中抽書」との墨書あり

異称日本伝　巻上・中・下　**509**
西峰松下見林 編集
摂州　毛利田庄太郎　元禄6年（1693）
15冊　和装　27.0cm×18.7cm
(注)「伯爵佐／佐木家／蔵書印」朱文方印
「古川所蔵」朱文長方印

遺老物語　巻1～20　**510**
朝倉日下部景衡 編
写　20冊　和装　28.3cm×19.2cm
(注)「伯爵佐／佐木家／蔵書印」朱文方印
「養閑斎蔵書記」朱文長方印

岩渕夜話別集　巻之1～5　**511**
〔大道寺友山 著〕
写　5冊　和装　26.0cm×18.0cm
(注)「伯爵佐／佐木家／蔵書印」朱文方印

標注 栄花物語抄　巻1～6・附録　**512**
小中村（池辺）義象, 関根正直 標注
新潟県　弦巻七十郎　明治24年（1891）
6冊　和装　23.0cm×15.3cm
(注)附録は『自帝至源氏系図と藤氏系図』
「伯爵佐／佐木家／蔵書印」朱文方印

大鏡　巻之1～8　**513**
刊　8冊　和装　25.4cm×18.7cm
(注)「伯爵佐／佐木家／蔵書印」朱文方印
「駿河台／佐々木／蔵書印」朱文方印

大隈伯昔日譚　**514**
円城寺清 執筆
東京　立憲改進党々報局　明治28年（1895）
2冊　和装　21.7cm×14.4cm
(注)「伯爵／佐々木／蔵書印」朱文方印
「伯爵佐／佐木家／蔵書印」朱文方印

王政復古義挙録　巻之1～2・附録　**515**
小河一敏 著
東京　小河忠夫　明治19年（1886）
2冊　和装　22.3cm×14.8cm
(注)附録は『壬戌春一敏薩日記』
「伯爵佐／佐木家／蔵書印」朱文方印

大三川志　巻之1～100・附録　**516**
松平頼寛 撰　松平頼亮 校
刊　54冊　和装　26.0cm×17.5cm
(注)附録は『天正征韓記』
「伯爵佐／佐木家／蔵書印」朱文方印

阿蘭陀渡海之記 ほか合写　**517**
写　1冊（125丁）　和装　26.0cm×18.5cm
(注)寛政五年～嘉永七年までの外交関係資料多数を合写したもの
『英語音則』『欧羅巴各国之君主姓名爵位』『諸将士并従者役金』を含む
「伯爵佐／佐木家／蔵書印」朱文方印

海煙新書　巻1～50　**518**
写　3冊（①175丁②154丁③137丁）
和装　①25.8cm×18.0cm　②③27.0cm×19.5cm
(注)「伯爵佐／佐木家／蔵書印」朱文方印

懐旧紀事 安部伊勢守事蹟　**519**
浜野章吉 編纂　田辺新七郎等 同校
阿部氏蔵板　東京　吉川半七　明治32年（1899）
1冊（前付45頁, 本文1059頁, 図版26枚）
洋装　22.5cm×16.7cm
(注)「伯爵／佐々木／蔵書印」朱文方印

**開国起原 上・中・下巻　520**

勝安芳 著

宮内省蔵板　明治26年（1893）

3冊　洋装　21.8cm × 15.8cm

（注）「伯爵佐／佐木家／蔵書印」朱文方印

**開国五十年史 上・下巻　521**

大隈重信 編

東京　開国五十年史発行所

明治40年（1907）～41年（1908）

2冊　洋装　23.0cm × 16.7cm

**朝鮮支那 外征録 上・下巻　522**

石川鴻斎 編

東京　東陽堂　無刊年

1冊（前付4頁, 本文85頁）　洋装　22.0cm × 15.3cm

（注）「伯爵／佐々木／蔵書印」朱文方印

**回天実記 第1・2集　523**

土方久元 記

東京　東京通信社　明治33年（1900）

2冊　和装　22.1cm × 15.1cm

**鎌倉北条九代記 巻第1～12　524**

京都　梅村弥右衛門　延宝3年（1675）

6冊　和装　26.0cm × 19.0cm

（注）「伯爵／佐々木／蔵書印」朱文方印
「伯爵佐／佐木家／蔵書印」朱文方印
「駿河台／佐々木／蔵書印」朱文方印
「蒔田」朱文長方印

**戊辰五月廿日官軍脱走戦争略記　525**

岡本六三郎 著

明治29年（1896）写

1冊（16丁）　和装　23.0cm × 16.0cm

（注）『慶応四戊辰年　新見聞集記』（23丁）と『新見聞集記続』（35丁）を合写
外題書名：『明治元戊辰年官軍脱走箱根戦争略記』
本書は箱根の山本良三の蔵本を佐佐木高行が書写せしめたもの
巻末に佐佐木高行自筆墨書識語あり
扉に「片岡永左衛門往還御用控 小田原戦争之件ト参照」との朱書, ならびに「箱根宿 岡本六三郎控」との墨書あり

**近世紀聞 初～12編　526**

条野伝平, 染崎延房 輯　鮮斎永濯 画

東京　金松堂　無刊年

36冊　和装　22.3cm × 15.3cm

（注）「伯爵佐／佐木家／蔵書印」朱文方印

**近代正説砕玉話 巻之1～10　527**

〔熊沢〕淡庵子 編輯

大坂　秋田屋太右衛門　無刊年

10冊　25.2cm × 17.8cm　和装

（注）外題書名：『近代正説砕玉話　武将感状記』
「伯爵／佐々木／蔵書印」朱文方印
「望城奈倍志末文庫」朱文長方印

**熊本十日記 上・下巻　528**

松本万年 編輯

東京　奎章閣　明治10年（1877）

2冊　和装　22.4cm × 15.0cm

（注）「伯爵／佐々木／蔵書印」朱文方印
「伯爵佐／佐木家／蔵書印」朱文方印

**熊本籠城談 附神風談　529**

児玉源太郎 著

明治33年（1900）

（注）現在所在不明

**蛍蠅抄 第1～5・附録　530**

塙保己一 編

刊　嘉永2年（1849）

6冊　和装　25.6cm × 18.2cm

（注）「伯爵佐／佐木家／蔵書印」朱文方印

**鶏肋 外交余勢　531**

勝安芳（海舟）著

東京　春陽堂　明治30年（1897）3版

1冊（前付6頁, 本文109頁, 後付2頁）

和装　22.3cm × 14.8cm

（注）「伯爵／佐々木／蔵書印」朱文方印

**顕承述略 巻1～3・6～9　532**

萩原裕 編纂

東京　太田金右衛門　明治9年（1876）

3冊　和装　22.8cm × 15.4cm

（注）3部存す
原9巻4冊
「伯爵／佐々木／蔵書印」朱文方印

元和以来略記　巻之上・中・下　**533**

写　3冊（①29丁②31丁③30丁）

和装　26.8cm × 19.3cm

(注)元和元年〜享和3年の記録
「伯爵佐／佐木家／蔵書印」朱文方印

見聞拾遺集　1〜10　**534**

写　5冊　和装　23.5cm × 16.7cm

(注)小口書名：『聞書』
慶長期より延享期頃の聞書集
扉に「伊丹」との墨書あり
「伯爵／佐々木／蔵書印」朱文方印
「伊丹蔵」朱文長方印

源平盛衰記　総目録・巻第1〜48　**535**

刊　25冊　和装　26.6cm × 19.0cm

(注)「侯爵佐／佐木家／蔵書印」朱文方印
「常高寺」朱文長方印
「春貞」墨陽長方印

甲陽軍鑑　巻第1〜20　**536**

刊　20冊　和装　27.8cm × 18.6cm

(注)「伯爵佐／佐木家／蔵書印」朱文方印
「田辺純之印」朱文長方印
「文字不明」白文方印
「□清／貎楽」朱文方印

国朝旧章録　巻之1〜10　**537**

種松老人 写

3冊（①68丁②41丁③58丁）　和装　23.4cm × 16.2cm

(注)1冊目巻末に書写者種松老人の識語あり
「伯爵佐／佐木家／蔵書印」朱文方印
「駿河台／佐々木／蔵書印」朱文方印
「唐氏／蔵書」朱文方印〔塘它山の印〕

五事略　**538**

新井白石 著

写　1冊（99丁）　和装　22.7cm × 16.8cm

(注)書名は小口による
『五事略』は『殊号事略』、『本朝宝貨通用事略』、『高野山事略』、『琉球国事略』、『外国通信事略』からなる
「伯爵佐／佐木家／蔵書印」朱文方印
「駿河台／佐々木／蔵書印」朱文方印
「松風舎茶店」朱文長方印
「麗明」白文方印
「茶店」朱文象形印
「福茗窟」朱文丸印
「字晋進」白文方印

今昔宇治抄　**539**

久米幹文 訓評　山田稲子 校正

東京　大八洲学会　明治23年（1890）

1冊（前付13頁,本文205頁）　和装　18.2cm × 12.2cm

(注)「伯爵／佐々木／蔵書印」朱文方印

西海異聞　上・中・下　**540**

写　3冊（①38丁②50丁③35丁）

和装　23.1cm × 16.2cm

(注)書名は外題による
「伯爵佐／佐木家／蔵書印」朱文方印

砕玉話〔武将感状記〕下　**541**

〔熊沢〕淡庵子 編集

写　1冊（50丁）　和装　24.3cm × 16.6cm

細々要記　第1〜5・7　**542**

金勝院実厳 著

写　1冊（61丁）　和装　24.4cm × 16.2cm

(注)「伯爵佐／佐木家／蔵書印」朱文方印

佐賀電信録　上・下之巻　**543**

神奈垣魯文 編輯

東京　和泉屋吉兵衛　明治7年（1874）

2冊　和装　22.1cm × 15.0cm

(注)「伯爵佐／佐木家／蔵書印」朱文方印

昨夢紀事　第1〜15巻　**544**

中根雪江 著

八尾書店　明治29年（1896）

2冊　洋装　21.6cm × 16.5cm

(注)「伯爵佐／佐木家／蔵書印」朱文方印

維新前史 桜田義挙録　上・中・下編　**545**

岩崎英重 著

吉川弘文館　明治44年（1911）訂正4版

3冊　洋装　22.5cm × 16.3cm

近世新話 山鵑一声　初・二編　**546**

原田道義 編輯　西村隼太郎 参考

西村隼太郎蔵板　東京　大和屋喜兵衛

明治7年（1874）〜8年（1875）

歴史・伝記　57

5冊　和装　22.4cm×15.0cm

(注)「伯爵佐／佐木家／蔵書印」朱文方印
「駿河台／佐々木／蔵書印」朱文方印

### 三代記　**547**

刊　寛永10年（1633）

7冊　和装　25.5cm×18.4cm

(注)1・2冊が『承久記』、3・4・5冊が『明徳記』、6・7冊が『応仁記』
各冊巻末に「佐々木氏蔵本」との墨書あり
「伯爵佐／佐木家／蔵書印」朱文方印
「駿河台／佐々木／蔵書印」朱文方印
「佐々木氏」朱文長方印

### 四戦紀聞　**548**

根岸直利 編輯　木村高敦 校正

写　4冊　和装　26.5cm×18.2cm

(注)本書は『江州姉川戦記』、『遠州味方原戦記』、『参州長篠戦記』、『遠州長久手記』からなる
「伯爵佐／佐木家／蔵書印」朱文方印
「駿河台／佐々木／蔵書印」朱文方印

### 七卿西竄始末　初編　**549**

馬場文英 編次　野口勝一 校訂

野史台出版　無刊年

14冊　和装　22.0cm×14.6cm

(注)本書の内容は『三条実美公記』（巻之2～15）
「伯爵／佐々木／蔵書印」朱文方印

### 七年史　第1～20巻　**550**

北原雅長 輯述

東京　啓成社　明治37年（1904）

2冊　洋装　22.4cm×16.0cm

(注)上巻遊び紙に「明治三十七年五月二十四日北原雅長より被贈」との佐佐木高行自筆墨書あり
「伯爵／佐々木／蔵書印」朱文方印

### 渋家手録　第1～8　**551**

写　7冊　和装　23.0cm×16.5cm

(注)書名は外題による
「伯爵／佐々木／蔵書印」朱文方印
「伯爵佐／佐木家／蔵書印」朱文方印

### 島原乱　**552**

写　1冊（43丁）　和装　24.0cm×16.5cm

(注)無銘青10行罫紙
磯田良青「島原の乱」『史学雑誌』第1編、第13号（1890年12月刊）の書写
佐佐木高行書生による書写
巻末に佐佐木高行自筆朱書識語あり（文中に「丸橋」の名あり、書生又は執事か）
「伯爵佐／佐木家／蔵書印」朱文方印

### 承久軍物語　巻1～6　**553**

写　2冊（①54丁②45丁）　和装　25.9cm×17.9cm

(注)「伯爵／佐々木／蔵書印」朱文方印
「櫛山蔵書」朱文方印

### 常山紀談　巻之1～5　**554**

湯浅新兵衛元禎（常山）　輯録

写　6冊　和装　24.0cm×16.6cm

(注)「伯爵佐／佐木家／蔵書印」朱文方印

### 常山紀談　**555**

湯浅新兵衛元禎（常山）編輯

江戸　須原屋茂兵衛　弘化3年（1846）～4年（1847）

30冊　和装　25.3cm×18.2cm

(注)巻之1～5・巻之5附録・巻之6～25・拾遺巻之1～4
巻之5附録は『雨夜燈』
「伯爵佐／佐木家／蔵書印」朱文方印
「千緑堂所蔵」墨陽長方印
「下濁川／本古川」墨陽長方印
「下濁川村古川九郎治」墨陽長方印
「北越下濁川／本古川氏印」朱文長方印

### 漢文征清戦史　**556**

田村維則 編

東京　田村維則　明治29年（1896）

1冊（前付1丁、本文56丁）　和装　18.6cm×12.5cm

(注)「伯爵佐／佐木家／蔵書印」朱文方印

### 弘安文禄 征戦偉績　上・中・下篇　**557**

史学会 編纂

東京　史学会　明治38年（1905）

1冊（前付7頁、本文246頁）　洋装　21.8cm×14.9cm

### 西南記伝　上・中・下巻　**558**

黒龍会 編纂

東京　黒龍会本部　明治44年（1911）訂正3版

6冊　洋装　22.5cm×16.0cm

### 世界ニ於ケル日本人　**559**

渡辺修二郎 著

東京　経済雑誌社　明治26年（1893）

1冊（前付28頁、本文379頁、後付40頁）

洋装　22.4cm × 15.5cm
(注)「伯爵佐／佐木家／蔵書印」朱文方印

**関原戦志　巻1〜27　560**
孤鸞峯素導 述
写　10冊　和装　27.2cm × 19.0cm
(注)「伯爵佐／佐木家／蔵書印」朱文方印
「駿河台／佐々木／蔵書印」朱文方印
「原忠／房印」白文方印

**関城繹史　561**
宮本元球仲笏 編輯
江戸　山城屋佐兵衛　無刊年
1冊（前付5丁,本文53丁）
和装　25.6cm × 17.8cm
(注)見返に「万延元年七月新鐫 常陸誌料 関城繹史一冊」とあり
「伯爵／佐々木／蔵書印」朱文方印
「伯爵佐／佐木家／蔵書印」朱文方印

**前前太平記　巻之1〜21　562**
浪華　毛利田庄太郎　正徳5年（1715）
20冊　和装　25.0cm × 17.7cm
(注)「伯爵／佐々木／蔵書印」朱文方印
「駿河台／佐々木／蔵書印」朱文方印
「北平」朱文長方印
「丁栄」墨陽長方印

**仙台支傾録　563**
日高誠実 撰
東京　長谷川展　明治13年（1880）
1冊（前付6丁,本文37丁,後付2丁）
和装　18.5cm × 12.4cm
(注)外題書名：『伊達氏実記　仙台支傾録』
「伯爵佐／佐木家／蔵書印」朱文方印
「佐高／美印」白文方印

**先朝紀略　第1〜6　564**
勢多章甫 編纂
写　6冊　和装　26.2cm × 19.0cm
(注)「伯爵佐／佐木家／蔵書印」朱文方印

**曽我物語　巻第1〜12　565**
京都　安田十兵衛　正保3年（1646）
12冊　和装　27.4cm × 18.3cm
(注)「伯爵佐／佐木家／蔵書印」朱文方印

**続太平記　巻第1〜30　566**
刊　20冊　和装　27.2cm × 18.5cm
(注)「伯爵佐／佐木家／蔵書印」朱文方印
「駿河台／佐々木／蔵書印」朱文方印

**側面観幕末史　567**
桜木章 著　三上参次 校閲
東京　啓成社　明治38年（1905）3版
1冊（前付9頁,本文889頁,図版1枚）
洋装　22.8cm × 17.0cm
(注)「伯爵佐／佐木家／蔵書印」朱文方印

**尊号廷議　568**
写　1冊（30丁）　和装　24.8cm × 17.0cm
(注)本文中に多数の附箋あり
巻末に「天保六年白藤鈴木恭」との写者識語あり

**尊王実話　569**
馬場文英 編輯　金田治平,八名賢逸 校正
愛知県　金田治平　明治30年（1897）
1冊（前付3丁,本文77丁,後付2丁）
和装　22.5cm × 16.0cm
(注)「伯爵佐／佐木家／蔵書印」朱文方印

**大政三遷史　570**
小中村（池辺）義象 著
東京　吉川半七　明治21年（1888）
1冊（前付7頁,本文90頁）　洋装　22.4cm × 15.5cm
(注)「伯爵／佐々木／蔵書印」朱文方印

**太平記　巻第1〜40　571**
刊　寛文11年（1671）
41冊　和装　27.2cm × 19.2cm
(注)「伯爵／佐々木／蔵書印」朱文方印
「伯爵佐／佐木家／蔵書印」朱文方印
「駿河台／佐々木／蔵書印」朱文方印

**太平記綱目　巻之1〜40　572**
原友軒 著
刊　寛文12年（1672）後序
60冊　和装　27.8cm × 19.2cm
(注)「伯爵佐／佐木家／蔵書印」朱文方印
「加藤氏／蔵書印」朱文長方印

**太平記詳解 1～40の巻 573**
三木五百枝,大塚彦太郎 共編　井上頼圀　校訂
同益社　明治34年（1901）
5冊　和装　21.9cm × 14.6cm
(注)「伯爵／佐々木／蔵書印」朱文方印

**中古外交志 574**
写　1冊（48丁）　和装　23.6cm × 15.6cm
(注)無何有書斎黒10行罫紙
第1丁表に「此地学協会」とあり

**文禄慶長 朝鮮役 575**
北豊山人 著
東京　博文社　明治27年（1894）再版
1冊（前付11頁,本文208頁,附表1枚）
和装　18.5cm × 12.8cm
(注)「伯爵／佐々木／蔵書印」朱文方印

**朝鮮物語 巻之上・中・下 576**
大河内茂左衛門尉源朝臣秀元 記
東都　誠格堂　無刊年
3冊　和装　22.8cm × 15.3cm
(注)「伯爵佐／佐木家／蔵書印」朱文方印
「駿河台／佐々木／蔵書印」朱文方印

**懲毖録 巻之1～4 577**
京都　大和屋伊兵衛　元禄8年（1695）
4冊　和装　25.4cm × 18.4cm
(注)外題書名：『朝鮮懲毖録』
「伯爵佐／佐木家／蔵書印」朱文方印
「字／子足」朱文方印
「石州土／肥氏図／書之記」朱文方印

**重編応仁記 前集・広集・後集・続後集 578**
刊　20冊　和装　25.3cm × 17.5cm
(注)書名は外題による
「伯爵佐／佐木家／蔵書印」朱文方印
「駿河台／佐々木／蔵書印」朱文方印
「福田文庫」朱文長方印〔福田敬同の印〕

**奠都三十年 579**
岸上操 編輯
東京　博文館　明治31年（1898）
1冊（前付8頁,本文350頁,図版37枚）
和装　21.8cm × 14.6cm
(注)『太陽』臨時増刊

「伯爵／佐々木／蔵書印」朱文方印

**蒙古襲来日露戦争 天祐紀 580**
神田息胤 編纂
東京　神田息胤　明治37年（1904）増訂
1冊（前付20頁,本文50頁）　洋装　22.2cm × 15.0cm

**東海異聞 上・下巻 581**
写　2冊（①83丁②96丁）　和装　23.3cm × 16.4cm
(注)書名は外題による
上巻末に「河合氏蔵」との墨書あり
「伯爵佐／佐木家／蔵書印」朱文方印

**徳川政教考 第1～5篇 582**
吉田東伍 著
東京　冨山房書店　明治27年（1894）
2冊　和装　21.7cm × 14.6cm
(注)「伯爵／佐々木／蔵書印」朱文方印

**利家卿夜話 上・下 583**
写　1冊（74丁）　和装　30.2cm × 21.3cm
(注)「小諸／蔵書」白文方印〔小諸藩牧野家の印〕

**内政外教衝突史 584**
渡辺修二郎 著
東京　民友社　明治29年（1896）
1冊（前付8頁,本文225頁）　和装　18.1cm × 12.1cm
(注)「伯爵／佐々木／蔵書印」朱文方印

**長久手戦記 585**
写　1冊（31丁）　和装　26.4cm × 19.8cm

**浪花夢物語 1～7之巻 586**
写　2冊（①48丁②73丁）　和装　23.5cm × 17.0cm
(注)「伯爵佐／佐木家／蔵書印」朱文方印

**南朝遺史 巻之1～3 587**
林嘉三郎 篇　藤沢恒 閲
芳文堂蔵版　奈良県　林晴太郎　明治25年（1892）
3冊　和装　23.2cm × 16.0cm
(注)「伯爵佐／佐木家／蔵書印」朱文方印

**桜雲記 上・中・下巻　588**

文久3年（1863）写

3冊（①19丁②36丁③29丁）　和装　26.2cm × 18.5cm

(注)外題書名：『南朝桜雲記』
下巻巻末に「文久三癸亥春写了 西村蔵書」との墨書あり
「伯爵佐／佐々木家／蔵書印」朱文方印
「西村」朱文長方印

**南朝紀伝　589**

文久3年（1863）写

2冊（①38丁②46丁）　和装　26.2cm × 18.4cm

(注)下巻巻末に「此書 文久三年癸亥冬十月写之 西村半兵衛所蔵」との墨書あり
「伯爵佐／佐々木家／蔵書印」朱文方印
「西村」朱文長方形

**難波戦記　巻之第1～27　590**

写　5冊　和装　28.6cm × 19.9cm

(注)大坂の役に関する戦記
「弘化五年戊申二月念訂校了 竹翁老人」との野間成式の朱書あり
本文及び本文鼇頭に竹翁老人（成式）による校語あり
「伯爵佐／佐々木家／蔵書印」朱文方印
「駿河台／佐々木／蔵書印」朱文方印
「野間氏／蔵書印」朱文長方印〔野間三竹の印〕

**日清軍記　591**

東京　民友社　明治27年（1894）

2冊　和装　18.4cm × 12.4cm

(注)「伯爵／佐々木／蔵書印」朱文方印
「伯爵佐／佐木家／蔵書印」朱文方印

**日清戦争実記　第1～50編　592**

東京　博文館　明治29年（1896）

22冊　和装　22.3cm × 14.7cm

(注)「伯爵／佐々木／蔵書印」朱文方印
「伯爵佐／佐木家／蔵書印」朱文方印

**日本正紀序　593**

松浦道輔 著

写　1冊（15丁）　和装　23.8cm × 15.9cm

(注)「伯爵／佐々木／蔵書印」朱文方印

**日本帝国海上権力史講義　594**

小笠原長生 述

海軍大学校蔵版　東京　春陽堂　明治37年（1904）

1冊（前付10頁,本文466頁,附表5頁）

洋装　27.0cm × 19.7cm

(注)自序末に「明治卅七年戦役海軍記念日 TOKIO 39-5-27」との青地スタンプが押された1銭5厘の証紙あり
「伯爵／佐々木／蔵書印」朱文方印

**後鑑　巻之1～22　595**

江戸幕府史局 編纂

内閣記録局蔵版　東京　修文堂　明治22年（1889）

5冊　和装　23.2cm × 15.9cm

(注)本書は『尊氏将軍記』（第1上～8）
「伯爵佐／佐木家／蔵書印」朱文方印

**武功雑記　巻1～17　596**

松浦詮 編輯

東京　青山清吉　明治36年（1903）

5冊　和装　23.0cm × 15.5cm

(注)1冊目扉に「明治三十六年九月　伯爵松浦詮ヨリ被贈　佐佐木高行しるす」との佐佐木高行自筆墨書あり
「伯爵佐／佐木家／蔵書印」朱文方印

**扶桑皇統記図会　前・後編　597**

浪華好華堂主人 著編　柳斎重春 画図

岡田群玉堂,岡田群鳳堂　無刊年

13冊　和装　25.2cm × 17.7cm

(注)「伯爵／佐々木／蔵書印」朱文方印
「駿河台／佐々木／蔵書印」朱文方印
「佐々木氏」朱文長方形

**文恭公実録　巻之1～4　598**

五弓久文 撰

明治27年（1894）写

3冊（①82丁②59丁③77丁）　和装　27.2cm × 19.0cm

(注)本書は,佐佐木高行が林昇旧蔵本を書写させたもの
3冊目巻末に佐佐木高行自筆墨書識語あり
「伯爵／佐々木／蔵書印」朱文方印

**平家物語　巻第1～12　599**

刊　享保12年（1727）

12冊　和装　25.5cm × 19.0cm

(注)外題書名：『改正絵入 平家物語』
扉に「都筑氏」との墨書あり
「侯爵佐／佐木家／蔵書印」朱文方印
「都筑／氏図／書印」朱文方印

**平治物語　巻第1～3　600**

文台屋治郎兵衛蔵版　明暦3年（1658）

3冊　和装　28.2cm × 19.6cm

(注)外題書名：『大字絵入 平治物語』

「侯爵佐／佐木家／蔵書印」朱文方印
「鑒水」朱文長方印

### 保建大記　巻之上・下　601
潛鋒栗山愿伯立甫　撰
京師　茨城多左衛門　正徳6年（1716）
2冊　和装　25.4cm×17.6cm
(注)「伯爵佐／佐木家／蔵書印」朱文方印
「駿河台／佐々木／蔵書印」朱文方印

### 保建大記打聞　1～3　602
谷重遠　講説
京師　茨城多左衛門　享保5年（1720）
3冊　和装　25.0cm×17.5cm
(注)「伯爵佐／佐木家／蔵書印」朱文方印

### 大字絵入　保元物語　第1～3　603
刊　3冊　和装　28.0cm×19.5cm
(注)書名は外題による
「侯爵佐／佐木家／蔵書印」朱文方印
「鑒水」朱文長方印

### 北条五代記　巻第1～10　604
〔三浦茂正　著〕
刊　寛永18年（1641）
10冊　和装　27.0cm×19.5cm
(注)「伯爵佐／佐木家／蔵書印」朱文方印

### 北条盛衰記　巻之1～7　605
江西逸志子　著
江戸　本屋作兵衛　寛文13年（1673）
7冊　和装　26.5cm×18.7cm
(注)版心書名：『永享記』
「伯爵佐／佐木家／蔵書印」朱文方印
「駿河台／佐々木／蔵書印」朱文方印
「芳川」朱文方印

### 豊太閤　606
山路愛山　著
明治42年（1909）
(注)現在所在不明

### 戊辰戦記　上巻・後編　607
保勲会　編
刊　明治26年（1893）～32年（1899）　2冊

和装　23.8cm×16.6cm
(注)下巻・前編を欠く
「伯爵／佐々木／蔵書印」朱文方印

### 戊辰相州箱根戦争顛末記　608
松隈義旗　著
明治27年（1894）写
1冊（20丁）　和装　26.1cm×18.0cm
(注)無銘朱13行罫紙
明治29年2月の記録（4丁）を含む
「伯爵／佐々木／蔵書印」朱文方印

### 増鏡　第1～17　609
刊　10冊　和装　25.6cm×18.8cm
(注)「伯爵佐／佐木家／蔵書印」朱文方印
「駿河台／佐々木／蔵書印」朱文方印

### 三河物語　610
写　1冊（98丁）　和装　26.8cm×18.9cm
(注)巻末に「寛政七年乙卯二月望得　于下谷　五清園所蔵」との墨書、「明治九年丙子月於静岡圧眠雲樵者」との朱書あり
「伯爵佐／佐木家／蔵書印」朱文方印
「蒙卦／樵漁」朱文方印
「家在土門／西坡南」白文方印
不明白文方印

### 水鏡　巻上・中・下　611
刊　3冊　和装　25.3cm×18.8cm
(注)「伯爵佐／佐木家／蔵書印」朱文方印
「駿河台／佐々木／蔵書印」朱文方印

### 水鏡詳解　巻の上・中・下　612
江見清風　著　松本愛重　閲
東京　明治書院　明治36年（1903）
1冊（前付15頁,本文395頁,後付14頁）
洋装　22.5cm×16.0cm
(注)「伯爵佐／佐木家／蔵書印」朱文方印

### 源頼朝　613
山路愛山　著
東京　玄黄社　明治42年（1909）
1冊（前付30頁,本文663頁,図版1枚）
洋装　19.3cm×14.0cm
(注)「侯爵佐／佐木家／蔵書印」朱文方印
「氷室／昭長」朱文方印

茗山雑記　614
写　5冊　和装　27.0cm × 18.9cm
(注)「伯爵佐／佐木家／蔵書印」朱文方印

明良洪範　巻之1～25・明良洪範続　巻之1～7　615
真田増誉 述
写　6冊　和装　27.0cm × 19.0cm
(注)「伯爵／佐々木／蔵書印」朱文方印
「大前蔵」朱文長方印

明良洪範　巻之1～20・明良洪範続　巻之1～10　616
真田増誉 述
写　20冊　和装　26.0cm × 18.0cm
(注)「伯爵佐／佐木家／蔵書印」朱文方印

寛政年中夢物語 是田沼家一件之本　巻之1～4　617
写　1冊（59丁）　和装　23.1cm × 16.5cm
(注)書名は扉による
外題書名：『田沼佐野之一件 夢物語之本』
小口書名：『田沼佐野実録記』
巻末に「文久二戊年十二月 西久保 大和屋作四郎方求」との墨書あり
「伯爵佐／佐木家／蔵書印」朱文方印

林家雑録　巻之上・下　618
林春斎 述
写　1冊（56丁）　和装　23.6cm × 15.7cm

家庭教育 歴史読本　第2　619
落合直文, 小中村（池辺）義象 合著
東京　博文館　明治24年（1891）
1冊（本文94頁, 図版1枚）　和装　18.9cm × 13.1cm

烈祖成績　巻之1～20　620
安積覚 編次
鶴鳴館蔵版　東京　徳川昭武
明治11年（1878）刻成
20冊　和装　22.9cm × 15.1cm
(注)「伯爵／佐々木／蔵書印」朱文方印
「伯爵佐／佐木家／蔵書印」朱文方印

老人雑話　巻之1～6　621
伊藤垣庵 筆記

嘉永4年（1851）写
3冊（①63丁②71丁③72丁）　和装　23.6cm × 16.2cm
(注)「伯爵佐／佐木家／蔵書印」朱文方印
「西村／氏閑」朱文方印

会津史　巻之1～10　622
池田（佐藤）儀八 著　関場忠武 閲
福島県　池内清治郎　明治28（1895）～30年（1897）
10冊　和装　22.5cm × 14.9cm
(注)「伯爵佐／佐木家／蔵書印」朱文方印

加賀藩史稿　巻之1～16　623
永山近彰 纂　世良太一 閲　石崎謙, 戸水信義 校
尊経閣蔵版　東京　前田直行　明治32年（1899）
8冊　和装　23.0cm × 15.3cm
(注)「伯爵／佐々木／蔵書印」朱文方印

歴史地理大観 かまくら　624
大森金五郎 編
東京　吉川弘文館　明治40年（1907）増補第2版
1冊（前付16頁, 本文314頁, 附録18頁）
和装　22.2cm × 15.8cm
(注)附録は『鎌倉案内記』
「伯爵／佐々木／蔵書印」朱文方印

久留米小史　巻之1～22　625
戸田幹 編纂　船曳鉄門 校正
福岡県　宮原直太郎　明治27年（1894）～28年（1895）
10冊　和装　23.5cm × 15.6cm
(注)「伯爵佐／佐木家／蔵書印」朱文方印

土佐遺聞録　上・下巻　626
寺石正路 著
高知県　片桐猪三郎　明治30年（1897）
合本1冊（314頁）　和装　13.8cm × 10.1cm
(注)「伯爵／佐々木／蔵書印」朱文方印

南海雑記続編　巻之1～8　627
小倉知行 撰
写　明治14年（1881）序
5冊　和装　22.9cm × 15.4cm
(注)無銘青10行罫紙
「伯爵佐／佐木家／蔵書印」朱文方印

日魯交渉 北海道史稿 上・中・下　*628*
岡本柳之助 纂
東京　遠山景直　明治31年（1898）
3冊　和装　21.5cm × 14.4cm
(注)「伯爵佐／佐木家／蔵書印」朱文方印

宮古島旧史 附録 南航日記　*629*
明有文長良 撰
刊　明治17年（1884）
1冊（前付9頁，本文138頁，附録31頁）
和装　20.4cm × 14.1cm
(注)「伯爵／佐々木／蔵書印」朱文方印

家忠日記　第1～6　*630*
坪井九馬三，日下寛 校訂
東京帝国大学蔵版　東京　吉川半七　明治30年（1897）
6冊　和装　23.0cm × 15.3cm
(注)「伯爵／佐々木／蔵書印」朱文方印

維新階梯雑誌　1～19・26・追加1～4　*631*
写　17冊　和装　23.5cm × 15.6cm
(注)本編には文久2年～慶応3年の記事を載せ，追加には文久3年から明治元年の記事を載せる

維新史料　13・18・20編　*632*
野史台　明治21年（1888）
3冊　和装　17.6cm × 11.9cm
①13編：『孝明天皇御宸』『開港起原』
②18編：『勅諚　文久二年六月勅書』『銭屋五兵衛関所一件』『雑記』
③20編：『日本政事上観察一班』
(注)13・18・20をそれぞれ15・17・19編に訂正する朱書あり
「伯爵／佐々木／蔵書印」朱文方印

維新史料　*633*
刊　39冊　和装　22.1cm × 14.6cm
(注)「伯爵／佐々木／蔵書印」朱文方印

肥前国彼杵郡 浦上村民異教一件　*634*
写　1冊（52丁）　和装　23.7cm × 16.0cm
(注)巻頭に「慶応三卯年七月　平山図書頭殿上州幷長崎行脚用留之内　浦上村民異教一件　外国方」との墨書ならびに「己五月八日清書出来牧野三殿御書状添　東京河田貫之助殿へ相廻ス控」との朱書あり

「伯爵佐／佐木家／蔵書印」朱文方印

慶応丁卯浦上耶蘇囚獄記事　*635*
写　1冊（26丁）　和装　23.9cm × 16.0cm
(注)「伯爵佐／佐木家／蔵書印」朱文方印

慶応丁卯浦上耶蘇徒囚獄名簿　*636*
写　1冊（76丁）　和装　23.8cm × 16.0cm
(注)書名は外題による
扉の書名：『浦上村異宗一件 改心幷不改心之者之分 公事方掛』
「伯爵佐／佐木家／蔵書印」朱文方印

浦上耶蘇宗徒処置顛末提要草稿二〇附録　*637*
写　彩色図8枚　和装　26.1cm × 18.1cm
(注)書名は外題による
浦上村山里五郷略図，浦上村淵寺野郷略図
「伯爵佐／佐木家／蔵書印」朱文方印

営中日記　*638*
写　9冊　和装　22.5cm × 14.9cm
(注)元和3年～延宝年間にかけての記録
「伯爵佐／佐木家／蔵書印」朱文方印
「藤井氏／蔵書印」朱文長方印

慶応四戊辰年 往還御用控　*639*
明治29年（1896）写
1冊（160丁）　和装　22.9cm × 16.0cm
(注)書名は外題による
巻末に「右者小田原町日本陣片岡永左右衛門の控書なり　明治二九年二月　両宮殿下同滞留中借用令謄写畢　佐々木高行誌」との佐々木高行自筆墨書識語あり
扉に「此記中小田原之件ハ岡本六三郎控　箱根戦争略記ト参照」との朱書あり
1645参照
「伯爵／佐々木／蔵書印」朱文方印

小田原領之様子書　*640*
写　1冊（41丁）　和装　22.8cm × 15.2cm

小原氏随筆　1～7　*641*
写　7冊　和装　27.2cm × 19.0cm
(注)書名は外題による
文久元年～明治2年までの随筆
「伯爵佐／佐木家／蔵書印」朱文方印

槐記　1～8　*642*
山科道安 著　東坊城徳長 校訂

京都　山田茂助　明治33年（1900）
8冊　和装　22.8cm × 15.6cm
(注)侍医山科道安による近衛家熙伝
「伯爵／佐々木／蔵書印」朱文方印

**北原雅長君談話 ほか合写　643**
写　1冊（219丁）　和装　23.8cm × 16.2cm
(注)無銘青10行罫紙
書名は外題による
⑭は、佐佐木高行が各人に幕末維新期の状況を下問し、それに答えたもの
「伯爵佐／佐木家／蔵書印」朱文方印
【内容】
①『会津旧藩士当時下谷圧長奉職北原雅長君談話』
　明治33年（1900）三好維堅 筆録　21丁
②『旧会津城主松平公臣浅羽忠之助氏話シ』
　明治30年（1897）三好維堅 筆録（於日光旅館）
　12丁
③『従三位松平定敬君御一新前後実歴談』
　明治28年（1895）三好維堅 筆録（於日光御用邸）
　明治37年（1904）三好維堅 筆録（於高輪御殿）
　12丁
④『木村芥舟翁（旧幕府軍艦奉行）実歴夜話』
　明治31年（1898）三好維堅 筆録（於日光御用邸）
　14丁
⑤『旧常州松岡藩主中山信徴君（水戸付家老）話シ』
　明治30年（1897）三好維堅 筆録（於日光御用邸）
　14丁
⑥『二荒神社祢宜（元日光奉行附史）村上信夫之話』
　明治28年（1895）三好維堅 筆録（於日光御用邸）
　10丁
⑦『林昇（前大学頭）・竹内帯陵（旧田安家家老）両氏話話』
　明治28年（1895）三好維堅 筆録（於日光御用邸）
　12丁
⑧『林・竹内両氏談話』
　明治28年（1895）三好維堅 筆録（於日光御用邸）
　20丁
⑨『栃木県下津賀郡長原近知話』
　明治28年（1895）三好維堅 筆録（於日光御用邸）
　7丁
⑩『林昇前大学頭・竹内帯陵前日向守実歴談』
　明治28年（1895）三好維堅 筆録（於日光御用邸）
　18丁
⑪『東照宮主典竹内隼太氏実歴談』
　明治28年（1895）三好維堅 筆録（於日光御用邸）
　9丁
⑫『久能山祢宣旧幕府人宇都野正武氏実歴談 但御一新前後之件』
　明治28年（1895）三好維堅 筆録（於高輪御殿）
　15丁
⑬『旧紀州藩士武林哲馬氏実歴談』
　明治29年（1895）三好維堅 筆録（於小田原鴎盟館）
　7丁
⑭『小田原夜話』
〔御守衛警部武林哲馬との問答〕
　明治29年（1895）三好維堅筆録（於小田原鴎盟館）
　5丁
〔郡書記牧田源之丞との問答〕
　明治26年（1892）三好維堅筆録（於小田原鴎盟館）
　4丁
〔出入商磯部平七との問答〕
　明治29年（1886）三好維堅筆録（於小田原鴎盟館）
　1丁
〔小田原無量寺住職大江舜成師との問答〕
　明治29年（1886）三好維堅筆録（於小田原鴎盟館）
　1丁
〔中山信明郡長との問答〕
　明治29年（1886）三好維堅筆録（於小田原鴎盟館）
　2丁
〔小田原町有志の者との問答〕
　明治29年（1886）三好維堅筆録（於小田原鴎盟館）
　2丁
〔内匠寮兼御料局監守石田為次郎との問答〕
　明治29年（1886）三好維堅筆録（於小田原鴎盟館）
　1丁
〔士族中垣秀通との問答〕
　明治29年（1886）三好維堅筆録（於小田原鴎盟館）
　6丁
〔大住郡長曽根盛鎮との問答〕
　明治29年（1886）三好維堅筆録（於小田原鴎盟館）
　3丁
〔中松屋専助との問答〕
　明治29年（1886）三好維堅筆録（於小田原鴎盟館）
　10丁
〔酒匂川村農酒井儀右エ門との問答〕
　明治29年（1886）三好維堅筆録（於小田原鴎盟館）
　3丁
〔小田原町役場書記板倉量三との問答〕
　明治29年（1886）三好維堅筆録（於小田原鴎盟館）

2丁
〔出入商磯辺平七との問答〕
明治29年（1886）三好維堅筆録（於小田原鷗盟館）
2丁

### 御撰大坂記　巻之1～19　*644*
〔林信言等　編〕

写　11冊　和装　27.9cm×18.5cm

(注)巻之19巻末に「德廟御撰　以林大学頭信言所蔵之本写之」との墨書あり
「伯爵佐／佐木家／蔵書印」朱文方印

### 近世異説輯録　*645*

写　1冊（73丁）　和装　26.6cm×20.0cm

(注)書名は外題による
静寧老人による文久3年の序あり
「伯爵佐／佐木家／蔵書印」朱文方印

### 近世史料編纂事業録　附史談会設立顛末　*646*

刊　1冊（前付2頁, 本文166頁）

和装　21.4cm×14.2cm

(注)明治26年の序あり
「伯爵佐／佐木家／蔵書印」朱文方印

### 瓊浦（たまのうら(けいほ)）戊辰記事　巻之上　*647*

写　1冊（52丁）　和装　23.9cm×16.0cm

(注)佐佐木三四郎(高行)記録写
明治維新政府による長崎奉行所接収の記録
慶応4年から明治10年の記録を含む
「伯爵佐／佐木家／蔵書印」朱文方印

### 維新前後　見聞録類従　間書　1～26　*648*

写　26冊　和装　23.5cm×16.2cm

(注)書名は外題による
「伯爵佐／佐木家／蔵書印」朱文方印

### 維新前後　見聞録類従　異国舩一條　1～4　*649*

写　2冊（①185丁②105丁）

和装　26.0cm×18.4cm

(注)書名は外題による
「伯爵佐／佐木家／蔵書印」朱文方印

### 維新前後　見聞録類従　随筆　18～23　*650*

写　5冊　和装　26.0cm×18.5cm

(注)書名は外題による
「伯爵佐／佐木家／蔵書印」朱文方印

「□□蔵」朱文長方印

### 公議所日誌　第1～19　*651*

官版　東京　上州屋惣七　無刊年

3冊　和装　22.2cm×15.2cm

(注)明治2年3月～6月までの日誌
「伯爵佐／佐木家／蔵書印」朱文方印

### 甲申日録略抄　*652*

金玉均　著

写　1冊（38丁）　和装　27.4cm×18.7cm

(注)読無字書堂蔵青12行罫紙
「伯爵／佐々木／蔵書印」朱文方印

### 慶応四年二月ヨリ　公要記　*653*

竹内日向守（帯陵）著

明治28年（1895）写

1冊（本文29丁）　和装　22.9cm×16.0cm

(注)東照宮主典竹内帯陵氏所蔵秘書を書写したもの
巻末に佐佐木高行自筆墨書識語あり
「伯爵／佐々木／蔵書印」朱文方印

### 極密秘書　巻之1～10・追加巻之1～5　*654*

写　15冊　和装　23.5cm×16.3cm

(注)第1冊巻1表紙裏に「此集書者丙寅歳上京中相求所也　花王軒主」との墨書あり
「伯爵佐／佐木家／蔵書印」朱文方印
「運甓」朱文長方印
「桜柳軒蔵」朱文長方重角印
「斎藤坦蔵図書之記」朱文長方印
「藤髏直強」白文方印
「僕本播乃」朱文方印

### こころのあと　*655*

藤田誠之進　著

茨城県　藤田健　明治24年（1891）

1冊（本文22丁）　和装　26.0cm×16.8cm

(注)2部存す
「伯爵佐／佐木家／蔵書印」朱文方印

### 台徳院殿大猷院殿御実紀中, 西教ニ関スル件抜書　ほか合綴　*656*

明治35年（1902）写

1冊（61丁）　和装　23.8cm×16.0cm

(注)巻末に「明治三拾五年八月ヨリ九月ニ渡リ日光東照宮御文庫所蔵ノ書ニヨリテ抄録ス」との墨書あり
「伯爵佐／佐木家／蔵書印」朱文方印
【内容】

①江戸幕府 撰『台徳院殿大献院殿御実紀中,西教ニ関スル件抜書』 54丁
②『松下石見守長綱の事』 2丁
③『日光山神領の事』 1丁
④『金地院崇伝略伝』 4丁

**天保十二辛丑年一ケ年分 御趣意筋其外御触面帳 657**

明治29年（1896）写

1冊（82丁） 和装 23.0cm×16.0cm

(注)巻末に明治29年の佐佐木高行自筆墨書識語あり
明治29年に佐佐木高行が小田原町役人深沢専助より借り受けた文書を小田原にて書写させたもの
「伯爵佐／佐木家／蔵書印」朱文方印

**台徳院殿大獣院殿 御上洛御行列記 658**

写 1冊（48丁） 和装 26.0cm×18.4cm

(注)「伯爵佐／佐木家／蔵書印」朱文方印

**〔徳川家茂〕御上洛御用留 上・下 659**

文久3年（1863）世古六之助 写

2冊（①107丁②92丁） 和装 24.2cm×16.0cm

(注)文久2年6月12日より同3年4月4日までの記録
「伯爵佐／佐木家／蔵書印」朱文方印

**文久三年亥年分御上洛ニ付御幸行烈 附 諸家様勇士取調書 660**

写 1冊（57丁） 和装 23.2cm×17.7cm

(注)「伯爵佐／佐木家／蔵書印」朱文方印

**御進発日記 1～4 661**

朝倉播磨守 著

明治25年（1892）写

2冊（①96丁②84丁） 和装 24.9cm×16.0cm

(注)慶応元年5月16日～2年7月19日の内容
『御進発ニ付御社参御次第手文之写』を含む
1冊目53丁に明治27年12月付の佐佐木高行自筆識語あり
2冊目末葉に写者識語あり
大阪町奉行竹内帯陵旧蔵本の写
「伯爵佐／佐木家／蔵書印」朱文方印

**古文書 662**

写 1冊（89丁） 和装 24.8cm×16.0cm

(注)書名は外題による
「伯爵佐／佐木家／蔵書印」朱文方印

**古文書写 663**

明治31年（1898）写

1冊（29丁） 和装 24.9cm×16.9cm

(注)世古直道所蔵古文書の写
第11丁末葉に明治30年3月三島にて写との識語あり
「伯爵佐／佐木家／蔵書印」朱文方印

**御用留（自元禄十五年壬午年至正徳六丙申年） 664**

万延元年（1860） 吉田六郎兵衛 写

1冊（158丁） 和装 27.9cm×20.0cm

(注)裏表紙に「長井」との墨書あり
「伯爵佐／佐木家／蔵書印」朱文方印

**安政四年丁巳年御用控 665**

小田原宿本町役人，名主片岡永左エ門，組頭芦川半左エ門 記

写 1冊（18丁） 和装 23.0cm×16.0cm

(注)地図(山中城跡壱厘五毛壱間縮図)1枚を含む
「伯爵／佐々木／蔵書印」朱文方印

**徳川家茂公 再度御上洛一件書 1～3 666**

明治27年（1894）写

3冊（①60丁②65丁③60丁）

和装 24.0cm×16.3cm

(注)書名は外題による
大阪町奉行竹内帯陵旧蔵本の写
巻末に佐佐木高行自筆墨書識語あり
「伯爵佐／佐木家／蔵書印」朱文方印

**史談会速記録 667**

相川得寿,高沢忠義 編輯

東京 相川得寿,高沢忠義

明治25年（1892）～30年（1897）

14冊 和装 21.0cm×14.2cm

(注)1～29・34～37・46～52・54～60輯
「伯爵佐／佐木家／蔵書印」朱文方印

**第二編 史徴墨宝考証 第1～3巻 668**

帝国大学編年史編纂掛蔵版 東京 大成館

明治22年（1889）

3冊 和装 26.0cm×14.6cm

(注)「伯爵／佐々木／蔵書印」朱文方印

**維新前後 実歴史伝 巻之1～7 669**

海江田（信義）親話 西河称 編述

東京 牧野善兵衛 明治25年（1892）

歴史・伝記

7冊　和装　22.4cm × 14.7cm

(注)「伯爵佐／佐木家／蔵書印」朱文方印

**守護職小史　前編　670**

北原雅長 私記

東京　北原雅長　明治31年（1898）〜32年（1899）

2冊　和装　23.8cm × 15.2cm

(注)「伯爵／佐々木／蔵書印」朱文方印

**元治元年甲子十月御進発諸御用留　671**

明治29年（1896）写

1冊（125丁）　和装　23.0cm × 16.0cm

(注)元治元年家茂御上洛時の小田原宿の御用留
小田原町役人深江専介旧蔵本を書写したもの
『御進発御用内密御尋書上』（6丁）を含む
118丁に佐佐木高行自筆墨書識語あり

**史料通信協会叢誌　総目録・第1〜14編　672**

近藤瓶城 編

史料通信協会　明治26年（1893）〜30年（1897）

29冊　和装　21.7cm × 14.7cm

(注)「伯爵／佐々木／蔵書印」朱文方印
「伯爵佐／佐木家／蔵書印」朱文方印

**水府浮浪記録　673**

写　4冊　和装　23.8cm × 16.4cm

(注)書名は外題による
小口書名：『元治子年より丑年迄水府浪士』
4冊目巻末に「慶応元丑年五月此ぬし　南仙波」との墨書あり
「伯爵佐／佐木家／蔵書印」朱文方印

**図書寮記録　上・中編　674**

図書寮 編

宮内省図書寮蔵板　明治20年（1887）

6冊　和装　26.1cm × 18.4cm

(注)上編巻2に「堀内耕作」の名刺の挟み込みあり
「伯爵／佐々木／蔵書印」朱文方印
「伯爵佐／佐木家／蔵書印」朱文方印

**駿州大塔宮御旧跡書類　675**

写　1冊（16丁）　和装　25.8cm × 18.0cm

(注)書名は外題による
扉の書名：『亍旄管見記抜萃』
明治三十二年七月二十八日付西郷従道宛久保田文次郎『護良親王御旧跡発見献白書』他3書を合写
「伯爵／佐々木／蔵書印」朱文方印

**駿府政事録　巻之1〜8　676**

〔伝後藤光次 著〕

写　8冊　和装　27.4cm × 20.4cm

(注)慶長16年8月朔日より慶長20年12月29日までの記録
「伯爵佐／佐木家／蔵書印」朱文方印

**征清軍隊慰問日記　677**

山口珠一 著

刊　1冊（本文82頁）　洋装　18.3cm × 12.6cm

(注)『華族総代戦地慰問日記』第7〜14で　随行員山田珠一による日記

**関根日記 ほか合写　678**

関根益勝 著

写　1冊　和装　24.0cm × 16.3cm

(注)巻末に明治27年8月付佐佐木高行自筆墨書識語あり
日光町庄屋の記録
「伯爵佐／佐木家／蔵書印」朱文方印

【内容】

①『関根日記』（文政9年〜天保12年の内容）　5丁

②『万控帳』（天保元年からの内容）　9丁

③『平生農家用心集』（慶応2年5月〜6月の内容）
　53丁

**先賢遺宝　679**

寺師宗徳 著

兵庫県　村野山人　明治41年（1908）

1冊（本文48頁,図版21枚）　和装　25.7cm × 18.8cm

(注)内容は『島津斉彬公親翰文附解説』ならびに『吉井七郎右衛門・村野伝之丞・吉井七之丞三兄弟合伝』
「伯爵佐／佐木家／蔵書印」朱文方印

**相城臣敵討一件書写　680**

写　1冊（37丁）　和装　24.3cm × 16.4cm

(注)無銘青10行罫紙

**蒼臂舎聞書　681**

写　1冊（本文65丁）　和装　23.6cm × 16.7cm

(注)書名は外題による
『奥御儒者成嶋邦之丞当将軍家江差上候書付写』（9丁）を含む
「伯爵佐／佐木家／蔵書印」朱文方印

**台徳院殿御実記抜書　682**

江戸幕府 撰

写　1冊（33丁）　和装　22.6cm × 15.0cm

(注)無銘青10行罫紙
「伯爵／佐々木／蔵書印」朱文方印
「伯爵佐／佐木家／蔵書印」朱文方印

### 大日本古文書 1～7, 家わけ 第1の1～8, 家わけ 第2, 家わけ 第3の1～3, 家わけ 第4　683
東京帝国大学文科大学史料編纂掛 編纂
東京帝国大学蔵板　明治34年（1901）～42年（1909）
20冊　洋装　22.8cm × 16.2cm
(注)1～7は大宝2年11月～天平13年の編年文書，家わけ第1は高野山文書，家わけ第2は浅野文書，家わけ第3は伊達家文書，家わけ第4は石清水文書
「伯爵／佐々木／蔵書印」朱文方印

### 大日本史料 第4編之1～8, 第6編之1～8, 第12編之1～13　684
東京帝国大学文科大学史料編纂掛 編纂
東京帝国大学蔵板　明治34年（1901）～42年（1909）
29冊　洋装　22.8cm × 16.5cm
(注)「伯爵／佐々木／蔵書印」朱文方印
「侯爵佐／佐木家／蔵書印」朱文方印
【内容】
第4編1～8は文治2年11月29日～建永元年4月29日編年史料，第6編1～8は元弘3年5月23日～南朝興国6年（北朝貞和元年4月）の編年史料，第12編1～13は慶長8年2月12日～慶長19年4月の編年史料

### 元治元年八月朔日より長州証討ニ付諸達　685
浅倉播磨守 著
写　1冊（49丁）　和装　23.8cm × 16.0cm
(注)「伯爵佐／佐木家／蔵書印」朱文方印

### 延享五年宝暦十三年朝鮮人来朝諸記　686
明治29年（1896）写
1冊（80丁）　和装　23.0cm × 16.0cm
(注)巻末に明治29年付の佐佐木高行自筆墨書識語あり
本書は箱根にて郵便局長石内弥平太所持本を書写したもの
「伯爵／佐々木／蔵書印」朱文方印

### 鎮西古文書編年録　第1～4　687
写　1冊（77丁）　和装　23.8cm × 16.0cm
(注)「伯爵佐／佐木家／蔵書印」朱文方印

### 関東鎮台日誌　第1～12　688
官版　東京　和泉屋市兵衛　無刊年
合綴1冊（122丁）　和装　17.3cm × 12.2cm
(注)慶応4年6月（第1）～同年7月（第12）までの12冊を合綴したもの
「伯爵／佐々木／蔵書印」朱文方印

### 天明年度凶歳日記 ほか合綴　689
写　合綴1冊（56丁）　和装　23.5cm × 16.0cm
(注)無銘青12行罫紙
「伯爵／佐々木／蔵書印」朱文方印
【内容】
①『天明年度凶歳日記』　佐佐木高行写　38丁
②『明治30年4月付麻生三郎伝』　5丁
③『文久3年付極密愚在認深依頼候事』　13丁

### 東海東山 巡幸日記 巻1～10　690
刊　2冊　和装　19.2cm × 13.6cm

### 東巡日誌 第1～10　691
官版　東京　須原屋茂兵衛　無刊年
合綴2冊　和装　21.8cm × 14.6cm
(注)明治元年9月（第1）～同年10月（第10）までの10冊を2冊に合綴

### 東照宮御実記外交抜萃　692
写　1冊（60丁）　和装　22.5cm × 14.7cm
(注)無銘青10行罫紙
本書は『日光東照宮宝庫蔵東照宮御実記成書例首抜萃』と『日光東照宮宝庫蔵大猷院殿御実記抜萃』とからなる
「伯爵／佐々木／蔵書印」朱文方印
「伯爵佐／佐木家／蔵書印」朱文方印

### 当世奇譚録　693
写　1冊（63丁）　和装　26.6cm × 19.4cm
(注)無銘青12行罫紙
書名は外題による
元治元年6月静寧老漁の序あり
「伯爵佐／佐木家／蔵書印」朱文方印

### 土佐国蠹簡集木屑 巻第1～8　694
〔柳瀬貞重 著〕
文化7年（1810）写
8冊　和装　27.0cm × 19.0cm
(注)巻第8巻末に「蠹簡集木屑全部八冊文化七年夏六月以柳瀬氏元本謄写畢広山亭」との墨書識語あり
「伯爵佐／佐木家／蔵書印」朱文方印
「市原／蔵書」朱文方印

**土佐国蠹簡集残編 巻第1～7　695**
写　7冊　和装　27.2cm × 18.8cm

**蠹簡集拾遺 1～7　696**
写　4冊　和装　27.2cm × 19.0cm

**長崎明細書 ほか合綴　697**
写　合綴1冊　和装　22.8cm × 15.4cm
【内容】
①『長崎明細書』　13丁
②『諸商諸職冥加金上納覚』　13丁
③『長崎役人名前書』　99丁

**日記　698**
明治28年（1895）写
1冊（20丁）　和装　23.2cm × 15.2cm
(注)書名は外題による
本書は、明治28年3月22日から5月15日までの佐佐木高行、高美親子の動向を中心とした玄関日記
「伯爵／佐々木／蔵書印」朱文方印

**排雲録　699**
安禅窟諶厚 著
刊　1冊（前付3丁,本文32丁,後付15丁）
和装　22.8cm × 15.4cm
(注)「伯爵／佐々木／蔵書印」朱文方印

**箱根御関所諸覚 ほか合綴　700**
明治29年（1896）写
合綴1冊（112丁）　和装　23.0cm × 16.0cm
(注)本書は箱根宿本陣石内弥平太旧蔵書の写であり、近藤主馬正喬は関所諸番改である
巻頭に関所関係の古文書綴込み3通あり
「伯爵／佐々木／蔵書印」朱文方印
【内容】
①『箱根御関所諸覚』
　近藤主馬正喬 控
　寛政10年（1798）写　50丁
②『寛政拾壱年未二月安永之頃女御証文相違之分』
　近藤主馬正喬 控　40丁
③『箱根御関所諸記』
　石内弥平太 控　18丁
　(注)末尾に明治29年7月付の佐佐木高行自筆墨書識語あり
④『箱根御関所印鑑帳之内書抜』　4丁

**商社頭取以下名前書 ほか合綴　701**
明治28年（1895）写
合綴1冊（105丁）　和装　23.0cm × 15.9cm
(注)明治28年に日光御用邸にて、竹内帯陵旧蔵本を、佐佐木高行が書写させたもの
巻末に明治28年付の佐佐木高行自筆墨書識語あり
「伯爵／佐々木／蔵書印」朱文方印
【内容】
①『慶応三年丁卯四月各国公使来坂兵庫居留地談判書』
　竹内帯陵 著　6丁
②『商社頭取以下名前書』
　大隈守 控　99丁

**巡幸日誌 乾・坤・附録　702**
刊　2冊　和装　19.3cm × 13.5cm
(注)外題書名：『北陸東海両道巡幸日記』
本書は明治11年8月30日～11月9日の記事を載せる

**松浦法印征韓日記抄　703**
松浦厚 編
松浦家蔵版　東京　吉川半七　明治27年（1894）
1冊（前付2丁,本文23丁）　和装　22.8cm × 15.2cm
(注)版心書名：『陣中日記』
「伯爵佐／佐木家／蔵書印」朱文方印

**野洲追討記　704**
竹内帯陵等 控
明治26年（1893）写
2冊（①71丁②47丁）　和装　24.0cm × 16.1cm
(注)書名は外題による
2冊目巻末の墨書識語に、本書は明治26年夏に日光御用邸に竹内帯陵と林昇両人を招待し、手控えとして持参した旧蔵本を書写した旨あり
「伯爵佐／佐木家／蔵書印」朱文方印

**嘉永癸丑 吉田松陰遊歴日録　705**
吉田寅次郎 遺著　品川弥二郎 校正
東京　吉田庫三　明治16年（1883）
1冊（前付4頁,本文50頁）　洋装　18.7cm × 12.4cm
(注)「伯爵／佐々木／蔵書印」朱文方印

**龍智明鑑録抄　706**
写　1冊（13丁）　和装　23.0cm × 15.8cm
(注)書名は外題による
「伯爵／佐々木／蔵書印」朱文方印

印度史　707
北村三郎 編述
東京　博文館　明治22年（1889）
1冊（前付5頁, 本文436頁, 後付24頁）
洋装　19.4cm × 13.5cm
(注)『朝鮮安南緬甸暹羅各国史』を付す
「伯爵佐／佐木家／蔵書印」朱文方印

漢韓史談　巻上・下　708
大槻如電 編纂
東京　内田老鶴圃　明治32年（1899）
2冊　和装　22.5cm × 15.1cm
(注)中学校漢文科利用教科書

清名家史論鈔　巻1～3　709
五十川淵土深 輯
香芸堂　無刊年
3冊　和装　22.7cm × 15.3cm
(注)「伯爵／佐々木／蔵書印」朱文方印
「伯爵佐／佐木家／蔵書印」朱文方印

東洋歴史大辞典　710
久保得二（天随）等 編
東京　同文館　明治38年（1905）
1冊（前付24頁, 本文1141頁, 後付192頁, 図版8枚）
洋装　25.7cm × 18.7cm
(注)「佐佐木／行忠蔵／書之印」朱文方印

漢書評林　首巻・巻之1～100　711
（明）凌稚隆 輯校
江戸　松栢堂　明暦3年（1657）
30冊　和装　27.7cm × 19.5cm
(注)外題および版心書名：『漢書』
小口書名：『前漢書』
9冊目に昭和20年6月15日付, 植木直一郎宛伊予大三島国幣大社大山祇神社宮司発, 絵葉書の挟み込みあり
「伯爵佐／佐木家／蔵書印」朱文方印
「駿河台／佐々木／蔵書印」朱文方印
「□柄氏／図書記」朱文方印

漢書評林　首巻・巻之1～85　712
（明）凌稚隆 輯校　（日）菊池純 校閲　（日）杉山令吉 訓点
東京　報告社　明治17年（1884）
25冊　和装　26.5cm × 18.4cm
(注)原100巻

「伯爵／佐々木／蔵書印」朱文方印

訓蒙十八史略　巻之1・2・4　713
市川央坡 解述
東京　奎章閣　明治7年（1874）発兌
3冊　和装　18.2cm × 12.1cm
(注)「駿河台／佐々木／蔵書印」朱文方印

元代開国略　総論・第1～3篇　714
北沢正誠 述
写　1冊（51丁）　和装　24.2cm × 16.0cm
(注)『元代彊域考』（11丁）を含む
「伯爵佐／佐木家／蔵書印」朱文方印

増補 元明史略　巻之1～4　715
後藤世鈞（芝山）編次　藤原正臣 増補
京都　菱屋孫兵衛　万延元年（1860）3刻
4冊　和装　25.8cm × 18.3cm
(注)「伯爵佐／佐木家／蔵書印」朱文方印

綱鑑易知録　巻之1～92　716
（清）呉乗権等 輯
五雲楼蔵版　半城　康熙50年（1711）序
36冊　和装　17.2cm × 11.5cm
(注)『明鑑易知録』巻之1～15を含む
「伯爵／佐々木／蔵書印」朱文方印
「伯爵佐／佐木家／蔵書印」朱文方印
「駿河台／佐々木／蔵書印」朱文方印
「林／盈／佳／印」白文方印

後漢書　首巻・巻第1～80　717
（宋）范曄 撰　（唐）李賢 註　（梁）劉昭 注補
（元）王鰲叟等 校
刊　61冊　和装　27.3cm × 19.5cm
(注)「伯爵佐／佐木家／蔵書印」朱文方印
「駿河台／佐々木／蔵書印」朱文方印

国語定本　第1～21　718
（呉）韋昭 解　（宋）宋庠 補音　（日）秦鼎 定本
（日）村瀬誨輔等 校字
尾張　永楽屋東四郎　文政2年（1819）
6冊　和装　26.5cm × 17.8cm
(注)扉の書名：『春秋外伝 国語定本』
「伯爵／佐々木／蔵書印」朱文方印
「伯爵佐／佐木家／蔵書印」朱文方印
「字／子徳」朱文方印

三国志　*719*
（晋）陳寿 撰述　（宋）裴松之 集註
（明）陳仁錫 評閲
浪華　松村九兵衛, 渋川清右衛門　寛文10年（1670）
40冊　和装　25.5cm × 18.1cm
（注）「伯爵／佐々木／蔵書印」朱文方印
「伯爵佐／佐木家／蔵書印」朱文方印
「駿河台／佐々木／蔵書印」朱文方印
「誠斎／之書」朱文方印
【内容】
『魏書』巻1～29,『蜀書』巻1～15,『呉書』巻1～20
（『魏書』24冊,『蜀書』6冊,『呉書』10冊）

史記評林　首巻・巻之1～130　*720*
（明）凌稚隆 輯校　李光縉 増補
（日）大郷穆, 伊地知貞馨 点
大阪　脩道館　明治14年（1881）
27冊　和装　26.3cm × 18.8cm
（注）「伯爵／佐々木／蔵書印」朱文方印

資治通鑑　首巻・1～294巻　*721*
（宋）司馬光 奉勅編集　（元）胡三省 音註
（日）石川之褧, 土井有恪 校
津藩　有造館　天保7年（1836）
148冊　和装　26.5cm × 17.9cm
（注）「伯爵佐／佐々木家／蔵書印」朱文方印
「駿河台／佐々木／蔵書印」朱文方印

資治通鑑　首巻・巻之1～210　*722*
（宋）司馬光 奉勅編集　（元）胡三省 音註
（日）岡松甕谷 校閲
東京　報告社　明治15年（1882）
43冊　和装　26.5cm × 18.7cm
（注）有造館原版
「伯爵／佐々木／蔵書印」朱文方印

資治通鑑綱目全書　*723*
増田希哲 編
徳嶋府学蔵版　阿波　文化6年（1809）
117冊　和装　26.8cm × 18.3cm
（注）書名は外題による
「伯爵佐／佐々木家／蔵書印」朱文方印
「駿河台／佐々木／蔵書印」朱文方印
【内容】
1,『資治通鑑綱目前編』巻之1～25
　（明）南軒 撰　陳仁錫 評閲　10冊

2,『資治通鑑綱目』首巻・巻之1～59
　（宋）朱熹 撰　（明）陳仁錫 評閲　69冊
（注）巻18に下記の封筒挟み込みあり
表面：群馬県上州伊香保にて佐佐木高美殿親展（明治22年9月5日消印）
裏面：東京市駿河台鈴木町垣内正輔九月十一日
3,『続資治通鑑綱目』巻之1～27・末1巻
　（明）商輅等 奉勅撰　（明）陳仁錫 評閲　28冊
4,『資治通鑑綱目三編』巻之1～20
　（清）張廷玉等 奉勅撰　10冊

周清外史　巻之1～12・14～16・22　*724*
（日）馬杉繁 著　（清）王治本 閲
東京　江島喜兵衛　明治14年（1881）
10冊　和装　18.5cm × 12.8cm
（注）「伯爵佐／佐々木家／蔵書印」朱文方印

立斎先生標題解註音釈十八史略　巻之1～7　*725*
（元）曽先之 編次　（明）陳殷 音釈　王逢 点校
（日）岩垣彦明 校訂標記　岩垣松苗 再校増補
皇都　松柏堂, 五車楼　元治元年（1864）再刻
7冊　和装　25.3cm × 17.7cm
（注）小口書名：『十八史略』
7冊目37丁に「小畑吉太郎」の名刺挟み込みあり
「伯爵／佐々木／蔵書印」朱文方印
「伯爵佐／佐々木家／蔵書印」朱文方印
「駿河台／佐々木／蔵書印」朱文方印

清国近世乱誌　巻1～5　*726*
曽根俊虎 訳纂
写　5冊　和装　24.0cm × 16.0cm
（注）無銘青10行罫紙
「伯爵佐／佐々木家／蔵書印」朱文方印

清史攬要　巻1～6　*727*
増田貢 著　亀谷行 校閲
東京　光風社　万青堂　明治10年（1877）
6冊　和装　22.8cm × 15.4cm
（注）「伯爵佐／佐々木家／蔵書印」朱文方印

宋元通鑑　巻第1～157　*728*
（明）薛応旂 編集　陳仁錫 評閲　（日）藤森天山等 校
江戸　和泉屋金右衛門
万延元年（1860）～元治元年（1864）
48冊　和装　26.0cm × 17.8cm
（注）「伯爵佐／佐々木家／蔵書印」朱文方印

曽文正公家書　巻1～10
曽文正公家訓　上・下巻　*729*
〔(清) 曽国藩 撰〕
刊　6冊　和装　14.7cm × 8.9cm
(注)「伯爵／佐々木／蔵書印」朱文方印

曽文正公大事記　巻1・2　*730*
〔(清) 王定安 撰〕
刊　1冊 (32丁)　和装　14.7cm × 8.9cm
(注) 原4巻
「伯爵／佐々木／蔵書印」朱文方印

中東戦紀本末　*731*
(米) 林楽知 (ヤング・ジョン・アーレン)
(清) 蔡爾康 合著　(日) 藤野房次郎 直訳
東京　藤野房次郎　明治31年 (1898)
1冊 (前付58頁, 本文1172頁, 後付9頁)
洋装　22.3cm × 16.0cm

通俗二十一史　*732*
早稲田大学編輯部 編輯
東京　早稲田大学出版部
明治44年 (1911) ～ 45年 (1912)
12冊　洋装　22.7cm × 16.5cm
(注)「佐佐木／行忠蔵／書之印」朱文方印
【内容】
第1巻,『通俗十二朝軍談』(李下散人),『通俗列国志 前編 一名 武王軍談』(地以立)
第2巻,『通俗列国志 後編 一名 呉越軍談』(地以立),『通俗漢楚軍談』(夢梅軒章峯等)
第3巻,『通俗西漢紀事』(称好軒徴庵),『通俗東漢紀事』(称好軒徴庵)
第4・5巻,『通俗三国志』(湖南文山)
第6巻,『通俗続三国志』(中村昂然),『通俗戦国策』(毛利瑚珀)
第7巻,『通俗続後三国志』(尾田玄古)
第8巻,『通俗南北朝軍談』(長崎一鶚),『通俗隋煬帝外史』(煙水散人)
第9巻,『通俗唐太宗軍鑑』(夢梅軒章峯),『通俗唐玄宗軍談』(中村昂然)
第10巻,『通俗五代軍談』(毛利瑚珀),『通俗宋史軍談』(尾陽舎松下氏)
第11巻,『通俗両国志』(入江若水),『通俗宋元軍談』(源忠孚)『鴉片戦志』原名『海外新話』(嶺田楓江)

第12巻,『通俗元明軍談』(岡島玉成),『通俗明清軍談』『髪賊乱志』(曽根俊虎)

通鑑紀事本末　巻之第1～42　*733*
(宋) 袁枢 編　(明) 張溥 鑑定　蔣先庚 校訂
鬱岡山房蔵版　無刊年
42冊　和装　28.8cm × 17.4cm
(注) 一部写
『皇族譜』1冊を含む
「伯爵佐／佐木家／蔵書印」朱文方印

宋史紀事本末　巻第1～10　*734*
(明) 馮琦 編　陳邦瞻 纂輯　張溥 鑑定　蔣先庚等 校
鬱岡山房蔵版　万暦33年 (1605) 序
10冊　和装　28.8cm × 17.3cm
(注)「伯爵佐／佐木家／蔵書印」朱文方印
不明朱文楕円印

元史紀事本末　巻第1～4　*735*
(明) 陳邦瞻 編　臧懋循 補　張溥 鑑定　蔣先庚等 校
鬱岡山房蔵版　明刊
2冊　和装　29.8cm × 17.7cm
(注)「伯爵佐／佐木家／蔵書印」朱文方印

通鑑集要　巻之1～11　*736*
(明) 諸燮 編輯　董其昌 重校　陳継儒 参閲
(日) 林厚徳 校点　川田剛 (甕江), 三島毅 (中洲) 校閲
東京　石川治兵衛　明治14年 (1881)
13冊　和装　29.8cm × 17.7cm
(注) ただし巻之11は林厚徳の編
「伯爵佐／佐木家／蔵書印」朱文方印

通鑑攬要　*737*
(清) 姚培謙, 張景星 同録　陸奎勲等 参閲
篠山蔵版　江都 (須原屋源助)　天保5年 (1834)
15冊　和装　26.5cm × 18.3cm
(注) 前編巻1・2, 正編巻1～19, 続編巻1～8, 明史攬要巻1～8
「四十枚 廿五日 十一月十日終ル」との墨書覚書の挟み込みあり
「伯爵佐／佐木家／蔵書印」朱文方印
「駿河台／佐々木／蔵書印」朱文方印
「水埜氏／蔵書記」朱文長方印

邸抄全録　*738*
鉛印本　字林滬報館　無刊年
3冊　和装　23.0cm × 12.7cm
(注)「伯爵／佐々木／蔵書印」朱文方印

東莱先生音註唐鑑　巻之1～24　*739*
(宋) 范祖禹 譔　呂祖謙 註
京師　風月荘左衛門　寛文9年 (1669)
6冊　和装　26.2cm × 18.2cm
(注)「伯爵／佐々木／蔵書印」朱文方印
「熊沢／蔵書」朱文方印

鼎鍥趙田了凡袁先生編纂古本歴史大方綱鑑補　首巻・巻之1～39　*740*
(明) 袁黄 編纂　(日) 鵜 (飼) 石斎 訓点
野田庄右衛門　寛文3年 (1663)
40冊　和装　27.0cm × 17.8cm
(注)外題書名：『歴史綱鑑補』
「伯爵佐／佐々木家／蔵書印」朱文方印
「天／柱」白文方印
「曼／印」白文方印

英国史略　巻之1～4　*741*
河津孫四郎, 作楽戸痴鴬　訳述
知新館蔵版　明治3年 (1870) ～4年 (1871)
4冊　和装　22.5cm × 15.2cm
(注)「伯爵佐／佐々木家／蔵書印」朱文方印
「駿河台／佐々木／蔵書印」朱文方印

西史攬要　巻1～4　*742*
福地万世 訳　柳河春蔭 閲
官版　東京　開成学校　無刊年
3冊　和装　22.8cm × 15.5cm
(注)「伯爵佐／佐々木家／蔵書印」朱文方印
「駿河台／佐々木／蔵書印」朱文方印

西洋易知録　巻之1上～4下　*743*
河津孫四郎 訳述
知新館蔵版　無刊年
6冊　和装　22.4cm × 15.0cm
(注)「伯爵佐／佐々木家／蔵書印」朱文方印
「駿河台／佐々木／蔵書印」朱文方印

西洋史記　巻之1～11　*744*
(仏) 駞愜屨 (ダニール) 原撰
(日) 村上義茂 (茂亭) 重訳　村上義徳 (明堂) 校正
達理堂蔵版　東京　山城屋佐兵衛, 須原屋伊八
明治3年 (1870) ～4年 (1871)
10冊　和装　25.8cm × 18.1cm
(注)「伯爵佐／佐木家／蔵書印」朱文方印
「駿河台／佐々木／蔵書印」朱文方印

泰西史鑑　上編巻之1～9・中編巻之1～10　*745*
(普) 勿的爾 (ウエルテル) 著
(荷蘭) 珀爾偃 (ベルク) 訳　(日) 西村鼎 重訳
求諸已斎蔵梓　明治2年 (1869) 官許
20冊　和装　22.8cm × 15.3cm
(注)上編巻之9は2部存す
「駿河台／佐々木／蔵書印」朱文方印

土耳機史　附亜細亜古国史・波斯史・埃及史・亜剌比亜史　*746*
北村三郎 編述
東京　博文館　明治23年 (1890)
1冊 (前付26頁, 本文566頁, 図版1枚)
洋装　19.7cm × 14.0cm
(注)「伯爵佐／佐木家／蔵書印」朱文方印

一千八百七十年　孛仏戦記　巻之1～6　*747*
(米) エル・ピー・ブロケット 原著
(日) 細川十洲 校　芳川俊雄等 訳
十洲書院蔵版　東京　須原屋茂兵衛
明治4年 (1871) 官許
6冊　和装　22.5cm × 15.5cm
(注)「伯爵佐／佐木家／蔵書印」朱文方印
「駿河台／佐々木／蔵書印」朱文方印

巴黎城下盟　附北京城下盟　*748*
森本駿 著
東京　高知堂　明治28年 (1895)
1冊 (前付16頁, 本文174頁, 図版1枚)
和装　18.5cm × 13.0cm

万国史略　前編巻之1～2　*749*
(蘇) 辣撒戴多拉 (アレキサンダルプラサルタイトラル)
著　(日) 西村鼎 (茂樹) 訳
京都　吉野屋甚助　明治2年 (1869) 官許
2冊　和装　22.3cm × 15.5cm
(注)「伯爵佐／佐木家／蔵書印」朱文方印

「駿河台／佐々木／蔵書印」朱文方印

## 校正万国史略 巻之3〜6　749
西村鼎（茂樹）編纂
東京　稲田佐兵衛　無刊年
4冊　和装　22.3cm×15.5cm
(注)「伯爵／佐々木／蔵書印」朱文方印

## 普通万国歴史　750
菊池熊太郎 著
東京　宮崎道正　明治28年（1895）
1冊（前付13頁,本文450頁）　洋装　19.0cm×13.7cm
(注)「伯爵／佐々木／蔵書印」朱文方印
「伯爵佐／佐木家／蔵書印」朱文方印

## 仏国革命論　751
（独）リヨースレル 述　日本独逸学協会 翻訳
東京　独逸学協会　明治18年（1885）
1冊（前付2頁,本文58頁）　洋装　22.6cm×15.2cm
(注)「伯爵／佐々木／蔵書印」朱文方印

## 法普戦争誌略 巻之1〜8　752
渡六之助 著
刊　明治4年（1871）序
8冊　和装　18.0cm×12.0cm
(注)「伯爵佐／佐木家／蔵書印」朱文方印
「駿河台／佐々木／蔵書印」朱文方印

## 羅馬史論 第1〜3編 附録羅馬史略　753
（伊）マキアヴェリ 著　（日）林董 訳
東京　博文館　明治39年（1906）
1冊（前付26頁,本文651頁）　洋装　22.8cm×16.0cm
(注)「伯爵／佐々木／蔵書印」朱文方印

## 露国侵略史　754
須崎芳三郎 著
明治37年（1904）
(注)現在所在不明

## 亜墨利加 華盛頓軍記 初編上〜3編下巻　755
鈴木弥堅 訳
東京　大和屋喜兵衛　無刊年
6冊　和装　22.7cm×15.4cm

(注)「伯爵佐／佐木家／蔵書印」朱文方印
「駿河台／佐々木／蔵書印」朱文方印

## 現代偉人の言行　756
木村義治 著
東京　普光社　明治42年（1909）
1冊（前付8頁,本文163頁）　洋装　18.8cm×12.8cm
(注)「侯爵佐佐木蔵」朱文長方印

## 世界百傑伝 巻1〜9・11　757
北村三郎 著
東京　博文館　明治23年（1890）〜24年（1891）
10冊　和装　18.8cm×12.8cm
(注)第10・12巻は欠
「伯爵／佐々木／蔵書印」朱文方印

## 万国人名辞書 下巻（本邦の部）　758
山田武太郎 著
東京　大橋新太郎　明治26年（1893）
1冊（前付4頁,本文1182頁）　洋装　19.7cm×14.0cm
(注)「伯爵／佐々木／蔵書印」朱文方印

## 嗚呼江藤新平　759
富田双川,小原峴南 著
高知県　片桐猪三郎　明治33年（1900）
1冊（前付4頁,本文70頁）　洋装　19.0cm×12.9cm
(注)「伯爵／佐々木／蔵書印」朱文方印

## 愛国偉績 巻之上・中　760
小笠原勝修 撰
東京　柏悦堂　無刊年
2冊　和装　18.4cm×12.8cm
(注)原6冊（上・中・下・続上・続中・続下）
「駿河台／佐々木／蔵書印」朱文方印

## 赤穂義士伝一夕話 巻之1〜10　761
山崎美成 編輯
宝集堂蔵板　江戸　大和屋喜兵衛　嘉永7年（1854）
10冊　和装　25.5cm×17.8cm
(注)「伯爵佐／佐木家／蔵書印」朱文方印
「駿河台／佐々木／蔵書印」朱文方印

## 歩兵少尉農学士足立美堅君小伝　762
刊　1冊（本文14頁）　洋装　22.1cm×14.9cm

歴史・伝記

(注)非売品
「伯爵／佐々木／蔵書印」朱文方印

## 稿本石田三成　763
渡辺世祐 編
東京　渡辺世祐　明治40年（1907）
1冊（前付34頁,本文336頁）　洋装　22.3cm × 15.3cm
(注)「伯爵佐／佐木家／蔵書印」朱文方印

## 偉人史叢　764
東京　裳華書房　明治29年（1896）～30年（1897）
21冊　和装　21.8cm × 14.4cm
(注)『林子平』『蒲生君平』は再版
「伯爵／佐々木／蔵書印」朱文方印
【内容】
1, 長田偶得 著『林子平』　1冊
2, 上野南城 著『蒲生居平』　1冊
3, 長田偶得 著『平田篤胤』　1冊
4, 宮部天民 著『平野国臣』　1冊
5, 小谷不倒 著『平賀源内』　1冊
6, 横井年魚市人 著『小堀遠州・本阿弥光悦』　1冊
7, 長田偶得 著『高田屋嘉兵衛』　1冊
8, 上野南城 著『白河楽翁』　1冊
9, 小泉三申 著『加藤清正』　1冊
10, 長田偶得 著『高野長英・渡辺崋山』　1冊
　　(注)末尾に渡辺崋山 稿『慎機論』を附す
11, 国府犀東 著『銭屋五兵衛』　1冊
12, 工藤武重 著『水野越前』　1冊
13・14, 小泉三申 著『織田信長』　2冊
15, 長田偶得 著『近藤重蔵』　1冊
16, 工藤武重 著『柳沢吉保』　1冊
17, 小泉三申 著『由井正雪』　1冊
18, 小泉三申 著『明智光秀』　1冊
19, 権藤高良 著『真木和泉』　1冊
20, 紀淑雄 著『小山田与清』　1冊
21, 桜田大我 著『皇陵参拝記』　1冊

## 板垣退助君伝　第1巻　765
栗原亮一,宇田友猪 編纂
東京　自由新聞社　明治26年（1893）
1冊（前付4頁,本文370頁,後付2頁）
洋装　21.9cm × 15.4cm
(注)「伯爵佐／佐木家／蔵書印」朱文方印

## 〔岩倉公略伝〕　766
安藤義則 編
東京　玄々堂　明治16年（1883）
1冊（本文12頁）　洋装　17.8cm × 11.8cm
(注)表紙～2頁,7頁,8頁を欠く

## 江川坦庵伝　767
写　3冊（①70丁②73丁③45丁）
和装　23.8cm × 16.5cm
(注)書名は外題による
「伯爵佐／佐木家／蔵書印」朱文方印

## 桜老加藤先生年譜　768
馬杉繁 撰
東京　加藤正生　明治24年（1891）
1冊（前付9丁,本文14丁,後付3丁）
和装　21.8cm × 14.9cm
(注)非売品
「伯爵佐／佐木家／蔵書印」朱文方印

## 記念　769
刊　1冊（本文93頁,図版1枚）
和装　22.1cm × 15.1cm
(注)本書は,大木喬任に関する副島種臣・大隈重信などの談話を収める

## 大村益次郎先生伝　770
村田峰次郎 著
東京　稲垣常三郎　明治25年（1892）
1冊（前付6頁,本文57頁,図版5枚）
和装　21.0cm × 14.3cm
(注)「伯爵／佐々木／蔵書印」朱文方印

## 贈従四位岡熊臣小伝　771
宮崎幸麿 編
東京　石川年養　明治40年（1907）
1冊（本文28頁,図版2枚）　洋装　22.3cm × 14.8cm
(注)非売品
「伯爵／佐々木／蔵書印」朱文方印

## 奥村五百子言行録　772
手島益雄 著
東京　新公論社,新婦人社　明治41年（1908）
1冊（前付6頁,本文112頁）　洋装　18.7cm × 12.7cm

(注)「伯爵佐／佐木家／蔵書印」朱文方印

### 折たく柴の記 上・中・下巻　773
新井白石 撰

写　3冊（①69丁②81丁③93丁）

和装　28.2cm × 18.2cm

(注)「伯爵佐／佐木家／蔵書印」朱文方印
「駿河台／佐々木／蔵書印」朱文方印

### 加賀松雲公 上・中・下巻　774
近藤磐雄 編

東京　羽野知顕　明治42年（1909）

3冊　洋装　23.5cm × 16.0cm

(注)「侯爵佐／佐木家／蔵書印」朱文方印

### かゝみ草筆記　775
長屋重名 口演

高知県　沖寅次郎　明治23年（1890）

1冊（前付1丁,本文16丁）　和装　22.5cm × 15.3cm

(注)見性院（山内一豊妻）の伝記
「伯爵／佐々木／蔵書印」朱文方印

### 勝海舟伝　776
田村維則 編

東京　田村維則　明治23年（1890）

1冊（本文31丁,図版2枚）　和装　19.7cm × 13.6cm

(注)非売品

### 蒲生君平翁伝　777
飯田武郷 閲　高橋直記 撰

東京　都賀廼家蔵版　明治29年（1896）

1冊（前付31頁,本文57頁,図版8枚,附録15頁）

和装　23.3cm × 16.0cm

(注)附録に『蒲生秀実の書翰』を含む

### 川路聖謨之生涯　778
川路寛堂 編述

東京　吉川弘文館　明治36年（1903）

1冊（前付29頁,本文703頁,附録15頁）

洋装　22.9cm × 16.5cm

(注)「伯爵／佐々木／蔵書印」朱文方印

### 清岡道之助伝・清岡治之助伝　779
写　1冊（39丁）　24.0cm × 16.5cm

(注)無銘青10行罫紙
土佐藩士の伝記

### 近世偉人伝（初～5編）・近世偉人伝義字集（初～4編）・近世偉人伝礼字集（初編）　780
蒲生重章 著

東京　蒲生重章　明治19年（1886）～28年（1895）

20冊　和装　22.4cm × 15.1cm

(注)「伯爵／佐々木／蔵書印」朱文方印
「伯爵佐／佐木家／蔵書印」朱文方印
「佐々木／蔵書印」朱文長方印

### 近世佳人伝 初～3編　781
睡花仙史（蒲生重章）著

東京　蒲生重章　明治12年（1879）～22年（1889）

6冊　和装　22.6cm × 15.1cm

(注)「伯爵／佐々木／蔵書印」朱文方印
「伯爵佐／佐木家／蔵書印」朱文方印

### 大隈重信　782
無何有郷主人 著

東京　民友社　明治29年（1896）

1冊（前付2頁,本文138頁）　和装　18.3cm × 12.3cm

(注)「伯爵／佐々木／蔵書印」朱文方印

### 銀台遺事 天・地・人　783
〔高本紫溟 編〕

写　3冊（①28丁②31丁③19丁）

和装　23.8cm × 16.8cm

(注)書名は外題による
「伯爵佐／佐木家／蔵書印」朱文方印
「Von／Kato」朱文印

### 勤王愛国 四賢伝　784
峰村源助 著

刊　明治32年（1899）序

1冊（前付23頁,本文378頁）　和装　25.6cm × 17.8cm

(注)「伯爵／佐々木／蔵書印」朱文方印

### 勤王烈士頌功碑文　785
依田百川 撰　山本政之助 書

東京　勤王烈士頌功碑建碑事務所　無刊年　印刷1枚

156.0cm × 73.0cm（折りたたみ25.5cm × 14.5cm）

勤王烈士伝　**786**
萩原正太郎 編輯
東京　勤王烈士頌功建碑事務所　明治39年（1906）
1冊（前付40頁,本文988頁,後付6頁,附録120頁,図版16枚）　洋装　26.3cm × 19.0cm
（注）附録は『歴代勤王国家功労者伝』
「伯爵佐/佐木家/蔵書印」朱文方印

華族列伝 国乃礎 上・中・下編　**787**
杉本勝二郎 編纂　重野安繹 校閲
東京　華族列伝国乃礎編輯所　明治26年（1893）
3冊　和装　21.6cm × 14.6cm
（注）「伯爵佐/佐々木/蔵書印」朱文方印

国乃礎後編　上・下編　**788**
杉本勝二郎 編纂　重野安繹 校閲
東京　国乃礎編輯所　明治27年（1894）～28年（1895）
2冊　和装　21.6cm × 14.6cm
（注）「伯爵/佐々木/蔵書印」朱文方印

雲井龍雄　**789**
緑亭主人 著
東京　渡辺為蔵　明治30年（1897）
1冊（前付4頁,本文110頁,図版1枚）
和装　18.6cm × 12.2cm
（注）「伯爵/佐々木/蔵書印」朱文方印

鯨海酔侯　**790**
坂崎斌 著
東京　高知堂　明治35年（1902）
1冊（前付11頁,本文419頁,後付2頁,図版9枚）
和装　22.1cm × 15.0cm
（注）「伯爵/佐々木/蔵書印」朱文方印

芸備偉人伝　上巻　**791**
坂本箕山（辰之助）著
東京　福永文之助　明治40年（1907）
1冊（前付38頁,本文618頁,図版1枚）
洋装　22.4cm × 16.0cm
（注）「侯爵佐/佐木家/蔵書印」朱文方印

元老院勅奏判任官履歴書　**792**
刊　3冊　和装　16.0cm × 21.2cm

（注）1冊目のみ2部存す
「伯爵/佐々木/蔵書印」朱文方印

皇室及皇族　**793**
坂本辰之助 著
東京　昭文堂　明治42年（1909）
1冊（前付76頁,本文618頁,図版16枚）
洋装　22.6cm × 16.5cm
（注）「侯爵佐/佐木家/蔵書印」朱文方印

孝明天皇御遺徳　**794**
工藤武重 著
東京　国光社　明治30年（1898）序
1冊（前付11頁,本文140頁,図版1枚）
和装　21.8cm × 14.4cm

国学三遷史　**795**
中野虎三 編述　井上頼圀 検閲　逸見仲三郎 増訂
東京　吉川半七　明治30年（1898）
1冊（前付9頁,本文256頁,表2枚）
和装　22.1cm × 15.1cm
（注）「伯爵/佐々木/蔵書印」朱文方印

古今銘尽大全　**796**
刊　2冊　和装　25.1cm × 17.8cm
（注）「伯爵佐/佐々木家/蔵書印」朱文方印
「駿河台/佐々木/蔵書印」朱文方印

児島備州補伝　巻之下　**797**
石阪堅壮 編
岡山県　石阪堅壮　明治13年（1880）
1冊（36丁）　和装　25.5cm × 17.9cm
（注）上巻欠
巻末に無銘朱12行罫紙4枚挟み込みあり

後藤象二郎　**798**
秋月鏡川 著
刊　1冊（前付32頁,本文344頁,図版4枚）
和装　21.7cm × 14.2cm
（注）「伯爵/佐々木/蔵書印」朱文方印

阪本龍馬　**799**
土田泰 著撰　岩本武知 校閲

東京　松邑孫吉　明治30年（1897）
1冊（前付4頁,本文131頁）　和装　18.2cm × 12.4cm
(注)「伯爵/佐々木/蔵書印」朱文方印

### 佐川官兵衛君父子之伝　800
東京　兵林館　明治40年（1907）
1冊（前付7頁,本文76頁,後付2頁,図版5枚）
洋装　22.5cm × 15.1cm
(注)「伯爵佐/佐木家/蔵書印」朱文方印
【内容】
①『佐川官兵衛君之伝』　高木盛之輔 供述
佐川直諒 筆記　西村豊 校閲
②『佐川直諒君之伝』　横田直斎 著

### 三条実美公年譜　巻1～29　801
宮内省図書寮 編
東京　宮内省蔵板　明治34年（1901）
30冊　和装　26.7cm × 18.8cm
(注)「伯爵佐/佐木家/蔵書印」朱文方印

### 三条実美公履歴　第1～5　802
東久世通禧 書　田中有美 画
東京　三条実美公履歴発行所　明治40年（1907）
5冊　和装折本　27.0cm × 18.5cm
(注)「侯爵佐/佐木家/蔵書印」朱文方印

### 三百諸侯　巻1～12　803
戸川残花 著
刊　6冊　和装　22.3cm × 14.8cm
(注)「伯爵/佐々木/蔵書印」朱文方印

### 志のふくさ　804
小川直子 著
東京　小川忠明　明治42年（1909）
1冊（前付21頁,本文153頁,後付3頁,図版3枚）
洋装　22.4cm × 15.2cm
(注)附録は中川愛氷 口演『瀬見の小川』（加賀藩士の伝記）
「侯爵/佐佐木/蔵書印」朱文方印

### 贈正一位 島津斎彬公記　805
寺師宗徳 編述
兵庫県　村野山人　明治41年（1908）
1冊（前付14頁,本文152頁,図版1枚）

洋装　25.8cm × 15.8cm
(注)「伯爵佐/佐木家/蔵書印」朱文方印

### 秋帆高島先生年譜・秋帆高島先生年譜拾遺　806
細川潤次郎 編輯
東京　細川潤次郎　明治16年（1883）
2冊　洋装　18.7cm × 12.5cm
(注)「伯爵/佐々木/蔵書印」朱文方印

### 殉難録稿　巻之1～55　807
川田剛等 撰
東京　宮内省　明治26年（1893）～40年（1907）
57冊　和装　23.0cm × 15.4cm
(注)「伯爵/佐々木/蔵書印」朱文方印
「伯爵佐/佐木家/蔵書印」朱文方印

### 常憲院殿御実紀附録　巻上・中・下　808
江戸幕府 撰
写　1冊（69丁）　和装　26.9cm × 19.3cm
(注)「伯爵/佐々木/蔵書印」朱文方印

### 小南翁墓表　809
写　1冊（3丁）　和装　23.2cm × 15.5cm
(注)書名は外題による
土佐藩士小南君五郎の墓表

### 承陽大師御伝記　810
黙地（弘津）説三 輯
東京　鴻盟社　明治34年（1901）
1冊（前付16頁,本文300頁,図版4枚）
洋装　22.7cm × 16.4cm
(注)『承陽大師御伝記考証』『天童如浄禅師行録並序（面山瑞方撰）』を含む
「伯爵/佐々木/蔵書印」朱文方印

### 陣幕久五郎通高事蹟　811
野口勝一 編
刊　明治28年（1895）跋
1冊（本文20丁,図版4枚）　和装　23.8cm × 16.2cm
(注)「伯爵/佐々木/蔵書印」朱文方印

### 正確なる史料にあらはれたる豊太閤　812
三上参次 述

歴史・伝記　79

東京　史学会　明治3年（1903）
1冊（29頁）　洋装　22.3cm×15.1cm
(注)『史学雑誌』第14編第5号抜刷
内容は明治36年3月18日の東京帝国大学学術講談会講演

**成功模範録　813**
耕文社 編纂
東京　檜垣冬五郎　明治42年（1909）
1冊（前付11頁,本文715頁,図版1枚）
洋装　22.7cm×15.7cm
(注)「侯爵佐／佐木家／蔵書印」朱文方印

**征清武功鑑　一名 金鶏堂勲章伝　第1〜10編　814**
杉本勝二郎 編著
東京　国乃礎社　明治29年（1896）
5冊　洋装　22.3cm×16.0cm
(注)「伯爵／佐々木／蔵書印」朱文方印

**膳城烈士伝・膳城烈士遺稿　815**
永元愿蔵 編集　杉浦正臣 校閲
磨丘社蔵版　滋賀県　永元愿蔵　明治18年（1885）
4冊　和装　19.3cm×13.0cm
(注)『膳城烈士遺稿』は上・中・下巻からなる
「日本中／学校蔵／書之印」朱文方印
「東京英／語学校」朱文方印
「日本中学校／蔵書之印」朱文長方印

**先哲叢談　巻之1〜8　816**
原善公道（原公道）著
江戸　慶元堂,玉巖堂　文化13年（1816）
4冊　和装　25.8cm×17.8cm
(注)4冊目巻末に「広陵大平氏」との墨書あり
「伯爵佐／佐木家／蔵書印」朱文方印
不明朱印

**先哲叢談 後編　巻之1〜8　817**
東条耕子蔵（琴台）著
大坂　河内屋茂兵衛　文政13年（1830）
4冊　和装　25.2cm×17.8cm
(注)4冊目巻末に「広陵大平氏」との墨書あり
「伯爵佐／佐木家／蔵書印」朱文方印
不明朱印

**先哲像伝　巻1〜4　818**
原徳斉 著
江戸　英屋文蔵　弘化2年（1845）

4冊　和装　26.0cm×18.2cm
(注)「伯爵佐／佐木家／蔵書印」朱文方印
「駿河台／佐々木／蔵書印」朱文方印
「高村／氏記」朱文方印

**蒼龍窟年譜　819**
釈宗演等 編
東京　大倉保五郎　明治27年（1894）
1冊（前付2丁,本文24丁,後付3丁）
和装　23.7cm×15.7cm
(注)「伯爵佐／佐木家／蔵書印」朱文方印

**仙台藩祖 尊皇事蹟　820**
矢野顕蔵 述
宮城県　矢野顕蔵　明治32年（1899）
1冊（本文34頁,図版1枚）　洋装　20.6cm×14.5cm
(注)「伯爵佐／佐木家／蔵書印」朱文方印

**大東世語打聞　巻之1〜5　821**
石田維成 識集
写　10冊　和装　26.7cm×18.6cm
(注)「伯爵佐／佐木家／蔵書印」朱文方印

**台徳院殿御実紀附録　巻1〜5　822**
江戸幕府 撰
写　2冊（①56丁②33丁）　和装　27.0cm×9.2cm
(注)「伯爵／佐々木／蔵書印」朱文方印

**大猷院殿御実紀附録　巻1〜3　823**
江戸幕府 撰
写　1冊（本文67丁）　和装　26.9cm×19.2cm
(注)「伯爵／佐々木／蔵書印」朱文方印

**平将門故蹟考　824**
織田完之 著
東京　碑文協会　明治40年（1907）
1冊（前付6頁,本文114頁,後付2頁,図版3枚）
洋装　22.2cm×15.2cm
(注)佐佐木高行の序文あり

**田辺熾卿墓表　825**
刊　1冊（本文7丁,図版3枚）
和装　21.8cm×15.2cm

（注）「伯爵／佐々木／蔵書印」朱文方印

### 譚海 巻之1　*826*
依田百川 著　杉山令,依田貞継 合評
刊　1冊（前付9丁,本文53丁,図版1枚）
和装　23.8cm × 15.7cm
（注）「伯爵佐／佐木家／蔵書印」朱文方印

### 征清逸話 忠魂帖　*827*
坂本善重 編輯
東京　春陽堂　明治28年（1895）
1冊（前付13頁,本文170頁,図版5枚）
和装　21.6cm × 14.5cm
（注）「伯爵／佐々木／蔵書印」朱文方印

### 忠勇顕彰（明治三十八年版・明治三十九年版）　*828*
今井時治 編輯
東京　忠勇顕彰会　無刊年
2冊　洋装　25.1cm × 18.0cm
（注）非売品
「伯爵／佐々木／蔵書印」朱文方印

### 忠勇顕彰会の栞　*829*
今井時治 編輯
東京　忠勇顕彰会　明治39年（1905）
1冊（前付5頁,本文58頁）　洋装　25.6cm × 18.2cm
（注）非売品

### 日露戦役 忠勇列伝（府県別仮刷）長野県之部　第1号　*830*
忠勇顕彰会 編纂
東京　忠勇顕彰会　明治41年（1908）
1冊（前付15頁,本文496頁,後付6頁）
洋装　22.5cm × 15.9cm
（注）「伯爵佐／佐木家／蔵書印」朱文方印

### 追遠余録　*831*
山県昌蔵 編輯
東京　山県昌蔵　明治25年（1892）
1冊（前付15頁,本文54頁,後付1頁,図版1枚）
和装　22.3cm × 15.1cm
（注）非売品
「伯爵／佐々木／蔵書印」朱文方印

### 津軽信明公　*832*
外崎覚 著
東京　吉川半七　明治30年（1897）
1冊（前付15頁,本文100頁,後付4頁）
和装　21.6cm × 14.7cm
（注）非売品
「伯爵／佐々木／蔵書印」朱文方印

### 読史贅議 巻上・下　*833*
斎藤馨子徳（竹堂）著
古香書屋蔵板　東京　鴈金屋清吉　嘉永6年（1853）
2冊　和装　25.5cm × 17.7cm
（注）「伯爵佐／佐木家／蔵書印」朱文方印
「大谷津」朱文円印

### 土佐奇人伝 巻1～8　*834*
〔岡本信古 著〕
写　7冊　和装　26.6cm × 18.8cm
（注）「伯爵佐／佐木家／蔵書印」朱文方印

### 土佐国先賢伝　*835*
嘉永4年（1851）写
1冊（本文68丁）　和装　24.3cm × 17.4cm
（注）「伯爵佐／佐木家／蔵書印」朱文方印

### 富田高慶翁伝　*836*
大槻吉直 著　岡部綱紀 正
福島県　興復社　明治30年（1897）
1冊（前付3丁,本文31丁,後付1丁）
和装　23.1cm × 15.2cm
（注）「伯爵／佐々木／蔵書印」朱文方印

### 少年読本第二拾九編 中江藤樹　*837*
国府犀東 著　山中古洞 画
東京　大橋新太郎　明治33年（1900）
1冊（前付4頁,本文110頁）　洋装　22.6cm × 15.0cm

### 長岡雲海公伝 巻1～4・附録巻1～6　*838*
長岡護孝 編集
長岡護孝　大正3年（1914）
10冊　和装　25.9cm × 18.7cm

**長岡少尉** *839*

池辺義象 述

東京　吉川弘文館　明治38年（1905）

1冊（前付7頁, 本文92頁, 後付26頁, 図版6枚）

和装　22.2cm × 15.1cm

(注)「伯爵佐／佐木家／蔵書印」朱文方印


**中臣官処氏本系帳考証　上・下巻** *840*

敷田年治 著

東京　玄同舎　明治28年（1895）

2冊　和装　26.5cm × 19.0cm

(注)「伯爵／佐々木／蔵書印」朱文方印


**浪岡北畠氏之事蹟考案・浪岡北畠氏考附録** *841*

下沢保躬 著

写　1冊（55丁）　和装　24.2cm × 16.1cm

(注)無銘青12行罫紙
巻末に『浪岡北畠系図略写』『浪岡北畠氏系図』（明治14年下沢保躬 写）等を含む
「伯爵佐／佐木家／蔵書印」朱文方印


**南海之偉業　一名 野中兼山一世記** *842*

松野尾儀行 編著　松野尾章行 輯

高知県　開成舎　明治26年（1893）

1冊（前付13頁, 本文153頁, 後付4頁）

和装　21.3cm × 14.5cm


**南州翁謫所逸話** *843*

東郷中介 著

鹿児島県　川上孝吉　明治42年（1909）再版

1冊（前付4丁, 本文51丁, 図版3枚）

和装　22.7cm × 14.8cm

(注)「侯爵佐／佐木家／蔵書印」


**南部五世伝** *844*

斎藤順治 著　田口小作 校

岩手県　田口小作　明治16年（1883）

1冊（前付3頁, 本文7丁, 後付1丁, 附録2丁）

和装　20.0cm × 13.2cm

(注)「伯爵／佐々木／蔵書印」朱文方印


**日蓮大聖人御伝記** *845*

延宝9年（1681）

(注)現在所在不明


**日本百将伝一夕話　巻之1～12** *846*

松亭金水 謹撰

大阪　河内屋茂兵衛　無刊年

12冊　和装　25.6cm × 18.0cm

(注)「伯爵／佐々木／蔵書印」朱文方印


**能勢達太郎外二十五人伝** *847*

写　1冊（104丁）　和装　23.8cm × 16.3cm

(注)無銘青10行罫紙
書名は外題による
本書は能勢達太郎, 中手龍之助, 安東真之助, 尾崎幸之進, 那須俊平, 伊藤甲之助, 柳井健次, 弘瀬健太, 宮地宜蔵, 千屋金策, 井原応輔, 島浪間, 掛橋和泉, 大利鼎吉, 北添佶磨, 望月亀弥太, 石川潤次郎, 安藤鎌次, 藤崎吉五郎, 藤崎八郎, 野老山吉五郎, 田所荘輔, 山本忠亮, 小松小太郎, 豊永伊佐馬, 安岡勘馬, 坂本瀬平等土佐藩士27人の伝記を集成したもの


**野中紀事　巻之1～3・附録1～2** *848*

写　2冊　和装　26.1cm × 19.1cm


**萩の家主人追悼録** *849*

三樹胖 編輯

東京　国文学雑誌社　明治37年（1904）

1冊（本文193頁, 図版4枚）　洋装　22.0cm × 14.9cm

(注)『国文学』第62号
「伯爵／佐々木／蔵書印」朱文方印


**幕末三俊** *850*

川崎紫山 著

東京　春陽堂　明治30年（1897）

1冊（前付4頁, 本文204頁, 図版4枚）

和装　20.8cm × 14.0cm


**幕末政治家** *851*

福地源一郎 著

東京　民友社　明治33年（1900）

1冊（前付3頁, 本文266頁）　和装　18.7cm × 12.5cm

(注)「伯爵／佐々木／蔵書印」朱文方印


**長谷川峻皐伝** *852*

天野御民 編

香川県　天野御民　明治25年（1892）例言

1冊（前付2丁, 本文19丁, 後付1丁）

和装　23.3cm × 16.0cm

(注)非売品

高松藩士の伝記

**馬場辰猪** *853*

安永梧郎 著

東京　安永梧郎　明治30年（1897）

1冊（前付14頁,本文256頁,図版1枚）

和装　18.1cm×12.2cm

(注)「伯爵／佐々木／蔵書印」朱文方印

**藩翰譜 1〜12** *854*

新井白石 編

写　20冊　和装　23.6cm×16.2cm

(注)「伯爵佐／佐木家／蔵書印」朱文方印
「駿河台／佐々木／蔵書印」朱文方印
「原田／種□／蔵書」朱文長方印

**秀郷事実考** *855*

野中準 纂述

東京　北畠茂兵衛　明治17年（1884）

1冊（前付7丁,本文11丁,後付7丁,図版3枚）

和装　23.7cm×16.8cm

(注)2部存す
「伯爵／佐々木／蔵書印」朱文方印

**碑銘集** *856*

写　7冊　和装　23.7cm×16.3cm

(注)書名は外題による
京都市中諸寺近世諸家のもの
「伯爵佐／佐木家／蔵書印」朱文方印

**対州藩殉難士 平田大江父子伝** *857*

岡崎茂三郎 編輯

東京　富岡政信　明治29年（1896）

1冊（前付6頁,本文147頁,図版2枚）

和装　21.0cm×14.4cm

(注)「伯爵／佐々木／蔵書印」朱文方印

**藤田東湖 前・後篇** *858*

川崎紫山 著

東京　春陽堂　明治30年（1897）

1冊（前付11頁,本文371頁,図版6枚）

和装　21.0cm×14.1cm

**扶桑隠逸伝 中巻** *859*

元政 著

刊　1冊（35丁）　和装　26.1cm×17.5cm

(注)上・下巻欠
「伯爵／佐々木／蔵書印」朱文方印

**忠孝亀鑑 二葉の楠** *860*

菟道春千代 著

大坂　梅原亀七　明治26年（1893）

1冊（前付6頁,本文94頁,附録30頁,図版4枚）

洋装　21.7cm×14.9cm

(注)『小楠公献詠歌詩集』を附す
「伯爵／佐々木／蔵書印」朱文方印

**武辺一夕話** *861*

半渓漁老 編著

東京　魁真書楼　明治33年（1900）

1冊（前付8頁,本文145頁,図版1枚）

洋装　18.6cm×12.7cm

**文昭院殿御実紀附録 巻上・下** *862*

江戸幕府 撰

写　1冊（46丁）　和装　26.9cm×19.3cm

(注)「伯爵／佐々木／蔵書印」朱文方印

**豊国公年譜** *863*

日下寛 撰

刊　1冊（本文17丁）　和装　21.9cm×13.8cm

(注)「伯爵佐／佐木家／蔵書印」朱文方印

**報徳記 序・巻1〜8** *864*

富田高慶 述

東京　宮内省蔵版　明治16年（1883）

8冊　和装　26.2cm×18.3cm

(注)「伯爵佐／佐木家／蔵書印」朱文方印

**細川幽斎** *865*

池辺義象 著

東京　金港堂書籍　明治36年（1903）

1冊（前付41頁,本文366頁,附録6頁,図版6枚）

洋装　22.4cm×16.0cm

(注)『丹後心種園』を附す

歴史・伝記

**丸山作楽詳伝　866**
丸山正彦 著
明治32年（1899）
（注）現在所在不明

**水野閣老　前・後　867**
桜痴居士（福地源一郎）著作
東京　栗本長質　明治28年（1895）
合綴1冊（354頁）　和装　21.4cm × 14.0cm
（注）「伯爵 / 佐々木 / 蔵書印」朱文方印

**従六位光村弥兵衛伝　868**
中西牛郎 編輯
熊本県　中西牛郎　明治27年（1894）
1冊（前付9頁, 本文103頁）　和装　22.8cm × 15.2cm
（注）「伯爵 / 佐々木 / 蔵書印」朱文方印

**陸奥宗光　869**
紫瀾漁長 著
東京　大橋新太郎　明治31年（1898）
1冊（前付11頁, 本文344頁, 図版4枚）
洋装　22.7cm × 15.0cm
（注）「伯爵 / 佐々木 / 蔵書印」朱文方印

**名家年表　870**
川喜多屋真一郎 輯
東都　山城屋佐兵衛　文久2年（1862）
1冊（前付11丁, 本文43丁, 後付1丁）
和装　17.7cm × 11.9cm
（注）「伯爵佐 / 佐木家 / 蔵書印」朱文方印

**名君徳光録　巻之1～14　871**
写　4冊　和装　23.1cm × 16.1cm
（注）「伯爵 / 佐々木 / 蔵書印」朱文方印
「山岡氏 / 図書記」朱文長方印

**太陽臨時増刊 明治十二傑 博文館創業十二週年紀念　872**
岸上操 編
東京　博文館　明治32年（1899）
1冊（前付20頁, 本文570頁, 図版40枚）
洋装　22.7cm × 15.9cm
（注）見返に「伯爵佐々木高行殿」との献辞墨書あり
「伯爵佐 / 佐木家 / 蔵書印」朱文方印

**明治忠孝節義伝　一名 東洋立志編　第4・5輯　873**
杉本勝二郎 編著
東京　国之礎社　明治36年（1903）
2冊　洋装　22.4cm × 15.6cm
（注）「伯爵 / 佐々木 / 蔵書印」朱文方印

**名将言行録　巻之1～30　874**
岡谷繁実 輯
東京　玉山堂　明治3年（1870）
30冊　和装　26.0cm × 17.9cm
（注）「伯爵 / 佐々木 / 蔵書印」朱文方印
「伯爵佐 / 佐木家 / 蔵書印」朱文方印
「駿河台 / 佐々木 / 蔵書印」朱文方印

**模範政治家としての松平定信　875**
三上参次 著
1冊（本文41頁, 図版1枚）　洋装　22.0cm × 15.1cm
（注）『史学雑誌』第17編第11号抜刷（明治三十九年九月二十九日史学会講演速記）
裏表紙に鉛筆書で「佐々木伯爵分」とあり

**護良親王御伝　876**
岡谷繁実 修
鎌倉宮蔵版　東京　岡谷繁実　明治34年（1901）
1冊（前付6頁, 本文54頁, 図版3枚）
洋装　22.1cm × 14.8cm
（注）「伯爵 / 佐々木 / 蔵書印」朱文方印

**追遠余録　877**
山県昌蔵 編輯
東京　山県昌蔵　明治25年（1892）
1冊（前付15頁, 本文54頁, 後付1頁, 図版1枚）
和装　22.3cm × 15.1cm
（注）非売品
（注）831と同じもの
「伯爵 / 佐々木 / 蔵書印」朱文方印

**山川良水伝　878**
写　1冊（34丁）　和装　27.3cm × 19.4cm
（注）伯爵佐佐木家蔵無行青色罫紙
土佐藩士の伝記
「伯爵佐 / 佐木家 / 蔵書印」朱文方印

**故陸軍中将山地元治君　879**
佐藤正 著
東京　金港堂書籍　明治35年（1902）

1冊（前付6頁，本文168頁，図版2枚）
洋装　19.0cm × 13.1cm
(注)「伯爵／佐々木／蔵書印」朱文方印

### 山田方谷先生年譜　*880*
山田準 編著
鹿児島県　山田準　明治38年（1905）
1冊（前付5頁，本文44丁，後付1丁，図版2枚）
和装　22.7cm × 14.8cm
(注)「伯爵佐／佐木家／蔵書印」朱文方印

### 祐天大僧正御伝記　巻之第1～12　*881*
明治30年（1897）吉田四郎 写
1冊（99丁）　和装　26.4cm × 19.1cm
(注)岡田吉兵衛旧蔵本を書写したもの

### 有徳公実紀附録　巻1～20　*882*
江戸幕府 撰
写　10冊　和装　26.6cm × 19.0cm
(注)「伯爵佐／佐木家／蔵書印」朱文方印
「溝東／精舎」朱文長方印〔小中村清矩の印〕

### 有徳院殿御実紀附録　巻1～20　*883*
江戸幕府 撰
写　5冊　和装　27.0cm × 19.3cm
(注)「伯爵／佐々木／蔵書印」朱文方印

### 由利公正　*884*
芳賀八弥 著
東京　八尾書店　明治35年（1902）
1冊（前付6頁，本文325頁，附録58頁，図版1枚）
和装　18.7cm × 12.7cm
(注)「伯爵／佐々木／蔵書印」朱文方印

### 吉田松陰　*885*
徳冨猪一郎 著
東京　民友社　明治28年（1895）第6版
1冊（前付22頁，本文340頁，図版2枚）
和装　18.5cm × 12.6cm
(注)「伯爵／佐々木／蔵書印」朱文方印

### 英錦　*886*
成立舎印刷部 編纂
群馬県　成立舎　明治39年（1906）
1冊（前付4頁，本文87頁，図版18枚）
洋装　18.7cm × 12.7cm
(注)上毛新聞社長篠原香雨の母里子の米寿を記念して編纂したもの

### 臨淵言行録　*887*
陸実（羯南）編輯
東京　陸実　明治28年（1895）再版
1冊（前付26頁，本文152頁，図版1枚）
和装　20.6cm × 14.4cm
(注)「伯爵／佐々木／蔵書印」朱文方印

### 和気公紀事　巻1～4　*888*
湯本文彦 纂述
東京　和気会事務所　明治32年（1899）
1冊（前付9丁，本文73丁，図版9枚）
和装　26.6cm × 18.7cm

### 朝倉家系並蒲生家・鳥居家分限帳　*889*
写　1冊（82丁）　和装　23.0cm × 16.0cm
(注)書名は外題による
「伯爵佐／佐木家／蔵書印」朱文方印

### 清和源氏小笠原系図　*890*
写　1冊（65丁）　和装　25.5cm × 18.2cm

### 寛政重修諸家譜　総目録1～9　*891*
江戸幕府 編
写　5冊　和装　27.0cm × 19.4cm
(注)「伯爵佐／佐木家／蔵書印」朱文方印

### 君家系鑑　*892*
写　1冊（42丁）　和装　27.4cm × 19.8cm
(注)巻末に「野村氏所蔵」の墨書あり
「伯爵佐／佐木家／蔵書印」朱文方印

### 皇室略牒　明治三十二年，紀元二千五百五十九年十二月三十一日調　*893*
東京　宮内省図書寮　無刊年
1冊（本文37頁）　和装　18.2cm × 22.8cm
(注)「伯爵／佐々木／蔵書印」朱文方印

皇族明鑑　894
鈴木真年　編輯
東京　博公書院　明治19年（1886）改補
2冊　和装　15.5cm × 10.9cm
(注)「伯爵／佐々木／蔵書印」朱文方印

国史姓名譜　895
源忠彦　修
写　9冊　和装　23.0cm × 16.0cm
(注)無銘200字詰朱原稿用紙
巻頭付箋書に佐佐木高行自筆と思しき墨書識語あり
「伯爵佐／佐木家／蔵書印」朱文方印

御略譜　明治十二年一月調　896
宮内省図書寮　編
刊　1冊（本文25頁）　和装　16.5cm × 19.8cm
(注)「伯爵／佐々木／蔵書印」朱文方印
「伯爵佐／佐木家／蔵書印」朱文方印

御略譜　明治十五年一月調　897
宮内省図書寮　編
刊　1冊（本文43頁）　和装　16.5cm × 19.6cm
(注)「伯爵／佐々木／蔵書印」朱文方印

纂輯御系図　898
横山由清，黒川真頼　編纂　福羽美静　検閲
元蔵院蔵　明治10年（1877）
2冊　和装　26.1cm × 18.2cm
(注)「伯爵／佐々木／蔵書印」朱文方印
「伯爵佐／佐木家／蔵書印」朱文方印

伊呂波分　氏族統系一覧　899
近藤瓶城，磯前高景　同輯
写　1冊（54丁）　和装　27.2cm × 19.6cm
(注)「伯爵佐／佐木家／蔵書印」朱文方印

紹運録御歴代通覧　900
近藤瓶城，磯前高景　同輯
写　1冊（52丁）　和装　27.2cm × 19.7cm
(注)「伯爵佐／佐木家／蔵書印」朱文方印

諸家系図　目録・巻之1～41　901
写　43冊　和装　27.6cm × 19.7cm
(注)「伯爵佐／佐木家／蔵書印」朱文方印

「御数寄／屋大居」墨陽長方印
不明朱印

彰考館本諸家系図纂　902
写　9冊　和装　27.3cm × 19.7cm
(注)清和源氏1～3,宇多源氏1～3,村上源氏1～3
「伯爵佐／佐木家／蔵書印」朱文方印

訂正 新撰姓氏録 目録・第1～3帙　903
万多親王等 奉勅撰　源稲彦 謹校　藤長年 補正
大坂　加賀屋善蔵版　文化4年（1807）
4冊　和装　24.2cm × 17.3cm
(注)書名は外題による
「伯爵／佐々木／蔵書印」朱文方印
「駿河台／佐々木／蔵書印」朱文方印

尊卑分脈 ほか合綴　904
写　1冊（145丁）　和装　23.0cm × 16.0cm
(注)書名は外題による
「伯爵佐／佐木家／蔵書印」朱文方印
無銘朱400字詰原稿用紙

尊卑分脈歴代通覧　巻1～13　905
近藤瓶城，磯前高景　同輯
写　8冊　和装　27.3cm × 19.7cm
(注)「伯爵佐／佐木家／蔵書印」朱文方印

天壌無窮皇統系譜拾遺　906
片岡正占　謹撰
写　1冊（40丁）　和装　25.7cm × 17.8cm
(注)「伯爵／佐々木／蔵書印」朱文方印

明治増補 名乗字引　907
高井蘭山 輯　工藤寒斎 増補
東京　仙鶴堂　明治4年（1871）増補再板
1冊（前付2丁,本文46丁）　和装　12.5cm × 8.5cm
(注)「伯爵佐／佐木家／蔵書印」朱文方印

明治増補銅鐫 名乗字引　908
高井蘭山 輯　工藤寒斎 増補
東京　仙鶴堂　明治7年（1874）
1冊（前付2丁,本文24丁）　和装　12.2cm × 8.2cm
(注)「駿河台／佐々木／蔵書印」朱文方印

**西村泊翁先生年譜** *909*
伏見鈑之助 編纂
東京　伏見鈑之助　明治40年（1907）
1冊（前付2頁,本文91頁,後付1頁,附録14頁,図版2枚）
洋装　22.1cm×14.8cm
(注)非売品

**新田族譜** *910*
鈴木貞年 編
明治23年（1890）
(注)現在所在不明

**藤原氏山内家系譜鑑** *911*
写　1冊（70丁）　和装　27.0cm×19.9cm
(注)「伯爵佐／佐木家／蔵書印」朱文方印

**宝祚明鑑** *912*
芳村正秉 編纂
天儜閣蔵版　東京　芳村正秉
明治28年（1895）〜31年（1898）
2冊　和装　22.7cm×15.0cm
(注)『宝祚明鑑附言』を付す
「伯爵佐／佐木家／蔵書印」朱文方印

**本朝帝王正統録** *913*
一翠子 編
永田調兵衛　元禄11年（1698）
1冊（前付1丁,本文111丁,後付1丁）
和装　15.3cm×10.8cm
(注)「伯爵／佐々木／蔵書印」朱文方印
「駿河台／佐々木／蔵書印」朱文方印

**山内系図** *914*
享保13年（1728）戸部助五郎 写
1冊（45丁）　和装　21.7cm×16.0cm
(注)巻末に戸部助五郎の朱書識語あり
「伯爵／佐々木／蔵書印」朱文方印
「万古青／山書屋」白文長方印
「林美蔵書」朱文長方印

**山内系図** *915*
写　1冊（51丁）　和装　27.3cm×20.4cm
(注)書名は外題による
巻末に「天保四癸巳五月吉日森勝武蔵書」の墨書あり
「伯爵佐／佐木家／蔵書印」朱文方印

**山内氏御系図** *916*
写　1冊（44丁）　和装　26.3cm×19.1cm
(注)書名は外題による
見返に「明治六年癸酉山内氏御系図」との墨書あり
本文中に「天保二年正月」の朱書校語あり

**栄誉鑑** *917*
鈴木栄 編纂
東京　有得社　明治23年（1890）
1冊（前付1頁,本文615頁）　洋装　22.4cm×16.3cm
(注)「伯爵佐／佐木家／蔵書印」朱文方印

**海軍武官職員録（明治十二年一月一日改正）・海軍本省及局府所校諸艦船分課一覧（明治十三年一月一日改正）** *918*
刊　合本1冊（282頁）　和装　9.0cm×16.1cm
(注)表紙に「明治12年海軍武官職員録」との墨書あり

**華族名簿** *919*
華族会館 編　無刊年
合本2冊　洋装　13.0cm×19.0cm
(注)明治25年1月26日調,明治26年1月11日調,明治34年1月15日調,明治25年と明治26年分を合本
「伯爵／佐々木／蔵書印」朱文方印
「佐々木／家扶」朱文方印

**改正官員録　甲・乙** *920*
東京　博公書院　明治20年（1887）増補再版〜25年（1892）増補再版
9冊　和装　11.3cm×16.2cm
(注)「伯爵／佐々木／蔵書印」朱文方印
「伯爵佐／佐木家／蔵書印」朱文方印
「佐々木／家扶」朱文方印
【内容】
1,甲3冊（明治21年5月改,明治21年11月改,明治22年10月改,明治23年11月改）
2,乙3冊（明治21年5月改,明治23年11月改,明治24年11月改,明治25年11月改）
3,1冊（『閣省院庁 改正官員録』）　7.4cm×16.2cm

**旧高知藩勤王人名録** *921*
刊　1冊（本文31頁）　和装　18.7頁×12.3cm
(注)「伯爵／佐々木／蔵書印」朱文方印

**勲位録　922**
刊　2冊　和装　12.1cm×18.7cm
(注)明治16年6月30日改正,明治18年4月30日改正
「伯爵／佐々木／蔵書印」朱文方印

**明治史料 顕要職務補任録　上・下巻　923**
金井之恭等 編　宮崎幸磨,小島彦七 校訂
東京　成章堂　明治35年（1902）～36年（1903）
2冊　洋装　19.4cm×13.9cm
(注)「伯爵／佐々木／蔵書印」朱文方印

**工部省職員録　924**
刊　1冊（本文189頁）　和装　9.0cm×16.6cm
(注)明治十六年二月八日改正
「伯爵／佐々木／蔵書印」朱文方印

**御三家方御附　925**
刊　1冊（本文15丁）　和装　15.7cm×11.6cm
(注)書名は外題による
「伯爵／佐々木／蔵書印」朱文方印

**爵位次第録　926**
刊　2冊　和装　14.6cm×20.3cm
(注)明治20年6月30日調,明治21年12月調
明治20年調の見返に「佐々木」との墨書あり
「伯爵／佐々木／蔵書印」朱文方印

**職員録　甲・乙　927**
内閣官報局　無刊年
13冊　和装　21.9cm×14.4cm
(注)甲乙揃(明治20年,明治22年,明治23年,明治30年,明治37年),甲のみ(明治26年,明治27年),乙のみ(明治21年)
「伯爵／佐々木／蔵書印」朱文方印
「佐佐木／行忠蔵／書之印」朱文方印
「佐々木／執事」朱文方印

**枢密院職員録（明治三十六年十二月一日現在）　928**
刊　1冊（本文19頁）　洋装　14.3cm×20.7cm

**泰平万代 大成武鑑　929**
出雲寺万次郎蔵板　万延2年（1861）
3冊　和装　15.7cm×11.5cm
(注)書名は外題による
「伯爵／佐々木／蔵書印」朱文方印

**大成武鑑　巻之1～7・附録　930**
刊　8冊　和装　16.0cm×11.2cm
(注)「伯爵佐／佐木家／蔵書印」朱文方印

**大統明鑑抄　931**
小野正弘 原著　小柳津要人 編輯
東京　丸善書店　明治28年（1895）
1冊（前付6丁,本文61丁,後付1丁）
和装　23.5cm×15.7cm
(注)「伯爵／佐々木／蔵書印」朱文方印

**勅奏任官職員録（明治十六年三月八日改正）　932**
刊　1冊（本文234頁）　洋装　12.3cm×18.5cm
(注)「伯爵／佐々木／蔵書印」朱文方印

**日本 二千年袖鑑　初～3編　933**
浜松歌国等 編
大阪　伊予屋善兵衛板　無刊年
3冊　和装　24.4cm×17.7cm
(注)「伯爵佐／佐木家／蔵書印」朱文方印

**族下ノ士 五百石以上之分　1～3　934**
写　3冊（①118丁②105丁③101丁）
和装　23.1cm×16.0cm
(注)書名は外題による
無銘朱400字詰原稿用紙
「伯爵佐／佐木家／蔵書印」朱文方印

**宝祚明鑑　935**
芳村正秉 編纂
天儼閣蔵版　東京　芳村正秉　明治23年（1890）
1冊（前付3丁,本文24丁）　和装　22.5cm×14.7cm
(注)「伯爵佐／佐木家／蔵書印」朱文方印

**客員名簿（輔仁会雑誌臨時増刊）　936**
学習院輔仁会編
刊　1冊（本文31頁,後付1頁）
洋装　22.1cm×15.1cm
(注)明治43年12月現在の輔仁会客員会名簿

**名人忌辰録　上・下巻　937**
関根只誠 編　関根正直 校
東京　吉川半七　明治27年（1894）

2冊　和装　23.2cm × 15.7cm

(注)下巻に『附俳優忌辰録』を含む
「伯爵／佐々木／蔵書印」朱文方印

**皇朝道学名臣言行外録　巻1～17　938**

(宋)李幼武　纂集

京都　丁字屋栄助　明治3年（1870）

5冊　和装　24.5cm × 17.1cm

(注)「伯爵佐／佐木家／蔵書印」朱文方印

**呉康斎先生小伝　939**

(明)黄宗義　著

写　1冊（19丁）　和装　26.0cm × 18.4cm

(注)『呉康斎先生日録鈔』を含む
「伯爵佐／佐木家／蔵書印」朱文方印

**弐臣伝　巻1～8　940**

広瀬旭荘（謙）閲

東都　玉厳堂, 群玉堂　無刊年

8冊　和装　15.2cm × 10.9cm

(注)「伯爵／佐々木／蔵書印」朱文方印
「化石艸堂／蔵書記」朱文長方印
「佐高／美印」白文方印

**四朝名臣言行別録　上・下巻　941**

(宋)李幼武　纂集

京都　丁字屋栄助　明治3年（1870）

8冊　和装　24.3cm × 17.1cm

(注)「伯爵佐／佐木家／蔵書印」朱文方印

**支那人名辞書　上・中・下巻　942**

難波常雄等　編

東京　啓文社　明治37年（1904）

3冊　和装　22.6cm × 15.0cm

(注)「伯爵／佐々木／蔵書印」朱文方印

**新序　巻第1～10　943**

(漢)劉向　著　(明)程栄　校　(日)平野玄仲　訓点

刊　享保20年（1735）

2冊　和装　26.0cm × 17.8cm

(注)外題書名：『劉向新序』
「樋口蔵／書之記」白文長方印

**聖廟祀典図攷　巻1～5, 附録　944**

(清)顧沅湘　輯

呉門　賜硯堂　道光6年（1826）

6冊　和装　27.0cm × 16.5cm

(注)「伯爵／佐々木／蔵書印」朱文方印
「伯爵佐／佐木家／蔵書印」朱文方印
「高田氏之／図書記」朱文方印
「備陽岡山／銀杏樹下／亭所蔵印」朱文長方印

**李卓吾批点世説新語補　巻1～20　945**

(宋)劉義慶　撰　(梁)劉孝標　注　(趙宋)劉辰翁　批

(明)何良俊　増, 王世貞　刪定　王世懋　批釈　李贄　批点

張文柱　校注　（日）磣允明（戸磣哲夫）校

東京　観寿閣蔵版　安永8年（1779）再刻

10冊　和装　26.8cm × 17.8cm

(注)外題書名：『校正改刻 世説新語補』
「伯爵佐／佐木家／蔵書印」朱文方印
「松平蔵」朱文長方印

**八大家医伝　乾・坤　946**

岡田元矩　著

杏雨社蔵版　東京　太田正隆　明治22年（1889）

2冊　和装　24.2cm × 14.5cm

**今世西洋英傑伝（二編）　巻3・4　947**

三橋淳　纂訳

東京　修静館　明治12年（1879）

2冊　和装　22.2cm × 15.0cm

(注)「伯爵佐／佐木家／蔵書印」朱文方印

**琑克拉的（ソクラテス）　948**

千頭清臣　述　宮崎晴瀾　編

東京　博文館　明治26年（1893）

1冊（前付7頁, 本文116頁, 後付2頁, 図版2枚）

和装　18.7cm × 12.8cm

(注)「伯爵／佐々木／蔵書印」朱文方印

**リビングストン伝　949**

森本厚吉, 有島武郎　共著

東京　警醒社書店　明治34年（1901）

1冊（前付16頁, 本文228頁, 図版2枚）

洋装　18.7cm × 12.7cm

歴史・伝記　89

# 地誌・紀行

興地誌略 巻2・3・5〜9　950
内田正雄 編集
内田正雄蔵版　明治6年（1873）〜8年（1875）
7冊　和装　25.4cm × 17.8cm
(注)「駿河台／佐々木／蔵書印」朱文方印

青森県全管略図　951
小川勝美 製図
刊　明治12年（1879）
図1枚　48.5cm × 59.3cm
(折りたたみ18.3cm × 16.0cm)
(注)「伯爵／佐々木／蔵書印」朱文方印

秋田県下川尻組村落図　952
刊　彩色図1枚　55.0cm × 78.5cm
(折りたたみ14.5cm × 20.8cm)
(注)「伯爵／佐々木／蔵書印」朱文方印

秋田管轄全図　953
刊　彩色図1枚　74.0cm × 102.8cm
(折りたたみ19.5cm × 14.0cm)

亜細亜東部輿地図　954
陸軍省 製図
刊　明治8年（1875）
図1枚　92.5cm × 137.0cm
(折りたたみ19.0cm × 12.8cm)

安南新図　955
小柳津要人 著　大鳥圭介 閲
大阪　丸家善七　明治16年（1883）
彩色図1枚　72.2cm × 48.6cm
(折りたたみ24.3cm × 16.7cm)　縮尺：200万分の1

伊豆国輿地実測全図　956
刊　彩色図1枚　66.0cm × 56.0cm
(折りたたみ16.7cm × 11.7cm)　縮尺：15万5000分の1

岩代国猪苗代湖疏水線実測全図　957
刊　彩色図1枚　53.2cm × 78.3cm
(折りたたみ18.0cm × 13.0cm)　縮尺：3万4000分の1
(注)「伯爵／佐々木／蔵書印」朱文方印

猪苗代湖疏水線路并開墾所之図　958
刊　彩色図1枚　74.3cm × 78.3cm
(折りたたみ21.0cm × 14.6cm)　縮尺：3万6000分の1
(注)外題書名：『猪苗代湖疏水線路開拓図』

岩代国安積郡桑野村并大蔵壇原植民所之図　959
刊　彩色図1枚　74.7cm × 105.5cm
(折りたたみ20.5cm × 13.0cm)
(注)外題書名：『岩代国植民地図』

岩手県管内図　960
田代俊二 編集　長沢盛至, 横井顕行 製図
大分県　広瀬菊之助　明治10年（1877）
図1枚　60.0cm × 76.2cm
(折りたたみ20.2cm × 12.8cm)

羽後国図　961
写
(注)現在所在不明

江戸絵図　962
江戸　須原屋茂兵衛　慶応3年（1867）
彩色図1枚　76.0cm × 86.8cm
(折りたたみ16.4cm × 11.2cm)
(注)書名は外題による
「伯爵／佐々木／蔵書印」朱文方印

寛永四年江戸図　963
刊　天保8年（1837）
図1枚　89.8cm × 121.7cm　(折りたたみ26.7cm × 19.0cm)

(注)「明治二十一年迄二百六十三年」との朱書あり
「伯爵佐 / 佐木家 / 蔵書印」朱文方印

### 沿道駅村全図　964

刊　図1枚　20.5cm × 603.5cm（折りたたみ 20.5cm × 9.0cm）

(注)「伯爵 / 佐々木 / 蔵書印」朱文方印

### 大阪細見全図　965

中井孫治 編集

大阪　岡田藤三郎　明治13年（1880）

彩色図1枚　48.3cm × 51.0cm（折りたたみ 15.8cm × 9.0cm）

### 大日本全図並内奥州一円誌　966

三木光斎 著

江戸　吉田屋文三郎　無刊年

彩色図1枚　69.8cm × 142.4cm

（折りたたみ 23.7cm × 17.4cm）

(注)「伯爵佐 / 佐木家 / 蔵書印」朱文方印
「□林蔵□」朱文長方印

### 京都内外大絵図　967

洛下百芽 著

京都　正本屋吉兵衛　安永7年（1778）

図1枚　104.5cm × 191.7cm

（折りたたみ 26.5cm × 18.7cm）

### 極東地図　968

今泉秀太郎 著

庚寅新誌社　明治32年（1899）

彩色図1枚　106.3cm × 147.6cm

（折りたたみ 26.8cm × 19.3cm）

### 高知図　969

刊　彩色図1枚　134.0cm × 74.9cm

（折りたたみ 22.6cm × 18.8cm）

(注)「伯爵 / 佐々木 / 蔵書印」朱文方印

### 札幌市街明細案内図　970

田尻与吉 編纂

刊　明治32年（1899）

彩色図1枚　107.4cm × 76.0cm

（折りたたみ 13.5cm × 19.5cm）　縮尺：3000分の1

(注)「伯爵佐 / 佐木家 / 蔵書印」朱文方印

### 官板実測日本地図　971

刊　彩色図4枚

(注)箱書き表「実測日本地図」
箱書き裏「明治三年下賜四枚二十六号函」
「伯爵佐 / 佐木家 / 蔵書印」朱文方印
「大学 / 南校」朱文方印〔大学南校の印〕

1,『山陰山陽南海西海』
　　194.8cm × 141.4cm（折りたたみ 33.3cm × 21.1cm）
2,『蝦夷諸島』
　　157.6cm × 199.2cm（折りたたみ 33.3cm × 21.1cm）
3,『畿内東海東北北陸』
　　222.7cm × 157.4cm（折りたたみ 33.3cm × 21.1cm）
4,『北蝦夷』
　　208.0cm × 98.4cm（折りたたみ 33.3cm × 21.1cm）

### 信濃国全図　972

樋畑正太郎 編集

長野県　西沢喜太郎　明治11年（1878）

彩色図1枚　35.4cm × 50.3cm（折りたたみ 12.3cm × 8.0cm）

(注)「伯爵 / 佐々木 / 蔵書印」朱文方印

### 暹羅紀行図　973

刊　彩色図5枚

(注)書名は外題による

【内容】

第1図　49.9cm × 46.3cm（折りたたみ 27.2cm × 19.7cm）
第2図　47.3cm × 50.3cm（折りたたみ 27.2cm × 19.7cm）
第3図　46.0cm × 48.6cm（折りたたみ 27.2cm × 19.7cm）
第4図　26.5cm × 18.4cm（折りたたみ 27.2cm × 19.7cm）
第5図　56.4cm × 46.4cm（折りたたみ 27.2cm × 19.7cm）

### 清国本部輿地図　974

中田貞矩 編集

大阪　中村芳松　明治27年（1894）

彩色図1枚　106.7cm × 80.7cm

（折りたたみ 26.7cm × 14.0cm）

(注)外題書名：『支那本部輿地図』
「伯爵佐 / 佐木家 / 蔵書印」朱文方印

### 人種分班地図　975

刊　彩色図1枚　28.0cm × 52.0cm

（折りたたみ 28.3cm × 13.7cm）

(注)書名は外題による

新撰朝鮮全図　*976*
東京　日本新聞社　明治35年（1902）
彩色図1枚　63.6cm × 47.2cm
（折りたたみ23.8cm × 16.2cm）　縮尺：250万分の1
（注）「伯爵／佐々木／蔵書印」朱文方印

新撰日本地図　*977*
高木正勝, 西野古海 著
十河存種蔵版　明治9年（1876）
彩色図1枚　138.0cm × 120.3cm
（折りたたみ22.1cm × 15.6cm）
（注）「伯爵／佐々木／蔵書印」朱文方印

大清国輿地全図　*978*
森熊五郎 著
大阪　大塚宇三郎　明治35年（1902）
図1枚　80.2cm × 110.6cm（折りたたみ28.3cm × 20.3cm）
縮尺：580万分の1

大日本及支那朝鮮図　*979*
宮脇通赫 著
東京　北畠茂兵衛　明治17年（1884）
彩色図1枚　74.5cm × 136.4cm
（注）外題書名：『大日本支那朝鮮図』
「駿河台／佐々木／蔵書印」朱文方印

大日本海陸里程全図　*980*
朝野文三郎 著
明治29年（1896）
（注）現在所在不明

大日本国細図　山陰道 山陽道 南海道　*981*
刊　1冊　和装折本　16.9cm × 10.5cm
（注）書名は外題による

大日本国細図　西国之部　*982*
刊　1冊　和装折本　16.9cm × 10.9cm
（注）書名は外題による

大日本地図　*983*
岡野熊太郎 編
明治24年（1891）
（注）現在所在不明

大日本国全図　*984*
博文館蔵版　無刊年
彩色図1冊（4枚）　和装　26.6cm × 19.5cm
縮尺：260万分の1,550万分の1,240万分の1,90万分の1

大日本道中細見記　*985*
三木光斎 著
東京　糸屋庄兵衛　慶応4年（1868）
彩色図1枚　35.2cm × 192.8cm
（折りたたみ18.0cm × 11.5cm）
（注）書名は外題による

大日本里程図　*986*
刊　彩色図1枚　33.7cm × 184.8cm
（折りたたみ17.3cm × 13.7cm）

台北府付近図　*987*
陸地測量部 編
刊　明治27年（1894）
彩色図1枚　46.0cm × 57.9cm
（折りたたみ23.1cm × 14.3cm）　縮尺：20万分の1
（注）「伯爵／佐々木／蔵書印」朱文方印

台湾島全図　*988*
刊　明治27年（1894）
彩色図1枚　98.7cm × 76.8cm
（折りたたみ25.3cm × 19.7cm）　縮尺：50万分の1
（注）「伯爵／佐々木／蔵書印」朱文方印

長江略図　*989*
刊　明治18年（1885）
彩色図1枚　63.0cm × 151.8cm
（折りたたみ13.3cm × 18.5cm）　縮尺：75万5000分の1

朝鮮輿地図　*990*
清水常太郎 著　鹿田静七 編集
大阪　中村芳松　明治27年（1894）
彩色図1枚　106.5cm × 80.3cm
（折りたたみ26.8cm × 13.7cm）　縮尺：110万分の1
（注）「伯爵佐／佐木家／蔵書印」朱文方印

東京大絵図　*991*
東京　吉田屋丈三郎　明治2年（1869）新刻
図1枚　150.3cm × 204.1cm（折りたたみ 25.5cm × 19.0cm）
(注)「伯爵佐 / 佐木家 / 蔵書印」朱文方印

神田区之部　*992*
石橋延吉 著
東京　博愛館　明治36年（1903）
彩色図1枚　39.3cm × 49.5cm
（折りたたみ 19.8cm × 11.1cm）

東京市全図　第8000号附録　*993*
東京日日新聞 編
東京　日報社　明治31年（1898）
図1枚　78.0cm × 106.3cm（折りたたみ 27.5cm × 16.7cm）
縮尺：1万5000分の1
(注)袋に「佐々木家蔵」の墨書あり

市区開成東京実測明細地図　*994*
鈴木茂行 編集
東京　辻元尚古堂　明治31年（1898）
彩色図1枚　77.4cm × 105.4cm
（折りたたみ 21.5cm × 15.7cm）

土佐高知城図写　*995*
正徳3年（1713）
写　彩色図1枚　116.0cm × 85.8cm
（折りたたみ 30.0cm × 20.8cm）

内外地図収覧　外国之部　*996*
松島剛 著
東京　春陽堂　明治29年（1896）5版
1冊（本文28頁，図版20枚）　洋装　27.3cm × 19.4cm
(注)書名は外題による
「伯爵 / 佐々木 / 蔵書印」朱文方印

内宮接続神苑開設地之図　*997*
刊　彩色図1枚　47.4cm × 73.4cm
（折りたたみ 23.8cm × 18.3cm）　縮尺：800分の1

奈良明細全図　*998*
金沢昇平 著

奈良県　阪田購文堂　明治23年（1890）
図1枚　49.4cm × 71.4cm（折りたたみ 18.0cm × 12.5cm）
(注)「伯爵佐 / 佐木家 / 蔵書印」朱文方印

日光山絵図　*999*
杉江欽曹，田口十平 編集
杉江欽曹，田口十平　明治17年（1884）
図1枚　50.8cm × 73.3cm（折りたたみ 17.0cm × 12.4cm）
(注)外題書名：『日光図』

日清韓三国輿地図　*1000*
清水常太郎 編集
大阪　中村芳松　明治27年（1894）
彩色図1枚　80.5cm × 106.2cm
（折りたたみ 26.8cm × 13.7cm）
(注)「伯爵 / 佐々木 / 蔵書印」朱文方印

函館市街全図　*1001*
鹿野忠平 著
東京　荒川藤兵衛　明治11年（1878）
彩色図1枚　53.3cm × 64.6cm
（折りたたみ 18.0cm × 12.2cm）　縮尺：1万分の1
(注)外題書名：『函館市街図』

兵庫神戸実測図　*1002*
地理局測量課　明治14年（1881）
図1枚　83.4cm × 127.0cm（折りたたみ 21.2cm × 16.7cm）

正徳二年之部 分間江戸大絵図　*1003*
石川流仙 図工
江戸　武踊書林蔵版　正徳2年（1712）
彩色図1枚　124.0cm × 132.3cm
（折りたたみ 25.3cm × 16.8cm）
(注)「伯爵佐 / 佐木家 / 蔵書印」朱文方印
「小沢文庫」朱文長方印〔小沢圭次郎の印〕
「宮嶋 / 文庫」朱文方印
「水沢幽園寄賞之印」朱文方印

享保二年之部 分間江戸大絵図　*1004*
石川流仙 図工
江戸　山口屋須藤権兵衛蔵版　享保2年（1717）
図1枚　101.3cm × 167.3cm（折りたたみ 26.0cm × 18.3cm）
(注)「伯爵佐 / 佐木家 / 蔵書印」朱文方印
「小沢文庫」朱文長方印
「宮嶋 / 文庫」朱文方印

「水沢幽園寄賞之印」朱文方印

### 享保八年之部 分間江戸大絵図　*1005*
江戸　須原治右兵衛門蔵版　享保8年（1723）
彩色図1枚　132.2cm × 175.2cm
（折りたたみ 26.8cm × 18.3cm）
（注）「伯爵佐／佐木家／蔵書印」朱文方印

### 享保十七年之部 分間江戸大絵図　*1006*
石川流宣 図工
江戸　平野屋善六　享保17年（1731）
彩色図1枚　104.5cm × 163.9cm
（折りたたみ 26.5cm × 17.6cm）
（注）「伯爵佐／佐木家／蔵書印」朱文方印

### 元文四年之部 分間江戸大絵図　*1007*
江戸　須原治右兵衛蔵版　元文4年（1739）
彩色図1枚　133.8cm × 177.0cm
（折りたたみ 27.5cm × 18.7cm）
（注）「伯爵佐／佐木家／蔵書印」朱文方印

### 寛保三年之部 分間江戸大絵図　*1008*
江戸　須原茂兵衛蔵版　寛保3年（1743）
彩色図1枚　136.0cm × 176.3cm
（折りたたみ 27.3cm × 18.2cm）
（注）「伯爵佐／佐木家／蔵書印」朱文方印

### 延享四年之部 分間江戸大絵図　*1009*
江戸　須原茂兵衛蔵版　延享4年（1747）
彩色図1枚　131.6cm × 175.0cm
（折りたたみ 26.7cm × 18.2cm）
（注）「伯爵佐／佐木家／蔵書印」朱文方印

### 宝暦十二年之部 分間江戸大絵図　*1010*
佐脇庄兵衛 彫工
江戸　須原屋茂兵衛蔵版　宝暦12年（1762）
彩色図1枚　147.8cm × 172.4cm
（折りたたみ 26.0cm × 18.1cm）
（注）「伯爵佐／佐木家／蔵書印」朱文方印

### 明和五年之部 分間江戸大絵図　*1011*
佐脇庄兵衛 彫工
江戸　須原屋茂兵衛蔵版　安永7年（1778）
彩色図1枚　146.2cm × 174.0cm
（折りたたみ 26.3cm × 18.0cm）
（注）「伯爵佐／佐木家／蔵書印」朱文方印

### 安永七年之部 分間江戸大絵図　*1012*
佐脇庄兵衛 彫刻
江戸　須原茂兵衛蔵版　安永7年（1778）
彩色図1枚　145.9cm × 172.5cm
（折りたたみ 26.3cm × 18.0cm）
（注）「伯爵佐／佐木家／蔵書印」朱文方印
「西尾文庫」朱文長方印

### 天明四年之部 分間江戸大絵図　*1013*
金丸彦五郎影直 図工
江戸　須原屋茂兵衛蔵版　天明4年（1784）
彩色図1枚　169.0cm × 195.5cm
（折りたたみ 28.5cm × 20.0cm）
（注）「伯爵佐／佐木家／蔵書印」朱文方印

### 天明四年之部 分間江戸大絵図　*1014*
金丸彦五郎影直 図工
江戸　須原屋茂兵衛蔵版　天明8年（1788）
彩色図1枚　168.0cm × 193.2cm
（折りたたみ 28.5cm × 20.0cm）
（注）「伯爵佐／佐木家／蔵書印」朱文方印
「西尾文庫」朱文長円印

### 寛政六年之部 分間江戸大絵図　*1015*
金丸彦五郎影直 図工
江戸　須原屋茂兵衛蔵版　寛政6年（1794）
彩色図1枚　167.5cm × 194.5cm
（折りたたみ 28.5cm × 20.0cm）
（注）「伯爵佐／佐木家／蔵書印」朱文方印

### 文化八年之部 分間江戸大絵図　*1016*
金丸彦五郎影直 図工
江戸　須原屋茂兵衛蔵版　文化8年（1811）
彩色図1枚　169.0cm × 196.8cm
（折りたたみ 28.5cm × 20.2cm）
（注）「伯爵佐／佐木家／蔵書印」朱文方印

### 文化十二年之部 分間江戸大絵図　*1017*
金丸彦五郎影直 図工
江戸　須原屋茂兵衛蔵版　文化12年（1815）

彩色図1枚　167.5cm × 197.5cm
（折りたたみ 28.5cm × 20.1cm）
(注)「伯爵佐／佐木家／蔵書印」朱文方印

### 文政九年之部 分間江戸大絵図　1018
金丸彦五郎影直 図工
江戸　須原屋茂兵衛蔵版　文政9年（1826）
図1枚　168.2cm × 196.5cm（折りたたみ 28.5cm × 20.1cm）
(注)「伯爵佐／佐木家／蔵書印」朱文方印

### 天保十一年之部 分間江戸大絵図　1019
金丸彦五郎影直 図工
江戸　須原屋茂兵衛蔵版　天保11年（1840）
彩色図1枚　165.5cm × 197.0cm
（折りたたみ 28.4cm × 20.1cm）
(注)「伯爵佐／佐木家／蔵書印」朱文方印

### 享保二年之部 分道本所大絵図　1020
刊　享保2年（1717）
彩色図1枚　68.5cm × 101.2cm
（折りたたみ 25.8cm × 17.5cm）
(注)「伯爵佐／佐木家／蔵書印」朱文方印
「小沢文庫」朱文長方印〔小沢圭次郎の印〕
「宮嶋文庫」朱文方印
「水沢皆園寄贈之印」朱文長方印

### 澎湖列嶋　1021
大日本帝国陸地測量部 編
東京　大日本帝国陸地測量部　明治27年（1894）
彩色図1枚　82.7cm × 57.2cm
（折りたたみ 20.8cm × 14.4cm）　縮尺：10万分の1
(注)「伯爵／佐々木／蔵書印」朱文方印

### 北海道実測図　1022
開拓史 編
北海道　開拓史　明治8年（1875）
図1枚　124.8cm × 130.0cm（折りたたみ 31.3cm × 22.0cm）

### 北海道全図　1023
刊　彩色図1枚　52.0cm × 71.0cm
（折りたたみ 14.0cm × 18.9cm）　縮尺：100万分の1

### 宮崎県管内全図　1024
宮崎県蔵版　明治18年（1885）

図1枚　91.8cm × 67.0cm（折りたたみ 23.8cm × 17.3cm）
縮尺：19万2千分の1
(注)「宮崎県／蔵版章」朱文方印

### 武蔵国幷東京古今沿革図　1025
大鳥圭介 著
大阪　小柳津要人　明治19年（1886）
彩色図1枚　105.6cm × 77.6cm
（折りたたみ 20.8cm × 14.8cm）
(注)「伯爵／佐々木／蔵書印」朱文方印

### 山形県管下羽前国最上郡水害損地全図　1026
刊　彩色図1枚　72.1cm × 87.4cm
（折りたたみ 20.0cm × 15.7cm）
(注)外題書名：『羽前水害地図』
明治27年7月の水害の際のものか

### 横浜実測図　1027
内務省地理局測量課
東京　内務省地理局測量課　明治14年（1881）
図1枚　108.1cm × 183.2cm
（折りたたみ 27.5cm × 18.7cm）　縮尺：5千万分の1

### 新潟県管内国県道里程実測図　1028
新潟県蔵版　明治21年（1888）
図1枚　72.8cm × 96.8cm
（折りたたみ 18.3cm × 14.0cm）　縮尺：40万分の1
(注)「伯爵／佐々木／蔵書印」朱文方印

### 熱海独案内　1029
大内青巒 編
静岡県　遊仙洞　明治18年（1885）
1冊（前付6丁,本文29丁）　和装　22.9cm × 15.3cm
(注)「伯爵／佐々木／蔵書印」朱文方印

### 伊香保の湯泉　1030
木暮三郎 著
群馬県　斎藤谷蔵　明治30年（1897）
1冊（前付24頁,本文72頁,後付23頁）
和装　14.0cm × 10.5cm
(注)小口書名：『いかほ湯泉』
「伯爵／佐々木／蔵書印」朱文方印

出雲国風土記 上・中・下　1031
内山真龍 著
慶応元年（1865）〔井上頼圀〕写
3冊　和装　24.0cm×16.0cm
(注)内容は『出雲国風土記解』
「伯爵／佐々木／蔵書印」朱文方印

厳島宮路の枝折　1032
村田良穂 編集
村田良穂　明治17年（1884）
1冊（前付3丁,本文26丁）　和装　21.6cm×15.0cm
(注)「伯爵佐／佐木家／蔵書印」朱文方印
「佐々木／蔵書印」朱文長方印

姨捨山考　1033
佐藤寛 著
万巻堂蔵版　明治27年（1894）跋
1冊（前付26丁,本文116丁,後付8丁）
和装　20.4cm×13.9cm
(注)「伯爵／佐々木／蔵書印」朱文方印

越後摘誌 巻之上・下　1034
鈴田平蔵 編集
新潟県　鈴田平蔵　明治10年（1877）
2冊　和装　22.3cm×14.8cm
(注)「伯爵佐／佐木家／蔵書印」朱文方印

越中誌並三州誌及民部式ヨリノ分　1035
写　1冊（103丁）　和装　23.0cm×16.0cm
(注)無銘朱400字詰原稿用紙
「伯爵佐／佐木家／蔵書印」朱文方印

江戸名所図会 巻之1～7　1036
斎藤月岑 著　長谷川雪旦 画図
江戸　須原屋茂兵衛　天保7年（1836）
20冊　和装　25.8cm×18.1cm
(注)小口書名：『江戸』
松山勝司署名の質問紙の挟み込みあり
「伯爵／佐々木／蔵書印」朱文方印
「伯爵佐／佐木家／蔵書印」朱文方印
「岡／田」墨陽方印
「堂塙／氏」朱文方印

相州大山記 ほか合綴　1037
合綴1冊　和装　17.8cm×11.8cm
(注)外題書名：『相州大磯名勝誌其他合本』

小口書名：『大磯名勝誌其他合本綴』
「伯爵／佐々木／蔵書印」朱文方印
【内容】
①『相州大山記』
　厚見真佐次 編集
　東京　厚見真佐次　明治22年（1889）　23頁
②『大磯名勝誌』
　厚見真佐次 編集
　東京　厚見真佐次　明治22年（1889）　51頁
③『不老英和学校創立趣意』
　刊　23頁
④『磯部鉱泉古今略歴』
　清水虎之助 編集
　群馬県　清水虎之助　明治23年（1890）　35頁
⑤『浴客必携伊香保便覧』
　和田稲積 編集
　東京　宏虎童　明治17年（1884）　51頁
⑥『増補沼津案内』
　間宮善十郎 編集　〔間宮〕徹太郎 増補
　和田鷹峯 校正
　刊　38頁
⑦『豊後名勝湯泉案内』
　加藤賢成 編集
　大分県　加藤賢成　明治21年（1888）　20頁

神奈川文庫第三集神奈川県誌　1038
小幡宗海 編纂
神奈川県　神奈川文庫　明治32年（1899）
1冊（前付10頁,本文632頁,図版6枚）
洋装　22.7cm×14.7cm
(注)「伯爵／佐々木／蔵書印」朱文方印

鎌倉江ノ島名勝記　1039
南里俊陽 編著
刊　1冊（前付10頁,本文142頁,図版14枚）
和装　17.9cm×12.0cm
(注)「伯爵佐／佐木家／蔵書印」朱文方印

鎌倉名所記　1040
小林弥三郎　無刊年
1冊（本文10丁）　和装　27.4cm×19.0cm
(注)「伯爵／佐々木／蔵書印」朱文方印

地誌・紀行　97

竈門山記　*1041*
本田豊 述
刊　明治 39 年（1906）序
1 冊（前付 10 頁, 本文 62 頁, 図版 2 枚）
和装　24.0cm × 16.6cm
(注)「伯爵佐／佐木家／蔵書印」朱文方印

函山誌 ほか合綴　*1042*
松井鐙三郎 纂著
神奈川県　遠州屋（発兌）
明治 30 年（1897）訂正再版
合綴 1 冊　293 頁　和装　18.2cm × 12.2cm
(注)訂正新版と初版を合綴
「伯爵／佐々木／蔵書印」朱文方印

吸江図志　*1043*
河田小龍 編
高知県　好々堂梓　明治 11 年（1878）
1 冊（前付 3 丁, 本文 24 丁）　和装　17.6cm × 11.6cm

京華要誌　上・下・附録　*1044*
内貴甚三郎 著
京都　合資商報会社（印刷）　明治 28 年（1895）
3 冊　和装　22.5cm × 15.2cm
(注)「伯爵／佐々木／蔵書印」朱文方印

京都名勝記　上・中・下　*1045*
京都市参事会 著
京都　合資商報会社（印刷）　明治 36 年（1903）
3 冊　和装　22.5cm × 15.0cm

京羽二重織留　巻 1 〜 6　*1046*
孤松子 著
刊　元禄 2 年（1689）序
6 冊　和装　10.5cm × 16.0cm
(注)外題書名:『をりとめ』
「伯爵／佐々木／蔵書印」朱文方印

銀街小誌 ほか合綴　*1047*
原田擣三（槎盆子）編集　南橋散史 校閲
東京　合翠閣　明治 15 年（1882）発兌
合綴 1 冊（31 丁）　和装　22.2cm × 14.7cm
(注)外題書名:『東京銀街小誌槎盆子戯著初編』

「伯爵佐／佐木家／蔵書印」朱文方印
【内容】
『銀街小誌』『銀街林枝』『夢香仙史』

皇国郡名志　上・下巻　*1048*
藤原守光（桂花園）編集　大月忠興 校正
萬笈閣　無刊年
2 冊　和装　18.5cm × 12.8cm
(注)「伯爵／佐々木／蔵書印」朱文方印
「駿河台／佐々木／蔵書印」朱文方印

晃山実記　*1049*
栃木県内務部第一課 著
栃木県　下野新聞旭香社　明治 24 年（1891）
1 冊（前付 4 頁, 本文 218 頁, 図版 4 枚）
和装　18.5cm × 12.5cm
(注)「伯爵／佐々木／蔵書印」朱文方印

晃山勝概　巻之 1 〜 3　*1050*
錦石秋 編集
栃木県　金魁堂　明治 20 年（1887）
3 冊　和装　21.8cm × 14.9cm
(注)「伯爵／佐々木／蔵書印」朱文方印

上野国名跡概略　*1051*
斎藤惇 編著
群馬県　成立舎　明治 35 年（1902）
1 冊（前付 10 頁, 本文 124 頁, 後付 104 頁, 図版 10 枚）
和装　18.8cm × 12.8cm
(注)「伯爵／佐々木／蔵書印」朱文方印

上野名跡志　初〜 3 編　*1052*
富田永世 集録
刊　1 冊（前付 16 丁, 本文 218 丁）
和装　22.5cm × 15.2cm
(注)「伯爵佐／佐木家／蔵書印」朱文方印

国府津村誌　*1053*
田代藤次郎 著
刊　明治 33 年（1900）
1 冊（前付 4 頁, 本文 32 頁, 後付 4 頁）
和装　18.8cm × 12.8cm
(注)「伯爵佐／佐木家／蔵書印」朱文方印

**武蔵国幷東京古今沿革図識**　*1054*
大鳥圭介 著
東京　丸善商社書店　明治 19 年（1886）
1 冊（前付 2 頁,本文 40 頁）　和装　20.5cm × 14.7cm
(注)「伯爵／佐々木／蔵書印」朱文方印

**新編相模風土記稿　第 1 ～ 3 集**　*1055*
富永退蔵 翻刻
東京　鳥跡蟹行社（印行）
明治 17 年（1884）～ 18 年（1885）
3 冊　洋装　23.1cm × 16.0cm
(注)「岩瀬／蔵書」朱文方印
「伯爵佐／佐木家／蔵書印」朱文方印

**新編相模風土記稿**　*1056*
写　1 冊（118 丁）　和装　23.1cm × 16.0cm
(注)無銘 400 字詰朱原稿用紙
「伯爵／佐々木／蔵書印」朱文方印

**相模名勝集　第 2 編**　*1057*
福住正兄 編輯
神奈川県　小由留木吟社　明治 22 年（1889）
1 冊（本文 40 頁）　洋装　18.8cm × 12.8cm
(注)「伯爵／佐々木／蔵書印」朱文方印

**山州名跡志索引**　*1058*
刊　1 冊（本文 48 頁）　洋装　22.8cm × 15.0cm

**塩原湯泉誌**　*1059*
杉田丑太郎 編集
杉田丑太郎　明治 31 年（1898）第 4 版
1 冊（前付 10 頁,本文 88 頁,図版 1 枚）
和装　18.7cm × 12.5cm
(注)「伯爵／佐々木／蔵書印」朱文方印

**信濃寄勝録　巻之 1 ～ 5**　*1060*
井出道貞 著
長野県　孫通　明治 23 年（1890）
5 冊　和装　25.5cm × 17.7cm
(注)「伯爵佐／佐木家／蔵書印」朱文方印

**下野国誌　1 ～ 12 之巻**　*1061*
河野守弘 編集

東京　待価堂　無刊年
12 冊　和装　26.2cm × 18.2cm
(注)「伯爵佐／佐木家／蔵書印」朱文方印

**修善寺温泉名所記**　*1062*
服部応賀 著
明治 13 年（1880）
(注)現在所在不明

**神都名勝誌　巻之 1 ～ 6**　*1063*
東京　神宮司庁蔵版　明治 28 年（1895）
7 冊　和装　26.5cm × 18.9cm
(注)「伯爵／佐々木／蔵書印」朱文方印

**明治新撰駿河国誌　巻之 1**　*1064*
置塩藤四郎, 栗原諭 著　静岡県教育新誌社 編集
静岡県　文林堂蔵版　明治 30 年（1897）
1 冊（前付 3 丁,本文 91 丁,図版 1 枚）
和装　22.7cm × 15.2cm
(注)小口書名：『駿河国誌』
「伯爵／佐々木／蔵書印」朱文方印

**丹波誌**　*1065*
〔永戸貞, 古川茂正 著〕
寛政 6 年（1794）写
9 冊　和装　23.0cm × 16.0cm
(注)無銘朱 400 字詰原稿用紙
「伯爵佐／佐木家／蔵書印」朱文方印

**地方要覧**　*1066*
弓削元直, 柴田音三郎 纂輯　新井秀徳 監修
刊　1 冊（前付 1 丁,本文 150 丁）
和装　25.5cm × 17.5cm
(注)「伯爵／佐々木／蔵書印」朱文方印

**五十三次勝景目録**　*1067*
玉蘭斎 写真
東都　丸屋徳蔵版　無刊年
1 冊　和装折本　23.3cm × 14.9cm

**東海東山漫遊案内**　*1068*
野崎左文 著
(注)現在所在不明

**東海道名所図会　巻之1～6　1069**
秋里舜福（籬島）編
京都　桝谷市兵衛　寛政9年（1797）
6冊　和装　26.7cm×18.7cm
(注)「遠山氏／蔵書」朱文方印

**東京案内　上・下巻　1070**
東京市役所市史編纂係
東京市役所蔵版　明治40年（1907）
2冊　洋装　23.0cm×16.0cm
(注)「伯爵佐／佐木家／蔵書印」朱文方印

**東京見物　1071**
藪野椋十（渋川柳二郎）著
金尾文淵堂　明治40年（1907）
1冊　和装　18.7cm×12.7cm
(注)「伯爵佐／佐木家／蔵書印」朱文方印

**東京新繁昌記　初～6編　1072**
服部誠一 著
奎章閣　明治7年（1874）
6冊　和装　22.0cm×14.8cm
(注)6編のみ稲田政吉（明治9年）刊
「伯爵佐／佐木家／蔵書印」朱文方印

**東京名勝図会　上・下　1073**
岡部啓五郎 著
丸家善七　明治10年（1877）
2冊　和装　23.0cm×15.8cm
(注)「伯爵佐／佐木家／蔵書印」朱文方印

**道中記図会　1074**
滝沢清 輯
東京　杉田文書堂蔵版　無刊年
1冊（本文7丁）　和装　8.6cm×12.6cm
(注)「伯爵／佐々木／蔵書印」朱文方印

**土佐国案内　1075**
升形活字所 編輯
升形活字所蔵版　明治11年（1878）
1冊（本文28丁）　和装　16.5cm×11.5cm
(注)「伯爵／佐々木／蔵書印」朱文方印

**土佐幽考　1076**
安養寺禾麿 著
天保11年（1840）写
1冊（38丁）　和装　27.6cm×20.2cm
(注)「伯爵佐／佐木家／蔵書印」朱文方印
「北原敏鎌之印」朱文方印

**都林泉名勝図会　巻之1～5　1077**
秋里籬島 著
皇都　小川多左衛門　寛政11年（1799）
5冊　和装　26.0cm×18.6cm
(注)「伯爵佐／佐木家／蔵書印」朱文方印
「丸毛／文庫」朱文方印
「薫」朱文方印
「童」白文方印

**夏わすれ　1078**
上野雄図馬（南城漫史）著
田中正太郎　明治26年（1893）
1冊（前付2頁,本文50頁,図版1枚）
和装　21.3cm×14.5cm
(注)「伯爵／佐々木」朱文方印

**浪岡名所旧跡考　1079**
安倍文助 著
安倍文助　明治35年（1902）
1冊（前付4頁,本文99頁,図版1枚）
和装　23.2cm×16.5cm
(注)表紙見返に「献上　明治十三年　閣下奥羽御巡視として我
郷村浪岡村を御通行の際長慶天皇の御事蹟に就て御申調なりし
記事なり同十五年八月　閣下の撰に為れる陸奥浪岡北畠古城趾
碑文等の記事あり閣下御巡視の際拝謁をたまわりし陸奥国浪岡
村者者　六十八叟　阿部文助」との阿部文助発,佐佐木高行宛の
書翰の挟み込みあり
「伯爵／佐々木／蔵書印」朱文方印

**新潟繁昌記　1080**
岡田有邦 著
新潟県　精華堂　明治19（1886）再版
1冊（前付4丁,本文20丁）　和装　22.8cm×16.2cm
(注)「伯爵／佐々木／蔵書印」朱文方印

**日光名勝案内記　1081**
嶋村忠次郎 編集
神奈川県　鈴木角太郎　明治32年（1899）
1冊（前付4頁,本文68頁,図版18枚）

100　佐佐木高行旧蔵書

和装　18.2cm × 12.7cm
(注)「伯爵佐／佐木家／蔵書印」朱文方印

### 日本地誌提要 巻之1〜7　*1082*
地誌課 編纂
〔地誌課〕　明治7年（1874）
2冊　和装　24.3cm × 15.3cm
(注)「伯爵佐／佐木家／蔵書印」朱文方印
　　「駿河台／佐々木／蔵書印」朱文方印

### 日本風景論　*1083*
志賀重昂 著
東京　政教社　明治29年（1896）6版
1冊（前付16頁,本文233頁,後付11頁）
和装　22.4cm × 15.1cm
(注)「伯爵／佐々木／蔵書印」朱文方印

### 日本名勝地誌 第2〜5編　*1084*
野崎城雄 編集
東京　博文館　明治27年（1894）〜28年（1895）
4冊　和装　18.8cm × 12.8cm
【内容】
1,『第2編　東海道之部上』
　1冊（前付28頁,本文625頁,図版1枚）
　(注)小口書名：『日本名勝地誌 東海道上』
　　「伯爵佐／佐木家／蔵書印」朱文方印
2,『第3編　東海道之部下』
　1冊（前付25頁,本文488頁,図版1枚）
　(注)小口書名：『日本名勝地誌 東海道下』
　　「伯爵佐／佐木家／蔵書印」朱文方印
3,『第4編　東山道之部上』
　1冊（前付24頁,本文498頁,図版1枚）
　(注)小口書名：『日本名勝地誌 東山道上』
　　「伯爵佐／佐木家／蔵書印」朱文方印
4,『第5編　東山道之部下』
　1冊（前付16頁,本文482頁,図版1枚）
　(注)小口書名：『日本名勝地誌 東山道下』
　　「伯爵佐／佐木家／蔵書印」朱文方印

### 内国旅行 日本名書図絵 一名 東京及近傍名所独案内 巻之3　*1085*
上田惟暁（文斎）編集
大阪　嵩山堂　明治22年（1889）
1冊（前付4頁,本文126頁）　和装　14.5cm × 10.6cm
(注)「伯爵／佐々木／蔵書印」朱文方印

### 沼津雑誌　*1086*
岩城魁 編輯
静岡県　間宮喜十郎　明治16年（1883）
1冊（前付1丁,本文28丁）　和装　22.8cm × 15.0cm
(注)「伯爵／佐々木／蔵書印」朱文方印

### 箱根管轄沿革誌及ヒ同地々震其他諸記　*1087*
写　1冊（83丁）　和装　24.0cm × 16.0cm
(注)本文末尾に明治29年7月佐佐木高行自筆書き込みあり
「伯爵／佐々木／蔵書印」朱文方印

### 橋立みやけ　*1088*
沢田和平 編集
京都　広栄堂　明治33年（1900）
1冊（本文43頁,後付1頁,図版8枚）
和装　19.0cm × 13.1cm
(注)「伯爵佐／佐木家／蔵書印」朱文方印

### 標注播磨風土記 上・下巻　*1089*
敷田年治 注釈
新潟県　玄同舎　明治20年（1887）
2冊　和装　26.3cm × 18.6cm
(注)「伯爵／佐々木／蔵書印」朱文方印
「伯爵佐／佐木家／蔵書印」朱文方印

### 常陸国郡郷考 上・中・下巻　*1090*
宮本仲笏 著
三香社蔵版　万延元年（1860）
3冊　和装　25.9cm × 18.0cm
(注)外題書名：『常陸誌料郡郷考』
「伯爵／佐々木／蔵書印」朱文方印
「伯爵佐／佐木家／蔵書印」朱文方印

### 常陸国誌　*1091*
写　1冊（149丁）　和装　23.0cm × 16.0cm
(注)書名は外題による
無銘朱400字詰原稿用紙
「伯爵佐／佐木家／蔵書印」朱文方印

### 平城坊目遺考 巻之上・下・附録　*1092*
金沢昇平 著
奈良県　阪田稔　明治23年（1890）
3冊　和装　18.7cm × 12.7cm
(注)「伯爵／佐々木／蔵書印」朱文方印

**平城坊目考　巻之1〜3　1093**
丸屋勘兵衛（久世霄瑞）原著　金沢昇平 校正
橋井尊二郎 校閲
奈良県　明新社　明治23年（1890）
3冊　和装　18.7cm × 12.6cm
(注)小口書名:『平城坊考』
「伯爵佐／佐木家／蔵書印」朱文方印

**兵要日本地理小誌　巻之1〜2　1094**
中根淑 著　蒔田愛敬 翻刻
刊　明治8年（1875）再刻
3冊　和装　18.3cm × 12.5cm
(注)「駿河台／佐々木／蔵書印」朱文方印

**北海道誌　巻之1〜35　1095**
開拓使 編纂
大蔵省　無刊年
25冊　和装　24.2cm × 15.0cm
(注)「伯爵／佐々木／蔵書印」朱文方印
「伯爵佐／佐木家／蔵書印」朱文方印

**松島図誌　1096**
鼓缶子 述　東沢 図
刊　文政4年（1821）
1冊（前付3丁,本文36丁）　和装　22.6cm × 15.4cm
(注)「伯爵佐／佐木家／蔵書印」朱文方印

**三重県名所図絵 附御蔭参宮案内　1097**
米津鎌次郎 著
明治23年（1890）
(注)現在所在不明

**三島雑記　1098**
山崎金吾 編述
静岡県　荻野正三郎　明治29年（1896）
1冊（前付4頁,本文110頁）　洋装　18.5cm × 13.1cm
(注)「伯爵佐／佐木家／蔵書印」朱文方印

**甲斐国御嶽山 新路勝景図絵　1099**
長田巌寛 編集
長田巌寛　明治20年（1887）
1冊（前付2頁,本文11頁,付付1頁）
洋装　18.3cm × 23.5cm
(注)「伯爵／佐々木／蔵書印」朱文方印

**美濃奇観　上・下　1100**
三浦千春 著　池田崇広 画
岐阜県　三浦饒三郎　明治13年（1880）
2冊　和装　22.9cm × 15.8cm
(注)「伯爵／佐々木／蔵書印」朱文方印

**都名所図会　巻之1〜6　1101**
京都　須原屋平左衛門　天明6年（1786）再板
6冊　和装　26.0cm × 18.3cm
(注)「駿河台／佐々木／蔵書印」朱文方印
【内容】
1,『平安城』　2,『平安城尾』　3,『前朱雀』　4,『左青龍』
5,『右白虎』　6,『後玄武』

**都名所図会　1102**
浪華　河内屋太助　天明6年（1786）再刻
6冊　和装　26.0cm × 18.4cm
(注)「伯爵佐／佐木家／蔵書印」朱文方印
「丸毛文庫」朱文方印
【内容】
1・2,『平安城』　3,『前朱雀』　4,『左青龍』　5,『右白虎』
6,『後玄武』

**都名所図会　巻之1〜6　1103**
京都　須原屋平左衛門　天明7年（1787）新板
5冊　和装　26.1cm × 18.8cm
(注)「伯爵佐／佐木家／蔵書印」朱文方印
「丸毛文庫」朱文方印
【内容】
1,『平安城』　2・3,『東青龍』　4,『後玄武・右白虎』　5,
『前朱雀』

**新編武蔵国風土記稿　1104**
内務省地理局　明治17年（1884）
80冊　和装　22.8cm × 15.4cm
(注)第5冊（巻之11）に佐佐木高行自筆と思しき「遺跡の志るべ」
の挟み込みあり
「伯爵／佐々木／蔵書印」朱文方印
「伯爵佐／佐木家／蔵書印」朱文方印

**山口県阿武見島郡治一覧表　1105**
山口県　阿武見島郡役所　明治15年（1882）
1冊　17.7cm × 233.2cm（折りたたみ17.7cm × 9.0cm）
(注)「伯爵／佐々木／蔵書印」朱文方印

大和名所図会　巻之1～6　*1106*
刊　7冊　和装　27.0cm × 18.8cm
(注)「伯爵佐/佐木家/蔵書印」朱文方印
「帯江/文庫」朱文方印

湯本村村誌・小田原町々誌 ほか合綴　*1107*
合綴1冊　和装　23.6cm × 16.2cm
(注)高輪御殿青10行罫紙
小口書名:『湯本村々誌小田原町々誌温泉村々誌』
【内容】
①『湯本村々誌・小田原町々誌』229丁
②『温泉村々誌』　31丁
③『明治十年ヨリ同十二年ニ至水害田畑調』　7丁

皇陵巡拝地図　*1108*
藤沢南岳 編輯
大阪　小林利恭　明治39年(1906)
図1枚　52.0cm × 36.8cm(折りたたみ18.4cm × 13.1cm)
(注)「伯爵/佐々木/蔵書印」朱文方印

山陵記　*1109*
宮城三平(盛至)著
福島県　大橋知伸　明治13年(1880)
1冊(前付3丁,本文30丁,後付1丁)
和装　22.5cm × 15.3cm
(注)「伯爵佐/佐々木/蔵書印」朱文方印

聖蹟図志　上・下　*1110*
津久井清影 編
刊　慶応元年(1865)
2冊　和装　22.3cm × 15.8cm
(注)「伯爵/佐々木/蔵書印」朱文方印
「伯爵佐/佐木家/蔵書印」朱文方印

高倉宮以仁王御墓誌　*1111*
明治14年(1881)宮城三平 写
1冊(31丁,図版1枚)　和装　26.5cm × 18.8cm
(注)「伯爵/佐々木/蔵書印」朱文方印

首註 陵墓一隅抄　*1112*
津久井清影 著
刊　1冊(前付5丁,本文40丁,後付1丁)
和装　16.8cm × 10.7cm
(注)「伯爵佐/佐木家/蔵書印」朱文方印

陸墓一覧　*1113*
宮内省御陵墓懸 編
刊　地図1枚　60.0cm × 43.9cm
(折りたたみ15.0cm × 11.0cm)
(注)「伯爵/佐々木/蔵書印」朱文方印

西伯利地誌　*1114*
参謀本部編集課 編
刊　明治25年(1892)序
5冊　和装　21.6cm × 14.7cm
(注)「伯爵佐/佐木家/蔵書印」朱文方印
「田内/三吉」朱文丸印

東洋記事　巻之1・2　*1115*
石橋雨窓,立知静 訳述
東京　柏悦堂　明治2年(1869)
2冊　和装　22.1cm × 15.0cm
(注)「伯爵佐/佐木家/蔵書印」朱文方印
「駿河台/佐々木/蔵書印」朱文方印

吉林通覧　*1116*
中西正樹,七里恭三郎 著
東京　中西正樹　明治42年(1909)
1冊(前付22頁,本文315頁,後付46頁,図版5枚)
洋装　22.8cm × 15.8cm
(注)「侯爵佐/佐木家/蔵書印」朱文方印

支那便覧　*1117*
国民新聞社 編
刊　明治33年(1900)
1冊(前付4頁,本文76頁,後付4頁)
和装　19.0cm × 11.9cm
(注)「伯爵/佐々木/蔵書印」朱文方印

盛京通志　巻之1～48　*1118*
(清)呂耀曽等 修　魏枢等 纂
刊　20冊　和装　26.9cm × 15.7cm
(注)扉書名:『盛京輿地全図』
「伯爵/佐々木/蔵書印」朱文方印

開知新編　巻1～10　*1119*
橋爪貫一 纂集
松園蔵版　明治2年(1869)
8冊　和装　22.8cm × 16.0cm

(注)「伯爵佐／佐々木家／蔵書印」朱文方印
「駿河台／佐々木／蔵書印」朱文方印

### 西洋事情　巻1～3・2編・外編　1120
福沢諭吉　纂輯
尚古堂　慶応2年（1866）～明治3年（1870）
和装　22.5cm × 15.4cm
(注)「駿河台／佐々木／蔵書印」朱文方印

### 白耳義国志　巻之上・下　1121
周布公平　著
静養書楼蔵版　周布公平　明治10年（1877）
3冊　和装　22.8cm × 15.5cm
(注)「伯爵佐／佐々木家／蔵書印」朱文方印

### 欧羅巴　1122
池辺義象　著
東京　金港堂書籍　明治35年（1902）
1冊（前付70頁,本文454頁,後付28頁,図版2枚）
洋装　22.3cm × 16.0cm
(注)「伯爵／佐々木／蔵書印」朱文方印

### 農区因革 証図　巻1　1123
庄司秀熊　起稿　庄司秀鷹　補訂
茨城県　庄司氏蔵版　明治8年（1875）
1冊（前付4丁,本文24丁,図版5枚）
和装　22.7cm × 15.0cm
(注)「駿河台／佐々木／蔵書印」朱文方印

### 世界国尽　巻1～5　1124
福沢諭吉　訳述
慶應義塾蔵版　明治2年（1869）
6冊　和装　23.0cm × 16.3cm
(注)「駿河台／佐々木／蔵書印」朱文方印
「佐々木／高志／蔵書」朱文方印

### 大美連邦志略　上・下巻　1125
（馬邦）禕治文　撰述　（日）箕作阮甫　訓点
江左老皂館蔵梓　無刊年
2冊　和装　27.0cm × 18.3cm
(注)「伯爵佐／佐々木家／蔵書印」朱文方印

### 鎌倉江島 遠足の記　1126
佐藤寛（麴亭主人）　著
東京　万巻堂　明治26年（1893）
1冊（前付10頁,本文76頁）　和装　19.0cm × 12.8cm

### 関西巡回日記　1127
島田某　著
写　1冊（68丁）　和装　26.5cm × 18.8cm
(注)工部省朱13行罫紙
「伯爵佐／佐々木家／蔵書印」朱文方印

### 晃山紀游　1128
跡見花蹊　著
刊　明治21年（1888）
1冊（本文14丁,図版5枚）　和装　18.2cm × 11.3cm
(注)「伯爵／佐々木／蔵書印」朱文方印

### 甲信紀程　巻上・下　1129
村岡良弼　著
千葉県　正文堂　明治43年（1910）
2冊　和装　23.1cm × 15.5cm
(注)「侯爵佐／佐々木家／蔵書印」朱文方印

### 降魔日史　巻1～3　1130
宗演　著
東京　金港堂　明治37年（1904）
1冊（前付2丁,本文89丁,後付10丁）
和装　23.7cm × 14.6cm
(注)「伯爵佐／佐々木家／蔵書印」朱文方印

### 扈蹕日乗　1～3・附録　1131
児玉源之丞　撰
宮内省蔵版　明治18年（1885）
4冊　和装　23.7cm × 14.5cm
(注)「伯爵佐／佐々木家／蔵書印」朱文方印

### 山形行筆記　1132
写　1冊（33丁）　和装　25.7cm × 17.7cm
(注)宮内省朱13行罫紙
「伯爵／佐々木／蔵書印」朱文方印

### しもつけの日記　1133
高崎胤子　遺稿　高崎正風　編集
東京　吉川半七　明治23年（1890）

1冊（前付6丁,本文51丁,後付2丁）

和装　23.2cm × 15.7cm

(注)小口書名：『しもつけにつき』
「伯爵佐／佐木家／蔵書印」朱文方印


### 高峰の由紀　1134

村岡良弼（櫟斎）著

東京　青山清吉　明治22年（1889）

1冊（前付3丁,本文23丁,後付2丁）

和装　23.1cm × 15.5cm


### 千島探検　1135

笹森儀助 編集

東京　笹森儀助　明治26年（1893）

1冊（前付10頁,本文183頁）　和装　21.5cm × 14.4cm


### 東游雑記　1136

古河辰 著

写　5冊　和装　22.8cm × 15.9cm

(注)「伯爵佐／佐木家／蔵書印」朱文方印


### 土佐日記創見　上・下・附録　1137

香川景樹 著

東塢塾蔵版　江戸　須原屋茂兵衛　天保3年（1832）

5冊　和装　26.2cm × 18.8cm

(注)「伯爵佐／佐木家／蔵書印」朱文方印
「駿河台／佐々木／蔵書印」朱文方印


### 土佐日記燈　巻1〜8　1138

富士谷御杖 著

国光社　明治31年（1898）

3冊　和装　22.5cm × 14.8cm

(注)「伯爵／佐々木／蔵書印」朱文方印


### 土佐日記要義　1139

逸見仲三郎,神崎一作 編述

国文学館蔵版　東京　中島石松　明治29年（1896）

1冊（前付12頁,本文136頁）　和装　21.0cm × 14.2cm

(注)「伯爵／佐々木／蔵書印」朱文方印


### 中空の日記　1140

香川景樹（東塢大人）著

松之丸屋蔵版　文政2年（1819）

1冊（前付2丁,本文48丁）　和装　25.5cm × 18.2cm


### 籠中目録　1141

伴林光平 著

京都　田中治兵衛　明治29年（1896）

1冊（本文43丁）　和装　23.7cm × 16.2cm

(注)外題書名：『南山踏雲録』
「伯爵／佐々木／蔵書印」朱文方印


### 富士一覧記　1142

香川景継（梅月堂宣阿）,香川景樹 著

東塢塾蔵板　江戸　須原屋茂兵衛　天保5年（1834）

1冊（前付2丁,本文31丁）　和装　25.7cm × 18.2cm

(注)「伯爵佐／佐木家／蔵書印」朱文方印


### 北海道及陸羽地方巡回日記・附録　1143

刊　明治15年（1882）

2冊　和装　26.5cm × 19.0cm

(注)工部省朱13行罫紙
第1冊小口書名：『北海道及陸羽地方巡回日誌』
第2冊小口書名：『函館公園博物館并器械所略記』
「伯爵／佐々木／蔵書印」朱文方印


### みもとの数　巻1〜5　1144

池原香穉 著

宮内省蔵版　明治15年（1882）

5冊　和装　23.1cm × 15.5cm

(注)「伯爵／佐々木／蔵書印」朱文方印


### 北国珍話 雪志まき　1145

井義 著

天明6年（1786）

1冊（94丁）　和装　22.2cm × 15.7cm

(注)「伯爵佐／佐木家／蔵書印」朱文方印
「近藤」朱文長方印


### 南島探検 一名 琉球漫遊記　1146

笹森儀助 編集

東京　笹森儀助　明治27年（1894）

1冊（前付12頁,本文532頁,後付2頁,図版1枚）

和装　21.8cm × 14.6cm

(注)「伯爵／佐々木／蔵書印」朱文方印

**印度報告　1147**
福島安正, 田内三吉 著
陸軍部　明治20年（1887）
1冊（前付12頁, 本文237頁, 図版1枚）
洋装　18.2cm × 12.7cm
(注) 外題書名：『印度紀行』
「伯爵／佐々木／蔵書印」朱文方印

**航南私記　1148**
広瀬武夫 著　松平直亮 校
修徳園蔵版　東京　松平直亮　明治37年（1904）
1冊（後付8頁, 本文175頁, 後付6頁, 図版1枚）
洋装　22.2cm × 15.2cm
(注)「伯爵／佐々木／蔵書印」朱文方印

**暹羅・老撾・安南 三国探検実記　1149**
岩本千綱 著
博文館蔵版　東京　大橋新太郎　明治30年（1897）
1冊（本文192頁, 図版9枚）　和装　21.0cm × 14.2cm
(注) 小口書名：『三国探検実記』

**暹羅紀行　1150**
大鳥圭介, 川路寛堂 集編
工部省　明治8年（1875）
1冊（前付6頁, 本文228頁）　和装　17.0cm × 12.0cm
(注)「伯爵／佐々木／蔵書印」朱文方印

**西蔵蒙古旅行に於ける報告概要　1151**
寺元婉雅 著
陸軍幕僚　明治38年（1905）
1冊（前付2頁, 本文82頁）　洋装　22.6cm × 15.4cm
(注)「伯爵／佐々木／蔵書印」朱文方印
「伯爵佐／佐木家／蔵書印」朱文方印

**東航紀聞　巻1〜6　1152**
岩崎俊章 編
写　6冊　和装　26.5cm × 19.5cm
(注)「伯爵佐／佐木家／蔵書印」朱文方印

**波斯紀行　1153**
古川宣誉 編
参謀本部蔵版　明治24年（1891）
1冊（前付8頁, 本文320頁）　和装　21.7cm × 14.7cm
(注)「伯爵／佐々木／蔵書印」朱文方印

**呉舩録　巻上・下　1154**
（宋）范成大 著
京都　北村四郎兵衛　寛政6年（1794）
1冊（前付4丁, 本文50丁）　和装　18.3cm × 11.7cm
(注) 外題書名：『呉舩録 一名 出蜀記』
「伯爵／佐々木／蔵書印」朱文方印

**入蜀記　巻第1〜6　1155**
（宋）陸務観 著　（日）大槻〔東陽〕編
何不成舎蔵版　東京　大槻東陽　明治14年（1881）
2冊　和装　18.5cm × 11.6cm
(注) 外題書名：『入蜀記注釈』
「伯爵／佐々木／蔵書印」朱文方印

**欧米漫遊日誌　1156**
大谷嘉兵衛 著
神奈川県　大谷嘉兵衛　明治33年（1900）
1冊（前付17頁, 本文365頁, 後付112頁, 図版29枚）
洋装　22.7cm × 15.5cm
(注)「伯爵／佐々木／蔵書印」朱文方印

**欧米遊記　1157**
川田鉄弥 著
東京　高千穂学校　明治41年（1908）
1冊（前付30頁, 本文230頁）　洋装　19.0cm × 13.2cm
(注) 2部存す
「伯爵佐／佐木家／蔵書印」朱文方印

**欧米回覧実記　第1〜100　1158**
久米邦武 編修
東京　博聞社　明治11年（1878）
5冊　洋装　20.4cm × 15.0cm
(注)「伯爵／佐々木／蔵書印」朱文方印

**漫遊記程　巻上・中・下　1159**
中井弘（桜洲山人）著
東京　避暑洞蔵版　明治10年（1877）
3冊　和装　23.2cm × 15.3cm
(注)「伯爵佐／佐木家／蔵書印」朱文方印

**奉使日本紀行　第1〜18篇　1160**
青地盈 訳　高橋景保 校
写　13冊　和装　25.8cm × 18.5cm
(注) 小口書名：『奉使紀行』

「伯爵／佐々木／蔵書印」朱文方印
「安井文庫」朱文長方印〔安井息軒の印〕

# 言 語・文 学

増補 雅言集覧 1～57巻  *1161*
石川雅望 集　中島広足 補
東京　中島惟一　明治20年（1887）
57冊　和装　23.0cm × 15.5cm
（注）「伯爵佐／佐木家／蔵書印」朱文方印

漢雋 1～10巻  *1162*
（宋）林鉞国 集　（明）呂元調 校
（日）良芸之（良野平助）閲
京都　出雲寺和泉　明和4年（1767）
5冊　和装　27.4cm × 17.8cm
（注）無銘黒8行罫紙
「伯爵佐／佐木家／蔵書印」朱文方印
「篠田／氏蔵」白文方印

漢和大字典  *1163*
重野安繹等 監修
東京　三省堂　明治39年（1906）6版
1冊（前付118頁, 本文1746頁, 後付59頁）
洋装　22.8cm × 17.0cm
（注）「伯爵佐／佐木家／蔵書印」朱文方印

玉篇  *1164*
（梁）顧野王 撰
東京　吉川半七　明治29年（1896）
1冊（本文56丁）和装　26.3cm × 18.1cm
（注）外題書名：『玉篇零本』
「伯爵佐／佐木家／蔵書印」朱文方印

康熙字典 首巻・子～亥巻  *1165*
江戸　山城屋佐兵衛　文久3年（1863）
40冊　和装　17.5cm × 11.8cm
（注）「伯爵佐／佐木家／蔵書印」朱文方印

鼇頭音釈 康熙字典  *1166*
石川鴻斎 音釈
東京　前田円　明治16年（1883）
8冊　和装　19.2cm × 12.4cm
（注）「伯爵佐／佐木家／蔵書印」朱文方印

古言釈通 目次・春・夏・秋・冬巻  *1167*
藤原（鹿持）雅澄 撰
宮内省蔵版　東京　吉川半七　明治26年（1893）
5冊　和装　26.2cm × 18.3cm
（注）1385と一連の著作
「伯爵佐／佐木家／蔵書印」朱文方印

字彙 首巻・子～亥・末・附巻  *1168*
梅誕生 音釈
京都　皇都書肆　天明7年（1787）
15冊　和装　27.7cm × 19.2cm
（注）外題書名：『増注校正頭書字彙』
「伯爵佐／佐木家／蔵書印」朱文方印
「閑鶴／蔵書」朱文方印
「潜／龍／亭」墨円印
「土井氏蔵」朱文長方印

帝国大辞典  *1169*
藤井乙男,草野清民 編
東京　三省堂　明治36年（1903）10版
1冊（前付16頁, 本文1407頁, 後付6頁）
洋装　23.1cm × 15.4cm

東雅 1～20巻・目録  *1170*
新井白石 著
東京　吉川半七　明治36年（1903）
5冊　和装　27.0cm × 15.6cm
（注）「伯爵／佐々木／蔵書印」朱文方印

唐宋八大家訳語 上・下巻  *1171*
城井寿章 訓訳
東京　玉巌堂,梅巌堂合梓　明治9年（1876）
2冊　和装　18.2cm × 12.5cm
（注）外題書名：『城井寿章訓訳唐宋八大家読本訳語』
扉書名：『唐宋八大家読本訳語』
「伯爵佐／佐木家／蔵書印」朱文方印

言語・文学　109

佩文韻府 巻8〜22  *1172*
（清）蔡升元等 編　（日）大野堯運 翻刻
東京　報告社　明治15年（1882）〜17年（1884）
27冊　和装　26.5cm×18.0cm
(注)「伯爵／佐々木／蔵書印」朱文方印

倭名類従鈔 10巻  *1173*
〔源順 著〕
刊　2冊　和装　25.7cm×19.4cm
(注)書名は外題による
「伯爵／佐々木／蔵書印」朱文方印
「天□召印」朱文方印
「珠松館／図書記」白文長方印

永言格 上・中・下巻  *1174*
藤原（鹿持）雅澄 撰
宮内省蔵板　明治26年（1893）
3冊　和装　26.0cm×18.0cm
(注)1385と一連の著作
「伯爵佐／佐木家／蔵書印」朱文方印

雅言成法 上・下巻  *1175*
藤原（鹿持）雅澄 撰
宮内省蔵版　東京　吉川半七　明治26年（1893）
2冊　和装　26.0cm×18.0cm
(注)1385と一連の著作

冠辞考 巻1〜10  *1176*
賀茂真淵 著
大坂　大阪書林　寛政7年（1795）再刻
10冊　和装　25.3cm×17.9cm
(注)「伯爵佐／佐木家／蔵書印」朱文方印
「館氏石香斉／珍蔵図書記」朱文方印〔館柳湾の印〕

冠辞続貂 巻1〜7  *1177*
余斎阮秋成（上田秋成）著
江戸　須原屋茂兵衛　寛政8年（1796）序
7冊　25.6cm×18.4cm
(注)「伯爵佐／佐木家／蔵書印」朱文方印
「館氏石香斉／珍蔵図書記」朱文方印

語学指南 巻1〜4  *1178*
佐藤誠実 著　黒川真頼 閲
東京　容月楼蔵版　明治12年（1879）
4冊　和装　22.6cm×15.2cm

語学初歩 上・下  *1179*
芳賀真咲 撰　黒川真頼 閲
宮城県　芳賀真咲　明治16年（1883）
2冊　和装　22.5cm×15.0cm

古今仮字遣  *1180*
橋本稲彦（源稲彦）編
大坂　河内屋嘉七　文化10年（1813）
1冊（前付3頁,本文56頁）　和装　18.2cm×12.5cm

言霊徳用  *1181*
藤原（鹿持）雅澄 撰
宮内省蔵版　明治26年（1893）
1冊（本文17丁）　和装　26.3cm×18.2cm
(注)1385と一連の著作
「伯爵佐／佐木家／蔵書印」朱文方印

舒言三転例  *1182*
藤原（鹿持）雅澄 撰
宮内省蔵版　明治26年（1893）
1冊（本文18丁）　和装　26.2cm×18.2cm
(注)1385と一連の著作
「伯爵佐／佐木家／蔵書印」朱文方印

用言変格例  *1183*
藤原（鹿持）雅澄 撰
宮内省蔵版　明治26年（1893）
1冊（本文37丁）　和装　26.2cm×18.2cm
(注)小口書名：『用言格例』
1385と一連の著作
「伯爵佐／佐木家／蔵書印」朱文方印

結詞例  *1184*
藤原（鹿持）雅澄 撰
宮内省蔵版　明治26年（1893）
1冊（前付4丁,本文59丁）　和装　26.2cm×18.2cm
(注)1385と一連の著作
「伯爵佐／佐木家／蔵書印」朱文方印

詞の経緯の図  *1185*
権田直助 著　井上頼圀,逸見仲三郎 増補訂正
東京　会通社　明治24年（1891）
1冊　和装折本　17.8cm×7.5cm
(注)外題書名：『増補訂正詞乃経緯能図』

「伯爵佐／佐木家／蔵書印」朱文方印

### 詞辞経緯図解　*1186*
福住正兄 著
東京　二見正三　明治 25 年（1892）
1 冊（本文 1 丁）　和装　16.0cm × 7.6cm

### 詞の玉緒　巻 1 〜 7　*1187*
本居宣長 著
大阪　河内屋和助　無刊年
7 冊　和装　25.6cm × 18.0cm
(注)小口書名：『言葉乃玉緒』
「伯爵佐／佐木家／蔵書印」朱文方印
「駿河台／佐々木／蔵書印」朱文方印

### 玉あられ　*1188*
本居宣長 著
伊勢　柏屋兵助　寛政 4 年（1792）
1 冊（前付 3 丁, 本文 51 丁）　和装　25.6cm × 17.8cm
(注)「伯爵佐／佐木家／蔵書印」朱文方印
「駿河台／佐々木／蔵書印」朱文方印

### 訂正 中等国文典 中巻　*1189*
三土忠造 著　芳賀矢一 閲
東京　冨山房　明治 34 年（1901）18 版
1 冊（前付 4 丁, 本文 68 丁）　和装　22.5cm × 14.6cm
(注)上・中・下巻のうち中巻のみ存す

### ビー・エッチ・チャンブル氏 日本小文典批評　*1190*
谷千生 著述
東京　山岸弥平　明治 20 年（1887）
1 冊（前付 26 頁, 本文 79 頁）　洋装　19.1cm × 13.0cm
(注)「伯爵／佐々木／蔵書印」朱文方印
「佐々木／蔵書印」朱文長方印

### 開発新式日本文典　上・中・下巻　*1191*
林甕臣 編
東京　国文語学会事務所　明治 25 年（1892）3 版
3 冊　洋装　21.5cm × 15.5cm
(注)中巻は 2 版, 下巻は初版
「伯爵佐／佐木家／蔵書印」朱文方印

### 鍼嚢 一名 歌詞三格例　上・下巻　*1192*
藤原（鹿持）雅澄 撰

東京　宮内庁蔵版　明治 26 年（1893）
2 冊　和装　26.2cm × 18.2cm
(注)1385 と一連の著作
「伯爵佐／佐木家／蔵書印」朱文方印

### 普通国語学　*1193*
関根正直 著
東京　六合館書店　明治 28 年（1895）
1 冊（前付 2 丁, 本文 66 丁）　和装　22.8cm × 15.4cm
(注)「伯爵／佐々木／蔵書」朱文方印

### 仮名遣ノ諸問ニ対スル答申書　*1194*
文部大臣官房図書課 著
東京　博文館（印刷）　明治 38 年（1905）
1 冊（本文 74 頁）　洋装　22.6cm × 15.1cm

### 増補 古言梯標注　*1195*
楫取魚彦 著
東京　青雲堂英文蔵　弘化 4 年（1847）
1 冊（前付 6 丁, 本文 66 丁, 後付 1 丁）
和装　23.1cm × 15.3cm
(注)「伯爵佐／佐木家／蔵書印」朱文方印
「佐々木／蔵書印」朱文方印

### 英蘭会話篇訳語　*1196*
ガラタマ 口授
渡部氏蔵梓　明治元年（1868）
1 冊（前付 2 丁, 本文 42 丁）
和装　12.2cm × 18.4cm
(注)外題書名：『英蘭会話訳語』
「斎田」丸朱印

### 蘭学弁　*1197*
山田維則 述
安政 2 年（1855）写
1 冊（55 丁）　和装　26.8cm × 18.4cm
(注)「伯爵佐／佐木家／蔵書印」朱文方印

### 鴬栖園小草　*1198*
渡辺重石丸（豊城）著
渡辺伊豆太郎, 渡辺刀根次郎 共編
東京　道生館　明治 39 年（1906）
1 冊（本文 45 丁, 附録 3 丁）　和装　22.7cm × 15.1cm

言語・文学

**歌詩句集　1199**

林立守 著

刊　明治17年（1884）

1冊（本文45丁）　和装　22.8cm×15.6cm

（注）「伯爵／佐々木／蔵書印」朱文方印

**槻斉集　巻上・下・附別集　1200**

木村正辞 著

木村正辞　明治29年（1896）

2冊　和装　23.8cm×16.0cm

（注）「伯爵／佐々木／蔵書印」朱文方印

**くちなしの花 後編 附梔園存稿 上・下巻　1201**

小出粲 著

愛知県　文化堂（和歌），有憐堂（漢詩）　無刊年

2冊　和装　27.0cm×18.4cm

**梔花拾遺 上・下　1202**

小出粲 著

東京　西東書房　明治41年（1908）

2冊　和装　26.8cm×18.8cm

（注）下巻奥付に明治41年6月2日付の小出林吉による送状（印刷）の貼り付けあり

「伯爵佐／佐木家／蔵書印」朱文方印

**梧陰存稿 1・2巻　1203**

井上毅 著

刊　明治28年（1895）識語

2冊　和装　25.7cm×18.2cm

（注）書名は外題による

「伯爵／佐々木／蔵書印」朱文方印

「伯爵佐／佐木家／蔵書印」朱文方印

**二木のさかえ　1204**

柴崎宜和 編纂

東京　帝国印刷株式会社（印刷）　明治39年（1906）

1冊（前付12丁,本文95丁）　和装　22.7cm×15.2cm

（注）書名は外題による

**漢文学・国文学　1205**

杉浦鋼太郎 編

東京　女学通信会　明治24年（1891）

1冊（本文174頁）　和装　18.2cm×12.2cm

（注）書名は外題による

「伯爵／佐々木／蔵書印」朱文方印

**残月集　1206**

矢野口三郎,林親良 編

長野県　岡村皐一　明治30年（1897）

1冊（前付4頁,本文120頁,図版1枚）

和装　22.2cm×15.0cm

（注）「伯爵／佐々木／蔵書印」朱文方印

**松籟帖　1207**

安生順四郎 編

東京　忠愛社　明治25年（1892）

1冊（前付11丁,本文61丁,後付10丁,図版1枚）

和装　22.8cm×15.2cm

（注）書名は外題による

**蕉亭先生古稀寿頌　1208**

永元愿蔵 編

滋賀県　熊田宣逐　明治25年（1892）

1冊（前付2丁,本文36丁）　和装　22.6cm×15.6cm

（注）外題書名：『杉浦蕉亭先生古稀寿頌』

「伯爵／佐々木／蔵書印」朱文方印

「伯爵佐／佐木家／蔵書印」朱文方印

**多祁理宮献詠集　1209**

志熊直人 編

広島県　多家神社々務所　明治29年（1896）

1冊（前付1丁,本文56丁）　和装　22.7cm×15.7cm

（注）外題書名：『多家神社献詠集』

奥付に「溝淵進馬」の名刺あり

**千歳のきく　1210**

〔高崎正風 編〕

刊　明治23年（1890）跋文

1冊（前付30丁,本文82丁,後付1丁）

和装　23.0cm×15.6cm

（注）書名は外題による

「伯爵佐／佐木家／蔵書印」朱文方印

**都気能遠久志　1211**

〔岩倉具視 編〕

写　1冊（26丁）　和装　26.3cm×18.4cm

（注）書名は外題による

「伯爵／佐々木／蔵書印」朱文方印

**たむけくさ**　*1212*
日光三輪王寺蔵版　明治26年（1893）
1冊（前付2丁,本文33丁,後付4丁）
和装　23.2cm × 15.7cm
（注）「伯爵佐 / 佐木家 / 蔵書印」朱文方印

**名越舎翁家集　上・下**　*1213*
権田直助 著　内海景弓 編
神奈川県　阿夫利神社社務所蔵版　明治31年（1898）
2冊　和装　22.9cm × 15.3cm
（注）「伯爵 / 佐々木 / 蔵書印」朱文方印

**筆林集**　*1214*
伊達宗城 編
東京　金子井兵衛　明治23年（1890）
1冊（前付4丁,本文21丁）　和装　23.4cm × 15.5cm
（注）扉に12月付佐木高行宛伊達宗城送状（蒟蒻刷）あり
「伯爵佐 / 佐木家 / 蔵書印」朱文方印

**哀頌永観**　*1215*
桑原博愛 編
西濃印刷株式会社　明治35年（1902）
1冊（前付4頁,本文49頁,図版2枚）
和装　21.6cm × 15.1cm

**めくみのつゆ**　*1216*
六条定光 編
東京　青山活版所　明治29年（1896）
1冊（前付6丁,本文23丁）　和装　22.7cm × 15.6cm
（注）書名は外題による
「伯爵 / 佐々木 / 蔵書印」朱文方印

**山桜集**　*1217*
岩崎英重 編
東京　開発社　明治38年（1905）
1冊（前付64頁,本文557頁）　洋装　19.4cm × 13.7cm

**雪の舎歌文集**　*1218*
秋山光条 著
東京　秋山光夫　明治38年（1905）
2冊　和装　23.0cm × 15.4cm

**賀茂翁家集　巻之1～5**　*1219*
賀茂真淵 著
東都　崇文堂　文化14年（1817）購板
5冊　和装　26.2cm × 18.0cm
（注）「伯爵佐 / 佐木家 / 蔵書印」朱文方印

**福羽美静先生硯海の一勺**　*1220*
福羽美静 著　野村伝四郎 編
東京　博文館　明治25年（1892）発兌
1冊（前付2頁,本文52頁）　洋装　22.8cm × 15.2cm

**県門遺稿　第1～5集**　*1221*
京都　出雲寺文次郎　無刊年
5冊　和装　22.5cm × 15.5cm
（注）書名は目録による
外題書名：『県門余稿』

**国文註釈全書　全20冊**　*1222*
室松岩雄 編　本居豊頴等 校訂
東京　国学院大学出版部
明治41年（1908）～42年（1909）
3冊　洋装　22.6cm × 16.4cm
（注）全20冊中の3冊のみ存す
【内容】
1,『太平記抄付音義』,乾三 著『太平記賢愚抄』,河原貞頼 著『太平記年表』,『太平記系図』,谷森善臣 著『南山小譜』,『問答抄』,『源平盛衰記問答』,『附録：正平のはらから』,谷森善臣 著『大塔宮二王子小伝』
（注）「伯爵佐 / 佐木家 / 蔵書印」朱文方印
2,契沖 著『古今余材抄』,石原正明 著『尾張の家苞』
（注）「侯爵佐 / 佐木家 / 蔵書印」朱文方印
3,土肥経平 著『大鏡目録系図』,大石千引 著『大鏡短観抄』,『大鏡裏書』,安藤章 著『栄花物語考』,『栄花物語』,土肥経平 著『目録年立』,岡本保孝 著『栄花物語抄』,野村房尚 著『栄花物語事蹟考勘』
（注）「侯爵佐 / 佐木家 / 蔵書印」朱文方印

**国文註釈全書**　*1223*
室松岩雄 校訂編輯
東京　国学院大学出版部
明治36年（1903）～41年（1908）
3冊　洋装　22.5cm × 16.4cm
【内容】
1,岡西惟中 著『枕草紙旁註』,加藤盤斎 著『枕草紙抄』

(注)「伯爵佐／佐木家／蔵書印」朱文方印
2. 四辻善成 著『河海抄』, 一条兼良 著『花鳥余情』, 安藤為章 著『紫女七論』
(注)「伯爵佐／佐木家／蔵書印」朱文方印
3. 国学院 編『国文論纂』
東京　大日本図書株式会社

## 山斎集　1224
鹿持雅澄 著　山本修三 編
東京　日清印刷（印刷）　明治41年（1908）
1冊（前付28頁, 本文414頁, 後付8頁）
洋装　22.3cm × 15.4cm
(注)「侯爵佐／佐木家／蔵書印」朱文方印

## 賜杖祝賀歌文詩集　1225
明治40年（1907）写
1冊（138丁）　和装　28.2cm × 19.4cm
(注)古事類苑稿・皇典講究所青506字詰原稿用紙
「伯爵佐／佐木家／蔵書印」朱文方印

## 日本文学全書　4～7・13～19・21～24巻　1226
野口竹次郎 編
東京　博文館　明治23年（1890）～24年（1891）
15冊　洋装　19.2cm × 13.1cm
(注)全24巻
「伯爵／佐々木／蔵書印」朱文方印
【内容】
4巻,『とりかへばや物語』『堤中納言物語』『四季物語』
5巻,『中務内侍日記』『讃岐典侍日記』『和泉式部日記』『蜻蛉日記』
6巻,『浜松中納言物語』『大和物語』『唐物語』
7巻,『宇治拾遺物語』『多武峰少将物語』
13巻,『栄花物語 上』
14巻,『栄花物語 中』
15巻,『栄花物語 下』
16巻,『太平記 上巻』
17巻,『太平記 中巻』
18巻,『太平記 下巻』
19巻,『保元物語』『平治物語』『秋夜長物語』『鴉鷺合戦物語』
21巻,『古今著聞集』
22巻,『十訓抄』『公事根源』
23巻,『水鏡』『大鏡』
24巻,『増鏡』

## 少年之友　1227
〔小中村（池辺）義象 編〕
刊　〔明治35年（1902）〕
1冊（前付8丁, 本文120丁）　和装　21.6cm × 13.8cm
(注)小口書名：『少年ノ友』
本文冒頭に佐佐木行忠自筆鉛筆書ローマ字署名あり
本文各所に「Y.S.」との佐佐木行忠自筆墨署名あり
「佐佐木／行忠蔵／書之印」朱文方印
「佐佐木／行／忠」朱文三角印

## 神略亭文集　6篇　1228
岡本茂正 輯
写　1冊（47丁）　和装　26.5cm × 18.3cm
(注)「伯爵／佐々木／蔵書印」朱文方印

## 中学読本　首巻　1229
逸見仲三郎 編
東京　吉川半七　明治25年（1892）訂正2版
1冊（前付5丁, 本文60丁）　和装　23.2cm × 15.6cm

## 中学読本　首巻・1の巻　合綴　1230
逸見仲三郎 編
東京　吉川半七　明治25年（1892）
2冊　和装　21.0cm × 14.2cm
(注)「伯爵／佐々木／蔵書印」朱文方印

## 国文中学読本　初巻・1～5巻　1231
逸見仲三郎 編
東京　吉川半七　明治25年（1892）～26年（1893）
10冊　和装　27.0cm × 18.8cm
(注)「伯爵佐／佐木家／蔵書印」朱文方印

## 中等国文読本　1～10の巻　1232
国学院編集部 編
東京　弘文館　明治36年（1903）訂正第2版
10冊　和装　22.6cm × 15.0cm

## 八州文藻　巻第1～7　1233
写　5冊　和装　25.5cm × 18.7cm
(注)「伯爵佐／佐木家／蔵書印」朱文方印

## 瑶琴　1234
亀谷天尊 著

東京　東亜堂書店　明治37年（1904）
1冊（前付10頁, 本文512頁, 図版2枚）
洋装　14.9cm × 11.0cm

**源氏物語**　*1235*
〔紫式部 著〕
写　48 冊　和装　24.5cm × 17.4cm
(注)全54冊中6冊欠
「伯爵佐 / 佐木家 / 蔵書印」朱文方印

**源氏物語講義　1・3・5・6・12～16・20・24号**　*1236*
鈴木弘恭 講義　小串隆 筆記　黒川真頼 閲
合綴2冊　和装　22.1cm × 15.0cm
(注)「伯爵 / 佐々木 / 蔵書印」朱文方印

**湖月抄**　*1237*
北村季吟 著
林和泉　延宝元年（1673）
60 冊　和装　27.6cm × 19.6cm
(注)「伯爵佐 / 佐々木家 / 蔵書印」朱文方印

**今昔物語　和朝部前・後編**　*1238*
源隆国 撰　井沢某 考訂纂註
京師　柳枝軒　享保5年（1720）
20 冊　和装　22.0cm × 15.5cm
(注)後編は小川彦九郎（江戸, 享保18年）刊
「伯爵佐 / 佐木家 / 蔵書印」朱文方印
「駿河台 / 佐々木 / 蔵書印」朱文方印

**新編紫史　巻1・2**　*1239*
増田于信 著
東京　誠之堂　明治20年（1887）～明治21年（1888）
4 冊　和装　18.9cm × 12.8cm
(注)外題書名：『新編紫史 一名 通俗源氏物語』
「伯爵 / 佐々木 / 蔵書印」朱文方印
「伯爵佐 / 佐木家 / 蔵書印」朱文方印
「佐々木 / 蔵書印」朱文長方印

**徒然草諺解　巻1～5**　*1240*
南部草寿 著
中村七兵衛　延宝5年（1677）
5 冊　和装　26.7cm × 18.9cm
(注)「伯爵佐 / 佐木家 / 蔵書印」朱文方印

**あたみ日記**　*1241*
藤原葛満 著
東京　万青堂　明治16年（1883）
1冊（前付2丁, 本文32丁）　和装　22.5cm × 15.1cm
(注)小口書名：『熱海日記』
「伯爵佐 / 佐木家 / 蔵書印」朱文方印

**南山蹈雲録**　*1242*
伴林光平（六郎）著
京都　平楽寺　明治元年（1868）
1冊（本文44丁）　和装　18.2cm × 12.4cm
(注)「伯爵 / 佐々木 / 蔵書印」朱文方印
不明朱文長方印

**またぬ青葉**　*1243*
香川景樹（桂園）著
東塢塾蔵板　天保5年（1834）
1冊（前付2丁, 本文35丁）　和装　25.5cm × 18.2cm
(注)「伯爵佐 / 佐木家 / 蔵書印」朱文方印

**儀略**　*1244*
新井白石 著
写　1冊（36丁）　和装　23.2cm × 15.5cm
(注)書名は外題による

**商売往来**　*1245*
猿山周暁 著
東都　鶴屋喜右衛門　安永5年（1776）
1冊（本文2丁, 後付6丁）　和装　26.3cm × 17.8cm
(注)書名は外題による
「伯爵 / 佐々木 / 蔵書印」朱文方印

**書札文海**　*1246*
文化11年（1814）写
1冊（26丁）　和装　26.4cm × 19.9cm
(注)書名は扉による
森岡旧蔵本
「伯爵佐 / 佐木家 / 蔵書印」朱文方印

**神君御文写**　*1247*
嘉永3年（1850）栗原覚太郎 写
1冊（23丁）　和装　27.4cm × 18.7cm
(注)書名は外題による

征清兵士通信書之写　*1248*

写　1冊（35丁）　和装　24.0cm × 18.0cm

(注)書名は外題による
無銘青13行罫紙
「伯爵佐／佐木家／蔵書印」朱文方印

東湖先生の半面　一名 東湖書簡集　*1249*

水戸市教育会 編輯

茨城県　皆川朝吉　明治43年（1910）

1冊（前付24頁, 本文228頁）　和装　22.5cm × 14.6cm

(注)「侯爵佐／佐木家／蔵書印」朱文方印

二宮先生ヨリ浦賀三家御状之写　*1250*

天保12年（1842）松下半左衛門 写

1冊（24丁）　和装　24.4cm × 16.6cm

(注)書名は扉による
「伯爵／佐々木／蔵書印」朱文方印

蓬萊園記　*1251*

〔橘守部 著〕

刊　1冊（本文31丁）　和装　22.8cm × 15.7cm

(注)「伯爵佐／佐木家／蔵書印」朱文方印

青砥藤綱摸稜案　巻1～5　*1252*

滝沢馬琴 編述

江戸　鶴屋金助　文化9年（1812）

5冊　和装　22.6cm × 15.9cm

(注)「伯爵佐／佐木家／蔵書印」朱文方印
「駿河台／佐々木／蔵書印」朱文方印

綾にしき　*1253*

東京　金港堂書籍　明治25年（1892）再版

1冊（本文145頁）　和装　21.1cm × 14.3cm

(注)「伯爵／佐々木／蔵書印」朱文方印

【内容】
①江見水陰 訳『元禄人形』
②二十三階堂主人 訳『走馬燈』
③涙香小史 訳『血の文字』

絵本加藤清正一代記　*1254*

東京　金寿堂蔵版　明治24年（1891）訂正再版

1冊（本文11丁）　和装　17.6cm × 11.7cm

訂正補刻　絵本漢楚軍談　初輯・2編　*1255*

鶯鶴定高 纂述

江戸　文渓堂蔵　弘化2年（1845）

20冊　和装　22.9cm × 15.7cm

(注)「伯爵佐／佐木家／蔵書印」朱文方印
「駿河台／佐々木／蔵書印」朱文方印

絵本呉越軍談　初編・2編　*1256*

池田東籬（悠翁）校正

聚翰堂　安政7年（1860）

20冊　和装　22.5cm × 14.7cm

(注)2巻は、浪花書林（無刊年）刊
「伯爵／佐々木／蔵書印」朱文方印
「伯爵佐／佐木家／蔵書印」朱文方印
「駿河台／佐々木／蔵書印」朱文方印

絵本通俗三国志　*1257*

1. 初編（巻1～8・10）

　池田東籬亭主 校正

　京都　二書堂　無刊年

　9冊　和装　22.2cm × 15.5cm

　(注)1巻裏表紙に「佐々木」との佐々木高行自筆墨書あり
　10巻裏表紙に「主計大監有馬頼行　主計大監」との佐々木高行自筆墨書あり
　「伯爵佐／佐木家／蔵書印」朱文方印
　「駿河台／佐々木／蔵書印」朱文方印
　「佐々木氏」朱文長方印

2. 1編（巻6～10）

　池田東籬亭 校正

　刊　5冊　和装　22.2cm × 15.6cm

　(注)「駿河台／佐々木／蔵書印」朱文方印
　「佐々木氏」朱文長方印

3. 2編（巻1～10）

　池田東籬亭 校正

　額田双額堂, 岡田群玉堂　無刊年

　10冊　和装　22.3cm × 15.6cm

　(注)「伯爵佐／佐木家／蔵書印」朱文方印
　「駿河台／佐々木／蔵書印」朱文方印
　「佐々木氏」朱文長方印

4. 3編（巻1～10）

　池田東籬亭主人 校正

　額田双額堂, 岡田群玉堂　無刊年

　10冊　和装　22.2cm × 15.5cm

　(注)「伯爵佐／佐木家／蔵書印」朱文方印
　「駿河台／佐々木／蔵書印」朱文方印

5. 4編（巻1～10）

　池田東籬亭 校正

　額田双額堂, 岡田群玉堂　無刊年

10冊　和装　22.3cm × 15.7cm

(注)「伯爵佐／佐木家／蔵書印」朱文方印
「駿河台／佐々木／蔵書印」朱文方印
「佐々木氏」朱文長方印

6, 5編（巻1～10）

池田東籬亭 校正

額田双額堂, 岡田群玉堂　無刊年

10冊　和装　22.2cm × 15.4cm

(注)「伯爵／佐々木／蔵書印」朱文方印
「伯爵佐／佐木家／蔵書印」朱文方印
「駿河台／佐々木／蔵書印」朱文方印
「佐々木氏」朱文長方印

7, 6編（巻1～10）

池田東籬亭 校正

額田双額堂, 岡田群玉堂　無刊年

10冊　和装　22.2cm × 15.5cm

(注)「伯爵／佐々木／蔵書印」朱文方印
「伯爵佐／佐木家／蔵書印」朱文方印
「駿河台／佐々木／蔵書印」朱文方印
「佐々木氏」朱文長方印

8, 7編（巻1～10）

池田東籬亭 校正

額田双額堂, 岡田群玉堂　無刊年

10冊　和装　22.7cm × 15.5cm

(注)「伯爵佐／佐木家／蔵書印」朱文方印
「駿河台／佐々木／蔵書印」朱文方印
「佐々木氏」朱文長方印

9, 8編（巻1～5）

池田東籬亭 校正

額田双額堂, 岡田群玉堂　無刊年

5冊　和装　22.2cm × 15.5cm

(注)「伯爵佐／佐木家／蔵書印」朱文方印
「駿河台／佐々木／蔵書印」朱文方印

### 絵本豊臣勲功記　1258

1, 初編（巻1～10）

八功舎徳水 著

吉沢氏蔵板　東都　甘泉堂　安政4年（1857）

5冊　和装　22.7cm × 16.0cm

(注)「伯爵佐／佐木家／蔵書印」朱文方印
「駿河台／佐々木／蔵書印」朱文方印
「佐々木氏」朱文長方印

2, 2編（巻1～10）

八功舎徳水 著

米沢氏蔵板　東都　甘泉堂　安政5年（1858）

10冊　和装　22.4cm × 15.7cm

(注)裏表紙に「佐々木蔵本」「左先氏」「佐々木晋同渉所事之」との墨書あり
「伯爵佐／佐木家／蔵書印」朱文方印
「駿河台／佐々木／蔵書印」朱文方印
「佐々木氏」朱文長方印

3, 3編（巻1～10）

八功舎徳水 著

米沢氏蔵板　東都　和泉屋市兵衛　安政6年（1859）

10冊　和装　22.5cm × 15.7cm

(注)裏表紙に「佐々木所蔵」「佐々木晋同渉所蔵」「ささきうじ」との墨書あり
「伯爵佐／佐木家／蔵書印」朱文方印
「駿河台／佐々木／蔵書印」朱文方印
「佐々木氏」朱文長方印

4, 4編（巻1～10）

八功舎徳水 著

米沢氏蔵板　東都　和泉屋市兵衛　安政7年（1860）

10冊　和装　22.7cm × 16.0cm

(注)裏表紙に「佐々木蔵本」「佐々木晋同渉所蔵」「共拾佐々木うじ蔵本」との墨書あり
「伯爵佐／佐木家／蔵書印」朱文方印
「駿河台／佐々木／蔵書印」朱文方印
「佐々木氏」朱文長方印

5, 5編（巻1～10）

八功舎徳水 著

米沢氏蔵板　東都　和泉屋市兵衛　安政7年（1860）

10冊　和装　22.3cm × 15.8cm

(注)「伯爵佐／佐木家／蔵書印」朱文方印
「駿河台／佐々木／蔵書印」朱文方印
「佐々木氏」朱文長方印
巻1に「佐々木邸巡査　衛一覧表」の挟み込みあり

6, 6編（巻1～10）

八功舎徳水 著

米沢氏蔵板　東都　和泉屋市兵衛　文久3年（1863）

10冊　和装　22.4cm × 15.7cm

(注)裏表紙に「佐々木うじ」「佐々木晋佐々木渉蔵之」との墨書あり
「伯爵佐／佐木家／蔵書印」朱文方印
「駿河台／佐々木／蔵書印」朱文方印
「佐々木氏」朱文長方印

7, 7編（巻1～10）

八功舎徳水 著

浪華　文海堂, 群玉堂　京都　吉野屋仁兵衛　無刊年

10冊　和装　22.5cm × 15.9cm

(注)「伯爵／佐々木／蔵書印」朱文方印
「伯爵佐／佐木家／蔵書印」朱文方印
「駿河台／佐々木／蔵書印」朱文方印

8, 8編（巻1～10）

桜沢堂山 編輯

大阪　群玉堂, 文海堂　明治15年（1882）

10冊　和装　22.3cm × 15.8cm

(注)「伯爵／佐々木／蔵書印」朱文方印
「伯爵佐／佐木家／蔵書印」朱文方印

**本楠公記　1259**

1, 1編（巻1〜10）

　山田得翁斎 述

　江戸　須原屋茂兵衛　無刊年

　10冊　和装　22.3cm×15.5cm

　　(注)見返に「佐々木うじ蔵書」との墨書あり
　　「伯爵／佐々木／蔵書印」朱文方印
　　「佐々木氏」朱文長方印

2, 2編（巻1〜10）

　速水春暁斎 述

　江戸　須原屋茂兵衛　無刊年

　10冊　和装　22.1cm×15.5cm

　　(注)見返に「佐々木うじ蔵書」との墨書あり
　　「伯爵／佐々木／蔵書印」朱文方印
　　「佐々木氏」朱文長方印

3, 3編（巻1〜10）

　速水春暁斎 述

　江戸　須原屋茂兵衛　文化6年（1809）

　10冊　和装　22.2cm×15.6cm

　　(注)見返に「佐々木うじ蔵書」との墨書あり
　　「伯爵／佐々木／蔵書印」朱文方印
　　「佐々木氏」朱文長方印

**絵本列戦功記　1260**

1, 巻1〜12

　小沢東陽 著

　東都　智新堂　浪華　群玉堂　嘉永5年（1852）

　12冊　和装　22.3cm×15.4cm

　　(注)見返しに「佐々木氏蔵本」との墨書あり
　　「伯爵佐／佐々木家／蔵書印」朱文方印
　　「駿河台／佐々木／蔵書印」朱文方印

2, 後編（巻1〜12）

　小沢東陽 著

　東都　智新堂　浪華　群玉堂　安政2年（1855）

　12冊　和装　22.2cm×15.5cm

　　(注)各冊裏表紙に「佐々木氏」との墨書あり
　　「伯爵佐／佐々木家／蔵書印」朱文方印
　　「駿河台／佐々木／蔵書印」朱文方印
　　「佐々木氏」朱文長方印

**校訂 気質全集　1261**

多田南嶺等 著　大橋新太郎 編集

東京　博文館蔵板　明治28年（1895）

1冊（前付12頁, 本文1042頁）　洋装　18.9cm×13.7cm

　(注)「伯爵／佐々木／蔵書印」朱文方印

**鎌倉管領九代記　上・中・下　1262**

江戸　御書物方　寛文12年（1672）

3冊　和装　25.4cm×18.5cm

　(注)「伯爵佐／佐々木家／蔵書印」朱文方印
　「駿河台／佐々木／蔵書印」朱文方印
　「懸哉館／図書印」朱文方印
　「鳳／悟」陽墨方印

**鎌倉繁栄広記　1〜12巻　1263**

八文字自笑 著

八文字屋八左衛門　延享2年（1745）

12冊　和装　25.4cm×18.1cm

　(注)「伯爵佐／佐々木家／蔵書印」朱文方印
　「駿河台／佐々木／蔵書印」朱文方印

**義経記　巻第1〜8　1264**

西村又左衛門　寛永10年（1633）

8冊　和装　25.2cm×17.8cm

　(注)「伯爵佐／佐々木家／蔵書印」朱文方印
　「久居藩下山蔵」朱文長方印

**木曽義仲勲功図会　前・後編　1265**

好花堂主人 著編

京摂　積玉圃, 宝珠軒　天保4年（1833）

10冊　和装　24.8cm×17.4cm

　(注)後編は京摂の積玉圃, 宝珠軒が天保12年に刊行
　後編巻末に「佐々木所蔵」との墨書あり
　「伯爵／佐々木／蔵書印」朱文方印
　「伯爵佐／佐々木家／蔵書印」朱文方印
　「佐々木氏」朱文長方印

**黒潮　第1編　1266**

徳富健次郎 著

明治39年（1906）13版

　(注)現在所在不明

**新アラビヤンナイト　1267**

押川方存 著

東京　大学館　明治36年（1903）再版

1冊（前付6頁, 本文230頁）　洋装　18.8cm×12.6cm

　(注)「伯爵／佐々木／蔵書印」朱文方印

**新説 二熊伝初編　巻7　1268**

松園主人 編次

刊　1冊（本文22丁）　和装　22.2cm×15.3cm

### 新説明清合戦記　巻1～5　*1269*
山豊軒　嘉永7年（1854）
5冊　和装　25.6cm × 17.9cm
(注)「伯爵佐／佐木家／蔵書印」朱文方印
「駿河台／佐々木／蔵書印」朱文方印

### 前太平記図会　巻1～6　*1270*
秋里籬嶌　輯録
江戸　須原茂兵衛　享和2年（1802）
6冊　和装　25.0cm × 17.6cm
(注)表紙,裏表紙,見返に「佐々木うじ」との墨書あり
「伯爵／佐々木／蔵書印」朱文方印
「駿河台／佐々木／蔵書印」朱文方印
「佐々木氏」朱文長方印

### 南北太平記図会　*1271*
1. 首巻・初編1～7（巻1～7）
堀経信（原甫）輯録
江戸　須原屋茂兵衛　天保7年（1836）刻成
8冊　和装　24.7cm × 17.8cm
(注)「伯爵／佐々木／蔵書印」朱文方印
「駿河台／佐々木／蔵書印」朱文方印
2. 2編1～5（巻8～12）
堀経信（原甫）著
聚星楼　無刊年
5冊　和装　24.7cm × 17.8cm
(注)「駿河台／佐々木／蔵書印」朱文方印
3. 3編（巻13～15）
堀経信（原甫）輯録
京摂書房　文久元年（1861）
5冊　和装　24.7cm × 17.5cm
(注)「駿河台／佐々木／蔵書印」朱文方印

### 橘英男　*1272*
楓村居士　著
東京　読売新聞日就社　明治38年（1905）3版
1冊（本文217頁）　洋装　22.1cm × 15.4cm

### 種彦傑作集　*1273*
柳亭種彦　著　大橋新太郎　編輯
東京　博文館　明治27年（1894）
1冊（前付18頁,本文924頁）　洋装　19.5cm × 14.0cm
(注)書名は目次による

### 朝鮮征伐記　巻1～5　*1274*
菊池脩蔵蔵板　嘉永7年（1854）
5冊　和装　25.8cm × 18.3cm
(注)表紙,裏表紙,見返に「佐々木うじ」との墨書あり
版心に「金幸堂」とあり
「伯爵佐／佐木家／蔵書印」朱文方印
「駿河台／佐々木／蔵書印」朱文方印
「佐々木氏」朱文長方印

### 鎮西八郎為朝外伝椿説弓張月　*1275*
1. 前編（巻1～6）,後編（巻1～6）
曲亭主人（滝沢馬琴）編次
東京　東京稗史出版社　明治16年（1883）
4冊　和装　22.3cm × 15.4cm
(注)小口書名:『椿説弓張月』
「佐々木／蔵書印」朱文長方印
2. 続編（巻1～6）,拾遺（巻1～5）,残編（巻1～5）
曲亭主人（滝沢馬琴）編次
東京　東京稗史出版社　明治16年（1883）
6冊　和装　22.3cm × 15.3cm
(注)小口書名:『椿説弓張月』
「佐々木／蔵書印」朱文長方印

### 宋元軍談　巻之1～12　*1276*
浪華　岡田群玉堂（河内屋茂兵衛）　文政6年（1823）
12冊　和装　25.6cm × 18.3cm
(注)「伯爵佐／佐木家／蔵書印」朱文方印
「駿河台／佐々木／蔵書印」朱文方印

### 通俗宋史太祖軍談　巻之1～20　*1277*
大坂　柏原屋清右衛門　宝暦10年（1760）
20冊　和装　25.5cm × 18.3cm
(注)「駿河台／佐々木／蔵書印」朱文方印

### 通俗唐太宗軍艦　巻之1～20　*1278*
皇都　栗山伊右衛門　元禄9年（1696）
5冊　和装　27.5cm × 18.0cm
(注)「伯爵佐／佐木家／蔵書印」朱文方印
「駿河台／佐々木／蔵書印」朱文方印
「懇哉館／図書印」朱文長方印

### 通俗南北朝梁武帝軍談　巻之1～15　*1279*
京都　出雲寺和泉　宝永2年（1705）
15冊　和装　26.9cm × 18.3cm
(注)「伯爵／佐々木／蔵書印」朱文方印
「伯爵佐／佐木家／蔵書印」朱文方印
「駿河台／佐々木／蔵書印」朱文方印

**通俗北魏南梁軍談　巻之1〜23　1280**

京都　出雲寺和泉掾　寛永2年（1625）

23冊　和装　26.4cm × 18.4cm

(注)「伯爵佐／佐々木家／蔵書印」朱文方印
「駿河台／佐々木／蔵書印」朱文方印

**通俗両漢紀事　1281**

大坂　河内屋茂兵衛

20冊　和装　25.3cm × 17.5cm

(注)外題書名：『両漢記事』
「伯爵佐／佐々木家／蔵書印」朱文方印
「駿河台／佐々木／蔵書印」朱文方印

【内容】

1,『通俗東漢紀事』巻之1〜10
　元禄12年（1699）序　10冊

2,『通俗西漢紀事』巻之1〜10
　無刊年　10冊

**通俗両国志　巻之1〜26　1282**

大坂　河内屋茂兵衛　無刊年

20冊　和装　25.0cm × 17.6cm

(注)「伯爵佐／佐々木家／蔵書印」朱文方印
「駿河台／佐々木／蔵書印」朱文方印

**通俗列国志　首巻・巻之1〜24　1283**

大坂　敦賀屋清助　宝永2年（1705）

19冊　和装　26.3cm × 18.8cm

(注)外題書名：『通俗武王軍談』
「伯爵佐／佐々木家／蔵書印」朱文方印
「駿河台／佐々木／蔵書印」朱文方印
「金竜寺／門不出」墨陽長方印

**職員録　1284**

官板　江戸　須原屋茂兵衛　無刊年

2冊　和装　12.5cm × 18.3cm

(注)「伯爵／佐々木／蔵書印」朱文方印

**通俗列国志十二朝軍談　巻之1〜14　1285**

大坂　河内屋喜兵衛　正徳2年（1712）

14冊　和装　24.7cm × 17.5cm

(注)外題書名：『通俗十二朝軍談』
「伯爵佐／佐々木家／蔵書印」朱文方印
「駿河台／佐々木／蔵書印」朱文方印

**長語　1286**

幸田露伴（成行）著

東京　春陽堂　明治34年（1901）

1冊（前付4頁，本文402頁）　洋装　23.1cm × 16.2cm

(注)「伯爵／佐々木／蔵書印」朱文方印
「伯爵佐／佐々木／蔵書印」朱文方印

**なにはかた　1287**

霞亭主人他　著

刊　4冊　和装　18.1cm × 12.0cm

(注)「伯爵／佐々木／蔵書印」朱文方印

**南総里見八犬伝　第1〜9輯　1288**

曲亭主人（滝沢馬琴）著

東京　稗史出版社　明治15年（1882）〜18年（1885）

42冊　和装　22.8cm × 15.5cm

(注)「伯爵佐／佐々木家／蔵書印」朱文方印

**壮絶快絶日露戦争未来記　1289**

榎本松之助　編輯

大阪　法令館　明治34年（1901）

1冊（前付6頁，本文77頁）　和装　21.4cm × 14.8cm

(注)裏表紙見返に「湘南より帰途車中之レヲ求ム自奨生　代筆某」との墨書あり
裏表紙に「帰車中ニ於て山本健振」との墨書あり

**はつつとめ　1290**

海賀篤麿（変哲）著

東京　内外出版協会　明治35年（1902）

1冊（前付4頁，本文235頁）　洋装　18.4cm × 12.6cm

**武徳鎌倉旧記　1〜12之巻　1291**

名古屋　菱屋久兵衛　文化元年（1804）

6冊　和装　26.0cm × 18.6cm

(注)「伯爵佐／佐々木家／蔵書印」朱文方印

**芳園之嫩芽　1292**

松木董宣　著

東京　千葉茂三郎　明治20年（1887）

1冊（前付6頁,本文166頁）　和装　16.6cm × 11.6cm

(注)「伯爵／佐々木／蔵書印」朱文方印

**保元平治闘図会　巻之1〜10　1293**

〔秋里籠島　著〕

東都　松本平助　享和元年（1801）

10 冊　和装　24.7cm × 17.6cm
(注)外題書名:『絵本保元平治』
裏表紙に「佐々木氏蔵書」の墨書あり
「伯爵佐／佐木家／蔵書印」朱文方印
「駿河台／佐々木／蔵書印」朱文方印
「佐々木氏」朱文長方印

夢想兵衛胡蝶物語　前編・後編　*1294*
曲亭（滝沢）馬琴 著
東京　東京稗史出版社　明治 15 年（1882）
2 冊　和装　22.2cm × 15.5cm
(注)外題書名:『滑稽島遊 夢想兵衛胡蝶物語』

明治八笑人　第 1 編（巻之上・下）　*1295*
垂涎子 著
刊　明治 16 年（1883）序
1 冊（前付 2 頁, 本文 48 頁）　和装　16.2cm × 11.2cm
(注)第 1 編のみ存す
「伯爵／佐々木／蔵書印」朱文方印

実説文覚一代記　*1296*
牧金之助 編輯
刊　明治 26 年（1893）
1 冊（本文 11 丁）　和装　16.5cm × 11.6cm
(注)外題書名:『絵本実話 文覚一代記 全』

義経蝦夷軍談　巻之 1 ～ 10　*1297*
写　10 冊　和装　23.8cm × 16.8cm
(注)見返に「通大工町海野宣邦」との墨書あり
「伯爵／佐々木／蔵書印」朱文方印

新作金波浄瑠璃集　*1298*
金波楼主人　明治 25 年（1892）
1 冊（前付 8 頁, 本文 147 頁）　和装　21.1cm × 14.1cm
(注)小口書名:『金波浄瑠璃集 全』
「伯爵／佐々木／蔵書印」朱文方印

日本山嶽志　*1299*
高頭式 編者
東京　博文館蔵板　明治 39 年（1906）
1 冊（前付 393 頁, 本文 720 頁, 後付 171 頁）
洋装　22.7cm × 15.6cm
(注)後ろの遊び紙に「佐佐木行忠明治三十九年七月求之」との墨書あり
「佐佐木／行忠蔵／書之印」朱文方印

校訂 浄瑠璃物語評釈　*1300*
須藤求馬 評釈
東京　吉川弘文館　明治 39 年（1906）
1 冊（前付 28 頁, 本文 137 頁, 後付 4 頁）
和装　22.4cm × 15.1cm

近松著作一斑　上巻　*1301*
塚越芳太郎 著
東京　民友社　明治 28 年（1895）
1 冊（前付 6 頁, 本文 510 頁, 後付 2 頁）
洋装　17.5cm × 12.7cm
(注)上巻のみ存す

日露戦争義太夫　*1302*
鶯亭金升 著
東京　寅文社　明治 37 年（1904）
1 冊（前付 4 頁, 本文 62 頁）　洋装　15.3cm × 11.3cm
(注)書名は外題による

紀元節歌の解　*1303*
高崎正風 口授　阪正臣 筆記
東京　松成堂（松方伊三郎）　明治 21 年（1888）
1 冊（前付 6 頁, 本文 14 頁）　和装　22.7cm × 14.8cm
(注)「伯爵／佐々木／蔵書印」朱文方印

歌詞遠鏡附録　*1304*
佐々木弘綱 著
刊　明治 14 年（1881）序
1 冊（前付 6 頁, 本文 34 頁）　和装　25.5cm × 17.4cm
(注)裏表紙見返に「佐々木静子」との墨書あり
「伯爵佐／佐木家／蔵書印」朱文方印

歌学入門　*1305*
大国隆正 著　福羽美静 校
大国家蔵板　明治 28 年（1895）
1 冊（前付 1 頁, 本文 24 頁）　和装　18.8cm × 13.0cm

新まなびに云　*1306*
香川景樹 著
東塢塾蔵版　水玉堂　天保 5 年（1834）
1 冊（前付 3 丁, 本文 17 丁, 後付 1 丁）
和装　25.6cm × 18.3cm
(注)外題書名:『新学異見』

**新題詠歌捷径** *1307*
下田歌子 著
東京 三省堂書店 明治34年（1901）
1冊（前付8頁,本文126頁） 和装 22.2cm×14.9cm
（注）「伯爵／佐々木／蔵書印」朱文方印

**新体詩歌自在** *1308*
中村秋香 著
東京 博文館 明治31年（1898）
1冊（前付40頁,本文790頁） 洋装 19.7cm×14.0cm
（注）「伯爵／佐々木／蔵書印」朱文方印

**華園集 ほか合綴** *1309*
合綴1冊 和装 22.7cm×14.8cm
【内容】
①『華園集』 2
　刊 明治14年（1881） 29丁
　（注）「伯爵／佐々木／蔵書印」朱文方印
②『高崎正風大人講話筆記』
　荒木正斎 編輯
　京都 中西嘉助 明治30年（1897）
　13丁
　（注）「伯爵／佐々木／蔵書印」朱文方印

**千代のふる道** *1310*
慶応2年（1866）高取遠陰（方烈）写
1冊（24丁） 和装 26.4cm×18.5cm
（注）見返に短冊「謹奉祝 栄転 和歌」の挟み込みあり
「伯爵／佐々木／蔵書印」朱文方印

**浜のまさこ 春・夏・秋・冬・恋・雑巻** *1311*
〔有賀長伯 編〕
刊 明和5年（1768）再刻
2冊 和装 22.2cm×15.5cm
（注）「伯爵佐／佐木家／蔵書印」朱文方印

**今古和歌うひまなひ 春・夏・秋・冬・恋・雑巻**
*1312*
鈴木重胤 著
東都 名山閣蔵板 無刊年
8冊 和装 18.2cm×12.2cm
（注）小口書名：『今古和歌字比学』
「伯爵／佐々木／蔵書印」朱文方印

**和歌梯 恋巻** *1313*
皇都 葛西市郎兵衛 嘉永5年（1852）
2冊 和装 17.6cm×11.8cm

**和歌麓の栞 上・下巻** *1314*
岡吉胤 編輯
三重県 岡吉胤 明治29年（1896）
1冊（前付12頁,本文405頁） 和装 18.5cm×12.5cm

**あさち** *1315*
楽翁（松平定信）著
刊 文政10年（1827）奥付
1冊（前1丁,本文46丁） 和装 13.3cm×9.0cm
（注）「伯爵／佐々木／蔵書印」朱文方印

**むくら** *1316*
楽翁（松平定信）著
刊 文政10年（1827）奥付
1冊（前1丁,本文18丁） 和装 13.3cm×9.0cm
（注）「伯爵／佐々木／蔵書印」朱文方印

**よもき** *1317*
楽翁（松平定信）著
刊 文政10年（1827）奥付
1冊（前1丁,本文26丁） 和装 13.3cm×9.0cm
（注）「伯爵／佐々木／蔵書印」朱文方印

**岩倉贈太政大臣集 上・下巻** *1318*
岩倉具視 著
刊 明治19年（1886）序
2冊 和装 26.5cm×18.9cm
（注）「伯爵佐／佐木家／蔵書印」朱文方印

**薄こほり** *1319*
香川景樹 判歌結
皇都 東塢塾蔵版 天保5年（1834）
1冊（前付2丁,本文17丁,後付1丁）
和装 25.6cm×18.4cm
（注）「伯爵佐／佐木家／蔵書印」朱文方印

**梅のかをり** *1320*
高橋富兄 著

石川県　石川昌三郎　明治32年（1899）
1冊（前付6頁, 本文79頁, 後付2頁）
和装　23.2cm × 16.0cm

**詠史百首**　*1321*
刊　1冊　和装折本　12.0cm × 8.9cm
(注)書名は外題による
「伯爵／佐々木／蔵書印」朱文方印

**絵島酒浪 上・下**　*1322*
村山松根 編輯
東京　吉川半七　明治15年（1882）
2冊　和装　22.3cm × 15.5cm
(注)「伯爵／佐々木／蔵書印」朱文方印

**恵忠仁春之陰 上・下**　*1323*
東京　西三条公允　明治35年（1902）
2冊　和装　27.0cm × 19.2cm
(注)「伯爵佐／佐木家／蔵書印」朱文方印

**大幣**　*1324*
中川自休（望南亭）述
汲古堂　天保5年（1834）
1冊（前付2丁, 本文64丁）　和装　25.6cm × 18.3cm

**かつらのおち葉**　*1325*
賀茂勝信 著
刊　文政5年（1822）序
1冊（前付3丁, 本文45丁, 後付1丁）
和装　26.5cm × 18.1cm
(注)「嵯峨支流／渡辺文庫」朱文方印〔和泉伯太藩渡辺家の印〕

**河藻集 附作者姓名録**　*1326*
村上忠順 編
刊
(注)現在所在不明

**菊の下葉 第2集**　*1327*
山階宮晃親王等 著
向陽社蔵板　明治24年（1891）
1冊（前付4丁, 本文53丁, 後付1丁）
和装　25.8cm × 18.2cm

**桂園一枝 雪・月・花・拾遺**　*1328*
香川景樹（梅月堂）著
東塢塾蔵板　文政13年（1830）
5冊　和装　25.5cm × 18.1cm
(注)「伯爵佐／佐木家／蔵書印」朱文方印

**桂園一枝 拾遺合刻**　*1329*
香川景樹 著
東塢塾蔵板　嘉永4年（1851）
1冊（前付1丁, 本文28丁, 後付1丁）
和装　8.7cm × 18.9cm
(注)書名は外題による
「伯爵／佐々木／蔵書印」朱文方印

**羽倉在満大人百五十年祭献詠家集**　*1330*
刊　明治34年（1901）跋
1冊（前付1丁, 本文10丁, 後付1丁）
和装　23.1cm × 16.0cm

**献詠集 第10～17・19輯**　*1331*
刊　明治30年（1897）～40年（1907）
9冊　和装　23.8cm × 16.1cm
(注)書名は外題による
18輯欠
内題書名：『津島神社献詠』
第15輯の裏表紙見返に「三十六年一月十三日受取　高行」との佐佐木高行自筆墨書あり
「伯爵／佐々木／蔵書印」朱文方印

**硯堂歌抄**　*1332*
福羽逸人 編輯
東京　福羽逸人　明治40年（1907）
1冊（前付2丁, 本文61丁, 後付1丁, 写真1枚）
和装　24.5cm × 16.0cm
(注)「伯爵佐／佐木家／蔵書印」朱文方印

**猴冠集**　*1333*
松並正名 編輯
高知県　松並正名　明治12年（1879）
1冊（前付1丁, 本文25丁）　和装　22.0cm × 15.4cm
(注)書名は外題による
扉書名：『土佐国年々百首猴冠集』
「伯爵佐／佐木家／蔵書印」朱文方印

### 猴冠集 3編　*1334*
高田成美 編輯
島村雅規　明治14年（1881）
1冊（前付1丁，本文25丁）　和装　21.9cm×15.2cm
(注)書名は外題による
扉書名：『土佐国年々百首 三編』
「伯爵佐 / 佐木家 / 蔵書印」朱文方印

### 明治卅四年興風会各評　*1335*
興風会 編
刊　明治34年（1901）
1冊（本文30丁）　和装　23.6cm×16.2cm
(注)本文中諸所に佐佐木高行自筆書込みあり

### 興風会競点 ほか合綴　*1336*
興風会 編
合綴1冊　和装　23.7cm×16.2cm
(注)「伯爵 / 佐々木 / 蔵書印」朱文方印
【内容】
①『落葉深・行路霜』
　刊　明治22年（1889）　8丁
②『朝雲雀・夕花』
　刊　明治22年（1889）　8丁
③『夏水・夏簾』
　刊　明治23年（1890）　4丁
④『海辺花・野遊』
　刊　明治24年（1891）　9丁
⑤『雨後紅葉・夜聞水声』
　刊　明治29年（1896）　10丁
⑥『春雁離々』
　刊　8丁
⑦『夜花』
　刊　8丁

### 大日本新図　*1337*
大阪　浜本伊三郎　明治27年（1894）
図版1枚　54.4cm×76.0cm（折りたたみ27.2cm×12.9cm）

### 余材章 首巻・巻1～10　*1338*
契沖 著
写　10冊　和装　27.5cm×18.3cm
(注)「伯爵佐 / 佐木家 / 蔵書印」朱文方印
「野間氏 / 蔵書印」朱文長方印〔野間三竹の印〕
「石氏 / 家蔵」朱文方印〔石川雅望の印〕

「蛾術斉蔵書」朱文長方印〔石川雅望の印〕

### 古今和歌集 巻第1～20　*1339*
皇都　勝村治右衛門　宝暦9年（1759）
2冊　和装　25.9cm×18.4cm
(注)「伯爵佐 / 佐木家 / 蔵書印」朱文方印

### 古今和歌集 上・下　*1340*
文政13年（1830）再刻
2冊　和装　24.9cm×18.2cm
(注)「伯爵佐 / 佐木家 / 蔵書印」朱文方印

### 古今和歌集 上　*1341*
刊　1冊（本文28丁）　和装　25.8cm×18.3cm
(注)下巻欠
「伯爵佐 / 佐木家 / 蔵書印」朱文方印

### 古今和歌集正義 序1～3・巻1～6　*1342*
香川景樹 著
東塢塾蔵板　天保3年（1832）
9冊　和装　25.5cm×18.1cm
(注)「伯爵佐 / 佐木家 / 蔵書印」朱文方印

### 苔清水 上・中・下巻　*1343*
神山魚貫 著
松舎塾蔵板　無刊年
3冊　和装　26.8cm×19.2cm
(注)「伯爵佐 / 佐木家 / 蔵書印」朱文方印

### 後拾遺和歌集 巻第1～20　*1344*
〔藤原通俊 編〕
刊　1冊（前付7丁，本文179丁）
和装　14.2cm×11.4cm
(注)「伯爵佐 / 佐木家 / 蔵書印」朱文方印
「□□ / 亭」朱文方印

### 後撰和歌集 巻第1～20　*1345*
〔清原元輔 編〕
刊　2冊　和装　17.6cm×11.8cm

### さみたれ集　*1346*
多賀馭 編輯
東京　多賀馭　明治28年（1895）

1冊（前付5丁,本文121丁,後付3丁）
和装　23.5cm × 15.8cm
(注)「伯爵 / 佐々木 / 蔵書印」朱文方印

三公和歌集　上・下・附録　**1347**
山内豊房,〔山内〕豊敷,〔山内〕豊雍 著
写　3冊（156丁）　和装　27.2cm × 19.5cm
(注)「伯爵佐 / 佐木家 / 蔵書印」朱文方印

拾遺和歌集　巻第1～20　**1348**
刊　2冊　和装　17.6cm × 11.8cm

袖珍歌枕　第1～7　**1349**
刊　宝永5年（1708）
4冊　和装　18.5cm × 12.6cm
(注)「伯爵 / 佐々木 / 蔵書印」朱文方印

嘉莚歌むすひ　**1350**
法雨庵（老仙生）撰　枕流 輯　守川捨魚 校
江戸　慶元堂　無刊年
1冊（前付2丁,本文20丁）　和装　23.1cm × 16.2cm
(注)「伯爵佐 / 佐木家 / 蔵書印」朱文方印

春秋のしをり　**1351**
辻盛令 編
東京　辻盛令　明治28年（1895）
1冊（前付1丁,本文60丁,後付1丁）
和装　26.0cm × 18.3cm
(注)書名は外題による
「伯爵 / 佐々木 / 蔵書印」朱文方印

新古今和歌集　巻第1～20　**1352**
〔藤原定家 編〕
京都　出雲路丈治郎　無刊年
2冊　和装　26.1cm × 18.1cm
(注)「伯爵佐 / 佐木家 / 蔵書印」朱文方印

新古今和歌集　巻1～20　**1353**
〔藤原定家 編〕
刊　1冊（前付5丁,本文211丁）
和装　14.1cm × 11.3cm
(注)「伯爵佐 / 佐木家 / 蔵書印」朱文方印

新撰百人一首　**1354**
西村茂樹 纂輯　西阪成一 略解　白石千別 校閲
東京　中外堂蔵梓　明治16年（1883）
1冊（前付10丁,本文100丁,後付1丁）
和装　25.7cm × 18.3cm
(注)「伯爵佐 / 佐木家 / 蔵書印」朱文方印

新葉和歌集　巻第1～10　**1355**
刊　嘉永3年（1850）跋
4冊　和装　25.8cm × 17.9cm
(注)「伯爵佐 / 佐木家 / 蔵書印」朱文方印

新葉和歌集　**1356**
村上忠順 頭注　村上忠浄 校正兼発行
東京　稽照館　明治25年（1892）
1冊（本文304頁,後付2頁）　和装　19.3cm × 13.0cm
(注)「伯爵佐 / 佐木家 / 蔵書印」朱文方印

千載和歌集　**1357**
刊　1冊（前付5丁,本文157丁）
和装　14.1cm × 11.4cm
(注)「伯爵佐 / 佐木家 / 蔵書印」朱文方印
不明朱印

良寛禅師家集　**1358**
村山恒二郎 編輯
新潟県　小林二郎　明治12年（1879）
1冊（本文18丁）　和装　26.3cm × 17.7cm
(注)「伯爵 / 佐々木 / 蔵書印」朱文方印

袖のしぐれ　**1359**
井関美清 編
東京　吉川半七　明治31年（1898）
1冊（前付4丁,本文119丁）　和装　23.3cm × 15.6cm
(注)「伯爵 / 佐々木 / 蔵書印」朱文方印

竹のしつく　**1360**
広田金兵衛（常善）編集
京都　広田金兵衛（常善）　明治31年（1898）
1冊（前付2丁,本文23丁）　和装　22.1cm × 15.6cm

玉鉾集　第24・25輯　**1361**
神田息胤 編輯

東京　神田息胤　明治39年（1906）～40年（1907）
2冊　和装　18.8cm × 12.6cm
(注)「伯爵／佐々木／蔵書印」朱文方印
「伯爵佐／佐木家／蔵書印」朱文方印

**手むけ草 ほか合綴　1362**
合綴1冊　和装　18.5cm × 12.6cm
【内容】
①『手むけ草』
　萩活版印刷所響海館刷行　無刊年
　10丁
②『歌集』
　刊　7丁
　(注)「伯爵／佐々木／蔵書印」朱文方印
③『三条内府公神前奉献文歌集』
　藤井稜威 編　刊　明治24年（1891）跋
　24頁
　(注)「伯爵／佐々木／蔵書印」朱文方印

**たむけのつゆ　1363**
樺山久舒 編輯
東京　横山久舒　明治31年（1898）
1冊（前付1丁, 本文19丁）　和装　26.3cm × 18.8cm

**忠烈歌集　1364**
井原豊作 編輯
東京　井原豊作　明治37年（1904）
1冊（前付10頁, 本文420頁）　和装　14.9cm × 10.5cm

**千代のひかり　1365**
明治天皇, 皇后 著
東京　国民新聞社　明治36年（1903）
1冊（本文26丁, 後付2丁）　和装　26.7cm × 19.0cm
(注)「伯爵／佐々木／蔵書印」朱文方印

**つきぬ泉　1366**
北山重正 編輯
北山重正　明治35年（1902）
1冊（前付6丁, 本文33丁, 後付2丁）
和装　23.2cm × 15.7cm
(注)「伯爵／佐々木／蔵書印」朱文方印

**月舎集　1367**
横山由清 著
東京　横山諶吉　明治14年（1881）
1冊（前付7丁, 本文43丁, 後付2丁）
和装　25.5cm × 17.9cm
(注)「伯爵佐／佐木家／蔵書印」朱文方印

**東奥名所歌集　1368**
写　1冊（前付1丁, 本文77丁）
和装　23.6cm × 15.7cm
(注)宮内省青10行罫紙
「伯爵／佐々木／蔵書印」朱文方印

**道歌集　1369**
二宮尊徳, 二宮尊親 輯
興復社蔵版　東京　有隣堂　明治30年（1897）
1冊（前付5丁, 本文20丁）　和装　23.0cm × 15.3cm
(注)「伯爵／佐々木／蔵書印」朱文方印

**土佐一覧記　1370**
写　1冊（160丁）　和装　23.1cm × 15.3cm
(注)本文末に「石本権七氏の蔵書を写す」との墨書あり
「伯爵佐／佐木家／蔵書印」朱文方印

**日光勝景百首　1371**
篠原常三郎 著
写　1冊（10丁）　和装　24.5cm × 16.4cm

**のこるかをり　1372**
中島歌子 編輯
東京　多賀魝　明治35年（1902）
1冊（前付12丁, 本文39丁, 後付4丁）
和装　27.0cm × 19.3cm
(注)「伯爵佐／佐木家／蔵書印」朱文方印

**萩之家歌集　1373**
落合直文 著
東京　明治書院　明治39年（1906）
1冊（写真7枚, 本文360頁, 後付2頁）
洋装　19.3cm × 13.6cm

**花のうたかた　1374**
〔伊達宗徳 編〕

刊　明治26年（1893）跋
1冊（写真1丁,本文30丁,後付2丁）
和装　26.2cm×18.2cm
(注)書名は外題による

### 百首異見　1375
香川景樹 著
東塢塾蔵版　文化12年（1815）跋
刊　5冊　和装　25.6cm×18.1cm

### 百人一首一夕話　巻之1～9　1376
尾崎雅嘉 著
浪華　敦賀屋九兵衛　天保4年（1833）
9冊　和装　25.3cm×17.9cm
(注)「伯爵佐/佐木家/蔵書印」朱文方印
「駿河台/佐々木/蔵書印」朱文方印

### 百人一首便釈 ほか合綴　1377
写　合綴1冊　和装　23.5cm×16.6cm
【内容】
①『百人一首便釈』
34丁
(注)本文末に「右は冷泉正二位前大納言宗家卿風早三位公雄卿武者小路宮内権大夫公陰卿己上三家より相伝する所也」との墨書あり
②『百人一首解』
〔栗本呉暉 解〕〔宝暦6年（1756）〕
26丁
(注)小口書名：『百便解』
「伯爵佐/佐木家/蔵書印」朱文方印

### 冨士の煙　巻上・下　1378
近藤守重（正斎）集
写　1冊（93丁）　和装　23.0cm×15.1cm

### 〔歌集〕　1379
嶋方株恭 編
刊　嘉永6年（1853）跋
1冊（前付4丁,本文27丁,後付2丁）
和装　22.7cm×16.1cm
(注)「伯爵/佐々木/蔵書印」朱文方印

### 芳宜園集　上・下　1380
井関美清,佐々木古信 編輯

東京　吉川半七　明治30年（1897）
2冊　和装　27.0cm×19.4cm
(注)書名は外題による
「伯爵/佐々木/蔵書印」朱文方印

### 邦光社歌会　第1～3・7・11～16集　1381
10冊　和装　22.0cm×14.9cm
(注)第1集に「邦光社歌会告并規則」の挟み込みあり
「伯爵/佐々木/蔵書印」朱文方印
「伯爵佐/佐木家/蔵書印」朱文方印
【内容】
1, 第1集
　遠藤弥作 著
　京都　遠藤弥作　明治21年（1888）
　51丁
2, 第2集
　遠藤千胤 著
　京都　遠藤千胤　明治22年（1889）
　92丁
3, 第3集
　遠藤千胤 著
　京都　遠藤千胤　明治23年（1890）
　56丁
4, 第7集
　岡村直温 著
　京都　岡村直温　明治27年（1894）
　46丁
5, 第11集
　広田常善 編
　京都　広田常善　明治31年（1898）
　41丁
6, 第12集
　広田常善 編
　京都　広田常善　明治32年（1899）
　41丁
7, 第13集
　須川信行 編輯
　京都　山本彦兵衛　明治33年（1900）
　49丁
8, 第14集
　須川信行 編輯
　京都　山本彦兵衛　明治34年（1901）
　45丁
9, 第15集
　須川信行 編輯

京都　山本彦兵衛　明治35年（1902）
47丁
10,第16集
　山本彦兵衛 編輯
　京都　山本彦兵衛　明治36年（1903）
　45丁

**百首和歌　上・中・下　1382**
玄旨（細川幽斎）校
林和泉掾　延宝4年（1676）
3冊　和装　22.6cm × 15.8cm
(注)「伯爵佐／佐木家／蔵書印」朱文方印
「上阪文庫」朱文長方印
「槇／屋」朱文方印

**松蔭集　1383**
植松有経 編輯
愛知県　内田健之丞　明治37年（1904）
2冊　和装　26.0cm × 18.7cm
(注)書名は外題による
「伯爵／佐々木／蔵書印」朱文方印

**寄松祝 中山侯爵祖母年賀の祝歌　1384**
刊
(注)現在所在不明

**万葉集古義　総論・注釈目録・1～20　1385**
鹿持雅澄 撰　松本弘蔭 編
宮内省蔵版　無刊年
111冊　和装　26.2cm × 18.2cm
(注)『注釈目録』は凡例に弘化2年とあり
『万葉集古義1』は序に明治13年とあり
一連の著作として 1167, 1174, 1175, 1181, 1182, 1183, 1184, 1192,
1386, 1388, 1391, 1392 がある
「伯爵佐／佐木家／蔵書印」朱文方印

**万葉集古義附録品物解　巻之1～4・目録　1386**
鹿持雅澄 撰
東京　宮内省蔵版　無刊年
5冊　和装　26.2cm × 18.3cm
(注)1385と一連の著作
「伯爵佐／佐木家／蔵書印」朱文方印

**万葉集新考之説　1387**
〔奥野安興 著〕

写　1冊（103丁）　和装　24.0cm × 16.0cm

**万葉集人物伝　巻之1～3　1388**
鹿持雅澄 撰
東京　宮内省蔵版　明治12年（1879）
3冊　和装　26.2cm × 18.2cm
(注)1385と一連の著作
「伯爵佐／佐木家／蔵書印」朱文方印

**万葉集代匠記　1～35　1389**
契沖 著
写　35冊　和装　26.1cm × 18.2cm
(注)「伯爵佐／佐木家／蔵書印」朱文方印
「鵜文庫」朱文方印
「嵯峨支流／渡辺文庫」朱文方印

**万葉集和歌集　1～20　1390**
出雲寺和泉掾　宝永6年（1709）
20冊　和装　26.2cm × 18.8cm
(注)書名は外題による
「伯爵佐／佐木家／蔵書印」朱文方印
「宮田氏／蔵書印」朱文方印

**万葉集枕詞解　1391**
鹿持雅澄 著
東京　宮内省蔵版　無刊年
6冊　和装　26.2cm × 18.2cm
(注)1385と一連の著作
「伯爵佐／佐木家／蔵書印」朱文方印
【内容】
1,『万葉集枕詞解』巻之1～5　5冊
2,『玉蜻考』　1冊
　(注)書名は外題による

**万葉集名所考　1392**
鹿持雅澄 著
宮内省蔵版
8冊　和装　26.2cm × 18.2cm
(注)1385と一連の著作
「伯爵佐／佐木家／蔵書印」朱文方印
【内容】
1,『万葉集名所考』
　明治12年（1879）　6冊
　(注)外題書名『万葉集名所考 一名 座知佳境』
2,『坐知佳境附録』

1 冊（前付 4 丁, 本文 67 丁）
3,『万葉集名所国分』
1 冊（前付 4 丁, 本文 24 丁, 後付 2 丁）

### 万葉集用字格　1393
春登上人 著
江戸　向陽楼　文化 15 年（1818）
1 冊（前付 8 丁, 本文 43 丁）　和装　26.0cm × 17.5cm
(注)「伯爵佐／佐木家／蔵書印」朱文方印

### 万葉集略解　目録・1 ～ 20　1394
加藤千蔭 著
尾陽　東壁堂　寛政 12 年（1800）跋
32 冊　和装　25.7cm × 18.0cm
(注)「伯爵佐／佐木家／蔵書印」朱文方印

### 万葉集類葉鈔　上・下　1395
村上円方 輯
京都　河内屋藤四郎　文化 10 年（1813）
2 冊　和装　17.5cm × 11.5cm
(注)上巻末に「佐々木蔵本」との墨書あり
「伯爵／佐々木／蔵書印」朱文方印
「吉田秘蔵」朱文長方印

### 御垣の下草　上・下巻　1396
税所敦子 著
東京　松井総兵衛　明治 21 年（1888）
2 冊　和装　23.1cm × 16.4cm
(注)「伯爵／佐々木／蔵書印」朱文方印
「佐々木／蔵書印」朱文方印

### 平田篤胤大人六十年祭献詠　1397
神田息胤 編
東京　平田大人六十年祭臨時祭典事務所
明治 37 年（1904）
1 冊（前付 1 頁, 本文 98 頁, 図版 5 枚）
和装　21.4cm × 15.1cm
(注)外題書名：『みち』

### 天乃橋立名歌百首　1398
沢田和平 編
京都　広栄堂　明治 34 年（1901）
1 冊（本文 62 頁, 後付 2 頁, 図版 1 頁）
和装　21.8cm × 14.6cm

(注)外題書名：『天の橋立名歌百首 附丹後風土記残欠』
「伯爵佐／佐木家／蔵書印」朱文方印

### 名所今歌集　上・中・下　1399
中尾義稲 輯
尾張　美濃屋市兵衛　文化 14 年（1817）
4 冊　和装　25.8cm × 18.3cm
(注)「伯爵佐／佐木家／蔵書印」朱文方印

### 名所栞　巻之 1 ～ 11　1400
村上忠順 著
松塢亭蔵板　京都　出雲寺文次郎　元治元年（1864）
11 冊　和装　23.3cm × 16.0cm
(注)「伯爵佐／佐木家／蔵書印」朱文方印

### 明倫歌集　巻第 1 ～ 10　1401
徳川斉昭 編
水戸弘道館蔵板　文久 2 年（1862）
5 冊　和装　25.5cm × 17.5cm
(注)「伯爵佐／佐木家／蔵書印」朱文方印
「駿河台／佐々木／蔵書印」朱文方印

### もとのしつく　1402
小出貫一 編輯
東京　秀英舎（印刷）　明治 37 年（1904）
1 冊（前付 1 頁, 本文 52 頁）　和装　22.0cm × 15.1cm

### 柳の露　上・下巻　1403
小池道子 著
東京　吉川半七　明治 29 年（1896）
2 冊　和装　26.6cm × 18.5cm
(注)「伯爵佐／佐木家／蔵書印」朱文方印

### やまとにしき　1404
高山昇 編輯
東京　目黒和三郎　明治 38 年（1905）
1 冊（前付 2 頁, 本文 30 頁）　和装　18.7cm × 8.7cm
(注)書名は扉による

### 夢のなごり　上・下　1405
落合直成 編輯
東京　近藤活版所（印刷）　明治 27 年（1894）
合綴 1 冊（146 頁, 図版 2 枚）　和装　18.9cm × 12.6cm

(注)「伯爵／佐々木／蔵書印」朱文方印

### 五百津磐村　1406
尾崎宍夫 著
京都　山本彦兵衛（印刷）　明治41年（1908）
2冊　和装　21.2cm × 18.8cm
(注)佐佐木高行宛尾崎宍夫書翰の挟み込みあり

### 蓮園月次歌集　1407
松浦詮 編輯
東京　椎本口金社　明治23年（1890）
1冊（前付4丁,本文66丁,後付6丁）
和装　23.7cm × 16.5cm

### 草野集　巻1～13　1408
木村定良 編
刊　文化14年（1817）凡例
9冊　和装　23.2cm × 16.1cm
(注)外題書名：『類題草野集』
「伯爵佐／佐木家／蔵書印」朱文方印

### 類題桑の若菜　上・下巻　1409
拝郷蓮茵 編輯
京都　正宝堂　明治18年（1885）
2冊　和装　17.8cm × 12.8cm
(注)「伯爵／佐々木／蔵書印」朱文方印

### 玉藻集　2編（上・中・下巻）　1410
村上忠順 編輯
尾陽　尾野東壁堂　無刊年
3冊　和装　18.0cm × 11.9cm
(注)外題書名：『類題玉藻歌集』
「伯爵／佐々木／蔵書印」朱文方印
「駿河台／佐々木／蔵書印」朱文方印

### 六華集　上・下巻　1411
大谷光尊 著　本願寺室内部 編輯
東京　金属版印刷（印刷）　明治42年（1909）
2冊　和装　26.6cm × 18.8cm
(注)「侯爵佐／佐木家／蔵書印」朱文方印

### 六十四番歌結　1412
香川景樹 著

東塢塾蔵板　嘉永3年（1850）
1冊（本文35丁,後付2丁）　和装　25.5cm × 18.2cm

### 和歌集　1413
渡辺村男 編
刊　1冊（本文7丁）　和装　23.9cm × 16.0cm
(注)扉に佐佐木高行自筆朱書あり
「伯爵佐／佐木家／蔵書印」朱文方印

### 和魂百人一首　1414
高柳秀雄 著
東京金港堂書籍　明治37年（1904）
1冊（前付18頁,本文100頁,後付38頁）
洋装　22.0cm × 15.0cm
(注)表紙見返に佐佐木高行自筆墨書あり
「伯爵／佐々木／蔵書印」朱文方印

### わすれかたみ　1415
高崎正風 編輯
東京　吉川半七　明治22年（1889）
1冊（前付1丁,写真1枚,本文23丁）
和装　23.2cm × 15.7cm
(注)「伯爵佐／佐木家／蔵書印」朱文方印

### 新体詩抄　初編　1416
外山正一等 撰
東京　丸家善七　明治15年（1882）
1冊（前付7丁,本文42丁,後付2丁）
和装　22.5cm × 15.4cm
(注)「伯爵／佐々木／蔵書印」朱文方印
「佐々木／高志」白文方印

### 新体梅花詩集　1417
梅花道人 著
報知社　明治24年（1891）序
1冊（前付26頁,本文104頁,後付2頁）
和装　18.2cm × 11.9cm
(注)「伯爵／佐々木／蔵書印」朱文方印

### 巷謡論　1418
鹿持雅澄 著
写　1冊（前付11丁,本文65丁）
和装　26.3cm × 18.4cm
(注)書名は外題による

「伯爵佐／佐木家／蔵書印」朱文方印

**観旭軒遺稿　巻上・下　1419**
木村徳之助 著　田沼健 編
東京　博文館　明治 24 年（1891）
2 冊　和装　22.2cm × 15.4cm
(注)「伯爵佐／佐木家／蔵書印」朱文方印

**空谷遺稿　乾・坤　1420**
村山政栄（延長）著
東京　築地活版製造所　明治 21 年（1888）
2 冊　和装　24.8cm × 15.0cm
(注)「伯爵／佐々木／蔵書印」朱文方印
「伯爵佐／佐木家／蔵書印」朱文方印

**魁本大字諸儒箋解古文真宝　前集・後集　1421**
1, 前集
〔元〕黄堅 編　（日）海老名恒 注
浪華　宋栄堂　安政 2 年（1855）
1 冊　和装　24.8cm × 17.6cm
(注)扉書名：『標註補正 古文前集』
小口書名：『古文前集』
「伯爵佐／佐木家／蔵書印」朱文方印
2, 後集
〔元〕黄堅 編　（日）後藤松陰 校点
浪華　文海堂　明治 3 年（1870）再刻
2 冊　和装　25.3cm × 17.9cm
(注)扉書名：『古文真宝』
外題書名：『古文真宝後集』
小口書名：『古文後集』
「伯爵佐／佐木家／蔵書印」朱文方印

**斯文一斑　第 3 〜 13 輯　1422**
斯文学会（山本邦彦, 松江顕三）編
斯文学会蔵板　明治 14 年（1881）
11 冊　和装　20.1cm × 12.1cm
(注)「伯爵／佐々木／蔵書印」朱文方印
「伯爵佐／佐木家／蔵書印」朱文方印

**秋琴山房文鈔　巻上・下　1423**
長松幹（子固）著
刊　明治 37 年（1904）刻
2 冊　和装　24.3cm × 15.0cm
(注)外題・小口書名：『秋琴遺響』
「伯爵／佐々木／蔵書印」朱文方印

**泰山集　1 〜 18　1424**
谷重遠（泰山）著
写　18 冊　和装　27.0cm × 19.2cm
(注)「伯爵佐／佐木家／蔵書印」朱文方印

**蒼海遺稿　1425**
佐々木哲太郎 編輯
秀英舎（印刷）　明治 38 年（1905）
1 冊（前付 9 丁, 本文 84 丁, 後 7 丁）
和装　22.5cm × 14.8cm
(注)「伯爵／佐々木／蔵書印」朱文方印

**白門新柳記　1 巻・補記 1 巻**
**白門衰柳附記　1 巻**
**秦淮艶品　1 巻　1426**
（清）許予 編　楊亨 校
滬上　光緒元年（1875）重刻
2 冊　和装　19.0cm × 13.3cm
(注)「伯爵／佐々木／蔵書印」朱文方印

**文林摘葉　1427**
田子翼（玉峰）著
江戸　万寿堂, 千鐘房　寛政 12 年（1800）
1 冊（前付 4 丁, 本文 46 丁, 後 1 丁）
和装　18.0cm × 12.4cm
(注)「伯爵／佐々木／蔵書印」朱文方印

**墨場必携　1 〜 6 巻　1428**
市川米葊 編輯
江戸　千鐘房　天保 9 年（1838）
6 冊　和装　20.0cm × 12.8cm
(注)小口書名：『墨携』
「伯爵佐／佐木家／蔵書印」朱文方印
「南堂」朱文方印

**本朝文粋　序・目録・巻 1 〜 14　1429**
藤原明衡 撰　田中参 校
東京　九春堂蔵版　明治 19 年（1886）
8 冊　和装　26.4cm × 18.3cm
(注)「伯爵佐／佐木家／蔵書印」朱文方印

**陽斉詩文稿　上・下巻　1430**
平尾亨（鍒蔵）著　平尾歌子 校
刊　明治 22 年（1889）

2冊　和装　21.3cm × 13.8cm

(注)「伯爵佐／佐木家／蔵書印」朱文方印

### 陽明先生全書　1431

〔明〕王守仁（陽明）撰　（清）黄綰等 編

［語録］（明）徐愛 録　［年譜］李春芳 作記］

東京　磯部太良兵衛　明治16年（1883）

24冊　和装　18.5cm × 12.0cm

(注)巻1～31　語録巻1～3　年譜巻1～3
扉書名：『王文成公全書』
「伯爵佐／佐木家／蔵書印」朱文方印

### 新刻臨川王介甫先生集　首巻・巻1～100　1432

（宋）王安石 著　（明）李光祚 校　光啓堂 重校

明重刊本　光啓堂　無刊年

16冊　和装　27.6cm × 17.0cm

(注)明重刊本
帙外題書名：『王臨川集』
扉書名：『宋荊公臨川王先生文集』
版心書名：『王臨川文集』
「伯爵／佐々木／蔵書印」朱文方印
「慧業／文人」朱文方印
「堊石／杏子」朱文円印

### 朗廬全集　1433

阪谷素 著

東京　阪谷芳郎　明治26年（1893）

1冊（前付54頁, 本文800頁, 後付16頁）

洋装　22.2cm × 16.2cm

(注)「伯爵／佐々木／蔵書印」朱文方印

### 裒亭文鈔　巻之上・下　1434

蒲生重章（子闇） 著

東京　青天白日楼　明治31年（1898）

3冊　和装　22.6cm × 15.2cm

(注)「伯爵／佐々木／蔵書印」朱文方印

### 古学二千文略解　上・下　1435

平田延胤 著

写　2冊（①83丁②64丁）　和装　24.0cm × 16.0cm

(注)「伯爵／佐々木／蔵書印」朱文方印

### 国朝古文所見集　巻1～13　1436

（清）陳兆麒 編選　陳允中, 陳允安 校

大坂　積玉圃, 柳原喜兵衛　無刊年

5冊　和装　22.0cm × 15.5cm

(注)外題・扉書名：『清名家古文所見集』
「伯爵／佐々木／蔵書印」朱文方印
「伯爵／佐木家／蔵書印」朱文方印

### 古今小品文集　前集巻之1・2　後集巻之3・4　1437

阿部貞 編集　加藤煕 評閲

快雪堂　明治14年（1881）

4冊　和装　15.5cm × 10.3cm

(注)「伯爵佐／佐木家／蔵書印」朱文方印

### 山高水長図記　巻上・中・下　1438

鴻雪爪（江湖翁） 著

東京　鴻雪年　明治27年（1894）

3冊　和装　25.7cm × 14.9cm

(注)「伯爵佐／佐木家／蔵書印」朱文方印

### 秋灯膸史　巻之上・下　1439

奥村又十郎 著

大阪　福音社（売捌）　明治28年（1895）

2冊　和装　23.4cm × 14.0cm

(注)「伯爵／佐々木／蔵書印」朱文方印

### 朱竹垞文粋　巻1～6　1440

村瀬誨輔（季徳） 編次

浪華　岡田群玉堂　天保5年（1834）

6冊　和装　22.3cm × 15.4cm

(注)「伯爵佐／佐木家／蔵書印」朱文方印
「双元書屋」朱文長印

### 靖献遺言　巻之1～8　1441

浅見安正（絅斉） 著

京師　風月堂　明治2年（1869）再刻

3冊　和装　18.0cm × 13.0cm

(注)「伯爵佐／佐木家／蔵書印」朱文方印

### 点註正文章規範　巻之1～7　1442

（宋）謝枋得 批選　（明）李廷機 評訓

（日）宮脇通赫 輯補

刊　明治13年（1880）序　再刻

3冊　和装　22.4cm × 14.7cm

(注)「佐佐木／行忠蔵／書之印」朱文方印

### 正文章規範読本　第1～7巻　1443

（宋）謝枋得 批選　（日）近藤圭造 校訂

東京　観奕堂蔵版　明治8年（1875）
2冊　和装　23.0cm × 15.3cm
(注)扉・小口書名：『文章規範読本』
「駿河台／佐々木／蔵書印」朱文方印

### 文話　1444

1.『文話』巻1〜8
斎藤有終（拙堂）著
古香書屋版　文政13年（1830）
合綴4冊　和装　21.6cm × 14.7cm
(注)外題書名：『拙堂文話』
「伯爵／佐々木／蔵書印」朱文方印
「伯爵佐／木家／蔵書印」朱文方印

2.『続文話』巻1〜8
斎藤有終（拙堂）著
刊　天保6年（1835）序
合綴4冊　和装　22.0cm × 15.4cm
(注)「伯爵／佐々木／蔵書印」朱文方印
「伯爵佐／木家／蔵書印」朱文方印

### 千字文註　1巻　1445

（清）汪嘯尹　纂輯　孫呂吉　註　蔡汪琮　校正
大坂　大野木市兵衛　正徳5年（1715）
1冊　和装　23.9cm × 17.3cm
(注)巻末に「幸野蔵」との墨書あり

### 宋李盱江先生文抄　上・中・下　1446

杉原心斎（直養）校閲
東京　一貫堂　慶応2年（1866）
1冊　和装　22.4cm × 15.2cm
(注)各巻頭に「文苑閣翻雕」とあり

### 宋李忠定公奏議撰　1巻　1447

頼山陽　選
江戸　玉山堂　安政4年（1857）
1冊　和装　25.8cm × 18.0cm
(注)「伯爵佐／木家／蔵書印」朱文方印
「駿河台／佐々木／蔵書印」朱文方印

### 続靖献遺言　巻之1〜4ほか合綴　1448

合綴1冊　和装　17.4cm × 12.8cm
【内容】
①『続靖献遺言』巻之1〜4
　北江原茂胤　撰
　刊　明治30年（1897）

142頁
(注)「伯爵／佐々木／蔵書印」朱文方印

②『海舟遺稿』
亀谷馨　編
東京　鴻盟社　明治32年（1899）
124頁

③『陪鶴余音』
三島毅　著　三島広　編集
三島広　明治32年（1899）
25丁
(注)「伯爵／佐々木／蔵書印」朱文方印

### 点註続文章規範　巻1〜7　1449

（明）鄒守益　批選　焦竑　評校　李廷機　註閲
（日）宮脇通赫　輯補
東京　六合館書店　明治32年（1899）第7刻
3冊　和装　22.5cm × 14.9cm
(注)「佐佐木／行忠蔵／書之印」朱文方印
「島」白文方印
「沼」朱文方印

### 続文章規範読本　巻1〜7　1450

（明）鄒守益　批選
（日）池田胤（蘆州），山田準（済斎）校訂
東京　益友社蔵版　五本直次郎
大正元年（1912）第12版
1冊　和装　22.0cm × 14.5cm
(注)2部存す
背の書名：『続文章規範』
うち1部の裏表紙見返に「高一佐佐木行孝」との佐佐木行孝自筆鉛筆書あり
うち1部の裏表紙見返に「大正六年正月二十三日佐々木行篤」との墨書あり
本文中に鉛筆・墨書，および朱傍線あり

### 中洲文稿　第1集　巻之1〜3　1451

三島毅　著
二松学舎蔵板　東京　吉川半七（印刷）
明治31年（1898）
3冊　和装　23.2cm × 15.5cm
(注)「伯爵／佐々木／蔵書印」朱文方印

### 直如遺稿　1452

矢野達太郎　著
京都　石黒剣次郎　明治25年（1892）
1冊（前付12丁，本文34丁）　和装　24.3cm × 14.5cm

(注)「伯爵／佐々木／蔵書印」朱文方印

### 龍川先生文鈔　巻1〜4　1453
大橋正順 編
江都　玉山厳書屋梓版　安政6年（1859）
4冊　和装　22.5cm × 15.4cm
(注)外題書名：『陳龍川文鈔』
「伯爵佐／佐木家／蔵書印」朱文方印

### 宕陰存稿　巻1〜13　1454
塩谷世弘 著
東京　山城屋政吉　明治3年（1870）
6冊　和装　22.6cm × 15.3cm
(注)「伯爵佐／佐木家／蔵書印」朱文方印

### 唐荊川文粋　巻1〜4　1455
村瀬誨輔 編次
浪華　岡田群玉堂　文政13年（1830）
3冊　和装　23.2cm × 15.7cm
(注)「伯爵佐／佐木家／蔵書印」朱文方印
「□々堂／□蔵記」白文長方印

### 唐宋八家文読本　巻1〜30　1456
（清）沈徳潜 評点
学問所蔵板　慶元堂　文化11年（1814）
16冊　和装　22.6cm × 16.0cm
(注)外題・扉書名：『唐宋八大家文読本』
小口書名：『八家文』
「伯爵佐／佐木家／蔵書印」朱文方印
「駿河台／佐々木／蔵書印」朱文方印

### 文章叢話　巻上・中・下　1457
結城顕彦 著
巣枝堂梓　東京　宮島儀三郎　明治14年（1881）
3冊　和装　22.4cm × 14.5cm
(注)「伯爵佐／佐木家／蔵書印」朱文方印

### 方正学文粋　巻1〜6　1458
村瀬誨輔 編次
浪華　群玉堂　文政12年（1829）
4冊　和装　21.8cm × 15.1cm
(注)「伯爵佐／佐木家／蔵書印」朱文方印

### 蒲門盍簪集　巻之上・下　1459
蒲門重章 著
青天白日楼蔵梓　東京　大倉書店　明治27年（1894）
2冊　和装　23.4cm × 14.8cm
(注)「伯爵／佐々木／蔵書印」朱文方印

### 夢清楼文稿　1460
川北長顕 著
東京　弘文堂（印刷）　明治30年（1897）
1冊（前付4頁,本文84頁,後付2頁）
和装　20.1cm × 13.8cm
(注)外題書名：『夢清楼存稿』
「伯爵／佐々木／蔵書印」朱文方印

### 柳橋新誌　初・2編　1461
成島柳北 著
東京　奎章閣　明治7年（1874）刻成
2冊　和装　22.0cm × 14.9cm
(注)「伯爵／佐々木／蔵書印」朱文方印
「伯爵佐／佐木家／蔵書印」朱文方印
「駿河台／佐々木／蔵書印」朱文方印

### 歴代名臣奏議粋　巻之1〜16　1462
（清）祝霊月,陳時穀 重訂
康熙3年（1664）序
12冊　和装　24.0cm × 13.2cm
(注)「伯爵佐／佐木家／蔵書印」朱文方印
「諏訪／氏蔵」朱文方印
「小石川諏訪氏書庫」朱文長方印
「□川／全定／荊川太史印記」朱文長方印

### 豆山臥游詩　上・下　1463
村岡良弼 著
刊　明治41年（1908）
1冊（前付2頁,本文31頁）　和装　22.7cm × 13.6cm
(注)「伯爵佐／佐木家／蔵書印」朱文方印

### 大統歌　上・下　1464
塩谷宕陰 著　柳田友広 刪補
東京書房　無刊年
1冊（本文30丁）　和装　23.0cm × 15.4cm
(注)「伯爵佐／佐木家／蔵書印」朱文方印

### 大統歌訓蒙　巻之1〜4　1465
柳田友広 稿

東京　江藤喜兵衛　明治 7 年（1874）刻成
4 冊　和装　23.0cm × 15.5cm
(注)明治 16 年求版
「伯爵佐 / 佐木家 / 蔵書印」朱文方印

### 東洋詩史　1466
織田完之 著
東京　博文館（発兌）　明治 29 年（1896）
1 冊（前付 7 丁, 本文 31 丁, 後付 3 丁）
和装　19.0cm × 10.5cm
(注)「伯爵佐 / 佐木家 / 蔵書印」朱文方印

### 土陽游草　1467
土方久元 著
刊　明治 41 年（1908）序
1 冊（前付 2 丁, 本文 5 丁）　和装　25.2cm × 14.2cm
(注)「伯爵佐 / 佐木家 / 蔵書印」朱文方印

### 芝城山館 納涼唱和集 軽妙唱和集合本　1468
末松謙澄 編
東京　秀英舎（印刷）　明治 40 年（1907）
1 冊（前付 18 頁, 本文 93 頁, 後付 20 頁, 図版 2 頁）
和装　18.7cm × 12.6cm
(注)「伯爵佐 / 佐木家 / 蔵書印」朱文方印

### 白詩選　巻 1 ～ 8　1469
源世昭 編選
刊　寛政 9 年（1797）序
1 冊（前付 5 丁, 本文 107 丁, 後付 2 丁）
和装　15.0cm × 10.8cm
(注)序文書名：『白氏長慶集』
「伯爵 / 佐々木 / 蔵書印」朱文方印
「佐々木 / 高美」白文方印

### 明治功臣詩集　1470
御子柴留三郎（龍城）編纂
東京　東洋詩歌学会　明治 26 年（1893）
1 冊（前付 8 頁, 本文 150 頁, 後付 2 頁, 図版 8 枚）
洋装　18.7cm × 12.6cm
(注)「伯爵佐 / 佐木家 / 蔵書印」朱文方印

### 和漢帝王歌　1471
白幡義篤 記
東京　須原屋茂兵衛　明治 3 年（1870）
1 冊（本文 22 丁）　和装　26.4cm × 18.4cm
(注)「伯爵佐 / 佐木家 / 蔵書印」朱文方印

### 七俠五義伝　巻 16 ～ 24　1472
石玉昆 述　曲園居士 重編
字林滬報館　無刊年
1 冊（108 丁）　和装　22.9cm × 12.7cm
(注)書名は外題による

### 蜃楼外史　巻 1 ～ 4　1473
八詠楼主 述　夢花居士 編
字林滬報館　無刊年
1 冊（本文 101 丁, 図版 19 枚）　和装　19.2cm × 11.5cm

### 遊仙窟　1 巻　1474
（唐）張文成 作
江戸　中野太郎左衛（開板）　慶安 5 年（1652）
1 冊（本文 65 丁）　和装　27.0cm × 17.8cm
(注)「伯爵 / 佐々木 / 蔵書印」朱文方印
「会田家蔵書」朱文長方印〔会田芳園の印〕
「崑岡蔵書」朱文長方印

### 遠征奇談　1475
桜井彦一郎 訳
東京　文武堂（発兌）　明治 33 年（1900）
1 冊（前付 6 頁, 本文 242 頁, 図版 1 頁）
洋装　19.0cm × 12.9cm
(注)「伯爵 / 佐々木 / 蔵書印」朱文方印

### 懐旧　1476
（仏）ビクトル・ユーゴー 著　（日）森田思軒 訳
柿田純朗 編集
東京　民友社　明治 25 年（1892）再版
1 冊（前付 8 頁, 本文 262 頁）　洋装　18.5cm × 12.8cm
(注)「伯爵佐 / 佐木家 / 蔵書印」朱文方印

### くらげ 前編　1477
（米）パーリー 著
東京　籾山書店（俳書堂）　明治 40 年（1907）
1 冊（前付 10 頁, 本文 183 頁, 図版 1 枚）
洋装　22.5cm × 15.5cm
(注)「伯爵佐 / 佐木家 / 蔵書印」朱文方印

### 乞食王子　1478
(米) マーク・トゥエイン 著
(日) 厳谷蓮山人等 共訳
東京　文武堂　明治32年 (1899) 発兌
1冊 (前付14頁, 本文578頁, 図版2枚)
洋装　15.3cm × 10.9cm
(注)「伯爵／佐々木／蔵書印」朱文方印

### 大軍を率ゐて　1479
(独) アントン・オーホルン 著
(日) 吉田豊吉等 抄訳　猪谷不美男 編集
東京　宮本林治　大正2年 (1913)
1冊 (前付20頁, 本文264頁, 図版3枚)
洋装　23.6cm × 16.0cm

### 大毒薬　1480
しのぶ 訳
刊　1冊 (本文168頁)　和装　20.7cm × 13.8cm
(注)「伯爵／佐々木／蔵書印」朱文方印

### 谷間の姫百合　第1～4巻　1481
(英) ベルサ・クレー 著
(日) 末松謙澄, 二宮熊次郎 合訳
東京　金港堂　大倉書店 (売捌)　明治24年 (1891)
4冊　和装　18.0cm × 12.1cm
(注)「伯爵／佐々木／蔵書印」朱文方印

### トルストイ短編集　1482
百島冷泉 訳
明治40年 (1907) 再版
(注)現在所在不明

### ハロールド物語　1483
(英) リトン 著　(日) 大和田建樹 校閲
磯野徳二郎 訳述
東京　岩本米太郎 (発兌)　明治20年 (1887)
1冊 (前付8頁, 本文226頁, 図版2枚)
洋装　18.7cm × 13.1cm
(注)「伯爵／佐々木／蔵書印」朱文方印

# 社　　会

**人権新説**　*1484*
加藤弘之 著
谷山楼蔵版　明治 15 年（1882）
1 冊（前付 2 頁, 本文 117 頁, 図版 1 枚）
洋装　19.3cm × 13.2cm
（注）「伯爵／佐々木／蔵書印」朱文方印

**人権新説**　*1485*
加藤弘之 著
谷山楼蔵版　明治 16 年（1883）3 版
1 冊（前付 4 頁, 本文 146 頁）　洋装　21.2cm × 12.6cm
（注）外題書名：『人権新説 全 第三版増補改訂』

**社会問題**　*1486*
（米）顕理惹児（ヘンリー・ジョージ）著
（日）江口三省 訳
東京　自由社　明治 25 年（1892）
1 冊（前付 12 頁, 本文 251 頁）　洋装　18.7cm × 13.5cm
（注）背の書名：『社会問題前題』
「伯爵／佐々木／蔵書印」朱文方印

**貧困救治論**　*1487*
（英）ヘヌリ・ホーセット 著　（日）大野直輔 訳述
東京　大野直輔　明治 20 年（1887）
1 冊（前付 11 頁, 本文 345 頁, 後付 6 頁）
洋装　19.1cm × 12.3cm
（注）「伯爵／佐々木／蔵書印」朱文方印

**外征軍隊死亡者遺族慰問婦人会事務及会計報告**　*1488*
刊　1 冊（前付 8 丁, 本文 335 丁, 図版 1 枚）
和装　21.7cm × 14.4cm
（注）同会主唱者一同による明治 30 年（1897）6 月付序文あり
「伯爵佐／佐木家／蔵書印」朱文方印

**感恩講慣例 ほか合綴**　*1489*
合綴 1 冊　和装　25.8cm × 18.1cm
（注）外題書名：『感恩講慣例 豊国会ニ関スル演説』
【内容】

① 『感恩講慣例』
　刊　明治 25 年（1892）緒言　19 丁
　（注）「伯爵／佐々木／蔵書印」朱文方印
② 『豊国会ニ関スル演説』
　刊　明治 29 年（1896）　19 丁

**感恩講慣例義解 ほか合綴**　*1490*
合綴 1 冊　和装　25.5cm × 19.0cm
【内容】
① 『感恩講慣例義解』
　刊　〔明治 35 年（1902）〕　150 頁
② 『感恩講慣図巻』
　加賀谷長兵衛 編輯
　秋田県　感恩講（加賀谷長兵衛）　明治 38 年（1905）
　15 枚
　（注）外題書名：『感恩講図巻 ALBUM DE L'SSOCIATION "KAN-on-kô"（Association de Bienfaisance D'akita）』

**感化救済小観**　*1491*
内務省地方局　明治 41 年（1908）
1 冊（前付 18 頁, 本文 197 頁, 図版 1 枚）
和装　21.8cm × 15.0cm
（注）「伯爵佐／佐木家／蔵書印」朱文方印

**凶荒図録**　*1492*
小田切春江 編　木村金秋 画図　豊原稲丈 彫刻
愛知県同好社蔵版　明治 18 年（1885）
1 冊（前付 4 丁, 本文 27 丁）　和装　22.8cm × 15.6cm

**後援事業と慈恵施設**　*1493*
内務省地方局 編纂
東京　博文館　明治 40 年（1907）
1 冊（前付 16 頁, 本文 114 頁, 後付 8 頁, 図版 1 枚）
和装　25.6cm × 18.1cm
（注）「伯爵佐／佐木家／蔵書印」朱文方印

### 芝区兵事義会日露戦役時局報告　1494
刊　1冊（前付2頁,本文236頁）
洋装　21.9cm × 14.9cm
(注)「伯爵／佐々木／蔵書印」朱文方印

### 台湾征討軍人慰労婦人会事務会計報告　1495
刊　明治30年（1897）
1冊（前付20頁,本文135頁）　和装　21.8cm × 14.5cm
(注)「伯爵佐／佐木家／蔵書印」朱文方印

### 地方自治経営　1496
内務省地方局　編纂
東京　博文館　明治40年（1907）
1冊（前付15頁,本文145頁,後付9頁）
和装　18.3cm × 25.3cm
(注)「伯爵佐／佐木家／蔵書印」朱文方印

### 帝国軍人救護会報告　1497
帝国軍人援護会　編纂
東京　帝国軍人援護会　明治39年（1906）
1冊（前付2頁,本文260頁）　洋装　22.4cm × 15.0cm
(注)「伯爵佐／佐木家／蔵書印」朱文方印

### 東京慈恵医院　1498
刊　合綴4冊　洋装　22.1cm × 14.8cm
【内容】
1,『東京慈恵医院　第4～9報告』
　(注)外題書名：『東京慈恵医院報告』
　　第4～9報告の合綴
　　明治23～29年の事務要領と病院の収支報告
　　「伯爵／佐々木／蔵書印」朱文方印
2,『東京慈恵医院　第10～12報告』
　(注)小口書名：『東京慈恵医院報告』
　　第10～12報告を合綴
　　明治29～32年の事務要領と病院の収支報告
3,『東京慈恵医院　第14報告』
　(注)明治33～33年の事務要領と病院の収支報告
4,『東京慈恵医院　第4～9報告』
　(注)明治35～36年の事務要領と病院の収支報告

### 日本海難救助法　1499
（独）ペ・マエット　著
（日）青山大太郎,斎藤鉄太郎,渡辺醇之助　訳
東京　青山大太郎　明治24年（1891）
1冊（前付9頁,本文155頁,地図1枚）

和装　17.8cm × 11.9cm
(注)見返に「明治二十四年五月　伯爵佐々木高行閣下」との墨書あり
「伯爵佐／佐木家／蔵書印」朱文方印

### 明治二十七八年役日本赤十字社救護報告　1500
刊　明治31年（1898）序
1冊（前付8頁,本文325頁,後付1頁,地図1枚）
和装　21.6cm × 14.9cm
(注)「伯爵／佐々木／蔵書印」朱文方印

### 日本赤十字社発達史　1501
川俣馨一　編著
東京　日本赤十字社発達史発行所　明治42年（1909）
1冊（前付32頁,本文639頁,後付52頁）
洋装　22.3cm × 15.0cm
(注)銀盤写真4枚の挟み込みあり

### 保育の園　1502
宮沢六郎　著
神奈川県　小児保育園蔵版　明治39年（1906）
1冊（前付11頁,本文69頁,図版1枚）
洋装　19.6cm × 13.3cm

### 板垣伯風俗改良談　1503
刊　1冊（本文29頁）　洋装　21.7cm × 14.6cm

### 文明余誌　田舎繁昌記　1・2巻　1504
松本万年　著
東京　文昌堂　明治8年（1875）
2冊　和装　22.1cm × 15.0cm
(注)「伯爵／佐々木／蔵書印」朱文方印
「伯爵佐／佐木家／蔵書印」朱文方印
「駿河台／佐々木／蔵書印」朱文方印

### 英都交際一班　1505
長崎省吾　著
刊　1冊（前付8頁,本文104頁）
和装　17.8cm × 11.9cm
(注)「伯爵／佐々木／蔵書印」朱文方印

### 蝦夷風俗彙纂　前・後編　1506
肥塚貴正　編纂　奥並継　校

開拓史　明治15年（1882）
10冊　和装　22.8cm×15.4cm
(注)「伯爵／佐々木／蔵書印」朱文方印
「伯爵佐／佐木家／蔵書印」朱文方印

温故知新江戸の花　*1507*
尚古堂主人 編
東京　博文館蔵版　無刊年
1冊（前付6頁,本文274頁）　和装　18.3cm×12.4cm
(注)「伯爵／佐々木／蔵書印」朱文方印

欧米礼式図解　*1508*
〔ハウトン 著〕（日）北村金太郎 訳述
東京　北村金太郎　明治19年（1886）
1冊（前付7頁,本文66頁,図版6枚）
和装　17.9cm×12.0cm
(注)「伯爵／佐々木／蔵書印」朱文方印

禁秘御鈔階梯　上・中・下巻　*1509*
藤原（滋野井）公麗 謹註
皇都　銭屋惣四郎　無刊年
3冊　和装　25.7cm×19.0cm
(注)「伯爵佐／佐木家／蔵書印」朱文方印

公事根源　上・中・下巻　*1510*
一条兼良 著
京都　村上平楽寺　慶安2年（1649）
3冊　和装　26.1cm×18.5cm
(注)各表紙に「佐々木」との佐佐木高行自筆と思しき朱書,表紙見返に墨書目録あり
「伯爵佐／佐木家／蔵書印」朱文方印
「佐々木／蔵書印」朱文方印

故実拾要　巻之1～15　*1511*
〔篠崎東海（維章）編〕
写　2冊（①85丁②78丁）　和装　24.0cm×16.0cm
(注)無銘朱12行罫紙
「伯爵／佐々木／蔵書印」朱文方印

祝祭日講話　*1512*
女子高等師範学校 編
東京　熊田宜遜（印刷）　明治25年（1892）
1冊（前付4丁,本文39丁,後付4丁）
和装　22.9cm×15.2cm
(注)「伯爵／佐々木／蔵書印」朱文方印

儀式　巻第1～10　*1513*
写　2冊（①102丁②92丁）　和装　24.0cm×17.3cm
(注)外題書名：『貞観儀式』
「伯爵佐／佐木家／蔵書印」朱文方印
「尚褧／堂記」白文方印
「蒹葭堂／蔵書印」朱文方印〔木村蒹葭堂の印〕

新撰結婚式　*1514*
藤田一郎 著
刊　明治33年（1900）序
1冊（前付6頁,本文87頁）　和装　22.1cm×14.6cm

新撰婚礼式　*1515*
細川潤次郎 著
東京　西川忠亮　明治32年（1899）
1冊（前付4丁,本文11丁）　和装　22.7cm×15.3cm

内外交際新礼式　*1516*
平田久 編纂
東京　民友社　明治33年（1900）3版
1冊（前付26頁,本文95頁）　洋装　19.6cm×13.4cm
(注)「伯爵／佐佐木／蔵書印」朱文方印

前賢故実　巻第1～10　*1517*
菊池武保 輯著　手塚光照等 校
東京　菊池武丸蔵版　吉川半七　無刊年
20冊　和装　26.2cm×18.2cm
(注)「伯爵／佐々木／蔵書印」朱文方印
「伯爵佐／佐木家／蔵書印」朱文方印

葬祭式略解　*1518*
京都　藤本活版場（印刷）　無刊年
1冊（前付1丁,本文48丁,図版1枚）
和装　22.2cm×15.4cm
(注)禁発売
「伯爵／佐佐木／蔵書印」朱文方印

貞丈雑記　巻之1～16　*1519*
伊勢平蔵貞丈 著述　伊勢貞友等 校
江戸　文溪堂　弘化3年（1846）
32冊　和装　26.1cm×18.0cm
(注)「伯爵佐／佐木家／蔵書印」朱文方印
「松平／忠圀」朱陰陽相刻印〔松平忠圀の印〕
「田島／惟孝」朱文方印

社会　139

**八十疇翁昔話　1520**
〔新見正朝（政友入道）著〕
尚友堂蔵版　天保 8 年（1837）
1 冊（前付 1 丁, 本文 44 丁）　和装　26.4cm × 18.1cm
(注)「伯爵佐／佐木家／蔵書印」朱文方印

**北女閭起原　上・中・下　1521**
庄司又左衛門 著
写　3 冊（① 19 丁② 30 丁③ 46 丁）
和装　23.7cm × 17.0cm
(注)「伯爵佐／佐木家／蔵書印」朱文方印
「駿河台／佐々木／蔵書印」朱文方印
「只誠蔵」朱文長方印〔関根只誠の印〕

**北女閭起原　巻之 1 ～ 4　1522**
庄司又左衛門 著
写　2 冊（① 70 丁② 85 丁）　和装　23.4cm × 16.7cm
(注)寛政 7 年の識語あり

**明治年中行事　1523**
細川潤次郎 輯
東京　西川忠亮　明治 37 年（1904）
1 冊（前付 7 丁, 本文 62 丁）　和装　22.7cm × 15.2cm
(注)10 月 26 日付高輪御殿宛送状の挟み込みあり

**和洋礼式　1524**
大橋又太郎 編輯
東京　博文館　明治 28 年（1895）4 版
1 冊（前付 8 頁, 本文 240 頁, 図版 4 枚）
和装　22.3cm × 14.8cm（日用百科全書 第 1 編）
(注)「伯爵／佐佐木／蔵書印」朱文方印

# 政治・法律

開化本論 巻上・下 1525
吉岡徳明 著
東京 弘道社 明治12年(1879)
2冊 和装 22.6cm×15.3cm
(注)「伯爵／佐佐木／蔵書印」朱文方印
「伯爵佐／佐木家／蔵書印」朱文方印
「公爵佐／佐木家／蔵書印」朱文方印

新未来記 第1〜7編 1526
近藤真琴 訳述
青山氏蔵版 明治11年(1878)
2冊 和装 22.7cm×15.2cm
(注)「伯爵佐／佐木家／蔵書印」朱文方印

内部文明論 巻之1〜3 1527
川尻宝岑(義祐)著 村越宝林,鈴木宝瀛 筆記
東京 鶴鳴堂 明治17年(1884)
1冊(前付43頁,本文261頁,後付27頁)
洋装 18.5cm×13.0cm
(注)「伯爵／佐佐木／蔵書印」朱文方印

日本の人 1528
物集高見 著
東京 国学院 明治32年(1899)
1冊(前付6丁,本文29丁) 和装 22.6cm×15.1cm
(注)「伯爵／佐佐木／蔵書印」朱文方印

文明論之概論 巻之1〜6 1529
福沢諭吉 著
東京 福沢諭吉蔵版 明治8年(1875)
6冊 和装 22.6cm×15.6cm
(注)「伯爵佐／佐木家／蔵書印」朱文方印
「駿河台／佐々木／蔵書印」朱文方印

日本風俗史 上・中・下篇 1530
藤岡作太郎,平出鏗二郎 著
東京 東陽堂
明治28年(1895)〜29年(1896)再版

3冊 洋装 23.0cm×16.0cm
(注)「伯爵／佐佐木／蔵書印」朱文方印

欧羅巴文明史 巻之1〜6 1531
(仏)ギゾー 原著 (米)ヘンリー 訳述
(日)永峰秀樹 再訳
東京 奎章閣 明治8年(1875)
6冊 和装 22.4cm×15.3cm
(注)「駿河台／佐々木／蔵書印」朱文方印

合衆国政治小学 初篇巻之1〜3 1532
瓜生三寅 訳述
東京 名山閣 明治5年(1872)
3冊 和装 22.5cm×15.5cm
(注)「伯爵／佐佐木／蔵書印」朱文方印
「伯爵佐／佐木家／蔵書印」朱文方印

スタイン氏講義 1533
(澳)スタイン 述 (日)有賀長雄等 筆記翻訳
東京 宮内省 明治22年(1889)
1冊(前付34頁,本文596頁,後付14頁)
和装 18.5cm×12.2cm
(注)「伯爵／佐佐木／蔵書印」朱文方印

政治学 第1〜5巻 1534
(独)ブルンチュリー 著 (日)中根重一 訳
東京 独逸学協会 明治15年(1882)〜16年(1883)
合綴1冊(648頁) 洋装 18.1cm×12.5cm
(注)5冊を1冊に合綴
「伯爵／佐佐木／蔵書印」朱文方印

政治論略 1535
(英)エドマンド・ボルク 著 (日)金子堅太郎 訳
東京 元老院蔵版 明治14年(1881)
1冊(前付33頁,本文102頁) 洋装 18.4cm×12.8cm

**泰西政学  1536**

林正明 訳述

東京　印書局　明治8年（1875）

1冊（本文296頁）　洋装　20.9cm×15.2cm

（注）「伯爵／佐佐木／蔵書印」朱文方印

**各国立憲政体起立史緒論 巻1～6  1537**

（独）カル・ビーデルマン 著　（日）加藤弘之 訳

東京　谷山楼蔵梓　明治8年（1875）～9年（1876）

6冊　和装　22.9cm×15.5cm

（注）「伯爵／佐佐木／蔵書印」朱文方印
「駿河台／佐々木／蔵書印」朱文方印

**泰西政史  1538**

林董 抄訳

東京　児玉少介　明治14年（1881）

1冊（前付12頁,本文113頁）　洋装　18.1cm×12.1cm

（注）「伯爵／佐佐木／蔵書印」朱文方印

**明治日本政記  1539**

白海漁長（伊藤清一郎）,漢堂居士（浅川由雄）合著

東京　一二三館　哲学書院　明治29年（1896）

1冊（前付8頁,本文149頁）　和装　21.0cm×14.2cm

（注）「伯爵／佐佐木／蔵書印」朱文方印

**維新改革の精神を論じて憲政の完備に及ぶ  1540**

片岡健吉 著

刊　1冊（本文16頁）　洋装　21.5cm×14.5cm

（注）非売品
本文冒頭に明治31年3月10日自由党々報所載論文とあり

**永嘉先生八面鋒 巻1～13  1541**

〔宋〕陳傅良 撰　（日）大田泰 閲

刊　天保14年（1843）跋

1冊（前付15丁,本文137丁,後付2丁）

和装　25.7cm×17.0cm

（注）「伯爵佐／佐木家／蔵書印」朱文方印
「駿河台／佐々木／蔵書印」朱文方印
「華」朱文円印

**英政如何 巻之1～18  1542**

鈴木唯一 訳

東京　九潜館蔵版　慶応4年（1868）

5冊　和装　22.2cm×15.5cm

（注）「駿河台／佐々木／蔵書印」朱文方印

**開拓使一覧表・報告書  1543**

刊　6冊　和装　24.8cm×17.5cm

（注）「伯爵／佐佐木／蔵書印」朱文方印

【内容】

1,『開拓使一覧概表〔明治十年一月～十二月〕』

　1冊（前付2丁,本文106丁,表1枚）

　（注）書名は外題による

2,『開拓使第二期報告書 自明治九年七月至同十年六月』

　1冊（本文40丁）

3,『開拓使第三期報告書 自明治十年七月至十一年六月』

　1冊（本文71丁）

4,『開拓使第四期報告書 自明治十一年七月至同十二年六月』

　1冊（前付2丁,本文148丁）

5,『開拓使第五期報告書 自明治十二年七月至同十三年六月 札幌本庁』

　1冊（前付8丁,本文130丁）

　（注）2部存す

6,『開拓使第五期報告書 自明治十二年七月至同十三年六月 開拓使函館支庁ほか』

　1冊（本文175丁）

　（注）2部存す

**海防意見書 ほか合綴  1544**

写　合綴1冊　和装　23.8cm×16.1cm

（注）「伯爵佐／木家／蔵書印」朱文方印

【内容】

①『海防意見書』　26丁

②大久保芳治 稿『愚案一斑』　9丁

③長野仲三郎 稿『献芹微言』　明治元年（1868）　8丁

④長野仲三郎 稿『上書』　明治元年（1868）　4丁

**蒐集  1545**

1冊（本文6丁）　和装　24.7cm×16.8cm

（注）『貴族院有志の見』『解散の理由 伊藤首相の復書』『伊藤首相と近衛尾崎松岡三氏』（すべて明治27年）の切抜を貼り付けたもの

**貴族論 ほか合綴  1546**

合綴1冊　和装　17.9cm×12.0cm

（注）「伯爵／佐々木／蔵書印」朱文方印

【内容】

① 『貴族論』
　金子堅太郎 演説　鈴木重雄 編輯
　東京　鈴木重雄　明治32年（1899）
　120頁
　（注）非売品
② 『日本森林小言』
　植田栄 著
　東京　植田栄　明治22年（1889）
　47頁
③ 『経済社会救済論』
　依田今朝蔵 著
　東京　丹沢紀介　明治31年（1898）
　46頁

### 貴族論及欧州外交 ほか合綴　1547
合綴1冊　和装　17.7cm×11.8cm
（注）「伯爵／佐々木／蔵書印」朱文方印
【内容】
① 『貴族の国家問題に対する位置』
　稲垣満次郎 著
　東京　稲垣満次郎　明治27年（1894）
　23頁
　（注）禁売買
② 『貴族論』
　稲垣満次郎 演説
　東京　稲垣満次郎　明治26年（1893）
　188頁
　（注）禁売買
③ 『伯林会議及其後ノ欧洲外交（第一回）』
　稲垣満次郎 演説
　刊　〔明治28年（1895）〕
　112頁

### 極東ノ運命　1548
（英）カルゾン 著
刊　1冊（本文68丁）　和装　26.0cm×18.5cm
（注）蒟蒻版
扉書名：『カルゾン氏著極東問題中抄訳極東ノ運命』
「伯爵／佐々木／蔵書印」朱文方印

### カルゾン氏著「極東問題」抄訳　1549
（英）カルゾン 著
刊　1冊（本文93丁）　和装　26.0cm×18.5cm
（注）蒟蒻版

「伯爵／佐々木／蔵書印」朱文方印

### 近時宇内大勢一斑 第1～2号・第3編　1550
古沢滋 著
東京　宕西書院　明治36年（1903）
3冊　洋装　22.1cm×15.0cm

### 奉呈御参観建議歎願書写　1551
山口惣兵衛 稿
刊　1冊（本文52頁, 後付14頁）
和装　17.8cm×12.4cm
（注）書名は扉による
外題書名：『建議歎願書写 旧藩士家録之件』
山口惣兵衛は宮城県平民

### 現代之露西亜　1552
須崎芳三郎 著
東京　博文館蔵板　明治37年（1904）
1冊（前付11頁, 本文413頁）
洋装　22.7cm×15.1cm（帝国百科全書第8編）
（注）「伯爵佐／佐木家／蔵書印」朱文方印

### 黄禍論梗概　1553
森林太郎（鷗外） 著
東京　春陽堂　明治37年（1904）
1冊（前付3頁, 本文70頁）　洋装　22.3cm×15.1cm
（注）本文冒頭に「明治三十六年十一月二十八日早稲田大学課外講義」とあり
「伯爵佐／佐木家／蔵書印」朱文方印

### 高知県選挙干渉事略　1554
写　1冊（85丁）　和装　24.0×16.0cm
（注）『高知県第二区衆議院議員選挙投票紛失之始末』『高知県議員選挙騒擾之節諸証明書写』『選挙競争ノ際吏党ノ為メ死亡セシ人名』『選挙競争ノ際吏党之為負傷セシ人名』を含む
「伯爵／佐々木／蔵書印」朱文方印

### 明治二十五年二月高知県臨時総選挙暴動彙報　1555
写　2冊（①100丁②78丁）　和装　24.0cm×16.0cm
（注）「伯爵／佐々木／蔵書印」朱文方印

### 国会之準備　1556
藤田一郎 立案
刊　1冊（前付11頁, 本文32頁）
洋装　18.8cm×12.7cm

(注) 禁発売
書名は外題による
表紙に「設立大日本義会檄文 同会則草案」とあり
「伯爵／佐々木／蔵書印」朱文方印
「伯爵佐／佐木家／蔵書印」朱文方印

### 日本国家学談 一名 公爵会談話 上・下巻　1557
宮地厳夫 述
東京　高知堂　明治26年（1893）
1冊（前付8頁，本文206頁）　和装　21.5cm×14.7cm
(注)「伯爵／佐々木／蔵書印」朱文方印

### 国家論 巻之2　1558
（独）ブルンチェリー 原著　（日）平田東助 訳述
東京　平田東助　明治15年（1882）
1冊（前付10頁，本文104頁）　洋装　20.1cm×14.2cm
(注)「伯爵／佐々木／蔵書印」朱文方印

### 護国経現世篇 ほか合綴　1559
合綴1冊　和装　24.7cm×18.4cm
(注)「伯爵／佐々木／蔵書印」朱文方印
【内容】
①『護国経現世篇』巻の1
　三輪信次郎 著
　刊　明治28年（1895）序　27頁
②『日本近世文明』
　（独）レーンホルム 著　（日）斎藤鉄太郎 抄訳
　刊　52頁
③『北海道意見』
　井上毅 述　小林定修 編輯
　東京　小林定修　明治25年（1892）　47頁
④『台湾の公学設置に関する意見』
　井沢修二 編輯
　東京　井沢修二　明治30年（1897）　17頁

### 混同秘策 巻1・2　1560
佐藤信淵 著　織田完之 校訂
東京　穴山篤太郎　明治21年（1888）
2冊　和装　22.8cm×15.3cm
(注)『泉原法略説』を含む
「伯爵佐／佐木家／蔵書印」朱文方印

### 私議考案　1561
海江田信義 立案　寺師宗徳 筆記
東京　海江田信義　明治23年（1890）

1冊（前付7頁，本文124頁，後付4頁）
和装　24.0cm×17.5cm
(注)「伯爵佐／佐木家／蔵書印」朱文方印

### 実力政策　1562
坂本則美 著
京都　坂本則美　明治23年（1890）
1冊（前付5頁，本文121頁，後付6頁）
洋装　21.4cm×14.7cm
(注)「伯爵／佐々木／蔵書印」朱文方印

### 自由之理 巻之1～5　1563
（英）弥爾（ミル）著　（日）中村敬太郎 訳
静岡県　木平謙一郎　明治5年（1872）
6冊　和装　22.8cm×15.7cm
(注)「伯爵／佐々木／蔵書印」朱文方印
「伯爵佐／佐木家／蔵書印」朱文方印

### 貞観政要 巻1～10　1564
（唐）呉兢 撰　（元）戈直 集論　（日）山本惟孝等 校
紀州　南紀学習館蔵版　文政6年（1823）
10冊　和装　26.0cm×17.5cm
(注)「伯爵佐／佐木家／蔵書印」朱文方印
「駿河台／佐々木／蔵書印」朱文方印
「狭山文庫」朱文長円印

### 上左府親王書　1565
蒲生弘 著
写　1冊（68丁）　和装　22.5cm×14.7cm
(注)無銘無行罫紙
明治14年の序あり
富永有隣著述『定鼎規要』を含む

### 条約改正論　1566
島田三郎 著
刊　明治22年（1889）序
1冊（前付6頁，本文158頁）　和装　17.7cm×12.0cm
(注)「伯爵／佐々木／蔵書印」朱文方印

### 清国現未の形勢　1567
根津一 演説
東京　恵愛堂（印刷）　無刊年
1冊（本文37頁）　洋装　22.0cm×14.7cm
(注)非売品
「三十四年十月十九日受取」との佐佐木高行自筆朱書あり

「伯爵佐 / 佐木家 / 蔵書印」朱文方印

### 清国存亡論 ほか合綴　1568
写　合綴 1 冊　和装　23.8cm × 16.2cm
(注)無銘青 10 行罫紙
「伯爵 / 佐々木 / 蔵書印」朱文方印
「伯爵佐 / 佐木家 / 蔵書印」朱文方印
【内容】
①『十月一日倫敦通信』　5 丁
　(注)外題書名:『千八百九十四年十月三日「ナチヲナールツアイツング」抄訳』
②『千九百四年四月七日独逸ヱヒョー雑誌第千百二十七号記事』　10 丁
③『第千百二十八記事』　7 丁
　(注)外題書名:『千九百四年四月十四日独逸「エヒョー」雑誌抄訳』
④『第千百廿八号記事』　5 丁
　(注)外題書名:『千九百四年四月十四日独逸「エヒョー」雑誌第千百二十八号紀事』
⑤『東亜ノ形勢』　8 丁
　(注)外題書名:『独逸国民新聞十月三日ノ社説』
⑥『露西亜及ヒ其問題』　34 丁
⑦『市制』　12 丁
⑧(英) ロバート・ハート 著『清国存亡論』　27 丁
　(注)外題書名:『千九百一年二月刊行フォートナイト, レビュー登載サー, ロバート, ハート氏清国存亡論』

### 親察録　1569
星松三郎 述
東京　星松三郎　明治 19 年 (1886)
1 冊 (前付 6 頁, 本文 114 頁, 後付 13 頁)
洋装　18.2cm × 12.1cm
(注)非売品
外題書名:『親察録 関西之部』
「伯爵佐 / 佐木家 / 蔵書印」朱文方印

### 人種政治　1570
今井佐太郎 編述
岐阜県　今井佐太郎　明治 24 年 (1891)
1 冊 (前付 12 頁, 本文 161 頁)　和装　18.6cm × 12.5cm
(注)非売品
「伯爵 / 佐々木 / 蔵書印」朱文方印

### 真政大意 巻上・下　1571
加藤弘之 講述
谷山楼蔵版　明治 3 年 (1870)
2 冊　和装　22.8cm × 15.4cm

(注)「駿河台 / 佐々木 / 蔵書印」朱文方印

### 新論 上・下　1572
会沢安 (正志斎) 著
玉山堂　無刊年
2 冊　和装　25.2cm × 17.7cm
(注)「伯爵佐 / 佐木家 / 蔵書印」朱文方印
「高橋蔵書」朱文長方印

### 政教小議 ほか合綴　1573
刊　合綴 1 冊　和装　18.5cm × 12.4cm
(注)「伯爵 / 佐々木 / 蔵書印」朱文方印
【内容】
①石川舜台 述『政教小議』　55 頁
②石川舜台 述『政教小議』第 2 編　43 頁
③鳥尾小弥太 著『王道弁論 与川合子書原漢文』　37 頁

### 第二維新 政局一転史　1574
田中福馬 編輯
東京　田中書店高知堂　明治 31 年 (1898)
1 冊 (本文 52 頁, 附録 25 頁)　和装　21.9cm × 14.4cm
(注)『緊急勅令及令解』, 板垣退助著『立憲政体の妙用』を含む

### 泰西政事類典総目録　1575
〔石川暎作 編〕
東京　経済雑誌社蔵版　明治 17 年 (1884)
1 冊 (前付 8 頁, 本文 68 頁)　洋装　21.2cm × 15.1cm
(注)書名は目首による
「伯爵 / 佐々木 / 蔵書印」朱文方印

### 政談 巻之 1 ～ 10　1576
物部茂卿 (荻生徂徠) 著　木応清 校
文化 13 年 (1816) 京極高尚 写
4 冊　和装　27.3cm × 18.1cm
(注)「伯爵佐 / 佐木家 / 蔵書印」朱文方印
「旭」朱文方印

### 無窮国是 性理夕話 一名 日本自治之礎　1577
松田敏足 著述
東京　松田敏足　明治 23 年 (1890)
1 冊 (前付 4 丁, 本文 43 丁)　和装　22.2cm × 15.0cm
(注)「伯爵佐 / 佐木家 / 蔵書印」朱文方印

衆議院ニ於ケル選挙干渉問題ニ付島田立川両氏ノ演説ニ対スル弁妄　1578

鈴木次郎 著

東京　朝野新聞社　明治25年（1892）

1冊（前付7頁, 本文99頁, 附録12頁）

和装　21.1cm × 14.2cm

(注)『第三期帝国議会ノ始末』を含む
「伯爵／佐々木／蔵書印」朱文方印

戦時草茅危言　1579

西沢之助 著

東京　太陽舎　明治38年（1905）

1冊（前付18頁, 本文266頁, 後付6頁）

和装　22.5cm × 15.1cm

(注)「伯爵／佐々木／蔵書印」朱文方印

活世界号外　大革新　1580

鈴木力, 佃信夫 著

東京　活世界社　明治25年（1892）

1冊（前付8頁, 本文147頁）　和装　20.7cm × 13.6cm

(注)「伯爵／佐々木／蔵書印」朱文方印

台湾統治綜覧　1581

台湾総督府官房文書課 編纂

東京　台湾総督府官房文書課　明治41年（1908）

1冊（前付6頁, 本文534頁）　洋装　22.3cm × 16.0cm

(注)「侯爵佐／佐木家／蔵書印」朱文方印

中興鑑言　1582

三宅緝明（観瀾）著

浪華　宝富堂　無刊年

1冊（前付1丁, 本文49丁, 後付1丁）

和装　25.0cm × 18.0cm

(注)外題書名：『皇朝政要 中興鑑言』
「伯爵佐／佐木家／蔵書印」朱文方印

治国平天下　上・中・下巻　1583

今泉一介 著

東京　今泉一介　明治33年（1900）〜34年（1901）

1冊（前付14頁, 本文544頁, 後付6頁）

洋装　22.1cm × 15.1cm

地方官会議日誌　1584

東京　博聞社　無刊年

2冊　和装　19.2cm × 13.5cm

(注)明治8年（1〜20号）, 明治11年（1〜19号）, 明治13年（1〜14号）

明治十三年地方官会議筆記 巻之乾・坤　1585

牟田口元学等 校

刊　2冊　和装　19.2cm × 13.6cm

陳情書　1586

刊　1冊（本文153頁）　和装　21.6cm × 14.8cm

(注)「伯爵／佐々木／蔵書印」朱文方印

陳情書 ほか合綴　1587

写　1冊（39丁）　和装　26.5cm × 18.7cm

(注)無銘黄10行罫紙, 無銘黄13行罫紙
明治32年の佐佐木高行宛陳情書3通（神奈川県・長野県）と参考書を合綴したもの
「伯爵／佐々木／蔵書印」朱文方印
「伯爵佐／佐木家／蔵書印」朱文方印

天意人言　1588

西沢之助 著

東京　西沢之助　明治38年（1905）

1冊（本文28頁）　洋装　22.2cm × 15.1cm

(注)非売品

読法典実施断行意見書　1589

飯田泰雄 編輯

東京　法学新報社　明治25年（1892）

1冊（本文11丁）　和装　26.8cm × 19.0cm

(注)『法学新報』号外

栃木県河内郡長森岡真之建白書及大島商社之履歴書　1590

合綴1冊　和装　25.7cm × 18.9cm

(注)書名は外題による

【内容】

①森岡真 稿『〔森岡真之建白書〕』　明治12年（1879）　2丁

(注)栃木県河内郡役所朱13行罫紙

②森岡真 稿『〔森岡真之建白書〕』　4丁

(注)栃木県河内郡役所朱10行罫紙

③『大嶹商舎履歴概要』　13丁
④成田又八 稿『履歴書』　明治12年（1879）　7丁

**内地雑居論**　*1591*
井上哲次郎 著
東京　哲学書院　明治22年（1889）
1冊（前付3頁,本文48頁）　和装　17.9cm×12.0cm
(注)「伯爵／佐々木／蔵書印」朱文方印

**日本経国論 巻之1～5**　*1592*
藤田一郎 著
東京　永井正平　明治23年（1890）
1冊（前付6頁,本文472頁）　和装　20.7cm×13.7cm
(注)「伯爵／佐々木／蔵書印」朱文方印

**世界に於ける日本之将来**　*1593*
矢野龍渓 著
東京　近事画報社　明治38年（1905）5版
1冊（前付5頁,本文174頁）　洋装　22.3cm×14.6cm

**万国平和会議ノ実況 ほか合綴**　*1594*
合綴1冊　和装　18.4cm×12.4cm
(注)「伯爵／佐々木／蔵書印」朱文方印
【内容】
①有賀長雄 演説『万国平和会議ノ実況』　42頁
　(注)冒頭に「明治三十二年十一月廿七日伯爵会ニ於テ」とあり
②『市街鉄道問題』
　板垣退助等 演説
　東京　斎木寛直　明治32年（1899）　147頁
　(注)非売品

**富強策**　*1595*
大石正巳 著
東京　博文堂蔵版　明治24年（1891）
1冊（前付5頁,本文152頁）　和装　18.2cm×12.4cm
(注)「伯爵／佐々木／蔵書印」朱文方印

**福恵全書 1～32巻**　*1596*
（明）黄六鴻 著　（日）小畑行簡 訓訳
詩山堂蔵梓　嘉永3年（1850）序
18冊　和装　25.7cm×17.2cm
(注)「伯爵／佐々木／蔵書印」朱文方印
「伯爵佐／佐木家／蔵書印」朱文方印

「駿河台／佐々木／蔵書印」朱文方印
「秋山氏／図書記」朱文長方印

**復命書 天・地**　*1597*
〔佐佐木高行 著〕
写　2冊（①67丁②58丁）　和装　24.2cm×16.6cm
(注)無銘青10行罫紙,宮内省朱13行罫紙
天巻の扉に「明治十二年十月東京ヲ発シ同十三年東京ヘ帰着」との佐佐木高行自筆墨書あり
「伯爵／佐々木／蔵書印」朱文方印
【内容】
1,天巻（福島県 山形県 秋田県）
2,地巻（青森県 秋田県 宮城県 奥羽総論）

**撲児酒児氏分権論**　*1598*
（仏）ポルセール 著述　ジブスケ 訳
元老院蔵版　明治11年（1878）
1冊（前付4頁,本文123頁）　洋装　18.4cm×12.1cm

**法典実施延期意見**　*1599*
入江久太郎 編纂
東京　松沢虹三　明治25年（1892）
1冊（本文5丁,附録21丁）　和装　25.4cm×18.0cm
(注)非売品
「伯爵／佐々木／蔵書印」朱文方印

**法典実施断行の意見**　*1600*
斎藤孝治等 編輯
東京　明法堂　明治25年（1892）
1冊（前付2頁,本文44頁）　洋装　25.7cm×18.9cm
(注)「伯爵／佐々木／蔵書印」朱文方印

**北海道開拓論 ほか合綴**　*1601*
写　合綴1冊　和装　23.9cm×16.3cm
(注)「伯爵佐／佐木家／蔵書印」朱文方印
【内容】
①『北海道開拓論・北海道開拓論続編』
　〔明治11年（1878）〕　17丁
　(注)無銘青10行罫紙
②藤野静輝 著『大日本国標考』　7丁
　(注)無銘青10行罫紙
　外題書名：『千島遺蹟 大日本国標考』
③『栃木行記事』　4丁
　(注)無銘朱13行罫紙
　「明治会」による8月2日から3日まで（年末詳）の佐佐木高行伯爵の随行記

政治・法律　147

④『列国ノ現況ニ付テ明治三十五年五月参謀長会議ノ席上福島少将ノ説明セシモノ』 15丁
(注)無銘青10行罫紙
⑤『支那人内地雑居卑見略』 7丁
(注)参謀本部朱11行罫紙

### 満韓開務鄙見　1602
内田良平 著
韓国京城　内田良平　明治39年（1906）
1冊（前付2頁,本文163頁）　洋装　22.1cm×15.1cm
(注)非売品
「伯爵佐／佐木家／蔵書印」朱文方印

### 民富迺言続 ほか合綴　1603
刊　合綴1冊　和装　19.5cm×13.2cm
(注)「伯爵／佐々木／蔵書印」朱文方印
【内容】
①『民富迺言続』 82頁
②『繭糸織物陶漆器共進会大意』
繭糸織物陶漆器共進会 編
東京　繭糸織物陶漆器共進会　明治18年（1885）
74頁

### 文部省廃止スヘカラサルノ意見　1604
辻新次 著
刊　明治36年（1903）序
1冊（本文33頁）　洋装　21.4cm×14.5m

### 臨時台湾旧慣調査会第一部調査報告書　1605
臨時台湾旧慣調査会 編
【内容】
1．『第一回報告書』上・下巻
京都　経済時報社（印刷）　明治36年（1903）
2冊　洋装　25.6cm×18.1cm
(注)「伯爵／佐々木／蔵書印」朱文方印
「伯爵佐／佐木家／蔵書印」朱文方印
2．『第二回報告書』第1・2巻
兵庫県　金子印刷所（印刷）
明治39年（1906）〜40年（1907）
5冊　洋装　25.4cm×18.4cm
(注)第1巻(附録参考書)のみ小寺印刷所(兵庫県)
「伯爵佐／佐木家／蔵書印」朱文方印

### 露国皇室の内幕　1606
〔独〕ブレスニッツ・フォン・シダコッフ 著〕
〔日〕田原禎次郎 訳述
東京　民友社　明治38年（1905）
1冊（前付5頁,本文251頁）　洋装　22.4cm×15.2cm
(注)扉に「明治三十八年二月　後藤新平氏ヨリ被贈」との佐佐木高行自筆墨書あり
58頁と59頁の間に覚書の挟み込みあり

### 露国事情　1607
露国政府 編纂　民友社 訳述
東京　民友社　明治32年（1899）
1冊（前付14頁,本文709頁）　洋装　22.3cm×15.8cm
(注)「伯爵／佐々木／蔵書印」朱文方印
「侯爵佐／佐木家／蔵書印」朱文方印

### 露西亜の秘密　1608
三浦浩天 著述　又間安次郎 編纂
大阪　又間安次郎　明治37年（1904）
1冊（前付8頁,本文146頁）　洋装　22.0cm×14.9cm
(注)書名は目首による
「伯爵佐／佐木家／蔵書印」朱文方印

### 和局私案　1609
黒龍会同人 述
東京　国文社（印刷）〔明治38年（1905）〕
1冊（本文22頁）　洋装　22.3cm×15.0cm

### 復命書　1610
刊　1冊（本文16頁,附録648頁）
洋装　26.0cm×18.6cm
(注)外題書名：『伊藤特派全権大使復命書』
『復命書附属書類』（北京晤談筆記,天津談判筆記,榎本公使李鴻章談話筆記,附往復書東写）,英訳文を含む
「伯爵／佐々木／蔵書印」朱文方印

### 欧洲大勢三論　1611
徳富猪一郎,深井英五 著
東京　民友社　明治28年（1895）
1冊（前付8頁,本文259頁）　和装　14.9cm×10.3cm
(注)「伯爵／佐々木／蔵書印」朱文方印

### 外交　1612
小中村（池辺）義象等 合著　野口竹次郎 編纂
東京　博文館蔵版　明治22年（1889）

1冊（前付6頁, 本文180頁）　和装　18.6cm × 12.8cm
(注)「伯爵／佐々木／蔵書印」朱文方印

### 外交及植民雑誌 ほか合綴　1613
刊　合綴1冊　和装　26.0 × 18.7cm
(注)蒟蒻版
「伯爵／佐々木／蔵書印」朱文方印
【内容】
①（仏）ロルトン・ミレ 著『伊太利国政況』　19丁
　(注)本文冒頭に「外交及植民雑誌　千八百九十八（明治三十一年）九月一日仏国巴里府刊行」とあり
②（英）ウキルソン 稿『列国ノ軍備発達』　30丁
　(注)本文冒頭に「「第十九世紀」抄訳」とあり

### 外事観察雑誌 第2～8号　1614
外務省記録局 編
東京　製紙分社（発売）
明治12年（1879）～13年（1880）
合綴1冊（253頁）　和装　20.0cm × 14.1cm
(注)「伯爵／佐々木／蔵書印」朱文方印

### 明治三十七年五月十五日華族会館に於て　1615
川上俊彦 講話
刊　1冊（本文59頁）　洋装　19.0cm × 13.0cm
(注)「伯爵／佐々木／蔵書印」朱文方印

### 蹇々録 巻上・中・下　1616
〔陸奥宗光 著〕
写　3冊（①142丁②122丁③150丁）
和装　24.5cm × 16.6cm
(注)「伯爵／佐々木／蔵書印」朱文方印

### 日光東照宮宝庫蔵厳有院殿御実記成書例抜萃　1617
写　1冊（37丁）　和装　23.9cm × 16.2cm
(注)無銘青10行罫紙
「伯爵佐／佐木家／蔵書印」朱文方印

### 江湖倶楽部意見書 講和条約批准拒絶ノ議　1618
小日向仙之助 編輯
東京　小日向仙之助　明治38年（1905）
1冊（本文11頁）　洋装　22.2cm × 15.3cm
(注)「伯爵佐／佐木家／蔵書印」朱文方印

### 在朝鮮花房公使ヨリ通信 ほか合綴　1619
写　合綴1冊　和装　24.4cm × 16.7cm
(注)「伯爵佐／佐木家／蔵書印」朱文方印
【内容】
①『在朝鮮花房公使ヨリ通信』　45丁
　(注)内容は明治15年8月
②『機密別信』　18丁
　(注)森有礼, 寺島宗則往復
③『局外中立ニ付大政大臣ヨリ論達案』　5丁
④『仏国経済及ヒ須多知秩学士会月報抄録千八百七十九年三月廿四日リユガノウヨリノ報告書』　9丁
　(注)無銘青10行罫紙
外題書名：『魯国烏有党之誌』

### 清英交際始末 上・下　1620
福沢諭吉 閲　松田晋斎 訳
尚古堂　明治2年（1869）
2冊　和装　22.2cm × 15.5cm
(注)「伯爵佐／佐木家／蔵書印」朱文方印
「駿河台／佐々木／蔵書印」朱文方印

### 新条約実施準備補遺 ほか合綴　1621
刊　合綴1冊　和装　21.2cm × 14.0cm
(注)「伯爵／佐々木／蔵書印」朱文方印
【内容】
①原敬 著『新条約実施準備補遺』　77頁
②『小学校令及同令施行規則』　52頁

### 対外政策　1622
佐藤虎次郎 演記　林徳行 編輯
東京　林徳行　明治34年（1901）
1冊（前付5頁, 本文52頁）　洋装　22.2cm × 14.8cm
(注)本文冒頭に「法学博士戸水寛人君佐藤氏紹介演説　佃速記事務所員速記」とあり
「伯爵佐／佐木家／蔵書印」朱文方印

### 対露主戦策　1623
根津一 著
東京　恵愛堂（印行）　明治36年（1903）序
1冊（前付3頁, 本文54頁, 図版1枚）
洋装　22.4cm × 15.2cm
(注)外題書名：『卑見』
「伯爵佐／佐木家／蔵書印」朱文方印

朝鮮　*1624*

小田切万寿之助　纂著

刊　明治23年（1890）序

1冊（前付7丁,本文163丁,後付4丁）

和装　22.5cm × 14.5cm

(注)非売品
外題書名:『朝鮮事件』
「伯爵佐／佐木家／蔵書印」朱文方印

改訂日英同盟条約 各国新聞論評一班　*1625*

外務省臨時報告委員会 編

刊　明治39年（1906）

1冊（前付3頁,本文116頁）　洋装　25.1cm × 18.2cm

日露時局談片　*1626*

九鬼〔隆一〕口述　光彰館記者 筆記

渡辺市太郎 編輯

栃木県　渡辺市太郎　明治37年（1904）

1冊（本文47頁）　洋装　22.0cm × 15.0cm

(注)非売品

日露戦局 講和私議　*1627*

西沢之助 著

東京　太陽舎　明治38年（1905）

1冊（前付14頁,本文150頁）　洋装　22.4cm × 14.8cm

日露戦局 講和私議　*1628*

西沢之助 著

東京　太陽舎　明治38年（1905）再版

1冊（前付45頁,本文150頁）　洋装　22.3cm × 14.7cm

日露戦局の前途に就て　*1629*

西沢之助 著

東京　太陽舎　明治38年（1905）

1冊（本文30頁）　洋装　22.4cm × 14.8cm

(注)非売品
外題書名:『檄して五千万同胞に告ぐ』

日本外政私議　*1630*

山本育太郎 編輯

東京　山本育太郎　明治22年（1889）

1冊（前付9頁,本文194頁）　和装　20.9cm × 13.9cm

(注)「伯爵／佐々木／蔵書印」朱文方印

諸条約合綴 2冊ノ中　*1631*

刊　合綴1冊　和装　31.2cm × 20.8cm

(注)書名は外題による
1632と対になるもの
【内容】
①『日本加奈陀間ノ通商ニ関スル条約』
　明治39年（1906）　2頁
　(注)「伯爵佐／佐木家／蔵書印」朱文方印
②『日米通商航海条約』　14頁
③『日本国及伯剌西爾合衆国間修好通商航海条約』
　6頁
④『日丁通商航海条約及議定書』　12頁
⑤『日独通商航海条約及議定書』　28頁
⑥『日本帝国及亜爾然丁共和国修好通商航海条約』
　6頁
⑦『英伊通商及航海条約』　12頁
⑧『中日通商行船条約続約』　19頁
⑨『追加日清通商航海条約』　27頁
⑩『SUPPLEMENTARY TREATY OF COMMERCE
　AND NAVIGATION BETWEEN JAPAN AND
　CHINA』　15頁

諸条約合綴 2冊ノ内　*1632*

合綴1冊　和装　31.2cm × 20.7cm

(注)書名は外題による
1631と対になるもの
表紙見返に「NoⅠ佐々木殿」と鉛筆書のある印刷1枚を貼り付け（⑤に同文あり）
【内容】
①『奉天半島還付ニ関スル条約』　刊　9頁
　(注)「伯爵佐／佐木家／蔵書印」朱文方印
②『日独領事職務条約』　刊　16頁
③『日英両国間追加条約』　刊　9頁
④『日英協約説明　明治三十五年二月十二日枢密院ニ
　於』　写　6丁
　(注)枢密院朱10行罫紙
⑤『覚書』　刊　9頁
　(注)末尾に「明治二十三年二月八日東京外務省ニ於テ」とあり
⑥『覚書』
　刊　明治23年（1890）印刷　8頁
　(注)⑤の内容とは別
⑦『清国義和団事変ニ関スル北京議定書及関係書類』
　刊　明治34年（1901）印刷　59頁,表2枚
⑧『満州ニ関スル日清条約並附属協約』　刊　6頁
⑨『日露講和会議録』　刊　109頁
　(注)表紙右上に「佐々木伯」との墨書あり

**諸大家対外意見筆記** *1633*
〔成田与作 編〕
刊 〔明治33年（1900）〕
1冊（本文66頁） 洋装 22.3cm × 15.0cm
(注)非売品
表紙見返に送状（印刷1枚）を貼り付け
「伯爵佐／佐木家／蔵書印」朱文方印
【内容】
『法科大学教授法学博士寺尾亨君の意見』『法科大学教授法学博士戸水寛人君の意見』『国際法大学学習院教授法学士中村進午君の意見』

**露国の満州占領と我国の決心** *1634*
榎本鉄骨（松之助）著
大阪 榎本松之助 明治34年（1901）
1冊（本文30頁） 洋装 21.6cm × 14.6cm

**露独英関係談話要概** *1635*
刊 1冊（本文5丁） 和装 26.2cm × 18.6cm
(注)蒟蒻版

**外交志稿 巻之1～38** *1636*
外務省記録局 編
外務省 明治17年（1884）序
2冊 洋装 22.2cm × 15.0cm

**青標紙 前・後編** *1637*
〔大野広城（権之丞）著〕
写 2冊（①99丁②93丁） 和装 22.8cm × 15.4cm
(注)「伯爵佐／佐木家／蔵書印」朱文方印

**慶応四戊年辰三月御触写** *1638*
早川 写 1冊（本文6丁） 和装 23.0cm × 16.0cm
(注)『明治二己巳正月御触書』（1丁）を含む
「伯爵／佐々木／蔵書印」朱文方印

**寛保捉書** *1639*
写 1冊（78丁） 和装 22.4cm × 15.2cm
(注)書名は外題による
無銘朱13行罫紙
「伯爵佐／佐木家／蔵書印」朱文方印

**憲法類編 第13～17・23～28** *1640*
明法寮 編纂
刊 明治6年（1873）
11冊 和装 23.0cm × 15.7cm
(注)「伯爵／佐々木／蔵書印」朱文方印
「伯爵佐／佐木家／蔵書印」朱文方印

**江家次第 巻第1～15・17～20** *1641*
大江匡房 著　蓬生巷林鴾（立野春節）校
刊 承応2年（1653）
19冊 和装 28.4cm × 18.2cm
(注)「伯爵佐／佐木家／蔵書印」朱文方印

**古今官位指図** *1642*
本居内遠 述
東京 松野勇雄 明治25年（1892）
1枚 39.2cm × 52.5cm（折りたたみ 13.4cm × 18.5cm）
(注)『皇典講究所講演』70附録
「伯爵／佐々木／蔵書印」朱文方印

**戸籍考** *1643*
栗田寛 著
元老院蔵版 慶応元年（1865）序
1冊（前付6頁,本文57頁） 洋装 19.6cm × 14.1cm
(注)禁売買
「伯爵／佐々木／蔵書印」朱文方印

**爵位考 冠位ノ2** *1644*
三輪義方 纂
写 1冊（58丁） 和装 26.7cm × 18.9cm
(注)元老院橙10行罫紙
「伯爵佐／佐木家／蔵書印」朱文方印

**御上洛ニ付御触書控 癸文久三年亥四月吉日** *1645*
明治29年（1896）写
1冊（39丁） 和装 23.0cm × 15.9cm
(注)末丁に「右者小田原町本陣片岡永左衛門の控書を伝写せしめたるもの也　明治廿九年二月小田原御旅館にて」との佐佐木高行自筆墨書あり

**職官志 9誌4之1～7** *1646*
蒲生秀実 稿
修静庵蔵版 天保6年（1835）序
6冊 和装 25.8cm × 18.0cm
(注)「伯爵佐／佐木家／蔵書印」朱文方印

「駿河台／佐々木／蔵書印」朱文方印

## 標柱職原抄校本幷別記　1647
近藤芳樹　著
刊　安政5年（1858）～元治元年（1864）
6冊　和装
(注)現在所在不明

## 制度通　巻1～18　1648
伊藤長胤（東涯）輯
施政堂蔵版　寛政9年（1797）
8冊　和装　22.2cm×15.5cm
(注)「伯爵／佐々木／蔵書印」朱文方印
「伯爵佐／佐木家／蔵書印」朱文方印

## 的例問答　巻1～7　1649
〔大野広城（忍屋隠士）著〕
写　7冊　和装　26.7cm×18.5cm
(注)第1・7冊に「三□蔵」との朱書あり
「伯爵佐／佐木家／蔵書印」朱文方印
「脇坂」墨陽円印

## 旧典類纂　田制篇　巻1～10・附録　1650
横山由清　纂　佐藤誠実　校　細川潤次郎　閲
元老院蔵版　明治16年（1883）
11冊　和装　25.7cm×18.2cm
(注)「伯爵／佐々木／蔵書印」朱文方印
「伯爵佐／佐木家／蔵書印」朱文方印

## 徳川禁令考　巻6～9・14～19　1651
菊池駿助　纂修　菊池憲一郎，矢嶋椿齢　校
司法省蔵版　明治13年（1880）～15年（1882）
10冊　和装　22.3cm×15.1cm
(注)「伯爵／佐々木／蔵書印」朱文方印
「伯爵佐／佐木家／蔵書印」朱文方印

## 徳川禁令考後聚　首巻・巻1～13　1652
菊池駿助　纂修　菊池憲一郎，矢嶋椿齢　校
司法省蔵版　明治16年（1883）～17年（1884）
14冊　和装　22.2cm×14.9cm
(注)「伯爵／佐々木／蔵書印」朱文方印
「伯爵佐／佐木家／蔵書印」朱文方印

## 土陽叢書　1653
高知県　片桐猪三郎　明治29年（1896）

合綴1冊　和装　14.1cm×10.4cm
(注)外題書名：『土藩大定目』
「伯爵／佐々木／蔵書印」朱文方印
【内容】
①第1冊『土藩大定目』　138頁
②第2冊『山内公武功伝』　95頁

## 法制論纂　1654
国学院　編纂
東京　大日本図書　明治36年（1903）
1冊（前付35頁,本文1446頁）　洋装　22.8cm×16.5cm
(注)「伯爵佐／佐木家／蔵書印」朱文方印

## 法制論纂　続編　1655
国学院　編纂
東京　大日本図書　明治37年（1904）
1冊（前付8頁,本文914頁）　洋装　22.7cm×16.0cm

## 法曹至要抄　巻上・中・下　1656
〔坂上明基　著〕
写　3冊（①54丁②41丁③35丁）
和装　27.4cm×19.3cm
(注)「伯爵佐／佐木家／蔵書印」朱文方印
「引馬文庫」朱文長方印〔水野忠邦の印〕
「文政辛巳／浜松弐／畏斎文庫」朱文方印〔水野忠邦の印〕

## 無刑録　巻1～9　1657
蘆徳林（蘆野徳林）纂
元老院蔵版　明治10年（1877）
9冊　和装　26.2cm×18.0cm
(注)「伯爵佐／佐木家／蔵書印」朱文方印

## 村方五人組帳　1658
日光御役所　著
写　和装
(注)現在所在不明

## 標注令義解校本　開題・巻1～3　1659
藤原（近藤）芳樹　謹撰
浪花　田中宋栄堂,岡田群玉堂（合梓）　無刊年
6冊　和装　25.5cm×18.0cm
(注)「伯爵佐／佐木家／蔵書印」朱文方印

**標注令義解校本　開題・巻1～3　1660**

藤原（近藤）芳樹 謹撰

浪花　田中宋栄堂, 岡田群玉堂（合梓）

元治元年（1864）

6冊　和装　25.7cm × 18.4cm

(注)「伯爵佐/佐木家/蔵書印」朱文方印
「駿河台/佐々木/蔵書印」朱文方印

**青森県 旧斗南藩士族ヨリ差出セル書類 ほか合綴　1661**

写　合綴9冊　和装　25.7cm × 18.8cm

1,『青森県 旧斗南藩士族ヨリ差出セル書類 甲部』

明治13年（1880）

合綴1冊（64丁）

(注)書名は外題による
青森県上北郡々役所青13行罫紙

【内容】

『旧斗南藩士族難渋事情見聞書』『旧斗南藩士族御処分区別書』『御参考書類』『青森県上北郡野辺地村廃士族卒難渋ニ付開墾資金拝借仕度事情書』『御手当之儀ニ付上申』『無禄士族総代工藤轍郎盛田広精陳情書』『拝借金御許可ニ付不承服之儀具上』『御扶持米ニ関スル上申書』『民情ニ関スル陳情書』『家禄奉還ニ関スル呈書』『家禄奉還之儀ニ付嘆願始末』

2,『青森県 諸有志者ヨリ差出セル建白書類 甲部』

明治12年（1879）～13年（1880）

合綴1冊（113丁）

(注)書名は外題による
青森県上北郡々役所青13行罫紙, 青森県上津軽郡青13行罫紙, 無銘青10行罫紙
『陸奥国西津軽郡大間越ヨリ出来嶋迄鯡場村之絵図画』（1枚）の挟み込みあり

【内容】

『参議ノ兼務ヲ廃シ内閣分離ノ事・旧左院ノ規則ニ拠リ言路ヲ開ク可キ事ニ関スル上書』『県下ノ情勢ニ関スル鄙見陳上書』『青森港ニ常平分局設置ノ上申書』『政務ニ関スル挽回所見』『郡区改正ハ本来緩急ヲ愆マルノ論』『地租改正ノ適否ニ関スル上申書』『十三河口水利之所見書』『政情・民情ニ関スル上申書』『学生勤学ノ儀ニ付意見』『地租改正ニ関スル遺漏調』『上北郡原野開墾見込方法書』『地租改正ニ関スル言上書』『聖上御真影ヲ郡役所ニ奉置スルノ上奏』『御運上会社御取開建儀』

3,『青森県 宮林処置ニ関スル書類・開墾ニ関スル書類 甲部』

明治12年（1879）～13年（1880）

合綴1冊（50丁）

(注)書名は外題による
青森県下北郡々役所茶13行罫紙, 青森県下北郡々役所青13行罫紙, 青森県上津軽郡青13行罫紙, 宮内省朱13行罫紙, 無銘青8行罫紙, 無銘青12行罫紙

【内容】

『旧斗南藩士族難渋事情見聞書』『旧斗南藩士族御処分区別書』『旧斗南藩士族江開墾地幷薪炭山御下渡之義ニ付上申』『青森県上北郡野辺地村廃士族卒難渋ニ付開墾資金拝借仕度事情書』『御手当之儀ニ付上申』『地租改正ニ関スル陳情書』『拝借金御許可ニ付不承服之儀具上』『事情上申書』『貧窮振恤ニ関スル上申書』『家禄奉還ニ関スル上申書』『家禄奉還之儀ニ付嘆願書』

4,『青森県 県下景況書・蝗害書類』

明治10年（1877）～13年（1880）

合綴1冊（63丁）

(注)書名は外題による
青森県青13行罫紙, 宮内省朱13行罫紙, 無銘青10行罫紙

【内容】

『陸奥事情』『□ひはり管見』『津軽地志歌』『青森県蝗害書類』

5,『青森県 旧斗南藩士族ヨリ差出セル書類 乙部』

明治13年（1880）

合綴1冊（38丁）

(注)書名は外題による

【内容】

『旧斗南貫属困難ニ付説弁書』『津軽郡新三田ノ災害ニ付陳情書』『耶蘇教信仰ノ禍ニ付陳情書』『三沢村住旧斗南藩士族之開墾地幷薪炭山御下渡之義ニ付事情書』『当県士族金禄改正ニ関スル願上書』

6,『青森県 民情関係之書類 乙部1』

明治13年（1880）

合綴1冊（85丁）

(注)書名は外題による
楽水堂青10行罫紙, 青森県三戸郡中学青10行罫紙, 弘前師範分校青10行罫紙, 無銘青10行罫紙

【内容】

『県庁移転・医学校・学校・郡役所合併等ノ諸政ニ関スル陳情書』『施政ニ関スル陳情書』『税法草案』『近年ノ景況ニ関スル陳情書』『鉄道開通・男女断髪・金銀器具廃止ニ関スル陳情書』『君臣弁』『青森県下人民儀ニ付献言』『観業ニ関スル陳情書』『青森表ヘ造船場ノ儀ニ付上申』『県下実況ニ付建言書』『郡区編制ニ付上申書』『県下貧民之儀ニ付上申』『租税等ニ関スル建議書』『用水堰費用ニ付建言書』『民情ニ関スル陳情書』『奉元老院議官佐々木高行公書』『旧

来ノ悪習ヲ具上ス』『施政ニ関スル意見書』

7,『青森県 民情関係之書類 乙部2』

　明治13年（1880）

　合綴1冊（53丁）

　(注)書名は外題による
　青森県青13行罫紙, 無銘青10行罫紙

　【内容】

　『青森県事情上申』『民情異見口陣状』『青森県地方景状』『弘前景況』『中津軽郡景況』

8,『青森県 官林関係之書類 乙部』

　明治13年（1880）

　合綴1冊（131丁）

　(注)書名は外題による
　青森県北津軽郡青10行罫紙, 青森県青10行罫紙, 青森県下北郡々役所青10行罫紙, 無銘青10行罫紙

　【内容】

　『山林ニ関スル陳情書』『宮林ノ情実ニ付陳情書』『三津村松林之儀ニ付本村民情陳上』『人民私林ノ義ニ付事情ヲ上陳ス』『青森県下北郡檜及ヒ雑木官林之義ニ付事情ヲ上陳ス』『檜木御払下之義儀ニ付献言』『焚用伐木之儀ニ付献言』『樹木植立之儀献言』『民情景況ニ関スル上申書』『山林局青森出張所林政御施行上ニ付奉言書』『人民疾苦ノ状情ニ関スル上申書』『山林之事ニ付上申』『山林ニ関シ郡下民情ノ概略ヲ陳ルノ書』

9,『青森県 地租其他民情関係之書類』

　明治13年（1880）

　合綴1冊（153丁）

　(注)書名は外題による
　上北郡七戸村戸長役場青10行罫紙, 無銘青10行罫紙

　【内容】

　『民情之身分上申書』『開墾ノ儀ニ付上申書』『民情ノ義ニ付上申書』『地価不平均ノ義ニ付上申書』『民情ニ関スル意見書』『地租改正ニ関スル上申書』『民情ニ罹リタル儀ニ付上申』『民情之儀ニ付上申』

## 秋田県 民情関係之書類及廃士族之書類 ほか合綴
**1662**

写　合綴3冊　和装　25.7cm×18.8cm

1,『秋田県 民情関係之書類及廃士族之書類』

　明治12年（1879）～13年（1880）

　合綴1冊（134丁）

　(注)書名は外題による
　秋田県山本郡飛根村役場黒13行罫紙, 無銘青12行罫紙, 無銘青10行罫紙, 無銘黒12行罫紙, 無銘黒8行罫紙

　【内容】

　『病院ノ儀ニ付キ陳』『水害ニ付上願』『復禄ノ儀ニ付其状書』『金禄公債ニ付上書』『家禄奉還ノ不平等ニ付嘆願書ノ顛末報告』『旧藩官吏ヨリ添書不相成趣意申立候書面ニ付弁駁書』

2,『秋田県 諸有志建白書 乙部』

　明治12年（1789）

　合綴1冊（39丁）

　(注)書名は外題による
　秋田県平鹿郡役所朱13行罫紙, 秋田県朱13行罫紙, 武田忠太郎用紙朱13行罫紙, 無銘青12行罫紙, 無銘青10行罫紙, 無銘青8行罫紙, 無銘黒12行罫紙

　【内容】

　『民情ニ付上申書』『民政ニ付建言』『民政ニ付上申書（2種）』『民情ニ関スル所見申立』『流通ニ関スル上申書』『公債証書ニ関スル上申書』『勧業ニ付上申書』『殖産ニ関スル建白書』『民政ノ景況ニ関スル談話』『地租ニ関スル上申書』『酒税ニ関スル上申書』『物価ノ騰貴ヲ歎ス上申』『道路ニ関スル上申書』『土地ニ関スル上申書』

3,『秋田県 情願書類 諸有志ヨリ差出セル建白書』

　明治12年（1879）～13年（1880）

　合綴1冊（80丁）

　(注)書名は外題による
　秋田県山本郡役所朱13行罫紙, 宮内省朱13行罫紙, 日景氏青10行罫紙, 無銘青13行罫紙, 無銘青10行罫紙

　【内容】

　『奉還家禄之件ニ付上申』『秋田県諸有志者之建白書』『謁 佐々木議官謹白鄙見』『医療ニ関スル上申書』『民政ニ関スル陳情書』『恤救ニ付上申書』『時勢ニ付陳情書』『人民苦情ニ付陳情書』『民情ニ関スル陳情書』『鹿角郡濁川道路関鑿ニ付上申』『岩手県田山村合併ニ付上申』『勧業ニ付上申書』『民政ニ付上申書』

## 岩手県 士卒族則廃族之者ヨリ差出セル書類 ほか合綴
**1663**

写　合綴2冊　和装　25.7cm×18.8cm

1,『岩手県 士卒族則廃族之者ヨリ差出セル書類』

　明治13年（1880）

　合綴1冊（115丁）

　(注)書名は外題による
　無銘青10行罫紙

　【内容】

　『旧盛岡県卒族々禄復旧之義上申状』『家禄族籍復旧ニ付上申書』『地租改正等ノ件ニ付上申書』『民政ニ付上申書（2種）』『学校ニ関スル上申書』『欲防異端之害張正道之利伺書』『漆器製造奉上申書』

2,『岩手県 有志者ヨリ差出セル建白及具上書類』
明治13年（1880）
合綴1冊（17丁）
(注)書名は外題による
宮内省朱13行罫紙
【内容】
『培殖ニ関スル上申書』『民情ニ関スル上申書』『奉建議候殖産方草按』『岩手県士族建白書』

**議事院談 巻之1・2**　　1664
福沢諭吉 訳述
東京　慶応義塾蔵版　尚古堂（発兌）　明治2年（1869）
2冊　和装　22.1cm×15.5cm
(注)「伯爵／佐々木／蔵書印」朱文方印
「伯爵佐／佐々木家／蔵書印」朱文方印
「駿河台／佐々木／蔵書印」朱文方印

**議事院談後編**　　1665
中上川彦次郎 訳　福沢諭吉 閲
中上川蔵版　明治7年（1874）
1冊（前付3丁,本文46丁）　和装　22.1cm×15.2cm
(注)「伯爵佐／佐木家／蔵書印」朱文方印

**英国議事実見録 巻之1～3**　　1666
(英)約翰布蘭（ゼヨン・プラン）口授
(日)安川繁成 編輯
詩香堂蔵版　明治8年（1875）
3冊　和装　22.8cm×15.6cm
(注)「伯爵佐／佐木家／蔵書印」朱文方印

**大蔵省沿革志 正・外編**　　1667
遠藤謹助 総閲　小菅揆一 校正　柳田幾作等 編纂
竹添進一郎,吉村正義 協勘
刊　21冊　和装　25.8cm×17.6cm
(注)『紙幣寮第1』の見返に,明治18年12月15日付参議兼工部卿伯爵佐佐木高行宛大蔵大書記官伊東武重送状（大蔵省朱13行罫紙1枚）の挟み込みあり
『駅逓寮第1』の75丁と76丁の間に佐佐木高行自筆と思しき和歌草稿1枚挟み込みあり
「伯爵／佐々木／蔵書印」朱文方印
「伯爵佐／佐木家／蔵書印」朱文方印

**華族令**　　1668
刊　1冊（本文26頁）　和装　24.3cm×16.8cm
(注)『華族懲戒委員互選規程』『華族令施行規則』『戸主ニ非サル者爵ヲ授ケラレタル場合ニ関スル法律』を含む
「伯爵佐／佐木家／蔵書印」朱文方印

**華族例規便覧**　　1669
岡崎卯之助 著
東京　華族会館　明治29年（1896）
1冊（前付20頁,本文210頁）　洋装　19.4cm×13.6cm
(注)書名は目首による
明治31年3月23日付伯爵佐佐木高行宛の爵位局長公爵岩倉具定の名による華族令第9条にもとづく華族の入籍に関して注意を促す書類（印刷1枚）の挟み込みあり
「伯爵佐／佐木家／蔵書印」朱文方印

**宮省院使庁府藩県同局課官規官名等沿革抜書**　　1670
写　1冊（104丁）　和装　26.6cm×19.0cm
(注)元老院橙10行罫紙
「伯爵佐／佐木家／蔵書印」朱文方印

**議案 布告令達 明治十一年**　　1671
刊　2冊　和装　19.3cm×13.6cm
(注)書名は外題による

**議案録 第1～7**　　1672
官版　明治2年（1869）
合綴1冊（106丁）　和装　22.3cm×15.2cm

**議案録 第1～3**　　1673
官版　明治2年（1869）
合綴1冊（45丁）　和装　22.1cm×14.8cm

**議院法**　　1674
刊　1冊（本文106丁）　和装　25.7cm×18.6cm
(注)蒟蒻版

**第二十四回帝国議会 貴族院委員会会議録**　　1675
貴族院事務局 編
東京　三生舎（印刷）　明治41年（1908）
1冊（前付8頁,本文968頁）　洋装　21.9cm×15.2cm
(注)「侯爵佐／佐木家／蔵書印」朱文方印

**自第一回議会至第二十一回議会 貴族院委員会先例録**　　1676
貴族院事務局 編
東京　秀英舎（印刷）　明治39年（1906）
1冊（前付29頁,本文213頁）　洋装　21.8cm×14.6cm
(注)「侯爵佐／佐木家／蔵書印」朱文方印

**第二十四回帝国議会 貴族院事務局報告　1677**
貴族院事務局 編
東京　忠愛社（印刷）　明治 41 年（1908）
1 冊（前付 5 頁, 本文 514 頁）　洋装　21.9cm × 14.7cm
（注）「侯爵佐／佐木家／蔵書印」朱文方印

**自第一回議会至第二十二回議会 貴族院先例録・貴族院資格審査判決例　1678**
貴族院事務局 編
東京　三生舎（印刷）　明治 39 年（1906）
合本 1 冊（613 頁）　洋装　22.9cm × 14.9cm
（注）「侯爵佐／佐木家／蔵書印」朱文方印

**貴族院要覧　1679**
貴族院事務局 編
東京　秀英舎（印刷）　明治 41 年（1908）増訂
1 冊（前付 10 頁, 本文 597, 表 3 枚, 附録 32 頁）
洋装　15.0cm × 11.0cm
（注）「侯爵佐／佐木家／蔵書印」朱文方印

**宮内省官制 附諸達　1680**
刊　1 冊（本文 25 頁）　洋装　24.0cm × 16.6cm
（注）『明治廿二年七月二日学習院長状奏ノ別冊 教育ノ規模』（7頁），明治 22 年 7～8 月華族宛内大臣達（4 丁）を含む
「伯爵／佐々木／蔵書印」朱文方印

**現行法律規則全書 自明治元年一月至明治十七年七月　1681**
一瀬勇三郎 校閲　今村幾 編纂
東京　早川新三郎　内田芳兵衛　明治 17 年（1884）
1 冊（前付 16 頁, 本文 1198 頁）　洋装　18.7cm × 14.6cm
（注）「伯爵／佐々木／蔵書印」朱文方印
「佐々木／高美」白文方印

**建白書幷ニ議事一覧表　1682**
刊　合綴 1 冊（128 頁）　和装　24.0cm × 17.3cm
（注）書名は外題による
小口書名：『建白幷議事一覧表』
内容は明治 8～16 年の建白書一覧表および明治 9～16 年の元老院議事一覧表
「伯爵／佐々木／蔵書印」朱文方印

**元老院意見書　1683**
刊　合綴 1 冊（93 丁）　和装　19.0cm × 13.6cm
（注）書名は外題による
「伯爵／佐々木／蔵書印」朱文方印
「佐々木」朱文円印
【内容】
『刑事控訴ヲ聴ルスノ意見書』『徴兵令抜書』『布令ノ廻達ヲ廃シ掲示規則ヲ設クル意見書』『廃戸婚律ノ意見書』『監守常人ニ盗ノ死刑ヲ止ムル意見書』『改正律例第三百十八条改正意見書』他多数

**元老院会議筆記　1684**
刊　15 冊　和装　19.3cm × 13.7cm
（注）内容は明治 9～13 年
「伯爵／佐々木／蔵書印」朱文方印

**元老院報告表　1685**
刊　合綴 1 冊（182 頁）　和装　19.2cm × 13.5cm
（注）内容は明治 9～16 年
「伯爵／佐々木／蔵書印」朱文方印

**産業組合法要義　1686**
平田東助 著
東京　平田東助　明治 33 年（1900）
1 冊（前付 17 頁, 本文 182 頁）　和装　22.2cm × 15.0cm
（注）「伯爵／佐々木／蔵書印」朱文方印

**自治論 上・下之巻　1687**
（米）李抜（リーバー）著　（日）林董 訳
東京　林氏蔵版　回春堂（発兌）　明治 13 年（1880）
2 冊　洋装　18.5cm × 12.2cm
（注）外題書名：『自治論 一名 人民ノ自由』
「伯爵／佐々木／蔵書印」朱文方印

**司法省第四～九処務幷経費年報 第十一～十六年度　1688**
〔司法省 編〕
刊　明治 15 年（1882）～18 年（1885）序
2 冊　和装　23.8cm × 18.4cm
（注）「伯爵／佐々木／蔵書印」朱文方印

**司法省第二・三年報　1689**
〔司法省 編〕
刊　明治 14 年（1881）序
2 冊　和装　24.1cm × 17.1cm
（注）内容は明治 9・10 年
「伯爵／佐々木／蔵書印」朱文方印

**明治十六~十七年司法省達全書** *1690*
〔司法省 編〕
司法省蔵版　明治18年（1881）
1冊（前付16頁,本文597頁）　洋装　18.4cm×13.9cm
(注)「伯爵／佐々木／蔵書印」朱文方印

**現行社寺法規** *1691*
内務省社寺局 編纂
東京　報行社書籍部　明治28年（1895）
1冊（前付60頁,本文521頁）　洋装　19.4cm×13.6cm
(注)「伯爵／佐々木／蔵書印」朱文方印

**第十三回帝国議会 衆議院記事摘要** *1692*
衆議院事務局 編
東京　忠愛社（印刷）　明治32年（1899）
1冊（前付38頁,本文603頁）　洋装　22.1cm×15.0cm

**衆議院議員選挙法** *1693*
刊　1冊（本文83丁）　和装　25.8cm×18.7cm
(注)蒟蒻版
第1丁に「選挙法元ノ元案　11　佐々木」との佐佐木高行自筆墨書あり
第7丁鼇頭に佐佐木自筆と思しき朱書および鉛筆書あり
「伯爵／佐々木／蔵書印」朱文方印

**英国学士払波士氏主権論** *1694*
（英）払波士（ホッブス）著
文部省編輯局蔵板　明治16年（1883）
1冊（前付4丁,本文76丁）　和装　22.5cm×15.2cm

**条約ト法律トノ関係** *1695*
刊　1冊（本文36丁）　洋装　25.8cm×18.6cm
(注)蒟蒻版
『魯国法律全書』を含む
「伯爵／佐々木／蔵書印」朱文方印
「伯爵佐／佐木家／蔵書印」朱文方印

**諸官省職制章程 明治九年 ほか合綴** *1696*
刊　合綴1冊　和装　19.0cm×13.7cm
(注)「伯爵／佐々木／蔵書印」朱文方印
【内容】
①『陸軍省職制及事務章程』　18頁
②『工部大学校開校式』　10頁,表2枚
③『教部省職制幷事務章程』　7頁
④『東京ヨリ各府県ヘノ郵便線路里程一覧表』　2丁,表1枚
⑤『控訴上告手続』　16頁
⑥『外務省職制幷事務章程』　9頁
⑦『海軍省職制及事務章程』　11頁

**諸条例合綴** *1697*
刊　合綴1冊　和装　20.9cm×13.8cm
(注)書名は外題による
【内容】
①『違式註違条例』　8丁
(注)「伯爵／佐々木／蔵書印」朱文方印
②『太政官布告』第285~320号
明治6年（1873）　42丁,表2枚
(注)「伯爵／佐々木／蔵書印」朱文方印
③陸軍省 編『改訂鎮台条例』　23丁,表1枚
④大蔵省 編『大蔵省第一国立銀行金銀取扱規則』
明治6年（1873）　11丁

**類例対比諸罰則大成　第1編巻之1~3** *1698*
日賀多信順 編著
東京　坂上半七　明治8年（1875）
3冊　和装　23.0cm×15.5cm
(注)巻之1上は欠
「伯爵佐／佐木家／蔵書印」朱文方印

**諸法論説合綴** *1699*
合綴1冊　和装　23.5cm×16.0cm
(注)「伯爵佐／佐木家／蔵書印」朱文方印
【内容】
①『憲法第六十七条ノ歳出廃除削減ニ付政府ノ同意ヲ求メ及政府ノ同意シ得ル区域』　写　49丁
(注)無銘朱12行罫紙
②『華族会館総会規則改正案・華族会館規則幷同分局規則改正案』　刊　明治29年（1896）　17頁
③『法例』　刊　3丁

**西洋会議便法　巻之1** *1700*
（米）キュッシング 著　（日）大島貞益 訳
印書局（印行）　明治7年（1874）
1冊（前付7丁,本文172頁,後付1丁）
洋装　20.9cm×14.7cm
(注)扉に「翻訳局 訳述」とあり
「伯爵／佐々木／蔵書印」朱文方印

政治・法律　157

**選挙法参考　1701**
刊　1冊　和装　21.7cm×14.7cm
(注)書名は外題による
「伯爵／佐々木／蔵書印」朱文方印
【内容】
①『憲法第八条緊急勅令ヲ議会ニ提出スルノ目的及結果』24頁,表1枚
②『千八百八十九年度代議院支出予算書案』30頁,表9枚
③『伊国撰挙法』54頁
④『伊国代議院(或ハ国会)条例』33頁
⑤『モールス・ブロック氏撰挙説』80頁
　(注)佐佐木高行自筆朱書あり
⑥『墺国議員撰挙法』23頁
⑦『白耳義国選挙法』55頁
⑧『独逸国会議員撰挙規則』52頁
⑨『普国下院議員撰挙規則』31頁

**太政官布達 ほか　1702**
刊　3冊　和装　19.2cm×13.5cm
(注)書名は外題による
【内容】
1.『太政官布達　明治六年』1冊(本文53丁)
　(注)「伯爵／佐々木／蔵書印」朱文方印
2.『布達　條例　明治十二年』1冊(本文217丁)
3.『太政官布達　明治十四年』1冊(本文92丁)
　(注)「伯爵／佐々木／蔵書印」朱文方印

**地租改正要領法律類　1703**
写　和装
(注)現在所在不明

**地租改正例規沿革撮要 上・中・下　1704**
刊　3冊　和装　18.1cm×12.3cm
(注)「伯爵／佐々木／蔵書印」朱文方印

**地方官会議傍聴録 第1～10号　1705**
小笠原美治 編輯
東京　弘令社　明治11年(1878)
合綴1冊(250頁)　和装　17.6cm×12.7cm

**第十七回帝国議会報告　1706**
大橋新太郎 記　斎木寛直 編輯

東京　斎木寛直　明治36年(1903)
1冊(前付2頁,本文70頁)　洋装　22.5cm×15.1cm
(注)非売品
「伯爵佐／佐々木家／蔵書印」朱文方印

**駁東京日日新聞民法修正論　1707**
磯部四郎 著　斎藤孝治等 編輯
東京　明法堂　〔明治25年(1892)〕
1冊(本文47頁)　洋装　27.2cm×19.4cm
(注)『法治協会雑誌』号外

**東京府下懲役場盗賊表 自明治九年至同十一年　1708**
合綴1冊　和装　24.3cm×15.9cm
(注)書名は外題による
「伯爵／佐々木／蔵書印」朱文方印
【内容】
①『東京府下懲役場盗賊調　明治九年明治十年』
　調査局　明治11年(1878)　24頁
②『東京府下懲役場盗賊調　明治十一年』
　会計部　明治13年(1880)　30頁

**布告 明治八～十四年　1709**
刊　合綴8冊　和装　18.9cm×13.7cm
(注)「伯爵／佐々木／蔵書印」朱文方印

**布告全書 明治五年 第1～11冊　1710**
外史局 編纂
刊　明治5年(1872)
12冊　和装　18.6cm×12.2cm
(注)第11冊下は欠
「伯爵佐／佐々木家／蔵書印」朱文方印

**布告 明治十四年九・十月　1711**
刊　合綴1冊(28丁)　和装　23.5cm×15.9cm
(注)「伯爵／佐々木／蔵書印」朱文方印

**明治六年布告類編 巻之1～8・10～11　1712**
記録課 編纂
官版　明治7年(1874)
11冊　和装　22.7cm×15.3cm
(注)「伯爵佐／佐々木家／蔵書印」朱文方印
「駿河台／佐々木／蔵書印」朱文方印

法規提要 上・中・下巻　*1713*
内閣法制局 編輯
内閣法制局　明治24年（1891）
3冊　洋装　23.6cm × 16.9cm
(注)「伯爵／佐々木／蔵書印」朱文方印

法規提要　*1714*
法制局 編輯
法制局　明治26年（1893）
1冊（前付70頁,本文2334頁,後付96頁）
洋装　26.4cm × 19.7cm
(注)「伯爵／佐々木／蔵書印」朱文方印

法律改正之義 ほか合綴　*1715*
写　合綴1冊　和装　25.2cm × 18.8cm
【内容】
①海江田信義 著『法律改正ノ義』　5丁
　(注)「伯爵佐／佐木家／蔵書印」朱文方印
②『司法本省職制』　19丁
　(注)司法省青10行罫紙
　「鶴田」朱文円印

法律格言　*1716*
細川潤次郎 訳幷註
元老院蔵版　明治11年（1878）
1冊（前付70頁,本文839頁,後付6頁）
洋装　18.5cm × 13.5cm
(注)「伯爵／佐々木／蔵書印」朱文方印

法律語彙初稿　*1717*
司法省蔵版　明治16年（1883）
1冊（前付14頁,本文1013頁,後付115頁）
洋装　18.6cm × 14.3cm
(注)「伯爵／佐々木／蔵書印」朱文方印

法律ニ関スル諸論 ほか合綴　1・2　*1718*
写　合綴2冊　和装　23.8cm × 16.4cm
　(注)無銘青色10行罫紙
　「伯爵佐／佐木家／蔵書印」朱文方印
【内容】
第1冊
①『権限争議裁定ノ手続ニ関スル仮案』　17丁
②『外国人ニ関スル規行法規』　27丁
③『ロエスレル答議』　8丁

④『司法大臣ノ提案ニ対スル意見』　25丁
⑤『行政裁判幷ニ訴願法ニ関スル司法大臣提出参考書』　16丁
⑥『憲法第六拾七条問答』　21丁
⑦『陛下並官省ニ差出スヘキ請願及訴願ニ関スル布告』　13丁
⑧『明治三十四年四月十七日枢密院内顧問官室ニ於テ加藤外務大臣談話ノ要領』　13丁
⑨『独英両条約対照』　17丁
⑩『欧州及東洋戦争』　9丁
　(注)外題書名:『キヨルン毎週新聞抄訳 十月十八日発刊』
第2冊
①『憲法第六拾七条ヲ施行スル為ニ条則ヲ制定シ其節目ヲ定ムルノ件ニ係ル理由』　18丁
②『行政裁判法ニ於ケル枢府ノ修正ニ対スル卑見』　11丁
③『千九百三年十月発行「コンテムポラリー・レビュー」掲載 独逸国皇帝ウキリヤム第二世』　38丁
④『井上毅氏ノ書牘ニ対スル意見』　39丁
⑤『千九百一年四月 レビューオフレビュー雑誌登載仏国現内閣政策評論』　28丁
⑥『行政裁判之部』　11丁
⑦『訴願之部』　31丁

法律命令論　*1719*
伊東巳代治 編述
東京　牧野善兵衛　明治23年（1890）
1冊（前付5頁,本文199頁）　和装　20.6cm × 14.4cm
(注)「伯爵／佐々木／蔵書印」朱文方印

法例彙纂 訴訟法之部　*1720*
史官 編纂
東京　博聞社（印刷）　明治9年（1876）
1冊（前付16頁,本文982頁）　洋装　18.2cm × 13.5cm
(注)「伯爵／佐々木／蔵書印」朱文方印

法例全書 明治十八〜二十七年　*1721*
内閣官報局 編
刊　明治18年（1885）〜27年（1894）
95冊　和装　21.5cm × 14.5cm
(注)明治18年分のみ太政官文書局編
「伯爵／佐々木／蔵書印」朱文方印

政治・法律　159

**山形県鶴ヶ岡士族開墾之履歴書 ほか合綴　1722**
写　合綴 7 冊　和装　25.9cm × 18.9cm

1.『山形県 鶴ヶ丘士族開墾之履歴書』
明治 12 年（1879）
合綴 1 冊（51 丁）
(注)書名は外題による
無銘青 10 行罫紙
【内容】
『鶴岡開墾履歴』『荒撫地三ヶ所申下写』『官林御払下願書写』『右御払下御聞届御達書写』『司法省御出県之節県庁ヨリ差出候開墾趣意書写 但士族心得之為御渡相成候分』『御賞典三千円被下御達書写』『御下金無之事ニ相成弐万円拝借願書写』『種夫食御裁判一条上申書幷内務省御達県庁ヨリ御達書写』『資本金不足ニ付五万円拝借願書写』『開墾場龕絵図』

2.『山形県 物産及開墾等ニ関スル書類』
明治 12 年（1879）
合綴 1 冊（69 丁）
(注)書名は外題による
山形県朱 13 行罫紙, 佐々木製糸館青 13 行罫紙, 西置賜郡役所朱 13 行罫紙, 山形県西村山郡役所朱 13 行罫紙, 山形県羽前国南村山郡役所朱 13 行罫紙, 無銘青 10 行罫紙
【内容】
『管内物産調』『山形県牧牛試検場概況』『明治七年四月開設 第壱号試験場動植物調』『繭糸共進会出品附録業務沿革申告書』『拝謁之者履歴取調差出候付上申』『開墾地御見分嘆願書』『開墾地見ル目牧野両原幷ニ新堰掘割目論見』『開墾地御臨検願書』『溜井御高覧之儀ニ付願』『〔山形県西田川郡鶴岡茶・玻璃ノ製造ニ付願書〕』『物産繁殖旨趣ノ儀ニ付上申』

3.『山形県 地租改正関係之書類 甲部・水害書類 甲部』
明治 12 年（1879）
合綴 1 冊（67 丁）
(注)書名は外題による
山形県北村山郡役所朱 13 行罫紙, 東村山郡役所朱 13 行罫紙, 山形県西村山郡役所朱 13 行罫紙, 西置賜郡役所朱 13 行罫紙, 山形県西田川郡役所朱 13 行罫紙, 山形県朱 13 行罫紙, 無銘青 10 行罫紙
【内容】
『明治八年地租改正之儀ニ付上申』『御巡幸ノ儀ニ付建言』『開山道開鑿之儀ニ付建言』『洪水景況之儀ニ付上申』『山形県西村山郡内水害之儀ニ付上申』『水害景況之儀ニ付上申』『水害ニ付破堤修築工費其御節ヘ請求之儀ニ付上申』『佐々木議官殿御巡視之儀付願・御招待願』『郡内洪水之概況』

4.『山形県 地租改正関係之書類 乙部』
明治 11 年（1878）～ 12 年（1879）
合綴 1 冊（86 丁）
(注)書名は外題による
十日町青 10 行罫紙, 東村山郡役所青 10 行罫紙, 無銘青 10 行罫紙
【内容】
『〔最上郡十日町村 地租ニ関スル実況〕』『地租之儀ニ付具状上申書』『地券調直シ度儀ニ付願』『本国酒田港補理汽舩回漕ヲ謀ル儀ニ付建言書』『郡役所合併之儀ニ付建言』『酒田河港築工ノ意見上申』『〔酒田港口築工ニ関スル上申〕』『〔田川郡飽海郡景況ニ付陳述〕』『山形県ト羽前国西田川郡民情反景況ニ付上申』『鶴岡市街景況上申書』『山形県最上郡景況』『〔虎列刺病流行ニ付伺伺〕』『〔西本山郡景況ニ付口上書〕』『〔東村山郡景況ニ付上申書〕』『郡画御改正区域組換願』『山形郡役所附属駆込願』『郡画御改正不適当之儀ニ付上申』『鳥海山所属ノ儀ニ付訪詣ノ概略』『山形県下ノ情態』

5.『山形県 水害関係之書類 乙部』
明治 12 年（1879）
合綴 1 冊（137 丁）
(注)書名は外題による
東田川郡平岡村青 10 行罫紙, 西田川郡役所青 12 行罫紙, 無銘青 11 行罫紙, 無銘青 10 行罫紙
【内容】
『寒河江川通堤防破壊其他之儀ニ付上申』『二ノ堰予防寒河江川堤防破壊之儀ニ付上申』『最上川寒河江川通堤防破壊之儀ニ付上申』『山形県羽前国西村山郡泉村小泉村水害景況御噺申上候』『七月中洪水ヨリ山形県羽前国西村山郡溝延村水害ノ御噺申上候』『山形県下西村山郡本楯村水害ノ御咄奉申上候』『山形県下西村山郡高屋村水害ノ御咄申上候』『山形県下西村山郡島村水害ノ御咄申上候』『最上郡本合海町村地租御免除願書』『山形県羽前最上郡泉田村地租等取調書』『山形県羽前国最上郡蔵岡村水害ニ付報告書』『山形県最上郡古口町村水害ニ付上申書』『羽前国最上郡蔵岡村・古口村損害調』『明治十二年七月中水害損地取調』『山形県最上郡古口町村・蔵岡町村水難景況上申書』『山形県羽前国東田川郡水害ニ付具状書（2 種）』『山形県西田川郡大山川洪水ノ概況』『用水路破壊之儀ニ付上申』『山形県東田川郡河川堤防修繕費ニ付上申』『明治十二年七月中洪水之為田方五分以上水害損毛村々調』『明治十二年七月七日十日洪水之為水害損地村々合計帳』

6.『山形県 物産興業関係之書類 乙部』
明治 11 年（1878）～ 12 年（1879）
合綴 1 冊（69 丁）

(注)書名は外題による
山形県製糸場青10行罫紙,米沢製糸場12行罫紙,山形県東置賜郡役所青10行罫紙,無銘朱10行罫紙,無銘青9行罫紙
【内容】
『製糸諸費計算書』『紅女名簿 月給幷等級』『薄皮繭紡績器械試験説明書』『米沢製糸場十一年九月以来即今迄業上増加之件取調書』『製糸場ニ而器械明細調』『勧業特別出精之者ニ付上申』『大室牧場自明治十一年十一月至同十二年十二月蕃殖表』『山形県北村山郡楯岡村喜早伊右衛門上申書』『鶴岡産瑠璃製造ニ付上申』『養蚕製糸盛大ニ玉ラシム見込書』『食塩製造幷見込上申』『地方国産ノ一等ナル米穀ノ販売ノ不振ヲ苦慮ス』『葡萄酒盛大ニ致度主旨』『牧牛一層盛致度見込』『酒田新井品米庫へ預リ米穀仮法』『米庫入米壱俵ニ付諸入費之定』『川下朱船賃及故宿方願』『最上米船下ケ仮法』

7.『山形県 孝子貞婦高老取調之書類』
明治12年（1879）
合綴1冊（41丁）
(注)書名は外題による
山形県北村山郡役所朱12行罫紙,山形県朱12行罫紙,山形県青10行罫紙,無銘青10行罫紙
【内容】
『山形県孝子貞婦取調書 附長寿者』『八拾才以上老人調査』『篤者生上申』『山形県管下羽前国東置賜郡下萩村長寿山口みつ子孫生存者調』

### 郵便規則　1723
東京　博聞社（印刷）　無刊年
1冊（前付4頁,本文198頁）　和装　17.5cm × 12.2cm
(注)書名は外題による
「伯爵／佐々木／蔵書印」朱文方印

### 郵便物逓送人服務規則　1724
駅逓局 編
刊　1冊（前付1丁,本文22丁）　洋装　13.2cm × 9.6cm
(注)「伯爵／佐々木／蔵書印」朱文方印

### 徴兵令及ヒ近衛兵編制改正ノ儀布告按　1725
刊　明治12年（1879）
合綴1冊（145頁）　和装　19.7cm × 14.0cm
(注)書名は外題による
「伯爵／佐々木／蔵書印」朱文方印
【内容】
『布告按』『陸軍徴兵令』『近衛兵編制』『徴兵令』

### 明治三十年一月ヨリ同三十一年一月迄 英照皇太后御大喪録　1726
写　1冊（159丁）　和装　23.6cm × 15.7cm
(注)書名は扉による
宮内省黒13行罫紙
扉に「佐々木高行謹テ書」との自筆墨書あり

### 宮中儀式略　1727
平田久 編
刊　明治37年（1904）再版　和装
(注)現在所在不明

### 皇位継承篇 巻之1～10・附録　1728
横山由清,黒川真頼 編纂　福羽美静 検閲
元老院蔵版　明治11年（1878）
6冊　和装　26.2cm × 18.2cm
(注)外題書名：『旧典類纂 皇位継承篇』

### 皇室婚嫁令・同附式　1729
刊　明治33年（1900）
1冊（前付4頁,本文45頁）　和装　24.3cm × 16.5cm

### 神器考証　1730
栗田寛 著
東京　国学院　明治31年（1898）
1冊（前付8丁,本文53丁）　和装　22.8cm × 15.4cm

### 貞享三年大嘗会悠紀主基両殿図　1731
東京　松野勇雄　明治26年（1893）
彩色図1枚　50.6cm × 62.6cm
（折りたたみ17.0cm × 11.2cm）
(注)『皇典講究所講演』94 附録
「伯爵／佐々木／蔵書印」朱文方印

### 憲法書類　1732
写　1冊（131頁）　和装　27.4cm × 19.3cm
(注)伯爵佐々木家蔵青無行罫紙
【内容】
『皇室典範』『大日本帝国憲法』『議院法』『衆議院議員選挙法』『会計法』『貴族院令』『予算』『貴族院伯子男爵議員選挙規則』

### 憲法志料 首巻・4・5編　1733
木村正辞 纂輯　大久保好伴 校
司法省蔵版　明治16年（1883）〜17年（1884）
17冊　和装　22.6cm×15.0cm
(注)首巻は桜井友二郎校訂
「伯爵佐／佐々木家／蔵書印」朱文方印

### 内外臣民公私権考 憲法衍義之1 ほか合綴　1734
合綴1冊　和装　17.1cm×12.0cm
(注)「伯爵／佐々木／蔵書印」朱文方印
【内容】
①『内外臣民公私権考 憲法衍義之1』
　井上毅 著
　東京　哲学書院　明治22年（1889）66頁
②『公平選挙』
　根本正 著
　刊　明治29年（1896）序　31頁

### 皇室典範・皇室典範草案　1735
刊　合綴1冊（52頁）　和装　31.3cm×20.8cm
(注)外題書名：『大日本帝国憲法』
「伯爵佐／佐々木家／蔵書印」朱文方印

### 澳国スタイン氏行政裁判説大意　1736
（澳）スタイン 述　（日）松岡康毅 筆記
刊　1冊（本文36丁）　和装　26.3cm×19.1cm
(注)蒟蒻版
「伯爵／佐々木／蔵書印」朱文方印

### 行政法大意　1737
穂積八束 著
東京　八尾新助　明治29年（1896）
1冊（前付15頁,本文312頁）　和装　21.0cm×14.2cm
(注)「伯爵佐／佐々木家／蔵書印」朱文方印

### 自治行政論 ほか合綴　1738
合綴1冊　和装　21.0cm×14.2cm
(注)「伯爵／佐々木／蔵書印」朱文方印
【内容】
①『自治行政論』
　都筑馨六 著
　東京　都筑馨六　明治25年（1892）50頁
　(注)非売品
②『民政論』
　都筑馨六 著
　刊　〔明治25年（1892）〕57頁
③『条約改正に関する事項』
　刊　32頁
　(注)国家経済会報告

### 戸籍法詳解　1739
鈴木喜三郎 著　鳩山和夫 閲
東京　東京専門学校出版部　明治31年（1898）
1冊（前付6頁,本文293頁）　和装　21.8cm×14.6cm
(注)書名は目首による
「伯爵／佐々木／蔵書印」朱文方印
「伯爵佐／佐々木家／蔵書印」朱文方印

### 司法省第三〜九報告民事統計年報 明治十〜十六年　1740
〔司法省 編〕
刊　明治15年（1882）〜18年（1885）序
4冊　和装　25.8cm×17.6cm
(注)「伯爵／佐々木／蔵書印」朱文方印

### 再閲修正民法草案注釈　1741
（仏）ボアソナード 起稿
刊　10冊　洋装　18.5cm×12.3cm
(注)第2編物権部は2部存す
物権部上巻・人権部上巻の2冊は和装
「伯爵／佐々木／蔵書印」朱文方印
【内容】
第2編『物権ノ部』（上・下巻）,第2編『人権ノ部』（上・中巻）,第3編『特定名義獲得ノ部』（上・中・下）,第4編,第5編

### 新民法詳解　1742
研法学会 著　鳩山和夫 閲
東京　北上屋書店　明治29年（1896）
1冊（前付9頁,本文734頁,後付18頁）
洋装　18.8cm×12.7cm
(注)「伯爵／佐々木／蔵書印」朱文方印

### 法例彙纂 民法之部 第1・2篇　1743
史官 編纂
東京　博文社（印刷）　明治8年（1875）
2冊　洋装　17.9cm×13.0cm
(注)「伯爵／佐々木／蔵書印」朱文方印
「駿河台／佐々木／蔵書印」朱文方印

民法債権担保編　*1744*

刊　1冊（前付6丁，本文75丁）

和装　25.2cm × 17.0cm

(注)「伯爵／佐々木／蔵書印」朱文方印


民法財産取得編　*1745*

刊　1冊（前付4丁，本文68丁）

和装　25.3cm × 17.1cm

(注)「伯爵／佐々木／蔵書印」朱文方印


民法財産編　*1746*

刊　1冊（前付5丁，本文132丁）

和装　25.3cm × 17.0cm

(注)「伯爵／佐々木／蔵書印」朱文方印


民法証拠編　*1747*

刊　1冊（前付2丁，本文35丁）

和装　25.3cm × 17.0cm

(注)「伯爵／佐々木／蔵書印」朱文方印


改定律例　首巻・巻1・2　*1748*

〔司法省 編〕

刊　1冊（前付2丁，本文132丁）

和装　27.8cm × 19.1cm

(注)「伯爵佐／佐木家／蔵書印」朱文方印


監獄則・監獄則図式　*1749*

刊　2冊　27.2cm × 18.3cm

(注)「伯爵佐／佐木家／蔵書印」朱文方印

【内容】
1.『監獄則』　1冊（本文34丁）　和装
2.『監獄則図式』　1冊　和装折本


明治九年明治十年刑事綜計表　*1750*

刊　合綴1冊（238丁）　和装　24.7cm × 17.4cm

(注)書名は外題による
2冊を1冊に合綴
「伯爵／佐々木／蔵書印」朱文方印


刑事訴訟表　上・下　*1751*

刊　2冊　和装　24.2cm × 17.2cm

(注)「伯爵／佐々木／蔵書印」朱文方印


刑法講義筆記　*1752*

（仏）ボアソナード 講述　（日）栗本貞次郎等 口訳

刊　合綴3冊　和装　19.2cm × 13.5cm

(注)第2冊に『大審院諸裁判所職制章程』『讒謗律』『新聞紙条例』
『善行章条例』を含む
内容は第1〜12・14・16・29〜48回の講義筆記
「伯爵／佐々木／蔵書印」朱文方印


刑法審査修正案　*1753*

〔刑法草案審査局 編〕

刊　〔明治12年（1879）〕

1冊（前付10頁，本文181頁）　洋装　20.8cm × 13.6cm

(注)「伯爵／佐々木／蔵書印」朱文方印


刑法注釈　巻1〜8　*1754*

村田保 著

東京　村田保蔵版　明治13年（1880）

8冊　和装　22.6cm × 15.1cm

(注)「伯爵／佐々木／蔵書印」朱文方印
「伯爵佐／佐木家／蔵書印」朱文方印


刑法表　*1755*

司法省 編

司法省蔵版　明治16年（1883）

1冊（前付6頁，本文723頁）　洋装　25.6cm × 18.1cm


罪案凡例 ほか合綴　*1756*

合綴1冊　和装　25.3cm × 17.6cm

(注)「伯爵／佐々木／蔵書印」朱文方印

【内容】
①司法省 編『罪案凡例』　刊　10丁
②『採鉱条例』　刊　44頁
③〔井上毅 著〕『論罪方法』　写　18丁
④〔井上毅 著〕『代言師考』　写　15丁
　(注)司法省青10行罫紙
⑤海軍省 編『海軍読法 附律条』
　刊　明治9年（1876）　本文25頁


明治十一〜十六年司法省第四〜九刑事統計年報　*1757*

司法省　明治15（1882）〜18年（1885）序

6冊　和装　24.9cm × 17.6cm

(注)「伯爵／佐々木／蔵書印」朱文方印

政治・法律　163

新律綱領改定律例対比合刻　*1758*
〔司法省 編〕
東京　須原鉄二（売捌）　明治6年（1873）
1冊（前付14丁, 本文173丁）　洋装　21.6cm×15.7cm
(注)書名は背による
「伯爵 / 佐々木 / 蔵書印」朱文方印

新律綱領　首巻・1～5巻　*1759*
刊　明治3年（1870）序
5冊　和装　27.1cm×18.2cm
(注)「伯爵 / 佐々木 / 蔵書印」朱文方印
「伯爵佐 / 佐木家 / 蔵書印」朱文方印

治罪法草案註釈　第1～5編　*1760*
(仏) 傑・博散徳（ボアソナード）著
(日) 森順正等 訳
刊　4冊　洋装　18.5cm×13.1cm
(注)「伯爵 / 佐々木 / 蔵書印」朱文方印

陸軍刑法　*1761*
〔陸軍刑法草案審査局〕　明治13年（1880）序
1冊（前付4頁, 本文53頁）　洋装　21.0cm×13.5cm
(注)外題書名:『陸軍刑法審査修正案』
「伯爵 / 佐々木 / 蔵書印」朱文方印

海上裁判所訴訟規則　*1762*
〔海上裁判所訴訟規則審査局〕　明治13年（1880）序
1冊（前付4頁, 本文96頁）　洋装　20.9cm×13.8cm
(注)外題書名:『海上裁判所訴訟規則審査修正案』
「伯爵 / 佐々木 / 蔵書印」朱文方印

海上裁判所訴訟規則・聴訟規則・書類例案　*1763*
刊　1冊（本文135頁）　洋装　20.6cm×13.4cm
(注)「伯爵 / 佐々木 / 蔵書印」朱文方印

海上裁判所聴訟規則　*1764*
〔海上裁判所聴訟規則審査局〕　明治13年（1880）序
1冊（前付4頁, 本文47頁）　洋装　20.8cm×13.8cm
(注)外題書名:『海上裁判所聴訟規則審査修正案』

治罪法　*1765*
〔治罪法草案審査局〕　明治13年（1880）序
1冊（前付7頁, 本文278頁）　洋装　20.7cm×13.3cm
(注)外題書名:『治罪法審査修正案』

「伯爵 / 佐々木 / 蔵書印」朱文方印

民事訴訟法　*1766*
刊　1冊（前付4丁, 本文172丁）
和装　25.3cm×17.0cm
(注)扉に「佐々木」との朱書あり
「伯爵 / 佐々木 / 蔵書印」朱文方印

局外中立規制　*1767*
刊　1冊（本文13頁）　洋装　21.3cm×15.0cm
(注)書名は外題による

万国公法戦争条規　第1編　*1768*
(独) ブルンチュリー 著　(日) 山脇玄, 飯山正秀 共訳
東京　独逸学協会　明治15年（1882）
1冊（前付18頁, 本文42頁）　洋装　18.7cm×12.3cm
(注)「伯爵 / 佐々木 / 蔵書印」朱文方印

万国公法　巻2・3　*1769*
官版
1冊（本文38丁）　和装　25.7cm×17.2cm
(注)「駿河台 / 佐々木 / 蔵書印」朱文方印

和解万国公法　甲～癸之巻　*1770*
呉碩三郎, 鄭右十郎 訳　平井義十郎 校閲
写　4冊　和装　22.6cm×15.4cm
(注)翻訳局黒8行罫紙
同治3年開版（清）, 慶応4年翻訳版の写し
「伯爵 / 佐々木 / 蔵書印」朱文方印
「駿河台 / 佐々木 / 蔵書印」朱文方印

王権論　巻1～5　*1771*
(仏) ロリュー 著　(日) 丸毛直利 訳
元老院蔵版　明治16年（1883）
合綴1冊（394頁）　洋装　19.7cm×13.4cm
(注)5冊を1冊に合綴
「伯爵 / 佐々木 / 蔵書印」朱文方印

国家生理学　第1編　*1772*
(独) 仏郎都（フランツ）著　(日) 文部省 訳
文部省蔵版　明治15年（1882）序
1冊（前付9頁, 本文212頁）　洋装　19.3cm×13.8cm
(注)「伯爵 / 佐々木 / 蔵書印」朱文方印

国法汎論　首巻・巻之6～9　*1773*
（瑞）イ・カ・ブルンチュリ 著　（日）加藤弘之 訳
大井潤一, 長川新吾 校
文部省蔵版　明治5年（1872）～7年（1874）
11冊　和装　25.8cm × 17.9cm
（注）外題書名：『官版国法汎論』

国法汎論　巻之1・2　*1774*
（瑞）ブルンチリ 著　（日）加藤弘之 訳
東京　加藤弘之　明治9年（1876）
4冊　洋装　18.3cm × 12.2cm
（注）「伯爵／佐々木／蔵書印」朱文方印

主権原論　上・下編　*1775*
（仏）ジョセフ・ド・メストル 原著
（日）陸実（羯南）訳述
東京　博聞社　明治18年（1885）
1冊（前付5頁, 本文285頁）洋装　19.8cm × 13.9cm
（注）「伯爵／佐々木／蔵書印」朱文方印

法理論　第1・2篇　*1776*
（仏）ペリーム 著　（日）井上正一, 高木豊三 訳
司法省蔵版　明治16年（1883）～17年（1884）
2冊　洋装　18.6cm × 13.5cm
（注）外題書名：『仏国法理論』
「伯爵／佐々木／蔵書印」朱文方印

立法論綱　巻1～4　*1777*
（英）ベンサム 原著　（日）島田三郎 重訳
元老院蔵版　明治11年（1878）
4冊　和装　22.7cm × 15.4cm
（注）「伯爵／佐々木／蔵書印」朱文方印

禹域通纂　上・下巻　*1778*
井上陳政 編
大蔵省蔵版　明治21年（1888）
2冊　洋装　22.0cm × 15.6cm
（注）「伯爵／佐々木／蔵書印」朱文方印

新刻法筆驚天雷　巻之1～4　*1779*
刊　2冊　和装　22.2cm × 12.6cm
（注）目次書名：『増補法筆驚天雷』
「伯爵／佐々木／蔵書印」朱文方印
「伯爵佐／佐木家／蔵書印」朱文方印

「劉／印」朱文方印
「千象亭文庫」墨陽長方印

啓蒙明律　巻之1～6　*1780*
大槻誠之（東陽）, 渡辺約郎 解
東京　出雲寺万次郎　明治9年（1876）
6冊　和装　18.5cm × 12.4cm
（注）「伯爵佐／佐木家／蔵書印」朱文方印

故唐律疏議　序表目録・釈文・巻第1～30　*1781*
（唐）長孫無忌等 撰　〔（日）荻生北渓 訓点〕
官板　無刊年
15冊　和装　25.8cm × 18.2cm
（注）「伯爵佐／佐木家／蔵書印」朱文方印

亜米利加合衆国憲法　*1782*
（日）吉田清成 口授
（米）チャールス・ランマン 筆記
（日）高良二 訳　金井之恭 校閲
元老院蔵版　明治21年（1888）
1冊（前付5頁, 本文112頁, 後付2頁）
洋装　20.0cm × 13.9cm

亜米利加合衆国累斯安洲民法　*1783*
（仏）アントワーヌ・ド・サンジョゼフ 著
（日）福地家良 訳
司法省蔵版　明治15年（1882）
1冊（前付34頁, 本文756頁）　洋装　18.5cm × 12.8cm
（注）「伯爵／佐々木／蔵書印」朱文方印

遺物相続史　*1784*
（仏）ボアソナード 著　ヂュブスケ 訳
（日）秋月種樹, 斎藤利行 校閲
元老院蔵版　明治13年（1880）
1冊（前付21頁, 本文284頁, 後付2頁）
洋装　19.1cm × 13.0cm
（注）「伯爵／佐々木／蔵書印」朱文方印

瓦敦堡憲法　*1785*
（仏）ラフエル・エール 纂輯　（日）曲木如長 重訳
井上毅, 荒川邦蔵 校閲
東京　独逸学協会　明治16年（1883）
1冊（前付4頁, 本文81頁）　洋装　18.2cm × 12.3cm

政治・法律　165

(注)「伯爵／佐々木／蔵書印」朱文方印

**増補 英国慣習律攬要  1786**
(英) ジョシャ・ウイリヤム・スミッス 原著
(米) ヱドワルド・チェース・インゼルソル 増補
(日) 肥塚龍 訳
司法省蔵版　明治15年（1882）
1冊（前付6頁,本文649頁）　洋装　18.5cm × 13.1cm
(注)「伯爵／佐々木／蔵書印」朱文方印

**英国議院章程　巻之1～3  1787**
村田保 訳述
東京　村田保蔵版　明治8年（1875）
3冊　和装　22.9cm × 15.7cm
(注)「伯爵佐／佐木家／蔵書印」朱文方印
「駿河台／佐々木／蔵書印」朱文方印

**英国議院典例　巻1・2  1788**
(英) 多摩斯阿爾斯京埋（トマス・オルスキン・メイ）原撰　(日) 小池靖一 翻訳
元老院蔵版　明治12年（1879）
2冊　和装　22.7cm × 15.4cm
(注)「伯爵佐／佐木家／蔵書印」朱文方印

**英国議院典例  1789**
(英) 多摩斯阿爾斯京埋（トマス・オルスキン・メイ）原撰　(日) 小池靖一 翻訳
元老院蔵版　明治12年（1879）
2冊　洋装　19.4cm × 15.2cm
(注)「伯爵／佐々木／蔵書印」朱文方印

**英国刑事訴訟手続　第1～5巻  1790**
(英) アルチボールド 編纂　(日) 出浦力雄 直訳
司法省蔵版　明治16年（1883）
5冊　洋装　18.6cm × 13.3cm
(注)「伯爵／佐々木／蔵書印」朱文方印

**英国成文憲法纂要　巻1～6  1791**
尾崎三良 訳
東京　尾崎三良　明治8年（1875）
2冊　和装　23.1cm × 15.7cm
(注)「伯爵／佐々木／蔵書印」朱文方印

**英国法学捷経　巻之上・下  1792**
高橋達郎 訳
司法省蔵版　明治16年（1883）
2冊　洋装　18.7cm × 13.1cm
(注)「伯爵／佐々木／蔵書印」朱文方印

**英仏民法異同条弁  1793**
(仏) アントワーヌ・ド・サンヂョゼフ 著
(日) 馬屋原二郎 訳
司法省蔵版　明治15年（1882）
1冊（前付30頁,本文431頁）　洋装　18.4cm × 12.8cm
(注)「伯爵／佐々木／蔵書印」朱文方印

**管轄外ノ内外国人ニ関スル英法意見  1794**
刊　1冊（前付11頁,本文253頁,後付12頁）
和装　24.0cm × 17.4cm
(注) 扉に「佐々木」との墨書あり
「伯爵佐／佐木家／蔵書印」朱文方印
「佐々木／蔵書印」朱文方印

**英法小言  1795**
(英) ロング 編輯　(日) 平賀義質 翻訳
司法省蔵版　明治17年（1884）
1冊（前付12頁,本文806頁）　洋装　18.5cm × 13.5cm
(注)「伯爵／佐々木／蔵書印」朱文方印

**王国建国法　第1・2  1796**
(仏) ラヘリエル 編　(日) 井上毅 訳注
明法寮蔵版　明治8年（1875）
2冊　和装　22.4cm × 15.1cm
(注)「伯爵佐／佐木家／蔵書印」朱文方印
「駿河台／佐々木／蔵書印」朱文方印

**和蘭政典  1797**
神田孝平 訳
刊　2冊　和装　22.7cm × 15.4cm
(注)「伯爵／佐々木／蔵書印」朱文方印
「駿河台／佐々木／蔵書印」朱文方印

**欧洲各国憲法  1798**
元老院蔵版　明治10年（1877）
1冊　洋装　18.2cm × 13.3cm
(注)「伯爵／佐々木／蔵書印」朱文方印
【内容】

① 『西班牙国憲』
　（仏）ラフェリエール 纂輯　（仏）バトビー 訂正
　（日）田中耕造 訳述　細川潤次郎 校閲　39頁
② 『瑞士国憲』
　（仏）ラフェリエール 纂輯　（仏）バトビー 訂正
　（日）田中耕造 訳述　細川潤次郎 校閲　72頁
③ 『葡萄牙国憲』
　田中耕造 訳述　細川潤次郎 校正　82頁
④ 『荷蘭国憲』
　（仏）ラフェリエール 纂輯　（仏）バトビー 訂正
　（日）田中耕造 訳述　河津祐之 校閲　88頁
⑤ 『丁抹国憲』
　（米）ヴヘルベッキ 口訳　（日）斎藤利敬 筆記
　細川潤次郎 校正　39頁
⑥ 『伊太利国憲』
　（米）ヴヘルベッキ 口訳　（日）斎藤利敬 筆記
　細川潤次郎 校正　27頁
⑦ 『独逸国憲』
　（米）ヴエルベッキ 口訳　（日）斎藤利敬 筆記
　細川潤次郎 校正　68頁
⑧ 『澳地利国憲』
　（仏）ラフェリエール 纂輯　（仏）バトビー 訂正
　（日）田中耕造 訳述　河津祐之 校閲　84頁

**各国憲法類纂　1799**
元老院蔵版　明治14年（1881）
1冊（前付9頁,本文1225頁）　洋装　20.9cm × 15.0cm
（注）禁発売
「伯爵／佐々木／蔵書印」朱文方印

**各国参議院組織概略　1800**
曲木如長 訳
刊　明治17年（1884）序
1冊（本文92頁）　和装　23.5cm × 16.8cm
（注）『会計検査院長違法上奏ニ関スル争議并退官処分ノ顛末概要』（明治30年）,30丁）を含む
「伯爵／佐々木／蔵書印」朱文方印

**各国上院紀要　1801**
刊　明治17年（1884）　洋装
（注）現在所在不明

**各国選挙法　上・下巻　1802**
鬼頭玉汝 訳

刊　合綴1冊（153頁）　和装　20.7cm × 14.4cm
（注）「伯爵／佐々木／蔵書印」朱文方印

**各国民法異同条弁　1803**
（仏）アントワーヌ・ド・サンヂョゼフ 著
（日）馬屋原二郎 訳
司法省蔵版　明治16年（1883）
1冊（前付9頁,本文354頁）　洋装　18.5cm × 12.5cm
（注）「伯爵／佐々木／蔵書印」朱文方印

**国憲草按引証　1804**
写　1冊（本文175丁）　和装　26.6cm × 19.2cm
（注）元老院朱13行罫紙
「伯爵佐／佐木家／蔵書印」朱文方印

**商法会議局概則　1805**
明法寮 翻訳
司法省蔵版　明治7年（1874）
1冊（本文15丁）　和装　22.1cm × 15.2cm
（注）「伯爵／佐々木／蔵書印」朱文方印
「伯爵佐／佐木家／蔵書印」朱文方印
「駿河台／佐々木／蔵書印」朱文方印

**仏国常用法　第1・2集　1806**
箕作麟祥 訳
司法省蔵版　明治13年（1880）～16年（1883）
2冊　洋装　18.3cm × 13.2cm
（注）「伯爵／佐々木／蔵書印」朱文方印

**臨時台湾旧慣調査会第一部報告清国行政法　第1巻　1807**
臨時台湾旧慣調査会 編
臨時台湾旧慣調査会　明治38年（1905）
1冊（前付19頁,本文532頁）　洋装　25.5cm × 18.2cm
（注）「伯爵／佐々木／蔵書印」朱文方印

**増輯訓点清律彙纂　諸図・巻1～13・19～20　1808**
（清）沈書城 編
明法寮蔵版　明治7年（1874）～8年（1875）
12冊　和装　23.1cm × 15.6cm
（注）「伯爵佐／佐木家／蔵書印」朱文方印
「駿河台／佐々木／蔵書印」朱文方印

泰西政事類典　第1〜4巻　*1809*
経済雑誌社 翻訳　石川暎作 編纂
東京　経済雑誌社　明治17年（1884）
4冊　洋装　21.2cm × 15.7cm
(注)「伯爵／佐々木／蔵書印」朱文方印

代議政体　巻之1〜4　*1810*
（英）弥爾（ミル）著　（日）永峰秀樹 訳
東京　奎章閣　明治8年（1875）〜11年（1878）
4冊　和装　22.3cm × 14.7cm
(注)「伯爵／佐々木／蔵書印」朱文方印

独逸刑法 独逸官版仏訳　*1811*
名村泰蔵 訳
司法省蔵版　明治15年（1882）
1冊（前付4頁, 本文178頁）　洋装　18.3cm × 12.5cm
(注)「伯爵／佐々木／蔵書印」朱文方印

独乙現行治罪法 独乙官版　*1812*
今村研介 訳
司法省蔵版　明治15年（1882）
1冊（前付4頁, 本文245頁）　洋装　18.2cm × 12.6cm
(注)「伯爵／佐々木／蔵書印」朱文方印

千八百九十二年ノ陸軍議案並ニ千八百六十二年乃至千八百六十六年ノ孛国憲法争議　*1813*
（孛）ルードルフ・フォン・グナイスト 著
（日）武内常太郎 訳　平田東助 校閲
東京　偕行社　明治27年（1894）
1冊（前付22頁, 本文413頁）　洋装　18.7cm × 12.9cm
(注)外題書名：『独逸兵制論及憲法争議』
「伯爵／佐々木／蔵書印」朱文方印
「伯爵佐／佐木家／蔵書印」朱文方印

独逸法律政治論纂　第2〜4　*1814*
（独）ブルンチュリー 著　（日）飯山正秀 纂訳
山脇玄 校閲
東京　独逸学協会　明治15年（1882）〜16年（1883）
3冊　洋装　18.2cm × 12.5cm
(注)内容はブルンチュリーの『政治学』『政学字典』『政治学暦史』の抄訳
「伯爵／佐々木／蔵書印」朱文方印

孛国官有地管理論　*1815*
〔（独）オユルリヒス 著〕
大蔵省蔵版　明治22年（1889）
1冊（本文514頁）　和装　21.0cm × 14.2cm
(注)「伯爵佐／佐木家／蔵書印」朱文方印
「佐々木／蔵書印」朱文方印

孛国参議院　*1816*
（独）シーボルト 著
写　1冊（75丁）　和装　23.2cm × 15.5cm
(注)無銘青10行罫紙
『大審院考』を含む

万国政体論　巻之1〜3　*1817*
箕作麟祥 訳述
東京　中外堂　明治8年（1875）
3冊　和装　23.1cm × 15.5cm
(注)2冊目末尾に明治16年8月付の大寺考辰（鹿児島県士族・巡査部長）の履歴書（2枚）の挟み込みあり
「駿河台／佐々木／蔵書印」朱文方印

万国通私法　巻上・中・下　*1818*
（米）ロベルト・ジヨンストウン 筆授
（日）若山儀一 訳述
時中斎蔵版　明治7年（1874）
3冊　和装　22.5cm × 15.2cm
(注)「伯爵佐／佐木家／蔵書印」朱文方印

仏国会計法指要　*1819*
刊　1冊（本文319頁）　和装　21.1cm × 13.7cm
(注)「伯爵／佐々木／蔵書印」朱文方印

仏国行政法 土木部 自第九百弐拾六節至第九百五拾六節　*1820*
（仏）ジュクロック 著
写　1冊（49丁）　和装　23.4cm × 16.0cm
(注)「伯爵／佐々木／蔵書印」朱文方印

仏国刑律実用　巻之2 刑法之部　*1821*
（仏）フオースタン・エリー 著　（日）加太邦憲 訳
司法省蔵版　明治14年（1881）
1冊（前付21頁, 本文1087頁）　洋装　18.5cm × 13.1cm
(注)「伯爵／佐々木／蔵書印」朱文方印

仏国刑律実用 巻之1 治罪法之部　*1822*
(仏) フォースタン・エリー 著　(日) 井上操等 合訳
司法省蔵版　明治16年 (1883)
1冊 (前付17頁, 本文1215頁)　洋装　18.5cm × 13.5cm
(注)「伯爵／佐々木／蔵書印」朱文方印

マツサビヲ氏検官必携　第1〜3帙・附録・総目録
*1823*
(仏) マツサビヲ 著　(日) 黒川誠一郎, 高木豊三 訳
司法省蔵版　明治15年 (1882) 〜 16年 (1883)
7冊　洋装　18.5cm × 13.2cm
(注)「伯爵／佐々木／蔵書印」朱文方印

仏国商法講義　巻之1・2　*1824*
(仏) ヂヨルジ・ブスケ 講義
司法省蔵版　明治8年 (1875)
2冊　和装　23.0cm × 15.5cm
(注)「伯爵佐／佐木家／蔵書印」朱文方印
「駿河台／佐々木／蔵書印」朱文方印

仏国森林法・同執行法令　*1825*
(米) ヴヘルベッキ 口授
(日) 河内信朝, 光増重健 筆記　矢代操 校
元老院蔵版　明治15年 (1882)
1冊 (前付24頁, 本文208頁)　洋装　18.5cm × 12.8cm
(注)「伯爵／佐々木／蔵書印」朱文方印

仏国政典　第1〜12巻　*1826*
大井憲太郎 訳　箕作麟祥 閲
司法省蔵版　明治6年 (1873)
12冊　和装　22.1cm × 15.1cm
(注)「伯爵佐／佐々木家／蔵書印」朱文方印
「駿河台／佐々木／蔵書印」朱文方印

婆督備氏仏国政法論　第1〜3・5〜7帙　*1827*
(仏) 婆督備 (バトビー) 著　(日) 岩野新平等 訳
司法省蔵版　明治12年 (1879) 〜 15年 (1882)
12冊　洋装　18.4cm × 12.6cm
(注)「伯爵／佐々木／蔵書印」朱文方印

仏国訴訟法講義　巻2・3　*1828*
(仏) ボアソナード 講義　(日) 名村泰蔵 口訳
司法省蔵版　明治8年 (1875)
2冊　和装　23.0cm × 15.5cm
(注)「伯爵佐／佐木家／蔵書印」朱文方印
「駿河台／佐々木／蔵書印」朱文方印

ボアソナード氏仏蘭西民法期満得免篇講義　*1829*
(仏) ボアソナード 講義　(日) 一瀬勇三郎等 筆記
司法省蔵版　明治13年 (1880)
1冊 (前付2頁, 本文81頁)　洋装　18.1cm × 12.1cm
(注)「伯爵／佐々木／蔵書印」朱文方印

仏国民法契約篇講義　巻之1〜3　*1830*
(仏) ボアソナード 講議　(日) 名村泰蔵 口訳
司法省蔵版　明治8年 (1875)
3冊　和装　23.2cm × 15.5cm
(注)「伯爵佐／佐々木家／蔵書印」朱文方印
「駿河台／佐々木／蔵書印」朱文方印

ボワソナード氏仏蘭西民法契約篇　第二回講義　*1831*
(仏) ボアソナード 講議　(日) 岩野新平等 筆記
司法省蔵版　明治13年 (1880)
1冊 (前付4頁, 本文1017頁, 後付6頁)
洋装　18.3cm × 13.3cm
(注)「伯爵／佐々木／蔵書印」朱文方印

仏蘭西法律書 刑法　1〜5　*1832*
箕作麟祥 口訳　辻士革 筆受
大学南校蔵版　明治3年 (1870)
5冊　和装　25.8cm × 17.8cm
(注)「伯爵／佐々木／蔵書印」朱文方印
「駿河台／佐々木／蔵書印」朱文方印

仏蘭西法律書 憲法　*1833*
箕作麟祥 訳
文部省蔵版　明治6年 (1873)
1冊 (前付8丁, 本文51丁)　和装　25.8cm × 17.8cm
(注)「駿河台／佐々木／蔵書印」朱文方印

仏蘭西法律書 商法　第1〜5　*1834*
箕作麟祥 訳
文部省蔵版　明治7年 (1874)
5冊　和装　25.8cm × 18.0cm
(注)第3の38丁と39丁の間に佐佐木高行自筆と思しき朱書覚書の挟み込みあり
「伯爵／佐々木／蔵書印」朱文方印
「伯爵佐／佐々木家／蔵書印」朱文方印

仏蘭西法律書 治罪法 第1〜5　*1835*
箕作麟祥 訳　辻士革 筆受
文部省蔵版　明治7年（1874）
5冊　和装　25.8cm×17.9cm
(注)第1冊目の第1丁は欠
「伯爵／佐々木／蔵書印」朱文方印

仏蘭西法律書 民法 第1〜16　*1836*
箕作麟祥 訳　辻士革 筆受
官版　大学南校　明治4年（1871）
16冊　和装　25.8cm×17.8cm
(注)「駿河台／佐々木／蔵書印」朱文方印

ムールロン氏仏蘭西民法覆義 第2・3帙　*1837*
(仏) ムールロン 著　(日) 岩野新平等 訳
司法省蔵版　明治15年（1882）
4冊　洋装　18.5cm×13.1cm
(注)「伯爵／佐々木／蔵書印」朱文方印

孛漏生国法論　*1838*
(孛) シユルチェ 著　(日) 木下周一, 荒川邦蔵 訳
独逸学協会　明治15年（1882）〜17年（1884）
11冊　洋装　18.5cm×12.8cm
(注)「伯爵／佐々木／蔵書印」朱文方印

加利洲刑典 加利洲官版　*1839*
平賀義質 訳
司法省蔵版　明治15年（1882）
1冊（前付15頁, 本文489頁）　洋装　18.4cm×12.4cm
(注)外題書名：『米国加利忽尼亜洲刑典』
「伯爵／佐々木／蔵書印」朱文方印

法国律例〔刑名定範〕　*1840*
鄭永寧 訓点
司法省蔵版　明治15年（1882）
1冊（前付19頁, 本文347頁）　洋装　21.7cm×15.0cm
(注)「伯爵／佐々木／蔵書印」朱文方印

法国律例〔刑律〕　*1841*
鄭永寧 訓点
司法省蔵版　明治15年（1882）
1冊（前付19頁, 本文271頁）　洋装　21.7cm×15.0cm
(注)「伯爵／佐々木／蔵書印」朱文方印

法国律例 民律 上・中・下巻　*1842*
鄭永寧 訓点
司法省蔵版　明治16年（1883）
3冊　洋装　21.7cm×15.6cm
(注)「伯爵／佐々木／蔵書印」朱文方印

法国律例 民律指掌　*1843*
鄭永寧 訓点
司法省蔵版　明治17年（1884）
1冊（前付18頁, 本文546頁）　洋装　21.7cm×15.5cm
(注)「伯爵／佐々木／蔵書印」朱文方印

法国律例 貿易定律・園林則律　*1844*
鄭永寧 訓点
司法省蔵版　明治17年（1884）
1冊（前付18頁, 本文568頁）　洋装　21.6cm×15.0cm
(注)「伯爵／佐々木／蔵書印」朱文方印

目代考・加利州典　*1845*
写　合綴1冊　和装　26.5cm×18.5cm
(注)書名は外題による
「伯爵佐／佐々木家／蔵書印」朱文方印
【内容】
①〔井上毅 著〕『目代考』　33丁
　(注)「伯爵／佐々木／蔵書印」朱文方印
②『加利州典』　57丁
　(注)司法省朱10行罫紙
　内容は455条〜676条

哂馬国民法　*1846*
(仏) アントワーヌ・ド・サンジョゼフ 著
(日) 玉置良造 訳
司法省蔵版　明治15年（1882）
1冊（前付10頁, 本文244頁）　洋装　18.6cm×12.5cm
(注)「伯爵／佐々木／蔵書印」朱文方印

ロエスレル氏王室家憲答議 ほか　*1847*
刊　3冊　和装　20.7cm×14.4cm
(注)「伯爵／佐々木／蔵書印」朱文方印
【内容】
1,(独) ロエスレル答『ロエスレル氏王室家憲答議』
　1冊（前付2頁, 本文84頁）
2,『〔欧州各国家憲ほか〕』　1冊（本文153頁）
　(注)2部存す

3.『〔露国法律ほか〕』 1冊（本文229頁）

**露国法律全書 巻1** *1848*

写　1冊（40丁）　和装　24.3cm × 16.6cm

(注)無銘青12行罫紙
「伯爵佐／佐木家／蔵書印」朱文方印

**魯西亜刑法　上・下巻** *1849*

（魯）アニシモーフ 著　（日）寺田実 訳

司法省蔵版　明治15年（1882）

2冊　洋装　18.5cm × 13.0cm

(注)外題書名：『阿尼失莫氏魯西亜刑法』
「伯爵／佐々木／蔵書印」朱文方印

**魯西亜民法　巻之上・中・下** *1850*

（魯）アニシモフ 著　（日）寺田実 訳

司法省蔵版　明治15年（1882）

3冊　洋装　18.7cm × 13.2cm

(注)外題書名：『阿尼失莫氏魯西亜民法』
「伯爵／佐々木／蔵書印」朱文方印

# 経 済・産 業

経済原論 巻3〜9　1851
（米）アルザル・レザム・ペーリー 著
（日）緒方正等 訳　柳河春蔭 閲　小島忠廉 校
官版　開成学校　無刊年
7冊　和装　21.7cm×15.0cm
（注）原31巻
巻7〜9は，大学南校刊
「伯爵佐／木家／蔵書印」朱文方印
「駿河台／佐々木／蔵書印」朱文方印

経済哲学 上巻　1852
（英）マクラウド 原著　（日）田口卯吉 訳
有賀長雄 校閲
東京　元老院蔵板　明治18年（1885）
1冊（前付57頁，本文738頁）洋装　19.3cm×12.3cm
（注）原上下巻2冊
「伯爵／佐々木／蔵書印」朱文方印

国家経済会報告　1853
刊〔明治11年（1878）〕
1冊（前付32頁，本文69頁）和装　21.0cm×14.0cm
（注）外題書名：『国家経済会報告 合綴』
「伯爵／佐々木／蔵書印」朱文方印

住友事業案内　1854
永元原蔵 編纂
大阪　住友本店　明治36年（1903）
1冊（前付9頁，本文77頁，後付60頁，図版16枚）
洋装　18.0cm×12.8cm

明治三十七年二月二十三日華族大会ノ席上戦時経済ニ関スル園田孝吉君ノ演説筆記　1855
園田孝吉 著
東京　園田孝吉　明治37年（1904）
1冊（本文3頁）洋装　21.8cm×14.8cm

日本之経済及財政 第5章　1856
（独）ラードゲン 著

刊　1冊（本文115丁）　和装　25.8cm×18.5cm
（注）「伯爵／佐々木／蔵書印」朱文方印

福島県三国二十一郡貧村実況録 ほか合綴　1857
写　2冊（①93丁②121丁）和装　25.6cm×18.5cm
（注）第2冊外題書名：『福島県 起業景況書類』
巻頭に明治13年3月付識語あり（福島県罫紙）

報徳仕方 富国捷径　1858
福住正兄 述
福住氏蔵梓　明治6年（1873）
1冊（前付5丁，本文55丁，後付2丁）
和装　23.2cm×15.9cm
（注）「伯爵佐／木家／蔵書印」朱文方印

遺産税論　1859
（米）ウエスト 著　（日）明義雑誌社 訳
松本正之介 編集
東京　明義雑誌社　明治37年（1904）
1冊（本文76頁）洋装　22.0cm×14.8cm
（注）表紙の書名：『遺産相税論（明義号外）』

大蔵卿年報書 第5〜9回　1860
大蔵省 編纂
刊　3冊　和装　25.1cm×18.5cm
（注）「伯爵／佐々木／蔵書印」朱文方印
【内容】
『大蔵卿第五・六回年報書』，『大蔵卿第七回年報書』（2部存す），『大蔵卿第八・九回年報書』

欧米大戦争ニ於ケル財政ニ関スル調査　1861
大蔵省 編纂
東京　大蔵省　明治37年（1904）
1冊（本文365頁）洋装　22.0cm×14.8cm
（注）小口書名：『欧米戦争財政調査』
表紙裏に「明治三十七年十月大蔵次官阪谷芳郎ヨリ被贈」との佐佐木高行自筆墨書あり
「伯爵／佐々木／蔵書印」朱文方印

**会計原法参考書　第1・2・4～7集**　*1862*
大蔵省参事官室 編
刊　6冊　和装　19.9cm × 13.2cm
(注)「伯爵／佐々木／蔵書印」朱文方印
【内容】
第1集,『白耳義国公債及出納行政規則』
第2集,『英国財務要論』
第4集,『仏国大蔵省職掌章程一』
第5集,『仏国大蔵省職掌章程二』
第6集,『仏国有動産規程』
第7集,『仏蘭西銀行・白耳義国立銀行・全貯金局事務・
　　　　伊太利国財務』

**会計答議　1・2**　*1863*
刊　2冊　和装　25.8cm × 18.5cm
(注)「伯爵／佐々木／蔵書印」朱文方印
「機密」朱文方印

**会計法 ほか合綴**　*1864*
刊　合綴1冊　和装　25.6cm × 18.5cm
【内容】
①『会計法』　102丁
②『会計法草按』　28頁
　(注)表紙に「27　佐々木会会法委員調ノ分」「第二拾九号佐々
　　木元之元案」との墨書あり

**外国債募集意見書並附言**　*1865*
藤田一郎 立案
刊　1冊（本文50頁,後付1枚）
和装　19.0cm × 12.8cm
(注)「伯爵／佐々木／蔵書印」朱文方印

**韓国財政整理経過**　*1866*
目賀田種太郎 著
韓国政府財政顧問部　明治38年（1905）
1冊（前付3頁,本文233頁）　和装　25.5cm × 18.1cm

**決算報告書　上・下編・附録・備考**　*1867*
刊　1冊（前付12頁,本文488頁）
和装　19.1cm × 13.5cm
(注)下編附録・備考の扉の書名：『自明治元年一月至全八年六月
　歳入歳出決算報告書』

**国債始末**　*1868*
大蔵省 編
刊　1冊（前付6頁,本文308頁,表3枚）
和装　25.2cm × 17.2cm
(注)明治22年付佐々木高行枢密顧問官宛の松方正義大蔵大臣の
　送状あり
「伯爵佐／佐木家／蔵書印」朱文方印

**国債要覧**　*1869*
林正明 訳述
印書局　無刊年
1冊（本文205頁,表2枚）　洋装　20.8cm × 14.5cm
(注)「伯爵／佐々木／蔵書印」朱文方印

**支那歳入論**　*1870*
刊　1冊（前付4頁,本文93頁）
和装　23.1cm × 15.6cm
(注)「伯爵／佐々木／蔵書印」朱文方印

**償五十億法問題**　*1871*
（独）ゾエトベール 著
大蔵省　明治28年（1895）
1冊（前付1頁,本文132頁）　和装　18.8cm × 12.7cm
(注)「伯爵／佐々木／蔵書印」朱文方印

**吹塵録　1～35冊・余録1～10冊**　*1872*
勝海舟 著
大蔵省　無刊年
11冊　和装　25.2cm × 17.2cm
(注)「伯爵佐／佐木家／蔵書印」朱文方印

**戦後財政始末報告**　*1873*
刊　1冊（前付14頁,本文267頁）
和装　25.6cm × 17.8cm

**明治三十七年戦時財政始末報告 ほか**　*1874*
大蔵省 編
刊　2冊　洋装　26.2cm × 18.7cm
【内容】
1,『明治三十七年戦時財政始末報告』
　1冊（736頁）
　(注)「伯爵／佐々木／蔵書印」朱文方印
2,『増補明治三十七年戦時財政始末報告』

大蔵省　刊　1冊（1185頁）
(注)明治42年3月27日付枢密院顧問官伯爵佐佐木高行閣下宛の大蔵次官若槻礼次郎の送状あり
「伯爵佐／佐々木家／蔵書印」朱文方印

### 地租改正法　1875
大蔵省　編
大蔵省　明治6年（1873）
1冊（前付4丁,本文8丁）　和装　23.6cm × 17.2cm
(注)「伯爵／佐々木／蔵書印」朱文方印

### 地租改正報告書　1876
大蔵省　編
大蔵省　無刊年
1冊（前付7頁,本文197頁,図版1枚）
和装　26.7cm × 18.8cm
(注)外題書名：『地租改正要領報告』
「伯爵／佐々木／蔵書印」朱文方印

### 地租増否論　1877
陸羯南,町田能雄　編
東京　日本新聞社　明治31年（1898）
1冊（前付4頁,本文96頁）　洋装　22.4cm × 14.9cm
(注)外題書名：『日本叢書　地租増否論』
内容は地租増税に関する谷干城と田口卯吉との往復書簡を陸羯南が編集したもの
「伯爵佐／佐木家／蔵書印」朱文方印

### 〔地方税経済ニ属スル土地ノ積表〕　1878
内務省　編
刊　1冊（本文95頁）　和装　24.3cm × 17.3cm
(注)外題書名：『明治十六年一月地方税経済ニ属スル土地坪数表』
小口書名：『地方税経済土地坪数表』
『明治十六年一月地方税経済ニ属スル土地坪数表』を付す
「伯爵／佐々木／蔵書印」朱文方印

### 独逸貯金論　1879
(独) 斯秘底児　著　(日) 駅逓局　訳
東京　独逸学協会　明治17年（1884）
1冊（前付2頁,本文151頁）　洋装　21.9cm × 15.0cm

### 地租改正紀要　1880
刊　3冊　和装　25.6cm × 17.3cm
(注)外題書名：『府県　地租改正紀要』

### 明治十三年度歳入出予算表　1881
大蔵省　編
刊　1冊（前付1頁,本文132頁,表2枚）
和装　22.8cm × 15.5cm
(注)「伯爵佐／佐木家／蔵書印」朱文方印

### 列氏財政論　後編　1882
〔(仏) レロアボーリュー　著〕　(日) 太政官第一局　翻訳
東京　太政官第一局　明治15年（1882）
1冊（前付1頁,本文199頁）　洋装　19.9cm × 14.1cm
(注)「伯爵／佐々木／蔵書印」朱文方印

### 大日本租税志　1～70巻　1883
野中準等　編
大蔵省租税局　明治18年（1885）序
30冊　和装　25.5cm × 17.2cm
(注)「伯爵佐／佐木家／蔵書印」朱文方印

### 銀行報告　第1・3・4次　1884
大蔵省銀行課,銀行局　編
刊　3冊　和装　25.1cm × 18.0cm
(注)「伯爵／佐々木／蔵書印」朱文方印

### 国立銀行条例・国立銀行成規　1885
刊　1冊（前付4頁,本文140頁）
洋装　20.9cm × 15.3cm
(注)「伯爵／佐々木／蔵書印」朱文方印

### 在ハルレ府帝国上等郵便管理局管轄区内帝国郵便及電信庁属員ノ金並ニ貸付金組合所規約郵逓局総官官房取調科翻訳　1886
刊　1冊（本文27頁）　洋装　18.9cm × 13.0cm
(注)外題書名：『在ハルレ府郵便貯金並ニ貸付金組合所規約』
「伯爵／佐々木／蔵書印」朱文方印

### 日本ニ土地抵当貸借所ヲ創建スルノ議　1887
(独) ペ・マイエット　記　(日) 花房直三郎　訳
刊　1冊（前付6頁,本文102頁）
洋装　18.8cm × 14.2cm
(注)外題書名：『日本土地抵当貸借所創立方案』

印度貨幣制度改革始末　第1・2編　*1888*
主計局貨幣課 編
大蔵省　明治26年（1893）
1冊（本文213頁）　和装　20.8cm × 14.2cm
（注）「伯爵／佐々木／蔵書印」朱文方印

澳洪国貨幣制調査委員会速記録　*1889*
貨幣制度調査会 編
刊　1冊（本文564頁）　和装　26.1cm × 19.3cm
（注）「伯爵佐／佐木家／蔵書印」朱文方印

貨幣条例　新貨条約改正　*1890*
大蔵省 編
大阪　造幣寮蔵版　無刊年
1冊（本文28丁）　和装　22.3cm × 15.5cm
（注）書名は外題による
「伯爵佐／佐木家／蔵書印」朱文方印

和漢稀世泉譜　乾・坤　*1891*
中川積古斎泉寿 編
東京　藍外堂　明治34年（1901）
2冊　和装　23.2cm × 15.6cm
（注）外題書名：『和漢稀世 古銭図録』
「佐佐木／行忠蔵／書之印」朱文方印

日本古代通貨考　*1892*
浜田健次郎 著
新潟県　井上国成　明治21年（1888）
1冊（前付3頁, 本文99頁）　洋装　18.3cm × 12.3cm
（注）「伯爵／佐々木／蔵書印」朱文方印

南韓農事殖民地設置ニ関スル取調書　*1893*
恒屋盛服 述
刊　1冊（本文34頁）　洋装　21.9cm × 14.8cm

国内地小包郵便取扱心得規則　上　*1894*
駅逓局 翻訳
刊　明治18年（1885）
1冊（本文130頁）　洋装　18.9cm × 13.1cm
（注）書名は外題による
内題書名：『内地小包郵便 郵便本局長心得規則』
「伯爵／佐々木／蔵書印」朱文方印

英国倫敦府信書集配人職務心得　*1895*
駅逓総官房取調科 翻訳
刊　明治18年（1885）
1冊（本文48頁）　洋装　19.0cm × 13.0cm
（注）「伯爵／佐々木／蔵書印」朱文方印

駅逓局事務条例 ほか合綴　*1896*
刊　合綴1冊　和装　19.2cm × 13.5cm
【内容】
①『駅逓局事務条例』　46頁
②『電信局長第五報告書自明治十一年七月一日至同十二年六月三十日』　41頁
③手塚源太郎 著『郵便条例御改正ニ付口上書』
　東京　手塚源太郎　明治21年（1888）　41頁
（注）「伯爵／佐々木／蔵書印」朱文方印

欧米鉄道視察　*1897*
松岡広之 編輯
東京　松岡広之　明治30年（1897）
1冊（前付4頁, 本文280頁, 図版5枚）
洋装　21.8cm × 14.4cm

海洋ニ世界的自由航路ヲ開設スルノ議　*1898*
渡辺正順 著
大阪　渡辺正順　明治38年（1905）
1冊（本文28頁）　洋装　18.5cm × 13.1cm
（注）2部存す
外題書名：『大社会主義』
2月11日付批評依頼書の挟み込みあり

海路諸標便覧表　*1899*
灯台局 編
灯台局　明治18年（1885）～21年（1888）
合綴1冊（78頁）　和装　24.7cm × 18.0cm
（注）3冊を1冊に合綴
「伯爵／佐々木／蔵書印」朱文方印

英吉蘭幷威尔斯各地郵便本局長事務取扱規則　上・下
*1900*
駅逓局 編
刊　合綴1冊（244頁）　洋装　19.0cm × 12.8cm
（注）2冊を1冊に合綴
上巻に明治16年8月の緒言あり
「伯爵／佐々木／蔵書印」朱文方印

韓国鉄道線路案内　*1901*

統監府鉄道管理局 編輯

統監府鉄道管理局　明治41年（1908）

1冊（前付21枚,本文192頁,図版6枚）

洋装　22.5cm × 15.2cm

(注)表紙見返に「統監府鉄道管理局長官工学博士大屋権平氏ヨリ明治四十一年七月八日寄贈セラル」との墨書あり
「伯爵佐／佐木家／蔵書印」朱文方印

市街鉄道公有ノ議　*1902*

社会政策学会 編

東京　大橋新太郎　明治32年（1899）

1冊（本文95頁）　洋装　21.7cm × 14.3cm

(注)外題書名：『市街鉄道公有ノ議 仙台湾築港意見』
『仙台湾築港意見書』『仙台湾築港計画説明書 仙台湾築港費予算書』を含む
「伯爵／佐々木／蔵書印」朱文方印

大日本駅程宝鑑　*1903*

室田義雄 著　子安峻 校正

東京　子安峻　明治11年（1878）

図1枚　36.0cm × 198.5cm（折りたたみ 18.0cm × 8.8cm）

(注)「伯爵／佐々木／蔵書印」朱文方印

大日本帝国駅逓志稿　*1904*

青江秀 編次

刊　明治15年（1882）

1冊（前付10頁,本文750頁,後付122頁）

洋装　27.6cm × 18.0cm

(注)「伯爵／佐々木／蔵書印」朱文方印

大日本電信機械装置図　*1905*

刊　図1枚　39.3cm × 62.9cm（折りたたみ 19.7cm × 15.6cm）

電信取扱規則　*1906*

刊　1冊（本文54頁）　洋装　17.4cm × 12.6cm

(注)「伯爵／佐々木／蔵書印」朱文方印

電信万国公法　*1907*

〔電信局 編〕

刊　1冊（前付2丁,本文119丁,後付1丁）

和装　21.6cm × 14.3cm

(注)書名は外題による
内題書名：『万国条約書』
「伯爵佐／佐木家／蔵書印」朱文方印

羅馬補正万国条約書 付録万国取扱規則　*1908*

貌羅撤 翻訳　（日）中野宗宏 重訳

東京　電信寮　明治7年（1874）

1冊（前付3丁,本文58丁,後付1丁）

和装　25.1cm × 16.9cm

(注)外題書名：『電信万国公法』
「伯爵／佐々木／蔵書印」朱文方印

軍用郵便事務条例　*1909*

駅逓局 編

刊　明治18年（1885）

1冊（本文76頁）　洋装　19.0cm × 13.0cm

(注)外題書名：『独逸帝国軍用郵便事務条例』
「伯爵／佐々木／蔵書印」朱文方印

独逸帝国郵便電信庁官吏救助貯金規約　*1910*

駅逓総官官房取調科 翻訳

刊　1冊（本文67頁）　洋装　18.6cm × 12.9cm

(注)「伯爵／佐々木／蔵書印」朱文方印

満洲横過鉄道　*1911*

刊　1冊（本文44頁,図版1枚）

和装　25.8cm × 18.5cm

(注)巻頭に「タイムス通信員北京ニ於テ千八百九十七年十二月二十日認ム,千八百九十八年三月七日タイムス掲載」とあり
「伯爵／佐々木／蔵書印」朱文方印

郵便局地名　*1912*

駅逓局 編

刊　明治18年（1885）

1冊（本文99頁）　洋装　17.5cm × 12.0cm

(注)表紙の書名：『郵便局地名録』
「伯爵／佐々木／蔵書印」朱文方印

郵便地名字引　*1913*

駅逓局運輸課地理掛 編纂

東京　博聞本社　明治17年（1984）

1冊（前付20頁,本文195頁）　洋装　21.3cm × 14.3cm

(注)書名は外題による
内題書名：『郵便地名字引武蔵国東京府下十五区六郡ノ部』
「伯爵／佐々木／蔵書印」朱文方印

猪苗代湖水利見聞略記　*1914*

品川弥二郎 編

刊　1冊（前付1頁,本文61頁）

経済・産業

洋装　19.2cm × 14.0cm
(注)「伯爵／佐々木／蔵書印」朱文方印
「伯爵佐／木家／蔵書印」朱文方印

## 塩業諮問会紀事 ほか合綴　1915
合綴1冊　和装　19.0cm × 13.0cm
【内容】
①『塩業諮問会紀事』
　農商務省農務局蔵版　明治16年（1883）　191頁
　(注)「伯爵／佐々木／蔵書印」朱文方印
②『製糸諮問会紀事』
　刊　167頁

## 勧業会農務部日誌　1916
農商務省農務局蔵版　明治17年（1884）
1冊（前付2頁,本文332頁,後付1頁,図版3頁）
和装　21.4cm × 14.0cm
(注)「伯爵／佐々木／蔵書印」朱文方印

## 高知県勧業月報 第2号 ほか合綴　1917
合綴1冊　和装　22.1cm × 14.7cm
【内容】
①『高知県勧業月報』第2号
　高知県勧業課 編
　高知県勧業課　明治17年（1884）　27丁
　(注)外題書名：『高知県勧業会報告』
　「伯爵／佐々木／蔵書印」朱文方印
②『私立高知勧農会報告』第1号
　私立高知勧農会 編集
　私立高知勧農会　明治16年（1883）　25頁
③『私立高知勧農会報告』第2号
　私立高知勧農会 編集
　私立高知勧農会　明治16年（1883）　26頁

## 興業意見 巻1～29・総目録　1918
農商務省 編
農商務省　明治17年（1884）
30冊　和装　26.6cm × 18.3cm
(注)興業意見第四巻二頁「早附本」の記載あり石鹸と並んで」
との鉛筆書きの挟み込みあり
「伯爵／佐々木／蔵書印」朱文方印
「伯爵佐／木家／蔵書印」朱文方印

## 台湾総督府民政局殖産報文　1919
台湾総督府民政局殖産課 編
台湾総督府民政局殖産課　明治31年（1898）
1冊（前付5頁,本文454頁,図版75枚）
和装　25.0cm × 17.2cm
(注)「伯爵／佐々木／蔵書印」朱文方印

## 製茶集談会日記　1920
農商務省農務局蔵版　明治17年（1884）
1冊（本文435頁,表1枚）　和装　21.5cm × 14.0cm
(注)「伯爵／佐々木／蔵書印」朱文方印

## 第一次年報（明治十六年）上・下篇　1921
農商務省農務局 編
農商務省農務局　明治18年（1885）
3冊　和装　25.0cm × 17.2cm
(注)外題書名：『第一次年報　農務局』
「伯爵／佐々木／蔵書印」朱文方印

## 第二次勧業会農務部日誌　1922
農商務省農務局蔵版　明治17年（1884）
1冊（本文373頁）　和装　21.3cm × 14.1cm
(注)「伯爵／佐々木／蔵書印」朱文方印

## 農商工公報 第1～35号　1923
農商務省 編
刊　明治18年（1885）～22年（1889）
4冊　和装　26.1cm × 19.2cm
(注)「伯爵／佐々木／蔵書印」朱文方印
「伯爵佐／木家／蔵書印」朱文方印

## 物産局第四～六次年報　1924
佐藤秀顕 著
刊　明治13年（1880）～14年（1881）
合綴1冊（239頁）　和装　18.0cm × 11.8cm
(注)内容は明治11年～14年
「伯爵／佐々木／蔵書印」朱文方印

## 三池石炭売却概算書 ほか合綴　1925
合綴1冊　和装　23.9cm × 16.4cm
【内容】
①『三池石炭売却概算書』
　佐藤与三 著　明治14年（1881）写　17丁
　(注)「伯爵佐／木家／蔵書印」朱文方印

② 『池炭山来歴及変則集治監設立意見書』

小林秀治 著　明治15年（1882）写　7丁

(注)本文末に「佐佐木工部卿殿」との朱書あり

③ 『嘆願上書』

明治13年（1880）写　3丁

(注)内容は『授産資本之内準備金ヲ以テ各自ヘ分借目下飢餓ニ陥ラントスルヲ支ヘ満足心ヲ得セシメテ事業拡張スヘキ嘆願』『金員拝借願』『旧弘前藩卒為授産資金御貸下ケ相成段内ヲ各自ヘ分借之儀ニ付伺』

### 山形県勧業第一回年報　1926

刊　1冊（前付7頁, 本文106頁, 後付2頁, 図版8枚）

和装　23.9cm × 16.4cm

(注)「伯爵／佐々木／蔵書印」朱文方印

### 商況年報 明治十二〜十五年　1927

商務局 編

商務局蔵版　無刊年

4冊　和装　20.5cm × 14.8cm

(注)『明治十五年年報』のみ明治17年刊
「伯爵／佐々木／蔵書印」朱文方印

### 度量衡種類表　1928

刊　1冊（本文16丁）　和装　25.0cm × 17.2cm

### 簿記法原理　1929

国師民嘉 抄訳

東京　甘泉堂　明治14年（1881）

1冊（前付24頁, 本文184頁）　和装　18.2cm × 12.1cm

(注)「伯爵／佐々木／蔵書印」朱文方印

### 明治三十年貿易年表抄　1930

東洋経済新聞社 編纂

東洋経済新聞社　明治31年（1898）

1冊（本文12頁）　洋装　25.0cm × 18.0cm

### 大英商業史 巻1〜10・14〜17　1931

（英）レオン・レブィー 著　（日）田口卯吉 訳

元老院蔵版　明治12年（1879）

14冊　和装　22.5cm × 15.1cm

(注)「伯爵／佐々木／蔵書印」朱文方印

### 欧米ノ工業実況 ほか合綴　1932

刊　合綴1冊　和装　19.3cm × 13.2cm

(注)外題書名：『欧米工業実況及合本綴込』

【内容】

① 『欧米ノ工業実況』

安永義章 著　34頁

② 『古代経済沿革論』

（仏）ジェ・ボアソナード 講述　堀田正忠等 口訳

明治14年（1881）序　42頁

(注)「伯爵／佐々木／蔵書印」朱文方印

③ 『商売上木船より鉄船を用ゐるの利益』

三好晋郎 述　5 - 69頁

(注)「伯爵／佐々木／蔵書印」朱文方印

④ 『〔大日本坩堝会社趣意書〕』

日本坩堝会社　明治18年（1885）　19頁

(注)「伯爵／佐々木／蔵書印」朱文方印

⑤ 『農牧社沿革記事』　55頁

### 鉱山局年報　1933

刊　合綴1冊　和装　22.1cm × 15.4cm

(注)外題書名：『鉱山局第五次年報』
「伯爵／佐々木／蔵書印」朱文方印

【内容】

① 『鉱山局第五次年報従 十二年七月至同十三年六月』　73頁

② 『鉱山局第六次年報』　89頁

③ 『鉱山局第七次年報』　131頁

### 鉱山借区一覧表　1934

刊　1冊（前付3頁, 本文397頁）

和装　23.7cm × 16.5cm

(注)書名は外題による
「伯爵／佐々木／蔵書印」朱文方印

### 築竈論　1935

宇都宮三郎 口授　成田五十穂 筆記

波多野承五郎 編輯

刊　明治16年（1883）

1冊（前付1頁, 本文64頁, 後付1頁）

和装　23.1cm × 15.9cm

(注)扉に「従交詢雑誌第百十九号 至同百二十二号」とあり
「伯爵／佐々木／蔵書印」朱文方印

**日本製鉄論　1936**
伊藤弥次郎　誌
東京　斯文社　〔明治 16 年（1883）〕
1 冊（本文 31 頁）　洋装　18.1cm × 11.2cm
(注)「伯爵／佐々木／蔵書印」朱文方印

**三池鉱山年報　第 9 次　1937**
刊　1 冊（前付 3 頁, 本文 142 頁, 図版 2 枚）
洋装　23.2cm × 16.0cm
(注)書名は目首による
外題書名：『三池鉱山第九次明治十三年七月ヨリ同十四年六月ニ畢ル年報』
「伯爵／佐々木／蔵書印」朱文方印

**菓木栽培法　1〜4 之巻　1938**
藤井徹　著　坂本徳之　校　加藤竹斎　画　田中芳男　閲
静里園蔵版　東京　藤井徹　明治 9 年（1876）
4 冊　和装　22.2cm × 15.0cm
(注)書名は外題による
「伯爵／佐々木／蔵書印」朱文方印

**高知県農業諮問会報告　1939**
高知勧農会　明治 17 年（1884）
1 冊（本文 66 丁）　和装　21.2cm × 14.2cm
(注)「伯爵／佐々木／蔵書印」朱文方印

**蚕事摘要　1940**
佐々木長淳　調
刊　1 冊（前付 2 頁, 本文 39 頁, 図版 9 枚）
和装　27.1cm × 19.0cm
(注)「伯爵佐／佐木家／蔵書印」朱文方印

**開拓史本応蚕織報文　第 1 次　1941**
開拓史勧業課　編
刊　明治 10 年（1877）
1 冊（前付 1 丁, 本文 10 丁, 図版 2 枚）
和装　26.5cm × 19.1cm
(注)「伯爵／佐々木／蔵書印」朱文方印

**下総御料牧場沿革誌　1942**
新山荘輔　編
刊　明治 27 年（1894）
1 冊（前付 7 頁, 本文 319 頁, 図版 2 枚）
和装　21.5cm × 14.4cm

(注)「伯爵／佐々木／蔵書印」朱文方印

**泰西農学　初・2・3 編・付録　1943**
緒方儀一　訳　市川清流　校　柳河春蔭　閲
官版　無刊年
8 冊　和装　22.5cm × 15.2cm
(注)「伯爵／佐々木／蔵書印」朱文方印
「伯爵佐／佐木家／蔵書印」朱文方印
「駿河台／佐々木／蔵書印」朱文方印

**畜産諮詢会紀事　1944**
刊　1 冊（本文 328 頁）　和装　21.5cm × 14.0cm
(注)「伯爵／佐々木／蔵書印」朱文方印

**日本蚕業由来史　ほか合綴　1945**
合綴 1 冊　洋装　21.9cm × 15.0cm
【内容】
①『日本蚕業由来史』
　大北麻翁　著述　木野戸勝隆　校閲
　三重県　御機殿顕彰会　明治 38 年（1905）　27 頁
②『軍国に於ける婦人の務』
　谷子くま子　述
　刊　7 頁
③『御機殿参詣案内略記』
　刊　1 頁

**農業館列品目録　1946**
田中芳男　編輯
東京　神苑会　明治 33 年（1900）
1 冊（前付 16 頁, 本文 778 頁, 後付 1 頁, 図版 3 枚）
和装　22.0cm × 15.2cm
(注)「伯爵／佐々木／蔵書印」朱文方印

**大阪府之部農業調査　1〜10・附言　1947**
刊　11 冊　和装　26.9cm × 19.0cm
(注)書名は外題による
「伯爵佐／佐木家／蔵書印」朱文方印

**独乙農務観察記　上・中・下　1948**
松原新之助　編　黒田直夫　校
刊　明治 14 年（1881）〜 15 年（1882）
合本 1 冊（227 頁）　洋装　21.9cm × 14.6cm
(注)下巻は農商務省農務部蔵版
外題書名：『独乙農務観察記　農務省処務部』

「伯爵／佐々木／蔵書印」朱文方印
【内容】
『水産部』『農学部』『農務省』『処務部』

### 宮城郡水害損耗調 ほか合綴　1949
写　合綴1冊　和装　24.8cm × 18.6cm
【内容】
①『宮城郡水害損耗調』　3丁
　(注)宮城県朱200字詰原稿用紙
②『黒川郡水害損耗調』　5丁
　(注)宮城県朱200字詰原稿用紙
③『志田郡水害損耗調』　13丁
　(注)宮城県朱200字詰原稿用紙
④『遠田郡水害損耗調』　5丁
　(注)宮城県朱200字詰原稿用紙
⑤『登米郡水害損耗調』　14丁
　(注)宮城県朱200字詰原稿用紙
⑥『桃生郡水害損耗調』　15丁
　(注)宮城県朱200字詰原稿用紙
　宮城県大書記官成川尚義発佐佐木議官公宛の書翰を含む
⑦『明治十二年七月九日両度ノ水害ニ罹リ窮民江小屋掛及農具料其他夫食代金貸下調』　3丁
　(注)宮城県朱200字詰原稿用紙
⑧『明治十二年罹災租税延納各村』
　明治13年(1880)　14丁
　(注)宮城県朱200字詰原稿用紙
⑨『明治十三年三月三日懲治檻日表』　1丁
　(注)宮城県監獄所青罫表
⑩『未決檻日表』　1丁
　(注)宮城県監獄所青罫表
⑪『明治十三年三月三日決檻出入表』　1丁
　(注)宮城県監獄所青罫表

### 輸出重要品要覧 農産ノ部　1950
農商務省農務局 編
東京　有隣堂　明治34年(1901)
1冊(前付11頁,本文564頁,後付1頁)
洋装　21.9cm × 15.0cm
(注)外題書名:『第二次輸出重要品要覧』

### 農業振興策　1951
樋田魯一 著
樋田氏蔵版　東京　有隣堂
明治21年(1888)増補訂正

1冊(前付18頁,本文513頁,後付4頁)
洋装　22.0cm × 15.5cm
(注)「伯爵／佐々木／蔵書印」朱文方印

### 農政本論 序例・総目・初・中・後編　1952
佐藤信淵 述　織田完之 訂
刊　明治4年(1871)
8冊　和装　22.6cm × 15.7cm
(注)「伯爵／佐々木／蔵書印」朱文方印

### 水産収額一覧表　1953
水産博覧会 編
刊　明治16年(1883)
図1枚　21.8cm × 12.5cm(折りたたみ55.5cm × 87.1cm)

### 大日本水産会報告 第1号　1954
刊　〔明治15年(1882)〕
1冊(前付2頁,本文108頁,後付2頁)
和装　21.6cm × 14.5cm
(注)「伯爵／佐々木／蔵書印」朱文方印

### 日本捕鯨彙考 前編　1955
服部徹 編
東京　大日本水産会　明治20年(1887)
1冊(前付15頁,本文108頁,図版24枚)
洋装　22.0cm × 14.5cm
(注)「伯爵／佐々木／蔵書印」朱文方印

### 家政学 上・下　1956
下田歌子 述
博文館　明治26年(1893)増補訂正2版
2冊　洋装　22.6cm × 15.1cm
(注)「伯爵佐／佐木家／蔵書印」朱文方印

### 悉徳尼府万国博覧会報告書　1957
坂田春雄 編
刊　明治14年(1881)序
1冊(前付9頁,本文167頁)　和装　19.4cm × 13.1cm
(注)書名は目首による
「伯爵／佐々木／蔵書印」朱文方印

水産博覧会第一区第一類出品審査報告　1958
水野正連 編
農商務省農務局蔵版　明治18年（1885）
1冊（前付3頁, 本文246頁, 図版73枚）
和装　19.4cm × 13.4cm

第一区第二区類出品審査報告　1959
山本由方 編
農商務省農務局蔵板　東京　製紙分社（発兌）
明治17年（1884）
1冊（前付3頁, 本文134頁, 図版7枚）
和装　19.2cm × 13.1cm

水産博覧会報 事務顛末ノ部　1960
織田完之 編
農商務省農務局蔵板　東京　製紙分社（発兌）
明治16年（1883）
1冊（前付4頁, 本文181頁, 図版21枚）
和装　19.8cm × 13.1cm
（注）「伯爵／佐々木／蔵書印」朱文方印

東京博覧会案内　1961
市史編纂係 編纂
東京　裳華房　明治40年（1907）
1冊（本文23頁）　洋装　22.6cm × 14.9cm
（注）外題書名：『東京勧業博覧会案内』
「伯爵／佐々木／蔵書印」朱文方印

第四回内国勧業博覧会事務報告　1962
第四回内国勧業博覧会事務局 編纂
東京　堀田道貫　明治29年（1896）
1冊（前付10頁, 本文417頁, 図版74枚）
和装　22.3cm × 15.0cm

内国勧業博覧会出品目録・同追加　1963
内国勧業博覧会事務局 編纂
刊　明治10年（1877）序
4冊　和装　22.1cm × 14.8cm
（注）書名は例言による
外題書名：『第四回内国勧業博覧会出品目録』
「伯爵／佐々木／蔵書印」朱文方印

第四回内国勧業博覧会審査報告　第1～6部　1964
前田正名 述
刊　明治29年（1896）例言
14冊　和装　21.6cm × 14.4cm
（注）「伯爵／佐々木／蔵書印」朱文方印

明治十四年第二回内国勧業博覧会報告書　1965
保田東潜 述
東京　製紙分社（発売）　明治16年（1883）
2冊　和装　19.8cm × 13.1cm
（注）「伯爵／佐々木／蔵書印」朱文方印

日本大博覧会経営ノ方針（日本大博覧会会長子爵金子堅太郎演説集）　1966
日本大博覧会事務局　明治11年（1878）
1冊（前付3頁, 本文218頁）　洋装　22.1cm × 15.0cm
（注）「伯爵佐／佐木家／蔵書印」朱文方印

メルボルン万国博覧会報告　1967
河瀬秀治 編
刊　明治15年（1882）緒言
1冊（前付4頁, 本文100頁, 図版2枚）
洋装　19.6cm × 13.5cm
（注）書名は目首による
外題書名：『自明治十三年十月一日至十四年三月三十一日メルボルン万国博覧会報告』
「伯爵／佐々木／蔵書印」朱文方印

臨時博覧会事務局報告　1968
臨時博覧会事務局　明治28年（1895）
2冊　和装　21.1cm × 14.3cm

米麦大豆畑草菜種山林 共進会報告　1969
農務局蔵板　東京　有隣堂　明治16年（1883）
1冊（前付3頁, 本文173頁, 図版11枚）
和装　19.7cm × 13.1cm
（注）「伯爵／佐々木／蔵書印」朱文方印

明治十六年第二回製茶共進会審査報告書 ほか合綴　1970
合綴1冊　和装　19.8cm × 13.2cm
（注）「伯爵／佐々木／蔵書印」朱文方印
【内容】
①『明治十六年第二回製茶共進会審査報告書』

多田元吉, 籾山釣 編
農務局蔵板　東京　有隣堂　明治17年（1884）
180頁
②『明治十六年第二回製茶共進会報告』
刊　113頁

**特許意匠実用新案出品案内** *1971*
磯村政富 編
東京工業所有権保護協会　明治39年（1906）
1冊（前付56頁, 本文250頁, 後付96頁, 図版6枚）
洋装　18.6cm × 12.8cm

**日西海探** *1972*
松浦厚 編
東京　水産書院　明治41年（1908）
1冊（前付13頁, 本文300頁, 図版2枚）
洋装　25.9cm × 19.0cm
(注)「伯爵佐／佐木家／蔵書印」朱文方印

**日西海探** *1973*
松浦厚 編
東京　水産書院　明治41年（1908）
1冊（前付13頁, 本文300頁, 図版2枚）
洋装　25.9cm × 19.0cm
(注)1972と同一本
「伯爵佐／佐木家／蔵書印」朱文方印

**東京上野公園繭糸織物陶漆器共進会区類分一覧表・会場之図** *1974*
繭糸織物陶漆器共進会　明治18年（1885）　3枚
(注)書名は封による
「伯爵／佐々木／蔵書印」朱文方印
【内容】
1,『繭糸織物陶漆器共進会全図』
　41.5cm × 59.8cm（折りたたみ 18.4cm × 12.6cm）
2,『繭糸織物陶漆器共進会出品及人員区類別一覧表』
　37.0cm × 46.2cm（折りたたみ 18.5cm × 11.8cm）
3,『東京上野公園繭糸織物陶漆器共進会場図』
　36.7cm × 50.9cm（折りたたみ 18.3cm × 12.7cm）

**繭糸織物陶漆器共進会第四回陶漆器審査報告・附録講話会筆書** *1975*
農務局, 工務局 編
東京　有隣堂　明治18年（1885）
1冊（前付1頁, 本文107頁, 図版1枚）
洋装　20.0cm × 14.7cm
(注)「伯爵／佐々木／蔵書印」朱文方印

**繭糸織物陶漆器共進会第一区繭審査報告　第二区・第四区** *1976*
農務局, 工務局 編
東京　有隣堂　明治18年（1885）～19年（1886）
5冊　和装　19.4cm × 13.1cm
(注)「伯爵／佐々木／蔵書印」朱文方印

**繭糸織物陶漆器共進会褒賞授与人名録** *1977*
繭糸織物陶漆器共進会 編
東京　有隣堂　明治18年（1885）
1冊（本文128頁, 図版1枚）　和装　19.4cm × 13.1cm
(注)「伯爵／佐々木／蔵書印」朱文方印

**漆器集談会紀事 ほか合綴** *1978*
繭糸織物陶漆器共進会 編
東京　有隣堂　明治18年（1885）
合綴1冊　和装　19.5cm × 13.1cm
(注)外題書名：『漆器蚕糸織物集談会紀事』
「伯爵／佐々木／蔵書印」朱文方印
【内容】
①『漆器集談会紀事』　73頁
②『蚕糸織物集談会紀事』　72頁
③『織物集談会紀事』　115頁

**綿糸集談会紀事 ほか合綴** *1979*
繭糸織物陶漆器共進会 編
東京　有隣堂　明治18年（1885）
合綴1冊　和装　19.4cm × 13.0cm
(注)「伯爵／佐々木／蔵書印」朱文方印
【内容】
①『綿糸集談会紀事』　123頁
②『陶器集談会紀事』　128頁

経済・産業

# 統　　　計

青森県中津軽郡一覧概略表　*1980*
〔明治12年（1879）〕写
1冊　和装折本
22.0cm × 190.3cm（折りたたみ 22.0cm × 8.0cm）
（注）書名は外題による

西洋各国盛衰強弱一覧表・附図　*1981*
加藤弘蔵 訳述
刊　慶応3年（1867）
2冊　和装　22.7cm × 15.3cm
（注）書名は外題による
『各国軍備費用』『各国介税』『各国直税』『国備総計』の各表の挟み込みあり
「伯爵佐／佐木家／蔵書印」朱文方印
「駿河台／佐々木／蔵書印」朱文方印

明治十四年鹿児島県統計表　*1982*
鹿児島県蔵版　明治15年（1882）
1冊（前付4丁, 本文76丁）　和装　25.7cm × 17.8cm
（注）「伯爵／佐々木／蔵書印」朱文方印

明治三十年神奈川県勧業年報　*1983*
神奈川県庁 編
神奈川県　尾崎浩（印刷）　明治32年（1899）
1冊（前付10頁, 本文187頁, 図版2枚）
洋装　15.5cm × 10.9cm
（注）書名は外題による
「伯爵／佐々木／蔵書印」朱文方印

明治二十九年神奈川県統計書　*1984*
神奈川県庁 編
神奈川県　広瀬安七（印刷）　明治31年（1898）
1冊（前付25頁, 本文440頁）　洋装　25.6cm × 18.0cm
（注）書名は表紙による
「伯爵佐／佐木家／蔵書印」朱文方印

裁判所ニ関スル書　*1985*
刊　4冊　和装　24.8cm × 17.5cm
（注）『第二部軽罪裁判所校正及権限』と『第二部軽罪裁判所設置校正及権限』のそれぞれ一部を欠いたもの

明治十三年島根県統計表　*1986*
島根県蔵版　明治15年（1882）
1冊（前付3丁, 本文77丁, 表1枚）
和装　25.2cm × 17.1cm
（注）「伯爵／佐々木／蔵書印」朱文方印

政家年鑑　*1987*
内閣統計局 翻訳
内閣統計局　明治23年（1890）〜25年（1892）
3冊　洋装　22.5cm × 15.0cm
（注）1890年〜1892年の『ステーツマンス, イヤーブック』を翻訳したもの

統計要覧　*1988*
刊　明治14年（1881）例言
1冊（前付12頁, 本文268頁）　和装　16.9cm × 11.2cm
（注）書名は外題による

栃木県々治概要　第5・6回　*1989*
栃木県内務部第一課 編
栃木県内務部第一課　明治29年（1896）〜30年（1897）
2冊　和装　14.2cm × 10.1cm
（注）「伯爵／佐々木／蔵書印」朱文方印

日本政治年鑑　*1990*
同文館編輯部 編纂
東京　同文館　明治42年（1909）
1冊（前付18頁, 本文1138頁, 後付8頁, 図版25枚）
洋装　26.2cm × 18.8cm
（注）「伯爵佐／佐木家／蔵書印」朱文方印

日本政表　*1991*
合綴4冊　和装　23.0cm × 14.8cm
（注）「伯爵／佐々木／蔵書印」朱文方印
【内容】
①『明治六年日本政表 司法処刑ノ部・聴訟ノ部・警保ノ部』
　正院第五科 編纂

刊〔明治8年（1875）〕
(注)『明治六年 海外貿易表』を合綴
② 『明治七年日本政表 刑事裁判ノ部・陸海軍事裁判ノ部・警察ノ部』
調査局 編纂　明治10年（1877）
(注)『明治九年日本政表 海外貿易之部』を合綴
③ 『明治七年日本政表 日本全国人員』
正院第五科 編纂　明治10年（1877）
(注)『明治七年日本政表　刑事裁判ノ部・陸海軍事裁判ノ部・警察ノ部』,『明治八年日本政表 府県税及ヒ賦金ノ部』（明治9年）刊,『明治八年日本政表　警察ノ部』（明治12年）刊,『明治八年日本政表　刑事裁判之部』（明治12年）刊を合綴
④ 『明治九年日本政表　海外貿易之部』
調査局 編纂　明治10年（1877）
(注)『明治九年日本政表　警察ノ部』（明治12年）刊,『明治十年日本政表　海外貿易之部』（明治11年）刊,『明治十一年日本政表　海外貿易之部』（明治12年）刊

### 明治三十二年日本帝国人口動態統計概説　*1992*
内閣統計局 編
内閣統計局　明治36年（1903）
1冊（前付5頁,本文43頁,後付1頁）
洋装　25.7cm × 18.1cm
(注)表紙に「佐佐木伯」との墨書あり

### 日本帝国二十七統計年鑑　*1993*
内閣統計局 編纂
東京　稲波長兵衛　明治41年（1908）
1冊（前付12頁,本文966頁）　洋装　25.5cm × 19.0cm
(注)「伯爵佐／佐木家／蔵書印」朱文方印

### 明治六〜十年日本府県民費表　*1994*
政表課 編纂
東京　印書局　明治9（1876）〜明治12年（1879）
合綴3冊　26.5cm × 18.8cm　和装
(注)『明治八年日本府県民費用表』のみ2部存す
「伯爵／佐佐木／蔵書印」朱文方印

### 第二次農商務統計表　*1995*
農商務省総務局報告課 編
刊　明治20年（1887）
1冊（前付6頁,本文515頁,後付1頁）
和装　24.0cm × 15.5cm
(注)外題・小口書名：『第二次農務一覧表』

### 農務統計図表　*1996*
刊　明治12年（1879）
1冊（前付4頁,本文64枚　図版1枚）
和装　27.0cm × 19.5cm
(注)書名は外題による
「伯爵／佐々木／蔵書印」朱文方印

### 第三次農務統計表　*1997*
農務省農務局 編
農務省農務局蔵版　明治16年（1883）
1冊（前付3頁,本文81頁,後付1頁）
和装　26.9cm × 16.4cm
(注)「伯爵／佐々木／蔵書印」朱文方印

# 科　　　学

筆算代数例題　巻之1　*1998*
村垣素行 撰　益子忠信, 宮本俊又 校
東京　岡村庄助　明治10年（1877）
1冊（前付3丁, 本文86丁, 後付3丁）
和装　12.5cm × 18.7cm
（注）外題書名：『村垣素行著述筆算代数例題』


三正綜覧　下巻　*1999*
内務省地理局 編纂
刊　明治13年（1880）
1冊（本文106－212丁, 後付1丁）
和装　25.5cm × 18.0cm
（注）「伯爵佐／佐木家／蔵書印」朱文方印


星学　*2000*
須藤伝治郎 著
博文館蔵版　東京　大橋新太郎　明治34年（1901）
1冊（前付4頁, 本文322頁, 後付8頁）
洋装　23.0cm × 15.8cm


談天　巻1～18・付表　*2001*
（英）侯失勒約翰（ハーシェル）著
偉烈亜力（アレクサンダー・ワイリー）口述
（清）李善蘭 删述
刊　3冊　和装　27.5cm × 18.4cm
（注）巻1に咸豊9年の序あり
『天王諸月根数表』の挟み込みあり
「伯爵佐／佐木家／蔵書印」朱文方印
【内容】
『論地』『命名』『測量之理』『地理』『天図』『躔』『月離』『諸月』『彗星』『摂動』『逐時経緯度之差』『恒星』『恒星新理』『星林』『歴法』


嘉永地震記 ほか合綴　*2002*
写　合綴1冊　和装　23.7cm × 15.3cm
【内容】
①『嘉永地震記』
渋谷茂好 書記　41丁
（注）外題書名：『嘉永地震記　渋氏随筆』
安政2年2月の序あり
②『小倉記』
小倉克治 筆記　2丁
（注）「伯爵／佐々木／蔵書印」朱文方印


震災予防調査会報告　第60～64号　*2003*
震災予防調査会 編
震災予防調査会　明治41年（1908）～42年（1909）
5冊　洋装　25.5cm × 18.1cm


駿府大地震之記　*2004*
嘉助 著
明治30年（1897）大井重吉 写
1冊（7丁）　和装　16.8cm × 18.3cm
（注）書名は外題による
静岡県朱13行罫紙
外題に「嘉永七甲寅年十一月四日」とあり
本文末に「明治三十年四月静岡市長星野鋳太郎ヨリ借得テ写之　大井重吉」との貼り付けあり


地震記類 元禄年間嘉永年間 富士山砂降記類　*2005*
写　合綴1冊　和装　23.1cm × 16.0cm
（注）小口書名：『地震及ヒ富岳砂降記類』
「伯爵／佐々木／蔵書印」朱文方印
【内容】
①『嘉永五年壬子二月地震日記・元禄大地震届書』
19丁
②『富士山噴火記類・安政寅年地震駿東郡・小林村地形変換記類・各地々震記類』　39丁


台湾島地質鉱産図説説明書　*2006*
石井八万次郎 編
刊　1冊（前付12頁, 本文187頁, 図版2枚）
和装　19.0cm × 12.8cm
（注）「伯爵／佐々木／蔵書印」朱文方印

### ち志つがくうひまなび　2007
近藤真琴　編輯
近藤真琴　明治 19 年（1886）
1 冊（前付 20 頁, 本文 108 頁, 後付 1 頁）
洋装　18.5cm × 12.6cm
(注)「伯爵／佐々木／蔵書印」朱文方印

### 地質調査所　2008
農商務省地質調査所 編
刊　3 冊　和装　21.6cm × 14.2cm
(注)書名は外題による
明治 15 年報第 1 号・明治 16 年報第 1 号・明治 16 年報第 2 号のみ存す
「伯爵／佐々木／蔵書印」朱文方印

### 地質調査 報文分析之部 第 1・2 冊　2009
農商務省農務局 編
東京　神沢社　明治 14 年（1881）〜 15 年（1882）
2 冊　和装　21.7cm × 14.1cm
(注)書名は外題による
「伯爵／佐々木／蔵書印」朱文方印

### 妙高山近傍地形図・妙高山地質図・越後国米山近傍地質図・毛無山火山近傍地形及地質図　2010
山崎直方 著
刊　明治 27 年（1894）
地図 4 枚　和装　25.0cm × 19.5cm
(注)地図 4 枚を合綴
「伯爵／佐々木／蔵書印」朱文方印

### 本邦産鉱物及岩石目録 ほか合綴　2011
合綴 1 冊　和装　21.0cm × 14.4cm
【内容】
①『本邦産鉱物及岩石目録』
帝国博物館 編
帝国博物館蔵板　明治 29 年（1896）　62 頁
(注)外題書名:『本邦鉱物及岩石　附鉱泉分析表 帝国博物館』
「伯爵／佐々木／蔵書印」朱文方印
②『多田鉱泉分析表』
内田幸三郎 著
神奈川県　バナウード商会　明治 18 年（1885）
13 頁
(注)「伯爵／佐々木／蔵書印」朱文方印

### 自然界の矛盾と進化　2012
加藤弘之 著
東京　金港堂　明治 39 年（1906）
1 冊（前付 14 頁, 本文 463 頁, 後付 54 頁）
洋装　22.1cm × 16.1cm
(注)書名は表紙による
「伯爵佐／佐木家／蔵書印」朱文方印

### 自然界に於ける退化　2013
（独）ワイスマン 講演　（日）石川千代松 訳述
東京　冨山房　明治 40 年（1907）
1 冊（前付 4 頁, 本文 84 頁）　洋装　22.2cm × 14.9cm
(注)「伯爵佐／佐木家／蔵書印」朱文方印

### 進化と人生　2014
丘浅治郎 著
東京　西野虎吉　明治 39 年（1906）
1 冊（前付 6 頁, 本文 226 頁）　洋装　22.1cm × 15.7cm
(注)「伯爵／佐々木／蔵書印」朱文方印

### 日本蝶類図説　2015
宮島幹之助 著
東京　河出静一郎　明治 37 年（1904）
1 冊（前付 4 頁, 本文 208 頁, 後付 55 頁）
洋装　26.3cm × 19.4cm

### 猟犬訓練説　2016
（仏）アウギュスト・アンゴー 著　（日）荒井義通 訳
開拓使　明治 15 年（1882）
1 冊（前付 4 頁, 本文 51 頁）　洋装　18.2cm × 12.4cm
(注)「伯爵／佐々木／蔵書印」朱文方印

### 梅史　2017
榊原正彦 編集
東京　島弘尾（印刷）　明治 25 年（1892）
1 冊（前付 2 丁, 本文 34 丁, 図版 1 枚）
和装　20.3cm × 13.2cm
(注)「伯爵／佐々木／蔵書印」朱文方印

### 医家断訟学　2018
（英）泰魯児（テーラー）著
（日）佐藤精一郎, 三宅秀 閲
刊　明治 13 年（1880）

1冊（前付19頁,本文480頁,図版23枚）
洋装　19.2cm × 13.4cm
(注)医事断訟学第1～67章中の第4～21章にあたる毒物篇のみ存す
「伯爵／佐々木／蔵書印」朱文方印

### 台湾総督府製薬所事業第二・三年報　2019
台湾総督府製薬所 編
台湾総督府製薬所　明治32年（1899）～33年（1900）
2冊　和装　24.9cm × 18.9cm
(注)外題書名：『台湾総督府製薬所事業報告』
明治30年～32年の事業報告

### 赤痢病予防ニ関スル意見　2020
柳下士興 著
粟田義一郎　明治32年（1899）
1冊（本文82頁）　洋装　22.1cm × 15.1cm
(注)表紙に「枢密顧問官伯爵佐々木高行殿 閣下」との墨書あり
「伯爵佐／佐木家／蔵書印」朱文方印

### 分量的ニ観察シタル脚気　2021
二階堂保則 著　内閣統計局 編
内閣統計局　明治39年（1906）
1冊（前付7頁,本文180頁,後付6頁）
洋装　25.5cm × 18.3cm
(注)「伯爵／佐々木／蔵書印」朱文方印

### 龍驤艦脚気病調査書　2022
脚気病調査委員会 編
刊　1冊（前付2頁,本文163頁,図版28枚）
和装　26.2cm × 18.1cm
(注)「伯爵／佐々木／蔵書印」朱文方印

### 学生近視ノ一予防策　2023
大西克知 著
大西眼科医院蔵板　明治30年（1897）
1冊（本文28頁,後付3頁）　和装　22.5cm × 15.0cm
(注)裏表紙に「Caunt sasaki」とのペン書あり
「伯爵佐／佐木家／蔵書印」朱文方印

### 本邦人ノ眼裂（眼瞼破裂）　2024
大西克知 著
日本眼科学会　明治32年（1899）
1冊（前付2頁,本文183頁,図表3枚）
洋装　22.0cm × 14.8cm

(注)『日本眼科学会雑誌』第6～8号別冊
「伯爵佐／佐木家／蔵書印」朱文方印

### 歯の養生　2025
高山紀斎 述
高山紀斎　明治33年（1900）4版
1冊（前付1頁,本文18頁,図版1枚）
洋装　19.0cm × 12.8cm

### 国家幸福の種蒔 ほか合綴　2026
合綴1冊　和装　17.3cm × 12.4cm
(注)扉書名：『国家幸福之種蒔 一名 よき子をもつはなし』
「伯爵／佐々木／蔵書印」朱文方印
【内容】
①『国家幸福の種蒔』
　松本順 口授　高松保郎 筆記
　東京　高松保郎　明治23年（1890）　46頁
②『感化法一班』
　高瀬真卿 口授　竹内宰爾 筆記
　感化院蔵板　東京　竹内宰尓　明治19年（1886）
　52頁
③『東京感化院慈善講談会筆記』
　（米）マクレー,（仏）アッペール 演説
　（日）板倉松 筆記訳
　東京感化院攻業部　無刊年　31頁
(注)表紙の書名：『米国神学博士マクレー氏道徳論 仏国法博士アッペール氏罪囚減少論一班 東京感化院慈善講談会筆記』
マクレー演説『道徳論』とアッペール演説『罪囚減少論一班』を合わせたもの
④『訪賢紀行 京都府之部大坂府之部』
　延原孝哉 著述
　京都　延原孝哉　明治29年（1896）　61丁
⑤『善行表彰会設立意見』
　延原孝哉 著述
　京都　延原孝哉　明治29年（1896）　19丁
(注)「伯爵／佐々木／蔵書印」朱文方印

### はゝのつとめ 親・子の巻　2027
三島通良 著　浜田玄達,弘田長 校閲
東京　三島通良　明治23年（1890）増補訂正第2版
2冊　和装　22.2cm × 14.9cm
(注)「伯爵／佐々木／蔵書印」朱文方印

### 阿片事項調査書　*2028*
台湾総督府製薬所 編
台湾総督府製薬所　明治 30 年（1897）
1 冊（前付 6 頁,本文 221 頁,後付 107 頁）
和装　21.9cm × 15.0cm

### 衛生局年報　第 6 ～ 8 次　*2029*
刊　3 冊　和装　24.2cm × 15.8cm
(注)各 2 部存す

### 衛生局会研究書類 ほか合綴　*2030*
合綴 1 冊　和装　20.9cm × 13.6cm
【内容】
①『衛生参考品展覧会案内記』
吉村多吉 編集
東京　大日本私立衛生会事務所　明治 20 年（1887）
72 頁
(注)「伯爵／佐々木／蔵書印」朱文方印
②『伝染病研究所は市内に置くも妨げなし』
長谷川泰 演説　柳下釧之助 筆記
東京　柳下釧之助　明治 26 年（1893）　80 丁
(注)「伯爵／佐々木／蔵書印」朱文方印
③『ドクトル.ガブリエル.プーシエ氏伝染病防御方法調査報告摘要』
東京　若山鉉吉　無刊年　9 頁
(注)書名は外題による
内題書名:『飲料水ヲ清澄シ之ヲ不産菌水トナス方法ニ就テノ報告』
④『中央衛生会年報　第 5 ～ 7 次』　173 頁
(注)第 7 次に中央衛生会(明治 21 年) 刊とあり
「伯爵／佐々木／蔵書印」朱文方印
⑤『海軍兵食改良衛生的結果』
刊　26 頁
(注)「伯爵／佐々木／蔵書印」朱文方印

### 興津海水浴趣意書 ほか合綴　*2031*
合綴 1 冊　和装　17.6cm × 12.3cm
(注)外題・小口書名:『興津海水浴 いそべかがみ 大磯名勝誌 熱海鉱泉誌』
【内容】
①『興津海水浴趣意書』
岡崎桂一郎 著
静岡県　望月半十郎　明治 24 年（1891）　21 頁
(注)「伯爵／佐々木／蔵書印」朱文方印
②『磯部鉱泉古今略歴』
清水虎之助 編集
群馬県　清水虎之助　明治 23 年（1890）　35 頁
(注)外題書名:『いぞべかがみ』
「伯爵／佐々木／蔵書印」朱文方印
③『相州大山記・大磯名勝誌』
一嚢一節道人 著　厚見真佐次 編
天瀧書屋蔵版　東京　厚見真佐次　明治 22 年（1889）
75 頁
(注)「伯爵／佐々木／蔵書印」朱文方印
④『不老英和学校創立趣意』
刊　23 頁
⑤『熱海鉱泉誌』
青木純造 纂述　内田一郎左衛門 増訂
東京　内田一郎左衛門
明治 29 年（1896）改正増補 5 版　108 枚
(注)外題・扉書名:『改正増補熱海鉱泉誌 一名 湯泉浴独案内 海水浴』

### 通俗食物養生法　一名 化学的食養体心論　*2032*
石塚左玄 著
東京　石塚氏蔵板　明治 31 年（1897）
1 冊（前付 31 頁,本文 211 頁,後付 5 頁）
洋装　21.8cm × 15.0cm
(注)外題・扉の書名:『食物養生法 一名 化学的食養体心論』
「伯爵／佐々木／蔵書印」朱文方印

### 通俗衛生小言　上・中・下　*2033*
松本順 著　三宅秀,大沢謙二 校閲
神奈川県　松本順　明治 27 年（1894）
3 冊　和装　22.4cm × 15.0cm
(注)「伯爵佐／佐木家／蔵書印」朱文方印

### 小樽港修築意見書　*2034*
刊　1 冊（前付 2 頁,本文 40 頁,後付 68 頁,図版 2 枚）
和装　24.5cm × 16.4cm
(注)「伯爵／佐々木／蔵書印」朱文方印

### 電気応用論　第一回電信学術之進歩　*2035*
志田林三郎 述
刊　明治 18 年（1885）
1 冊（本文 50 頁,図版 20 枚）　洋装　19.6cm × 13.7cm
(注)「伯爵／佐々木／蔵書印」朱文方印

### 電信機図解　2036
刊　1 冊（図版 12 枚）　和装　23.4cm × 15.7cm

(注)扉書名：『ILLUSTRATED CATALOGUE』
「伯爵／佐々木／蔵書印」朱文方印

### 豊太閣家康公立会修営御目論見絵図　2037
写　図 1 枚

145.0cm × 109.5cm（折りたたみ 16.4cm × 12.6cm）

(注)書名は外題による
天正 19 年鶴岡八幡宮修営の際の指図
「天正十九年五月四日　増田右衛門（花押）山中橘内（花押）」との記述あり
片桐且元の花押あり
「伯爵佐／佐木家／蔵書印」朱文方印

### 山形県及東京府下震災害之図　2038
瀧大吉 編集

東京　造家学会　明治 29 年（1896）

1 冊（図版 146 枚）　和装　25.0cm × 17.6cm

(注)『建築雑誌』第 110 号の附録
「伯爵／佐々木／蔵書印」朱文方印

### 自明治六年至十六年鉱山借区図　第 1 〜 9　2039
工部省鉱山課 編

工部省鉱山課　無刊年

9 冊　洋装　27.5cm × 18.9cm

### 煤田採鉱報告書沿革事業　乾・坤　2040
煤田開採事務係 編

刊　明治 15 年（1882）

合綴 1 冊（213 頁, 図版 10 枚）　和装　20.7cm × 14.1cm

(注)書名は外題による
小口書名：『報告書 沿革事業』

### 露国金鉱事業摘要　2041
刊　1 冊（本文 9 丁, 図版 1 枚）

和装　27.1cm × 18.5cm

# 軍　　　事

### 近時の戦争と経済　2042
(仏) ブロッホ 原著
東京　民友社　明治 37 年（1904）
1 冊（前付 20 頁, 本文 400 頁, 後付 16 頁, 図版 1 枚）
洋装　22.2cm × 15.2cm
(注) 扉に「明治三十八年二月徳富氏ヨリ被贈」との佐佐木高行自筆墨書あり
「伯爵／佐々木／蔵書印」朱文方印

### 近世戦略編　巻之上・下　2043
斎藤実顕 編集
刊　明治 8 年（1875）
2 冊　和装　18.2cm × 12.0cm
(注)「伯爵／佐々木／蔵書印」朱文方印

### 三重六物伝私鈔　2044
窪田清音 述
写　2 冊（①40 丁 ②6 丁）　和装　26.2cm × 18.5cm
(注) 第一冊外題書名：『極意三重六物伝』
第二冊外題書名：『極意三重六物伝象系之図』
「伯爵／佐々木／蔵書印」朱文方印
「伯爵佐／佐木家／蔵書印」朱文方印

### 古今軍人風俗　2045
東京　松野米次郎　明治 31 年（1898）
1 冊（本文 6 丁）　和装　17.0cm × 11.5cm
(注) 裏表紙に「ユキアツ」との青書あり

### 五事三重秘授　2046
窪田清音 著
写　1 冊（23 丁）　和装　26.3cm × 18.6cm
(注)「伯爵佐／佐木家／蔵書印」朱文方印

### 采幣極意神心別伝義解　2047
写　1 冊（46 丁）　和装　26.3cm × 18.7cm
(注)「伯爵佐／佐木家／蔵書印」朱文方印
「下許図書」朱文長方印

### 自得私抄采幣伝　2048
窪田助太郎（清音）著
嘉永 3 年（1850）写
1 冊（8 丁）　和装　26.2cm × 18.6cm
(注)「伯爵佐／佐木家／蔵書印」朱文方印
「下許図書」朱文長方印

### 西洋軍制度　巻 1・2　2049
陸軍部 編
桝河氏蔵板　東京　上州屋総七（発兌）
明治 2 年（1869）
2 冊　和装　22.9cm × 15.4cm
(注)「伯爵佐／佐木家／蔵書印」朱文方印
「駿河台／佐々木／蔵書印」朱文方印

### 東洋の攪乱　2050
山口造酒 編纂
東京　増子屋書店　明治 31 年（1898）
1 冊（前付 16 頁, 本文 144 頁, 英文 89 頁, 図版 14 枚）
和装　18.3cm × 12.5cm
(注) 外題書名：『世界的日清戦争』
「伯爵／佐々木／蔵書印」朱文方印

### 大日本国陸海軍配備図　2051
東京　華族会館第四調査部　明治 23 年（1890）
地図 1 枚　89.0cm × 77.3cm（折りたたみ 16.7cm × 19.3cm）
(注) 外題書名：『大日本帝国陸海軍兵備図』
「伯爵／佐々木／蔵書印」朱文方印

### 勅諭衍義　上・下　2052
伊藤篤吉 閲　近藤真琴 編
海軍兵学校　明治 16 年（1883）
2 冊　和装　22.1cm × 15.4cm
(注)「伯爵／佐々木／蔵書印」朱文方印
「伯爵佐／佐木家／蔵書印」朱文方印

### 勅諭講話　第 1・2 回　2053
宮地巌夫 述　斎藤戒三 編集
偕行社　明治 31 年（1898）～ 32 年（1899）

1冊（64頁）　和装　18.6cm × 12.3cm
(注)「伯爵／佐々木／蔵書印」朱文方印

**日清軍備対照表　2054**
写　1冊（4丁）　和装　25.0cm × 18.2cm
(注)「伯爵／佐々木／蔵書印」朱文方印

**武教極意三重之伝私記　巻之1〜6　2055**
窪田清音 写
1冊（104丁）　和装　26.3cm × 18.7cm
(注)「伯爵佐／佐木家／蔵書印」朱文方印

**武教小学・武教全書　巻之1〜4　2056**
山鹿素行 著
講武書院　嘉永2年（1849）
2冊　和装　12.6cm × 18.4cm
(注)外題書名：『武教全書』
「伯爵／佐々木／蔵書印」朱文方印

**武教全書　2057**
山鹿素行 著
安政2年（1855）佐々木三四郎 写
1冊（124丁）　和装　26.2cm × 18.5cm
(注)「伯爵佐／佐木家／蔵書印」朱文方印

**武教要書略解　巻之1〜5　2058**
写　8冊　和装　26.3cm × 18.6cm
(注)「伯爵佐／佐木家／蔵書印」朱文方印

**武教要書略解　巻之1 上之上　2059**
写　1冊（81丁）　和装　26.3cm × 18.6cm
(注)「伯爵佐／佐木家／蔵書印」朱文方印

**武用弁略　巻之1〜8　2060**
木下義俊 編集
浪華　積玉圃蔵板　安政3年（1856）再刻
2冊　和装　22.5cm × 15.7cm
(注)「伯爵／佐々木／蔵書印」朱文方印

**足軽備進退秘授別伝　2061**
嘉永2年（1849）窪田清音 写
1冊（59丁）　和装　26.6cm × 18.7cm
(注)「伯爵佐／佐木家／蔵書印」朱文方印

**一騎歌尽　2062**
榊陰 著
福田氏蔵板　文久3年（1863）
1冊（前付2丁,本文14丁,後付1丁）
和装　25.8cm × 17.9cm
(注)「伯爵佐／佐木家／蔵書印」朱文方印

**教戦斥候規則　2063**
窪田清音 写
1冊（17丁）　和装　26.3cm × 18.7cm
(注)「伯爵佐／佐木家／蔵書印」朱文方印

**大星秘授口占　2064**
窪田清音 写
1冊（12丁）　和装　26.3cm × 18.5cm
(注)「伯爵佐／佐木家／蔵書印」朱文方印

**那破倫兵法　巻1・2　2065**
福地源一郎 訳
江戸　福地氏蔵板　慶応3年（1867）
2冊　和装　18.2cm × 12.3cm
(注)「駿河台／佐々木／蔵書印」朱文方印

**兵法覚書　2066**
写　1冊（17丁）　和装　22.5cm × 15.5cm
(注)書名は外題による
「伯爵佐／佐木家／蔵書印」朱文方印

**兵法神武雄備集舟戦技書　第55巻　2067**
〔山鹿素行 著〕
写　1冊（30丁）　和装　26.3cm × 18.7cm
(注)「伯爵佐／佐木家／蔵書印」朱文方印

**兵法或問　1〜6　2068**
〔山鹿素行 著〕
写　2冊　（①112丁②82丁）　和装　26.3cm × 18.6cm
(注)「伯爵佐／佐木家／蔵書印」朱文方印

**兵要録　巻之1〜22　2069**
長沼宗敬（澹斎）著
松本蔵版　安政2年（1855）
7冊　和装　26.2cm × 17.9cm
(注)版心に「崇敬館蔵」とあり

「伯爵佐／佐木家／蔵書印」朱文方印
「駿河台／佐々木／蔵書印」朱文方印

**山鹿伝釆幣別伝義解** *2070*
窪田清音 著
写　1冊（17丁）　和装　26.3cm × 18.6cm
（注）「伯爵佐／佐木家／蔵書印」朱文方印

**練兵新書 巻之1・2** *2071*
窪田清音 著
写　1冊（91丁）　和装　26.1cm × 18.6cm
（注）「伯爵佐／佐木家／蔵書印」朱文方印

**和兵法師弟問対** *2072*
足達風静軒正蕅 述
写　1冊（21丁）　和装　21.4cm × 14.9cm
（注）「伯爵佐／佐木家／蔵書印」朱文方印

**検閲使職務条例** *2073*
陸軍省 編
陸軍省　無刊年
1冊（本文12丁）　和装　23.2cm × 15.6cm
（注）扉に「明治元年八月第八拾弐号達改正」とあり
「伯爵／佐々木／蔵書印」朱文方印

**陸軍省第六年報** *2074*
陸軍省 編
陸軍省　無刊年
1冊（前付2頁, 本文536頁, 後付1頁, 図版12枚）
和装　25.0cm × 17.6cm
（注）総論冒頭に「自明治十三年七月一日至同十四年六月三十日」とあり
「伯爵／佐々木／蔵書印」朱文方印

**陸軍省第七～九年報** *2075*
陸軍省 編
刊　明治16年（1883）～18年（1885）序
3冊　和装　25.0cm × 17.0cm
（注）「伯爵／佐々木／蔵書印」朱文方印

**海軍下士以下服制** *2076*
海軍省 編
海軍省　無刊年
1冊（本文18丁）　和装　24.0cm × 17.5cm
（注）冒頭に「明治六年十一月十四日改定」とあり
「伯爵／佐々木／蔵書印」朱文方印

**海軍旗章** *2077*
海軍省 編
海軍省　無刊年
1冊（本文8丁）　和装　20.5cm × 14.2cm
（注）「伯爵／佐々木／蔵書印」朱文方印

**海軍省雑誌 第10～12号 ほか合綴** *2078*
海軍省 編
海軍省　明治12年（1879）
合綴1冊　19.0cm × 13.7cm
（注）佐佐木高行自筆朱書あり
「伯爵／佐々木／蔵書印」朱文方印
【内容】
①『海軍省雑誌』　第10～12号　92頁
②『海軍省日誌』　明治12年第26号　36頁
　（注）2部存す
③『各庁需要物品渡方仮定例』　6頁
④『事務引継証票』　6頁

**海軍省日誌** *2079*
〔海軍省 編〕
刊　明治9年（1876）～13年（1880）
7冊　和装　19.3cm × 13.5cm
（注）書名は外題による
『海軍省雑誌』の錯巻あり
【内容】
明治9年（第1～12号）, 明治10年（第1～25号）,
明治11年（第1～35号）, 明治12年（第10, 11, 13号）,
明治13年（第1～7号）

**海軍省布達 自明治十二年至明治十三年** *2080*
〔海軍省 編〕
刊　明治12年（1879）～13年（1880）
1冊（本文138頁）　和装　19.0cm × 13.7cm
（注）書名は外題による
「伯爵／佐々木／蔵書印」朱文方印

**海軍省布達全書** *2081*
海軍省 編
海軍省　無刊年
1冊　洋装　20.9cm × 14.4cm

(注)「伯爵／佐々木／蔵書印」朱文方印
【内容】
① 『明治九年海軍省布達全書』（1月～12月） 445頁
② 『明治十年海軍省布達全書』（1月～12月） 213頁

### 海軍諸表便覧　2082
海軍省 編
海軍省　明治10年（1877）
1冊（前付4頁,本文64頁）　洋装　25.7cm×18.5cm
(注)「伯爵／佐々木／蔵書印」朱文方印

### 海軍兵員徴募規則　2083
海軍省 編
海軍省　無刊年
1冊（本文19丁）　和装　22.8cm×15.4cm
(注)「伯爵／佐々木／蔵書印」朱文方印

### 海軍兵学校生徒心得 ほか合綴　2084
海軍兵学校 編
海軍兵学校　無刊年
合綴1冊　和装　19.8cm×12.8cm
(注)書名は外題による
「伯爵／佐々木／蔵書印」朱文方印
【内容】
① 『海軍兵学校生徒心得』67頁
② 『体操伝習一覧』64頁

### 海軍武官服制　2085
海軍省 編
海軍省　無刊年
1冊（本文19丁）　和装
(注)冒頭に「明治六年十一月十四日改定」とあり
「伯爵／佐々木／蔵書印」朱文方印

### 海軍服制 ほか合綴　2086
〔海軍省 編〕
刊　合綴1冊　24.1cm×17.3cm　和装
(注)外題書名：『海軍服制 海軍旗章 陸軍徽章 商船規則 他方御用支度料並旅費定則』
小口書名：『御回建集』
【内容】
① 『海軍服制』19丁
② 『海軍旗章』3丁
③ 『陸軍徽章』14丁
④ 『商戦規則』11丁
⑤ 『他方御用支度料並旅費』18丁

### 海軍文官服制　2087
海軍省 編
海軍省　無刊年
1冊（本文12丁）　和装　24.0cm×17.6cm
(注)冒頭に「明治六年十一月十四日改定」とあり
「伯爵／佐々木／蔵書印」朱文方印

### 春日日進回航員歓迎会誌　2088
刊　明治37年（1904）
1冊（前付5頁,本文180頁）　洋装　22.3cm×15.8cm
(注)「伯爵佐／佐木家／蔵書印」朱文方印

### 帝国海軍史編　2089
小笠原長生 編
東京　春陽堂　明治31年（1898）
1冊（前付17頁,本文212頁）　洋装
(注)「伯爵／佐々木／蔵書印」朱文方印

### 黄海大海戦　上・下巻　2090
平田勝馬 編述
東京　博文館　明治29年（1896）
2冊　和装　22.3cm×14.6cm
(注)「伯爵佐／佐木家／蔵書印」朱文方印

### 故北白川宮殿下征台略記　2091
河村秀一 著
刊　1冊（本文13丁）　和装　22.7cm×15.5cm

### 明治三十三年清国事変戦史　巻1～6・附図・附表　2092
参謀本部 編纂
東京　川流堂　明治37年（1904）
8冊　洋装　26.5cm×20.0cm

### 清仏海戦日記　2093
仁礼敬之（毛鉄）著
東京　春陽堂　明治27年（1894）
1冊（前付6頁,本文92頁,図版2枚）
和装　22.4cm×14.8cm

(注)「伯爵／佐々木／蔵書印」朱文方印

**征清誌抄** 2094
参謀本部編纂課 編
東京　八尾新助（印刷）　明治27年（1894）
1冊（前付29頁，本文144頁）　和装　14.7cm×10.0cm
(注)小口書名：『日清誌抄』
「伯爵佐／佐木家／蔵書印」朱文方印

**タイムス日露戦争批評　第1～3巻** 2095
森晋太郎 訳
東京　時事新報社　明治38年（1905）
3冊　洋装　22.2cm×15.3cm
(注)小口書名：『日露戦争批評』

**タイムス日露戦争批評　第1巻** 2096
森晋太郎 訳
東京　時事新報社　明治38年（1905）
1冊（前付24頁，本文300頁，後付2頁）
洋装　22.0cm×15.1cm
(注)小口書名：『日露戦争批評』

**南征史** 2097
堀江八郎 著　松石安治 校閲
刊　明治31年（1898）序
1冊（前付12頁，本文227頁，附録18頁，図版7枚）
洋装　23.2cm×15.5cm
(注)「伯爵佐／佐木家／蔵書印」朱文方印

**廿七八年海戦史　上・下・別巻** 2098
海軍軍令部 編纂
東京水交社蔵版　東京　春陽堂　明治38年（1905）
6冊　洋装　26.7cm×19.8cm
(注)2部存す
「伯爵佐／佐木家／蔵書印」朱文方印
「佐佐木／行忠蔵／書之印」朱文方印

**クロパトキン将軍の著はせる日露戦史** 2099
（露）クロパトキン 著　（日）富永定太郎 編輯
東京　報知社　明治40年（1907）
1冊（前付8頁，本文84頁，図版3枚）
洋装　22.5cm×14.7cm
(注)「伯爵／佐々木／蔵書印」朱文方印

**明治三十七八年日露戦史　第1～10巻・附図第1～10巻** 2100
参謀本部 編纂
東京　東京偕行社　明治45年（1912）～大正3年（1914）
20冊　洋装　26.3cm×19.5cm
(注)「侯爵／佐佐木／蔵書印」朱文方印

**日清交戦録　第1～40号** 2101
川崎三郎（芝山）著
東京　大橋新太郎　明治29年（1896）～30年（1897）
7冊　和装　22.3cm×14.8cm
(注)小口書名：『日清戦史』
「伯爵佐／佐木家／蔵書印」朱文方印

**日清戦史　巻之1～7** 2102
川崎三郎（芝山）著
東京　博文館　明治30年（1897）
7冊　和装　22.5cm×14.8cm
(注)「伯爵佐／佐木家／蔵書印」朱文方印

**明治廿七八年日清戦史　第1～8巻・附図1巻** 2103
参謀本部 編纂
東京　東京印刷　明治37年（1904）～40年（1907）
5冊　和装　26.2cm×19.0cm
(注)2部存す
「伯爵／佐々木／蔵書印」朱文方印
「伯爵佐／佐木家／蔵書印」朱文方印

**日本戦史　1～8** 2104
日本戦史編纂委員会 編
東京　博開社　明治26年（1893）～32年（1899）
8冊　和装　21.8cm×14.8cm
(注)「伯爵佐／佐木家／蔵書印」朱文方印

**万国戦史　第1～24編** 2105
東京　博文館　明治27年（1894）～29年（1896）
24冊　和装　18.9cm×12.8cm
1, 川崎柴山 著『独仏戦史』
2, 松井広吉 著『鴉片戦史』
　(注)外題書名：『英清鴉片戦史』
3, 野々村金五郎 著『拿破侖戦史』
4, 松井広吉 著『英仏聯合征清戦史』
5, (米)エドワード・シッペン 著　越山平三郎 訳述『トラファルガー海戦史』

6. 松井広吉 著『露土戦史』
7. 松井広吉 著『米国南北戦史』
8. 渋江保 著『普墺戦史』
9. (米) エドワード・シッペン著　越山平三郎 訳述『ナイル海戦史』
10. 渋江保 著『波蘭衰亡戦史』
11. 松井広吉 著『クリミヤ戦史』
12. 渋江保 著『印度蚕食戦史』
13. (米) エドワード・シッペン著　越山平三郎 訳述『英米海戦史』
14. 松井広吉 著『伊太利独立戦争』
15. 渋江保 著『米国独立戦史』
16. 柳井磧太郎（絅斎）著『希臘独立戦史』
17. 渋江保 著『英国革命戦史』
18. 渋江保 著『仏国革命戦史』
19. 国府犀東 著『三十年戦史』
20. 渋江保 著『七年戦史』
   (注) 外題書名：『フレデリック大王七年戦争史』
21. (希) ブリュタルク 著　岸上操 纂訳『セザール・ポムペー 羅馬戦史』
22. 渋江保 著『ピユニック戦史』
23. 渋江保 著『歴山大王一統戦史』
24. 渋江保 著『希臘波斯戦史』

① 『露艦隊来航秘録』227頁
② 『露艦隊幕僚戦記』77頁
③ 『露艦隊最期実記』121頁

### 平壌包囲攻撃　上巻　2106
藤野房次郎 編述
東京　博文館　明治29年（1896）
1冊（前付20頁, 本文368頁, 図版7枚）
和装　21.0cm × 14.3cm
(注)「伯爵佐／佐木家／蔵書印」朱文方印

### 奉公偉績戦記　巻1～9　2107
保勲会 編纂
東京　保勲会　明治29年（1896）
5冊　和装　24.2cm × 15.3cm

### 露艦隊来航秘録 ほか合綴　2108
時事新報社 翻訳
長崎海軍勲功表彰会本部　明治40年（1907）
合綴1冊　洋装　22.6cm × 16.2cm
(注) 外題書名：『露艦隊来航秘録 露艦隊幕僚戦記 露艦隊最期実録』
「伯爵佐／佐木家／蔵書印」朱文方印
【内容】

# 美 術 ・ 諸 芸

## 古刀銘尽大全　2109
仰木伊織 著　村井正宣 筆　丹羽庄兵衛 彫刻
皇都　升屋勘兵衛　文政11年（1828）
9冊　和装　25.0cm × 18.5cm
(注)「伯爵佐／佐木家／蔵書印」朱文方印
「駿河台／佐々木／蔵書印」朱文方印

## 新刀便覧 3集　2110
三木光斎 撰　山田伯竜 校
刊　慶応3年（1867）
1冊（前付2丁, 本文71丁, 後付2丁）
和装　8.2cm × 17.7cm
(注)「伯爵／佐々木／蔵書印」朱文方印

## 弓剣槍訓練兵布策　2111
窪田清音 著
写　1冊（11丁）　和装　27.0cm × 19.0cm
(注)扉に「清男蔵」との貼紙あり

## 至誠忠愛　2112
望月馬太郎 著
河西政之　明治37年（1904）
1冊（前付16頁, 本文116頁）　洋装　26.0cm × 18.5cm

## 馬術記　2113
写　1冊（28丁）　和装　25.0cm × 17.0cm
(注)書名は外題による
「伯爵／佐々木／蔵書印」朱文方印

## 鎌倉懐古展覧会目録　2114
刊　明治24年（1891）序
1冊（本文32丁, 図版1枚）　和装　23.0cm × 16.0cm

## 御宝物図絵　2115
南部法隆寺 編
刊　1冊（図18枚）　和装　27.0cm × 19.5cm

## 日本美術金書沿革門　2116
（英）アンデルソン 著　（日）末松謙澄 訳補
東京　八尾書店　明治29年（1896）
1冊（前付11頁, 本文109頁, 表1枚, 図版66頁）
和装　26.5cm × 19.2cm
(注)見返に「進呈 佐々木高美君捧右 著者」との墨書あり
「伯爵／佐々木／蔵書印」朱文方印
「青萍」朱文方印

## 九鬼男爵日本美術論　2117
橘高乙一 著
橘高乙一　明治41年（1908）
1冊（前付1頁, 本文28頁）　和装　25.2cm × 18.0cm
(注)「伯爵佐／佐々木家／蔵書印」朱文方印

## 古今和漢 万宝全書　2118
京都　菊屋七郎兵衛　明和7年（1770）
13冊　和装　11.0cm × 16.0cm
(注)「伯爵／佐々木／蔵書印」朱文方印
「前田／氏信」朱文方印
「家□犀□」白文方印

## 浮世絵展覧会目録　2119
（米）エルネスト・エフ・フエロノサ 述
（日）小林文七 編集
東京　蓮枢閣　明治31年（1898）
1冊（前付7丁, 本文51丁）　和装　19.2cm × 12.6cm
(注)「伯爵／佐々木／蔵書印」朱文方印

## 和漢英勇画伝 上・下　2120
一勇斎図芳 画図　梅亭金鵞 著
玉山堂蔵梓　東京　山城太佐兵衛　無刊年
2冊　和装　23.3cm × 15.8cm
(注)「伯爵佐／佐木家／蔵書印」朱文方印

## 改正絵画出品目録　2121
刊　明治15年（1882）
1冊（前付6頁, 本文322頁）　和装　18.1cm × 12.8cm
(注)「伯爵／佐々木／蔵書印」朱文方印

**明治十五年内国絵画共進会審査報告 ほか合綴　2122**
農商務省博覧会掛 編
東京　国文社　明治 16 年（1883）
合綴 1 冊　和装　25.3cm × 18.0cm
（注）書名は表紙による
外題書名：『十五年内国絵画共進会審査附録』
【内容】
①『明治十五年内国絵画共進会審査報告』　74 頁
②『明治十五年内国絵画共進会審査報告附録』　23 丁
（注）「伯爵／佐々木／蔵書印」朱文方印

**日清戦闘画報　第 1 ～ 10 篇　2123**
久保田米僊 等 著
東京　大蔵保五郎　明治 27 年（1894）～ 28 年（1895）
10 冊　和装　17.0cm × 23.4cm
（注）書名は外題による
「伯爵／佐々木／蔵書印」朱文方印

**日本絵画ノ未来　2124**
外山正一 述
刊　1 冊（本文 91 頁）　和装　18.4cm × 12.6cm
（注）「伯爵／佐々木／蔵書印」朱文方印

**観鵞百譚　巻之 1 ～ 5　2125**
広沢勝（知慎）著
江戸　旧村源左衛門　享保 20 年（1735）
5 冊　和装　26.1cm × 18.2cm
（注）「伯爵佐／佐木家／蔵書印」朱文方印

**古語集覧　2126**
大畑春国 集
天桂堂蔵版　東京　須原屋茂兵衛　慶応 3 年（1867）
1 冊（前付 2 丁，本文 37 丁）　和装　21.3cm × 15.0cm
（注）「伯爵／佐々木／蔵書印」朱文方印

**三体書筆陣隽語　巻 1 ～ 3　2127**
拙堂斎藤謙 編　雪城沢俊郷 書
江川仙太郎　無刊年
1 冊（前付 6 丁，本文 146 丁）　和装　21.8cm × 14.5cm
（注）「伯爵／佐々木／蔵書印」朱文方印

**書家錦嚢　2128**
山崎美成 編
東都　青雲堂蔵　嘉永 6 年（1853）
1 冊（本文 75 丁，後付 2 丁）　和装　17.9cm × 12.0cm
（注）「伯爵／佐々木／蔵書印」朱文方印

**草書法要　巻之 1 ～ 5　2129**
脇田順和 編集　源友邦子，篠本真信 校
江戸書林　文化 14 年（1817）
2 冊　和装　25.9cm × 18.3cm
（注）「伯爵／佐々木／蔵書印」朱文方印
「駿河台／佐々木／蔵書印」朱文方印

**北陸数国図　2130**
刊　1 枚　5.6cm × 292.5cm（折りたたみ 5.6cm × 21.4cm）
（注）「伯爵／佐々木／蔵書印」朱文方印

**象牙彫刻法　乾・坤　2131**
相馬邦之助 著
東京　相馬邦之助　明治 23 年（1890）
2 冊　洋装　27.2cm × 18.5cm
（注）「伯爵佐／佐木家／蔵書印」朱文方印

**府県漆器沿革漆工伝統誌 ほか合綴　2132**
農務局, 工部局　明治 19 年（1886）
合綴 1 冊　和装　19.5cm × 13.2cm
（注）書名は目録による
「伯爵／佐々木／蔵書印」朱文方印
【内容】
①納富介次郎 編『府県漆器沿革漆工伝統誌』
　107 頁
②『漆器審査報告図説』　13 枚

**府県陶器沿革陶工伝統誌　2133**
塩田真 編
農務局, 工部局　明治 19 年（1886）
1 冊（前付 4 頁，本文 186 頁，後付 1 頁）
和装　19.5cm × 13.2cm
（注）「伯爵／佐々木／蔵書印」朱文方印

**本朝鍛冶考　巻之 1・14 ～ 18　2134**
鎌田魚妙 撰
江戸　須原屋茂兵衛　無刊年
6 冊　和装　25.8cm × 18.0cm
（注）版心に「水音舎蔵」とあり
「伯爵佐／佐木家／蔵書印」朱文方印
「駿河台／佐々木／蔵書印」朱文方印

### 東宮殿下台覧記念金華山写真帖　2135
福井県　金華山県社黄金山神社社務所
明治41年（1908）
1冊（本文74頁）　和装　26.4cm × 18.4cm

### 台湾写真帖　2136
台湾総督府官房文書課 編
台湾総督府官房文書課　明治41年（1908）
1冊（前付5頁,本文200頁,地図1枚）
和装　25.3cm × 18.5cm
（注）「伯爵佐／佐木家／蔵書印」朱文方印

### 鉄翁印譜　天・地・人　2137
柄瑞巌 記
美岳山房　明治6年（1873）識語
3冊　和装　17.7cm × 10.7cm

### 韶舞考　巻2・附録1・2　2138
加藤熙 述
刊　1冊（前付1丁,本文8丁,後付7丁）
和装　18.5cm × 13.0cm
（注）「伯爵／佐々木／蔵書印」朱文方印

### 花江都歌舞妓年代記　巻之7～9　2139
談洲楼（立川）焉馬 著　松高斎春亭 画工
大坂　河内屋太助　天保12年（1841）
8冊　和装　22.5cm × 15.8cm
（注）第5～8冊外題書名：『江戸かぶき年代記』
「伯爵／佐々木／蔵書印」朱文方印
「伯爵佐／佐木家／蔵書印」朱文方印

### けぬのいし文　2140
刊　1冊（本文10丁）　和装　18.4cm × 12.4cm
（注）書名は外題による
「伯爵／佐々木／蔵書印」朱文方印

### 高句麗古碑考 ほか合綴　2141
合綴1冊　和装　23.9cm × 16.1cm
（注）「伯爵佐／佐木家／蔵書印」朱文方印
【内容】
①『高句麗古碑考』　39丁
②『碑文之由来記』　6丁
　（注）2部存す
　うち1部の撰釈者の識に「青江秀」との朱傍書あり

③『高句麗第十九世広土王墓碑之解』　23丁
（注）奥書に「右古碑注解郷友人青江氏 命ヲ奉シテ試ニ筆録スル所ナリ注解ノ述意ニ於テ聊愚見ヲ示ス所アリシヲ以テ其原稿ノマ、ニ写サシメ寄贈セラル、者ナリ 明治十八年二月十八日」,「明治十九年四月二十二日以小杉榲邨所蔵本謄写之畢 荻原厳雄」とあり
④『荒山大捷之碑』　3丁
（注）中村氏より借り謄写との天保11年の伴信友の識あり
⑤『朝鮮史略』　1丁
（注）奥書に「明治十九年四月二十五日以小杉榲邨所蔵本謄写畢 荻原厳雄」とあり

### 那須国造銘図注　2142
刊　文化元年（1804）
1冊（本文11丁,図版2枚）　和装　25.8cm × 17.9cm
（注）「伯爵／佐々木／蔵書印」朱文方印

### 破黄禍論　2143
田口卯吉 著
東京　経済雑誌社　明治37年（1904）
1冊（前付2頁,本文57頁）　洋装　18.9cm × 13.0cm

### 千歳園図　2144
写　1枚　49.2cm × 69.0cm（折りたたみ24.8cm × 17.9cm）

### 遠州流瓶華類集　春・夏・秋・冬　2145
本松斎一得 撰　松嶺斎一魁 校　松精斎一小 合
松寿斎一英 縮図
東京　錦森堂（発兌）　明治6年（1873）識語
4冊　和装　22.8cm × 15.1cm
（注）書名は扉による
「伯爵／佐々木／蔵書印」朱文方印

### 囲碁指南　2146
写　1冊（20丁）　和装　29.7cm × 21.3cm
（注）「伯爵佐／佐木家／蔵書印」朱文方印

### 囲碁定石集　上・下　2147
玄々斎 編集
江都　青黎閣　無刊年
2冊　和装　26.0cm × 17.8cm
（注）書名は外題による
「伯爵佐／佐木家／蔵書印」朱文方印

囲棋新報　第25集　2148
村瀬秀甫　編集
東京　村瀬秀甫　明治14年（1881）
1冊（本文3丁）　和装　24.6cm × 17.6cm
(注)外題書名：『中原争鹿』

日本国中囲碁段附　2149
井上因碩　編集
井上因碩　明治11年（1878）再版
1冊（本文15丁）　和装　7.6cm × 15.9cm
(注)外題書名：『囲碁段人名録』
「伯爵／佐々木／蔵書印」朱文方印

改正囲碁秘訣　2150
新潟県　弦巻本店　無刊年
1冊（前付2丁,本文6丁）　和装　25.7cm × 18.6cm
(注)書名は外題による
「伯爵／佐々木／蔵書印」朱文方印

囲碁妙伝　2151
井上因碩　著
浪華　竹雨亭　嘉永5年（1852）
4冊　和装　25.7cm × 18.2cm
(注)「伯爵／佐々木／蔵書印」朱文方印

石配自在　2152
服部雄節　著
東都　青藜閣（販売）　天保10年（1839）
2冊　和装　25.7cm × 18.0cm
(注)「伯爵／佐々木／蔵書印」朱文方印

新選百番碁　上・下　2153
江戸　須原屋茂兵衛　無刊年
2冊　和装　25.7cm × 18.2cm
(注)書名は封面による
外題書名：『烏鷺争飛集』
小口書名：『新撰百棋立』
「伯爵／佐々木／蔵書印」朱文方印

奕萃官子　2154
肝江卞立言　著・評選
味書堂蔵版　無刊年
2冊　和装　29.0cm × 17.4cm
(注)書名は版心による

繹貴奕範　乾・坤　2155
秦鼎　撰　倉林忠連　書
玄対堂　文化6年（1809）
2冊　和装　26.1cm × 19.1cm
(注)書名は外題による

置碁自在　2〜8　2156
江都　須原屋伊八　無刊年
10冊　和装　25.4cm × 17.4cm
(注)外題書名：『石立稽古　置碁自在』
「伯爵／佐々木／蔵書印」朱文方印

温故知新碁録　上・下　2157
服部因徹　著
京都　植村藤右衛門　文政2年（1819）
心静堂蔵版　東京　北畠茂兵衛　無刊年
2冊　和装　25.8cm × 18.1cm
(注)「伯爵／佐々木／蔵書印」朱文方印

棋醇　巻1・2　2158
本因坊秀和　著　加藤隆和　校訂
心静堂蔵版　東京　北畠茂兵衛　無刊年
2冊　和装　25.8cm × 18.1cm
(注)「伯爵／佐々木／蔵書印」朱文方印

棋譜玄覧　2159
刊　1冊（前付1丁,本文12丁）
和装　25.7cm × 18.1cm

碁経亀鑑　後編　2160
石原（是山）集
京都　伏見屋藤右衛門　文政6年（1823）
2冊　和装　25.6cm × 18.3cm
(注)外題書名：『当時名人碁経亀鑑』
版心書名：『棋範』
「伯爵／佐々木／蔵書印」朱文方印

素人名手　碁経拾遺　上・中・下　2161
玄玄斎主人　閲
東京　青藜閣　無刊年
3冊　和装　25.7cm × 18.1cm
(注)書名は外題による

### 碁経精妙　巻2〜4　2162
京都　勝村治右衛門　天保6年（1835）
3冊　和装　25.7cm × 18.1cm
（注）書名は外題による

### 古今名人碁経選粋　麟・亀・龍　2163
江都玄　撰
京都　勝村治右衛門　寛政4年（1792）
3冊　和装　25.7cm × 18.2cm
（注）「伯爵佐/佐木家/蔵書印」朱文方印

### 碁経玉多寿幾　2164
玄玄斎主人　著
京都　勝村治右衛門　文化7年（1810）
4冊　和装　25.6cm × 18.0cm
（注）版心書名：『碁経玉田鋤』
「伯爵/佐々木/蔵書印」朱文方印

### 国技観光　巻1〜4　2165
専心堂丈和　著
江都　青藜閣　文政9年（1826）
4冊　和装　27.7cm × 19.1cm
（注）書名は外題による
裏表紙に「鬼嶋氏」との墨書あり
「伯爵/佐々木/蔵書印」朱文方印

### 古碁枢機　乾・坤・巽・艮　2166
〔本因坊元丈　著〕
専心堂蔵版　文政5年（1822）
4冊　和装　26.4cm × 19.0cm
（注）書名は外題による
文政4年の「斉渓」の識あり

### 古今衆天枰　天・地・人　2167
本因坊丈策　著
江都　青藜閣　天保14年（1843）
3冊　和装　25.8cm × 17.9cm
（注）「伯爵/佐々木/蔵書印」朱文方印

### 碁立絹節　前・後編　2168
山本喜六　撰
江都　青藜閣　天明7年（1787）
8冊　和装　25.9cm × 18.7cm
（注）「伯爵/佐々木/蔵書印」朱文方印

### 四十番碁立　巻之3　2169
刊　1冊（本文24丁）　和装　25.9cm × 18.0cm
（注）巻之3のみ存す
外題書名：『碁立四十番』
「伯爵/佐々木/蔵書印」朱文方印

### 西征手談　2170
刊　1冊（前付4丁,本文26丁）
和装　27.2cm × 18.3cm
（注）書名は外題による
「伯爵/佐々木/蔵書印」朱文方印

### 対勢碁鏡　巻1・3・4　2171
畠中哲斉　著
江戸　青藜閣　文政6年（1823）
3冊　和装　25.7cm × 17.9cm
（注）書名は外題による
巻2欠

### 竹敲間寄　上・下　2172
井上因硯　著
江都　青藜閣　文政2年（1819）
2冊　和装　27.5cm × 18.8cm
（注）「伊藤/蔵書」朱文方印
「象光堂/図書記」朱文長方印

### 素人妙手 当流続撰碁経　上・中・下　2173
玄玄斎主人　閲
江都　青藜閣　享和3年（1803）
3冊　和装　25.6cm × 17.9cm
（注）書名は封面による
「伯爵/佐々木/蔵書印」朱文方印

### 打碁定石 方円新法　上・中・下　2174
村瀬秀甫　著
東京　専致閣蔵版,等　村瀬秀甫　明治15年（1882）
2冊　和装　26.0cm × 18.2cm
（注）書名は外題による
「伯爵佐/佐々木家/蔵書印」朱文方印

### 電光一閃剣舞　2175
活電居士　著　伊藤倉三　編集
東京　伊藤倉三　明治27年（1894）
1冊（前付2頁,本文123頁,後付3頁）
和装　14.1cm × 10.4cm

(注)「伯爵／佐々木／蔵書印」朱文方印

**剣舞独習図解秘訣** 一名 術剣棒図解秘訣続編　*2176*
福井茂兵衛 著　　榊原健吉 校閲・御文
東京　青木恒三郎　明治27年（1894）3版
1冊（前付4頁, 本文185頁）　洋装　18.7cm × 12.8cm
(注)書名は外題による

**普通裁縫新書　上・下**　*2177*
樋口峰子 編纂
群馬　樋口峰子　明治29年（1896）
2冊　和装　21.9cm × 15.5cm
(注)「伯爵／佐々木／蔵書印」朱文方印

# 雑

**図書局書目 和書之部** *2178*
〔内務省図書局 編〕
刊　1冊（前付7頁, 本文284頁, 後付1頁）
和装　19.4cm × 13.3cm
(注)「伯爵／佐々木／蔵書印」朱文方印

**内閣文庫図書仮名類別目録** *2179*
内閣記録局 編輯
刊　明治23年（1890）
12冊　和装　24.2cm × 14.6cm

**三井家第二回史料展覧会目録** *2180*
三井家編纂室 編
刊　明治40年（1907）
1冊（前付3頁, 本文206頁）　洋装　25.6cm × 17.7cm
(注)「伯爵／佐々木／蔵書印」朱文方印

**群書一覧　巻之1～6** *2181*
尾崎雅嘉 編
浪速　海部屋勘兵衛　享和2年（1802）
6冊　和装　18.5cm × 12.2cm
(注)歌稿（巻紙1枚）挟み込みあり
「伯爵佐／佐木家／蔵書印」朱文方印
「駿河台／佐々木／蔵書印」朱文方印

**社会新辞典** *2182*
郁文舎編輯所 編纂
東京　郁文舎　明治39年（1906）
1冊（前付48頁, 本文1320頁, 後付131頁, 図版32枚）
　　洋装　26.7cm × 19.5cm

**五雑組　巻之1～16** *2183*
（明）陳留謝肇淛 著
皇都　小林庄兵衛等（売捌）　寛文元年（1661）
7冊　和装　22.4cm × 16.0cm
(注)「伯爵佐／佐木家／蔵書印」朱文方印

**古事類苑** *2184*
細川潤次郎等 編修
神宮司庁蔵版　明治24年（1891）～43年（1910）
11冊　洋装　27.0cm × 19.7cm
(注)「伯爵佐／佐木家／蔵書印」朱文方印
「侯爵佐／佐木家／蔵書印」朱文方印
【内容】
神祇部24～70巻, 帝王部1～27巻, 政治部1～50巻,
方技部1～18巻, 楽舞部16～35巻, 産業部1～28巻,
器用部1～15巻, 遊戯部1～17巻

**古事類苑** *2185*
細川潤次郎等 編修
神宮司庁蔵版　明治29年（1896）～39年（1906）
149冊　和装　26.7cm × 19.0cm
(注)姓名部は再版
「伯爵佐／佐木家／蔵書印」朱文方印
【内容】
神祇部1～100巻, 帝王部1～27巻, 官位部1～80巻,
法律部1～60巻, 泉貨部1～7巻, 称量部1～3巻, 外
交部1～25巻, 兵事部1～48巻, 武技部1～20巻, 文
学部1～50巻, 礼式部1～36巻, 姓名部1～10巻

**拾芥抄　上・中・下** *2186*
〔洞院公賢 編　洞院実熙 補〕
刊　6冊　和装　26.4cm × 18.8cm
(注)各冊表紙に「佐々木」との朱書あり
「伯爵佐／佐木家／蔵書印」朱文方印
「佐々木／蔵書印」朱文方印
「本田／文太／郎印」朱文円印

**海警叢書　1～17** *2187*
写　17冊　和装　23.5cm × 16.8cm
(注)書名は外題による
水野正信旧蔵
「伯爵佐／佐木家／蔵書印」朱文方印
「鳥居蔵／図書印」白文方印
【内容】
1,論策（東洋鯤叟『北陲杞憂』, 蒲生秀実『不恤緯』, 平

山潜『上執政相公閣下書』、同『上北闕書』、羽倉用九『画灰書』、同『画水書』）
2. 論策（羽太正養『辺策私弁』、福岡老侯撰述 安倍龍平附注『海冠竊策』、八木千之『防海集説』、神惟孝『外夷備考』
3. 論策（『慎機論』、『鶏舌問答』、『渡辺崋山罪案』、『戊戌夢物語』、『佐藤元海議』、『赤井厳三議』、『献芹微衷』、『佐久間修理上書』、『筒井肥前守上書』）
4. 論策（山鹿素水『海備芻言』、肝付兼武『海防手引草』、同『佐渡海防策』、長山貫『海防私議』）
5. 論策（古賀煜『泰西録語』、会沢安『豈好弁』、塩谷世弘『籌海私議』、安積良斎『禦戎策』、羽倉用九『海防私策』、大槻清崇『読海防私策』、同『献芹微衷』、斎藤正謙『海防策』、安井仲平『海防策』、『海防余議』、『毀蘭説』、深川潜蔵『西学論』、『読海防彙議』、佐久間修理『礮卦』）
6. 論策（『御尋ニ付上言』、『浦賀奉行言上』、『江川太郎左衛門建言』、『窪田助太郎建言』、『高島喜平建言』、『米商新九郎杞憂』、『患当世急務論』、『解慨俚言』、『鏖賊建議』）
7. 論策（薛伝源『防海備覧』、林則徐『査弁夷務情形片奏』、松江文士『禦夷論』、無名士『平英条説』、劉詢珂『禦英奏』）
8. 記事（文化文政弘化年間書状類）
9. 記事（弘化嘉永年間書状類）
10. 記事（嘉永年間書状類）
11. 記事（嘉永安政年間書状類）
12. 記事（安政年間書状類）
13. 記事（安政万延年間書状類）
14. 命令（嘉永年間書状類）
15. 命令（安政元年〜二年書状類）
16. 命令（安政二年〜四年書状類）
17. 命令（安政五年〜六年書状類）

**群書類従** 2188

塙保己一 集　経済雑誌社 翻刻

東京　経済雑誌社　明治26年（1893）〜27年（1894）

11冊　洋装　19.5cm × 13.7cm

(注)第1・5〜11・17〜19輯
「伯爵／佐々木／蔵書印」朱文方印

**群書類従** 2189

〔塙〕保己一 集

刊　660冊　和装　25.5cm × 17.9cm

(注)目録とも
巻第328・332・333・339・340は欠
「伯爵／佐々木／蔵書印」朱文方印

**群書類従目録** 2190

〔塙保己一 編　成島柳北、黒川真頼 校〕

刊　1冊（73丁）　和装　25.5cm × 17.9cm

(注)「伯爵／佐々木／蔵書印」朱文方印

**皇学管見** 2191

青柳高鞆 編輯

東京　養徳会　明治22年（1889）〜24年（1891）

合綴7冊　和装　18.6cm × 12.8cm

(注)内容は『やまと叢誌』
「伯爵／佐々木／蔵書印」朱文方印

**国書刊行会叢書** 2192

国書刊行会 編輯

東京　国書刊行会　吉川半七

明治38年（1905）〜42年（1909）

63冊　洋装　22.6cm × 16.3cm

(注)「伯爵／佐々木／蔵書印」朱文方印
「伯爵佐／佐木家／蔵書印」朱文方印
「侯爵佐／佐木／蔵書印」朱文方印

【内容】
1. 井上頼圀等 編『続々群書類従』第1〜5・7〜16　15冊
2. 『伴信友全集』第1〜5　5冊
3. 屋代弘賢 著『古今要覧稿』第1〜6　6冊
4. 勝田長清 撰『夫木和歌抄』巻第1〜36　1冊
5. 『夫木和歌抄索引』　1冊
6. 『新井白石全集』第2〜6　5冊
7. 『新群書類従』第1・2・4〜10　9冊
8. 小山田与清 著『松屋筆記』第2・3　2冊
9. 石川雅望 著『源注余滴』　1冊
　(注)『附録 清石問答』を含む
10. 岩本佐七 編『燕石十種』第1〜3　3冊
11. 九条兼実 著『玉葉』第1〜3　3冊
12. 国書刊行会 編『続燕石十種』第1〜2　2冊
13. 『菅政友全集』　1冊
14. 『近藤正斎全集』第1〜3　3冊
15. 松平定信 編『集古十種』第1・2・4　3冊
16. 鄭麟趾 奉勅修『高麗史』第1〜3　3冊

**故実叢書** *2193*

今泉定介 編

東京　吉川半七　明治33年（1900）〜39年（1906）

107冊　和装　23.0cm×15.5cm

(注)「伯爵／佐々木／蔵書印」朱文方印

「伯爵佐／佐木家／蔵書印」朱文方印

【内容】

1,源君美（新井白石）彙輯『本朝軍器考』巻1〜11　1冊

2,『本朝軍器考集古附図』　1冊

　(注)書名は目録による

3,伊勢貞文 著　千賀春城 補『軍用記』　1冊

4,『軍用記附図』　1冊

5,『輿車図考』上・下巻　1冊

6,『建武年中行事略解』第1〜5　1冊

7,『御代始鈔・有職袖中抄』　1冊

8,『装束集成』巻1〜7　7冊

9,伊勢貞丈 著『安斎雑考』上・下　2冊

10,本間源百里 輯『尚古鎧色一覧』上・下　2冊

　　25.0cm×18.4cm

11,『貞丈雑記 附貞丈雑記弁』巻1〜6　6冊

12,『中昔京師地図』　1枚　77.6cm×121.5cm

　　（折りたたみ24.6cm×18.3cm）

13,『中昔京師内外地図』　1枚　102.8cm×113.3cm

　　（折りたたみ24.7cm×18.1cm）

14,『大内裏図』

　(1)『神祇官図・真言院図・太政官図・武徳殿図』

　　　1枚　52.2cm×81.0cm（折りたたみ24.8cm×17.6cm）

　(2)『八省院図』　1枚　97.5cm×49.1cm

　　　（折りたたみ24.7cm×17.9cm）

　(3)『豊楽院図』　1枚　97.3cm×47.3cm

　　　（折りたたみ24.6cm×18.0cm）

　(4)『大学寮図』　1枚　57.0cm×63.5cm

　　　（折りたたみ24.5cm×18.0cm）

　(5)『内裏図 附中和院』　1枚　77.5cm×73.5cm

　　　（折りたたみ24.5cm×18.0cm）

　(6)『京城略図』　1枚　65.0cm×57.0cm

　　　（折りたたみ24.5cm×18.0cm）

15,『大内裏図考証』首巻・巻1〜13　14冊

16,塙保己一 編『武家名目抄』　40冊

17,『尊卑分脈』1〜12　12冊　27.0cm×19.0cm

18,『近代女房装束抄』　1冊　25.2cm×19.1cm

20,牟田橘泉 著『禁秘抄考証』上・中・下巻　3冊

21,大槻如電 著『舞楽図説』　1冊

22,大橋長広 著　山田安栄 校訂『拾芥抄』上・中・下

　　3冊

23,北浦定政 著『平城京大内裏跡坪之図』　1枚

　　88.0cm×60.5cm（折りたたみ22.5cm×15.2cm）

**薩藩叢書　第1・3・4編** *2194*

鹿児島県　薩藩叢書刊行会

明治41年（1908）〜42年（1909）

3冊　洋装　22.1cm×14.8cm

(注)「侯爵佐／佐木家／蔵書印」朱文方印

**修徳園叢書　第1集** *2195*

松平直亮 纂輯

東京　吉川半七　明治26年（1893）

1冊（前付1丁,本文18丁）　和装　19.6cm×12.9cm

(注)「伯爵／佐々木／蔵書印」朱文方印

**静幽堂叢書　伝記部1・惣目録** *2196*

〔鍋田三善 編〕

写　2冊（①97丁②22丁）　和装　23.8cm×16.0cm

(注)「伯爵佐／佐木家／蔵書印」朱文方印

**存採叢書** *2197*

近藤圭造 編

東京　近藤圭造　明治13年（1880）〜28年（1895）

62冊　和装　19.8cm×12.4cm

(注)「伯爵佐／佐木家／蔵書印」朱文方印

【内容】

1,『新抄格勅符第十巻抄』　1冊

2,『逸伝六種』　1冊

3,『曽我物語』巻1〜10　3冊

4,『帝王編年記』巻1〜27　7冊

5,松永貞徳 著『戴恩記』　1冊

6,栗田寛 撰『国造本紀』巻1〜5　5冊

7,栗田寛 撰『国造本紀考 別記』　1冊

8,固禅 編輯『皇居年表』巻1〜5　5冊

9,富永春部 纂述　富永準清 校『和名抄諸国郡郷考』

　　巻3〜15　11冊

10,近藤守重 撰『御本日記附注 右文故事第一種』上巻

　　1冊

11,〔正親町町子 著〕『まつ蔭』巻3・4　2冊

　　(注)外題書名：『松蔭の日記』

12,山鹿五左衛門（素行）著『配所残筆』　1冊

13,屋代弘賢 著『道の幸』上・中・下巻　1冊

14, 百万（小栗百万）遺稿 近藤瓶城 校『屠龍工随筆』
1 冊
15, 財津種蘂 著『むかしむかし物語』1 冊
16, 土肥経平 著 近藤瓶城 校『春湊浪話』巻上・中・
下 1 冊
17, 近藤瓶城 校『寓簡』1 冊
18, 吉田令世 著『水の一すち』上・中・下 2 冊
19, 権田直助 著 井上頼圀, 逸見仲三郎 増補訂正『増補
訂正 国文句読法』1 冊
20, 屋代弘賢 著『古今要覧稿抄』15 冊

**長周叢書** *2198*

村田峰次郎 編輯

稲垣常三郎　明治 23 年（1890）～25 年（1892）

12 冊　和装　22.7cm × 15.2cm

(注)不全本
「伯爵／佐々木／蔵書印」朱文方印
「富岳南ノ三好印」朱文方印（第 4 冊）
「高木ノ金将吉」朱文方印（第 5 冊）

【内容】

1, 近藤芳樹『大江匡房卿伝』
2, 村田峰次郎『山田原欽先生事蹟』
3, 山県周南『作文初問』, 滝鶴台『三の逕』
4,『忠正公略伝』
5, 吉田松陰, 山県大華『毛利隆元卿伝』, 吉川家『吉川
元春卿伝』, 青山延光, 塩谷宕陰『小早川隆景卿伝』
6, 滝鶴台『洞春公略譜』, 同『常栄公略譜』, 同『天樹公
略譜』, 同『大照公略譜』
7, 和智棟卿『虚実見聞記』
8, 布施御牆『救饑提要・童子先誦・他所問答』
9, 毛利元就『春霞集』
10, 南部伯民『枝癢録』
11, 毛利斉広『事斯語』
12, 平佐就言『輝元公上洛日記』

**百家説林** *2199*

今泉定介, 畠山健 校訂兼編輯

東京　吉川半七　明治 24 年（1891）

8 冊　和装　21.8cm × 14.9cm

(注)巻 1 は再版
「伯爵佐／佐々木家／蔵書印」朱文方印

【内容】

巻 1, 太宰春台『独語』, 富士谷御杖『北辺随筆』, 荻生徂
徠『南留別志』, 菅茶山『筆のすさび』, 石川雅望『都
の手ぶり』
巻 2,『雨窓閑話』, 斎藤彦磨『傍廂』前・後編, 清水浜臣
『泊洒筆話』, 曲亭馬琴『玄同放言』上集, 石川雅望『附
録北里十二時』
巻 3,『玄同放言』下集, 朝川善庵『善庵随筆』, 森羅万象
『桂林漫録』, 本居宣長『尾花が本』, 松尾芭蕉『附録奥
の細道』
巻 4, 契沖『円珠庵雑記』, 青木昆陽『昆陽漫録』, 伊藤東
涯『輶軒小録』, 大田南畝『仮名世説』, 松平定信『関
の秋風』
巻 5, 谷川士清『鋸屑譚』, 茅原定（虚斉）『茅窓漫録』,
司馬江漢『春波楼筆記』, 岩瀬（山東）京山『蜘蛛の
糸巻』, 同『蛛の糸巻追加』, 小説家主人『しりうごと』,
『難後言』
巻 6, 三浦安貞『梅園叢書』, 清水浜臣『遊京漫録』巻之
上・下, 山崎美成『世事百談』, 中山信名『墳墓考』, 石
川雅望『こがねぐさ』
巻 7, 沢田名垂『家屋雑考』, 青木昆陽『続昆陽漫録』, 太
田道灌『我宿草』, 大田晴軒『訓蒙浅語』, 仲山高陽『画
譚雞肋』
巻 8, 滝沢馬琴等『兎園小説』, 柳沢淇園『雲萍雑誌』, 松
平定信『花月草紙』, 川崎重恭『鳥おどし』, 小林元僊『金
剛談』

**明治名著集　第 13 巻第 9 号** *2200*

鳥谷部銑太郎 編輯

東京　博文館　明治 40 年（1907）

1 冊（前付 32 頁, 本文 512 頁）　洋装　26.5cm × 18.2cm

(注)創業 20 周年紀念『太陽』臨時増刊（第 13 巻第 9 号）
「伯爵佐／佐々木家／蔵書印」朱文方印

**王陽明先生全集** *2201*

(明) 王守仁 (陽明) 撰

文徳蔵版　道光 6 年（1826）序

16 冊　和装　24.8cm × 15.7cm

(注)「伯爵佐／佐々木家／蔵書印」朱文方印

**窪田助太郎先生遺著　1～7** *2202*

写　7 冊　和装

(注)「窪田文庫」朱文方印

【内容】

1,『化蝶論』
夢中外史 著

1冊（8丁）　23.5cm × 16.7cm
(注)末尾に「安政五年八月綴之」とあり

2,『追儺図』
文化8年（1811）窪田勝栄 写
1冊（7丁）　23.8cm × 16.2cm
(注)「修業堂蔵書印」朱文長方印

3,『不動丸剣記』
窪田清音 著
1冊（7丁）　28.5cm × 20.4cm

4,『窪田清音略伝』
1冊（6丁）　26.2cm × 19.4cm

5,『古今集三木三鳥考』
平（伊勢）貞丈著
1冊（11丁）　24.7cm × 16.8cm
(注)「虎／山」朱文方印
「晋々／□々」朱文方印

6,『足袋之事』
1冊（6丁）　23.8cm × 16.7cm

7,『卜伝百首』
窪田清音 著
天明元年（1781）貞春 写
1冊（10丁）　27.9cm × 19.1cm

### 松陰先生遺著　2203
吉田庫三 編纂
東京　民友社　明治41年（1908）
1冊（前付60頁, 本文1008頁, 後付48頁, 口絵24枚）
洋装　22.6cm × 16.2cm
(注)巻頭に枢密院顧問官伯爵佐佐木高行宛明治41年10月16日付松陰神社五十年祭総裁男爵毛利五郎送状あり
「伯爵佐／木家／蔵書印」朱文方印

### 小楠遺稿　2204
横井時雄 編輯
東京　民友社　明治22年（1889）
1冊（前付4頁, 本文538頁, 後付24頁, 口絵32頁）
洋装　22.4cm × 15.4cm
(注)「伯爵佐／木家／蔵書印」朱文方印

### 得庵全書　2205
鳥尾得庵（小弥太）著　川合清丸 編
東京　鳥尾光　明治44年（1911）
1冊（前付13頁　本文1358頁）　洋装　22.5cm × 15.4cm

### 橋本左内全集　2206
景岳会 編纂
東京　景岳会　明治41年（1908）
1冊（前付68頁, 本文805頁）　洋装　22.6cm × 15.0cm
(注)「伯爵佐／佐木家／蔵書印」朱文方印

### 平田篤胤全集　15巻　2207
井上頼圀, 角田忠行 監修　平田盛胤, 三樹五百枝 校訂
室松岩雄 編纂
東京　一致堂書店　明治44年（1911）～大正7年（1918）
15冊　洋装　22.5cm × 16.0cm
(注)「伯爵／佐々木／蔵書印」朱文方印

### 匏庵遺稿　2208
栗本匏庵（鋤雲）著　栗本秀二郎 編輯
東京　芳野兵作　明治33年（1900）
1冊（前付27頁, 本文711頁, 後付6頁）
洋装　23.2cm × 15.5cm
(注)「伯爵／佐々木／蔵書印」朱文方印

### 楽翁公遺書　上・中・下巻　2209
松平定信 著　江間政発 編集
松平家蔵版　東京　八尾書店　明治26年（1893）
3冊　和装　21.4cm × 14.1cm
(注)「伯爵／佐々木／蔵書印」朱文方印

### 柳北全集　2210
〔成島〕柳北 著
刊　1冊（前付2頁, 本文330頁）
和装　21.7cm × 14.7cm
(注)前付の一部と後付（年譜）は欠
「伯爵／佐々木／蔵書印」朱文方印

### 一話一言　巻首・巻1～48・総目　2211
大田直次郎（南畝）纂著　大田堅, 島崎栄貞 校
集成館蔵版　明治16年（1883）
50冊　和装　18.3cm × 12.2cm
(注)「伯爵／佐々木／蔵書印」朱文方印
「鈴木／伸印」朱文方印
「鈴木／伸印」白文方印
「七太／桑原／郎章」朱文方印

### 蛍雪余話　巻之1～3・5　2212
貞庵香月啓益牛山甫 著

京師　嶋本権兵衛　享保12年（1727）
合綴1冊（96丁）　和装　22.0cm×15.6cm
(注)飯田和吉旧蔵
巻1・3～5の4冊を合綴したもの
「伯爵／佐々木／蔵書印」朱文方印
「相列／東飯田／中村原」墨陽長方印

### 甲子夜話　目録・巻1～100　2213
〔松浦静山 著〕
東京　松浦詮　明治25年（1892）～33年（1900）
47冊　和装　22.5cm×15.2cm
(注)第4冊以降は大槻如電校正
「伯爵佐／木家／蔵書印」朱文方印

### 三省録　後編1～5　2214
徳斎原義（原三右衛門）輯
潤身堂蔵版　文久3年（1863）
5冊　和装　25.6cm×17.8cm
(注)「伯爵佐／佐木家／蔵書印」朱文方印
「駿河台／佐佐木／蔵書印」朱文方印

### 随筆塩尻　上・下巻　2215
天野信景 著　井上頼圀,室松岩雄 校　村瀬兼太郎 編輯
東京　帝国書院　明治41年（1908）
2冊　洋装　22.3cm×14.7cm
(注)書名は扉による
背の書名は『随筆珍本塩尻』
下巻は室松岩雄校訂編集,国学院大学出版部（東京）発行（明治41年再版）
「伯爵佐／佐木家／蔵書印」朱文方印

### 消閑漫録　2216
志村作太郎,岩崎英重 著
東京　興雲閣　明治31年（1898）
1冊（前付13頁,本文240頁）　和装　14.2cm×10.2cm

### 恕軒漫筆　巻之上・下　2217
信夫粲（恕軒）著
東京　吉川半七　明治25年（1892）
1冊（前付4頁,本文124頁,後付2頁）
和装　20.4cm×14.4cm
(注)「伯爵／佐々木／蔵書印」朱文方印

### 随筆集岬　2218
写　2冊（①54丁②62丁）　和装　23.2cm×17.2cm
(注)「伯爵佐／佐木家／蔵書印」朱文方印
【内容】
『切支丹宗門御製禁之事』『於大坂御役所切支丹一件落着之事』『同所ニ而大塩平八郎一件之事』『大坂町奉行より市中町人共之御用金被仰付候事』『御蔵米取之御旗本御家人衆御勝手向御救之ため二十ヶ年被仰出候事』『文政年中已来封廻状之事并天文方高橋作左衛門長崎年寄役高嶋四郎太夫一件之事』『後藤三右衛門落着一件之事』『営中喧嘩之事』『菱垣廻船問屋上納金御免一条之事』『御旗本衆方角廻之節召捕候者之一件』『大御番組中其外□諸組江調練被仰付候一件』『大御所様御代替ニ付被仰出候事并御役替之事』『天保七飢饉ニ付御救小屋相立并市中町人共より御救ひ小屋江手当施行之事』『明和九年目黒行人坂より出火之事』など

### 睡余漫筆　2219
安井息軒 著
写　3冊（①35丁②31丁③31丁）
和装　23.8cm×16.2cm
(注)「伯爵佐／佐木家／蔵書印」朱文方印

### 静軒痴談　巻1　2220
寺門静軒 著　市川清流 校
文昌堂　明治8年（1875）
1冊（前付4丁,本文42丁）　和装　22.3cm×15.0cm
(注)「卅年十一月十七日読む一寸」との佐佐木高行自筆と思しき墨書あり
裏表紙見返に「贈西村兄　南部甕」との墨書あり
「中村蔵印」朱文長方印

### 退閑雑記　2221
〔松平定信 著〕　江間政発 校
刊　明治25年（1892）序
1冊（前付4頁,本文509頁）　和装　20.9cm×14.4cm
(注)「伯爵／佐々木／蔵書印」朱文方印

### 配所残筆　2222
山鹿高祐（素行）著
刊　1冊（本文36丁）　和装　26.2cm×18.6cm
(注)「侯爵佐／佐木家／蔵書印」朱文方印

白石先生紳書　巻1〜10　*2223*
〔新井白石〕著
写　5冊　和装　23.3cm × 16.4cm
(注)「伯爵佐／佐木家／蔵書印」朱文方印

半日閑話　巻之1〜15　*2224*
息陋館罩（太田南畝）著
写　15冊　和装　26.4cm × 18.4cm
(注)「伯爵佐／佐木家／蔵書印」朱文方印
「蕉翁沒之□」朱文楕円印
「ほりもと／そこう」朱文方印
不明朱印

まどのすさみ　第1〜4　*2225*
〔松崎尭臣 撰〕
写　4冊　和装　23.3cm × 16.8cm
(注)「伯爵／佐々木／蔵書印」朱文方印

茗会文談　巻之1〜5　*2226*
太田元貞方佐（錦城）著
写　5冊　和装　26.0cm × 18.4cm
(注)「伯爵／佐々木／蔵書印」朱文方印

寥々佳話　巻之1〜3　*2227*
旭嶺田行（大峯旭領）宣述
文政11年（1828）松蘆神主予蔵 写
3冊（①31丁②31丁③34丁）　和装　23.5cm × 17.0cm
(注)外題書名：『桜邑閑語』
「伯爵／佐々木／蔵書印」朱文方印
「欅松／堂」朱文方印

正説雑話老鼠褥　前・後集　*2228*
徳三
写　2冊（①64丁②63丁）　和装　24.1cm × 17.2cm
(注)外題書名：『老徳雑筆』
「伯爵佐／佐木家／蔵書印」朱文方印

安政見聞誌　上・中・下之巻　*2229*
刊　3冊　和装　24.2cm × 16.6cm
(注)「伯爵／佐々木／蔵書印」朱文方印

安政風聞集　巻之上・中・下　*2230*
金屯道人（仮名垣魯文）編輯
此君亭蔵板　無刊年

3冊　和装　24.1cm × 16.8cm

伊藤侯演説集　第1〜3　*2231*
刊　合綴1冊（706頁）　和装　18.8cm × 12.0cm
(注)明治32年の演説を集録
【内容】
『憲法発布十年紀念祝会に於て』『河内有志者歓迎会に於て』『山口県官民連合歓迎会に於て』

海の日本　*2232*
岸上操 編輯
東京　博文館　明治35年（1902）
1冊（本文487頁, 後付97頁, 図版31枚）
洋装　26.6cm × 18.7cm
(注)『太陽』臨時増刊第8巻第8号（博文館創業15週年紀念）

羽陽叢書　甘棠篇巻之1〜4・翹楚篇　*2233*
矢尾板梅雪 著　新貝卓次 編集
新貝卓次蔵版　明治12年（1879）
5冊　和装　22.4cm × 15.4cm
(注)「伯爵／佐々木／蔵書印」朱文方印
「伯爵佐／佐々木家／蔵書印」朱文方印

英皇即位六十年祝典参列日誌　*2234*
東京　斎藤桃太郎　明治30年（1897）
1冊（本文213頁, 後付126頁, 図版4枚）
和装　23.0cm × 16.7cm

軍人読本　遠征の慰藉　*2235*
早川恭太郎 編
東京　同文館蔵版　明治38年（1905）
1冊（前付4頁, 本文162頁, 後付12頁, 図版5枚）
和装　22.0cm × 15.8cm
(注)「伯爵／佐々木／蔵書印」朱文方印

嚶鳴館遺草　*2236*
〔細井徳昌 編〕
本館蔵版　天保6年（1835）
6冊　和装　27.1cm × 19.1cm
(注)「伯爵佐／佐木家／蔵書印」朱文方印
「駿河台／佐々木／蔵書印」朱文方印

雑

岡本柳之助論策　2237
井田易軒（錦太郎）編
東京　田中三七　明治31年（1898）
1冊（前付18頁,本文206頁）　和装　22.1cm×14.9cm
(注)「伯爵佐／佐木家／蔵書印」朱文方印

開国五十年史附録　2238
副島八十六　編修
東京　開国五十年史発行所　明治41年（1908）
1冊（前付13頁,本文474頁）　洋装　22.7cm×15.4cm

学者安心論　2239
福沢諭吉　著
福沢諭吉蔵版　明治9年（1876）
1冊（本文26丁）　和装　22.5cm×16.9cm
(注)「伯爵佐／佐木家／蔵書印」朱文方印

学童百話　2240
湯本武比古　著
東京　開発社　明治31年（1898）
1冊（前付9頁,本文242頁）　和装　18.3×12.5cm
(注)「伯爵／佐々木／蔵書印」朱文方印

華族会館規則　2241
刊　1冊（本文14頁）　和装　22.7cm×15.8cm
(注)書名は外題による
「伯爵／佐々木／蔵書印」朱文方印
【内容】
『勅諭及達・奉答書及誓詞』『華族会館規則（明治31年改正）』『華族会館総会規則（明治31年改正）』

華族同方会演説集　第1～6号　2242
〔華族同方会　編〕
刊　〔明治21年（1888）～22年（1889）〕
合綴2冊　洋装　19.0cm×12.8cm
(注)第1・4・5・6号は2部存す
第1号に明治21年の緒言あり
「伯爵／佐々木／蔵書印」朱文方印
【内容】
添田寿一『英国貴族之状態』,ボアソナード『仏国歴史上華族之地位』,田尻稲次郎『経済学大意』,谷干城『欧州華族之生活』,スタイン『欧州之貴族』,青木周蔵『地方自治ニ関スル華族ノ権理及義務（正・続）』,鳥尾小弥太『儒教大意』,伊藤博文『主権及上院ノ組織』,西村茂樹『道徳談』,伊藤博文『憲法ニ関スル演説』,佐野常民『貴族院之性質』,勘解由小路資承『憲法発布後華族ノ状態』,加藤弘之『貴族発達進化ノ天則』

已亥叢説　上・下巻　2243
井上頼圀　稿　井上頼文,吉岡頼教　輯
東京　吉川半七　明治32年（1899）
2冊　和装　23.7cm×15.4cm
(注)「伯爵／佐々木／蔵書印」朱文方印

逆風張帆　2244
岩崎英重　編纂
東京　興雲閣　明治31年（1898）
1冊（前付4頁,本文204頁）　和装　22.7cm×14.2cm

天保十三寅年　虚実雑談聞書　2245
駿山之樵史　著
写　1冊（85丁）　和装　23.0cm×16.4cm

軍人読本　国のすがた　2246
早川恭太郎　編
東京　小笠原季太郎　明治38年（1905）
1冊（前付18頁,本文243頁,図版3枚）
和装　22.2cm×14.9cm

黒木軍百話　2247
来原慶助　著
東京　博文館蔵版　明治38年（1905）
1冊（前付12頁,本文164頁,図版10枚,折込2枚）
洋装　22.6cm×15.2cm
(注)「伯爵／佐々木／蔵書印」朱文方印

見聞集　2248
写　1冊（39丁）　和装　25.2cm×15.4cm
(注)「伯爵／佐々木／蔵書印」朱文方印

辛庵対話　巻之上・下　2249
〔杉本義隣　著〕
写　1冊（75丁）　和装　23.3cm×16.7cm
(注)「伯爵佐／佐木家／蔵書印」朱文方印
「枝蔵書」朱文方印

「代作／屋」朱文円印

## 佐々木伯爵賜杖祝賀式概況 ほか合綴 2250
合綴1冊　和装　20.8cm × 14.4cm
(注)「伯爵／佐々木／蔵書印」朱文方印
【内容】
①『佐佐木伯爵賜杖祝賀式概況』
　東京　皇典講究所　国学院大学
　明治39年（1906）序　13頁
　(注)書名は外題による
②『坂本中岡両君四十年祭典始末』
　刊　20頁
　(注)書名は外題による
③『体育ニ関スル内外諸大家ノ意見』
　日本体育会　明治30年（1897）序
　21頁
　(注)書名は外題による
④『所謂最近の国語問題に就きて』
　伊沢修二 著
　刊　4頁
　(注)書名は外題による
⑤『国語会意見書』
　国語会　明治38年（1905）　4頁
⑥『日本弘道会々祖西村伯翁先生在天ノ霊ニ号泣スルノ文』
　刊　14頁
　(注)書名は外題による
⑦『二宮翁御遺訓附道歌集』
　石井伊兵衛 編輯
　神奈川県　石井伊兵衛　明治28年（1895）
　10丁
　(注)書名は外題による
⑧『甲斐右膳甲斐大蔵勤王事蹟』
　高妻安 編
　刊　明治39年（1906）　10頁
　(注)書名は外題による

## 雑居の警鐘 ほか合綴 2251
合綴1冊　洋装　21.6cm × 14.7cm
(注)「伯爵／佐々木／蔵書印」朱文方印
【内容】
①『雑居の警鐘』
　暮鴉散士 著
　東京　人民新聞社　明治32年（1899）　216頁

②『支那文学大綱』巻之10
　白河鯉洋等 合著
　刊　明治30年（1897）序　140頁

## 相馬事件実相論 2252
半谷清寿 著
刊　1冊（本文72頁）　和装　20.8cm × 14.1cm
(注)「伯爵／佐々木／蔵書印」朱文方印

## 耳嚢 2〜6 2253
〔根岸守信 著〕
写　5冊　23.2cm × 15.9cm
(注)「伯爵／佐々木／蔵書印」朱文方印
「駿河台／佐々木／蔵書印」朱文方印

## 上海だより集 2254
湯山成三 編
上海　作新社（印刷）　明治41年（1908）
1冊（前付4頁, 本文91頁）　洋装　18.2cm × 12.9cm
(注)非売品
「伯爵／佐々木／蔵書印」朱文方印

## 種々草子 上・下 2255
写　2冊（①88丁②35丁）　和装　27.2cm × 18.4cm
(注)伯爵佐佐木家蔵青無行罫紙
「伯爵／佐々木／蔵書印」朱文方印
【内容】
上巻,『明治十六年二月福島県下巡視之概況』,『奥羽諸有志略歴』, 竹内隼太『明治廿三年七月各党派ヲシテ一定ノ冠ヲ被ラシムルノ論』, 渡辺村男『越中国復県之建白』『明治十五年一月栃内吉忠意見要領』,『大嶠商舎履歴概要』,『明治卅三年六月山室山神社補修保存金募集主意書』
下巻,『明治廿年十二月廿六日「スチュアルト・レーン」氏ヨリ河瀬真孝氏ヘノ書翰』,『明治廿年十二月廿六日野村才二氏ト「アラビー・パシヤ」トノ問答』

## 種々草子 2256
明治25年（1892）写
1冊（34丁）　和装　26.6cm × 19.3cm
(注)表紙見返に「日光御旅館ニテ明治廿五年七月より九月初旬迄為写之分」との佐佐木高行自筆墨書あり
【内容】

『御社参ノ事』『芝居之事』『吉原之事』『弾左衛門之事』『柳営秘録』

### 鐘情集 巻上・下　2257
村岡美麻（穀城）遺稿　村岡良弼, 村岡良臣 編輯
東京　村岡良弼　明治37年（1904）
2冊　和装　22.8cm × 15.6cm
(注)非売品
「明治三十七年十一月村岡良弼ヨリ被贈」との佐佐木高行自筆墨書あり
「伯爵／佐々木／蔵書印」朱文方印

### 女学講義録　2258
杉浦鋼太郎 編輯
東京　女学通信会　明治24年（1891）～25年（1892）
5冊　和装　18.2cm × 12.3cm
(注)書名は外題による
東京裁縫学校の講義録
「伯爵／佐々木／蔵書印」朱文方印

### 如蘭社話　2259
村岡良弼等 編輯
東京　如蘭社事務所　明治20年（1887）～26年（1893）
33冊　和装　23.0cm × 15.2cm
(注)巻1～4・6～11・13～21・23～30・32・37
如蘭社員への告示（印刷1枚）の挟み込みあり
「伯爵／佐々木／蔵書印」朱文方印

### 新聞抜書　2260
写　9冊　和装　24.2cm × 16.4cm
【内容】
『書中国先睡後醒論後』『尊皇論』『伝尼氏清韓論』ほか

### 枢密院翻訳集　2261
刊　1冊（本文210丁）　和装　25.7cm × 18.2cm
(注)書名は外題による
蒟蒻版
「伯爵佐／佐木家／蔵書印」朱文方印
【内容】
『ジョン・ルッセル・ヨング氏ノ東方交戦論（ジャパンガゼット新聞抄訳4月4日刊行）』、ジョン・バセット・ムアー 著『米国戦争国際法論』、ピエール・ド・クールベルタン 著『仏人ノ日耳曼帝国観察』、『土耳古ノ将来（英国「コムテンポラリー・レヴュー」抄訳1899年4月）』、テオドル・バルト 著『政治上ニ於ケル独逸（1899年4月「レビュー・オフ・レビュー」抄訳）』、『露国大蔵大臣力皇帝陛下ニ上リタル千九百年度露西亜帝国歳計予算報告』

### 赤心一片　2262
園田孝吉 著
東京　博文館　明治37年（1904）
1冊（前付12頁, 本文368頁）　洋装　22.5cm × 15.0cm
(注)「伯爵／佐々木／蔵書印」朱文方印

### 十大家戦時大観　2263
添田寿一等 著　郁文舎編輯所 編輯
東京　郁文舎　明治37年（1904）
1冊（前付2頁, 本文198頁, 後付1頁）
洋装　22.5cm × 15.0cm
(注)書名は目首による

### 戦捷国日本観　2264
写　11冊　和装　23.0cm × 15.0cm
(注)書名は外題による
明治37年の『国民新聞』、『万朝報』、『日日新聞』、『読売新聞』、『日本』、『太陽』、『弘道』、『教育時論』、『国学院雑誌』、『養徳』、『全国神職会二報』、『明義』、『教育公報』、『東京朝日』、『中央公論』、『時事新報』、『向上主義』、『倫理講演集』などからの抜書
【内容】
第1冊
徳富蘇峰『日露戦争ノ副産物』、『日本ノ陸海軍』、井上哲次郎『戦争と教育』、田辺元二郎『「戦争ト教育」ヲ読ム』、華山『日本国民ノ宗教（戦時ノ詩的側面）』、『米人ノ目ニ映スル決死隊』、『西洋ニ対スル日本ノ態度』、『日本人ノ特質』、『日本成功ノ原因』、『日本ハ東亜ノ指導者』、華山『涙』、『日本人ノ特色』、『真個ノ黄禍』、『教育瑣談（抜萃）』、『日本ノ夢想スル全亜主義』、『日本成功ノ原因』、『何故ニ日本ハ勝ツカ』、『日本魂』、『日本兵ノ強キ理由』、『黄人禍』、『露国文相ノ訓令』、『日本ノ陸軍』
第2冊
浮田和民『日露戦争ト教育』、『佐藤少将談（学者ノ邪説ヲ破ス）』、『兵士ハ義務ノ為ニ戦フ可キカ』、『井上博士ノ演説（浮田佐藤両氏ノ論争ニ就テ）』、井上哲次郎『浮田佐藤二氏ノ論争』、長谷川天溪『軍人ノ覚悟問題』、『『毎日』社説』、浮田和民『文学博士井上哲次郎ノ批評ニ答フ』、井上哲次郎稿『浮田氏ノ答弁ヲ読ム』、

浮田和民『演説速記弁明書』,『佐藤少将談』

第3冊
『トルストイ伯ノ日露戦争観』,『不肖ノ子ノ論（トルストイ父子ノ衝突）』,『国民叢話』,加藤弘之『所謂黄人禍』,『黄禍説ノ愚』,『独逸将官ノ黄禍説否認』,徳富蘇峰『黄禍論ノ反響』,三上参次『時局ト歴史教育』

第4冊
有馬祐政『武士道に就きて』,渡辺国武『武士道の話』,ベルツ『日本人の心理に就て』,外務省臨時報告委員『日露事件外評一班2 欧州大陸の喫驚』,外務省臨時報告委員『日露事件外評一班3 日本人ノ愛国心』,中村才之助『軍人自殺論』,松平直亮『挙国一致』,松本孝次郎『国民の成功に就いて』,山陰生『所謂名誉義務の論争に就いて』,中村才之助『兵士は義務の為に戦ふべきか 日露戦士の比較 俘虜について』,湯本武比古『国民の教育』

第5冊
堀尾石峰『黒岩氏の武士道に就いて,について』,芳賀奨作『再び武士道に付て』,堀尾石峰『芳賀君に答ふ』,堀尾石峰『有馬氏の「武士道に就きて」に就いて（上・中・下）』,『横井農学博士（車中談）』,伊沢修二『教育主義の消長変遷』,芳賀奨作『三度武士道に付て（上）』

第6冊
中垣孝雄『戦勝の原因と神道』,『我邦は何故によく露国に捷つか』,中垣孝雄『日本魂』,谷口豊五郎『日本国民の道徳』,市瀬禎太郎『日本武士道（正・続）』

第7冊
宮地巌夫『天祐につきて』,『日露戦争と国民固有の愛国心』,鹿野吾一郎『国民の自負自身力』,『戦争と宗教及宗教の国家的教義』,『日露両国民の性格を論ず』,重野安繹『武家の教育』,堀尾石峰『武士道前半史論（5）』,同『井上博士の「武士道発揮」を読む』,方村毅『堀尾石峰氏の井上博士の武士道の発揮を読むの文を読む』,芳賀奨作『堀尾石峰君の武士道排斥論を読む』,堀尾石峰『井上博士の武士道の発揮を読む（再）』

第8冊
姉崎正浩『我国ノ英雄崇拝ト倫理修養』,同『日本人ノ宗教的素質ト其将来』,同『邦人ノ性格上ノ一大欠点』,『武士道ノ鼓吹ニ就テ』,堀尾石峰『武士道前半史論（1〜3・5）』,同『井上博士の「武士道ノ発揮」ヲ読ム』,方村毅『堀尾石峰氏ノ「井上博士ノ武士道ノ発揮ヲ読ム」ノ文ヲ読ム』,芳賀奨作『堀尾石峰君ノ武士道排斥論ヲ読ム』,堀尾石峰『井上博士ノ武士道ノ発揮ヲ読ム（再）』

第9冊
『回教徒ノ日本観』,『外人ノ御稜威論』,『日本ノ示シタル教訓「フレデリック,ハリソン氏ノ論」』,『不思議ノ日本』,『日本人ト支那人』,『日本ノ愛国心』,『日本勃興ノ原因 大隈伯演説ノ要領』,翔南『日本常勝ノ源因』,『東西ノ武士道及ビ婦人』,『武士道ノ講釈』,高崎正風『露都日本国問答』,『国家信用ノ両面』,『タイムス日露戦争批評 国民ノ士気』,ロッキー『北米ノ一角ヨリ』,『黄禍論ノ進化』,徳富蘇峰『日本ノ婦人』,『日本勃興ノ予言』

第10冊
有馬祐政『武士道ニ就キテ』,加藤咄堂『新武士道』,小林一郎『何ノ為ニ戦フカ』,小野藤太『日本ノ根本思想』,臼田亜浪『新日本魂』,『井上博士ノ「文明史上ヨリ見タル日本戦捷ノ原因」』

第11冊
坂正臣『武士道ト歌』,島地黙雷『武士道ノ将来』,南条文雄『武士道ト仏教トノ関係ニ就テ』,山川健次郎『武士道トゼントルマン』,大隈重信『武士道論』,箕作元八『西洋武士道』,『日本ノ武士道トストア主義トヲ比較セヨ』,吉田賢龍『ストア哲学ト武士道』,藤井健治郎『西洋之ストア主義ト日本ノ武士道』,無適生『世ノ武士道論』

## 戦線　2265
和泉鹿浦（良之助）著
群馬県　宣光社　明治40年（1907）
1冊（前付7頁,本文100頁）　洋装　18.4cm×12.9cm

## 『大日本』配布ノ顛末　2266
東京　民友社（印刷）　明治34年（1901）序
1冊（前付2頁,本文91頁）　洋装　18.8cm×12.7cm
(注)非売品

## 薪のけむり　上・中・下　2267
覚斎（竹尾次春）著
天保6年（1835）府布外史票籠　写
3冊（①51丁②87丁③74丁）　和装　26.3cm×18.7cm
(注)「伯爵佐／佐木家／蔵書印」朱文方印
「堂翠軒蔵書」朱文長方印
「蟠松／菴」朱文方印

**文政六未年四月ヨリ天保六年十月迄 珍説集記　2268**
写
1冊（74丁）　和装　23.5cm × 16.8cm
(注)書名は外題による
小口書名：『珍説をも白双紙』
「江戸　芝平町　南仙波氏持主」との墨書あり
「伯爵佐／佐木家／蔵書印」朱文方印

**珍説集記　1～3　2269**
慶応3年（1867）写
3冊（①46丁②41丁③37丁）　和装　23.7cm × 16.4cm
(注)書名は外題による
「伯爵佐／佐木家／蔵書印」朱文方印

**奠都三十年祝賀会誌　2270**
〔萩原源太郎等 著〕
〔東京　奠都三十年祝賀会〕〔明治31年（1898）〕
1冊（前付4頁,本文160頁,図版26枚）
和装　26.9cm × 19.0cm
(注)裏表紙見返に「明治三拾一年五月起稿　同拾壱月脱稿　鏡川漁長自著」との墨書あり

**日清戦争天佑紀聞　2271**
宮地厳夫 編纂
東京　宮地厳夫　明治37年（1904）
1冊（前付15頁,本文103頁）　洋装　22.0cm × 15.0cm

**東邦協会報告附録北海道論 ほか合綴　2272**
合綴1冊　和装　21.1cm × 14.2cm
【内容】
①『東邦協会報告附録北海道論』
　黒田長成 述　刊　27頁
　(注)「伯爵／佐々木／蔵書印」朱文方印
②『北海道論』
　土田政次郎 稿
　北海道　土田政次郎　明治24年（1891）
　20頁
③『北海道開拓ニ関スル意見』
　刊　明治24年（1891）
　38頁,図版1枚　21.1cm × 14.2cm
④『軍備要論』
　曽我祐準 演説　刊　85頁
⑤『田畑地価特別修正案反対演説草稿』
　鳥尾小弥太 著　刊　28頁

⑥『対清策』
　藤田達芳 著　刊　18頁

**日南子　2273**
福本誠 著
東京　博文館　明治33年（1900）
1冊（前付7頁,本文104頁）　和装　21.7cm × 14.8cm
(注)「伯爵／佐々木／蔵書印」朱文方印

**野中遺事略・地球万国山海輿地全図説・女官名附録　2274**
雲洞山人 写
1冊（30丁）　和装　22.4cm × 15.6cm
(注)本文末に「丙午の夏於高府旅亭写之　雲洞山人」との墨書あり
「伯爵佐／佐々木／蔵書印」朱文方印

**梅園日記抜書 ほか合綴　2275**
写　合綴1冊　和装　26.6cm × 17.4cm
【内容】
①『梅園日記抜書』
　安政3年（1856）　攬英堂 写　6丁
②窪田助太郎清音 著『古実問答』
　嘉永6年（1853）　攬英堂 写　14丁
③『源三位洞窟事蹟調』　2丁
　(注)栃木県塩谷郡塩原村役場青10行罫紙
④『下野州塩谷荘甘露山妙雲寺鐘勧進沙門正教敬白』
　2丁
⑤『扶桑略記抄』　1丁
　(注)無銘青13行罫紙
⑥『帝・皇・王・君ノ各字義調』　1丁
　(注)無銘青10行罫紙
⑦『南部家世譜附伝抜書』　2丁
⑧『播磨シヅノイハヤ調』　3丁
　(注)無銘紅12行罫紙
⑨『播州石宝殿ノ記事』　2丁
　(注)無銘朱10行罫紙
⑩『斎宮斎院の事・ラマといふ詞・僧位・太祖中宗』
　2丁
　(注)元老院茶13行罫紙
⑪『印南丈作碑銘』　3丁
　(注)無銘青13行罫紙

人と日本人　*2276*
永峰秀樹 著
東京　東海堂　明治 37 年（1904）
1 冊（前付 6 頁, 本文 207 頁）　洋装　22.4cm × 15.1cm
(注)表紙に「乞御高評」との朱書あり

日清戦争百事便覧　*2277*
井上米次郎 編輯
東京　都新聞社　明治 27 年（1894）
1 冊（本文 10 頁, 図版 2 枚）　和装　27.4cm × 20.4cm
(注)「伯爵 / 佐々木 / 蔵書印」朱文方印
『都新聞』第 2904 号附録

病床の慰安　*2278*
早川恭太郎 編
東京　同文館蔵版　明治 38 年（1905）
1 冊（前付 4 頁, 本文 220 頁, 図版 5 枚）
和装　22.1cm × 14.8cm
(注)外題書名:『軍人読本病床の慰安』
「伯爵 / 佐々木 / 蔵書印」朱文方印

福翁百話　*2279*
福沢諭吉 著　時事新報社 編輯
東京　時事新報社　明治 34 年（1901）22 版
1 冊（前付 11 頁, 本文 385 頁, 図版 1 枚）
洋装　18.5cm × 12.5cm
(注)「伯爵 / 佐々木 / 蔵書印」朱文方印

英文ヘロイックジャパン（武勇の日本）欧米諸新聞評論集　*2280*
山田徳明 編纂
東京　大日本中学会　明治 31 年（1898）
1 冊（前付 16 頁, 本文 65 頁, 英文 34 頁）
和装　22.0cm × 14.6cm
(注)「伯爵佐 / 佐木家 / 蔵書印」朱文方印

北京籠城　*2281*
南陽外史（水田栄雄）著
東京　博文館　明治 34 年（1901）
1 冊（前付 9 頁, 本文 285 頁, 図版 3 枚）
洋装　15.0cm × 11.0cm
(注)「伯爵 / 佐々木 / 蔵書印」朱文方印

匏菴十種　1・2　*2282*
栗本鯤化鵬 著
九潜館蔵版　明治 2 年（1869）
2 冊　和装　22.5cm × 14.9cm
(注)「伯爵佐 / 佐木家 / 蔵書印」朱文方印
「駿河台 / 佐々木 / 蔵書印」朱文方印

真砂集　1～19　*2283*
是来庵 編
写　18 冊　和装　23.5cm × 16.7cm
(注)内容は弘化年間以前の近世見聞録
「伯爵 / 佐々木 / 蔵書印」朱文方印

無声触鳴　*2284*
佐々木高行等 著　岩崎英重 編纂
東京　興雲閣　明治 31 年（1898）
1 冊（前付 5 頁, 本文 208 頁）　和装　21.8cm × 14.4cm

無声洞集録　1・2　*2285*
無声洞山人 著
写　2 冊（①40 丁②51 丁）　和装　22.0cm × 15.4cm
(注)「伯爵 / 佐々木 / 蔵書印」朱文方印

伝家法典明治節用大全　*2286*
博文館編輯局 編
刊　明治 27 年（1894）　洋装
(注)現在所在不明

明治廿七年度地震抜書　*2287*
写　1 冊（37 丁）　和装　23.6cm × 15.9cm
(注)「伯爵 / 佐々木 / 蔵書印」朱文方印
【内容】
『昨日の大地震（明治 27 年 6 月 21 日東京日日新聞第 6799 号）』『軍人聖恩に泣く（明治 27 年 6 月 22 日日本新聞第 1763 号）』『理科大学の地震験測（明治 27 年 6 月 22 日時事新報第 4001 号雑報）』『日本地震の年代記（明治 27 年 6 月 22 日中央新報第 3455 号）』

陽春廬雑考　巻 1～8　*2288*
小中村清矩 遺稿　小中村（池辺）義象 編
東京　吉川半七　明治 30 年（1897）
8 冊　22.6cm × 15.2cm　和装
(注)「伯爵 / 佐々木 / 蔵書印」朱文方印

**栗里先生雑著　首巻・巻1〜15**　*2289*
栗田寛 著　栗田勤 輯
東京　吉川半七　明治34年（1901）
16冊　和装　23.0cm×15.3cm


**霊獣奇譚**　*2290*
磯部武者五郎 著
刊　1冊（前付12頁,本文66頁）
和装　17.9cm×12.9cm
〈注〉「伯爵／佐々木／蔵書印」朱文方印


**壟上偶語**　*2291*
戦国亭主人（宇田友猪）著
東京　山本清七　明治30年（1897）
1冊（前付10頁,本文139頁）　和装　18.1cm×11.9cm
〈注〉「伯爵／佐々木／蔵書印」朱文方印


**華族会館報告　第1・2・4〜9・11・12号**　*2292*
刊　明治37年（1904）〜40年（1907）
合綴2冊　和装　18.1cm×12.1cm
【内容】
添田寿一『日露交戦の過去及将来』,建部遯吾『貴族の教育に就て』,桜井錠二『ラヂウムに就て』,桑田熊蔵『社会主義と社会改良主義』,本田静六『南洋旅行談』,松波仁一郎『軍艦と君主』,箕作元八『ナポレオン一世の外交』,桜井省三『軍艦の話』,坪井正五郎『諸人種智恵競べ』,沢柳政太郎『教育進歩を論じて貴族の教育に及ふ』,原胤昭『家庭と犯罪に就て』,鳥居龍蔵『蒙古人に就て』など


**華族同方会報告　1〜33・35〜41号**　*2293*
小笠原長生 編纂
東京　小笠原長生　明治22年（1889）〜26年（1893）
合綴9冊　和装　19.7cm×13.6cm
〈注〉18号以降は古城貞吉編刊
但し,1〜4・10・12・17〜20・22・23・25・29・40・41号は2部存し,これらは『華族同方会演説集』3号（竹屋光冨 編集　東京　竹屋光冨　明治21年）とともに洋装1冊に合綴
「伯爵／佐々木／蔵書印」朱文方印
「佐佐木」朱文長方印


**家庭のしるべ　第1号**　*2294*
山口笑昨 編輯
東京　冨山房　明治37年（1904）
1冊（前付10頁,本文82頁,図版2枚）
洋装　21.2cm×15.0cm
〈注〉書名は外題による


**かなのてがみ　第1〜5・7〜57号**　*2295*
たちばなよしひら等 編
東京　かなのくわい　明治19年（1886）〜24年（1891）
合綴6冊　和装　23.6cm×15.8cm
〈注〉「伯爵／佐々木／蔵書印」朱文方印


**崎陽雑報　第1〜13号**　*2296*
致遠閣　〔明治元年（1868）〕
合綴1冊（133丁）　和装　21.5cm×14.5cm
〈注〉9〜13号の版心に「長崎新聞局」とあり


**講壇改進 憲法雑誌　1〜23号**　*2297*
〔憲法雑誌社 編〕
〔東京　憲法雑誌社〕　明治22年（1889）
合綴4冊　和装　21.8cm×14.8cm
〈注〉「伯爵／佐々木／蔵書印」朱文方印


**高等学術講義　第1巻文科第1号**　*2298*
〔高等学術研究会 編〕
〔高等学術研究会〕　明治27年（1894）序
1冊（前付1頁,本文132頁）　和装　21.0cm×14.1cm
〈注〉書名は目首による


**国家学会雑誌　第18〜27号**　*2299*
〔国家学会〕　明治21年（1888）〜23年（1890）
合綴4冊　和装　21.8cm×14.3cm
〈注〉「伯爵／佐々木／蔵書印」朱文方印


**国文**　*2300*
園田三郎 編輯
東京　国語伝習所　刊年未詳
合綴8冊　和装　21.6cm×14.3cm
〈注〉第1・第2・2巻（第1）・3巻（第5・6）・第12のほか巻数不明のもの多数含む
3巻は明治25年刊
「伯爵／佐々木／蔵書印」朱文方印


**雑綴　第1〜3巻**　*2301*
刊　合綴3冊　和装　21.5cm×14.7cm

(注)書名は外題による
『少年界』『今世少年』等を合綴したもの
各冊裏表紙見返部分に「明治三十九年四月　種々本ヨリ集ム　佐佐木行忠」との自筆墨書あり
本文中に「Sasaki Yukitada」との署名多数あり
「佐佐木／行忠蔵／書之印」朱文方印
「佐佐木／行／忠」朱文三角印
「Ｙ．Ｓ」朱文円印

### 史海　第15・16・32・36・37巻　2302
望月二郎　編輯

東京　経済雑誌社　明治25年（1892）再版

合綴2冊　和装　21.6cm × 14.3cm

(注)『王朝の末（下続）』を含む
「伯爵／佐々木／蔵書印」朱文方印
「伯爵佐／佐木家／蔵書印」朱文方印

### 斯文学会雑誌　第1～13・15～30・33号　2303
〔斯文学会　編〕

〔東京　斯文学会〕〔明治22年(1889)～25年(1892)〕

合綴4冊　和装　21.1cm × 13.3cm

(注)「伯爵／佐々木／蔵書印」朱文方印

### 斯文学会報告書　第1～9・11～17・19・24号　2304
斯文学会　編

東京　斯文学会　明治14年（1881）～17年（1884）

合綴2冊　和装　17.3cm × 11.4cm

(注)「伯爵／佐々木／蔵書印」朱文方印

### 少年　第21～25号　2305
光吉荒次郎　編輯

東京　時事新報社　明治38年（1905）

合綴1冊（388頁）　和装　22.2cm × 14.8cm

(注)「佐佐木／行忠蔵／書之印」朱文方印

### 大同新報　第1・2・4～6号　2306
大同社蔵

合綴1冊（105丁）　和装　19.1cm × 13.0cm

(注)第1号に明治13年の序あり
「伯爵／佐々木／蔵書印」朱文方印
「佐高／美印」白文方印

### 日露戦争実記　2307
斎木寛直等　編集

東京　博文館　明治37年（1904）～38年（1905）

合綴23冊　和装　21.8cm × 14.6cm

(注)第1～6・8～11・13～15・17～20・22～24・26～28・30・32・33・35・37・38・40～42・44・45・47・49・50・52・54・56・57・59・61・63・65・67・68・70・72・73・75・77・79・81・83・85・87・89・90・92・94・95・97・99・101・103・106・108・110編
明治39年6月12日付佐佐木行忠宛高山昇発栗林公園絵葉書の挟み込みあり
「佐佐木／行忠蔵／書之印」朱文方印

### 日本弘道館叢記　2308
山田安栄　編修

東京　日本弘道会　明治23年（1890）～24年（1891）

合綴4冊　和装　21.2cm × 13.7cm

(注)初編（第8～10・12～15冊）・2編（第1～8・10～12冊）・3編（第1～3冊）
「四月四日旧交会兼故三条内府公一周年祭典」の案内状の挟み込みあり
「伯爵／佐々木／蔵書印」朱文方印

### 日本赤十字　2309
飯島金八郎等　編輯

東京　日本赤十字　明治25年（1892）～〔32年（1899）〕

合綴11冊　和装　21.1cm × 13.9cm

(注)第3・8・11・14・16・17・19・21・23・24・26～35・37～53・59～74
「伯爵／佐々木／蔵書印」朱文方印
「伯爵佐／佐木家／蔵書印」朱文方印

### 兵事新報　第1～7号　2310
犬飼一勝　編輯

東京　兵事新報　明治23年（1890）

合綴1冊（276頁）　和装　21.1cm × 14.2cm

(注)「伯爵／佐々木／蔵書印」朱文方印

### 名家談叢　第1～14・16～29号　2311
刊　合綴7冊　和装　21.2cm × 14.4cm

(注)第1号は明治28年刊
「伯爵／佐々木／蔵書印」朱文方印

### 明治会叢誌　第1～103号　2312
雨森信成等　編輯

東京　明治会　明治21年（1888）～31年（1898）

合綴40冊　和装　21.0cm × 14.3cm

(注)第1～102号は2部存す
第2～7・9・10号はさらにもう1部存す（洋装1冊）
「伯爵佐／佐木家／蔵書印」朱文方印
「佐々木／蔵書印」朱文長方印

有文会誌　第1～9・11号　*2313*
千代田里太郎 編輯
東京　成城学校有文会　明治23年（1890）～24年（1891）
合綴2冊　洋装　21.8cm × 14.4cm
(注)非売品
3号以降は昌栄社刊


遠近新聞　第1～30号　*2314*
刊　慶応4年（1868）
合綴7冊　和装　21.5cm × 14.8cm
(注)「伯爵／佐々木／蔵書印」朱文方印


海外新聞　1～51号　*2315*
官版　大学南校　明治3年（1870）～4年（1871）
合綴5冊　和装　21.5cm × 14.5cm


外国新聞　第1～4号　*2316*
刊　慶応4年（1868）
合綴1冊（21丁）　和装　21.4cm × 14.8cm
(注)「伯爵／佐々木／蔵書印」朱文方印


公私雑報　第1～14号　*2317*
公私雑報会社 編
東京　公私雑報会社　慶応4年（1868）
合綴3冊　和装　21.6cm × 14.8cm
(注)「伯爵／佐々木／蔵書印」朱文方印


新聞雑誌　第1～15号　*2318*
日新堂 編
東京　日新堂　明治4年（1871）
合綴2冊　和装　21.7cm × 14.7cm


そよ吹風　1～11号　*2319*
詳知会社　慶応4年（1868）
合綴3冊　和装　21.6cm × 15.0cm
(注)「伯爵／佐々木／蔵書印」朱文方印


中外新聞　第1～45号　*2320*
東京　会訳社　慶応4年（1868）
合綴11冊　和装　21.4cm × 14.9cm
(注)「伯爵／佐々木／蔵書印」朱文方印


中外新聞 外篇　巻之1～23　*2321*
東京　無尽蔵会社　慶応4年（1868）
合綴6冊　和装　21.4cm × 14.9cm
(注)「伯爵／佐々木／蔵書印」朱文方印


別段 中外新聞　*2322*
〔東京　会訳社〕慶応4年（1868）
1冊（本文4丁）　和装　21.5cm × 14.8cm
(注)表紙及び第1～4丁のみ存す
『中外新聞』号外


中外新聞　第1～41号　*2323*
東京　柳河氏蔵版　上州屋惣七（発兌）
明治2年（1869）～3年（1870）
合綴3冊　和装　21.6cm × 14.7cm
(注)「伯爵／佐々木／蔵書印」朱文方印


内外新聞　第1・2　*2324*
知新館　〔慶応4年（1868）〕
合綴1冊（30丁）　和装　21.4cm × 14.8cm
(注)「伯爵／佐々木／蔵書印」朱文方印


内外新報　第1～50号　*2325*
東京　海軍会社　慶応4年（1868）
合綴12冊　和装　16.5cm × 11.7cm
(注)「伯爵／佐々木／蔵書印」朱文方印


内外新報前記　第1～4号　*2326*
東京　海軍会社　慶応4年（1868）
合綴1冊（25丁）　和装　17.0cm × 11.8cm
(注)「伯爵／佐々木／蔵書印」朱文方印


日々新聞　第1～18輯　*2328*
東京　博聞会社　慶応4年（1868）
合綴4冊　和装　21.4cm × 14.6cm
(注)「伯爵佐／木家／蔵書印」朱文方印


万国新聞紙　第1～4　*2329*
東京　新張堂　慶応4年（1868）
合綴1冊（44丁）　和装　21.4cm × 14.6cm

明治新聞　第1〜17号　*2330*
刊　明治2年（1869）　和装
(注)現在所在不明

御親征行幸中 行在所日誌　第1〜6号　*2331*
官版　京都　村上勘兵衛　慶応4年（1868）
合綴1冊（39丁）　和装　21.8cm×15.1cm
(注)「伯爵佐／佐々木家／蔵書印」朱文方印

外務省日誌　*2332*
官版　御用御書物所　明治3年（1870）〜4年（1871）
合綴3冊　和装　21.5cm×14.6cm
(注)明治3年（第1〜18号），明治4年（第1〜10号）
「伯爵佐／佐々木家／蔵書印」朱文方印

江城日誌　第6〜15号　*2333*
江城日誌局　編
官版　慶応4年（1868）
合綴1冊（69丁）　和装　18.5cm×12.5cm

江城日誌　第1〜6号　*2334*
写　慶応4年（1868）
1冊（28丁）　和装　17.0cm×12.4cm

司法省日誌　*2335*
東京　司法省　明治6年（1873）〜7年（1874）
合綴4冊　和装　21.5cm×15.1cm
(注)明治6年（第61〜69号），明治7年（第2〜10・12〜21・24・30〜32・34〜37・40〜42・44・49・51〜54・56〜61・65・67・72・73・75〜80・82〜93・97〜101号）
明治7年87号のみ2部存す
「伯爵／佐々木／蔵書印」朱文方印

集議院日誌　第1〜7　*2336*
官版　東京　紀伊国屋源兵衛　明治2年（1869）
合綴1冊（85丁）　和装　21.5cm×14.6cm
(注)「伯爵／佐々木／蔵書印」朱文方印

太政官日誌　*2337*
官版　明治3年（1870）〜4年（1871）
合綴2冊　和装　20.6cm×14.5cm
(注)書名は外題による
小口書名：『御回達集』

明治3年11〜12月，明治4年1〜6月

鎮将府日誌　第1〜27　*2338*
官版　東京　須原屋茂兵衛　慶応4年（1868）
合綴3冊　和装　21.6cm×14.8cm
(注)慶応4年8月〜明治元年10月

東京城日誌　*2339*
官版　明治元年（1868）〜2年（1869）
合綴2冊　和装　21.5cm×14.7cm
(注)明治元年（第1〜10・14〜20号），明治2年（第1〜12号）

旧約全書・新約全書　第20〜39巻　*2340*
蘇松上海美華書館蔵版　同治3年（1864）
1冊（本文819頁）　洋装　14.4cm×9.5cm
(注)内容は旧約全書第20〜39巻・新約全書第1〜5巻ほか
「伯爵／佐々木／蔵書印」朱文方印

明治政史　第1〜12冊　*2341*
指原安三　輯
東京　富山房　明治25年（1892）〜26年（1893）
12冊　和装　21.3cm×14.4cm
(注)「伯爵／佐々木／蔵書印」朱文方印
「伯爵佐／佐々木家／蔵書印」朱文方印

靱掌録　巻之1〜2　*2342*
広沢安任　撰
写　2冊（①59丁②49丁）　和装　24.0cm×16.1cm
(注)「伯爵佐／佐々木家／蔵書印」朱文方印

安政五午正説集記　*2343*
写　1冊（40丁）　和装　23.4cm×16.8cm
(注)書名は外題による
「伯爵佐／佐々木家／蔵書印」朱文方印

乙丑新聞志　第1輯・続編上・下巻　*2344*
写　4冊　和装　26.7cm×18.1cm
(注)「伯爵佐／佐々木家／蔵書印」朱文方印

嘉永安政見聞雑記　巻ノ1〜4　*2345*
写　3冊（①44丁②71丁③68丁）
和装　23.6cm×16.0cm

(注)表紙に「越中国富山土井元美蔵書写」との墨書あり
「伯爵佐／佐木家／蔵書印」朱文方印

### 嘉永年中珍説書　2346

写　1冊（95丁）　和装　23.5cm × 16.8cm

(注)書名は外題による
「伯爵佐／佐木家／蔵書印」朱文方印

### 慶応二寅珍説集記　2347

写　2冊（①28丁②43丁）　和装　23.8cm × 16.3cm

(注)書名は外題による
外題題簽に「万国新聞書とも」との朱書あり
「伯爵佐／佐木家／蔵書印」朱文方印

### 元治年中京大阪諸来状之写長州御征伐聞書　2348

小田原宿片岡　写

1冊（13丁）　和装　23.0cm × 16.0cm

(注)「伯爵／佐々木／蔵書印」朱文方印

### 元治元子年風聞書　2349

写　2冊（①58丁②65丁）　和装　23.2cm × 16.5cm

(注)書名は外題による
「伯爵佐／佐木家／蔵書印」朱文方印

### 甲子新聞志　上・下・第2～8集・第8集附録　2350

写　10冊　和装　26.8cm × 18.3cm

(注)「伯爵佐／佐木家／蔵書印」朱文方印

### 世俗尋聞集　2351

写　1冊（73丁）　和装　23.6cm × 16.3cm

(注)書名は外題による
小口書名：『大塩平八郎 天保八酉年』
「伯爵佐／佐木家／蔵書印」朱文方印

### 文久三亥年より同四子年迄長薩珍説集書　2352

写　1冊（91丁）　和装　23.5cm × 16.9cm

(注)書名は外題による
「伯爵佐／佐木家／蔵書印」朱文方印

### 長萩風説書　1～7・附長萩風聞書記　2353

写　8冊　和装　23.8cm × 16.4cm

(注)書名は外題による
「伯爵佐／佐木家／蔵書印」朱文方印

### 長萩風聞集記　2354

写　和装

(注)現在所在不明

### 長防風説記録　1～7　2355

写　7冊　和装　23.8cm × 16.3cm

(注)書名は外題による
文久4年から慶応元年までの記録
第5冊に『へんな今川』を含む

### 珍説風聞記 ほか　2356

1,『珍説風聞記』　1～6

　南仙南　写

　6冊　和装　23.1cm × 16.3cm

　(注)書名は扉による
　外題書名：『長防珍説風聞記』
　内容は慶応3～4年の分を収める
　「伯爵佐／佐木家／蔵書印」朱文方印

2,『徳川実録記談』

　南仙南　写

　1冊（42丁）　和装　23.2cm × 16.3cm

　(注)書名は扉による
　慶応4年の記録
　「伯爵佐／佐木家／蔵書印」朱文方印

### 元治元子年丑年分長防風聞集記　2357

写　1冊（31丁）　和装　23.8cm × 16.4cm

(注)書名は外題による
「伯爵佐／佐木家／蔵書印」朱文方印

### 筑波山一件記臆書 ほか　2358

写　1冊　和装　16.3cm × 23.9cm

(注)無銘青12行罫紙
外題書名：『筑波山記事』

【内容】

①『筑波山一件記臆書』

　渡辺邁　稿　明治28年（1895）　7丁

②『幕末外交』　21丁

③『慶応元年十二月水府鎮撫御公辺大目付堀錠之介巡視後豊前公御囲相成候水戸藩脱者姓名』　3丁

④『水戸城へ討入候隊伍連名』　6丁

⑤『田原敬知履歴井宮内省輔山岡鉄舟公へ差出候書面写』　21丁

⑥『水戸討入候同士共ヨリ旧水戸藩庁へ差出候嘆願書写』　6丁

**土佐人筆記写** 2359

写　1冊（84丁）　和装　24.3cm × 16.5cm

(注)書名は外題による
「伯爵佐／佐木家／蔵書印」朱文方印
【内容】
『土州本山一揆之伝』『大変記』『古万佐良信書抜』『異国漂流人口書写』

**慶応元丑年より寅年二月迄一橋膏 長防幷ニ江戸日記共** 2360

写　1冊（44丁）　和装　23.7cm × 16.4cm

(注)書名は外題による
「伯爵佐／佐木家／蔵書印」朱文方印

**風説大和錦　初編・2編** 2361

写　10冊　和装　25.9cm × 18.8cm

(注)「伯爵佐／佐木家／蔵書印」朱文方印

**文久二戌正説集記** 2362

写　1冊（68丁）　和装　23.5cm × 16.8cm

(注)書名は外題による
「伯爵佐／佐木家／蔵書印」朱文方印

**文久三年亥年風説書** 2363

写　1冊（60丁）　和装　23.3cm × 16.4cm

(注)小口書名：『文久三亥年風聞珍説集』
「伯爵佐／佐木家／蔵書印」朱文方印

**文久新聞志　第1〜10輯** 2364

写　14冊　和装　26.7cm × 18.2cm

(注)第4・10輯に附録あり
文久2〜3年分を収録
「伯爵佐／佐木家／蔵書印」朱文方印

**文久二戌安藤一条記** 2365

写　1冊（58丁）　和装　23.7cm × 16.4cm

(注)書名は外題による
『紅葉狩』『斬奸趣意書弁』を含む
「伯爵佐／佐木家／蔵書印」朱文方印

**万延正説水江雑録　上・下** 2366

写　2冊（①66丁②34丁）　和装　23.3cm × 16.6cm

(注)「伯爵佐／佐木家／蔵書印」朱文方印

**野根山岩佐屯集廿一士伝** 2367

写　1冊（51丁）　和装　23.8cm × 16.3cm

(注)無銘青10行罫紙, 北村製青13行罫紙
『大脇順若略歴』『大脇家蔵寛畝画幅ニ関スル顚末書』を含む
「伯爵佐／佐木家／蔵書印」朱文方印

**平井善之丞逸事** 2368

写　1冊（7丁）　和装　23.7cm × 15.3cm

(注)書名は外題による
扉に「土佐勤王家先輩平井善之丞翁逸事　高行記」との佐佐木高行自筆墨書あり

**佐渡国改正全図** 2369

児玉茂右兵衛 編纂

新潟県　児玉茂右兵衛　明治22年（1889）

1枚　45.1cm × 33.8cm（折りたたみ19.8cm × 23.7cm）

**新潟県管内明細図　附各道里程表** 2370

小林二郎 編

刊　明治23年（1890）

(注)現在所在不明

**太政官日誌** 2371

官版　慶応4年（1868）〜明治9年（1876）

51冊　和装　21.8cm × 15.0cm

(注)慶応4年（第1〜89）,明治元年（第90〜178）,明治2年（第1〜121号）,明治3年（第1〜69）,明治4年（第1〜116号）,明治5年（第1〜40号）,明治6年（第78〜81・87〜100・102・182〜195・199〜218・220〜230・232〜253・255〜266・268・271・273〜280・282〜284号）,明治7年（第15〜20・22〜32・34・35・42〜75・77・79〜82・88・89・91〜97・103・123・124・126・128・169・171・177号）,明治8年（第1〜5・7〜25・27〜31号）,明治9年（第1〜19・21〜84・86・87号）
第57・58号(明治9年)は2部存す
明治8年分に『元老院日誌』明治9年（第1号）,『元老院日誌』明治8年（第1〜6号）を含む
「伯爵／佐々木／蔵書印」朱文方印
「伯爵佐／佐木家／蔵書印」朱文方印

佐佐木高美旧蔵洋書

凡　例
・洋書には、原則的に「伯爵／佐々木／蔵書印」朱文方印、または「伯爵佐／佐木家／蔵書印」朱文方印の何れかが捺されている。従って、煩雑を避けるため以上の二種類に関しては注記を割愛し、その他の印についてのみ注記した。
・洋書には、蔵書印のほかに何者かによる購入日ないしは読了日と思しき書込みがあり、これらの書込みについては（注）にその旨を記した。

## 1．辞典・辞書・言語学

**A-1　Encyclopaedia Britannica**
ninth edition Edinburgh, Adam and Charles Black. vol.1～24

**A-3　Comstock, Andrew**
　A System of Elocution
Philadelphia, E. H. Butler&CO. 1864, 364p
(注)「養如春／言蔵／書記」朱文方印

**D-1　Holdsworth, W. A.**
　The Elementary Education Act Popularly Explained
London, Routledge and Sons. 1870, 185p
(注)「佐々木／高美」白文方印

**E-1　Vincent, Benjamin**
　Haydn's Dictionary of Dates and Universal Information relating to all ages and nations
Nineteenth edition
Ward, Lock and CO, London, New York and Melbourne. 1889, 1052p

**F-1　Cooper, Thompson**
　A Biographical Dictionary vol.1～2
London, George Bell and Sons. 1890 vol.1, 708p vol.2, 708-1211p, supplement 219p

**F-2　Biographies of Celebrities for the people**
London, John and Robert Maxwell.

**H-1　Anthon, Charles**
　Latin-English and English-Latin Dictionary
New York, Harper and Brothers. 1869, 1260p

**H-2　The REV. W. Lobscheid**
　An English and Chinese Dictionary
Tokyo, J. Fujimoto 16th of Meiji. 1357p
(注)蔵書印なし

**H-3　Bellenger**
　New Guide to Modern Conversations in English
Tokyo, 3rd Year of Meiji. 252p

**H-4　Pixon, James Main**
　Dictionary of Idiomatic English Phrases
Tokyo, Kyoyekishosha. 1887, 352p

**H-5　Fischer, Gustavus**
　Manual of Latin Grammar and Composition
New York, J. W. Schermerhorn and CO. 1868, 243p
(注)蔵書印なし

**H-6　Mason, C. P.**
　English Grammar Including Grammatical Analysis
London, Bell and Sons. 1881, 268p
(注)「28/11/84 T.Sasaki」との鉛筆書あり

**H-7　Familiar Latin Quotations and Proverbs**
London, Whittaker and CO. 120p

**H-8　Whitney, W. D**
　Brief German Grammar, New York, 1913
(注)現在所在不明

**N-45　Hertslet, Edward**
　The Foreign Office List 1887, Forming a complete British Diplomatic and Consular Handbook with Maps
London, Harrison and Sons. 346p
(注)「佐々木／高美」白文方印

**Q-1　Keltie, J. Scott**
　The Statesmen's Year-Book
London, Macmillan 1885, 900p
(注)「佐々木／高美」白文方印

## 2．歴史

**A-2　Baring-Gould, S**
　Germany Present and Past
London, Kegan Paul Trench & CO. 1881, 492p

A-5　Escott, T. H. S
England Its People, Polity, and Pursuits.
London, Chapman and Hall. 1887, 615p


A-6　Gallenga, A
Italy,Present and Future
Vol.2 in two volumes
London, Chapman and Hall. 1887, 248p


A-8　Porter, Frank Thorpe
Twenty Years' Recollections of an Irish Police Magistrate.
Dublin, Hodges Foster and Figgis. 1880, 410p


A-9　Taine, H
Notes on England
London, W. Isbister&CO. 1874, 377p


B-1　Griesinger, Theodor
History of the Jesuits
London, W. H. Allen&CO. 1885, 823p
(注)「佐々木／高美」白文方印


E-2　Ploetz, Carl
An Epitome of History Ancient, Medieval, Modern
London, Blackie and Son. 1884 618p


E-3　Willson, Marcius
Outlines of History Geographical and Historical notes and maps
New York, Ivision, Phinney, Blakeman and CO. 1868 845p
(注)「養如春／言蔵／書記」朱文方印


E-4　Alison, A.
Epitome of Allison's History of Europe
William Blackwood and Sons, Edinburgh and London 575p
(注)「佐々木／高美」白文方印


E-5　Baker, James
Turkey in Europe
Cassell Petter and Galpin. London. Paris, New York. 1877, 560p


E-6　Bisset, Robert
History of The Reign of George Ⅲ to The Termination of The Late War vol.1 〜 6
London A. Strahan 1803 415p 〜 508p
(注)「佐々木／高美」白文方印


E-7　Brewer, J. S.
The Student's home History of England
London, John Murray. 1880 793p
(注)「佐々木／高美」白文方印


E-8　Collier, William Francis
History of The British Empire Ⅰ
London, Thomas Nelson and Sons. 1883 219p


E-9　Collier, William Francis
History of The British Empire Ⅱ
London, Thomas Nelson and Sons. 1884 399p
(注)「T.Sasaki 20/1/85」との鉛筆書あり


E-10　Eliot, Samuel
History of Liberty the Ancient Romans
New York published by James Miller successor to C. S. Francis and CO 400p


E-11　Freeman, Edward A.
Historical Course for Schools General Sketch of European History
London, Macmillan and Co. 1882 416p
(注)「5/1/85」との鉛筆書あり


E-12　Fyfee, C. A.
A History of Modern Europe vol.2 〜 3（vol.1 欠）
Cassell and Company Limited London, Paris, New York and Melbourne vol.2, 1886 513p, vol.3, 1889 572p
(注)「佐々木／高美」白文方印

E-13　Goodrich, S. G.
　A Pictorial History of Ancient Rome with sketches of the History of Modern Italy
　Philadelphia, J. H. Butler and CO. 1877 336p
　(注)「第四号」との鉛筆書あり
　「佐々木／高美」白文方印

E-14　Goodrich, S. G.
　A Pictorial History of France
　Philadelphia, J. H. Butler and CO. 1873 360p
　(注)「第五号」との鉛筆書あり
　「佐々木／高美」白文方印

E-15　Green, John Richard
　A Short History of the English People
　London, Macmillan and C. O. 1881 847p
　(注)家紋印

E-16　Hallam, Henry
　View of The State of Europe During The Middle Ages vol.2 ～ 3（vol.1 欠）
　London John Murray 1872 vol.2, 429p vol.3, 515p

E-17　Hozier, H. M.
　Seven Weeks' War It's Antecedents and It's Incidents
　London and New York, Macmillan and C. O. 1872 523p

E-18　Hume, David
　The History of England, from the invation of Julius Ceasar to the Revolution in 1688 vol.1 ～ 8
　London, A. Strahan. 338p ～ 588p
　(注)「佐々木／高美」白文方印

E-19　Jackson, Lowis
　Ten Centuries of European Progress
　London, Aampson Low, Marston, Searle and Rivington. 1891, 363p

E-20　Judson, Harry Pratt
　Europe in the Nineteenth Century
　Flood and Vincent, New York. 1894, 343p

E-21　Klein, J.
　Students Manual of the History, Laws and Constitution of England
　London, Civil Service Printing and Publishing Company Limited 1882, 243p
　(注)「27/4/85」「17/7/85」との鉛筆書あり
　「佐々木／高美」白文方印

E-22　Hamilton, Anne
　Secret History of the Court of England
　London, John Dicks. 1832, 374p
　(注)「March 1886 T.Sasaki」との鉛筆書あり

E-23　Laun, Henri
　The French Revolutionary Epoch, Being a History of France vol.1 ～ 2
　Cassell Petter and Galpin, London, Paris and New York. 1878, 454p ～ 503p

E-24　Lodge, Richard
　A History of Modern Europe, From the capture of Constantinople, 1453, to the Treaty of Berlin, 1878.
　London, John Murray. 1885, 772p
　(注)「佐々木／高美」白文方印

E-25　Macaulay, Thomas Babington
　The History of England from the Accession of James Ⅱ vol.1 ～ 3
　New York, Hurst and CO. 692p ～ 733p
　(注)「佐々木／高美」白文方印

E-26　Machiavelli, Niccolo
　The History of Florence and other works
　London, George Bell and sons. 1882, 522p
　(注)「15/2/85」との鉛筆書あり
　「佐々木／高美」白文方印

E-27　Mackenzie, Robert
　The 19th Century, a History
　Thomas Nelson and Sons, London, Edinburgh and New York. 1896, 469p

(注)「佐々木／高美」白文方印　家紋印

E-28　Mackintosh, John
　　The Story of the Nations, Scotland
London, T. Fisher Unwin. 1890, 336p

E-29　Martineau, Harriet
　　A History of Thirty Year's Peace A. D. 1816-1846 vol.1 ～ 4
London, George Bell and Sons. 1877, 485p ～ 510p
(注)「23/4/85」との鉛筆書あり
「佐々木／高美」白文方印

E-30　McCarthy, Justin
　　A History of Our Own Times vol.1 ～ 2
New York, Harper and Brothers. 559p, 686p
(注)「佐々木／高美」白文方印

E-31　Mignet, F. A.
　　History of the French Revolution, From 1789 to 1814
London, George Bell and Sons. 1889, 424p
(注)家紋印

E-32　Morfill, W. R.
　　The Story of the Nations, Poland
London, T. Fisher Unwin. 389p

E-33　Morfill, W. R.
　　The Story of the Nations, Russia
London, T. Fisher Unwin. 394p

E-34　Sewell, E. M.
　　The First History of Rome
New York, D. Appleton and CO. 1870, 255p
(注)「第二十号」

E-35　Smollett, T.
　　The History of England from The Revolution to The Death of George the Second vol.1 ～ 5
London, 390p ～ 574p
(注)「佐々木／高美」白文方印

E-36　Taylor, W. C.
　　History of Greece
Paris, Baudry's European Library. 1853, 331p

E-37　White, James
　　History of France
New York, D. Appleton and CO. 1870, 571p
(注)「養如春／言蔵／書記」朱文方印

E-38　Marshman, John Clark
　　History of India
Edinburgh and London, William Blackwood and Sons. 1876, 544p
(注)「22/10/29」との鉛筆書あり

F-3　Aikin, Lucy
　　Memoirs of the Court of Elizabeth, Queen of England
London, Ward,Lock and CO. 529p

F-4　Brougham, Henry
　　Historical Sketches of Statesmen who flourished in the time of George Ⅲ
London and Glasgow, Richard Griffin and Company. 1860, 497p
(注)「佐々木／高美」白文方印

F-14　Obata, K
　　Interpretation of the life of Viscount Shibusawa, Tokyo
(注)現在所在不明

F-15　Dircks, R
　　Augustes　Rodin, 1909
(注)現在所在不明

I-2　Collier, William Francis
　　A History of English Literature
London, T. Nelson and Sons. 1886, 550p
(注)「佐々木／高美」白文方印

I-11　Dickens, Charles
　A Child's History of England
New York, Hurst and CO. 471p


M-2　Maurice, C. Edmund
　The Revolutionary Movement of 1848-9 in Italy, Austria-Hungary and Germany
London, George Bell and Sons. 1887, 515p
(注)「Sasaki」との鉛筆書あり


M-3　A woman's Thoughts about Women
London, Hurst and Blackett Publishers. 348p


M-4　Woolsey, Theodore D.
　Communism and Socialism in Their History and Theory
New York, Charles Scribner's Sons. 1880, 309p


M-6　Buckle, Henry Thomas
　History of Civilization in England vol.1 ～ 2
New York, D. Appleton and Company. 1871, 476p ～ 677p
(注)「養如春／言蔵／書記」朱文方印


M-7　Guizot, M.
　General History of Civilization in Europe
New York, D. Appleton and Company. 1879, 316p
(注)「第十一号」との鉛筆書あり


N-10　欠損のため著者名不明
　The Russian Government in Poland
London, Wyman and Sons. 1866, 325p


N-13　Duganne, Aug. J. H.
　A History of Governments
New York, Robert M. De Witt. 393p
(注)「養如春／言蔵／書記」朱文方印


N-14　St. Clair Feilden, Henry
　A Short Constitutional History of England
Oxford, B. H. Blackwell. 1882, 318p

(注)「2/11/83」との鉛筆書あり


N-15　Fonblanque, Albany de
　How we are governed
London, Frederick Warne and Co. 214p


N-19　Guizot, M.
　History of the Origin of Representative Government in Europe
London, Henry G.Bohn. 1861, 538p


N-21　Kebbel, T. E.
　A History of Toryismn
London, W. H. Allen and Co. 1886, 408p
(注)「佐々木／高美」白文方印


N-27　May, Thomas Erskine
　Democracy in Europe vol.1 ～ 2
London
Longmans Green and Co 1877, 403p ～ 522p
(注)「佐々木／高美」白文方印


N-28　McCarthy, Justin Huntly
　England under Gladston
London, Chatto and Windus. 1884, 356p


N-34　Seeley, J. R.
　The Expansion of England, Two Courses of Lectures
London, Macmillan and Co 1890, 309p
(注)「佐々木／高美」白文方印


N-37　Skottowe, B. C.
　A Short History of Parliament
London, Swan Sonnenschein, Lowrey and Co 1886, 339p


N-38　Taswell-Langmead, Thomas Pitt
　English Constitutional History
London, Stevens and Haynes. 1886, 826p
(注)「佐々木／高美」白文方印

N-43　Boxter, W. E.
　　England and Russia in Asia
London, Swan Sonneschein and Co. 1885, 96p
(注)「15/10/85」との鉛筆書あり
「佐々木／高美」白文方印

O-12　Gneist, Rudolph
　　The History of the English Constitution vol.1 〜 2
London, William Clowes and Sons 1886. 437p 〜 466p
(注)「4/2/86」との鉛筆書あり
「佐々木／高美」白文方印

## 3．政治・社会・法律

A-4　Walpole, Spencer etc.
　　The English Citizen
London, Macmillan and CO. 1881 〜 1884
① Walpole, Spencer
　　The Electorate and Legiskature
　1881, 160p
② Fowle, T. W
　　The Poor Law
　1881, 163p
③ Wilson, A. J.
　　The National Debt Taxes and Rates
　1882, 176p
④ Jevons, W.Stanley
　　The State in Relation to Labour
　1882, 166p
⑤ Walpole, Spencer
　　Foreign relations
　1882, 162p
⑥ Chalmers, M.D
　　Local Government
　1883, 160p
⑦ Farrer, T. H
　　The State in Its Relation to Trade
　1883, 181p
⑧ Pollock, Frederick
　　The Land Laws
　1883, 218p
⑨ Craik, Henry
　　The State and Education
　1884, 166p

A-7　Morley, Bentry
　　Ideal Commonwealth
London, George Routkedge and Sons. 1890, 284p
(注)家紋印

M-1　Carey, H.C.
　　Principles of Social science
Philadelphia, J. B. Lippincott and CO. 1868 474p

M-5　Murray, E. C. Grenville
　　Side-Lights on English Society Sketches from Life, Social and Satirical
London, Vizetelly and CO. 1885, 436p

N-1　Amos, Sheldon
　　Fifty Years of the English Constitution 1830-1880
London, Longmans Green and Co. 1880, 495p

N-2　Amos, Sheldon
　　The Science of Politics
New York, D. Appleton and Company. 1883, 490p

N-3　Duke of Argyll
　　The New British Constitution
Edinburgh, David Douglas. 1888, 140p

N-4　Bannatyne, Dugald J.
　　Handbook of Republican Institutions in the United States of America
William Blackwood and Sons, New York. 624p

N-5　Broadhurst, Henry and Reid, Robert T.
　　Leasehold Enfranchisement
London, Swan Sonnenschein le bas and Lowrey. 1885, 138p
(注)「佐々木／高美」白文方印

N-6　Payne, E. J.
　　Burke Select Works
Oxford at the Clarendon Press, 328p
(注)「Sasaki 1883」との鉛筆書あり

N-7　Buxton, Sydney
　　A Handbook to Political Questions of the Day
London, John Murray. 1885, 224p
(注)「佐々木／高美」白文方印

N-8　Caine, W. S. Caine, Hoyle, William and Burns, Rev. Dawson
　　Local Option
London, Swan Sonnenschein Le Bas and Lowrey. 1885, 130p

N-9　Chamberlain, J.
　　The Radical Programme
London, Chapman and Hall. 1885, 263p

N-11　Dilke, Ashton, Mrs
　　Women's Suffrage
London, Swan Sonnenschein and CO. 1885, 122p
(注)「佐々木／高美」白文方印

N-12　Hitchman, Francis
　　Lord Beaconsfield on the Constitution
London, Field and Tuer. 210p

N-16　Freeman, Edward A.
　　The Growth of the English Constitution from the Earliest Times
London, Mamillan and Co. 1884, 234p

N-17　Gillet, Ransom H.
　　The Federal Government
New York and Chicago, Woolworth Ainsworth and Company. 1872, 444p

N-18　Gneist, Rudolf
　　The English Parliament in its transformations through a thousand years
London, H. Grevel and Co. 1886, 380p
(注)「佐々木／高美」白文方印

N-20　Helps, Arthur
　　Thoughts upon Government
London, Bell and Daldy. 1872, 245p

N-22　Lieber, Francis
　　On Civil Liberty and Self-Government
Philadelphia, J. B. Lippincott and Co. 629p
(注)「養如春／言蔵／書記」朱文方印

N-23　Buxton, Sydney
　　The Imperial Parliament
London, Swan Sonneschein and Co. 1885, 88p

N-24　Lucy, Henry W.
　　A Diary of Two Parliaments 1874-1880
Cassel and Company Limited, 1885, 520p
(注)「佐々木／高美」白文方印

N-25　Lucy, Henry W.
　　A Diary of Two Parliaments 1880-1885
Cassel and Company Limited, 1886, 508p

N-29　Mill, John Stuart
　　Considerations of Representative Government
London, Longmans Green Reader and Dyer. 1878, 141p

N-30　Mill, John Stuart
　　On Liberty
London, Longmans Green Reader and Dyer. 1880, 68p

N-31　Raleigh, Thomas
　　Elementary Politics
London, Henry Frowde, Oxford University Press Warehouse 1889, 160p

N-32　Rousseau, Jean Jacques
　　The Politics Contract or Principles of Political Right
London, Swan Sonnenschein and Co. 1895, 247p
(注)家紋印

N-33　Saunders, William
　　The New Parliament
London, Paris and New York, Cassell, Petter, Galpin and Co. 384p
(注)「17th December 1885」1頁目とのペン書あり
「佐々木／高美」白文方印

N-35　Seeley, J. R.
　　The Growth of British Policy vol.1 ～ 2
Cambridge University Press 1895, 403p ～ 436p
(注)vol.1、前書き部に「明治二十九年八月二十三日」とのペン書あり
vol.2、1頁目に「明治二十九年九月九日ヨリ」とのペン書あり
家紋印

N-36　Sidgwick, Henry
　　The Elements of Politics
London, Macmillan and Co. 1891, 623p

N-39　Tikhomirov, L.
　　Russia, Political and Social vol.1
London Stevens and Haynes 1888. 311p
(注)「Sasaki」との鉛筆書あり

N-40　Tocqueville, Alexis de
　　Democracy in America vol.1 ～ 2
Boston, John Allyn,Published 1873, vol. 1 559p, vol.2 499p

N-41　Townsend, Calvin
　　Analysis of Civil Government
New York, Ivison, Blakeman, Taylor and Co. 1871, 342p
(注)「養如春／言蔵／書記」朱文方印

N-42　Young, Andrew W.
　　The Government Class Book
New York, Clark and Maynard Publishers. 1867, 308p
(注)「養如春／言蔵／書記」朱文方印

N-44　International Policy, Essays of the Foreign Relations of England
London, Chapman and Hall. 1884, 367p
(注)「佐々木／高美」白文方印

O-1　Adby, J. T.
　　Kent's Commentary on International Law
Cambridge Deighton Bell and Co, London Stevens and Sons. 1886, 484p

O-2　Amos, Sheldon
　　A Premier of the English Constitution and Government
London, Longmans Green and Co, 1883, 243p
(注)蔵書印なし

O-3　Anson, William R.
　　The Law and Custom of the Constitution
Oxford at the Clarendon Press, 494p
(注)「佐々木／高美」白文方印

O-4　Bagehot, W
　　The English Constitution, 1882
(注)現在所在不明

O-5　Hildreth, R
　　Theory of Legislation by Jeremy Bentham
London, Trubner and Co. 1887, 472p

O-6　Stewart, James
　　Commentaries on the Lams of England vol.1 ～ 4
London, Edmund Spettigue. 1841, 532p ～ 559p

O-7　Brougham, Henry
　　British Constitution its History, Structure and Working
London, Griffin, Bohn and Company. 1861, 459p

O-8　Creasy, Edward S.
　　First Platform of International Law
London, John Van Voorest, 710p
(注)「佐々木／高美」白文方印

O-9　Creasy, Edward S.
　　The Rise and Progress of the English Constitution
London, Richard Bentley. 1868, 400p
(注)トビラ部に「1/16/85」とのペン書あり
前書き部に「14, 9, 85」とのペン書あり
「佐々木／高美」白文方印

O-10　Dicey, A. V.
　　Lectures Introductory to the Study of the Law of the Constitution
London, Macmillan and Co. 1885, 407p
(注)1頁目に「19/11/83」とのペン書あり
「佐々木／高美」白文方印

O-11　Doutre, Joseph
　　Constitution of Canada
Montreal, John Lovell and Son. 1880, 414p
(注)「佐々木／高美」白文方印

O-13　Lely, J. M.
　　Wharton's Law-Lexicon
London, Stevens and Sons. 1883, 882p
(注)「佐々木／高美」白色方印

O-14　Levi, Leone
　　International Law
London, Kegan Paul Trench and Co. 1887, 346p
(注)「佐々木／高美」白文方印

O-15　De Lolme, J. L.
　　The Constitution of England
London, Henry G. Bohn. 376p

O-16　De Lolme, J. L.
　　The Constitution of England
London, G. G. J. and J. Robinson. 540p

O-17　Maine, Henry Sumner
　　Ancient Law
London, John Murray. 1876, 415p
(注)1頁目に「1/11/1884」とのペン書あり
「杉本清蔵文庫」朱文方印

O-18　Maine, Henry Sumner
　　International Law
London, John Murray. 1888, 234p
(注)「佐々木／高美」白文方印

O-19　Polson, Arsher
　　Principles of the Law of Nations
London, Joseph Murray. 1848, 129p
(注)「佐々木／高美」白文方印

O-20　Thomas, Ernest C.
　　Leading Cases in Constitutional Law
London, Stevens and Havens. 1885, 123p

O-21　Resident Member of the University of Oxford
　　Essays Introductory to the Study of English Constitutional History
London, Rivingtons. 349p
(注)「佐々木／高美」白文方印

O-22　Wheaton, Henry
　　Elements of International Law
Philadelphia, Lea and Blanchard. 1846, 655p
(注)「Sep 1853」との鉛筆書あり

O-23　Woolsey, Theodore D.
　　Introduction to the Study of International Law
New York, Charles Scribner's Sons. 526p

O-24　Nugent, Thomas
　　The Spirit of Laws vol. 1 ～ vol. 2
London, George Bell and Sons. 1878, 356p ～ 400p

O-25　Kant, Immanuel
　　The Philosophy of Law
Edinburgh, T and T. Clark. 1887, 265p

O-26　Brightly, Frederic C.
　　Laws of the United States vol. 1 ～ vol. 2
Philadelphia, Kay and Brother. 1857 661p ～ 1083p
(注)トビラ部に「明治第五壬申正月読于華星東府渡辺洪基」との墨書あり

佐佐木高美旧蔵洋書

O-27　Hart, Johnn S.
　　A Brief Exposition of the Constitution of the United States
　Philadelphia, E. H. Butler and Co. 1871, 100p
　(注)「養如春／言蔵／書記」朱文方印

O-28　Ito, Hirobumi
　　Commentaries of the Constitution of the Empire of Japan
　Tokyo, 1889, 259p

O-29　Jefferson, Thomas
　　A Manual of Parliamentary Practice
　New York, Clark and Maynard. 1871, 196p
　(注)「養如春／言蔵／書記」朱文方印

O-30　Kent, James
　　Commentaries on American Law vol.1 〜 2
　Boston Little Brown and Company. 1873, 548p 〜 647p
　(注)vol. 1 に「James Allen Martin Januaty30」,vol. 2 に「January 20.1887」との鉛筆書あり

O-31　Campbell, Gordon
　　An Analysis of Austin's Lectures on Jurisprudence
　London, John Murray. 1883, 198p
　(注)「佐々木／高美」白文方印

P-1　Wayland, Francis
　　The Elements of Political Economy
　New York, Sheldon and Co. 1876, 406p
　(注)「第八号」との鉛筆書あり

P-2　Colwell, Stepehen
　　The Ways and Means of Payment
　Philadelphia, J. B. Lippincott and Co., 1860, 644p
　(注)No2203 表紙裏に「太政官文庫　洋書門　英八一三号　コルウエル氏　銀行原理　全壱冊　フヒラデルフヒヤー　一八六〇出版」との蔵書票貼り付けあり
　「太政官記録印」朱文方印

P-3　Gronlund, Laurence
　　The Cooperative Commonwealth in It's Outlines; An Exposition of Modern Socialism
　London, Swan Sonnenschein, Le Bas and Lowrey.
1886, 265p

P-4　Rathbone, William, Pell Montague
　　Local Government and Taxation
　London, Swan Sonnenschein and Co. 1885, 139p
　(注)「佐々木／高美」白文方印

P-5　A Member of the Cobden Club
　　The Free Trade Speeches of the Right Hon. Charles Pelham Villiers, M. P.
　London, Kegan Paul, Trench and Co. 1884, 611p

P-6　Baker's Trade and Finance Annual, 1886-1887
　London, Effingham Wilson. 415p
　(注)「Sasaki」との鉛筆書あり
　「佐々木／高美」白文方印

P-7　Eggleston, Edward
　　The Beginners of a Nation
　New York, D. Appleton and Co. 1897, 377p

P-8　Schaube, Adolf
　　Handelsgeschichte der Romanischen Völker des Mittelmeergebiets Bis Zum Ende der Kreuzzuge
　München und Berlin, 1906, 816p
　(注)蔵書印なし

P-9　Mrs. Putnam's Receipt Book
　New York, Sheldon and Co. 1871, 322p

P-11　Ricard, David
　　The principals of Political Economy and Taxation
　London, J. M. Dent and Sons. New York, E. P. Dutton and Co. 300p
　(注)書き込みあり

## 4．文学

A-10　Sir Bart Richard Temple
　　Cosmopolitan Essays
　London, Chapman and Hall. 1886, 508p
　(注)「佐々木／高美」白文方印

I-3　Austen, Jane
　　Emma, a Novel
London, George Routledge and Sons. 444p


I-4　Ledge and Sons 1889
　　Mansfield Park, a Novel
London, George Routledge and Sons. 443p


I-5　Austen, Jane
　　Mansfield Park, a Novel
London, John Routledge and Sons. 379p


I-6　Boccaccio, Giovanni
　　The Decameron
London, George Routledege and Sons. 1889, 312p
(注)「佐々木／高美」白文方印


I-7　Villette 他
　　The Works of Charlotte Bronte vol.1 ～ 4
Philadelphia, Porter and Coates. 326p ～ 587p


I-8　Cameron, H. Lovett
　　A Devoult Lover, a Novel
Philadelphia, J. B. Lippincott Company. 1888, 320p


I-9　Jarvis, Charles
　　Adventures of Don Quixote
London, George Routledge and sons. 605p


I-10　Conway, Huge
　　Called Back
Bristol, J. W. arrowsmith. 1884, 194p


I-11　Dickens,Charles（vol.1 ～ vol.13）
　　New York Hurst and CO. 460p ～ 898p
①は 2. 歴史に分類
② Tale of Two Cites and Sketches by Boz
③ Barnaby Rudge and Edwin Drood
④ Bleak House
⑤ Christmas Stories and Reprinted Pieces
⑥ Dombey and Son
⑦ Great Expectation,
　 Uncommercial, Travellers, Miscellaneous
⑧ Little Dorrit
⑨ Our Mutual Friend
⑩ The Adventure of Oliver Twist also Pictures from
　 Italy and American Notes
⑪ The Life and Adventures of Martin Chuzzlewit
⑫欠
⑬ The Old Curiosity Shop
⑬ The Personal history of David Copperfield
⑭ David Copperfield
⑮ Pickwick Papers


I-12　Dickens, Charles
　　David Copperfield vol.1 ～ 2
London, Chapman and Hall. 1879, 446p ～ 460p


I-13　Dora Thorne
London, William Stevens. 203p


I-14　Dumas, Alexandre
　　Three Musketeers
London, George Routledge and Sons. 492p


I-15　Eliot, George
　　Daniel Deronda
Chicago and New York, Belford Clarke and CO. 1887, 750p


I-16　Eliot, George
　　Felix Holt, the Radical
Chicago and New York, Belford Clarke and CO. 1887, 440p
(注)「佐々木／高美」白文方印


I-17　Eliot, George
　　Middlemarch A study of provincial life
Chicago and New York Belford Clarke and CO. 1887, 776p

I-18　Eliot, George
　　Novels of George Eliot, vol.1 ～ 2
William Blackwood and Sons, Edinburgh and London
① Adam Bede
　466p
② Mill of the Floss
　486p

I-19　Eliot, George
　　Romola
Chicago and New York, Belford Clarke and CO. 1887,
547p
(注)「佐々木／高美」白文方印

I-20　Eliot, George
　　The Lifted Veil, Brother Jacob and Scenes of Clerical Life
Chicago and New York, Belford Clarke and CO. 1887,
609p

I-21　Eliot, George
　　Mill on the Floss
Chicago and New York, Belford Clarke and CO. 1887,
498p

I-22　Eliot, George
　　Theophrastus such, Jubal and other poems,
the Spanish gypsy, New York, 1887
(注)現在所在不明

I-23　Fielding, Henry
　　The Adventures of Joseph Andrews
London, George Routledge and Sons. 1886, 333p

I-24　Hawthorne, Julian
　　A Dream and a Forgetting
London, Chatto and Windus, Piccadilly. 1888, 124p

I-25　Hugo, Victor
　　Ninety-three
Boston, Little Brown and Company. 1888, 524p

I-26　Hugo, Victor
　　Notre-Dame de Paris vol.1 ～ 2
Boston, Little Brown and Company. 1888, 349p ～ 408p

I-27　Hugo, Victor
　　The Man Who Laughs vol.1 ～ 2
Boston, Little Brown and Company. 1888, 439p

I-28　Hugo, Victor
　　The Toilers of the Sea vol.1 ～ 2
Boston, Little Brown and Company. 1888, 303p ～ 322p

I-29　Le Sage and Johnston
　　The Novels of Le Sage and Johnston
London, Hurst, Robinson and Co. 1822, 841p
(注)「Fukutomi」との鉛筆書あり
「福富蔵書」朱文方印

I-30　Listelle, Julia Peyton, Edward G.
　　Baffled or English and Romantic Drama
London, Henry Deane. 45p
(注)「佐々木／高美」白文方印

I-31　Lyall, Edna
　　Won by Waiting
London, Hurst and Blackett,Limited. 1888, 395p
(注)「佐々木／高美」白文方印

I-32　Lord Lytton's Novels vol. 1 ～ vol. 24
　　Pelham or Adventure of a Gentlemen
London, George Routledge and Sons. 1877, 350p ～
699p
(注)vol.7 前書き部に「明治三十一年二月八日」、vol.8、5頁目に
「明治三十一年二月十二日」との鉛筆書あり

I-33　Machiavelli, Nicolo
　　Lord Lytton's Novels vol.1 ～ 24
London, George Routledge and Sons. 1883, 308p
(注)「佐々木／高美」白文方印

I-34　Anster, John
　　Goethe's Faust

London, George Routledge and Sons. 1885, 315p
(注)「佐々木／高美」白文方印

I-35　John Halifax, Gentleman
London, Hurst and Blackett Limited. 430p
(注)1頁目に「4/2/88」、430頁目に「10/2/88」との鉛筆書あり

I-36　Collection of British Authors, Tauchnitz Editionn
Leipzig, Bernhard Tauchnitz. 1874, 312p
(注)「T. Sasaki Sept/84 Berlin」との鉛筆書あり

I-37　Scott, Walter
New York, Thomas Y.Crowell and Co.
① Guy Mannering, Anne of Geiersten
885p
② Kenilworth
867p
③ Peveril of the Peak, The Betrothed
618p
④ Rob Roy, The Heart of Mid-Lothian
996p
⑤ The Black Dwarf and Old Mortality, Quentin Durward
1029p
⑥ The Bride of Lammermoor and a Legend of Montrose, the Chronicles of the Canongate
955p
⑦ The Fair Maid of Perth, The Antiquary
864p
⑧ The Fortunes of Nigel, Count Robert of Paris
862p
⑨ The Monastery, The Abbot
833p
⑩ Waverley or Tis Sixty Years Since, Woodstock or the Cavalier
937p

I-38　Shakespeare, William
The Merchant of Venice
London, Cassel and Company Limited.（欠損のため出版年不明）192p

I-39　Sheridan, Richard Brinsley
The Rivals of the School for Scandal
London, Cassel and Company Limited. 1886, 191p
(注)「佐々木／高美」白文方印

I-40　Thackeray, William Makepeace
Chicago, New York, San Francisco, Belford Clarke and CO.
① Henry Esmond. Catherine Denis Duval and Lovel the Widower
831p
② The Adventure of Philip
826p
③ The Christmas Book of Mr. M. A. Titmarsh
717p
④ The History of Pendennis
820p
⑤ The Newcomes
820p
(注)「佐々木／高美」白文方印
⑥ The Paris Sketch Book of Mr.　M. A. Titmarsh
821p
⑦ The Memories of Barry Lyndon
826p
⑧ The Virginians
798p
⑨ Vanity Fair
821p

I-41　Johnson, Samuel
Voltaire's Candide or the Optimist and Rasselas Prince of Abyssinia
London, George Rotledge and Sons. 1886, 287p
(注)「佐々木／高美」白文方印

I-42　Wood, Henry
East Lynne
London, Richard Bentley and Sons. 1888, 471p
(注)「11/2/85」との鉛筆書あり

I-43　Ruskin, J
Crown wild olive, New York, 1912
(注)現在所在不明

佐佐木高美旧蔵洋書　239

I-44
　Lyrico and poem
（注）現在所在不明

## 5．地誌・紀行

A-11　Sir Bart, E.W.Watkin
　Canada and the States Recollections 1851 to 1886.
London, Ward, Lock And CO. 524p

G-1　Cornell, S. S
　Cornell's High School Geography
New York, D. Appleton and Company. 1868, 405p

G-2　Mitchell, S. Augusts
　First Lessons in Geography for Young Children
Philadelphia, E. H. Butler and Co. 1871, 72p
（注）裏表紙に「T. Sasaki」との鉛筆書あり

G-3　Map of Europe to accompany Appletons European Guidebook
（注）ヨーロッパ地図
裏表紙に「The European Map」との鉛筆書あり

G-4　Neuester Plan von Graz 1887
（注）グラーツ市地図

G-5　Black's Guide to Paris and the Exhibiton of 1878
Edited by David Thomas Ansted
Adam and Charles Black, 1878

G-6　Appleton's European Guide Book
London, Longmans, Green Reader and Dyer; New York, D. Appleton and Company. 1872, 729p

G-7　Brasch and Rothenstein's Dictionary of Berlin 1883
Berlin, Brasch and Rothenstein; London, Franz Thimm; New York, E. steiger. 150p

G-8　WM. GEO. Lock, F. RG. S
　Guide to Iceland; a Useful Handbook for Travellers and Sportsmen
1882 177p

G-9　Lucy, Henry W.
　East and West, A journey in the recess vol.1 ～ 2
London, Richard Bentley and Son. 1885, vol. 1 303p, vol.2 361p

G-10　Moritz
　Travels in England
Cassel and Company Limited. London, New York, Melbourne. 1886, 192p

G-11　Handbook for Travellers in Scotland Fifth Edition
London, John Murray. 1884, 501p
（注）「29/7/86 T. Sasaki」との鉛筆書あり
「佐々木／高美」白文方印

G-12　Handbook for Travellers in Turkey in Asia including Constantinople
London, John Murray. 1878, 496p
（注）「佐々木／高美」白文方印

G-13　Handbook to the Mediterranean
London, John Murray. 1882, 544p
（注）「佐々木／高美」白文方印

G-14　Voyages and Travels of Marco Polo
Cassel and Company Limited. London, New York, Melbourne. 1886, 192p
（注）「佐々木／高美」白文方印

G-15　Taylor, Bayard
　A Visit to India, China and Japan
London, James Blackwood. 294p
（注）裏表紙に「Sasaki」との鉛筆書あり

J-1　Gowland, T. S.
　Thirty two views of Eastbourne

(注)裏表紙に「イストボーン近傍並市街ノ図　御母上様へ　高美　明治二十年二月下旬」との墨書あり

R-2　Oliver, Daniel
　　　Guide to the Royal Botanic Gardens and Pleasure Grounds, Kew
　　London, Macmillan and Co. 1870, 110p

## 6．伝記類

B-2　Holly Bible
　　N. Y. American Bible Society. 1869, 1100p
　　(注)「養如春／言蔵／書記」朱文方印

B-3　Kuroda, S.
　　　Outlines of the Mahayana as taught by Buddha
　　Tokyo, the Bukkyo Gakkuwai. 1893, 27p

B-4　Prideaux, Humphrey
　　　Life of Mahomet
　　London, E. Curll, and T. Hooke. 200p

B-5　The Holly Bible containing the Old and New Testaments
　　N. Y. Thomas Nelson&Sons. 1901, 922p and 285p
　　(注)蔵書印なし

C-1　Sugiura, Shigetaka
　　　Takashima Ekidan
　　Tokyo, Keigyousya. 1893, 317p

C-2　Spencer, Herbert
　　　Social Statics of The Conditions Essential to Human Happiness Specifide, and The First of Them Developed
　　New York, D. Appleton and Company. 1882, 523p

C-3　Wayland, Francis
　　　Elements of Moral Science
　　Boston, Gould and Lincoln. 1874, 396p

C-4　Wilson, W. D.
　　　Elementary Treatise on Logic
　　New York, D. Appleton and Company. 1875, 425p

C-5　Carrington, Hereward
　　　Psychical Phenomana and the War
　　New York, Dodd Mead and Company. 1919, 360p

D-2　Imperial College of Engineering
　　　(Kobu-Dai-Gakko) Calendar
　　Tokei, 1882, 64p and 122p

F-5　Clarendon, E. A
　　　The Life of Edward Earl of Clarendon
　　Oxford, 1759
　　(注)現在所在不明

F-6　Creighton, Mandell
　　　Cardinal Wolsey
　　London, Macmillan and CO. 1891, 226p
　　(注)家紋印

F-7　Gairdner, James
　　　Henry and Seventh
　　London, Macmillan and CO. 1892, 219p
　　(注)家紋印

F-8　Graham, Henry Grey
　　　Rousseau
　　William Blackwood and Sons, Edinburgh and London 227p
　　(注)裏表紙に「T. Sasaki 29/10/85」との鉛筆書あり
　　「佐々木／高美」白文方印

F-9　The Greville Memoirs vol.1 ～ 5
　　London, Longmans, Green, and CO. 1888, 393p ～ 443p
　　(注)「佐々木／高美」白文方印

F-10　Holcroft, Thomas
　　　The Life and Adventures of Baron Trenck
　　Cassell and CO. London, Paris, New York and Melbourne. 1886, 192p

F-11　Morley, John
　　Rousseau vol.1 〜 2
London, Macmillan and CO. 1886, 337p 〜 348p
(注)「佐々木/高美」白文方印

F-12　Taylor, W. Cooke
　　Life and Times of Sir Robert Peel vol.1 〜 4
Peter Jackson, Late Fisher, Son and Co.
London, 524p 〜 656p
(注)「伯爵佐/佐木家/蔵書印」朱文方印
「佐々木/高美」白文方印

F-13　Traill, H. D.
　　William the Third
London, Macmillan and CO. 1892, 204p
(注)家紋印

I-1　Barrett, Charlotte
　　Diary and Letters of Madame D' Arblay I vol.1 〜 4
London, Bickers and Son. 486p 〜 601p

## 7．雑（宗教ほか）

P-10　Duguid, C
　　How to read the money article, 1915
(注)現在所在不明

Q-2　Whitaker, Joseph
　　An Almanack
London, J. Whitaker. 1886, 488p
(注)「駿河台/佐々木/蔵書印」朱文方印

R-1　Key to the Progressive Practical Arithemetic
　　New York, Ivison Blakeman Taylor and Company.
1871, 198p
(注)不明朱印

R-3　Maetertinch, M
　　The life of the bee
(注)現在所在不明

T-1　Chavesse, Henry
　　Advice to a Wife on the Management of Her own
Health
London, J and A Churchill. 302p

佐佐木行忠旧蔵書

**三申先生饒舌贅文集**　*049.16/Ko38/1*
永田正吾 輯
静岡県　永田正吾　昭和5年（1930）
1冊（前付3頁,本文118頁）　洋装　15.2cm×10.8cm
(注)非売品

**日本之与論 一名 当世名士時事活論**　*049.16/U25/1*
内山正如 編纂
東京　佐藤盈三　明治21年（1888）
1冊（前付5頁,本文149頁）　洋装　17.9cm×12.4cm

**議事必携**　*060.7/1*
（英）レジナルト・パルグレーヴ 著
（日）小幡篤次郎 訳述
東京　小幡篤次郎　明治11年（1878）
1冊（前付15頁,本文64頁）　洋装　19.1cm×13.4cm

**西洋会議便法 第1～15編**　*060.7/2*
（米）リュセル・エス・キュッシング 編
（日）大島貞益 訳
刊　明治7年（1874）
1冊（前付13頁,本文174頁）　洋装　20.8cm×14.5cm

**会議の原則と運営**　*060.7/Te52/1*
寺光忠 著
東京　毎日新聞社　昭和23年（1948）
1冊（本文170頁,附録67頁）　洋装　18.1cm×12.7cm
(注)「佐佐木」朱文長方印

**国民思想問題**　*121.1/Ku72/1*
黒田長和 著
東京　黒田長和　大正7年（1918）
1冊（前付5頁,本文68頁）　洋装　18.9cm×12.8cm

**明治文化全集 第2～4巻**　*210.6/26/ (2) B～(4) B*
吉野作造 編輯
東京　日本評論社　昭和3年（1928）
3冊　洋装　22.4cm×16.0cm
【内容】
『正史篇』上・下,『憲政篇』

**明治大正 政界側面史 上篇**　*210.6/H48/1- (1) C*
林田亀太郎 著
東京　大日本雄弁会　大正15年（1926）5版
1冊（前付26頁,本文614頁,図版13枚）
洋装　19.1cm×14.7cm

**憲法発布式拝観概況**　*210.64/1*
刊　明治22年（1889）
1冊（本文49頁）　洋装　18.2cm×12.5cm

**明治・大正・昭和 大官録**　*281.03/Sh91*
宍戸新山 編
東京　大東新聞社　昭和5年（1930）
1冊（前付10頁,本文150頁,図版11枚）
洋装　29.8cm×20.5cm

**明治史料 顕要職務補任録 上・下巻**
　*281.036/Ka52/1- (1), 1- (2)*
東京　成章堂　明治35年（1902）～36年（1903）
2冊　洋装　19.6cm×14.0cm

**皇室略牒**　*288.4/Ka99/1928～1933*
東京　華族会館　昭和3年（1928）～9年（1934）
6冊　洋装　15.0cm×10.9cm
(注)昭和3年3月31日調～昭和8年12月31日調

**華族名鑑**　*288.5/1/B*
彦根正三 著
東京　彦根正三　明治25年（1892）再版
1冊（前付5丁,本文107丁）　和装　15.8cm×11.3cm
(注)「横尾」朱文楕円印

**華族録**　*288.9/Ka99/ (1885)*
刊　1冊（本文117頁）　洋装　13.6cm×18.8cm
(注)明治18年4月調

**華族名簿**　*288.5/Ka99/1 (1896) ～ (1919)*
東京　華族会館　明治29年（1896）～大正8年（1919）
16冊　洋装　12.8cm×18.8cm
(注)非売品
明治31年3月15日調～大正8年3月31日調

明治36年2月5日調は2部存す（1903/1903-B）

**華族名簿**　288.5/Ka99/ (1927)～(1938)
東京　華族会館　昭和2年（1927）～13年（1924）
5冊　洋装　14.8cm×10.5cm
(注)昭和2年4月30日調～昭和13年5月30日調

**滄浪閣残筆**　289.1/I89.5/1
伊藤博文 遺稿　伊藤博精 纂輯
東京　八洲書房　昭和13年（1938）
1冊（前付13頁,本文460頁,図版1枚）
洋装　19.5cm×13.7cm

**政治家としての桂公**　289.1/Ka88/1
徳富猪一郎 著
東京　民友社　大正2年（1919）再版
1冊（前付14頁,本文265頁,図版7枚）
洋装　22.4cm×16.0cm

**子爵清浦奎吾伝**　289.1/Ki95/1
後藤武夫 著
東京　日本魂社　大正13年（1924）3版
1冊（前付15頁,本文330頁,図版3枚）
洋装　19.6cm×13.7cm

**近衛霞山公**　289.1/Ko77-2/1
霞山会 編纂
東京　霞山会　大正13年（1924）
1冊（前付39頁,本文375頁,図版6枚）
洋装　22.5cm×15.5cm

**子爵三島弥太郎伝**　289.1/Mi53/1
坂本辰之助 著
東京　昭文堂　昭和5年（1930）
1冊（前付27頁,本文451頁,図版6枚）
洋装　19.1cm×14.0cm

**村田水産翁伝**　289.1/Mu59-2/1
大日本水産会 編
東京　大日本水産会　大正8年（1919）

1冊（前付5頁,本文148頁,図版2枚）
洋装　22.5cm×15.5cm

**泊翁全集第二集往事録**　289.1/N84-2/1
西村茂樹 編録
東京　西村家図書部　明治38年（1905）
1冊（本文261頁,図版1枚）
洋装　18.8cm×12.8cm

**野田大塊伝**　289.1/N92/1
坂口二郎 編
東京　野田大塊伝刊行会　昭和4年（1929）
1冊（前付19頁,本文891頁,図版5枚）
洋装　22.6cm×16.4cm

**岡野敬次郎**　289.1/O45-2/1
岡野博士伝記編纂委員 編
東京　六樹会　大正15年（1926）
1冊（前付25頁,本文563頁,図版28枚）
洋装　22.6cm×15.6cm
(注)非売品

**嗚呼奥田博士**　289.1/O-54-6/1
岡田朋治 著
東京　因伯社　大正11年（1922）
1冊（前付20頁,本文332頁,図版7枚）
洋装　22.7cm×15.4cm

**大浦兼武伝**　289.1/O-92/1
香川悦次, 松井広吉 共編
東京　松井広吉　大正10年（1921）
1冊（前付6頁,本文349頁,附録60頁,図版19枚）
洋装　23.2cm×16.0cm

**由利公正**　289.1/Y99/1
芳賀八弥 編
東京　芳賀八弥　明治35年（1902）再版
1冊（前付6頁,本文325頁,附録58頁,図版5枚）
和装　18.8cm×12.6cm

**国会の前途・国会難局の由来・治安小言・地租論**
*310.4/F85/1*
石川半次郎 編
東京　石川半次郎　明治25年（1892）
1冊（前付1頁,本文221頁）　洋装　18.1cm×12.5cm


**小野塚教授在職廿五年記念政治学研究　第2巻**
*310.4/Y92/ (2)*
吉野作造 編
東京　岩波書店　昭和2年（1927）
1冊（前付4頁,本文493頁,附録51頁）
洋装　22.6cm×16.0cm


**二十三年国会道中膝栗毛**　*310.49/Ko69/1・2*
香夢亭桜山（名倉亀楠）著
大坂　上田捨吉　明治20年（1887）
2冊　洋装　17.1cm×12.2cm


**見光主義自由燈　一名 卑屈の目ざまし**　*310.49/N39/1*
中野了随 著
東京　高橋種　明治16年（1883）
1冊（本文13頁）　洋装　18.2cm×12.2cm


**少壮政治家之狂奔**　*310.49/N76/1*
二宮熊次郎 著
東京　博文堂　明治21年（1888）再版
1冊（前付4丁,本文46丁）　洋装　18.5cm×12.4cm


**野間五造著述立法一元論批評集**　*310.49/N94*
野間五造 編
東京　白揚社　昭和4年（1929）
1冊（前付4頁,本文131頁）　洋装　22.2cm×15.2cm


**我が抱負**　*310.49/O-51/1*
大木遠吉 著
東京　実業之世界社　明治45年（1912）
1冊（前付15頁,本文347頁,図版1枚）
洋装　20.3cm×14.7cm


**失策又失策**　*310.49/Su16/1*
末広重恭 著
東京　青木恒三郎　明治25年（1892）
1冊（前付2頁,本文72頁）　洋装　18.2cm×12.3cm
（注）「伊藤」朱文楕円印


**第二帝国議会ノ一大要件 ほか合綴**　*310.49/Su16/2*
末広重恭 演説
東京　青木恒三郎　合綴1冊　洋装　17.7cm×12.0cm
（注）「伊藤」朱文楕円印
【内容】
①『第二帝国議会ノ一大要件』
　明治24年（1891）　27頁
②『何をか政党と云ふ』　明治23年（1890）
　34頁


**現代独裁政治論**　*310.81/2/ (16)*
堀真琴 著
東京　日本評論社　昭和8年（1933）
1冊（前付6頁,本文421頁）
洋装　22.4cm×16.0cm（現代政治学全集第16巻）


**近世民主政治論**　*311.8/Mo48/1*
森口繁治 著
東京　内外出版　大正9年（1920）再版
1冊（前付8頁,本文364頁）　洋装　22.3cm×15.6cm


**大正政戦史**　*312.1/10/13*
半沢玉城 著
東京　国民時報社　大正3年（1914）
1冊（前付32頁,本文410頁）
洋装　22.2cm×15.6cm


**五十年間内閣更迭史論**　*312.1/H74/1*
弘田直衛 著
東京　沢藤出版部　大正10年（1921）
1冊（前付31頁,本文828頁）　洋装　22.4cm×16.0cm


**閥族罪悪史**　*312.1/H94/1*
細井肇 著
東京　細井肇　大正8年（1919）

1冊（前付22頁, 本文550頁）　洋装　19.1cm×13.3cm

**明治憲政史　上・下巻**　312.1/Ku17/1 (1)・(2)
工藤武重 著
東京　中央大学　大正3年（1914）
2冊　洋装　21.9cm×15.5cm
(注)下巻は東京岡野奨学会発行（大正11年）

**大正憲政史　天皇親政篇**　312.1/Ku17/2
工藤武重 著
東京　岡野奨学会　昭和2年（1927）
1冊（前付79頁, 本文723頁）　洋装　22.4cm×16.0cm

**大正憲政史　皇嗣摂政篇**　312.1/Ku17/3
工藤武重 著
東京　岡野奨学会　昭和5年（1930）
1冊（前付49頁, 本文436頁）　洋装　21.8cm×16.0cm

**国会旅行道案内**　312.1/So36/1
相馬政徳 著
愛知県　相馬政徳　明治17年（1884）
1冊（前付6頁, 本文64頁）　洋装　17.9cm×12.2cm

**明治建白沿革史**　312.1/To17/1
戸田十畝 著述
広島県　戸田十畝　明治20年（1887）
1冊（前付6頁, 本文100頁）　洋装　18.9cm×12.7cm

**大正の政変**　312.1/U32/1
上田外男 著
東京　明治出版社　大正2年（1913）
1冊（前付18頁, 本文369頁, 図版7枚）
洋装　20.1cm×14.3cm

**総選挙記　附大隈内閣干渉赤々観**　312.1/U32/2
上田外男 著
東京　健行社　大正6年（1917）
1冊（前付8頁, 本文305頁, 附録90頁）
洋装　19.7cm×13.4cm

**泰西政学**　312.1/H48/1
林正明 訳述
刊　明治8年（1875）
1冊（本文296頁）　洋装　20.9cm×14.8cm

**新内閣大臣列伝**　312.81/I32/1
池田忠五郎 編纂　大久保常吉 校閲
東京　菊地辰三　明治19年（1886）
1冊（前付20頁, 本文99頁）　洋装　18.6cm×12.4cm

**立憲主義と議会政治**　313.8/Mo48/1
森口繁治 著
大阪　大阪毎日新聞社　大正13年（1924）
1冊（前付6頁, 本文316頁）
洋装　18.9cm×13.5cm（学術叢書第4編）

**日本国会纂論　第1・3編**　314/Mi76/1 (1),(3)
三宅虎太 編纂
東京　山中善太郎　明治13年（1880）
2冊　洋装　17.9cm×11.8cm

**議会の話**　314/O-24/1
緒方竹虎 著
東京　朝日新聞社　昭和4年（1929）
1冊（前付6頁, 本文280頁）
洋装　19.2cm×13.5cm（朝日常識講座第4巻）

**伊藤参議手写大隈参議国会開設奏議**　314/O-55/1
昭和3年（1928）刑部斎 写
1冊（28丁）　和装　20.3cm×11.8cm
(注)無銘朱7行罫紙

**国会議員撰定鏡**　314/O-67/1
大野清太郎 著
東京　大野清太郎　明治23年（1890）
1冊（前付2頁, 本文28頁）　洋装　18.2cm×12.0cm

**議会早わかり**　314/To46/1
東京日日新聞政治部 編
東京　文祥堂　昭和5年（1930）

1冊（前付7頁,本文53頁,附録37頁）
洋装　16.0cm × 9.4cm

**大日本帝国議会誌　第1～17巻　314.2/D25 (1)～(17)**
大日本帝国議会誌刊行会 編
東京　大日本帝国議会誌刊行会
大正15年（1926）～昭和5年（1930）
17冊　洋装　30.5cm× 24.0cm
（注）第一帝国議会誌（明治23年）から第五十四帝国議会誌（昭和3年）まで

**第一期国会始末　314.2/G43/1**
議員集会所 編纂
東京　野口竹次郎　明治24年（1891）
1冊（前付6頁,本文90頁）　洋装　19.2cm×12.7cm
（注）「山谷学司楼／蔵図書印章」朱文長方印

**日本国会紀元　314.2/H94/1**
細川広世 纂著
東京　長尾景弼　明治22年（1889）
1冊（前付14頁,本文280頁）　洋装　19.7cm×13.8cm

**第五十九議会議会年鑑　314.2/J49**
時事新報社政治部 編
東京　後藤武男　昭和6年（1931）再版
1冊（前付13頁,本文554頁,図版3枚）
洋装　19.2cm×12.8cm

**帝国議会史綱　明治篇（初議会より二十八議会まで）**
　　　　　　　　　**314.2/Ku17/1**
工藤武重 著
長野県　工藤武重　昭和2年（1927）増補再版
1冊（前付112頁,本文1361頁）　洋装　19.3cm×14.5cm

**帝国議会史　第1～3篇　314.2/Ku17/2 (1)～(3)**
工藤武重 著
東京　工藤武重　明治34年（1901）～39年（1906）
3冊　洋装　22.9cm×15.6cm
（注）第一回帝国議会から第二十一回帝国議会

**帝国議会始末　314.2/Mi11/1**
宮崎三之介 編述
東京　宮崎三之介　明治26年（1893）
1冊（本文354頁）　和装　19.2cm×13.2cm

**政界革新解散と総選挙　314.2/N92/1**
野田剛 編
東京　民友社　明治27年（1894）
1冊（前付2頁,本文117頁）　洋装　18.9cm×12.9cm

**第六十九特別議会　闘争報告書　314.2/Sh12/1**
平野学 編
東京　社会大衆党出版部　昭和11年（1936）
1冊（前付8頁,本文189頁）　洋装　22.3cm×15.0cm

**帝国議会通鑑　上・下巻　314.2/Te24/1 (1)・(2)**
帝国修史会 編纂
東京　帝国修史会　明治41年（1908）
2冊　洋装　22.1cm×15.9cm

**政海之波瀾　314.2/To63/1**
殿木三郎 著
東京　松園堂　明治27年（1894）
1冊（前付5頁,本文104頁）　洋装　19.2cm×13.4cm

**議院法改正経過概要　314.3/1/B**
衆議院事務局 編
刊　昭和11年（1936）
1冊（前付4頁,本文1379頁）　洋装　20.9cm×14.9cm
（注）「佐佐木」朱文長方印

**国会組織法　314.3/H48/1**
林正躬 著
大阪　大淵浪　明治20年（1887）
1冊（前付1頁,本文133頁）　洋装　18.4cm×12.8cm
（注）裏表紙見返に「浅口郡西之浦第三十三番邸　三宅松太郎」との墨書あり
「三宅松」墨陽円印

**大日本帝国議場必携　314.3/Ka99/1**
梶川正美,天野忠純 編纂

岡山県　三宅忠次郎　明治23年（1890）
1冊（前付4頁，本文369頁）　洋装　19.0cm×13.4cm

**議院法提要**　314.3/Ku17/1
工藤重義 著
東京　大橋新太郎　明治37年（1904）
1冊（前付14頁，本文356頁）　洋装　23.0cm×15.6cm
(注)「中村／蔵書」朱文方印

**議会先例私議**　314.3/Sa25/1
斎藤巌 著
東京　精華堂　昭和4年（1929）
1冊（本文56頁）　洋装　16.8cm×9.6cm

**第五議会解散始末**　314.42/A77/1
有田紫郎 編
東京　有田紫郎　明治27年（1894）
1冊（前付1頁，本文83頁）　洋装　18.8cm×12.7cm

**第一期帝国議会要録・第二期帝国議会要録**
　　　　　　　　　　　　　　314.42/U39/1・2
植木枝盛 編纂
東京　野口竹次郎　明治24年（1891）
2冊　洋装　19.8cm×13.7cm
(注)「村山／蔵書」朱文方印

**衆議院先例彙纂・自第一回議会至第八回議会衆議院先例彙纂・衆議院先例彙纂追加第二**　314.43/1/（1895），(w-2)
東京　衆議院事務局　明治25年（1892）〜36年（1903）
3冊　洋装　23.0cm×15.2cm
(注)「村山／蔵書」朱文方印

**衆議院先例彙纂草案**　314.43/1/2
衆議院事務局 編纂
刊　明治36年（1903）
1冊（前付99頁，本文577頁）　洋装　22.0cm×15.1cm

**第一期衆議院議事提要**　314.45/A43/1
天野堯撫 編輯

東京　天野堯撫　明治24年（1891）
1冊（本文77頁）　洋装　18.5cm×12.5cm

**帝国議会両院議事録**　314.45/G43/1
議事録出版社　明治24年（1891）
(注)現在所在不明

**衆議院議事録　第1巻**　314.45/Sh99/Ⅱ・(1)
刊　1冊（本文498頁）　洋装　26.5cm×20.0cm
(注)明治23年11月25日から明治24年3月7日までの議事録

**自第一回議会至第六十回議会衆議院議案件名録**
　　　　　　　　　　　　　　314.45/Sh99/Ⅲ
東京　衆議院事務局　昭和7年（1932）
1冊（前付8頁，本文1901頁）　洋装　22.6cm×16.3cm

**第三帝国議会見聞録**　314.45/Te24/1
刊　1冊（本文226頁）　和装　18.5cm×13.0cm
(注)明治25年第三回帝国議会の見聞録
「仁平氏印」朱文方印

**貴族衆議両院議事録**　314.45/Y45/1
東京　やまと新聞社　明治24年（1891）
1冊（本文91頁）　洋装　20.1cm×14.9cm
(注)書名は外題による
前表紙に「千葉健次郎」との墨書あり
本書は「やまと新聞」の附録である
千葉健次郎旧蔵書
「千葉」朱文丸印

**衆議院記事摘要**　314.47/Sh99/(3)・(5)・(8)・(9)
衆議院事務局 編
東京　衆議院事務局　明治25年（1892）〜29年（1896）
4冊　洋装　22.8cm×15.6cm
(注)第三・五・八・九回帝国議会
非売品
「村山／蔵書」朱文方印

**貴族院改革論集**　314.5/H81/1
広瀬憲六 編
東京　報知新聞社出版部　大正13年（1924）
1冊（前付2頁，本文102頁）　洋装　18.7cm×13.1cm

**貴族院改革の諸問題** *314.5/I-89/1*
伊東二郎丸 著
東京　亜細亜評論社　昭和13年（1938）
1冊（前付7頁,本文250頁）　洋装　18.5cm×12.7cm


**貴族院議事録** *314.55/Ki98/1- (1)・(2)*
刊　明治24年（1891）～25年（1892）
2冊　洋装　25.5cm×18.9cm
（注）第一期および第二期帝国議会


**貴族院委員会会議録** *314.55/Ki98/Ⅰ・(2)・Ⅱ・(2)*
東京　貴族院事務局
明治25年（1892）～大正3年（1914）
2冊　洋装　22.0cm×14.7cm
（注）第二期第三十一～三十三回帝国議会


**貴族院事務局報告** *314.57/Ki98/ (1)・(2)・(2)付・(3)～(9) (13) (46)*
東京　貴族院事務局
明治24年（1891）～大正13年（1924）
13冊　洋装　22.7cm×16.0cm
（注）第一期、二期、二期附録、三回～九回、十三回、二十七回、四十六回帝国議会
「村山／蔵書」朱文方印


**国会汎論　上・下巻** *314.6/1/ (1)・(2)*
（瑞）ブルンチュリー 原著
（日）石津可輔 訳　讃井逸三 校
西氏蔵版　東京　西洋平　明治13年（1881）
2冊　洋装　17.9cm×12.3cm
（注）「井上／毅蔵」朱文方印


**欧米各国国会紀要** *314.6/2*
（英）ジェームス・スコット・ケルティー 原著
（日）井上敏雄 纂訳　岡村輝彦 閲
東京　古川誠顕　明治21年（1888）
1冊（前付11頁,本文185頁,後付2頁）
洋装　19.0cm×13.0cm


**欧米各国議院政治法** *314.6/F57*
藤井誠 訳　小室信介 閲
時事出版社　明治16年（1883）

1冊（前付4頁,本文72頁）　洋装　18.7cm×12.7cm
（注）「村山／蔵書」朱文方印


**外国上院制度** *314.6/Ki98/1*
貴族院事務局 編纂
東京　貴族院事務局　昭和2年（1927）
1冊（前付26頁,本文503頁）　洋装　22.1cm×15.1cm


**上院と政治** *314.6/Ko77/1B*
近衛文麿 著
東京　日本読書協会　大正13年（1924）
1冊（前付9頁,本文296頁）　洋装　21.4cm×13.8cm


**参考叢書　第1～6巻** *314.6/Sh9/Ⅱ・(1)～(3)・(3)B・(4)・(4)B・(5)・(5)B・(6)*
東京　衆議院事務局
明治26年（1893）～29年（1896）
9冊　洋装　21.2cm×14.7cm
（注）第3巻は2部存す（Ⅱ-(3)とⅡ-(3)B）、第4巻は2部存す（Ⅱ-(4)とⅡ-(4)B）、第5巻は2部存す（Ⅱ-(5)とⅡ-(5)B）
第1巻～5巻（ただしB本を除く）の見返に「明治廿八年九月三十日佐脇安文君寄贈」との墨書あり
【内容】
第1巻,『上奏及勅答』
第2巻,『予算』
第3巻,『憲法』
第4巻,『議院ノ感謝表決及軍費予算』
第5巻,『英国憲法』
第6巻,『伊太利,白耳義,撒遜,巴威里,瓦敦堡憲法』


**各国議院編制要略** *314.6/To46/1*
刊　明治23年（1890）
1冊（前付1頁,本文51頁）　洋装　18.7cm×12.8cm
（注）『東京公論』617号附録


**英国議院政治論内閣会議篇 其起源組織及ヒ職掌**
*314.633/3/B*
（英）アルフュース・トッド 著　（日）尾崎行雄 訳
東京　自由出版　明治15年（1882）
1冊（本文317頁）　洋装　18.4cm×12.9cm

**議院必携**　314.633/H48/1
林正明 訳述
刊　明治11年（1878）再版
1冊（本文98頁）　洋装　18.2cm×12.0cm

**英国議院典例**　314.633/Ma98
（英）多摩斯阿爾斯京埋（トマス・オルスキン・メイ）編
中外堂　明治12年（1879）
（注）現在所在不明

**独逸帝国議会論**　314.634/Se17/1
（独）ザイデル 著
東京　貴族院事務局　明治31年（1898）
1冊（前付1頁,本文118頁）　洋装　22.0cm×15.1cm

**仏国民撰議院規則 千八百四十九年七月六日布告**
314.635/1/B
（仏）ギュブスケ 訳　（日）細川潤次郎 校正
元老院蔵版　明治10年（1877）
1冊（前付4頁,本文94頁）　洋装　17.6cm×12.5cm

**総選挙読本 普通総選挙の第一回**　314.8/F66/1
藤沢利喜太 著
東京　岩波書店　昭和3年（1928）
1冊（前付5頁,本文382頁）　洋装　22.8cm×16.0cm

**選挙法の改正と比例代表**　314.8/F66/2
藤沢利喜太 著
刊　昭和7年（1932）
1冊（1頁 - 72頁）洋装　22.6cm×15.4cm
（注）論文抜刷

**帝国議会議員選挙者名鑑 附府県議会議員**
　　　　　　　　　　　　　　　　　314.8/G/72/1
後藤本馬 編纂
東京　金松堂書店　明治23年（1890）
1冊（前付6頁,本文184頁,附録45頁）
洋装　17.6cm×12.3cm

**政界革新の先決問題 選挙法の根本的改革**　314.8/Ki92/1

清瀬一郎 著
東京　大日本アジア会　昭和7年（1932）
1冊（前付2頁,本文26頁,附録14頁）
洋装　18.8cm×13.0cm

**議会選挙法**　314.8/Ko52/1B
国政研究会 編
東京　国政研究会　昭和11年（1936）
1冊（前付22頁,本文364頁）
洋装　22.4cm×15.3cm

**多数選挙之弊 付矯正策**　314.8/Mo88/1
本野一郎 述
東京　民友社　明治23年（1890）
1冊（本文85頁）　洋装　18.8cm×12.7cm

**比例代表の話**　314.81/E32/1
江木翼 著
東京　報知新聞社　大正13年（1924）
1冊（本文142頁,附録13頁）　洋装　19.0cm×13.2cm

**比例代表の概念とその技術**　314.81/Sa27/1
坂千秋 著
東京　河中俊四郎　昭和7年（1932）
1冊（前付20頁,本文659頁）　洋装　22.5cm×15.6cm

**比選と婦選**　314.81/Sa27/2
坂千秋 著
東京　帝国地方行政学会　昭和3年（1928）
1冊（前付7頁,本文128頁,附録25頁）
洋装　18.9cm×12.8cm

**比例代表**　314.81/Y31/1
山枡儀重 著
東京　平凡社　昭和4年（1929）
1冊（前付7頁,本文98頁）　洋装　18.8cm×12.6cm

**議会読本**　314/D14/1
大日本国民修養会 著
日本書院　昭和3年（1928）

(注)現在所在不明

**国会設立方法論**　314/H79/1
肥塚龍 著
薔薇楼　明治13年（1880）
(注)現在所在不明

**民政論**　315.01/Tc99/1
都筑馨六 著
東京　都筑馨六　明治25年（1892）
1冊（本文57頁）　洋装　22.1cm×15.0cm

**日本政党史　上・下巻**　315.1/H48/1
林田亀太郎 著
東京　大日本雄弁会　昭和2年（1927）3版
2冊　洋装　19.1cm×13.9cm

**政争と党弊**　315.1/H94/1
細井肇 著
東京　益進会　大正3年（1914）
1冊（前付15頁,本文384頁）　洋装　23.6cm×15.8cm

**憲政会史**　315.1/Ke41/1
樋口秀雄 校訂
東京　憲政会史編纂所　大正15年（1926）
1冊（前付6頁,本文790頁,後付30頁,図版47枚）
洋装　30.5cm×23.3cm

**日本政党の現勢**　315.1/My/1
茗荷房吉 著
東京　日本評論社　昭和4年（1929）
1冊（前付10頁,本文391頁）　洋装　19.2cm×13.8cm

**研究会は目覚めた　政党へ接近の裏面史**　315.1/Ta95/1
辰巳豊吉 著
東京　政治経済通信社　大正15年（1926）
1冊（前付11頁,本文103頁,附録5頁）
洋装　18.2cm×13.2cm

**日本議事攷**　318.1/To85/1
豊原又三郎 編輯
大阪　浅井吉兵衛　明治16年（1883）
1冊（前付15頁,本文226頁）
洋装　22.7cm×15.4cm

**穂積八束博士論文集**　320.4/H97/1
上杉慎吉 編
東京　上杉慎吉　大正2年（1913）
1冊（前付48頁,本文996頁,図版1枚）
洋装　22.2cm×15.7cm

**各国憲法通史**　323/Ma53/1
（英）マーチン 著　（日）尾崎庸夫 訳
泰山書房　無刊年
1冊（前付4頁,本文152頁）　洋装　17.8cm×12.1cm

**憲法・行政法要義**　323/St3/1
（澳）スタイン 講義　（日）古田新六 訳述
河島醇 編輯
博文堂蔵版　東京　原田庄左衛門
明治25年（1892）再版
1冊（前付6頁,本文192頁,後付3頁）
洋装　19.3cm×13.4cm

**憲法の理由**　323/Y11/1
矢部積蔵 著
東京　榊原友吉　明治21年（1888）
1冊（前付2頁,本文70頁）　洋装　18.4cm×12.4cm

**日本憲法論纂**　323.1/Sa85/1
佐藤茂一 編著
大阪　岡島真七　明治14年（1881）
1冊（前付5頁,本文185頁）　洋装　18.2cm×12.8cm
(注)「中田／蔵書」朱文方印
「中田」朱文楕円印

**スタイン氏講義**　323.1/St3
有賀長雄等 筆録
東京　小山彦次郎　明治22年（1899）再版
1冊（前付34頁,本文596頁,後付14頁）

洋装　19.6cm×13.7cm

**伊藤博文公修正憲法稿本**　*323.2/189/B*
平塚篤 校訂
東京　秘書類纂刊行会　昭和12年（1937）
1冊（191丁）　和装　26.3cm×19.2cm

**内外臣民公私権考 憲法衍義之一**　*323.3/29/C*
井上毅 著
東京　哲学書院　明治22年（1889）再版
1冊（前付2頁,本文64頁）　洋装　18.8cm×12.7cm

**帝国憲法義解・皇室典範義解**　*323.3/5*
東京　国家学会　明治22年（1889）
合綴1冊（本文165頁）和装　25.4cm×17.6cm

**大日本帝国憲法 附 議院法・衆議院議員選挙法・会計法・貴族院令**　*323.3/85*
東京　博文社　明治22年（1889）
1冊（本文83頁）　和装　18.8cm×13.0cm

**大日本帝国憲法・皇室典範 附 議院法・衆議院議員選挙法・会計法・貴族院令**　*323.3/86*
四日市新聞社　明治22年（1889）
1冊（本文43頁）　和装　21.8cm×15.4cm
（注）『四日市新聞』第651号附録

**大日本帝国憲法 附属法令**　*323.3/87*
岩井益之助 編輯
東京　東京三益社　明治22年（1889）
1冊（本文88頁）　洋装　18.7cm×12.8cm
（注）『改進新聞』1780号附録
「和」朱文円印

**帝国憲法講義**　*323.3/A71/1*
有賀長雄 講述
明治法律学校講法会　無刊年
1冊（前付1頁,本文524頁）　洋装　19.0cm×13.4cm
（注）「呉海軍／経理部／書籍之印」朱文方印

**傍訓大日本帝国憲法 附 議院法・衆議院議員選挙法・会計法・貴族院令**　*323.3/F67/1*
大阪　藤谷虎三　明治22年（1889）
1冊（本文65頁）　和装　17.8cm×12.3cm

**鼇頭傍訓帝国憲法註釈・鼇頭傍訓議院法・鼇頭傍訓衆議院選挙法註釈・鼇頭傍訓貴族院令註釈・鼇頭傍訓会計法註釈**　*323.3/H71/1*
広岡宇一郎 著
大阪　広岡宇一郎　明治22年（1889）
1冊（本文139頁）　洋装　18.0cm×12.6cm

**略解傍訓大日本帝国憲法**　*323.3/I54/1*
生稲道蔵 編纂
東京　辻本九兵衛　明治22年（1889）
1冊（前付4頁,本文131頁）　洋装　18.5cm×12.5cm

**憲法正解**　*323.3/Ki68/1*
北村三郎 著
東京　石川保助　明治22年（1889）
1冊（前付5頁,本文99頁,後付2頁）
洋装　19.3cm×13.1cm

**大日本帝国憲法義解**　*323.3/Sh33/1*
志方鍛 著
刊　1冊（前付27頁,本文144頁,附録119頁）
洋装　19.1cm×13.5cm
（注）附録：『皇室典範』『議院法』『貴族院令』『衆議院議員選挙法』『会計法』

**大日本帝国憲法早和加利**　*323.3/Sh51/1*
下田総太郎 編輯
東京　山本常次郎　明治22年（1889）
1冊（前付15頁,本文38頁,図版2枚）
洋装　16.6cm×11.9cm

**大日本帝国憲法正解 附 附属諸法典・日本憲法史・英国憲法**　*323.3/So45/1*
園田寶四郎 編輯　伊藤悌治 校閲
東京　博文館　明治22年（1889）
1冊（前付14頁,本文45頁,附182頁,図版2枚）

洋装　19.0cm× 12.9cm（新撰 百科全書第 4 編）
(注)「宇野 / 家印」朱文方印

**大日本帝国憲法注釈**　*323.3/Ta28/2*
高田早苗 著
刊　大阪攻法会蔵版
1 冊（前付 1 頁, 本文 127 頁）　和装　17.7cm× 11.9cm
(注)「江口 / 蔵書」朱文方印

**帝国憲法正解　英仏独米普対照　附憲法汎論・各国憲法**
**小史・議院法・選挙法・貴族院令**　*323.3/Ta95/1*
辰巳小二郎 著
原亮三郎　明治 22 年（1889）
1 冊（前付 32 頁, 本文 303 頁, 附 79 頁）
洋装　18.9cm× 13.3cm

**字国憲法**　*323.6/6/B*
（仏）ラヘルモリ 著　（日）井上毅 訳
東京　長尾景弼　明治 15 年（1882）
1 冊（前付 2 頁, 本文 67 頁）　洋装　18.7cm× 12.4cm
(注)「村山 / 蔵書」朱文方印

**比国憲法釈義　巻 1 ～ 3**　*323.65/Y48/1 (1) ~ (3)*
山崎直胤 述
内務省総務局蔵版　明治 19 年（1886）刻成
3 冊　和装　23.7cm× 16.4cm

**高松事件之顛末**　*327.8/U77/1*
雲悌会 著
東京　雲悌会　大正 5 年（1916）
1 冊（前付 5 頁, 本文 535 頁）　洋装　23.1cm× 15.6cm
(注)非売品

**歳計予算論**　*344/H93/1*
細川潤次郎 編
東京　細川潤次郎　明治 24 年（1891）
1 冊（本文 43 丁）　和装　23.2cm× 15.5cm

**世界の議事堂**　*526.3/O55/1*
大熊喜邦 著
東京　洪洋社　大正 8 年（1919）

1 冊（前付 6 頁, 本文 231 頁, 図版 69 枚）
洋装　22.4cm × 15.8cm

**第二十八回 電気事業要覧**　*540.921/Te28/1*
逓信省電気局 編纂
電気協会　昭和 20 年（1945）
1 冊（本文 1761 頁）　洋装　29.7cm× 21.1cm

**線路網問題の研究**　*686.11/Y58/1*
矢野政二 著
東京　時事評論社　大正 10 年（1921）
1 冊（前付 3 頁, 本文 83 頁）　洋装　14.8cm× 10.6cm

**国会議員百首**　*911.167/I-89*
伊東洋二郎 著
愛知県　三輪文次郎　明治 24 年（1891）
1 冊（前付 1 丁, 本文 50 丁, 図版 3 枚）
和装　18.7cm× 12.9cm

Farbman, Michael　059. 3/E85/(1929)
　　The Europa Year-book
Europa Publications Ltd, London, 1929, 768p


Epstein, M.　059. 3/St2/(1932)
　　The Stateman's Year-Book
Macmillan and Co, London, 1932, 1474p


Laski, Harold J.　311.1/L33
　　Studies in Law and Politics
George Allen and Unwin Ltd, London, 1932, 299p


The National Union of Conservative and Unionist Associations The Con-stitutional Year Book 1927 ～ 1939　314. 633/C86/(1927) ～ (1939)
(注)全14冊
1930年版のみ(1930)と(1930)Bの2冊組み


McKechnie, William Sharp　314. 633/Ma21
　　The Reform of the House of Lords
James MacLehose and Sons, Glasgow, 1909, 136p


Gooch, R. K　314. 635/G64
　　The French Parliamentary Committee System
D. Appleton-Century Co, New York, London, 1935, 259p


Campion, G　323. 63/C14/1-B
　　An Introduction to the Procedure of the House of Commons
Philip Allan, 1929, 308p


Jennings, W, Ivor　314. 633/J37
　　Parliamentary reform
Macmillan and CO, 1934, 175p

# 佐佐木高行・行忠旧蔵書索引

書 名 索 引……*259*

編著者名索引……*279*

# 佐佐木高行・行忠旧蔵書

## 書名索引

- 本索引は，書名（タイトル）を五十音順に配列した書名索引である。
- 佐佐木高行旧蔵書については図書番号，佐佐木行忠旧蔵書については掲載頁をもって示した。
- 枝番の書名は採録していない。枝番を有する合綴本・合写本，全集，撰集等のタイトルはゴチックとした。

### 【あ】

- 嗚呼江藤新平・・・・・・・・・・・・・ 759
- 嗚呼奥田博士・・・・・・・・・・ 246頁右
- 愛国偉績・・・・・・・・・・・・・・・・ 760
- 哀頌永観・・・・・・・・・・・・・・・ 1215
- 会津史・・・・・・・・・・・・・・・・・ 622
- 青砥藤綱摸稜案・・・・・・・・・・ 1252
- 青標紙・・・・・・・・・・・・・・・・ 1637
- **青森県 旧斗南藩士族ヨリ差出セル書類 ほか合綴**・・・・・・・ 1661
- 青森県全管略図・・・・・・・・・・ 951
- 青森県中津軽郡一覧概略表・ 1980
- 菜錦・・・・・・・・・・・・・・・・・・ 886
- 県門遺稿・・・・・・・・・・・・・・ 1221
- 秋田管轄全図・・・・・・・・・・・ 953
- 秋田県下川尻組村落図・・・・・ 952
- **秋田県 民情関係之書類及廃士族之書類 ほか合綴**・・・・・・・ 1662
- 明カラス・・・・・・・・・・・・・・・ 507
- 赤穂義士伝一夕話・・・・・・・・ 761
- 朝倉家系並蒲生家・・・・・・・・ 889
- あさち・・・・・・・・・・・・・・・・ 1315
- 亜細亜東部輿地図・・・・・・・・ 954
- 足利持氏滅亡記・・・・・・・・・・ 508
- 足軽備進退秘授別伝・・・・・・ 2061
- 吾妻鏡・・・・・・・・・・・・・ 439,440
- 吾妻鏡人名考・・・・・・・・・・・ 441
- あたみ日記・・・・・・・・・・・・ 1241
- 熱海独案内・・・・・・・・・・・・ 1029
- 安南新図・・・・・・・・・・・・・・ 955
- 阿片事項調査書・・・・・・・・・ 2028
- 天津諄詞考・・・・・・・・・・・・・ 74
- 天都詔詞太詔詞考・・・・・・・・ 73
- 天乃橋立名歌百首・・・・・・・ 1398
- 亜米利加合衆国憲法・・・・・・ 1782
- 亜米利加合衆国累斯安洲民法・・・・・・・・・・・・・・・・・・ 1783
- 亜墨利加華盛頓軍記・・・・・・ 755
- **綾にしき**・・・・・・・・・・・・・・ 1253
- 安永七年之部 分間江戸大絵図・・・・・・・・・・・・・・・・・・ 1012
- 行在所日誌・・・・・・・・・・・・ 2331
- 安政見聞誌・・・・・・・・・・・・ 2229
- 安政五午正説集記・・・・・・・ 2343
- 安政風聞集・・・・・・・・・・・・ 2230
- 安政四年丁巳年御用控・・・・・ 665

### 【い】

- 家忠日記・・・・・・・・・・・・・・ 630
- 五百津磐村・・・・・・・・・・・・ 1406
- 己亥叢説・・・・・・・・・・・・・・ 2243
- 医家断訟学・・・・・・・・・・・・ 2018
- 伊香保の湯泉・・・・・・・・・・ 1030
- 囲棋新報・・・・・・・・・・・・・・ 2148
- 英吉蘭幷威爾斯各地郵便本局長事務取扱規則・・・・・・・・ 1900
- 囲碁指南・・・・・・・・・・・・・・ 2146
- 囲碁定石集・・・・・・・・・・・・ 2147
- 囲碁秘訣・・・・・・・・・・・・・・ 2150
- 囲碁妙伝・・・・・・・・・・・・・・ 2151
- 諌草・・・・・・・・・・・・・・・・・ 265
- 遺産税論・・・・・・・・・・・・・・ 1859
- 石配自在・・・・・・・・・・・・・・ 2152
- 異称日本伝・・・・・・・・・・・・ 509
- 維新改革の精神を論じて憲政の完備に及ぶ・・・・・・・・・・ 1540
- 維新階梯雑誌・・・・・・・・・・・ 631
- **偉人史叢**・・・・・・・・・・・・・・ 764
- **維新史料**・・・・・・・・・・・ 632,633
- 維新前後見聞録類従・・・・・・ 648
- 維新前後見聞録類従 異国舩一條・・・・・・・・・・・・・・・・・・ 649
- 維新前後見聞録類従 随筆・・・ 650
- 維新前後実歴史伝・・・・・・・・ 669
- 維新前史桜田義挙録・・・・・・ 545
- 五十鈴の川波・・・・・・・・・・・・ 1
- 伊豆国輿地実測全図・・・・・・ 956
- 出雲国風土記・・・・・・・・・・ 1031
- 出雲問答・・・・・・・・・・・・・・・ 42
- 伊勢神宮・・・・・・・・・・・・・ 43,44
- 板垣退助君伝・・・・・・・・・・・ 765
- 板垣伯風俗改良談・・・・・・・ 1503
- 一話一言・・・・・・・・・・・・・・ 2211
- 一騎歌尽・・・・・・・・・・・・・・ 2062
- 厳島宮路の枝折・・・・・・・・・ 1032
- 一千八百七十年字仏戦記・・・・ 747
- 伊藤侯演説集・・・・・・・・・・ 2231
- 伊藤参議手写大隈参議国会開設奏議・・・・・・・・・・・・・ 248頁右
- 伊藤博文公修正憲法稿本・・ 254頁左
- 田舎繁昌記・・・・・・・・・・・・ 1504
- 稲荷神社志料・・・・・・・・・・・ 45
- 猪苗代湖水利見聞略記・・・・ 1914
- 猪苗代湖疏水線路幷開墾所之図・・・・・・・・・・・・・・・・・・ 958
- 井上毅君教育事業小史・・・・・ 367
- 井上博士と基督教徒・・・・・・ 158
- 伊吹狭霧 天津諄詞考・・・・・・ 74
- いぶきのさきり 五十鈴の川波・・・ 1
- 遺物相続史・・・・・・・・・・・・ 1784
- 異本 太平年表・・・・・・・・・・ 421
- 遺老物語・・・・・・・・・・・・・・ 510
- 伊呂波分 氏族統系一覧・・・・ 899
- 岩倉公略伝・・・・・・・・・・・・ 766
- 岩倉贈太政大臣集・・・・・・・ 1318
- 岩代国安積郡桑野村幷大蔵壇原植民所之図・・・・・・・・・・ 959
- 岩代国猪苗代湖疏水線実測全図・・・・・・・・・・・・・・・・・・ 957
- 岩手県管内図・・・・・・・・・・・ 960
- **岩手県 士卒族則廃族之者ヨリ差出セル書類 ほか合綴**・・・・ 1663
- 岩渕夜話別集・・・・・・・・・・・ 511
- 因果経和賛・・・・・・・・・・・・ 146
- 印度貨幣制度改革始末・・・・ 1888
- 印度史・・・・・・・・・・・・・・・・ 707
- 印度報告・・・・・・・・・・・・・・ 1147
- 尹文子・・・・・・・・・・・・・・・・ 179

### 【う】

- 禹域通纂・・・・・・・・・・・・・・ 1778
- 瓦敦堡憲法・・・・・・・・・・・・ 1785

| | | |
|---|---|---|
| 浮世絵展覧会目録‥‥‥‥ 2119 | 駅逓局事務条例 ほか合綴‥‥ 1896 | 澳洪国貨幣制調査委員会速記録 |
| 羽後国図‥‥‥‥‥‥‥‥‥ 961 | 絵事空事 ほか合綴‥‥‥‥ 330 | ‥‥‥‥‥‥‥‥‥‥‥ 1889 |
| 宇佐神宮記‥‥‥‥‥‥‥‥ 46 | 絵島酒浪‥‥‥‥‥‥‥‥ 1322 | 欧米礼式図解‥‥‥‥‥‥ 1508 |
| 氏子廼栞‥‥‥‥‥‥‥‥‥ 2 | 蝦夷風俗彙纂‥‥‥‥‥‥ 1506 | 欧米回覧実記‥‥‥‥‥‥ 1158 |
| 薄こほり‥‥‥‥‥‥‥‥ 1319 | 越後摘誌‥‥‥‥‥‥‥‥ 1034 | 欧米各国 議院政治法‥‥251頁左 |
| 打碁定石 方円新法‥‥‥ 2174 | 越中誌並三州誌及民部式ヨリノ分 | 欧米各国 国会紀要‥‥251頁左 |
| 宇宙之精神‥‥‥‥‥‥‥ 89 | ‥‥‥‥‥‥‥‥‥‥‥ 1035 | 欧米大戦争ニ於ケル財政ニ関スル |
| 姨捨山考‥‥‥‥‥‥‥‥ 1033 | 江戸絵図‥‥‥‥‥‥‥‥ 962 | 調査‥‥‥‥‥‥‥‥‥ 1861 |
| 海の日本‥‥‥‥‥‥‥‥ 2232 | 江戸の花‥‥‥‥‥‥‥‥ 1507 | 欧米鉄道視察‥‥‥‥‥‥ 1897 |
| 梅のかをり‥‥‥‥‥‥‥ 1320 | 江戸名所図会‥‥‥‥‥‥ 1036 | **欧米ノ工業実況 ほか合綴‥1932** |
| 羽陽叢書‥‥‥‥‥‥‥‥ 2233 | 淮南鴻烈解‥‥‥‥‥‥‥ 263 | 欧米漫遊日誌‥‥‥‥‥‥ 1156 |
| 浦上耶蘇宗徒処置顚末提要‥ 159 | 絵本加藤清正一代記‥‥‥ 1254 | 欧米遊記‥‥‥‥‥‥‥‥ 1157 |
| 浦上耶蘇宗徒処置顚末提要草稿二 | 絵本漢楚軍談‥‥‥‥‥‥ 1255 | 近江国長瀬八幡宮碑‥‥‥ 66 |
| 〇附録‥‥‥‥‥‥‥‥ 637 | 絵本楠公記‥‥‥‥‥‥‥ 1259 | 嚶鳴館遺草‥‥‥‥‥‥‥ 2236 |
| **【え】** | 絵本訓蒙 国史略‥‥‥‥ 453 | 王陽明先生全集‥‥‥‥‥ 2201 |
| 永嘉先生八面鋒‥‥‥‥‥ 1541 | 絵本呉越軍談‥‥‥‥‥‥ 1256 | 桜老加藤先生年譜‥‥‥‥ 768 |
| 栄花物語抄‥‥‥‥‥‥‥ 512 | 絵本孫子童観抄‥‥‥‥‥ 230 | 大浦兼武伝 附附録‥‥246頁右 |
| 永言格‥‥‥‥‥‥‥‥‥ 1174 | 絵本通俗三国志‥‥‥‥‥ 1257 | 大鏡‥‥‥‥‥‥‥‥‥‥ 513 |
| 英皇即位六十年祝典参列日誌 | 絵本豊臣勲功記‥‥‥‥‥ 1258 | 大隈参議国会開設奏議‥‥248頁右 |
| ‥‥‥‥‥‥‥‥‥‥‥ 2234 | 絵本列戦功記‥‥‥‥‥‥ 1260 | 大隈重信‥‥‥‥‥‥‥‥ 782 |
| 英国学士払波士氏主権論‥‥ 1694 | 沿革考證日本読史地図 附略説 | 大隈伯昔日譚‥‥‥‥‥‥ 514 |
| 英国慣習律攬要‥‥‥‥‥ 1786 | ‥‥‥‥‥‥‥‥‥‥‥ 423 | 大蔵卿年報書‥‥‥‥‥‥ 1860 |
| 英国議院章程‥‥‥‥‥‥ 1787 | 延享五年宝暦十三年朝鮮人来朝諸 | 大蔵省沿革志‥‥‥‥‥‥ 1667 |
| 英国議院政治論 内閣会議篇其起 | 記‥‥‥‥‥‥‥‥‥‥ 686 | 大阪細見全図‥‥‥‥‥‥ 965 |
| 源組織及ヒ職掌‥‥‥ 251頁右 | **塩業諮問会紀事 ほか合綴** | 大阪府之部農業調査‥‥‥ 1947 |
| 英国議院典例‥1788,1789,252頁左 | ‥‥‥‥‥‥‥‥‥‥‥ 1915 | 大幣‥‥‥‥‥‥‥‥‥‥ 1324 |
| 英国議事実見録‥‥‥‥‥ 1666 | 延享四年之部 分間江戸大絵図 | 大祓述義‥‥‥‥‥‥‥‥ 75 |
| 英国刑事訴訟手続‥‥‥‥ 1790 | ‥‥‥‥‥‥‥‥‥‥‥ 1009 | 大祓踏分草講説‥‥‥‥‥ 76 |
| 英国史略‥‥‥‥‥‥‥‥ 741 | 遠近新聞‥‥‥‥‥‥‥‥ 2314 | 大村益次郎先生伝‥‥‥‥ 770 |
| 英国成文憲法纂要‥‥‥‥ 1791 | 遠州流瓶華類集‥‥‥‥‥ 2145 | 大八洲史‥‥‥‥‥‥‥‥ 443 |
| 英国法学捷経‥‥‥‥‥‥ 1792 | 遠征の慰藉‥‥‥‥‥‥‥ 2235 | 岡野敬次郎‥‥‥‥‥‥246頁右 |
| 英国倫敦府信書集配人職務心得 | 遠征奇談‥‥‥‥‥‥‥‥ 1475 | 岡本柳之助論策‥‥‥‥‥ 2237 |
| ‥‥‥‥‥‥‥‥‥‥‥ 1895 | 沿道駅村全図‥‥‥‥‥‥ 964 | 置碁自在‥‥‥‥‥‥‥‥ 2156 |
| 詠史百首‥‥‥‥‥‥‥‥ 1321 | 延平李先生師弟子答問‥‥‥ 182 | **興津海水浴趣意書 ほか合綴 2031** |
| 英政如何‥‥‥‥‥‥‥‥ 1542 | **【お】** | 奥村五百言行録‥‥‥‥‥ 772 |
| **衛生局会研究書類 ほか合綴 2030** | 桜雲記‥‥‥‥‥‥‥‥‥ 588 | 教の鑑‥‥‥‥‥‥‥‥‥ 160 |
| 衛生局年報‥‥‥‥‥‥‥ 2029 | 王権論‥‥‥‥‥‥‥‥‥ 1771 | **織田公彰徳会趣旨書 ほか合綴 47** |
| 営中日記‥‥‥‥‥‥‥‥ 638 | 王国建国法‥‥‥‥‥‥‥ 1796 | 小樽港修築意見書‥‥‥‥ 2034 |
| 英都交際一班‥‥‥‥‥‥ 1505 | 澳国スタイン氏行政裁判説大意 | 小田原町々誌‥‥‥‥‥‥ 1107 |
| 英仏民法異同条弁‥‥‥‥ 1793 | ‥‥‥‥‥‥‥‥‥‥‥ 1736 | 小田原領之様子書‥‥‥‥ 640 |
| 英文ヘロイックジャパン（武勇の | 王室家憲答議‥‥‥‥‥‥ 1847 | 乙丑新聞志‥‥‥‥‥‥‥ 2344 |
| 日本）欧米諸新聞評論集‥ 2280 | **欧洲各国憲法**‥‥‥‥‥‥ 1798 | 小野塚教授在職廿五年記念 政治 |
| 永平祖師家訓綱要‥‥‥‥ 114 | 欧洲大勢三論‥‥‥‥‥‥ 1611 | 学研究‥‥‥‥‥‥‥247頁左 |
| 英法小言‥‥‥‥‥‥‥‥ 1795 | 鞍掌録‥‥‥‥‥‥‥‥‥ 2342 | 小原氏随筆‥‥‥‥‥‥‥ 641 |
| 英訳古事記‥‥‥‥‥‥‥ 442 | 泊翁全書第二集 往事録 246頁右 | 和蘭学制‥‥‥‥‥‥‥‥ 389 |
| 栄誉鑑‥‥‥‥‥‥‥‥‥ 917 | 鶯栖園小草‥‥‥‥‥‥‥ 1198 | 和蘭政典‥‥‥‥‥‥‥‥ 1797 |
| 英蘭会話篇訳語‥‥‥‥‥ 1196 | 王政復古義挙録‥‥‥‥‥ 515 | 阿蘭陀渡海之記 ほか合写‥‥ 517 |
| 江川坦庵伝‥‥‥‥‥‥‥ 767 | 王代一覧‥‥‥‥‥‥‥‥ 446 | 折たく柴の記‥‥‥‥‥‥ 773 |
| 奕萃官子‥‥‥‥‥‥‥‥ 2154 | 王代一覧後編‥‥‥‥‥‥ 447 | 音訓五経‥‥‥‥‥‥‥‥ 192 |
| | | 温故知新江戸の花‥‥‥‥ 1507 |

| | | |
|---|---|---|
| 温故知新碁録・・・・・・・・・・・・ 2157 | 改正囲碁秘訣・・・・・・・・・・・・ 2150 | 春日日進回航員歓迎会誌・・・ 2088 |
| 【か】 | 改正淮南鴻烈解・・・・・・・・・・・ 263 | 家政学・・・・・・・・・・・・・・・・・ 1956 |
| 海煙新書・・・・・・・・・・・・・・・・ 518 | 改正音訓五経・・・・・・・・・・・・ 192 | 河藻集・・・・・・・・・・・・・・・・・ 1326 |
| 開化本論・・・・・・・・・・・・・・・ 1525 | 改正絵画出品目録・・・・・・・・ 2121 | 華族女学校規則・・・・・・・・・・・ 405 |
| 海外新聞・・・・・・・・・・・・・・・ 2315 | 改正官員録・・・・・・・・・・・・・・ 920 | 華族会館規則・・・・・・・・・・・・ 2241 |
| 海外仏教事情・・・・・・・・・・・・ 115 | 外征軍隊死亡者遺族慰問婦人会事務及会計報告・・・・・・・・・・ 1488 | 華族会館報告・・・・・・・・・・・・ 2292 |
| 絵画出品目録・・・・・・・・・・・・ 2121 | | 華族同方会演説集・・・・・・・・ 2242 |
| 槐記・・・・・・・・・・・・・・・・・・・ 642 | 開拓使一覧表・・・・・・・・・・・・ 1543 | 華族同方会報告・・・・・・・・・・ 2293 |
| 会議の原則と運営・・・・・ 245頁左 | 開拓使報告書・・・・・・・・・・・・ 1543 | 華族名鑑・・・・・・・・ 477,245頁右 |
| 懐旧・・・・・・・・・・・・・・・・・・ 1476 | 開拓史本応蚕織報文・・・・・・ 1941 | 華族名簿・・919,245頁右,246頁左 |
| 懐旧紀事 安部伊勢守事蹟・・・ 519 | 開知新編・・・・・・・・・・・・・・・ 1119 | 華族令・・・・・・・・・・・・・・・・・ 1668 |
| 海軍下士以下服制・・・・・・・・ 2076 | **改定 史籍集覧**・・・・・・・・・・・ 434 | 華族例規便覧・・・・・・・・・・・・ 1669 |
| 海軍旗章・・・・・・・・・・・・・・・ 2077 | 改訂増補 哲学字彙・・・・・・・・ 177 | 華族列伝国乃礎・・・・・・・・・・・ 787 |
| **海軍省雑誌 ほか合綴**・・・・・ 2078 | 改訂 日英同盟条約 各国新聞論評一班・・・・・・・・・・・・・・・ 1625 | 華族録・・・・・・・・・・・・・・ 245頁右 |
| 海軍省日誌・・・・・・・・・・・・・ 2079 | | 学階授与規則・同細目・附学階所有者待遇規定・学会徽章規定 ほか合綴・・・・・・・・・・・・・・・・・・ 8 |
| 海軍省布達・・・・・・・・・・・・・ 2080 | 改定律例・・・・・・・・・・・・・・・ 1748 | |
| 海軍省布達全書・・・・・・・・・・ 2081 | 回天実記・・・・・・・・・・・・・・・・ 523 | |
| 海軍諸表便覧・・・・・・・・・・・・ 2082 | 甲斐国御嶽山 新路勝景図絵 1099 | 勝海舟伝・・・・・・・・・・・・・・・・ 776 |
| 海軍武官職員録（明治十二年一月一日改正）海軍本省及局府所校諸艦船分課一覧（明治十三年一月一日改正）・・・・・・・・・・ 918 | 開発新式日本文典・・・・・・・・ 1191 | 各国議院編制要略・・・・・ 251頁右 |
| | **海防意見書 ほか合綴**・・・・・ 1544 | 各国憲法類纂・・・・・・・・・・・・ 1799 |
| | 魁本大字諸儒箋解古文真宝 1421 | 各国憲法通史・・・・・・・・・ 253頁右 |
| | 外務省日誌・・・・・・・・・・・・・ 2332 | 各国参議院組織概略・・・・・・ 1800 |
| 海軍武官服制・・・・・・・・・・・・ 2085 | 海洋ニ世界的自由航路ヲ開設スルノ議・・・・・・・・・・・・・・・・・ 1898 | 各国上院紀要・・・・・・・・・・・・ 1801 |
| **海軍服制 ほか合綴**・・・・・・ 2086 | | 各国選挙法・・・・・・・・・・・・・ 1802 |
| 海軍文官服制・・・・・・・・・・・・ 2087 | 海路諸標便覧表・・・・・・・・・・ 1899 | 各国民法異同条弁・・・・・・・・ 1803 |
| 海軍兵員徴募規則・・・・・・・・ 2083 | 嘉永安政見聞雑記・・・・・・・・ 2345 | 各国立憲政体起立史緒論・・・ 1537 |
| **海軍兵学校生徒心得 ほか合綴**・・・・・・・・・・・・・・・・・・ 2084 | 嘉永癸丑吉田松陰遊歴日録・・ 705 | 甲子新聞志・・・・・・・・・・・・・ 2350 |
| | **嘉永地震記 ほか合綴**・・・・・ 2002 | 甲子夜話・・・・・・・・・・・・・・・ 2213 |
| 海警叢書・・・・・・・・・・・・・・・ 2187 | 嘉永年中珍説書・・・・・・・・・・ 2346 | 合衆国政治小学・・・・・・・・・・ 1532 |
| **会計原法参考書**・・・・・・・・・ 1862 | 嘉莚歌むすひ・・・・・・・・・・・・ 1350 | 活世界号外 大革新・・・・・・・ 1580 |
| **会計答議**・・・・・・・・・・・・・・ 1863 | 化学的食養体心論・・・・・・・・ 2032 | かつらのおち葉・・・・・・・・・・ 1325 |
| **会計法 ほか合綴**・・・・・・・・ 1864 | 歌学入門・・・・・・・・・・・・・・・ 1305 | 家庭教育歴史読本・・・・・・・・・ 619 |
| 会計法註釈・・・・・・・・・・ 254頁左 | 加賀松雲公・・・・・・・・・・・・・・ 774 | 家庭のしるべ・・・・・・・・・・・・ 2294 |
| 外交・・・・・・・・・・・・・・・・・・ 1612 | 加賀藩史稿・・・・・・・・・・・・・・ 623 | 神奈川文庫第三集神奈川県誌・・・・・・・・・・・・・・・・・・・・ 1038 |
| **外交及植民雑誌 ほか合綴**・・・ 1613 | かゝみ草筆記・・・・・・・・・・・・ 775 | |
| 外交志稿・・・・・・・・・・・・・・・ 1636 | 学教史論・・・・・・・・・・・・・・・・ 101 | 仮名遣ノ諮問ニ対スル答申書・・・・・・・・・・・・・・・・・・・ 1194 |
| 開国起原・・・・・・・・・・・・・・・・ 520 | 学者安心論・・・・・・・・・・・・・ 2239 | |
| 開国五十年史・・・・・・・・・・・・・ 521 | 各宗高僧譚・・・・・・・・・・・・・・ 116 | かなのてがみ・・・・・・・・・・・・ 2295 |
| 開国五十年史附録・・・・・・・・ 2238 | 学制・・・・・・・・・・・・・・・・・・・ 390 | 貨幣条例 新貨条約改正・・・・ 1890 |
| 外国債募集意見書並附言・・・ 1865 | 学生近視ノ予防策・・・・・・・・ 2023 | 菓木栽培法・・・・・・・・・・・・・ 1938 |
| 外国上院制度・・・・・・・・・ 251頁右 | 学童百話・・・・・・・・・・・・・・・ 2240 | かまくら・・・・・・・・・・・・・・・・ 624 |
| 外国新聞・・・・・・・・・・・・・・・ 2316 | 学否弁論・・・・・・・・・・・・・・・・ 365 | 鎌倉江島 遠足の記・・・・・・・ 1126 |
| 解散始末・・・・・・・・・・・・ 250頁左 | 雅言集覧・・・・・・・・・・・・・・・ 1161 | 鎌倉江ノ島名勝記・・・・・・・・ 1039 |
| 解散と総選挙・・・・・・・・・ 249頁右 | 雅言成法・・・・・・・・・・・・・・・ 1175 | 鎌倉懐古展覧会目録・・・・・・ 2114 |
| 外事観察雑誌・・・・・・・・・・・・ 1614 | 歌詞遠鏡附録・・・・・・・・・・・・ 1304 | 鎌倉管領九代記・・・・・・・・・・ 1262 |
| 海上裁判所訴訟規則・・・・・・ 1763 | 歌詩句集・・・・・・・・・・・・・・・ 1199 | **鎌倉宮ニ関スル取調綴**・・・・・・ 49 |
| 海上裁判所訴訟規則・聴訟規則・書類例案・・・・・・・・・・・・・ 1762 | 歌詞三格例・・・・・・・・・・・・・ 1192 | 鎌倉繁栄広記・・・・・・・・・・・・ 1263 |
| | 買子新書・・・・・・・・・・・・・・・・ 195 | 鎌倉北条九代記・・・・・・・・・・・ 524 |
| 海上裁判所聴訟規則・・・・・・ 1764 | **橿原神宮御由緒記 ほか合綴**・・ 48 | 鎌倉名所記・・・・・・・・・・・・・ 1040 |
| | 歌集・・・・・・・・・・・・・・・・・・ 1379 | 蒲生君平翁伝・・・・・・・・・・・・・ 777 |

| 賀茂翁家集 | 1219 |
| --- | --- |
| 加利洲刑典 加利洲官版 | 1839 |
| 加利州典 | 1845 |
| カルゾン氏著「極東問題」抄訳 | 1549 |
| 川路聖謨之生涯 | 778 |
| 寛永四年江戸図 | 963 |
| **感恩講慣例 ほか合綴** | 1489 |
| **感恩講慣例義解 ほか合綴** | 1490 |
| 感化救済小観 | 1491 |
| 管轄外ノ内外国人ニ関スル英法意見 | 1794 |
| 観鵞百譚 | 2125 |
| 漢韓史談 | 708 |
| 勧業会農務部日誌 | 1916 |
| 観旭軒遺稿 | 1419 |
| 管見年録 | 412 |
| 官故 | 3 |
| 韓国財政整理経過 | 1866 |
| 監獄則 | 1749 |
| 監獄則図式 | 1749 |
| 韓国鉄道線路案内 | 1901 |
| 欟斉集 | 1200 |
| 関西巡回日記 | 1127 |
| 函山誌 ほか合綴 | 1042 |
| 管子 | 184 |
| 韓子解詁 | 183 |
| 冠辞考 | 1176 |
| 冠辞続貂 | 1177 |
| 漢雋 | 1162 |
| 関城繹史 | 561 |
| 漢書評林 | 711,712 |
| 寛政重修諸家譜 | 891 |
| 寛政年中夢物語是田沼家一件之本 | 617 |
| 寛政六年之部 分間江戸大絵図 | 1015 |
| 眼前神道案内大全 | 4 |
| 神田区之部 | 992 |
| 開知新編 | 1119 |
| 関東鎮台日誌 | 688 |
| **官板実測日本地図** | 971 |
| 漢文学・国文学 | 1205 |
| 漢文征清戦史 | 556 |
| 官幣社史 暦乃祭日 | 53 |
| 寛保掟書 | 1639 |
| 寛保三年之部 分間江戸大絵図 | 1008 |
| 漢和大字典 | 1163 |

【き】

| 議案 布告令達 明治十一年 | 1671 |
| --- | --- |
| 議案録 | 1672,1673 |
| 議院政治法 | 252 頁右 |
| 議院必携 | 252 頁左 |
| 議院法 | 1674,254 頁左 |
| 議院法改正経過概要 | 249 頁右 |
| 議院法提要 | 250 頁左 |
| 議会選挙法 | 252 頁右 |
| 議会先例私議 | 250 頁左 |
| 議会読本 | 252 頁右 |
| 議会年鑑 | 249 頁左 |
| 議会の話 | 248 頁右 |
| 議会早わかり | 249 頁左 |
| 菊池前文相演説 九十九集 | 380 |
| 菊の下葉 | 1327 |
| 義経記 | 1264 |
| 紀元節歌の解 | 1303 |
| 議事院談 | 1664 |
| 議事院談後編 | 1665 |
| 儀式 | 1513 |
| 気質全集 | 1261 |
| 議事必携 | 245 頁左 |
| 棋醇 | 2158 |
| 貴族院委員会会議録 | 1675 |
| 貴族院委員会会議録 | 251 頁左 |
| 貴族院委員会先例録 | 1676 |
| 貴族院改革の諸問題 | 251 頁左 |
| 貴族院改革論集 | 250 頁右 |
| 貴族院議事録 | 251 頁左 |
| 貴族院資格審査判決例 | 1678 |
| 貴族院事務局報告 | 1677 |
| 貴族院事務局報告 | 251 頁左 |
| 貴族院先例録 | 1678 |
| 貴族院要覧 | 1679 |
| 貴族院令註釈 | 254 頁左 |
| 貴族衆議 両院議事録 | 250 頁右 |
| **貴族論 ほか合綴** | 1546 |
| **貴族論及欧州外交 ほか合綴** | 1547 |
| 木曽義仲勲功図会 | 1265 |
| 北国珍話 雪志まき | 1145 |
| 北野藁草図書 | 50 |
| **北原雅長君談話 ほか合写** | 643 |
| 吉林通覧 | 1116 |
| 記念 | 769 |
| 棋譜玄覧 | 2159 |
| **貴婦人会法話 ほか合綴** | 117 |
| 客員名簿 | 936 |

| 逆風張帆 | 2244 |
| --- | --- |
| 吸江図志 | 1043 |
| 旧高知藩勤王人名録 | 921 |
| 宮省院使庁府藩県同局課官規官名等沿革抜書 | 1670 |
| 旧膳所藩学制 | 366 |
| 宮中儀式略 | 1727 |
| 宮中三殿幷に祝祭日解説 | 77 |
| 旧典類纂 田制篇 | 1650 |
| 享保十七年之部 分間江戸大絵図 | 1006 |
| 旧約全書 | 2340 |
| 旧約聖書 | 172 |
| 旧約聖書歴史 | 169 |
| 教育辞典 | 368 |
| 教育勅語模範講話 | 270 |
| 教育と宗教の衝突 | 369 |
| 教育と宗教の衝突 顛末及評論 | 158 |
| 教育之大本 | 370 |
| 教育之大計 | 387 |
| 教誡一覧 | 102 |
| 教会提要 | 5 |
| 教訓片々 | 272 |
| 凶荒図録 | 1492 |
| 崎陽雑報 | 2296 |
| 共進会報告 | 1969 |
| 行政裁判説大意 | 1736 |
| 行政法大意 | 1737 |
| 教戦斥候規則 | 2063 |
| 教祖宗忠神御小伝 | 90 |
| 教導目的篇 | 6 |
| 京都内外大絵図 | 967 |
| 京都名勝記 | 1045 |
| 京羽二重織留 | 1046 |
| 享保二年之部 分間江戸大絵図 | 1004 |
| 享保二年之部 分道本所大絵図 | 1020 |
| 享保八年之部 分間江戸大絵図 | 1005 |
| 清岡治之助伝 | 779 |
| 清岡道之助伝 | 779 |
| 清川神社御崇敬見聞録引 初岬 | 51 |
| 局外中立規制 | 1767 |
| 玉経図彙 | 194 |
| 極東ノ運命 | 1548 |
| 極東地図 | 968 |
| 玉篇 | 1164 |
| 挙国の精神 | 273 |

| | | |
|---|---|---|
| 挙国一致 戦捷祈願祭状況‥‥ 26 | くらげ‥‥‥‥‥‥‥‥‥ 1477 | 裏面史‥‥‥‥‥‥ 253頁左 |
| 御纂朱子全書‥‥‥‥‥‥‥ 210 | 久留米小史‥‥‥‥‥‥‥ 625 | 寒々録‥‥‥‥‥‥‥‥ 1616 |
| 駁戎論‥‥‥‥‥‥‥‥‥‥ 425 | 黒木軍百話‥‥‥‥‥‥ 2247 | 現行社寺法規‥‥‥‥‥ 1691 |
| 御撰大坂記‥‥‥‥‥‥‥‥ 644 | 黒潮‥‥‥‥‥‥‥‥‥ 1266 | 見光主義 自由燈‥‥ 247頁左 |
| 儀略‥‥‥‥‥‥‥‥‥‥ 1244 | クロパトキン将軍の著はせる日露 | 現行法律規則全書 自明治元年一 |
| 銀街小誌 ほか合綴‥‥‥ 1047 | 戦史‥‥‥‥‥‥‥‥ 2099 | 月至明治十七年七月‥‥ 1681 |
| 金閣林和泉歴覧‥‥‥‥‥ 155 | 勲位録‥‥‥‥‥‥‥‥ 922 | 繭糸織物陶漆器共進会第一区繭審 |
| 銀行報告‥‥‥‥‥‥‥‥ 1884 | 君家系鑑‥‥‥‥‥‥‥ 892 | 査報告‥‥‥‥‥‥‥ 1976 |
| 今古和歌うひまなひ‥‥‥ 1312 | 群書一覧‥‥‥‥‥‥‥ 2181 | 繭糸織物陶漆器共進会第四回陶漆 |
| 近時宇内大勢一斑‥‥‥‥ 1550 | 群書類従‥‥‥‥‥2188,2189 | 器審査報告・附録講話会筆書 |
| 金鵄勲章伝‥‥‥‥‥‥‥ 814 | 群書類従目録‥‥‥‥‥ 2190 | ‥‥‥‥‥‥‥‥‥ 1975 |
| 近時の戦争と経済‥‥‥‥ 2042 | 軍人読本 遠征の慰藉‥‥‥ 2235 | 繭糸織物陶漆器共進会褒賞授与人 |
| 今上詔勅集‥‥‥‥‥274,275 | 軍人読本 国のすがた‥‥‥ 2246 | 名録‥‥‥‥‥‥‥‥ 1977 |
| 近思録‥‥‥‥‥‥‥‥‥ 185 | 訓点 旧約聖書‥‥‥‥‥ 172 | 元治元子年丑年分長防風開集記 |
| 近世偉人伝‥‥‥‥‥‥‥ 780 | 訓蒙十八史略‥‥‥‥‥ 713 | ‥‥‥‥‥‥‥‥‥ 2357 |
| 近世偉人伝義字集‥‥‥‥ 780 | 軍用郵便事務条例‥‥‥ 1909 | 元治元子年風聞書‥‥‥ 2349 |
| 近世偉人伝礼字集‥‥‥‥ 780 | 【け】 | 元治元年甲子十月御進発諸御用留 |
| 近世異説輯録‥‥‥‥‥‥ 645 | | ‥‥‥‥‥‥‥‥‥‥ 671 |
| 近世佳人伝‥‥‥‥‥‥‥ 781 | 桂園一枝‥‥‥‥‥1328,1329 | 元治元年八月朔日より長州征討ニ |
| 近世紀聞‥‥‥‥‥‥‥‥ 526 | 慶応元丑年より寅年二月迄一橋膏 | 付諸達‥‥‥‥‥‥‥ 685 |
| 近世事情‥‥‥‥‥‥‥‥ 444 | ‥‥‥‥‥‥‥‥‥ 2360 | 元史紀事本末‥‥‥‥‥ 735 |
| 近世習合弁‥‥‥‥‥‥‥ 91 | 慶応丁卯浦上耶蘇囚獄記事‥ 635 | 元治年中京大阪諸来状之写長州御 |
| 近世諸家史論抄‥‥‥‥‥ 426 | 慶応丁卯浦上耶蘇徒囚獄名簿 636 | 征伐聞書‥‥‥‥‥‥ 2348 |
| 近世史料編纂事業録‥‥‥ 646 | 慶応二寅珍説集記‥‥‥ 2347 | 源氏物語‥‥‥‥‥‥‥ 1235 |
| 近世新話山鴟一声‥‥‥‥ 546 | 慶応四戌年辰三月御触写‥ 1638 | 源氏物語講義‥‥‥‥‥ 1236 |
| 今世西洋英傑伝‥‥‥‥‥ 947 | 慶応四年二月ヨリ公要記‥ 653 | 顕承述略‥‥‥‥‥‥‥ 532 |
| 近世戦略編‥‥‥‥‥‥ 2043 | 慶応四戊辰年 往還御用控‥ 639 | 憲政会史‥‥‥‥‥ 253頁左 |
| 近世民主政治論‥‥‥ 247頁右 | 鯨海酔侯‥‥‥‥‥‥‥ 790 | 現代偉人の言行‥‥‥‥ 756 |
| 近世歴史綱領‥‥‥‥‥‥ 413 | 京華要誌‥‥‥‥‥‥ 1044 | 元代開国略‥‥‥‥‥‥ 714 |
| 銀台遺事‥‥‥‥‥‥‥‥ 783 | 経済原論‥‥‥‥‥‥‥ 1851 | 現代大家 武士道叢論‥‥‥ 341 |
| 近代正説砕玉話‥‥‥‥‥ 527 | 経済哲学‥‥‥‥‥‥‥ 1852 | 現代独裁政治論‥‥‥ 247頁右 |
| 勤王愛国四賢伝‥‥‥‥‥ 784 | 刑事訴訟表‥‥‥‥‥‥ 1751 | 現代之露西亜‥‥‥‥‥ 1552 |
| 勤王烈士頌功碑文‥‥‥‥ 785 | 蛍雪余話‥‥‥‥‥‥‥ 2212 | 諺談円頓戒義‥‥‥‥‥ 139 |
| 勤王烈士伝‥‥‥‥‥‥‥ 786 | 恵忠仁春之陰‥‥‥‥‥ 1323 | 硯堂歌抄‥‥‥‥‥‥ 1332 |
| 禁秘御鈔階梯‥‥‥‥‥ 1509 | 裵亭文鈔‥‥‥‥‥‥‥ 1434 | 元和以来略記‥‥‥‥‥ 533 |
| 【く】 | 芸備偉人伝‥‥‥‥‥‥ 791 | 建白書幷ニ議事一覧表‥‥ 1682 |
| | 刑法講義筆記‥‥‥‥‥ 1752 | 剣舞独習図解秘訣‥‥‥ 2176 |
| 空谷遺稿‥‥‥‥‥‥‥ 1420 | 刑法審査修正案‥‥‥‥ 1753 | 見聞集‥‥‥‥‥‥‥ 2248 |
| 九鬼男爵日本美術論‥‥‥ 2117 | 刑法注釈‥‥‥‥‥‥‥ 1754 | 見聞拾遺集‥‥‥‥‥‥ 534 |
| 公事根源‥‥‥‥‥‥‥ 1510 | 刑法表‥‥‥‥‥‥‥‥ 1755 | 元文四年之部 分間江戸大絵図 |
| くちなしの花‥‥‥‥‥ 1201 | 啓蒙勅語講義録‥‥‥‥ 276 | ‥‥‥‥‥‥‥‥‥ 1007 |
| 梔花拾遺‥‥‥‥‥‥‥ 1202 | 啓蒙明律‥‥‥‥‥‥‥ 1780 | 源平盛衰記‥‥‥‥‥‥ 535 |
| 宮内省官制 附諸達‥‥‥‥ 1680 | 蛍蠅抄‥‥‥‥‥‥‥‥ 530 | 憲法・行政法要義‥‥ 253頁右 |
| 国之礎‥‥‥‥‥‥‥‥‥ 787 | 鶏肋 外交余勢‥‥‥‥‥ 531 | 憲法雑誌‥‥‥‥‥‥ 2297 |
| 国之礎後編‥‥‥‥‥‥‥ 788 | 決算報告書‥‥‥‥‥‥ 1867 | 憲法書類‥‥‥‥‥‥ 1732 |
| 国のすがた‥‥‥‥‥‥ 2246 | けぬのいし文‥‥‥‥‥ 2140 | 憲法志料‥‥‥‥‥‥ 1733 |
| 窪田助太郎先生遺著‥‥‥ 2202 | 献詠集‥‥‥‥‥‥‥‥ 1331 | 憲法正解‥‥‥‥‥ 254頁右 |
| 熊本十日記‥‥‥‥‥‥‥ 528 | 検閲使職務条例‥‥‥‥ 2073 | 憲法の理由‥‥‥‥‥ 253頁右 |
| 熊本籠城談‥‥‥‥‥‥‥ 529 | 検官必携‥‥‥‥‥‥‥ 1823 | 憲法発布式拝観概況‥‥ 245頁右 |
| 雲井龍雄‥‥‥‥‥‥‥‥ 789 | 研究会は目覚めた 政党へ接近の | 憲法類編‥‥‥‥‥‥ 1640 |

| 元明史略 | 715 |
|---|---|
| 顕要職務補任録 | 923, 245頁右 |
| 元老院意見書 | 1683 |
| 元老院会議筆記 | 1684 |
| 元老院勅奏判任官履歴書 | 792 |
| 元老院報告表 | 1685 |

## 【こ】

| | |
|---|---|
| 梧陰存稿 | 1203 |
| 弘安文禄征戦偉績 | 557 |
| 皇位継承篇 | 1728 |
| 後援事業と慈恵施設 | 1493 |
| 黄海大海戦 | 2090 |
| 皇学管見 | 2191 |
| 講学鞭策録 | 187 |
| 黄禍論梗概 | 1553 |
| 綱鑑易知録 | 716 |
| 猴冠集 | 1333, 1334 |
| 康熙字典 | 1165, 1166 |
| 公議所日誌 | 651 |
| 孝経 | 196 |
| 興業意見 | 1918 |
| 孝経刊誤附考 | 188 |
| 孝経滴解 | 189 |
| **高句麗古碑考 ほか合綴** | 2141 |
| 江家次第 | 1641 |
| 江湖倶楽部意見書 講和条約批准拒絶ノ議 | 1618 |
| 皇国郡名志 | 1048 |
| 皇国古史紀年考 | 427 |
| 皇国史要 | 445 |
| 皇国神社志 | 52 |
| 合刻宋明四先生語録 | 226 |
| 考古日本 | 428 |
| 晃山紀游 | 1128 |
| 鉱山局年報 | 1933 |
| 晃山実記 | 1049 |
| 鉱山借区一覧表 | 1934 |
| 晃山勝概 | 1050 |
| 孔子家語 | 190 |
| 公私雑報 | 2317 |
| 皇室及皇族 | 793 |
| 皇室婚嫁令・同附式 | 1729 |
| 皇室典範 | 1735 |
| 皇室典範義解 | 254頁左 |
| 皇室典範草案 | 1735 |
| 皇室略牒 | 893, 245頁右 |
| 公爵会談話 | 1557 |
| 江城日誌 | 2333, 2334 |
| 甲信紀程 | 1129 |

| 甲申日録略抄 | 652 |
|---|---|
| 上野国名跡概略 | 1051 |
| 上野名跡志 | 1052 |
| 校正万国史略 | 749 |
| 高想妙思 | 278 |
| 孔叢子 | 191 |
| 皇族明鑑 | 894 |
| 講壇改進 憲法雑誌 | 2297 |
| 高知県選挙干渉事略 | 1554 |
| 高知県勧業月報 ほか合綴 | 1917 |
| 高知県農業諮問会報告 | 1939 |
| 高知図 | 969 |
| 校註古事記読本 | 460 |
| 皇朝道学名臣言行外録 | 938 |
| 国府津村誌 | 1053 |
| 校訂 気質全集 | 1261 |
| 校訂 浄瑠璃物語評釈 | 1300 |
| 皇典講究所評議会協議会会議事録 | 9 |
| 高等学術講義 | 2298 |
| 孝道 | 279 |
| 皇道奥義 | 10 |
| 鼇頭音釈康熙字典 | 1166 |
| 高等小学 国史 | 449 |
| 高等小学修身訓 | 282 |
| 高等小学修身訓 教師用 | 281 |
| 高等小学修身書 第一～四学年教師用 | 283 |
| 高等小学修身書 第一～四学年児童用 | 284 |
| 鼇頭挿画 校正王代一覧 | 446 |
| 鼇頭挿画 校正王代一覧後編 | 447 |
| 鼇頭傍訓 会計法註釈 | 254頁右 |
| 鼇頭傍訓 議院法 | 254頁右 |
| 鼇頭傍訓 貴族院令註釈 | 254頁右 |
| 鼇頭傍訓 衆議院選挙法註釈 | 254頁右 |
| 鼇頭傍訓 帝国憲法註釈 | 254頁右 |
| 航南私記 | 1148 |
| **興風会競点 ほか合綴** | 1336 |
| 工部省職員録 | 924 |
| 皇武史略 | 448 |
| 工部大学校学課並諸規則 | 395 |
| 工部大学校第一・二年報 | 396 |
| 稿本石田三成 | 763 |
| 稿本国史眼 | 450 |
| 降魔日史 | 1130 |
| 孝明天皇御遺徳 | 794 |
| 甲陽軍鑑 | 536 |
| 巷謡論 | 1418 |

| 皇陵巡拝地図 | 1108 |
|---|---|
| 碁経精妙 | 2162 |
| 語学指南 | 1178 |
| 語学初歩 | 1179 |
| 古学二千文略解 | 1435 |
| 後漢書 | 717 |
| 故北白川宮殿下征台略記 | 2091 |
| 御教育方針 | 371, 372 |
| 五経片仮名付 | 193 |
| 古今仮字遣 | 1180 |
| 古今軍人風俗 | 2045 |
| 古今衆天枘 | 2167 |
| 古今小品文集 | 1437 |
| 古今名人碁選粋 | 2163 |
| 古今和歌集 | 1339～1341 |
| 古今和歌集正義 | 1342 |
| 国学三遷史 | 795 |
| 国技観光 | 2165 |
| 国語定本 | 718 |
| 国債始末 | 1868 |
| 国債要覧 | 1869 |
| 国史学の栞 | 429 |
| 国史紀事本末 | 451 |
| 国史姓名譜 | 895 |
| 国史鎔覧稿 | 452 |
| 国史大辞典挿絵及年表 | 430 |
| 国史の研究 | 431 |
| 告志篇 | 277 |
| 国書刊行会叢書 | 2192 |
| 国史略 | 453, 454, 455 |
| 国体演説 第一回 | 285 |
| 国体述義 | 286 |
| 国体と基督教 | 161 |
| 国体論 | 287 |
| 国朝旧章録 | 537 |
| 国朝古文所見集 | 1436 |
| **国定教科書編纂趣意書・追加** | 406 |
| 国内神名帳 | 11 |
| 国内地小包郵便取扱心得規則 | 1894 |
| 国文 | 2300 |
| 国文中学読本 | 1231 |
| **国文註釈全書** | 1222, 1223 |
| 国幣中社中山神社祭神考 | 67 |
| 国法汎論 | 1773, 1774 |
| 極密秘書 | 654 |
| 国民教育愛国心 | 264 |
| 国民思想問題 | 245頁左 |
| 国民性十論 | 288 |
| 国民道徳之涵養 | 289 |

| 書名 | ページ |
|---|---|
| 国訳大蔵経 | 147 |
| 国立銀行条例・国立銀行成規 | 1885 |
| 古訓古事記 | 456 |
| 碁経亀鑑 | 2160 |
| 碁経拾遺 | 2161 |
| 碁経玉多寿幾 | 2164 |
| 湖月抄 | 1237 |
| 苔清水 | 1343 |
| 古言釈通 | 1167 |
| 古言梯標注 | 1195 |
| 呉康斎先生小伝 | 939 |
| **護国経現世篇 ほか合綴** | 1559 |
| 護国新論 | 162 |
| 古語集覧 | 2126 |
| 古碁枢機 | 2166 |
| こころのあと | 655 |
| 古今官位指図 | 1642 |
| 古今紀要 | 457 |
| 古今人物年表 | 417 |
| 古今銘尽大全 | 796 |
| 古今和漢万宝全書 | 2118 |
| 五雑組 | 2183 |
| 御三家方御附 | 925 |
| 古史概要 | 458 |
| 乞食王子 | 1478 |
| 古事記伝 | 459 |
| 五事三重秘授 | 2046 |
| 古史成文 | 461 |
| 古史対照年表 | 414 |
| 古史徴 | 462 |
| 故実拾要 | 1511 |
| 故実叢書 | 2193 |
| 古史伝 | 463 |
| 児島備州補伝 | 797 |
| 後拾遺和歌集 | 1344 |
| 五十三次勝景目録 | 1067 |
| 五十年間内閣更迭史論 | 247 頁右 |
| 古史要義 | 464 |
| 御上洛御用留 | 659 |
| 五事略 | 538 |
| 古事類苑 | 2184,2185 |
| 御親征行幸中 行在所日誌 | 2331 |
| 御進発日記 | 661 |
| 戸籍考 | 1643 |
| 戸籍法詳解 | 1739 |
| 呉舩録 | 1154 |
| 後撰和歌集 | 1345 |
| 碁立絹節 | 2168 |
| 国会議員撰定鏡 | 248 頁右 |
| 国会議員百首 | 255 頁右 |
| 国会紀要 | 251 頁左 |
| 国会設立方法論 | 253 頁左 |
| 国会組織法 | 249 頁右 |
| 国会道中膝栗毛 | 247 頁左 |
| 国会難局の由来 | 247 頁左 |
| 国会之準備 | 1556 |
| 国会の前途 | 247 頁左 |
| 国会汎論 | 251 頁左 |
| 国会旅行道案内 | 248 頁左 |
| 国家学会雑誌 | 2299 |
| 国家経済会報告 | 1853 |
| **国家幸福の種蒔 ほか合綴** | 2026 |
| 国家生理学 | 1772 |
| 国家要書 | 118 |
| 国家論 | 1558 |
| 国憲草按引証 | 1804 |
| 古道概要 | 290 |
| 後藤象二郎 | 798 |
| 古刀銘尽大全 | 2109 |
| 古道要義 | 291 |
| 故唐律疏議 | 1781 |
| 言霊徳用 | 1181 |
| 詞の経緯の図 | 1185 |
| 詞の玉緒 | 1187 |
| 小南翁墓表 | 809 |
| 近衛霞山公 | 246 頁左 |
| 屐蹞日乗 | 1131 |
| 御宝物図絵 | 2115 |
| 米麦大豆畑草菜種山林共進会報告 | 1969 |
| 古文書 | 662 |
| 古文書写 | 663 |
| 古文真宝 | 1421 |
| 御用留（自元禄十五年壬午年至正徳六丙申年） | 664 |
| 暦乃祭日 | 53 |
| 御上洛ニ付御触書控癸文久三年亥四月吉日 | 1645 |
| 故陸軍中将山地元治君 | 879 |
| 御略譜 明治十五年一月調 | 897 |
| 御略譜 明治十二年一月調 | 896 |
| 今昔宇治抄 | 539 |
| 今昔物語 | 1238 |
| 混同秘策 | 1560 |
| 坤徳 | 292 |

【さ】

| 書名 | ページ |
|---|---|
| **罪案凡例 ほか合綴** | 1756 |
| 再閲修正民法草案注釈 | 1741 |
| 西海異聞 | 540 |
| 西教新論 | 164 |
| 砕玉話 武将感状記 | 541 |
| 歳計予算論 | 255 頁左 |
| 西国立志編 | 293 |
| 細々要記 | 542 |
| 祭式要義 | 78 |
| 財政論 | 1882 |
| **在朝鮮花房公使ヨリ通信 ほか合綴** | 1619 |
| 祭天古俗説弁義 | 12 |
| 祭天古俗説明弁 | 13 |
| 歳入出予算表 | 1881 |
| 在ハルレ府帝国上等郵便管理局管轄区内帝国郵便及電信庁属員ノ金並ニ貸付金組合所規約郵逓局総官官房取調科翻訳 | 1886 |
| 裁判所ニ関スル書 | 1985 |
| 采幣極意神心別伝義解 | 2047 |
| 催眠余論 | 294 |
| 祭礼私攷 | 79 |
| 佐賀電信録 | 543 |
| 相模名勝集 | 1057 |
| 阪本龍馬 | 799 |
| **佐川官兵衛君父子之伝** | 800 |
| 昨夢紀事 | 544 |
| 桜田義挙録 | 545 |
| 鎖国論 | 432 |
| 沙々貴神社崇功会趣意書并規則 | 54 |
| 佐々木伯爵賜杖祝賀式概況 ほか合綴 | 2250 |
| **雑居の警鐘 ほか合綴** | 2251 |
| 雑綴 | 2301 |
| 薩藩叢書 | 2194 |
| 札幌市街明細案内図 | 970 |
| 佐渡国改正全図 | 2369 |
| さみたれ集 | 1346 |
| 山桜集 | 1217 |
| 産業組合法要義 | 1686 |
| 残月集 | 1206 |
| 山鵲一声 | 546 |
| 山高水長図記 | 1438 |
| 参考叢書 | 251 頁右 |
| 三公和歌集 | 1347 |
| 三国志 | 719 |
| 山斎集 | 1224 |
| 三式貫註 | 119 |
| 蚕事摘要 | 1940 |
| 三社明神和光明神遷座書類 | 55 |
| 纂輯御系図 | 898 |

| | | |
|---|---|---|
| 三十年史・・・・・・・・・・・・・・ 465 | 史談会設立顚末・・・・・・・・・・ 646 | 社会問題・・・・・・・・・・・・・・ 1486 |
| 山州名跡志索引・・・・・・・・・ 1058 | 史談会速記録・・・・・・・・・・・・ 667 | 爵位考 冠位ノ2・・・・・・・・ 1644 |
| 三重六物伝私鈔・・・・・・・・・ 2044 | 七俠五義伝・・・・・・・・・・・・ 1472 | 爵位次第録・・・・・・・・・・・・・ 926 |
| 三条実美公年譜・・・・・・・・・・ 801 | **自治行政論 ほか合綴**・・・・ 1738 | 奢是吾敵論・・・・・・・・・・・・・ 266 |
| 三条実美公履歴・・・・・・・・・・ 802 | 七卿西竄始末・・・・・・・・・・・ 549 | 暹羅紀行図・・・・・・・・・・・・・ 973 |
| 三申先生饒舌贅文集・・・・ 245 頁左 | 七衆戒義諺詮・・・・・・・・・・・ 120 | 暹羅紀行・・・・・・・・・・・・・・ 1150 |
| 三省録・・・・・・・・・・・・・・ 2214 | 七年史・・・・・・・・・・・・・・・ 550 | 暹羅・老撾・安南 三国探検実記 |
| 三正綜覧・・・・・・・・・・・・・ 1999 | 史徵墨宝考証・・・・・・・・・・・ 668 | ・・・・・・・・・・・・・・・・・ 1149 |
| 三代記・・・・・・・・・・・・・・・ 547 | 四朝名臣言行別録・・・・・・・・ 941 | 上海だより集・・・・・・・・・・ 2254 |
| 三体書筆陣儁語・・・・・・・・・ 2127 | 自治論・・・・・・・・・・・・・・ 1687 | 拾遺和歌集・・・・・・・・・・・・ 1348 |
| 三百諸侯・・・・・・・・・・・・・・ 803 | **漆器集談会紀事 ほか合綴**・・・ 1978 | 周易・・・・・・・・・・・・・ 180,181 |
| 山陵記・・・・・・・・・・・・・・ 1109 | 実業教育及倫理教育・・・・・・・ 373 | 周易象義弁正・・・・・・・・・・・ 207 |
| | 十訓抄・・・・・・・・・・・・・・・ 297 | 拾芥抄・・・・・・・・・・・・・・ 2186 |
| 【し】 | 失策又失策・・・・・・・・ 247 頁右 | 渋家手録・・・・・・・・・・・・・・ 551 |
| 字彙・・・・・・・・・・・・・・・ 1168 | 実説文覚一代記・・・・・・・・・ 1296 | 衆議院議案件名録・・・・・ 250 頁右 |
| 四裔編年表・・・・・・・・・・・・ 415 | 十大家戦時大観・・・・・・・・・ 2263 | 衆議院議員選挙法・・・・・・・・ 1693 |
| 梔園存稿・・・・・・・・・・・・・ 1201 | 実地教育論抄訳・・・・・・・・・・ 364 | 衆議院議事提要・・・・・・ 250 頁左 |
| 塩竈神社地図・・・・・・・・・・・・ 56 | 執中学々則註解・・・・・・・・・・・ 92 | 衆議院記事摘要・・・・・・ 250 頁右 |
| 塩原湯泉誌・・・・・・・・・・・ 1059 | **執中学派 ほか合綴**・・・・・・・ 93 | 衆議院議事録・・・・・・・・ 250 頁右 |
| 史海・・・・・・・・・・・・・・・ 2302 | 実力政策・・・・・・・・・・・・・ 1562 | 衆議院選挙法註釈・・・・・・ 254 頁左 |
| 市街鉄道公有ノ議・・・・・・・ 1902 | 斯道大要・・・・・・・・・・・・・ 206 | 衆議院先例語彙・・・・・・ 250 頁左 |
| 史学叢書 歴史談その折々・・・ 438 | 自得私抄采幣伝・・・・・・・・・ 2048 | 衆議院先例語彙草案・・・ 250 頁左 |
| 史学会論叢・・・・・・・・・・・・ 411 | 悉徳尼府万国博覧会報告書・ 1957 | 衆議院ニ於ケル選挙干渉問題ニ付 |
| 私議考案・・・・・・・・・・・・・ 1561 | 支那歳入論・・・・・・・・・・・ 1870 | 島田立川両氏ノ演説ニ対スル弁 |
| 史記評林・・・・・・・・・・・・・・ 720 | 支那人名辞書・・・・・・・・・・・ 942 | 妄・・・・・・・・・・・・・・・ 1578 |
| 詩経・・・・・・・・・・・・・ 197,198 | 信濃寄勝録・・・・・・・・・・・ 1060 | 集議院日誌・・・・・・・・・・・・ 2336 |
| 時局に対する佐佐木所長の講話 | 信濃国全図・・・・・・・・・・・・ 972 | 宗教進化論・・・・・・・・・・・・・ 103 |
| ・・・・・・・・・・・・・・・・・ 295 | 支那便覧・・・・・・・・・・・・ 1117 | 衆教論略・・・・・・・・・・・・・・ 208 |
| 市区開成東京実測明細地図・・ 994 | 志のふくさ・・・・・・・・・・・・ 804 | 秋琴山房文鈔・・・・・・・・・・ 1423 |
| 詞辞経緯図解・・・・・・・・・・ 1186 | 芝区兵事義会日露戦役時局報告 | 重校十三経不弐字・・・・・・・・ 209 |
| 視志小言・・・・・・・・・・・・・・ 296 | ・・・・・・・・・・・・・・・・ 1494 | 十三経不弐字・・・・・・・・・・・ 209 |
| 資治通鑑・・・・・・・・・・ 721,722 | 芝城山館 納涼唱和集 軽妙唱和集 | 十三朝紀聞・・・・・・・・・・・・ 467 |
| **資治通鑑綱目全書**・・・・・・・・ 723 | 合本・・・・・・・・・・・・・・ 1468 | 蒐集・・・・・・・・・・・・・・・ 1545 |
| 子爵清浦奎吾伝・・・・・・・ 246 頁左 | 斯文一斑・・・・・・・・・・・・・ 1422 | 周清外史・・・・・・・・・・・・・・ 724 |
| 子爵三島弥太郎伝・・・・・ 246 頁左 | 斯文学会雑誌・・・・・・・・・・ 2303 | 修身科用 勅語例話・・・・・・・ 271 |
| 賜杖祝賀歌文詩集・・・・・・・ 1225 | 斯文学会報告書・・・・・・・・・ 2304 | 修身女訓 生徒用・・・・・・・・ 298 |
| 四書藕益解・・・・・・・・・・・・ 199 | 西伯利地誌・・・・・・・・・・・ 1114 | 修身説約・・・・・・・・・・・・・・ 299 |
| 四書纂要・・・・・・・・・・・・・・ 200 | 司法省日誌・・・・・・・・・・・ 2335 | 修身入門 教師用・・・・・・・・ 300 |
| 四書集註・・・・・・・・・・ 201,202 | 司法省第三～九報告民事統計年報 | 修身入門 生徒用・・・・・・・・ 301 |
| 四書章句集註・・・・・・・・・・・ 203 | 明治十～十六年・・・・・・ 1740 | 修身宝典・・・・・・・・・・・・・・ 302 |
| 四書通旨・・・・・・・・・・・・・・ 204 | 司法省第二・三年報・・・・・・ 1689 | 十善戒信受の人に示す法語・・ 148 |
| 四書略解・・・・・・・・・・・・・・ 205 | 司法省第四～九処務幷経費年報 | **十善戒略解 ほか合綴**・・・・・ 149 |
| 自助論・・・・・・・・・・・・・・・ 293 | 第十一～十六年度・・・・・ 1688 | 十善法語・・・・・・・・・・ 150,151 |
| **地震記類 元禄年間嘉永年間 富士** | 贈正一位島津斉彬公記・・・・・ 805 | 袖珍歌枕・・・・・・・・・・・・・ 1349 |
| **山砂降記類**・・・・・・・・ 2005 | 島原乱・・・・・・・・・・・・・・・ 552 | 修訂 日本文明史略・・・・・・・ 498 |
| 至誠忠愛・・・・・・・・・・・・・ 2112 | 下総御料牧場沿革誌・・・・・・ 1942 | 自由燈・・・・・・・・・・・・ 247 頁左 |
| **史籍集覧**・・・・・・・・・・・・・ 433 | 下野国誌・・・・・・・・・・・・・ 1061 | 秋灯賸史・・・・・・・・・・・・・ 1439 |
| 自然界に於ける退化・・・・・・ 2013 | しもつけの日記・・・・・・・・・ 1133 | 修徳園叢書・・・・・・・・・・・・ 2195 |
| 自然界の矛盾と進化・・・・・・ 2012 | 綳門正儀・・・・・・・・・・・・・ 121 | 自由之理・・・・・・・・・・・・・ 1563 |
| 四戦紀聞・・・・・・・・・・・・・・ 548 | 社会新辞典・・・・・・・・・・・ 2182 | 十八史略・・・・・・・・・・・・・・ 713 |

| | | |
|---|---|---|
| 秋帆高島先生年譜 | 806 | |
| 秋帆高島先生年譜拾遺 | 806 | |
| 重編応仁記 | 578 | |
| 宗門之維新 | 122 | |
| 修養 | 303 | |
| 祝祭日講話 | 1512 | |
| 主権原論 | 1775 | |
| 主権論 | 1694 | |
| 守護職小史 | 670 | |
| 朱子全書 | 210 | |
| 受十善戒用心 | 123 | |
| 種々草子 | 2255,2256 | |
| 修善寺温泉名所記 | 1062 | |
| 朱竹垞文粋 | 1440 | |
| 首註 陵墓一隅抄 | 1112 | |
| 術剣棒図解秘訣続編 | 2176 | |
| 儒門語要抄録 | 211 | |
| 従六位光村弥兵衛伝 | 868 | |
| 巡幸日誌 | 702 | |
| 荀子 | 212 | |
| 春秋 | 213 | |
| 春秋左氏伝校本 | 214 | |
| 春秋四伝 | 215 | |
| 春秋のしをり | 1351 | |
| 殉難録稿 | 807 | |
| 松陰先生遺著 | 2203 | |
| 松蔭集 | 1383 | |
| 上院と政治 | 251頁右 | |
| 紹運録御歴代通覧 | 900 | |
| 松翁道話 | 304 | |
| 小学 | 216,217 | |
| 小学 国史談 | 468 | |
| 小学修身経 尋常科生徒用 | 305 | |
| 小学修身経入門 尋常科生徒用 | 306 | |
| 小学修身訓 | 308 | |
| 小学修身訓 教師用 | 307 | |
| 小学校教科書事件善後策につきて | 374 | |
| 消閑漫録 | 2216 | |
| 貞観政要 | 1564 | |
| 承久軍物語 | 553 | |
| 貞享三年大嘗会悠紀主基両殿図 | 1731 | |
| 商況年報 | 1927 | |
| 常憲院殿御実紀附録 | 808 | |
| 彰考館本諸家系図纂 | 902 | |
| 償五十億法問題 | 1871 | |
| 上左府親王書 | 1565 | |
| 常山紀談 | 554,555 | |

| | | |
|---|---|---|
| **商社頭取以下名前書 ほか合綴** | 701 | |
| 尚書 | 218 | |
| 鐘情集 | 2257 | |
| 少壮政治家之狂奔 | 247頁左 | |
| 蕉亭先生古稀寿頌 | 1208 | |
| 正徳二年之部 分間江戸大絵図 | 1003 | |
| 小楠遺稿 | 2204 | |
| 小楠社碑幷略記 | 57 | |
| 少年 | 2305 | |
| 少年読本第二拾九編 中江藤樹 | 837 | |
| 少年之友 | 1227 | |
| 商売往来 | 1245 | |
| 韶舞考 | 2138 | |
| 正文章規範 | 1442 | |
| 正文章規範読本 | 1443 | |
| 昌平志 | 375 | |
| 商法会議局概則 | 1805 | |
| 条約改正論 | 1566 | |
| 条約ト法律トノ関係 | 1695 | |
| 承陽大師御伝記 | 810 | |
| 松籟帖 | 1207 | |
| 書家錦嚢 | 2128 | |
| 女学講義録 | 2258 | |
| 諸家系図 | 901 | |
| 諸家様勇士取調書 | 660 | |
| **諸官省職制章程 明治九年 ほか合綴** | 1696 | |
| 書経 | 219 | |
| 職員録 | 927,1284 | |
| 続日本紀 | 470 | |
| 続日本後紀 | 471 | |
| 食物養生法 | 2032 | |
| 恕軒漫筆 | 2217 | |
| 舒言三転例 | 1182 | |
| 諸祭神略記 | 14 | |
| 書札文海 | 1246 | |
| 諸子彙函 | 220 | |
| 女子教育 | 376 | |
| 女子修身鑑 | 309 | |
| **諸条約合綴** | 1631,1632 | |
| 諸条例合綴 | 1697 | |
| 諸大家対外意見筆記 | 1633 | |
| 職官志 | 1646 | |
| **諸法論説合綴** | 1699 | |
| 如蘭社話 | 2259 | |
| 史料通信協会叢誌 | 672 | |
| 素人名手 碁経拾遺 | 2161 | |

| | | |
|---|---|---|
| 素人妙手 当流続撰碁経 | 2173 | |
| 新アラビヤンナイト | 1267 | |
| 辛庵対話 | 2249 | |
| 清英交際始末 | 1620 | |
| 神苑会開設ノ主意書 | 58 | |
| 神苑会史料 | 59 | |
| 心学叢書 | 310 | |
| 進化と人生 | 2014 | |
| **進化の人 ほか合綴** | 168 | |
| 新刊吾妻鏡 | 439,440 | |
| 神祇官設置意見 | 15 | |
| 神祇感応 皇軍必勝編 | 7 | |
| 神器考証 | 1730 | |
| 神祇志料 | 41 | |
| 神祇全書 | 16 | |
| 神教歌譜 | 80 | |
| 神宮祭神提要 | 17 | |
| 神君御文写 | 1247 | |
| 人権新説 | 1484,1485 | |
| 新語 | 221 | |
| 新古今和歌集 | 1352,1353 | |
| 清国近世乱誌 | 726 | |
| 清国現未の形勢 | 1567 | |
| **清国存亡論 ほか合綴** | 1568 | |
| 新刻法筆驚天雷 | 1779 | |
| 清国本部輿地図 | 974 | |
| 新刻臨川王介甫先生集 | 1432 | |
| 震災予防調査会報告 | 2003 | |
| 新作金波浄瑠璃集 | 1298 | |
| 親察録 | 1569 | |
| 秦山集 | 1424 | |
| 神社法草案・寺法草案 | 18 | |
| 新宗教即極致経 三十年四月十一日五月九日講演 | 174 | |
| 進修社約述義 | 311 | |
| 真宗問答 | 124 | |
| 人種政治 | 1570 | |
| 人種分斑地図 | 975 | |
| 新序 | 943 | |
| 尋常小学修身書第一～四学年教師用 | 312 | |
| 尋常小学修身書第二～四学年児童用 | 313 | |
| **新条約実施準備補遺 ほか合綴** | 1621 | |
| 清史攬要 | 727 | |
| 真政大意 | 1571 | |
| 新説 二熊伝初編 | 1268 | |
| 新説明清合戦記 | 1269 | |
| 新撰結婚式 | 1514 | |

| | | |
|---|---|---|
| 新撰婚礼式 | 1515 | |
| 新撰姓氏録 | 903 | |
| 新撰大日本帝国史 | 472 | |
| 新撰朝鮮全図 | 976 | |
| 新撰東西年表 | 422 | |
| 新撰日本外史 | 473 | |
| 新撰日本地図 | 977 | |
| 新撰年表 | 416 | |
| 新撰百人一首 | 1354 | |
| 新撰百番碁 | 2153 | |
| 新撰和漢洋年契 | 418 | |
| 新題詠歌捷径 | 1307 | |
| 秦淮艶品 | 1426 | |
| 新体詩歌自在 | 1308 | |
| 新体詩抄 | 1416 | |
| 神代史大意 | 474 | |
| 新体梅花詩集 | 1417 | |
| 新調更正 華族名鑑 | 477 | |
| 神典疑惑問答 | 475 | |
| 人道学派立教大意 | 93 | |
| 真道基礎弁 | 19 | |
| 神道教誡輯論 | 20 | |
| 神道興教論 | 21 | |
| 神道国教論 | 22 | |
| 神道叢書 | 23 | |
| **神道のおはなし ほか合綴** | 24 | |
| 新刀便覧 | 2110 | |
| 人道要論 | 314 | |
| 神都名勝誌 | 1063 | |
| 新内閣大臣列伝 | 248 頁右 | |
| 神皇正統記 | 476 | |
| 神風談 | 529 | |
| 清仏海戦日記 | 2093 | |
| 新聞雑誌 | 2318 | |
| 新聞抜書 | 2260 | |
| 新編相模風土記稿 | 1055,1056 | |
| 新編紫史 | 1239 | |
| 新編武蔵国風土記稿 | 1104 | |
| 陣幕久五郎通高事績 | 811 | |
| 新未来記 | 1526 | |
| 新民法詳解 | 1742 | |
| 神武権衡録 | 104 | |
| 清名家史論鈔 | 709 | |
| 新約全書 | 2340 | |
| 新約全書 馬太伝福音書 | 173 | |
| 新葉和歌集 | 1355,1356 | |
| 清律彙纂 | 1808 | |
| 新律綱領 | 1759 | |
| 新律綱領改定律例対比合刻 | 1758 | |
| 神略亭文集 | 1228 | |
| 蜃楼外史 | 1473 | |
| 新論 | 1572 | |
| **【す】** | | |
| 水産収額一覧表 | 1953 | |
| 水産博覧会第一区第一類出品審査報告 | 1958 | |
| 水産博覧会報 事務顛末ノ部 | 1960 | |
| 吹塵録 | 1872 | |
| 随筆塩尻 | 2215 | |
| 随筆集岬 | 2218 | |
| 水府浮浪記録 | 673 | |
| 睡余漫筆 | 2219 | |
| 枢密院翻訳集 | 2261 | |
| 枢密院職員録 | 928 | |
| 図書局書目 和書之部 | 2178 | |
| 図書寮記録 | 674 | |
| スタイン氏講義 | 1533,253 頁右 | |
| 斯邁爾斯自助論 | 293 | |
| 住友事業案内 | 1854 | |
| 駿州大塔宮御旧跡書類 | 675 | |
| 駿府政事録 | 676 | |
| 駿府大地震之記 | 2004 | |
| **【せ】** | | |
| 政界革新 解散と総選挙 | 249 頁右 | |
| 政界革新の先決問題 選挙法の根本的改革 | 252 頁左 | |
| 政界側面史 | 245 頁右 | |
| 政海之波瀾 | 249 頁右 | |
| 星学 | 2000 | |
| 正確なる史料にあらはれたる豊太閤 | 812 | |
| 世機 精神素養 | 316 | |
| **政教小議 ほか合綴** | 1573 | |
| 西教新論 | 164 | |
| 盛京通志 | 1118 | |
| 政教分離意見 | 105 | |
| 政家年鑑 | 1987 | |
| 静軒痴談 | 2220 | |
| 靖献遺言 | 1441 | |
| 成功の心得 | 315 | |
| 成功模範録 | 813 | |
| 政治学 | 1534 | |
| 政治学研究 | 247 頁左 | |
| 政治家としての桂公 | 246 頁左 | |
| 西史攬要 | 742 | |
| 政治論略 | 1535 | |
| 征清逸話忠魂帖 | 827 | |
| 精神教育参考書 | 377 | |
| 征清軍隊慰問日記 | 677 | |
| 征清誌抄 | 2094 | |
| 征清武功鑑 | 814 | |
| 征清兵士通信書之写 | 1248 | |
| 精神論 | 223 | |
| 西征手談 | 2170 | |
| 聖蹟図志 | 1110 | |
| 正説雑話老鼠褥 | 2228 | |
| 政争と党弊 | 253 頁左 | |
| 聖代四十五年史 | 469 | |
| 政談 | 1576 | |
| 製茶集談会日記 | 1920 | |
| 聖徳余聞 | 317 | |
| 制度通 | 1648 | |
| 西南記伝 | 558 | |
| 聖廟祀典図攷 | 944 | |
| 聖諭大全 | 318 | |
| 静幽堂叢書 | 2196 | |
| 西洋易知録 | 743 | |
| 西洋会議便法 | 1700,245 頁左 | |
| 西洋各国盛衰強弱一覧表・附図 | 1981 | |
| 西洋軍制度 | 2049 | |
| 西洋史記 | 744 | |
| 西洋事情 | 1120 | |
| 清和源氏小笠原系図 | 890 | |
| 世界国尽 | 1124 | |
| 世界宗教演説摘要 | 106 | |
| 世界に於ける日本之将来 | 1593 | |
| 世界ニ於ケル日本人 | 559 | |
| 世界之大道 | 25 | |
| 世界の議事堂 | 255 頁右 | |
| 世界之十大宗教 | 107 | |
| 世界百傑伝 | 757 | |
| 関原戦志 | 560 | |
| 赤心一片 | 2262 | |
| **関根日記 ほか合写** | 678 | |
| 赤痢病予防ニ関スル意見 | 2020 | |
| 世俗尋聞集 | 2351 | |
| 説苑 | 224 | |
| **選挙法参考** | 1701 | |
| 選挙法の改正と比例代表 | 252 頁左 | |
| 前賢故実 | 1517 | |
| 先賢遺宝 | 679 | |
| 善光寺繁昌記 | 156 | |
| 全国教育者大集会報告 | 378 | |
| 全国連合教育会議事速記録 | 379 | |
| 戦後財政始末報告 | 1873 | |
| **戦後ニ対スル斯道上ノ設備 ほか** | | |

| 書名 | 頁 |
|---|---|
| 合綴 | 320 |
| 千載和歌集 | 1357 |
| 戦時草茅危言 | 1579 |
| 戦時財政始末報告 ほか | 1874 |
| 戦時祝詞集 | 83 |
| 千字文註 | 1445 |
| 戦捷国日本観 | 2264 |
| 膳城烈士遺稿 | 815 |
| 膳城烈士伝 | 815 |
| 戦線 | 2265 |
| 前前太平記 | 562 |
| 仙台支傾録 | 563 |
| 仙台藩祖尊皇事蹟 | 820 |
| 前太平記図会 | 1270 |
| 先朝紀略 | 564 |
| 先哲叢談 | 816 |
| 先哲叢談後編 | 817 |
| 先哲像伝 | 818 |
| 奠都三十年祝賀会誌 | 2270 |
| 千八百九十二年ノ陸軍議案並ニ千八百六十二年乃至千八百六十六年ノ李国憲法争議 | 1813 |
| 禅林佳話 | 125 |
| 線路網問題の研究 | 255頁右 |

## 【そ】

| 書名 | 頁 |
|---|---|
| 蒼海遺稿 | 1425 |
| 贈貴族女性法話筆記 | 126 |
| 象牙彫刻法 | 2131 |
| 宋元軍談 | 1276 |
| 宋元通鑑 | 728 |
| 葬祭式略解 | 1518 |
| 総裁奉戴再上申書 附会長推薦書 | 27 |
| 宋史紀事本末 | 734 |
| 相州大山記 ほか合綴 | 1037 |
| 増輯訓点清律彙纂 | 1808 |
| 贈従四位岡熊臣小伝 | 771 |
| 草書法要 | 2129 |
| 贈正一位島津斉彬公記 | 805 |
| 相城臣敵討一件書写 | 680 |
| 壮絶快絶日露戦争未来記 | 1289 |
| 総選挙記 附大隈内閣干渉赤裸々観 | 248頁左 |
| 総選挙読本 普通総選挙の第一回 | 252頁左 |
| 蒼翠舎聞書 | 681 |
| 増訂 新撰大日本帝国史 | 472 |
| 増訂 帝国史略 | 486 |
| 僧尼令第七 | 127 |
| 曽文正公家書 | 729 |
| 曽文正公大事記 | 730 |
| 増補 英国慣習律攬要 | 1786 |
| 増補 雅言集覧 | 1161 |
| 増補 今上詔勅集 | 275 |
| 増補訓点 四裔編年表 | 415 |
| 増補 元明史略 | 715 |
| 増補古言梯標注 | 1195 |
| 増補蘇批孟子 | 227 |
| 増補高島易断 | 237,238 |
| 相馬事件実相論 | 2252 |
| 竈門山記 | 1041 |
| 草野集 | 1408 |
| 宋李旴江先生文抄 | 1446 |
| 宋李忠定公奏議撰 | 1447 |
| 蒼龍窟年譜 | 819 |
| 滄浪閣残筆 | 246頁左 |
| 曽我物語 | 565 |
| 続一年有半 | 176 |
| 続皇朝史略 | 478 |
| 続国史略 | 479,480 |
| 続国史略後編 | 481 |
| 続史籍集覧 | 435 |
| 続靖献遺言 ほか合綴 | 1448 |
| 続太平記 | 566 |
| 続日本史 | 482 |
| 続文章規範読本 | 1450 |
| 側面観幕末史 | 567 |
| 琑克拉的（ソクラテス） | 948 |
| 族下ノ士 五百石以上之分 | 934 |
| 袖のしぐれ | 1359 |
| 蘇批孟子 | 227 |
| そよ吹風 | 2319 |
| 徂徠先生学則幷附録標註 | 228 |
| 尊号廷議 | 568 |
| 孫子詳解 | 229 |
| 存採叢書 | 2197 |
| 尊皇事蹟 | 820 |
| 尊王実話 | 569 |
| 尊卑分脈 ほか合綴 | 904 |
| 尊卑分脈歴代通覧 | 905 |

## 【た】

| 書名 | 頁 |
|---|---|
| 第一次年報（明治十六年） | 1921 |
| 自第一回議会至第二十一回議会 貴族院委員会先例録 | 1676 |
| 自第一回議会至第二十二回議会 貴族院先例録・貴族院資格審査判決例 | 1678 |
| 自第一回議会至第六十回議会 衆議院議案件名録 | 250頁右 |
| 第一回電信学術之進歩 | 2035 |
| 第一期 国会始末 | 249頁左 |
| 第一期 衆議院議事提要 | 250頁左 |
| 第一期 帝国議会要録 | 250頁左 |
| 第一区第二区類出品審査報告 | 1959 |
| 大英商業史 | 1931 |
| 対外政策 | 1622 |
| 大学 | 231,232 |
| 大革新 | 1580 |
| 大学或問 | 233 |
| 退閑雑記 | 2221 |
| 大官録 | 245頁右 |
| 代議政体 | 1810 |
| 大軍を率ゐて | 1479 |
| 大五議会 解散始末 | 250頁左 |
| 第五十九議会 議会年鑑 | 249頁左 |
| 第三次農務統計表 | 1997 |
| 第三 帝国議会見聞録 | 250頁右 |
| 大字絵入保元物語 | 603 |
| 第十三回帝国議会 衆議院記事摘要 | 1692 |
| 第十七回帝国議会報告 | 1706 |
| 対州藩殉難士平田大江父子伝 | 857 |
| 大正憲政史 皇嗣摂政篇 | 248頁左 |
| 大正憲政史 天皇親政篇 | 248頁左 |
| 大正政戦史 | 247頁右 |
| 大正の政変 | 248頁左 |
| 大神宮本紀帰正抄 | 28 |
| 大清国輿地全図 | 978 |
| 泰西勧善訓蒙 | 267 |
| 泰西勧善訓蒙後篇 | 269 |
| 泰西勧善訓蒙続篇 | 268 |
| 対勢碁鏡 | 2171 |
| 大政三遷史 | 570 |
| 泰西史鑑 | 745 |
| 泰西政学 | 1536,248頁右 |
| 泰西政史 | 1538 |
| 泰西政事類典 | 1809 |
| 泰西政事類典総目録 | 1575 |
| 泰西農学 | 1943 |
| 大星秘授口占 | 2064 |
| 大成武鑑 | 930 |
| 大同新報 | 2306 |
| 大統歌 | 1464 |
| 大統歌訓蒙 | 1465 |
| 大東世語打聞 | 821 |

| 書名 | 頁 |
|---|---|
| 大統明鑑抄 | 931 |
| 大道問答 | 29 |
| 大道要義 | 30 |
| 台徳院殿御実記抜書 | 682 |
| 台徳院殿御実紀附録 | 822 |
| 台徳院殿大猷院殿御実記中西教ニ関スル件抜書 ほか合綴 | 656 |
| 台徳院殿大猷院殿御上洛御行列記 | 658 |
| 大毒薬 | 1480 |
| 第二維新 政局一転史 | 1574 |
| 第二期 帝国議会要録 | 250頁左 |
| 第二次勧業会農務部日誌 | 1922 |
| 第二次農商務統計表 | 1995 |
| 第二十八回 電気事業要覧 | 255頁右 |
| 第二十四回帝国議会 貴族院委員会会議録 | 1675 |
| 第二十四回帝国議会 貴族院事務局報告 | 1677 |
| 大日本国陸海軍配備図 | 2051 |
| 大日本新図 | 1337 |
| 大日本帝国文部省 第十九年報 | 391 |
| 大日本帝国駅逓志稿 | 1904 |
| 大日本帝国議会誌 | 249頁左 |
| 大日本帝国議場必携 | 249頁右 |
| 大日本帝国憲法 | 254頁左 |
| 大日本帝国憲法 附属院法・衆議院議員選挙法・会計法・貴族院令 | 254頁左 |
| 大日本帝国憲法 附属法令 | 254頁左 |
| 大日本帝国憲法・皇室典範 附議院法・衆議院議員選挙法・会計法・貴族院令 | 254頁左 |
| 大日本帝国憲法義解 | 254頁右 |
| 大日本帝国憲法正解 附付属諸法典・日本憲法史・英国憲法 | 254頁右 |
| 大日本帝国憲法注釈 | 254頁右 |
| 大日本帝国憲法早和加利 | 255頁左 |
| 第二帝国議会ノ一大要件 ほか合綴 | 247頁右 |
| 第二編 史徴墨宝考証 | 668 |
| 『大日本』配布ノ顛末 | 2266 |
| 大日本駅程宝鑑 | 1903 |
| 大日本及支那朝鮮図 | 979 |
| 大日本海陸里程全図 | 980 |
| 大日本国細図 西国之部 | 982 |
| 大日本国細図 山陰道 山陽道 南海道 | 981 |
| 大日本国全図 | 984 |
| 大日本国教論 幷序 | 128 |
| 大日本古文書 | 683 |
| 大日本史 | 483 |
| 大日本時代史 | 484 |
| 大日本史料 | 684 |
| 大日本水産会報告 | 1954 |
| 大日本全図並内奥州一円図誌 | 966 |
| 大日本租税志 | 1883 |
| 大日本地図 | 983 |
| 大日本電信機械装置図 | 1905 |
| 大日本道中細見記 | 985 |
| 大日本里程図 | 986 |
| 大日本歴史 | 485 |
| 大美聯邦志略 | 1125 |
| 太平記 | 571 |
| 太平記綱目 | 572 |
| 太平記詳解 | 573 |
| 泰平年表 | 419,420 |
| 太平年表 | 421 |
| 台北府付近図 | 987 |
| 泰平万代大成武鑑 | 929 |
| 大三川志 | 516 |
| タイムス日露戦争批評 | 2095,2096 |
| 大猷院殿御実記附録 | 823 |
| 太陽臨時増刊明治十二傑 | 872 |
| 第四回内国勧業博覧会事務報告 | 1962 |
| 第四回内国勧業博覧会審査報告 | 1964 |
| 平将門故蹟考 | 824 |
| 対露主戦策 | 1623 |
| 第六十九特別議会 闘争報告書 | 249頁右 |
| 台湾写真帖 | 2136 |
| 台湾征討軍人慰労婦人会事務会計報告 | 1495 |
| 台湾総督府製薬所事業第二・三年報 | 2019 |
| 台湾総督府民政局殖産報文 | 1919 |
| 台湾島全図 | 988 |
| 台湾統治綜覧 | 1581 |
| 台湾島地質鉱産図説明書 | 2006 |
| 高倉宮以仁王御墓誌 | 1111 |
| 高嶋易説 | 234 |
| 高嶋易占 | 235 |
| 高島易断 | 236～238 |
| 高松事件之顛末 | 255頁左 |
| 高峰の由紀 | 1134 |
| 多祁理宮献咏集 | 1209 |
| 竹のしつく | 1360 |
| 太政官日誌 | 2337,2371 |
| **太政官布達 ほか** | 1702 |
| 多数撰挙之弊 | 252頁右 |
| 橘英男 | 1272 |
| 多度大神宮略縁起 | 60 |
| 田辺熾卿墓表 | 825 |
| 谷間の姫百合 | 1481 |
| 種彦傑作集 | 1273 |
| 玉あられ | 1188 |
| 玉襷 | 32 |
| 瓊浦戊辰記事 | 673 |
| 玉鉾集 | 1361 |
| 玉藻集 | 1410 |
| たむけくさ | 1212 |
| **手むけ草 ほか合綴** | 1362 |
| たむけのつゆ | 1363 |
| 譚海 | 826 |
| 談経 | 239 |
| 談天 | 2001 |
| 丹波誌 | 1065 |

## 【ち】

| 書名 | 頁 |
|---|---|
| 治安小言 | 247頁左 |
| 近松著作一斑 | 1301 |
| 地球万国山海輿地全図解説 | 2274 |
| 畜産諮詢会紀事 | 1944 |
| 竹敲間寄 | 2172 |
| 築竈論 | 1935 |
| 竹生島要覧 | 61 |
| 治国修身録 | 321 |
| 治国平天下 | 1583 |
| 治罪法 | 1765 |
| 治罪法草案註釈 | 1760 |
| ち志つがくうひまなび | 2007 |
| 地質調査所 | 2008 |
| 地質調査 報文分析之部 | 2009 |
| 千島探検 | 1135 |
| 地租改正紀要 | 1880 |
| 地租改正法 | 1875 |
| 地租改正報告書 | 1876 |
| 地租改正要領法律類 | 1703 |
| 地租改正例規沿革撮要 | 1704 |
| 地租増否論 | 1877 |
| 地租論 | 247頁左 |
| 致知啓蒙 | 360 |
| 千歳園図 | 2144 |
| 千歳のきく | 1210 |

| 書名 | 頁 |
|---|---|
| 西蔵蒙古旅行に於ける報告概要 | 1151 |
| 地方官会議日誌 | 1584 |
| 地方官会議傍聴録 | 1705 |
| 地方自治経営 | 1496 |
| 地方税経済ニ属スル土地ノ積表 | 1878 |
| 地方要覧 | 1066 |
| チャンバーレーン氏 英訳古事記 | 442 |
| 中外新聞 | 2320～2323 |
| 中学読本 | 1229,1230 |
| 沖虚至徳真経 | 240 |
| 中空の日記 | 1140 |
| 忠孝活論 | 322 |
| 中興鑑言 | 1582 |
| 忠孝亀鑑二葉の楠 | 860 |
| 中古外交志 | 574 |
| 中洲文稿 | 1451 |
| 中説 | 249 |
| 中等教育私議 | 407 |
| 中等教育 聖諭之栞 | 319 |
| 中等国文典 | 1189 |
| 中等国文読本 | 1232 |
| 中東戦紀本末 | 731 |
| 忠勇顕彰 | 828 |
| 忠勇顕彰会の栞 | 829 |
| 中庸或問 | 245 |
| 中庸 | 241～244 |
| 忠烈歌集 | 1364 |
| 長語 | 1286 |
| 長江略図 | 989 |
| 徴古新論 | 33 |
| 長周叢書 | 2198 |
| 長萩風説書 | 2353 |
| 長萩風聞集記 | 2354 |
| 朝鮮 | 1624 |
| 朝鮮支那 外征録 | 522 |
| 朝鮮征伐記 | 1274 |
| 朝鮮物語 | 576 |
| 朝鮮輿地図 | 990 |
| 懲慝録 | 577 |
| 徴兵令及ヒ近衛兵編制改正ノ儀布告按 | 1725 |
| 長防風説記録 | 2355 |
| 長防幷ニ江戸日記 | 2360 |
| 勅語玄義 | 324 |
| 勅語私解 ほか合綴 | 325 |
| 勅語例話 | 271 |
| 直如遺稿 | 1452 |
| 勅奏任官職員録 | 932 |
| 勅諭写 | 326 |
| 勅諭演讃 ほか合綴 | 327 |
| 勅諭衍義 | 2052 |
| 勅諭講話 | 2053 |
| 千世の神風 | 425 |
| 千代のひかり | 1365 |
| 千代のふる道 | 1310 |
| 陳情書 | 1586 |
| 陳情書 ほか合綴 | 1587 |
| 鎮将府日誌 | 2338 |
| 鎮西古文書編年録 | 687 |
| 鎮西八郎為朝外伝椿説弓張月 | 1275 |
| 珍説集記 | 2269 |
| 珍説風聞記 ほか | 2356 |

【つ】

| 書名 | 頁 |
|---|---|
| 追遠余録 | 831,877 |
| 通俗衛生小言 | 2033 |
| 通俗食物養生法 | 2032 |
| 通俗宋史太祖軍談 | 1277 |
| 通俗唐太宗軍艦 | 1278 |
| 通俗南北朝梁武帝軍談 | 1279 |
| 通俗二十一史 | 732 |
| 通俗北魏南梁軍談 | 1280 |
| 通俗両漢紀事 | 1281 |
| 通俗両国志 | 1282 |
| 通俗列国志 | 1283 |
| 通俗列国志十二朝軍談 | 1285 |
| 津軽信明公 | 832 |
| 通鑑紀事本末 | 733 |
| 通鑑集要 | 736 |
| 通鑑攬要 | 737 |
| つきぬ泉 | 1366 |
| 月舎集 | 1367 |
| 筑波山一件記臆書 ほか | 2358 |
| 都久夫須麻神社々紀 | 62 |
| 九十九集 | 380 |
| 都気能遠久志 | 1211 |
| つらつらふみ | 328 |
| 徒然草諺解 | 1240 |

【て】

| 書名 | 頁 |
|---|---|
| 鼎鍥趙田了凡袁先生編纂古本歴史大方鋼鑑補 | 740 |
| 帝国海軍史編 | 2089 |
| 帝国議会議員選挙者名鑑 附府県会議員 | 252 頁左 |
| 帝国議会見聞録 | 250 頁右 |
| 帝国議会史 | 249 頁左 |
| 帝国議会史綱 明治篇 | 249 頁左 |
| 帝国議会始末 | 249 頁右 |
| 帝国議会通鑑 | 249 頁右 |
| 帝国議会要録 | 250 頁左 |
| 帝国議会両院議事録 | 250 頁右 |
| 帝国教育会講演集 | 381 |
| 帝国軍人救護会報告 | 1497 |
| 帝国憲法義解 | 254 頁左 |
| 帝国憲法講義 | 254 頁左 |
| 帝国憲法正解 英仏独米普対照 | 255 頁左 |
| 帝国憲法註釈 | 254 頁右 |
| 帝国史略 | 486 |
| 帝国大学一覧 | 397 |
| 帝国大辞典 | 1169 |
| 帝国六大教育家 | 382 |
| 貞丈雑記 | 1519 |
| 邸抄全録 | 738 |
| 訂正古訓古事記 | 456 |
| 訂正新撰姓氏録 | 903 |
| 訂正増評 学教史論 付跋文 | 101 |
| 訂正四版 仏教大意 | 133 |
| 訂正 中等国文典 | 1189 |
| 訂正補刻 絵本漢楚軍談 | 1255 |
| 的例問答 | 1649 |
| 手島道話 | 329 |
| 鉄翁印譜 | 2137 |
| 哲学字彙 | 177 |
| 天意人言 | 1588 |
| 伝家法典明治節用大全 | 2286 |
| 電気応用論 第一回電信学術之進歩 | 2035 |
| 電気事業要覧 | 255 頁右 |
| 天啓全世界之大宗教 | 94 |
| 電光一閃剣舞 | 2175 |
| 伝習録 | 246 |
| 天壌無窮皇統系譜拾遺 | 906 |
| 電信機図解 | 2036 |
| 電信取扱規則 | 1906 |
| 電信万国公法 | 1907 |
| 伝説問答 | 222 |
| 天台道士教育論纂 | 383 |
| 天地人祝詞祭文 | 81 |
| 天地組織之原理 | 34 |
| 点註正文章規範 | 1442 |
| 点註続文章規範 | 1449 |
| 天地麗気記 | 35 |
| 天道溯源 | 163 |
| 奠都三十年 | 579 |

| | | |
|---|---|---|
| 天保十三寅年 虚実雑談聞書 2245 | 東京名勝図会 1073 | 土佐人筆記写 2359 |
| 天保十一年之部 分間江戸大絵図 ………………… 1019 | 東宮殿下台覧記念金華山写真帖 ………………… 2135 | 土佐日記創見 1137 |
| 天保十二年辛丑年一ケ年分 御趣意筋其外御触面帳 …… 657 | 東京城日誌 2339 | 土佐日記燈 1138 |
| 嗔馬国民法 1846 | 唐荊川文粋 1455 | 土佐日記要義 1139 |
| **天明年度凶蔵日記 ほか合綴** 689 | 統計要覧 1988 | 土佐国案内 1075 |
| 天明四年之部 分間江戸大絵図 ………………… 1013,1014 | 東航紀聞 1152 | 土佐国式社考 64 |
| 天理教 95 | 東湖書簡集 1249 | 土佐国神名帳 65 |
| | 東湖先生の半面 1249 | 土佐国先賢伝 835 |
| 【と】 | 東西年表 422 | 土佐国蠹簡集残編 695 |
| 独逸刑法 独逸官版仏訳 1811 | 豆山臥游詩 1463 | 土佐国蠹簡集木屑 694 |
| 独乙現行治罪法 独乙官版 1812 | 東巡日誌 691 | 土佐幽考 1076 |
| 独逸貯金論 1879 | 東照宮御鎮座史記 63 | 利家卿夜話 583 |
| 独逸帝国議会論 252頁左 | 東照宮御実記外交抜萃 692 | **栃木県河内郡長森岡真之建白書及大島商社之履歴書** 1590 |
| 独逸帝国郵便電信庁官吏救助貯金規約 1910 | 当世奇譚録 693 | 栃木県々治概要 1989 |
| 独乙農務観察記 1948 | 当世名士時事活論 245頁左 | 特許意匠実用新案出品案内 1971 |
| 独逸法律政治論纂 1814 | 唐宋八家文読本 1456 | 泊翁全書第二集 往事録 246頁右 |
| 統一学 247 | 唐宋八大家訳語 1171 | 富田高慶翁伝 836 |
| 宕陰存稿 1454 | 闘争報告書 249頁右 | 土陽叢書 1653 |
| 東奥名所歌集 1368 | 道中記図会 1074 | 土陽游草 1467 |
| 東雅 1170 | 道二翁前訓 331 | 豊国公年譜 863 |
| 東海異聞 581 | 東邦協会報告附録北海道論 ほか合綴 2272 | 鳥居家分限帳 889 |
| 東海東山巡幸日記 690 | 東游雑記 1136 | 度量衡種類表 1928 |
| 東海東山漫遊案内 1068 | 東洋記事 1115 | 土耳機史 附亜細亜古国史・波斯史・埃及史・亜剌比亜史 746 |
| 東海道名所図会 1069 | 東洋詩史 1466 | トルストイ短編集 1482 |
| 道歌集 1369 | 東洋の攪乱 2050 | |
| 東京案内 1070 | 東洋立志編 873 | 【な】 |
| **東京上野公園繭糸織物陶漆器共進会区類分一覧表・会場之図** ………………… 1974 | 東洋歴史大辞典 710 | 内外交際新礼式 1516 |
| | 東莱先生音註唐鑑 739 | 内外新聞 2324 |
| 東京及近傍名所独案内 1085 | 当流続撰碁経 2173 | 内外新報 2325 |
| 東京外国語学校一覧 398 | 東嶺和尚法語快馬鞭 129 | 内外新報前記 2326 |
| 東京見物 1071 | 蠹簡集拾遺 696 | 内外臣民公私権考 254頁左 |
| 東京市学事一班 384 | 得庵全書 2205 | **内外臣民公私権考 憲法衍義之1 ほか合綴** 1734 |
| 東京慈恵医院 1498 | 徳川家茂公再度御上洛一件書 666 | 内外地図収覧 外国之部 996 |
| 東京市全図 993 | 徳川家茂御上洛御用留 659 | 内閣会議篇 其起源組織及ヒ職掌 ………………… 251頁右 |
| 東京新繁昌記 1072 | 徳川禁令考 1651 | 内閣文庫図書仮名類別目録 2179 |
| 東京大絵図 991 | 徳川禁令考後聚 1652 | 内宮接続神苑開設地之図 997 |
| 東京大学医学部一覧 399 | 徳川実紀 487 | 内国勧業博覧会出品目録・同追加 ………………… 1963 |
| 東京大学一覧略表 400 | 徳川十五代史 488 | 内国旅行 日本名書図絵 1085 |
| 東京大学法理文三学部一覧 401 | 徳川政教考 582 | 内政外教衝突史 584 |
| 東京大学予備門一覧 402 | 徳川太平記 489 | 内地雑居論 1591 |
| 東京博覧会案内 1961 | 読史贅議 833 | 内部文明論 1527 |
| 東京府下懲役場盗賊表 自明治九年至同十一年 1708 | 特選神名牒 36 | 直毘霊 37 |
| | 読法典実施断行意見書 1589 | 中江藤樹 837 |
| 東京府学事 第二十九年報 385 | 独目附標 補義荘子因 225 | 長岡雲海公伝 838 |
| 東京府立第一中学校沿革誌 408 | 土佐一覧記 1370 | 長岡少尉 839 |
| | 土佐遺聞録 626 | |
| | 土佐奇人伝 834 | |
| | 土佐高知城図写 995 | |

| 書名 | 頁 |
|---|---|
| 長久手戦記 | 585 |
| **長崎明細書 ほか合綴** | 697 |
| 中臣官処氏本系帳考証 | 840 |
| 名越舎翁家集 | 1213 |
| 那須国造銘図注 | 2141 |
| 夏わすれ | 1078 |
| なにはかた | 1287 |
| 難波戦記 | 590 |
| 浪花夢物語 | 586 |
| 名乗字引 | 907,908 |
| 那破倫兵法 | 2065 |
| 浪岡北畠氏考附録 | 841 |
| 浪岡北畠氏之事蹟考案 | 841 |
| 浪岡名所旧跡考 | 1079 |
| 奈良明細全図 | 998 |
| 南海雑記続編 | 627 |
| 南海之偉業 | 842 |
| 南韓農事殖民地設置ニ関スル取調書 | 1893 |
| 南山蹈雲録 | 1242 |
| 南州翁謫所逸話 | 843 |
| 南征史 | 2097 |
| 南総里見八犬伝 | 1288 |
| 南朝遺史 | 587 |
| 南朝紀伝 | 589 |
| 南島探検 | 1146 |
| 南部五世伝 | 844 |
| 南北太平記図会 | 1271 |

【に】

| 書名 | 頁 |
|---|---|
| 新潟県管内明細図 附各道里程表 | 2370 |
| 新潟県管内国県道里程実測図 | 1028 |
| 新潟繁昌記 | 1080 |
| 新まなびに云 | 1306 |
| 西村伯翁先生年譜 | 909 |
| 二十三年 国会道中膝栗毛 | 247頁左 |
| 廿七八年海戦史 | 2098 |
| 弐臣伝 | 940 |
| 日西海探 | 1972,1973 |
| 日南子 | 2273 |
| 日々新聞 | 2328 |
| 日蓮大聖人御伝記 | 845 |
| 日魯交渉北海道史稿 | 628 |
| 日露時局談片 | 1626 |
| 日露戦役忠勇列伝（府県別仮刷）長野県之部 | 830 |
| 日露戦局 講和私議 | 1627,1628 |
| 日露戦局の前途に就て | 1629 |
| 日露戦争義太夫 | 1302 |
| 日露戦争実記 | 2307 |
| 日記 | 698 |
| 日光東照宮宝庫蔵厳有院殿御実記成書例抜萃 | 1617 |
| 日光勝景百首 | 1371 |
| 日光山沿革略記 | 68 |
| 日光山絵図 | 999 |
| 日光名勝案内記 | 1081 |
| **日支両国ノ国体ノ異同 ほか合綴** | 332 |
| 日清韓三国輿地図 | 1000 |
| 日清軍記 | 591 |
| 日清軍備対照表 | 2054 |
| 日清交戦録 | 2101 |
| 日清戦史 | 2102 |
| 日清戦争実記 | 592 |
| 日清戦争天佑紀聞 | 2271 |
| 日清戦争百事便覧 | 2277 |
| 日清戦闘画報 | 2123 |
| 新田族譜 | 910 |
| 二宮翁夜話 | 333 |
| 二宮先生ヨリ浦賀三家御状之写 | 1250 |
| 日本逸史 | 490 |
| 日本王代一覧 | 491 |
| 日本絵画ノ未来 | 2124 |
| 日本外史 | 473 |
| 日本外政私議 | 1630 |
| 日本海難救助法 | 1499 |
| 日本議事攷 | 253頁右 |
| 日本経国論 | 1592 |
| 日本憲法論纂 | 253頁右 |
| 日本後紀 | 492 |
| 日本弘道館叢記 | 2308 |
| 日本国中囲碁段附 | 2149 |
| 日本古代通貨考 | 1892 |
| 日本国家学談 | 1557 |
| 日本国会紀原 | 249頁左 |
| 日本国会纂論 | 248頁右 |
| 日本山嶽志 | 1299 |
| **日本蚕業由来史 ほか合綴** | 1945 |
| 日本三代実録 | 466 |
| 日本自治之礎 | 1577 |
| 日本主義国教論 | 334 |
| 日本小文典批評 | 1190 |
| 日本書紀 | 493,494,495,496 |
| 日本書紀（六国史校本） | 506 |
| 日本史類名称訓 | 436 |
| 日本政記 | 497 |
| 日本正紀序 | 593 |
| 日本西教史 | 170,171 |
| 日本政治年鑑 | 1990 |
| 日本製鉄論 | 1936 |
| 日本政党史 | 253頁左 |
| 日本政党の現勢 | 253頁左 |
| **日本政表** | 1991 |
| 日本赤十字 | 2309 |
| 日本赤十字社救護報告 | 1500 |
| 日本赤十字社発達史 | 1501 |
| 日本戦史 | 2104 |
| 日本大博覧会経営ノ方針（日本大博覧会会長子爵金子堅太郎演説集） | 1966 |
| 日本地誌提要 | 1082 |
| 日本蝶類図説 | 2015 |
| 日本帝国海上権力史講義 | 594 |
| 日本帝国人口動態統計概説 | 1992 |
| 日本帝国二十七統計年鑑 | 1993 |
| 日本哲学要論 | 178 |
| 日本哲理 | 206 |
| 日本道徳原論 | 335 |
| 日本道徳論 | 336 |
| 日本読史地図 | 423 |
| 日本二千年袖鑑 | 933 |
| 日本ニ土地抵当貸借所ヲ創建スルノ議 | 1887 |
| 日本之経済及財政 | 1856 |
| 日本の人 | 1528 |
| 日本之与論 | 245頁左 |
| 日本美術金書沿革門 | 2116 |
| 日本百将伝一夕話 | 846 |
| 日本風景論 | 1083 |
| 日本風俗史 | 1530 |
| 日本武士道 | 337 |
| 日本武士道史 | 355 |
| **日本文学全書** | 1226 |
| 日本文明史略 | 498 |
| 日本捕鯨彙考 | 1955 |
| 日本名勝地誌 | 1084 |
| 日本文徳天皇実録 | 503 |
| 日本遊学指南 | 386 |
| 日本倫理学史 | 356 |
| 日本倫理史 | 357 |
| 日本倫理史稿 | 358 |
| 日本倫理史要 | 359 |
| **日本倫理談 ほか合綴** | 338 |
| 日本倫理要論 | 339 |
| 入蜀記 | 1155 |
| 女官名附録 | 2274 |

【ぬ】

沼津雑誌 ･･････････････ 1086

【の】

農業館列品目録 ･･････････ 1946
農業振興策 ･･･････････････ 1951
農業調査 ･････････････････ 1947
農区因革 証図 ･･････････ 1123
農商工公報 ･･････････････ 1923
農政本論 ･････････････････ 1952
農務統計図表 ････････････ 1996
のこるかをり ････････････ 1372
能勢達太郎外二十五人伝 ････ 847
野田大塊伝 ･･････････ 246 頁右
後鑑 ･････････････････････ 595
野中兼山一世記 ･･････････ 842
野中遺事略 ･････････････ 2274
野中紀事 ････････････････ 848
野根山岩佐屯集 ････････ 2367
野間五造著述 立法一元論批評集
　････････････････････ 247 頁左
祝詞式講義 ･････････････････ 82
祝詞正解 ･･･････････････････ 84
祝詞正訓 ･･･････････････････ 85
祝詞略解 ･･･････････････････ 86

【は】

排雲録 ･･･････････････････ 699
梅園日記抜書 ほか合綴 ･･･ 2275
梅史 ････････････････････ 2017
配所残筆 ････････････････ 2222
煤田採鉱報告書沿革事業 ･･ 2040
佩文韻府 ･･･････････････ 1172
萩之家歌集 ････････････ 1373
萩の家主人追悼録 ･･･････････ 849
白詩選 ･････････････････ 1469
駁邪鉄槌 ･････････････････ 164
白石先生紳書 ･･････････ 2223
駁東京日日新聞民法修正論 ･ 1707
幕末三俊 ････････････････ 850
幕末小史 ････････････････ 499
幕末政治家 ･････････････ 851
白門新柳記 ･････････････ 1426
白門衰柳附記 ･･･････････ 1426
羽倉在満大人百五十年祭献詠家集
　･･･････････････････････ 1330
破黄禍論 ･･･････････････ 2143
函館市街全図 ･･･････････ 1001
箱根御関所諸覚 ほか合綴 ･･ 700

箱根管轄沿革誌及ヒ同地々震其他
　諸記 ･･･････････････････ 1087
橋立みやけ ･････････････ 1088
橋本左内全集 ･･･････････ 2206
破邪叢書 ･･･････････････ 165
破邪編 ･･･････････････････ 108
馬術記 ･････････････････ 2113
蓮のかをり ･････････････ 130
長谷川峻阜伝 ･･････････ 852
八大家医伝 ･･･････････････ 946
八万大神 伏敵原縁 ･････････ 39
八幡神社由緒 ･････････････ 72
八州文藻 ･･････････････ 1233
八神原由章･八神遷座章･神祇官原
　由章･神祇官職員章 ほか合綴 38
閥族罪悪史 ･･････････ 247 頁右
はつつとめ ････････････ 1290
婆督備氏仏国政法論 ･････ 1827
花江都歌舞妓年代記 ･････ 2139
華園集 ほか合綴 ･･･････ 1309
花のうたかた ･･････････ 1374
歯の養生 ･･･････････････ 2025
馬場辰猪 ････････････････ 853
は、のつとめ ･･････････ 2027
浜のまさこ ････････････ 1311
巴黎城下盟 ･････････････ 748
鍼嚢 ･･･････････････････ 1192
播磨風土記 ････････････ 1089
ハロールド物語 ････････ 1483
半日閑話 ･･････････････ 2224
藩翰譜 ･･･････････････････ 854
盤珪仏智弘済漸次御示聞書 ･ 131
万国亀鑑 ･･･････････････ 340
万国公法 ･･････････････ 1769
万国公法戦争条規 ･･････ 1768
万国宗教大会一覧 ･･････････ 109
万国史略 ･･･････････････ 749
万国新聞紙 ････････････ 2329
万国人名辞書 ･････････････ 758
万国政体論 ････････････ 1817
万国戦史 ･･････････････ 2105
万国通私法 ････････････ 1818
万国平和会議ノ実況 ほか合綴
　････････････････････････ 1594
版籍奉還に関する一問題 ･･ 437
鑁阿寺小史 ･･････････････ 157
藩閥之将来 ･･････････････ 387
万物之始頭 ･････････････ 448

【ひ】

ビー･エッチ･チャンブル氏 日本
　小文典批評 ･････････････ 1190
日吉山王権現知新記 ･･･････ 69
日吉山王知新記 ･･･････････ 70
日置黙仙老師満韓巡錫録 ･･ 132
卑屈の目ざまし ･････ 247 頁左
比国憲法釈義 ･･･････ 254 頁左
肥前国彼杵郡浦上村民異教一件
　････････････････････････ 634
比選と婦選 ･････････ 252 頁右
常陸国郡郷考 ･･････････ 1090
常陸国誌 ･･････････････ 1091
筆算代数例題 ･･････････ 1998
筆林集 ････････････････ 1214
秀郷事実考 ･･････････････ 855
人と日本人 ････････････ 2276
碑銘集 ････････････････ 856
百首異見 ･･････････････ 1375
百首和歌 ･･････････････ 1382
百人一首一夕話 ････････ 1376
百人一首便釈 ほか合綴 ･ 1377
百家説林 ･･････････････ 2199
兵庫神戸実測図 ････････ 1002
病床の慰安 ････････････ 2278
評註 栄花物語抄 ･･･････ 512
評註校正 神皇正統記 ･･･ 476
標註詳解 五経片仮名付 ･･ 193
標柱職原抄校本并別記 ･･ 1647
標注播磨風土記 ････････ 1089
標注令義解校本 ･････ 1659,1660
平井善之丞逸事 ････････ 2368
平田篤胤全集 ･･･････････ 2207
平田篤胤大人六十年祭献詠 1397
比例代表 ･･･････････ 252 頁右
比例代表の概念とその技術
　･･･････････････････ 252 頁右
比例代表の話 ･･･････ 252 頁右
貧困救治論 ････････････ 1487

【ふ】

風説大和錦 ････････････ 2361
武教極意三重之伝私記 ･･ 2055
富強策 ････････････････ 1595
武教小学･武教全書 ･････ 2056
武教全書 ･･････････････ 2057
武教要書略解 ･･････ 2058,2059
福翁百話 ･･････････････ 2279
福恵全書 ･･････････････ 1596
福島県三国二十一郡貧村実況録
　ほか合綴 ････････････ 1857

| | | |
|---|---|---|
| 福羽美静先生硯海の一勺 … 1220 | 武用弁略 … 2060 | 兵法或問 … 2068 |
| 復命書 … 1597,1610 | 仏蘭西法律書刑法 … 1832 | 兵要日本地理小誌 … 1094 |
| 武家必携泰平年表 … 419 | 仏蘭西法律書憲法 … 1833 | 兵要録 … 2069 |
| 府県郷村社祭典通式 … 87 | 仏蘭西法律書商法 … 1834 | 碧海学説 … 388 |
| **府県漆器沿革漆工伝統誌 ほか合綴** … 2132 | 仏蘭西法律書治罪法 … 1835 | 碧巌録講義 … 136 |
| 府県陶器沿革陶工伝統誌 … 2133 | 仏蘭西法律書民法 … 1836 | 闢邪小言 … 250 |
| 武功雑記 … 596 | 仏蘭西民法契約篇 第二回講義 … 1831 | 闢邪小言評 … 342 |
| 布告 明治十四年九・十月 … 1711 | 仏蘭西民法覆義 … 1837 | 北京城下盟 … 748 |
| 布告 明治八〜十四年 … 1709 | 仏蘭西民法期満得免篇講義 … 1829 | 北京籠城 … 2281 |
| 布告全書 明治五年 … 1710 | 孛漏生国法論 … 1838 | 別段 中外新聞 … 2322 |
| 富国捷径 … 1858 | 文化十二年之部 分間江戸大絵図 … 1017 | 白耳義国志 … 1121 |
| ふし … 404 | 文化八年之部 分間江戸大絵図 … 1016 | 波斯紀行 … 1153 |
| 富士一覧記 … 1142 | 分間江戸大絵図 … 1003〜1019 | 遍照発揮性霊集 … 137 |
| 藤田東湖 … 858 | 文久三亥年風説書 … 2363 | |
| 冨士の煙 … 1378 | 文久三亥年より同四子年迄薩珍説集書 … 2352 | 【ほ】 |
| 藤原氏山内家系譜鑑 … 911 | 文久三年亥年分御上洛ニ付御幸行列 … 660 | ボアソナード氏仏蘭西民法期満得免篇講義 … 1829 |
| 扶桑隠逸伝 … 859 | 文久新聞志 … 2364 | 保育の園 … 1502 |
| 扶桑皇統記図会 … 597 | 文久二戌安藤一条記 … 2365 | 鮑庵遺稿 … 2208 |
| 二木のさかえ … 1204 | 文久二戌正説集記 … 2362 | 鮑菴十種 … 2282 |
| 二葉の楠 … 860 | 文恭公実録 … 598 | 貿易年表抄 … 1930 |
| 普通教育ニ対スル希望 … 409 | 分権論 … 1598 | 方円新法 … 2174 |
| 普通国語学 … 1193 | 文昭院殿御実紀附録 … 862 | 芳園之嫩芽 … 1292 |
| 普通裁縫新書 … 2177 | 文章叢話 … 1457 | 法界独断 … 110 |
| 普通万国歴史 … 750 | 文政九年之部 分間江戸大絵図 … 1018 | 芳宜園集 … 1380 |
| 仏教大意 … 133 | 文政六未年四月ヨリ天保六年十月迄 珍説集記 … 2268 | 法規提要 … 1713,1714 |
| **仏教大系** … 153 | 文中子中説 … 248 | 傍訓 大日本帝国憲法 附議院法・衆議院議員選挙法・会計法・貴族院令 … 254頁右 |
| 仏教退治迷のめざまし … 141 | 文明余誌 田舎繁昌記 … 1504 | 保建大記 … 601 |
| 仏教或問 … 134 | 文明論之概論 … 1529 | 保建大記打聞 … 602 |
| 仏国会計法指要 … 1819 | 分量的ニ観察シタル脚気 … 2021 | 保元物語 … 603 |
| 仏国革命論 … 751 | 文林摘葉 … 1427 | 奉公偉績戦記 … 2107 |
| 仏国行政法 土木部・自第九百弐拾六節至第九百五拾六節 … 1820 | 文禄慶長朝鮮役 … 575 | 邦光社歌会 … 1381 |
| 仏国刑律実用 … 1821,1822 | 文話 … 1444 | 法国律例 刑名定範 … 1840 |
| 仏国商法講義 … 1824 | | 法国律例 刑律 … 1841 |
| 仏国常用法 … 1806 | 【へ】 | 法国律例 貿易定律・園林則律 … 1844 |
| 仏国森林法・同執行法令 … 1825 | 平家物語 … 599 | 法国律例 民律 … 1842 |
| 仏国政典 … 1826 | 米国学校法 … 392 | 法国律例 民律指掌 … 1843 |
| 仏国政法論 … 1827 | 兵事新報 … 2310 | 澎湖列嶋 … 1021 |
| 仏国訴訟法講義 … 1828 | 平治物語 … 600 | 奉使日本紀行 … 1160 |
| 仏国民撰議院規則 千八百四十九年七月六日布告 … 252頁左 | 平壌包囲攻撃 … 2106 | 北条五代記 … 604 |
| 仏国民法契約篇講義 … 1830 | 平城坊目遺考 … 1092 | 北条盛衰記 … 605 |
| 物産局第四〜六次年報 … 1924 | 平城坊目考 … 1093 | 方正学文粋 … 1458 |
| 仏垂般涅槃略説教誡経 … 152 | 兵法覚書 … 2066 | 法制論纂 … 1654,1655 |
| 仏道教経 … 152 | 兵法神武雄備集舟戦抜書 … 2067 | 宝祚明鑑 … 912,935 |
| 武徳鎌倉旧記 … 1291 | | 豊太閤 … 606 |
| 武辺一夕話 … 861 | | 豊太閤家康公立会修営御目論見絵図 … 2037 |
| **不妄真理談 ほか合綴** … 135 | | |
| 蒲門盍簪集 … 1459 | | |

| 書名 | 番号 |
|---|---|
| 奉呈御参観建議歎願書写 | 1551 |
| 法典実施延期意見 | 1599 |
| 法典実施断行の意見 | 1600 |
| 報徳記 | 864 |
| 報徳仕方 富国捷径 | 1858 |
| 法筆驚天雷 | 1779 |
| 法普戦争誌略 | 752 |
| 報文分析之部 | 2009 |
| 蓬萊園記 | 1251 |
| **法律改正之義 ほか合綴** | 1715 |
| 法律格言 | 1716 |
| 法律語彙初稿 | 1717 |
| **法律ニ関スル諸論 ほか合綴** | 1718 |
| 法律命令論 | 1719 |
| 法理論 | 1776 |
| 法例彙纂 訴訟法之部 | 1720 |
| 法例彙纂 民法之部 | 1743 |
| 法例全書 明治十八～二十七年 | 1721 |
| 宝暦十二年之部 分間江戸大絵図 | 1010 |
| 補義荘子因 | 225 |
| 薄記法原理 | 1929 |
| 墨子 | 251 |
| 北女闘起原 | 1521,1522 |
| 墨場必携 | 1428 |
| 北陸数国図 | 2130 |
| 保元平治闘図会 | 1293 |
| 菩薩戒落草談 | 138 |
| 戊辰五月廿日官軍脱走戦争略記 | 525 |
| 戊申詔書衍義 | 343 |
| 戊申詔書講義 | 344 |
| 戊辰戦記 | 607 |
| 戊辰相州箱根戦争顛末記 | 608 |
| 補正明治史要附録表 | 502 |
| 細川幽斎 | 865 |
| 北海道及陸羽地方巡回日記 | 1143 |
| **北海道開拓論 ほか合綴** | 1601 |
| 北海道誌 | 1095 |
| 北海道実測図 | 1022 |
| 北海道全図 | 1023 |
| 孛国官有地管理論 | 1815 |
| 孛国憲法 | 255頁左 |
| 孛国参議院 | 1816 |
| 法曹至要抄 | 1656 |
| 穂積八束博士論文集 | 253頁右 |
| 歩兵少尉農学士足立美堅君小伝 | 762 |
| 撲児酒児氏分権論 | 1598 |
| ボワソナード氏仏蘭西民法契約篇 第二回講義 | 1831 |
| 本教真訣 | 96,97 |
| 本教真訣略解 | 98 |
| 本教神理図 | 99 |
| 本教神理図解 | 100 |
| 梵網律宗僧戒説 | 139 |
| 翻刻四書藕益解 | 199 |
| 本朝鍛冶考 | 2134 |
| 本朝通紀後編 | 500 |
| 本朝帝王正統録 | 913 |
| 本朝文粋 | 1429 |
| **本邦産鉱物及岩石目録 ほか合綴** | 2011 |
| 本邦人ノ眼裂（眼瞼破裂） | 2024 |

【ま】

| 書名 | 番号 |
|---|---|
| 薪のけむり | 2267 |
| 真砂集 | 2283 |
| 増鏡 | 609 |
| またぬ青葉 | 1243 |
| 松島図誌 | 1096 |
| 松浦法印征韓日記抄 | 703 |
| マツサビヲ氏検官必携 | 1823 |
| 末法開蒙記 | 140 |
| まどのすさみ | 2225 |
| 丸山作楽詳伝 | 866 |
| 万延正説水江雑録 | 2366 |
| 満韓開務鄙見 | 1602 |
| 満洲横過鉄道 | 1911 |
| 万宝全書 | 2118 |
| 漫遊記程 | 1159 |
| 万葉集古義 | 1385 |
| 万葉集古義附録品物解 | 1386 |
| 万葉集新考之説 | 1387 |
| 万葉集人物伝 | 1388 |
| 万葉集代匠記 | 1389 |
| **万葉集枕詞解** | 1391 |
| **万葉集名所考** | 1392 |
| 万葉集略解 | 1394 |
| 万葉集類葉鈔 | 1395 |
| 万葉集和歌集 | 1390 |
| 万葉集用字格 | 1393 |

【み】

| 書名 | 番号 |
|---|---|
| 三池鉱山年報 | 1937 |
| **三池石炭売却概算書 ほか合綴** | 1925 |
| 三重県名所図絵 | 1097 |
| 御垣の下草 | 1396 |
| 三河物語 | 610 |
| **御国の光 ほか合綴** | 345 |
| 三嶋宮御由緒書 | 71 |
| 三島雑記 | 1098 |
| 水鏡 | 611 |
| 水鏡詳解 | 612 |
| 水野閣老 | 867 |
| 道之栞 | 40 |
| 三井家第二回史料展覧会目録 | 2180 |
| 密宗安心義草 | 142 |
| 源頼朝 | 613 |
| 美濃奇観 | 1100 |
| 耳嚢 | 2253 |
| みもとの数 | 1144 |
| **宮城郡水害損耗調 ほか合綴** | 1949 |
| 宮古島旧史 附録 南航日記 | 629 |
| 都名所図会 | 1101,1102,1103 |
| 都林泉名勝図会 | 1077 |
| 宮崎県管内全図 | 1024 |
| 妙高山近傍地形図・妙高山地質図・越後国米山近傍地質図・毛無山火山近傍地形及地質図 | 2010 |
| 民事訴訟法 | 1766 |
| 民政論 | 253頁左 |
| **民富邇言続 ほか合綴** | 1603 |
| 民法債権担保編 | 1744 |
| 民法財産取得編 | 1745 |
| 民法財産編 | 1746 |
| 民法証拠編 | 1747 |
| 民法草案注釈 | 1741 |

【む】

| 書名 | 番号 |
|---|---|
| ムールロン氏仏蘭西民法覆義 | 1837 |
| 無窮国是 性理夕話 | 1577 |
| むくら | 1316 |
| 無刑録 | 1657 |
| 武蔵国幷東京古今沿革図 | 1025 |
| 武蔵国幷東京古今沿革図識 | 1054 |
| 無神無霊魂 | 176 |
| 結詞例 | 1184 |
| 無声触鳴 | 2284 |
| 無声洞集録 | 2285 |
| 夢清楼文稿 | 1460 |
| 夢想兵衛胡蝶物語 | 1294 |
| 夢中問答集 | 143 |
| 陸奥宗光 | 869 |
| 村方五人組帳 | 1658 |

村田水産翁伝・・・・・・・・246頁左

【め】

茗会文談・・・・・・・・・・・・・・2226
名家叢談・・・・・・・・・・382,2311
名家年表・・・・・・・・・・・・・・・870
名君徳光録・・・・・・・・・・・・・871
茗山雑記・・・・・・・・・・・・・・・614
明治会叢誌・・・・・・・・・・・・2312
明治外史・・・・・・・・・・・・・・・501
明治九年明治十年刑事綜計表
　・・・・・・・・・・・・・・・・・・1750
明治憲政史・・・・・・・・248頁左
明治建白沿革史・・・・・・248頁左
明治孝節録・・・・・・・・・・・・・346
明治功臣詩集・・・・・・・・・・1470
明治三十三年清国事変戦史・2092
明治三十七年五月十五日華族会館
　に於て・・・・・・・・・・・・・1615
明治三十七年戦時財政始末報告
　ほか・・・・・・・・・・・・・・・1874
明治三十七年二月二十三日華族大
　会ノ席上戦時経済ニ関スル園田
　孝吉君ノ演説筆記・・・・・1855
明治三十七八年戦役　忠勇美譚
　・・・・・・・・・・・・・・・・・・・323
明治三十七八年日露戦史・・・2100
明治三十二年日本帝国人口動態統
　計概説・・・・・・・・・・・・・1992
明治三十年一月ヨリ同三十一年一
　月迄　英照皇太后御大喪録　1726
明治三十年神奈川県勧業年報
　・・・・・・・・・・・・・・・・・・1983
明治三十年貿易年表抄・・・・1930
明治卅四年興風会各評・・・・1335
明治十一～十六年司法省第四～九
　刑事統計年報・・・・・・・・1757
明治十五年内国絵画共進会審査報
　告　ほか合綴・・・・・・・・2122
明治十三年地方官会議筆記　1585
明治十三年島根県統計表・・・1986
明治十三年度歳入出予算表　1881
明治十二傑・・・・・・・・・・・・・872
明治十四年鹿児島県統計表　1982
明治十四年第二回内国勧業博覧会
　報告書・・・・・・・・・・・・・1965
明治十六～十七年司法省達全書
　・・・・・・・・・・・・・・・・・・1690
明治十六年第二回製茶共進会審査
　報告書　ほか合綴・・・・・1970

明治史要・・・・・・・・・・・・・・502
明治史料　顕要職務補任録
　・・・・・・・・・・・・923,245頁右
明治新聞・・・・・・・・・・・・・2330
明治新撰駿河国誌・・・・・・1064
明治聖勅集・・・・・・・・・・・・347
明治政史・・・・・・・・・・・・・2341
明治増補　銅鐫名乗字引・・・908
明治増補　名乗字引・・・・・・907
明治・大正・昭和　大官録　245頁右
明治大正　政界側面史・・・245頁右
明治忠孝節義伝・・・・・・・・・873
明治二十四年十一月発布学事法令
　説明書・・・・・・・・・・・・・・403
明治二十九年神奈川県統計書
　・・・・・・・・・・・・・・・・・・1984
明治二十五年二月高知県臨時総選
　挙暴動彙報・・・・・・・・・1555
明治廿七年度地震抜書・・・・2287
明治二十七八年役日本赤十字社救
　護報告・・・・・・・・・・・・・1500
明治廿七八年日清戦史・・・・2103
明治日本政記・・・・・・・・・1539
明治年中行事・・・・・・・・・1523
明治のをしへ・・・・・・・・・・348
明治八笑人・・・・・・・・・・・1295
明治文化全集・・・・・・・245頁左
明治名著集・・・・・・・・・・・2200
名所今歌集・・・・・・・・・・・1399
名将言行録・・・・・・・・・・・・874
名所栞・・・・・・・・・・・・・・・1400
明治四十一年十二月廿一日国学院
　ニ於テ高木男爵演説・・・・・31
明治六～十年日本府県民費表
　・・・・・・・・・・・・・・・・・・1994
明治六年布告類編・・・・・・1712
自明治六年至十六年鉱山借区図
　・・・・・・・・・・・・・・・・・・2039
名人忌辰録・・・・・・・・・・・・937
迷想的宇宙観・・・・・・・・・・111
明良洪範・・・・・・・・・・615,616
明良洪範続・・・・・・・・・615,616
明倫歌集・・・・・・・・・・・・・1401
明和五年之部　分間江戸大絵図
　・・・・・・・・・・・・・・・・・・1011
めくみのつゆ・・・・・・・・・1216
メルボルン万国博覧会報告　1967
綿糸集談会紀事　ほか合綴・・1967

【も】

蒙古襲来日露戦争天祐紀・・・580
孟子・・・・・・・・・・・・・252～254
目代考・・・・・・・・・・・・・・・1845
もとのしつく・・・・・・・・・1402
模範政治家としての松平定信　875
護良親王御伝・・・・・・・・・・876
モルモン教・・・・・・・・・・・・175
文部省直轄大坂中学校一覧・・410
文部省年報・・・・・・・・・・・・393
文部省廃止スヘカラサルノ意見
　・・・・・・・・・・・・・・・・・・1604

【や】

繹貴奕範・・・・・・・・・・・・・2155
野史・・・・・・・・・・・・・504,505
野洲追討記・・・・・・・・・・・・704
靖国神社誌・・・・・・・・・・・・280
陽春廬雑考・・・・・・・・・・・2288
八十翁疇昔話・・・・・・・・・1520
耶蘇教公認可否論　ほか合綴・166
耶蘇教ト実学トノ争論・・・・・101
耶蘇基督一代記・・・・・・・・・167
柳の露・・・・・・・・・・・・・・・1403
柳橋新誌・・・・・・・・・・・・・1461
山形行筆記・・・・・・・・・・・1132
山形県及東京府下震災害之図
　・・・・・・・・・・・・・・・・・・2038
山形県管下羽前国最上郡水害損地
　全図・・・・・・・・・・・・・・・1026
山形県勧業・・・・・・・・・・・1926
山形県鶴ヶ岡士族開墾之履歴書
　ほか合綴・・・・・・・・・・・1722
山鹿伝采幣別伝義解・・・・・2070
山川良水伝・・・・・・・・・・・・878
山口県阿武見島郡治一覧表・1105
山田方谷先生年譜・・・・・・・880
大和魂・・・・・・・・・・・・・・・349
日本魂原解・・・・・・・・・・・・350
やまとにしき・・・・・・・・・1404
大和名所図会・・・・・・・・・1106
山内系図・・・・・・・・・・914,915
山内氏御系図・・・・・・・・・・916

【ゆ】

維摩詰所説教・・・・・・・・・・154
遊仙窟・・・・・・・・・・・・・・・1474
祐天大僧正御伝記・・・・・・・881
有徳院殿御実紀附録・・・・・・883
有徳公実紀附録・・・・・・・・・882
郵便規則・・・・・・・・・・・・・1723

| | | |
|---|---|---|
| 郵便局地名 | 1912 | |
| 郵便地名字引 | 1913 | |
| 郵便物逓送人服務規則 | 1724 | |
| 有文会誌 | 2313 | |
| 雪の舎歌文集 | 1218 | |
| 輸出重要品要覧 農産ノ部 | 1950 | |
| 弓剣槍訓練兵布策 | 2111 | |
| 夢のなこり | 1405 | |
| **湯本村村誌・小田原町々誌 ほか合綴** | 1107 | |
| 由利公正 | 884 | |
| 由利公正 附附録 | 246頁右 | |

【よ】

| | |
|---|---|
| 幼学綱要 | 351 |
| 洋教宗派 | 112 |
| 瑤琴 | 1234 |
| 用言変格例 | 1183 |
| 陽斉詩文稿 | 1430 |
| 陽明先生全書 | 1431 |
| 欧羅巴 | 1122 |
| 欧羅巴文明史 | 1531 |
| 横浜実測図 | 1027 |
| 余材章 | 1338 |
| 吉田松陰 | 885 |
| 吉田松陰遊歴日録 | 705 |
| 義経蝦夷軍談 | 1297 |
| 寄松祝 中山侯爵祖母年賀の祝歌 | 1384 |
| 輿地誌略 | 950 |
| よもき | 1317 |
| 世々の趾 | 473 |
| 四十番碁立 | 2169 |

【ら】

| | |
|---|---|
| 礼記 | 255,256 |
| 礼記集説 | 257 |
| 楽翁公遺書 | 2209 |
| 楽訓 | 352 |
| 蘭学弁 | 1197 |

【り】

| | |
|---|---|
| 陸軍刑法 | 1761 |
| 陸軍省 第七〜九年報 | 2075 |
| 陸軍省 第六年報 | 2074 |
| 理事功程 | 394 |
| 李卓吾批点世説新語補 | 945 |
| 立憲主義と議会政治 | 248頁右 |
| 立法一元論批評集 | 247頁左 |
| 立法論綱 | 1777 |

| | |
|---|---|
| 栗里先生雑著 | 2289 |
| リビングストン伝 | 949 |
| 略解傍訓 大日本帝国憲法 | 254頁右 |
| 琉球漫遊記 | 1146 |
| 立斎先生標題解註音釈十八史略 | 725 |
| 龍驤艦脚気病調査書 | 2022 |
| 龍智明鑑録抄 | 706 |
| 柳北全集 | 2210 |
| 両院議事録 | 250頁右 |
| 良寛禅師家集 | 1358 |
| 猟犬訓練説 | 2016 |
| 龍川先生文鈔 | 1453 |
| 陵墓一隅抄 | 1112 |
| 陸墓一覧 | 1113 |
| 寥々佳話 | 2227 |
| 臨淵言行録 | 887 |
| 林家雑録 | 618 |
| **臨時台湾旧慣調査会第一部調査報告書** | 1605 |
| 臨時台湾旧慣調査会第一部報告清国行政法 | 1807 |
| 臨時博覧会事務局報告 | 1968 |
| 臨川王介甫先生集 | 1432 |

【る】

| | |
|---|---|
| 類題桑の若菜 | 1409 |
| 類例対比諸罰則大成 | 1698 |

【れ】

| | |
|---|---|
| 霊獣奇譚 | 2290 |
| 礼典の栞 | 88 |
| 歴史談その折々 | 438 |
| 歴史地理大観かまくら | 624 |
| 歴史読本 | 619 |
| 歴代名臣奏議粋 | 1462 |
| 歴朝詔勅録 | 353 |
| 歴朝聖訓 | 354 |
| 列氏財政論 | 1882 |
| 烈祖成績 | 620 |
| 蓮園月次歌集 | 1407 |
| 練兵新書 | 2071 |

【ろ】

| | |
|---|---|
| 老子講義 | 258 |
| 老子道徳真経 | 259 |
| 壟上偶語 | 2291 |
| 老人雑話 | 621 |
| 籠中目録 | 1141 |

| | |
|---|---|
| 羅馬史論 | 753 |
| 朗廬全集 | 1433 |
| **ロエスレル氏王室家憲答議 ほか** | 1847 |
| 羅馬補正万国条約書 付録万国取扱規則 | 1908 |
| **露艦隊来航秘録 ほか合綴** | 2108 |
| 六十四番歌結 | 1412 |
| 六波羅密通俗談 | 144 |
| 露国金鉱事業摘要 | 2041 |
| 露国皇室の内幕 | 1606 |
| 露国事情 | 1607 |
| 露国侵略史 | 754 |
| 露国の満州占領と我国の決心 | 1634 |
| 露国法律全書 | 1848 |
| 魯西亜刑法 | 1849 |
| 露西亜の秘密 | 1608 |
| 魯西亜民法 | 1850 |
| 六華集 | 1411 |
| 露独英関係談話要概 | 1635 |
| 論語 | 186,261,262 |
| 論語古訓 | 260 |
| 論理学 | 361 |
| 論理学講義 | 362 |
| 論理入門 | 363 |

【わ】

| | |
|---|---|
| 吾国体と宗教 | 113 |
| 和歌集 | 1413 |
| 和歌梯 | 1313 |
| 和歌麓の栞 | 1314 |
| 我が抱負 | 247頁左 |
| 和漢英勇画伝 | 2120 |
| 和漢稀世泉譜 | 1891 |
| 和漢帝王歌 | 1471 |
| 和漢年契 | 424 |
| 和漢洋年契 | 418 |
| 和局私案 | 1609 |
| 和気公紀事 | 888 |
| 和解万国公法 | 1770 |
| **和語陰鷺録 ほか合綴** | 145 |
| 和魂百人一首 | 1414 |
| わすれかたみ | 1415 |
| 和兵法師弟問対 | 2072 |
| 倭名類従鈔 | 1173 |
| 和洋礼式 | 1524 |

# 佐佐木高行・行忠旧蔵書

## 編著者名索引

- 本索引は，編著者覧に挙げてある人名を，五十音別に配列した。
- 佐佐木高行旧蔵書については図書番号，佐佐木行忠旧蔵書については掲載頁をもって示した。
- 枝番の編著者名は採録していない。
- 本索引は，最も一般的な人名を項目として挙げた。しかし本目録に通称，雅号等の別称で採録されている場合には（ ）を以て，その別称を補った
- 外国人の人名は，目録に記されている通りに採録したが，一律にファミリーネームで項目を立てた。

## 【あ】

相川得寿‥‥‥‥‥‥‥‥ 667
会沢正志斎（安）‥‥‥‥ 1572
青江秀‥‥‥‥‥‥‥‥ 1904
青木夙夜（余夙夜）‥‥‥ 194
青地盈‥‥‥‥‥‥‥‥ 1160
青柳高鞆‥‥‥‥‥ 84,164,2191
青山大太郎‥‥‥‥‥‥ 1499
青山延光‥‥‥‥‥‥ 451,478
青山延于‥‥‥‥‥‥‥ 478
赤堀又次郎‥‥‥‥‥‥ 310
赤松連城‥‥‥‥‥‥‥ 199
秋里籠島（籠嶌, 舜福）‥‥ 1069,
　　　　　　　1077,1270,1293
秋月鏡川‥‥‥‥‥‥‥ 798
秋月種樹‥‥‥‥‥‥‥ 1784
秋山梧庵‥‥‥‥‥‥‥ 341
秋山光条‥‥‥‥‥‥‥ 1218
浅井きを女‥‥‥‥‥‥ 331
浅川由雄‥‥‥‥‥‥‥ 1539
朝倉日下部景衡‥‥‥‥ 510
朝倉播磨守‥‥‥‥‥ 661,685
朝野文三郎‥‥‥‥‥‥ 980
浅見安正（絅斉）‥‥‥‥ 1441
芦川半左エ門‥‥‥‥‥ 665
蘆野徳林（蘆徳林）‥‥‥ 1657
蘆洒屋徳明‥‥‥‥‥‥ 427
足達正獦（風静軒）‥‥‥ 2072
足立栗園‥‥‥‥‥‥‥ 91
安積覚‥‥‥‥‥‥‥‥ 620
跡見花蹊‥‥‥‥‥‥‥ 1128
アニシモフ（アニシモーフ）
　　　　　　　　‥ 1849,1850
安生順四郎‥‥‥‥‥‥ 1207
阿部貞‥‥‥‥‥‥‥‥ 1437
安倍文助‥‥‥‥‥‥‥ 1079
天野堯撫‥‥‥‥‥ 250 頁左

天野忠純‥‥‥‥‥ 249 頁右
天野為之‥‥‥‥‥‥ 305,306
天野信景‥‥‥‥‥‥‥ 2215
天野御民‥‥‥‥‥‥‥ 852
雨森信成‥‥‥‥‥‥‥ 2312
荒井公廉‥‥ 180,197,213,218,256
新井白石‥‥‥‥‥‥‥ 538,
　　　　773,854,1170,1244,2223
荒井義通‥‥‥‥‥‥‥ 2016
荒川邦蔵‥‥‥‥‥‥ 1785,1838
荒城重雄‥‥‥‥‥‥‥ 353
有島武郎‥‥‥‥‥‥‥ 949
有田紫郎‥‥‥‥‥ 250 頁左
有馬祐政‥‥‥‥‥ 178,339,357
有賀長伯‥‥‥‥‥‥‥ 1311
有賀長雄‥ 177,485,486,1533,1852,
　　　　253 頁右, 254 頁左
アルチボールド‥‥‥‥‥ 1790
アレン，ヤング・ジョン（林楽知）
　　　　　　　　‥‥ 415,731
アンゴー，アウギュスト‥‥ 2016
安禅窟謹厚‥‥‥‥‥‥ 699
アンデルソン‥‥‥‥‥‥ 2116
安道直道‥‥‥‥‥‥‥ 90
安藤義則‥‥‥‥‥‥‥ 766
安養寺禾麿‥‥‥‥‥‥ 1076

## 【い】

韋昭‥‥‥‥‥‥‥‥‥ 718
飯島金八郎‥‥‥‥‥‥ 2309
飯田武郷‥‥‥‥‥‥ 506,777
飯田忠彦‥‥‥‥‥‥ 504,505
飯田直‥‥‥‥‥‥‥‥ 426
飯田永夫‥‥‥‥‥‥‥ 442
飯田文彦‥‥‥‥‥‥ 504,505
飯田泰雄‥‥‥‥‥‥‥ 1589
飯山正秀‥‥‥‥‥‥ 1768,1814
生稲道蔵‥‥‥‥‥ 254 頁右

郁文舎編輯所‥‥‥‥ 2182,2263
池田胤（蘆州）‥‥‥‥‥ 1450
池田実信‥‥‥‥‥‥‥ 76
池田崇広‥‥‥‥‥‥‥ 1100
池田忠五郎‥‥‥‥‥ 248 頁右
池田東籬（悠翁）‥‥‥‥ 1256
池田由巳止‥‥‥‥‥ 25,72
池原香穉‥‥‥‥‥‥‥ 1144
池辺（小中村）義象‥‥‥ 473,
　　512,570,619,839,865,1122,1227,
　　　　　　　　1612,2288
井沢‥‥‥‥‥‥‥‥‥ 1238
石井八万次郎‥‥‥‥‥ 2006
石川岩吉‥‥‥‥‥‥ 358,359
石川暎作‥‥‥‥‥‥ 1575,1809
石川鴻斎‥‥‥‥‥‥ 522,1166
石川之褧‥‥‥‥‥‥‥ 721
石川松渓‥‥‥‥‥‥‥ 315
石川千代松‥‥‥‥‥‥ 2013
石川利之‥‥‥‥‥‥‥ 340
石川半次郎‥‥‥‥‥ 247 頁左
石河正養‥‥‥‥‥‥‥ 81
石川雅望‥‥‥‥‥‥‥ 1161
石川流宣‥‥‥‥‥‥‥ 1006
石川流仙‥‥‥‥‥‥ 1003,1004
石阪堅壮‥‥‥‥‥‥‥ 797
石崎謙‥‥‥‥‥‥‥‥ 623
石田維成‥‥‥‥‥‥‥ 821
伊地知貞馨‥‥‥‥‥‥ 720
石津可輔‥‥‥‥‥‥ 251 頁左
石塚左玄‥‥‥‥‥‥‥ 2032
石橋雨窓‥‥‥‥‥‥‥ 1115
石橋延吉‥‥‥‥‥‥‥ 992
和泉鹿浦（良之助）‥‥‥ 2265
伊勢貞丈‥‥‥‥‥‥‥ 1519
伊勢貞友‥‥‥‥‥‥‥ 1519
井関美清‥‥‥‥‥‥ 1359,1380
五十川淵土深‥‥‥‥‥ 709

| | | |
|---|---|---|
| 磯野徳二郎 …… 1483 | 井上頼圀 …… 45, 82,270,414,417,422,573,795,1185, 2207,2215,2243 | 内田正雄 …… 389,950 |
| 磯部四郎 …… 1707 | | 内田良平 …… 1602 |
| 磯部武者五郎 …… 21,286,2290 | | 内貴甚三郎 …… 1044 |
| 磯前高景 …… 899,900,905 | 井上頼文 …… 460,2243 | 内山真龍 …… 1031 |
| 磯村政富 …… 1971 | 井原豊作 …… 1364 | 内山正如 …… 245頁左 |
| 磯村松太郎 …… 118 | 伊吹廼屋 …… 32 | 宇都宮三郎 …… 1935 |
| 井田易軒（錦太郎）…… 2237 | 今井熊治 …… 52 | 内海景弓 …… 1213 |
| 市川央坡 …… 713 | 今井佐太郎 …… 1570 | 宇野東山（成之）…… 263 |
| 市川義方 …… 141 | 今井時治 …… 828,829 | ヴヘルベッキ …… 1825 |
| 市川清流 …… 1943,2220 | 今泉一介 …… 1583 | 瓜生寅（三寅）…… 431,1532 |
| 市川米菴 …… 1428 | 今泉定介 …… 271,2193,2199 | 雲照 …… 120, 121,123,128,133,140,142,144 |
| 一条兼良 …… 1510 | 今泉秀太郎 …… 968 | |
| 一瀬勇三郎 …… 1681,1829 | 今村幾 …… 1681 | 雲悌会 …… 255頁左 |
| 一勇斎図芳 …… 2120 | 今村研介 …… 1812 | **【え】** |
| 一色重熙 …… 482 | 入江久太郎 …… 1599 | |
| 一翠子 …… 913 | 岩井益之助 …… 254頁左 | 江木翼 …… 252頁右 |
| 井出道貞 …… 1060 | 祝儀麿 …… 46 | 駅逓局 …… 1724, 1879,1894,1900,1909,1912 |
| 伊藤倉三 …… 2175 | 岩垣言忠（河内介源言忠）…… 454 | |
| 伊東二郎丸 …… 251頁左 | 岩垣杉苗 …… 455 | 駅逓局運輸課地理掛 …… 1913 |
| 伊藤清一郎 …… 1539 | 岩垣彦明 …… 725 | 駅逓総官官房取調科 …… 1895,1910 |
| 伊藤坦庵 …… 621 | 岩垣松苗（源朝臣松苗）…… 454, 455,725 | 江口三省 …… 1486 |
| 伊藤悌治 …… 254頁右 | | エッジウォース …… 364 |
| 伊藤東涯（長胤）…… 1648 | 岩城魁 …… 1086 | 江戸幕府 …… 682, 808,822,823,862,882,883,891 |
| 伊藤篤吉 …… 2052 | 岩倉具視 …… 1211,1318 | |
| 伊藤南昌 …… 228 | 岩崎俊章 …… 1152 | 江戸幕府史局 …… 595 |
| 伊藤博文 …… 246頁左 | 岩崎英重 …… 545, 1217,2216,2244,2284 | 榎本鉄骨（松之助）…… 1289,1634 |
| 伊藤博精 …… 246頁左 | | 海老名恒 …… 1421 |
| 伊藤鳳山（磐）…… 229 | 岩野新平 …… 1827,1831,1837 | 江間政発 …… 2209,2221 |
| 伊東巳代治 …… 1719 | 石原是山 …… 2160 | 江見清風 …… 612 |
| 伊藤弥次郎 …… 1936 | 岩本武知 …… 799 | エリー，フォースタン …… 1821, 1822 |
| 伊東洋二郎 …… 255頁右 | 岩本千綱 …… 1149 | |
| 伊東藍田（亀年）…… 228 | 殷敬順 …… 240 | 袁黄 …… 740 |
| 稲垣満次郎 …… 370 | インゼルソル，エドワルド・チェース …… 1786 | 袁枢 …… 733 |
| 稲葉新六（竹舎主人）…… 412,420 | | 袁了凡 …… 145 |
| 犬飼一勝 …… 2310 | **【う】** | 円城寺清 …… 514 |
| 犬冢遜 …… 375 | | 遠藤謹助 …… 1667 |
| 猪谷不美男 …… 1479 | 植木枝盛 …… 250頁左 | **【お】** |
| 伊能穎則 …… 436 | 上杉慎吉 …… 253頁右 | |
| 井上因碩 …… 2149,2151,2172 | ウエスト …… 1859 | 王安石 …… 1432 |
| 井上円了 …… 322 | 上田秋成（余斎阮秋成）…… 1177 | 王鰲叟 …… 717 |
| 井上桜塘（揆）…… 227 | 上田惟暁（文斎）…… 1085 | 王治本 …… 208,724 |
| 井上毅 …… 266, 1203,1785,1796,254頁左,255頁左 | 上田外男 …… 248頁左 | 汪嘯尹 …… 1445 |
| | 植松彰 …… 452 | 王粛 …… 190 |
| | 植松有経 …… 1383 | 王定安 …… 730 |
| 井上正一 …… 1776 | ウエルテル（勿的爾）…… 745 | 王世貞 …… 945 |
| 井上哲次郎 …… 177,354,369,1591 | 鵜飼石斎 …… 740 | 王世懋 …… 945 |
| 井上敏雄 …… 251頁左 | 宇佐美灊水（恵）…… 259 | 黄宗義 …… 939 |
| 井上陳政 …… 1778 | 菟道春千代 …… 860 | 王弼 …… 259 |
| 井上操 …… 1822 | 宇田友猪（戦国亭主人）…… 765,2291 | 王逢 …… 725 |
| 井上米次郎 …… 2277 | | 王陽明（守仁）…… 246,1431,2201 |

| | | |
|---|---|---|
| 鴬亭金升・・・・・・・・・・・・・・・ 1302 | 420,1637,1649 | 奥村洞麟・・・・・・・・・・・・・・・・ 132 |
| 大井憲太郎・・・・・・・・・・・・・・ 1826 | 大野広則・・・・・・・・・・・・・・・・ 32 | 奥村又十郎・・・・・・・・・・・・・ 1439 |
| 大井潤一・・・・・・・・・・・・・・・・ 1773 | 大橋綽堂・・・・・・・・・・・・・・・ 196 | 小倉知行・・・・・・・・・・・・・・・ 627 |
| 大石貞質・・・・・・・・・・・・・・・・ 189 | 大橋新太郎・・・・・ 1261,1273,1706 | 小来栖香平・・・・・・・・・・・・・ 101 |
| 大石正巳・・・・・・・・・・・・・・・・ 1595 | 大橋訥菴（順周）・・・・・・・・・ 250 | 小河一敏・・・・・・・・・・・・・ 507,515 |
| 大内青巒・・・・・・・・・・・・・ 136,1029 | 大橋正順・・・・・・・・・・・・・・・ 1453 | 尾崎三良・・・・・・・・・・・・・・・ 1791 |
| 大江文城・・・・・・・・・・・・・・・・ 356 | 大橋又太郎・・・・・・・・・・・・・ 1524 | 尾崎宍夫・・・・・・・・・・・・・・・ 1406 |
| 大江匡房・・・・・・・・・・・・・・・・ 1641 | 大畑春国・・・・・・・・・・・・・・・ 2126 | 尾崎庸夫・・・・・・・・・・・・ 253 頁右 |
| 仰木伊織・・・・・・・・・・・・・・・・ 2109 | オーホルン，アントン・・・・・ 1479 | 尾崎雅嘉・・・・・・・・・・・ 1376,2181 |
| 大木遠吉・・・・・・・・・・・・ 247 頁左 | 大峯旭領（旭嶺田行）・・・・・ 2227 | 尾崎行雄・・・・・・・・・・・・ 251 頁右 |
| 大北亀太郎・・・・・・・・・・・・・・ 53 | 大宮兵馬・・・・・・・・・・・・・・・ 464 | 押川方存・・・・・・・・・・・・・・・ 1267 |
| 大国隆正・・・・・・・・・・・・・ 73,1305 | 大都城一・・・・・・・・・・・・・・・ 155 | 織田完之・・・・・・・・・・・・・・・ 824, |
| 大久保常吉・・・・・・・・・・・ 248 頁右 | 大森金五郎・・・・・・・・・・ 438,624 | 1466,1560,1952,1960 |
| 大久保好伴・・・・・・・・・・・・・・ 1733 | 大和田建樹・・・・・・・・・・・・・ 1483 | 小田清雄・・・・・・・・・・・・・・・ 84 |
| 大久保芳治・・・・・ 88,276,285,475 | 丘浅治郎・・・・・・・・・・・・・・・ 2014 | 小田切春江・・・・・・・・・・・・・ 1492 |
| 大隈重信・・・・・・・・・・・・・・・・ 521 | 岡熊臣・・・・・・・・・・・・・・・・ 81 | 小田切万寿之助・・・・・・・・・ 1624 |
| 大熊喜邦・・・・・・・・・・・・ 255 頁右 | 岡吉胤（乃楽舎主人）・・・・・ 33, | 落合直成・・・・・・・・・・・・・・・ 1405 |
| 大蔵省・・・・・・・・・・・・・・・・ 1860, | 75,87,1314 | 落合直文・・・・・・・・ 473,619,1373 |
| 1861,1868,1874〜1876,1881, | 岡崎卯之助・・・・・・・・・・・・・ 1669 | 小野正弘・・・・・・・・・・・・・・・ 931 |
| 1890 | 岡崎茂三郎・・・・・・・・・・・・・ 857 | 小畑行簡・・・・・・・・・・・・・・・ 1596 |
| 大蔵省銀行課・・・・・・・・・・・・ 1884 | 小笠原勝修・・・・ 479,480,481,760 | 小幡宗海・・・・・・・・・・・・・・・ 1038 |
| 大蔵省銀行局・・・・・・・・・・・・ 1884 | 小笠原長生・・・ 377,594,2089,2293 | 小原峴南・・・・・・・・・・・・・・・ 759 |
| 大蔵省参事官室・・・・・・・・・・ 1862 | 小笠原美治・・・・・・・・・・・・・ 1705 | 小柳津要人・・・・・・・・・・・ 931,955 |
| 大郷穆・・・・・・・・・・・・・・ 186,720 | 岡田有邦・・・・・・・・・・・・・・・ 1080 | オユルリヒス・・・・・・・・・・・・ 1815 |
| 大河内茂左衛門尉源朝臣秀元 | 緒方儀一・・・・・・・・・・・・・・・ 1943 | 【か】 |
| ・・・・・・・・・・・・・・・・・・・ 576 | 緒方竹虎・・・・・・・・・・・・ 248 頁右 | |
| 大沢謙二・・・・・・・・・・・・・・・・ 2033 | 緒方正・・・・・・・・・・・・・・・・ 1851 | 賈誼・・・・・・・・・・・・・・・・・・ 195 |
| 大島貞益・・・・・・・ 1700,245 頁左 | 岡田朋治・・・・・・・・・・・・ 246 頁右 | 戈直・・・・・・・・・・・・・・・・・・ 1564 |
| 大角豊治郎・・・・・・・・・・・・・・ 444 | 岡田白駒（岡白駒）・・・・・・・ 321 | 海江田信義・・・・・・・・・・ 669,1561 |
| 大関克・・・・・・・・・・・・・・ 414,447 | 岡田元矩・・・・・・・・・・・・・・・ 946 | 海賀篤磨（変哲）・・・・・・・・・ 1290 |
| 太田錦城（元貞方佐）・・・・・・ 2226 | 岡野熊太郎・・・・・・・・・・・・・ 983 | 海外宣教会・・・・・・・・・・・・・ 115 |
| 太田堅・・・・・・・・・・・・・・・・・・ 2211 | 岡野博士伝記編纂委員会 | 慨癡道人・・・・・・・・・・・・・・・ 162 |
| 太田小三郎・・・・・・・・・・・・・・ 59 | ・・・・・・・・・・・・・・・・ 246 頁右 | 海軍軍司令部・・・・・・・・・・・ 2098 |
| 太田南畝（大田直次郎,息陋館罨） | 岡部啓五郎・・・・・・・・・・・・・ 1073 | 海軍省・・・・・・・・・・・ 2076〜2083, |
| ・・・・・・・・・・・・・・ 2211,2224 | 岡部綱紀・・・・・・・・・・・・・・・ 836 | 2085〜2087 |
| 大田泰・・・・・・・・・・・・・・・・・・ 1541 | 岡松甕谷・・・・・・・・・・・・・・・ 722 | 海軍兵学校・・・・・・・・・・・・・ 2084 |
| 大谷嘉兵衛・・・・・・・・・・・・・・ 1156 | 岡村輝彦・・・・・・・・・・・・ 251 頁左 | 外史局・・・・・・・・・・・・・・・・ 1710 |
| 大谷光尊・・・・・・・・・・・・・・・・ 1411 | 岡本茂正・・・・・・・・・・・・・・・ 1228 | 開拓史・・・・・・・・・・・・・ 1022,1095 |
| 大塚彦太郎・・・・・・・・・・・・・・ 573 | 岡本信古・・・・・・・・・・・・・・・ 834 | 開拓史勧業課・・・・・・・・・・・ 1941 |
| 大槻誠之（東陽）・・・・・・ 1155,1780 | 岡本柳之助・・・・・・・・・・ 105,628 | 貝原益軒（篤信）・・・・・・・・・ 352 |
| 大月忠興・・・・・・・・・・・・・・・・ 1048 | 岡本六三郎・・・・・・・・・・・・・ 525 | 外務省記録局・・・・・・・ 1614,1636 |
| 大槻如電・・・・・・・・・・・・ 422,708 | 岡谷繁美・・・・・・・・・・・・ 874,876 | 外務省臨時報告委員会・・・・ 1625 |
| 大槻吉直・・・・・・・・・・・・・・・・ 836 | 小川勝美・・・・・・・・・・・・・・・ 951 | 香川悦次・・・・・・・・・・・・ 246 頁右 |
| 大鳥圭介・・・・ 955,1025,1054,1150 | 小川直子・・・・・・・・・・・・・・・ 804 | 香川景樹（梅月堂,桂園,東塢大人） |
| 大西克知・・・・・・・・・・・・ 2023,2024 | 置塩藤四郎・・・・・・・・・・・・・ 1064 | ・・・・・・・・・・・・・・・・・・ 1137, |
| 大貫真浦・・・・・・・・・・・・・・・・ 45 | 荻生徂徠（物部茂卿）・・ 228,1576 | 1140,1142,1243,1306,1319,1928, |
| 大野堯運・・・・・・・・・・・・・・・・ 1172 | 荻生北渓・・・・・・・・・・・・・・・ 1781 | 1329,1342,1375,1412 |
| 大野清太郎・・・・・・・・・・ 248 頁右 | 小串隆・・・・・・・・・・・・・・・・ 1236 | 香川景継（梅月堂宣阿）・・・・ 1142 |
| 大野直輔・・・・・・・・・・・・・・・・ 1487 | 奥並継・・・・・・・・・・・・・・・・ 1506 | 柿田純朗・・・・・・・・・・・・・・・ 1476 |
| 大野広城（権之丞,忍屋隠士）419, | 奥野安興・・・・・・・・・・・・・・・ 1387 | 郝敬・・・・・・・・・・・・・・・・・・ 239 |

| | | |
|---|---|---|
| 郝洪範 ･････････････････ 239 | 鴨祐之 ･･･････････････ 490 | 菊池武保 ･･････････････ 1517 |
| 学習院輔仁会 ･････････････ 936 | 賀茂真淵 ･･･････････ 1176,1219 | 岸上操 ･･････････ 579,872,2232 |
| 学制研究会 ･････････････ 374 | 蒲生重章（子闇,睡花仙史）･･ 780, | 木曽頓爾 ･･････････････ 108 |
| 覚成寺超然 ･････････････ 126 | 781,1434,1459 | ギゾー ････････････････ 1531 |
| 笠原昌吉 ･･･････････････ 294 | 蒲生秀実 ･･････････････ 1646 | 貴族院事務局 ･････ 1675～1679, |
| 霞山会 ･････････････ 246 頁左 | 蒲生弘 ･･･････････････ 1565 | 251 頁右 |
| 梶川正美 ･･･････････ 249 頁右 | 鹿持雅賀 ･･････････････ 342 | 北沢正誠 ･･････････････ 714 |
| 嘉助 ････････････････ 2004 | 鹿持雅澄（藤原雅澄,古義軒醜翁） | 北畠親房 ･･････････････ 476 |
| 華族会館 ･･･････････････ 919 | ･･････････････････ 342, | 北畠道龍 ･･････････････ 110 |
| 華族同方会 ････････････ 2242 | 1167,1174,1175,1181～1184,1192, | 北原雅長 ･･･････････ 550,670 |
| 片岡永左エ門 ････････････ 665 | 1224,1385,1386,1388,1391,1392, | 北村季吟 ･･････････････ 1237 |
| 片岡健吉 ･･････････････ 1540 | 1418 | 北村金太郎 ････････････ 1508 |
| 片岡正占 ･･･････････････ 906 | ガラタマ ･･････････････ 1196 | 北村三郎 ･･････････････ 707, |
| 片山兼山（山世璠）････ 212,263 | 苅米是寛 ･･･････････････ 130 | 746,757,254 頁右 |
| 勝海舟（勝安芳）･･･ 520,531,1872 | 何良俊 ･･･････････････ 945 | 北山重正 ･･････････････ 1366 |
| 勝浦鞆雄 ･･････････ 407,409,445 | カルゾン ････････････ 1548,1549 | 橘高乙一 ･･････････････ 2117 |
| 香月牛山（貞庵香月啓益牛山甫） | 川合清丸 ･･･････････ 22,2205 | 木戸麟 ････････････････ 299 |
| ･･･････････････････ 2212 | 川上俊彦 ･･････････････ 1615 | 鬼頭玉汝 ･･････････････ 1802 |
| 脚気病調査委員会 ･･･････ 2022 | 川北長顗 ･･････････････ 1460 | 樹下覚三 ･･･････････････ 152 |
| 活電居士 ･････････････ 2175 | 川喜多屋真一郎 ･･････････ 870 | 木下周一 ･･････････････ 1838 |
| 霞亭主人 ･････････････ 1287 | 川崎紫山（三郎）･････････ 850, | 木下義俊 ･･････････････ 2060 |
| 加藤弘蔵 ･････････････ 1981 | 858,2101,2102,2105 | 木野戸勝隆 ･････････････ 53 |
| 加藤隆和 ･････････････ 2158 | 川路寛堂 ･･････････････ 778,1150 | 木原老谷 ･･････････････ 457 |
| 加藤千陰 ･････････････ 1394 | 河島醇 ･････････････ 253 頁右 | 木村芥舟 ･･････････････ 465 |
| 加藤竹斎 ･････････････ 1938 | 川島楳坪 ･･････････････ 457 | 木村一歩 ･･････････････ 368 |
| 加藤熈 ･･･････ 208,1437,2138 | 川尻宝岑（義祐）･････････ 1527 | 木村金秋 ･･････････････ 1492 |
| 加藤弘之 ･･････････････ 111, | 河瀬秀治 ･･････････････ 1967 | 木村定良 ･･････････････ 1408 |
| 1484,1485,1537,1571,1773,1774, | 河田小龍 ･･････････････ 1043 | 木村高敦 ･･････････････ 548 |
| 2012 | 川田剛（甕江）･･････････ 736,807 | 木村鷹太郎 ････････････ 334 |
| 楫取魚彦 ･････････････ 1195 | 川田鉄弥 ･･････････････ 1157 | 木村匡 ････････････････ 367 |
| 金井之恭 ･･････････････ 923,1782 | 河田羆 ･･････････････ 423,452 | 木村徳之助 ････････････ 1419 |
| 仮名垣魯文（神奈垣魯文,金屯道 | 河内信朝 ･･････････････ 1825 | 木村正辞 ･･････ 506,1200,1733 |
| 人）･･･････････････ 543,2230 | 河津孫四郎 ･･････････ 741,743 | 木村義治 ･･････････････ 756 |
| 神奈川県庁 ･･･････････ 1983,1984 | 川俣馨一 ･･････････････ 1501 | キュッシング,リュセル・エス |
| 金沢昇平 ･････････ 998,1092,1093 | 河村吉三（背水処士）･････ 61 | ･･････････････ 1700,245 頁左 |
| 金丸彦五郎影直 ･･･ 1013～1019 | 河村秀一 ･･････････････ 2091 | 許予 ････････････････ 1426 |
| 金子堅太郎 ･･･････････ 1535 | 河村貞山 ･･････････････ 418 | 教育総監部 ････････････ 323 |
| 金子霜山（金済民）･･･････ 200 | 神崎一作 ･･････････････ 165,1139 | 京都市参事会 ･･････････ 1045 |
| 金田治平 ･･････････････ 569 | 神田孝平 ･･････････････ 1797 | 曲園居士 ･･････････････ 1472 |
| 樺山久舒 ･････････････ 1363 | 神田息胤 ･････ 273,580,1361,1397 | 玉蘭斎 ････････････････ 1067 |
| 加太邦憲 ･････････････ 1821 | | 清瀬一郎 ･･･････････ 252 頁左 |
| 貨幣制度調査会 ･･･････ 1889 | 【き】 | 清藤正輔 ･･････････････ 292 |
| 鎌田魚妙 ･････････････ 2134 | 木応清 ････････････････ 1576 | 清原元輔 ･･････････････ 1345 |
| 上河正揚 ･･････････････ 329 | 魏枢 ････････････････ 1118 | 記録課 ････････････････ 1712 |
| 神山魚貫 ･････････････ 1343 | 帰有光 ･･･････････････ 220 | 金玉均 ････････････････ 652 |
| 亀井忠一 ･･････････････ 317 | 議員集会所 ･････････ 249 頁左 | 金勝院実厳 ････････････ 542 |
| 亀谷行 ････････････････ 727 | 菊池熊太郎 ･････････････ 750 | 錦石秋 ････････････････ 1050 |
| 亀谷聖香 ･･････････････ 113 | 菊池憲一郎 ････････････ 1651,1652 | |
| 亀谷天尊（聖馨）･････････ 1234 | 菊池駿助 ･･････････････ 1651,1652 | 【く】 |
| 賀茂勝信 ･････････････ 1325 | 菊池純 ････････････････ 712 | 陸羯南（実）･････ 887,1775,1877 |

| | | |
|---|---|---|
| 九鬼隆一 | 315,1626 | |
| 日下寛 | 630,863 | |
| 草川清 | 383 | |
| 草野清民 | 1169 | |
| 久世霄瑞（丸屋勘兵衛） | 1093 | |
| 久津見息忠 | 107 | |
| 工藤寒斎 | 907,908 | |
| 工藤重義 | 250頁左 | |
| 工藤武重 | 794,248頁左,249頁左,250頁左 | |
| 宮内省御陵墓懸 | 1113 | |
| 宮内省図書寮 | 801,896,897 | |
| グナイスト,ルードルフ・フォン | 1813 | |
| 久保季茲 | 86 | |
| 久保天髄（得二） | 710 | |
| 久保吉人 | 112 | |
| 窪田清音（助太郎） | 2044,2046,2048,2070,2071,2111 | |
| 久保田筑水（久保愛） | 212,263 | |
| 久保田米僊 | 2123 | |
| 熊沢淡庵子 | 527,541 | |
| 鳩摩羅什 | 152 | |
| 久米邦武 | 450,1158 | |
| 久米幹文 | 40,443,539 | |
| 倉林忠連 | 2155 | |
| 栗田勤 | 2289 | |
| 栗田寛 | 41,79,1643,1730,2289 | |
| 栗原諭 | 1064 | |
| 栗原亮一 | 765 | |
| 栗本鯤化鵬 | 2282 | |
| 栗本貞次郎 | 1752 | |
| 栗本鋤雲（匏庵） | 2208 | |
| 栗本秀二郎 | 2208 | |
| 栗山潜鋒 | 601 | |
| 来原慶助 | 2247 | |
| クレー,ベルサ | 1481 | |
| 黒川誠一郎 | 1823 | |
| 黒川真頼 | 898,1178,1179,1236,1728,2190 | |
| 黒田直夫 | 1948 | |
| 黒田長和 | 245頁左 | |
| クロパトキン | 2099 | |
| 桑原敏郎（天然逸人） | 349 | |
| 桑原博愛 | 1215 |

## 【け】

| | | |
|---|---|---|
| 倪元坦 | 211 | |
| 景岳会 | 2206 | |
| 敬光 | 119 | |
| 経済雑誌社 | 487,1809,2188 | |
| 契沖 | 1338,1389 | |
| 刑法草案審査局 | 1753 | |
| ケルティー,ジェームス・スコット | 251頁左 | |
| 阮逸 | 248,249 | |
| 厳良勲 | 415 | |
| 玄玄斎（玄玄斎主人） | 2147,2161,2164,2173 | |
| 堅光禅師 | 138 | |
| 厳谷蓮山人 | 1478 | |
| 元政 | 859 | |
| 玄如 | 129 | |
| ケンペル（検夫爾） | 432 | |
| 研法学会 | 1742 | |
| 憲法雑誌社 | 2297 | |
| 源友邦子 | 2129 |

## 【こ】

| | | |
|---|---|---|
| 呉兢 | 1564 | |
| 顧沅湘 | 944 | |
| 胡三省 | 721,722 | |
| 呉乗権 | 716 | |
| 呉碩三郎 | 1770 | |
| 彭大翮 | 239 | |
| 呉勉学 | 226 | |
| 顧野王 | 1164 | |
| 小池厳藻（内広） | 14 | |
| 小池靖一 | 1788,1789 | |
| 小池道子 | 1403 | |
| 肥塚貴正 | 1506 | |
| 肥塚龍 | 1786,253頁左 | |
| 小出亀次郎 | 474 | |
| 小出貫一 | 1402 | |
| 小出粲 | 1201,1202 | |
| 黄堅 | 1421 | |
| 鴻雪爪（江湖翁） | 1438 | |
| 高誘 | 263 | |
| 高良二 | 1782 | |
| 黄六鴻 | 1596 | |
| 黄綰 | 1431 | |
| 好花堂主人 | 1265 | |
| 光啓堂 | 1432 | |
| 江西逸志子 | 605 | |
| 公私雑報社 | 2317 | |
| 光彰館記者 | 1626 | |
| 江城日誌局 | 2333 | |
| 上野雄図馬（南城漫史） | 1078 | |
| 幸田露伴（成行） | 1286 | |
| 皇典講究所 | 9,77,290,291,458 | |
| 江都玄 | 2163 | |
| 高等学術研究会 | 2298 | |
| 高頭式 | 1299 | |
| 河野守弘 | 1061 | |
| 興風会 | 1335,1336 | |
| 工部省鉱山課 | 2039 | |
| 耕文社 | 813 | |
| 工務局 | 1975,1976 | |
| 鼓缶子 | 1096 | |
| 五弓久文 | 598 | |
| 国学院 | 295,1654,1655 | |
| 国学院編集部 | 1232 | |
| 国師民嘉 | 1929 | |
| 国書刊行会 | 2192 | |
| 国政研究会 | 252頁右 | |
| 国府犀東 | 837 | |
| 国民新聞社 | 1117 | |
| 国民文庫刊行会 | 147 | |
| 黒龍会 | 558 | |
| 黒龍会同人 | 1609 | |
| 木暮三郎 | 1030 | |
| 小島忠廉 | 1851 | |
| 小島彦七 | 923 | |
| 五島広高 | 56 | |
| 孤松子 | 1046 | |
| 小菅撰一 | 1667 | |
| 児玉源太郎 | 529 | |
| 児玉源之丞 | 1131 | |
| 児玉茂右兵衛 | 2369 | |
| 国家教育社 | 318 | |
| 後藤 | 289 | |
| 後藤芝山（世鈞） | 192,244,255,715 | |
| 後藤師周 | 192 | |
| 後藤師邵 | 192 | |
| 後藤松陰 | 1421 | |
| 後藤武夫 | 246頁左 | |
| 後藤己男 | 193 | |
| 後藤光次 | 676 | |
| 後藤本馬 | 252頁左 | |
| 小中村清矩 | 347,429,2288 | |
| 近衛文麿 | 251頁右 | |
| 木幡篤次郎 | 245頁左 | |
| 小林二郎 | 2370 | |
| 小林文七 | 2119 | |
| 小日向仙之助 | 1618 | |
| 小宮山綏介 | 489 | |
| 小室信介 | 251頁左 | |
| 子安峻 | 1903 | |
| 孤鸞峯素導 | 560 |

| | | |
|---|---|---|
| 御霊神社社務所 | 55 | |
| 権田直助 | 80, 1185, 1213 | |
| 近藤磐雄 | 774 | |
| 近藤圭造 | 434, 1443, 2197 | |
| 近藤正斎（守重） | 1378 | |
| 近藤瓶城 | 433 | |
| 〜435, 672, 899, 900, 905 | | |
| 近藤真琴 | 1526, 2006, 2052 | |
| 近藤芳樹（藤原芳樹） | 346, 1647, 1659, 1660 | |

## 【さ】

| | |
|---|---|
| 蔡汪琮 | 1445 |
| 蔡爾康 | 731 |
| 蔡升元 | 1172 |
| 蔡沈 | 219 |
| 西河称 | 110 |
| 斎木寛直 | 1706, 2307 |
| 税所敦子 | 1396 |
| ザイテル | 252 頁左 |
| 斎藤惇 | 1051 |
| 斎藤巌 | 250 頁左 |
| 斎藤戒三 | 2053 |
| 斎藤月岑 | 1036 |
| 斎藤孝治 | 1600, 1707 |
| 斎藤実顕 | 2043 |
| 斎藤順治 | 844 |
| 斎藤拙堂（謙, 有終） | 1444, 2127 |
| 斎藤竹堂（馨, 徳） | 833 |
| 斎藤鉄太郎 | 1499 |
| 斎藤利行 | 1784 |
| 斎藤聞精 | 134 |
| 佐伯有義 | 2, 16, 344 |
| 坂千秋 | 252 頁右 |
| 榊陰 | 2062 |
| 榊原健吉 | 2176 |
| 榊原正彦 | 2017 |
| 坂口二郎 | 246 頁右 |
| 坂崎斌 | 790 |
| 阪谷素 | 1433 |
| 坂田春雄 | 1957 |
| 坂上明基 | 1656 |
| 坂本辰之助（箕山） | 791, 793, 246 頁左 |
| 坂本則美 | 1562 |
| 坂本善重 | 827 |
| 坂本徳之 | 1938 |
| 桜井彦一郎 | 1475 |
| 桜木章 | 567 |
| 作楽戸痴鷹 | 741 |

| | |
|---|---|
| 佐々木義祥 | 108 |
| 佐佐木高行 | 1597, 2284 |
| 佐々木長淳 | 1940 |
| 佐々木哲太郎 | 1425 |
| 佐々木古信 | 1380 |
| 佐々木秀三 | 223 |
| 佐々木弘綱 | 1304 |
| 佐々木幸見 | 30, 42 |
| 笹森儀助 | 1135, 1146 |
| 指原安三 | 2341 |
| 佐藤一斎 | 232, 243, 254, 261 |
| 佐藤雲韶 | 258 |
| 佐藤儀八（池田儀八） | 622 |
| 佐藤茂一 | 253 頁右 |
| 佐藤精一郎 | 2018 |
| 佐藤正 | 879 |
| 佐藤虎次郎 | 1622 |
| 佐藤直方 | 187 |
| 佐藤誠実 | 1178, 1650 |
| 佐藤信淵 | 1560, 1952 |
| 佐藤秀顕 | 1924 |
| 佐藤寛（麹亭主人） | 1033, 1126 |
| 佐藤牧山（楚材） | 258 |
| 真田増誉 | 615, 616 |
| 讃井逸三 | 251 頁左 |
| 佐野山陰 | 248 |
| 佐野経彦 | 99, 100 |
| 佐村八郎 | 347 |
| 猿山周暁 | 1245 |
| 沢雪城（俊郷） | 2127 |
| 佐脇庄兵衛 | 1010〜1012 |
| 沢田和平 | 1088, 1398 |
| 沢柳政太郎 | 279 |
| サンジョゼフ, アントワーヌ・ド（サンヂョゼフ） | 1783, 1793, 1803, 1846 |
| 参謀本部 | 2092, 2100, 2103 |
| 参謀本部編集課 | 1114, 2094 |

## 【し】

| | |
|---|---|
| シーボルト | 1816 |
| 慈雲 | 150, 151 |
| 塩田真 | 2133 |
| 塩谷世弘（宕陰） | 296, 1454, 1464 |
| 志賀重昂 | 1083 |
| 慈海 | 144 |
| 鹿田静七 | 990 |
| 志方鍛 | 254 頁右 |
| 史学会 | 411, 557 |

| | |
|---|---|
| 鹿野忠平 | 1001 |
| 史官 | 1720, 1743 |
| 敷田年治 | 3, 840, 1089 |
| 志熊直人 | 1209 |
| 重田蘭渓 | 205 |
| 重野安繹 | 186, 452, 453, 787, 788, 1163 |
| 滋野井公麗（藤原公麗） | 1509 |
| 時事新報社 | 2108, 2279 |
| 時事新報社政治部 | 249 頁左 |
| 宍戸新山 | 245 頁右 |
| 市史編纂係 | 1961 |
| 静岡県教育新誌社 | 1064 |
| 志田林三郎 | 2035 |
| シダコフ, ブレスニッツ・フォン | 1606 |
| 史談会 | 413 |
| 七里恭三郎 | 1116 |
| 志筑忠雄 | 432 |
| 品川弥二郎 | 705, 1914 |
| 篠崎東海（維章） | 1511 |
| 篠原常三郎 | 1371 |
| しのぶ | 1480 |
| 信夫粲（恕軒） | 2217 |
| 篠本真信 | 2129 |
| 司馬光 | 721, 722 |
| 柴崎宜和 | 1204 |
| 柴田音三郎 | 1066 |
| 柴田礼一 | 106 |
| 渋川柳二郎（藪野椋十） | 1071 |
| ジブスケ（ヂュブスケ, ヂヨルジ・ブスケ, ギュブスケ） | 1598, 1784, 1824, 252 頁左 |
| 斯文学会 | 1422, 2303, 2304 |
| 司法省 | 1688〜1690, 1740, 1748, 1755, 1758 |
| 島多豆夫 | 29 |
| 嶋方株恭 | 1379 |
| 島崎栄貞 | 2211 |
| 島田 | 1127 |
| 島田三郎 | 1566, 1777 |
| 嶋村忠次郎 | 1081 |
| 清水常太郎 | 990, 1000 |
| 志村作太郎 | 2216 |
| 下沢保躬 | 841 |
| 下田歌子 | 1307, 1956 |
| 下田総太郎 | 254 頁右 |
| 謝肇淛 | 2183 |
| 謝枋得 | 1442, 1443 |
| 社会政策学会 | 1902 |

| | | |
|---|---|---|
| 朱熹・・・・・・・・・・・・・・・・・・・181, 182,185,198,201～203,231～233, 241～245,252～254,261,262 | 末広重恭・・・・・・・・・・・・・247頁右 | 成立舎印刷部・・・・・・・・・・・・・886 |
| | 末松謙澄・・・・・・・・・・・・・・・・281, 282,298,300,301,307,308,1468, 1481,2116 | 石玉昆・・・・・・・・・・・・・・・・・・1472 |
| 朱公遷・・・・・・・・・・・・・・・・・・・204 | | 関皐作・・・・・・・・・・・・・・・・・・・158 |
| 周木・・・・・・・・・・・・・・・・・・・・・・182 | 菅聊卜・・・・・・・・・・・・・・・・・・・439 | 関根只誠・・・・・・・・・・・・・・・・・937 |
| 衆議院事務局・・・・・・・・・・・・1692, 249頁右,250頁左,右 | 菅野真道・・・・・・・・・・・・・・・・・470 | 関根正直・・・・・・・・51,937,1193 |
| | 杉浦鋼太郎・・・・・・・・・・1205,2258 | 関根益勝・・・・・・・・・・・・・・・・・678 |
| 修士館・・・・・・・・・・・・・・・・・・・502 | 杉浦重剛・・・・・・・・・・・・・・・・・366 | 関場忠武・・・・・・・・・・・・・・・・・622 |
| 祝霆月・・・・・・・・・・・・・・・・・・1462 | 杉浦重文・・・・・・・・・・・・・・・・・366 | 関藤成緒・・・・・・・・・・・・・・・・・417 |
| ジュクロック・・・・・・・・・・・・・1820 | 杉浦正臣・・・・・・・・・・・・・・・・・815 | 勢多章甫・・・・・・・・・・・・・・・・・564 |
| 主計局貨幣課・・・・・・・・・・・・1888 | 杉江欽曹・・・・・・・・・・・・・・・・・999 | 世良太一・・・・・・・・・・・・・・・・・623 |
| シユルチェ・・・・・・・・・・・・・・・1838 | 杉田丑太郎・・・・・・・・・・・・・・1059 | 是来庵・・・・・・・・・・・・・・・・・・2283 |
| 春登上人・・・・・・・・・・・・・・・・1393 | 杉原心斎（直養）・・・・・・・・・1446 | 銭震瀧・・・・・・・・・・・・・・・・・・・195 |
| 徐愛・・・・・・・・・・・・・・・・・・・・1431 | 杉本勝二郎・・・・・・787,788,814,873 | 千家尊福・・・・・・・・・・・・・5,29,30 |
| 諸燮・・・・・・・・・・・・・・・・・・・・・736 | 杉本義隣・・・・・・・・・・・・・・・・2249 | 千家尊紀・・・・・・・・・・・・・・・・・・42 |
| 焦竑・・・・・・・・・・・・・・・・・・・・1449 | 杉山令・・・・・・・・・・・・・・・・・・・826 | 阡江卞立言・・・・・・・・・・・・・・2154 |
| 葉采・・・・・・・・・・・・・・・・・・・・・185 | 杉山令吉・・・・・・・・・・・・・・・・・712 | 全国教育家大集会・・・・・・・・・382 |
| 蔣先庚・・・・・・・・・・・・・・733～735 | 須崎芳三郎・・・・・・・・・・754,1552 | 鮮斎永濯・・・・・・・・・446,447,526 |
| 章宗祥・・・・・・・・・・・・・・・・・・・386 | 図書寮・・・・・・・・・・・・・・・・・・・674 | 専心堂丈和・・・・・・・・・・・・・・2165 |
| 松園主人・・・・・・・・・・・・・・・・1268 | 鈴木唯一・・・・・・・・・・・・・・・・1542 | |
| 松高斎春亭・・・・・・・・・・・・・・2139 | 鈴木力・・・・・・・・・・・・・・・・・・1580 | 【そ】 |
| 尚古堂主人・・・・・・・・・・・・・・1507 | 鈴木温記・・・・・・・・・・・・・・・・・198 | 蘇洵・・・・・・・・・・・・・・・・・・・・・227 |
| 庄司秀熊・・・・・・・・・・・・・・・・1123 | 鈴木喜三郎・・・・・・・・・・・・・・1739 | 宗演・・・・・・・・・・・・・109,819,1130 |
| 庄司秀鷹・・・・・・・・・・・・・・・・1123 | 鈴木栄・・・・・・・・・・・・・・・・・・・917 | 曽国藩・・・・・・・・・・・・・・・・・・・729 |
| 庄司又左衛門・・・・・・・・1521,1522 | 鈴木貞年・・・・・・・・・・・・・・・・・910 | 宋庫・・・・・・・・・・・・・・・・・・・・・718 |
| 松寿斎一英・・・・・・・・・・・・・・2145 | 鈴木重胤・・・・・・・・・・・・・・・・1312 | 曽先之・・・・・・・・・・・・・・・・・・・725 |
| 松精斎一小・・・・・・・・・・・・・・2145 | 鈴木茂行・・・・・・・・・・・・・・・・・994 | 臧懋循・・・・・・・・・・・・・・・・・・・735 |
| 松亭金水・・・・・・・・・・・・・・・・・846 | 鈴木次郎・・・・・・・・・・・・・・・・1578 | 相馬邦之助・・・・・・・・・・・・・・2131 |
| 聖徳太子・・・・・・・・・・・・・・・・・154 | 鈴木弥堅・・・・・・・・・・・・・・・・・755 | 相馬政徳・・・・・・・・・・・・・248頁左 |
| 条野伝平・・・・・・・・・・・・・・・・・526 | 鈴木弘恭・・・・・・・・・・・・・・・・1236 | 副島種臣・・・・・・・・・・・・・449,468 |
| 商務局・・・・・・・・・・・・・・・・・・1927 | 鈴木宝瀛・・・・・・・・・・・・・・・・1527 | 副島八十六・・・・・・・・・・・・・・2238 |
| 松嶺斎一魁・・・・・・・・・・・・・・2145 | 鈴木真年・・・・・・・・・・・・・・・・・894 | 添田寿一・・・・・・・・・・・・・・・・2263 |
| 鵁鶄定高・・・・・・・・・・・・・・・・1255 | 鈴田平蔵・・・・・・・・・・・・・・・・1034 | ゾエトベール・・・・・・・・・・・・・1871 |
| ジョージ,ヘンリー（顕理惹児） ・・・・・・・・・・・・・・・・・・・・・・・1486 | スタイン・・・・・1533,1736,253頁右 | 曽根俊虎・・・・・・・・・・・・・・・・・726 |
| | 須藤求馬・・・・・・・・・・・・・・・・1300 | 園田孝吉・・・・・・・・・・・1855,2262 |
| 女子高等師範学校・・・・・・・・1512 | 須藤伝治郎・・・・・・・・・・・・・・2000 | 園田三郎・・・・・・・・・・・・・・・・2300 |
| ジョンストウン,ロベルト・・・1818 | 斯秘底児・・・・・・・・・・・・・・・・1879 | 園田實四郎・・・・・・・・・・・254頁右 |
| 白石千別・・・・・・・・・・・・・・・・1354 | 周布公平・・・・・・・・・・・・・・・・1121 | 染崎延房・・・・・・・・・・・・・・・・・526 |
| 白幡義篤・・・・・・・・・・・・・・・・1471 | スペンサー,ハーバード・・・・・103 | 孫呂吉・・・・・・・・・・・・・・・・・・1445 |
| 紫瀾漁長・・・・・・・・・・・・・・・・・869 | スマイルス（斯邁爾斯）・・・・・293 | |
| 城井寿章・・・・・・・・・・・・・・・・1171 | スミス,ジョセフ・・・・・・・・・・・175 | 【た】 |
| 秦県・・・・・・・・・・・・・・・・・・・・・214 | スミッス,ジョシャ・ウイリヤム ・・・・・・・・・・・・・・・・・・・・・・・1786 | 大電・・・・・・・・・・・・・・・・・・・・・189 |
| 新貝卓次・・・・・・・・・・・・・・・・2233 | | 大道寺友山・・・・・・・・・・・・・・・511 |
| 真済・・・・・・・・・・・・・・・・・・・・・137 | 隅谷巳三郎・・・・・・・・・・・・・・・278 | 大日本国民修養会・・・・・252頁右 |
| 震災予防調査会・・・・・・・・・・2003 | 駿山之樵史・・・・・・・・・・・・・・2245 | 大日本水産会・・・・・・・・・246頁左 |
| 新見正朝（政友入道）・・・・・・1520 | | 大日本帝国議会誌刊行会 ・・・・・・・・・・・・・・・・・・・・249頁左 |
| | 【せ】 | |
| 【す】 | 井義・・・・・・・・・・・・・・・・・・・・1145 | 大日本帝国陸地測量部・・・・1021 |
| 水産博覧会・・・・・・・・・・・・・・1953 | 政表課・・・・・・・・・・・・・・・・・・1994 | 第四回内国勧業博覧会事務局 ・・・・・・・・・・・・・・・・・・・・・・・1962 |
| 鄒守益・・・・・・・・・・・・・・1449,1450 | 清宮秀堅・・・・・・・・・・・・・・・・・416 | 台湾総督府官房文書課 |

| | | |
|---|---|---|
| ………………1581, 2136 | たちばなよしひら………2295 | 陳選………………216 |
| 台湾総督府製薬所……2019, 2028 | 立野春節（蓬生巷林鷦）471, 1641 | 陳兆麒………………1436 |
| 台湾総督府民政局殖産課…1919 | 辰巳小二郎………255頁左 | 沈徳潜………………1456 |
| 田内三吉………………1147 | 辰巳豊吉………253頁左 | 陳傅良………………1541 |
| 多賀鯎………………1346 | 伊達宗城………………1214 | 陳邦瞻………………734, 735 |
| 高井蘭山………………907, 908 | 伊達宗徳………………1374 | 枕流………………1350 |
| 高木豊三………………1776, 1823 | 田所美治………………380 | 【つ】 |
| 高木正勝………………977 | 田中参………………1429 | |
| 高崎胤子………………1133 | 田中巴之助（智学）…122, 324 | 塚越芳太郎……………1301 |
| 高崎正風…1133, 1210, 1303, 1415 | 田中福馬………………1574 | 冢田大峯（虎）……………191 |
| 高沢忠義………………667 | 田中有美………………802 | 津久井清影………1110, 1112 |
| 高嶋嘉右衛門……234～238 | 田中芳男………………1938, 1946 | 佃信夫………………1580 |
| 高田早苗………255頁左 | 田中頼庸………………17 | 辻士革………1832, 1835, 1836 |
| 高田道見（墻外道見）…138 | 田中霊鑑………………132 | 辻新次………………1604 |
| 高田成美………………1334 | 田辺新七郎……………519 | 辻盛令………………1351 |
| 高田義甫………………446, 447 | 谷寛得………………479, 480 | 津田梧岡（鳳卿）………183 |
| 高橋景保………………1160 | 谷重遠（秦山）…64, 602, 1424 | 土田泰………………799 |
| 高橋龍雄………………354 | 谷千生………………1190 | 土屋型………………212 |
| 高橋達郎………………103, 1792 | ダニール（駝㥄㥄）……744 | 都筑馨六………253頁左 |
| 高橋富兄………………1320 | 田沼健………………1419 | 堤正勝………………453 |
| 高橋直記………………777 | 種松老人………………537 | 恒屋盛服………………1893 |
| 高橋閔慎………………179 | 田原禎次郎……………1606 | 常賀速水………………206 |
| 高本紫暝………………783 | 玉置良造………………1846 | 角田忠行………6, 474, 2207 |
| 高安蘆屋（蘆屋山人）…424 | 玉利喜造………………373 | 坪井九馬三……………630 |
| 高柳秀雄………………1414 | 田村維則………………556, 776 | 【て】 |
| 高山紀斎………………2025 | 【ち】 | |
| 高山昇………………26, 1404 | | 程頤………………181 |
| 瀧大吉………………2038 | 智旭………………199 | 鄭右十郎………………1770 |
| 滝沢清………………1074 | 千頭清臣………361, 363, 948 | 程栄………………224, 943 |
| 滝沢馬琴（曲亭主人）…1252, | 地誌課………………1082 | 鄭永寧………1840～1844 |
| 1275, 1288, 1294 | チャンバーレーン………442 | 帝国教育会………379, 381 |
| 田口卯吉……1852, 1931, 2143 | 忠勇顕彰会……………830 | 帝国軍人援護会…………1497 |
| 田口小作………………844 | 丁韙良（マーチン）……163 | 帝国修史会………249頁右 |
| 田口十平………………999 | 張景星………………737 | 帝国大学………………397 |
| 竹内帯陵（竹内日向守）…653, 704 | 趙大浣………………227 | 逓信省電気局………255頁右 |
| 武内常太郎……………1812 | 張湛………………240 | テーラー（泰魯児）……2018 |
| 竹尾次春（覚斎）………2267 | 張文成………………1474 | テイラー, アルマ・オー……175 |
| 竹添進一郎……………1667 | 張文柱………………945 | 出浦力雄………………1790 |
| 竹中邦香………………504 | 張溥………………733～735 | 手島堵庵………………329 |
| 建部遯吾………………343 | 長孫無忌………………1781 | 手島益雄………………772 |
| 太宰春台（純）…………190, 260 | 千代田里太郎…………2313 | 手塚光照………………1517 |
| 太政官第一局…………1882 | 陳殿………………725 | デフォレスト, ジョン……19 |
| 太政官翻訳係……………170 | 陳允安………………1436 | 寺石正路………………626 |
| 田尻与吉………………970 | 陳允中………………1436 | 寺門静軒………………2220 |
| 田代藤次郎……………1053 | 陳継儒………………736 | 寺師宗徳………679, 805, 1561 |
| 田代俊二………………960 | 陳澔………………257 | 寺田彦太郎……………10 |
| 多田南嶺………………1261 | 陳時毅………………1462 | 寺田実………………1849, 1850 |
| 立川焉馬（談洲楼）……2139 | 陳寿………………719 | 寺光忠………………245頁左 |
| 橘守部………………1251 | 沈書城………………1808 | 寺村敬止………………62 |
| 橘幸久（良水）…………102 | 陳仁錫………………719, 728 | 寺元婉雅………………1151 |

| | | |
|---|---|---|
| 田子翼（玉峰）……1427 | 殿木三郎……249頁右 | 中島蒿……316 |
| 田必成……239 | 外崎覚……832 | 長田厳寛……1099 |
| 電信局……1907 | 戸水信義……623 | 中田貞矩……974 |
| 【と】 | 富田双川……759 | 永田正吾……245頁左 |
| 杜預……214 | 富田高慶……864 | 永戸貞……1065 |
| 土井有恪……721 | 富永定太郎……2099 | 中西牛郎……868 |
| 董其昌……736 | 富永退蔵……1055 | 中西正樹……1116 |
| 東嶺……129 | 鳥谷部銑太郎……2200 | 長沼宗敬（澹斎）……2069 |
| 洞院公賢……2186 | 外山正一……387,1416,2124 | 中根重一……1534 |
| 洞院実熙……2186 | 富田永世……1052 | 中根淑……1094 |
| トゥエイン，マーク……1478 | 豊原稲丈……1492 | 中根雪江……544 |
| 総監府鉄道管理局……1901 | 豊原又三郎……253頁右 | 中野虎三……795 |
| 東京市役所市史編纂係……1070 | 鳥尾小弥太（得庵）……247, 314,2205 | 中野宗宏……1908 |
| 東京市役所総務部教育課……384 | | 中野了随……247頁左 |
| 東京大学医学部……399 | 【な】 | 長松幹（子固）……1423 |
| 東京大学法理文三学部……401 | 内閣官報局……1721 | 永峰秀樹……1531,1810,2276 |
| 東京大学予備門……402 | 内閣記録局……2179 | 中村秋香……1308 |
| 東京帝国大学文科大学史料編纂掛……683,684 | 内閣統計局……1987, 1992,1993,2021 | 中村敬太郎……1563 |
| | | 中村経年……230 |
| 東京日日新聞……993 | 内閣法制局……1713 | 中村正直……163,186,293,309 |
| 東京日日新聞政治部……249頁左 | 内国勧業博覧会事務局・1962,1963 | 永元愿蔵……815,1208,1854 |
| 東京府第一中学校……408 | 内藤耻叟（正直）……337,388,488 | 長屋重名……775 |
| 東京府内務部第三課……385 | 内藤弥……52 | 永山近彰……623 |
| 東郷中介……843 | 内務省……1878 | 名倉亀楠（香夢亭桜山）……247頁左 |
| 東条琴台（耕子蔵）……817 | 内務省社寺局……1691 | |
| 灯台局……1899 | 内務省図書局……2178 | 浪華好華堂主人……597 |
| 東沢……1096 | 内務省地方局……1493,1496 | 鍋田三善……2196 |
| 同文館編輯部……1990 | 内務省地理局……1999 | 並木韶……250 |
| 東洋経済新聞社……1930 | 内務省地理局測量課……1027 | 名村泰蔵……1811,1828,1830 |
| 冨樫昧渓……108 | 那珂梧桜……457 | 成田与作……1633 |
| 冨樫譲（黙恵）……108 | 長井定宗……500 | 成田五十穂……1935 |
| 戸川残花……803 | 中井弘（桜洲山人）……1159 | 成島柳北……1461,2190,2210 |
| 戸川安宅……499 | 中井孫治……965 | 成瀬仁蔵……376 |
| 徳川綱条（源綱条）……483 | 中江兆民（篤介）……176 | 難波常雄……942 |
| 徳川斉昭……277,1401 | 長尾無墨……156 | 南部草寿……1240 |
| 徳川治保（源治保）……483 | 中尾義稲……1399 | 南部法隆寺……2115 |
| 徳川光圀（源光圀）……483 | 長岡護孝……838 | |
| 徳三……2228 | 中垣孝雄……270 | 【に】 |
| 徳大寺公弘……364 | 中上川彦次郎……1665 | 新山荘輔……1942 |
| 徳富猪一郎……885, 1611,246頁左 | 中川自休（望南亭）……1324 | 二階堂保則……2021 |
| | 中川積古斎泉寿……1891 | 西周……360 |
| 徳富健次郎……1266 | 長川新吾……1773 | 西沢之助……1579,1588,1627～1629 |
| 戸磴哲夫（磴允明）……945 | 長崎省吾……1505 | |
| 図書出版会……329 | 長沢盛至……960 | 西内成郷……48 |
| 戸田幹……625 | 中沢道二……331 | 西河称……669 |
| 戸田十畝……248頁左 | 中島歌子……1372 | 西阪成一……1354 |
| 栃木県内務部第一課……1049,1989 | 永嶋謙……229 | 西野古海……446,447,977 |
| トッド，アルフュース……251頁右 | 中島広足……1161 | 西村茂樹（鼎）……305, 306,336,745,749,1354,246頁右 |
| 舎人親王……493～496 | 中島博光……23 | 西村隼太郎……546 |

| | | |
|---|---|---|
| 日光御役所 | 1658 | |
| 日新堂 | 2318 | |
| 新渡戸稲造 | 303 | |
| 蜷川龍夫 | 355 | |
| 二宮熊次郎 | 1481,247 頁左 | |
| 二宮尊親 | 1369 | |
| 二宮尊徳 | 1369 | |
| 日本戦史編纂委員会 | 2104 | |
| 日本独逸学協会 | 751 | |
| 仁礼敬之（毛鉄） | 2093 | |
| 丹羽庄兵衛 | 2109 | |

【ね】

| | |
|---|---|
| 根岸直利 | 548 |
| 根岸守信 | 2253 |
| 根津一 | 1567,1623 |
| 根本通明 | 207 |

【の】

| | |
|---|---|
| 農商務省 | 1918,1923 |
| 農商務省総務局報告課 | 1995 |
| 農商務省地質調査所 | 2008 |
| 農商務省農務局 | 1921,1950,2009 |
| 農商務省博覧会掛 | 2122 |
| 衲瑞巌 | 2137 |
| 農務局 | 1975,1976 |
| 農務省農務局 | 1997 |
| 納蘭性徳（成徳） | 204 |
| 野口勝一 | 549,811 |
| 野口竹次郎 | 1226,1612 |
| 野崎左文 | 1068 |
| 野崎城雄 | 1084 |
| 野田剛 | 249 頁右 |
| 野中準 | 335,855,1883 |
| 野間五造 | 247 頁左 |
| 野村伝四郎 | 1220 |

【は】

| | |
|---|---|
| ハーシェル（侯失勒約翰） | 2001 |
| パーリー | 1477 |
| 裴松之 | 719 |
| 梅花道人 | 1417 |
| 拝郷蓮茵 | 1409 |
| 梅誕生 | 1168 |
| 梅亭金鵞 | 2120 |
| 煤田開採事務係 | 2040 |
| ハウトン | 1508 |
| 芳賀八弥 | 884,246 頁右 |
| 芳賀真咲 | 1179 |
| 芳賀矢一 | 288,1189 |

| | |
|---|---|
| 萩野由之 | 430 |
| 萩原裕 | 532 |
| 萩原源太郎 | 2270 |
| 萩原正太郎 | 786 |
| 博文館編輯局 | 2286 |
| 橋井尊二郎 | 1093 |
| 橋爪貫一 | 1119 |
| 橋本稲彦（源稲彦） | 1180 |
| 長谷川静義 | 30 |
| 長谷川雪旦 | 1036 |
| 秦鼎 | 718,2155 |
| 畠山健 | 2199 |
| 畠中哲斉 | 2171 |
| 波多野承五郎 | 1935 |
| 羽田野敬雄（栄木廼舎） | 38 |
| 八詠楼主 | 1473 |
| 八文字自笑 | 1263 |
| 服部因徹 | 2157 |
| 服部応賀 | 1062 |
| 服部誠一 | 1072 |
| 服部徹 | 1955 |
| 服部雄節 | 2152 |
| バトビー（婆督備） | 1827 |
| 鳩山和夫 | 1739,1742 |
| 垂涎子 | 1295 |
| 花房直三郎 | 1887 |
| 塙保己一 | 530,2188,2189,2190 |
| 馬場秀周 | 94 |
| 馬場文英 | 549,569 |
| 浜田健次郎 | 1892 |
| 浜田玄達 | 2027 |
| 浜野章吉 | 519 |
| 浜松歌国 | 933 |
| 早川恭太郎 | 2235,2246,2278 |
| 早川蒼淵 | 417 |
| 林厚徳 | 736 |
| 林嘉三郎 | 587 |
| 林鵞峰 | 491 |
| 林春斎（春斎林恕） | 446,618 |
| 林信言 | 644 |
| 林董 | 753,1538,1687 |
| 林立守 | 1199 |
| 林親良 | 1206 |
| 林徳行 | 1622 |
| 林正明 | 1536,1869,248 頁右, 252 頁左 |
| 林正躬 | 249 頁右 |
| 林甕臣 | 1191 |
| 林羅山（道春） | 231,242,252 |
| 林田亀太郎 | 245 頁右, 253 頁左 |

| | |
|---|---|
| 原公道（原善公道） | 816 |
| 原三右衛門（徳斎原義） | 2214 |
| 原徳斉 | 818 |
| 原友軒 | 572 |
| 原田擣三（槎盆子） | 1047 |
| 原田道義 | 546 |
| パルグレーヴ，レジナルト | 245 頁左 |
| 春山頼母 | 82 |
| 范成大 | 1154 |
| 范祖禹 | 739 |
| 阪正臣 | 1303 |
| 范曄 | 717 |
| 半沢玉城 | 247 頁右 |
| 半谷清寿 | 2252 |
| 半渓漁老 | 861 |
| 伴林光平（六郎） | 1141,1242 |

【ひ】

| | |
|---|---|
| ビーデルマン，カル | 1537 |
| 東久世通禧 | 317,449,468,802 |
| 東坊城徳長 | 642 |
| 日賀多信順 | 1698 |
| 樋口秀雄 | 253 頁左 |
| 樋口峰子 | 2177 |
| 彦坂諶照 | 68 |
| 彦根正三 | 477,245 頁右 |
| 土方久元 | 523,1467 |
| 樋田魯一 | 1951 |
| 日高誠実 | 563 |
| 畢沅 | 251 |
| 樋畑正太郎 | 972 |
| ビュフヲン | 266 |
| 馮琦 | 734 |
| 平井義十郎 | 1770 |
| 平尾歌子 | 1430 |
| 平尾亨（鋉蔵） | 1430 |
| 平賀義質 | 1795,1839 |
| 平田篤胤（平篤胤） | 32,461,462,463 |
| 平田勝馬 | 2090 |
| 平田鉎胤 | 85,463 |
| 平田東助 | 1558,1686,1813 |
| 平田延篤 | 425 |
| 平田延胤 | 1435 |
| 平田久 | 1516,1727 |
| 平田盛胤 | 2207 |
| 平塚篤 | 254 頁左 |
| 平出鏗二郎 | 1530 |

| | | |
|---|---|---|
| 平野玄仲 | 943 | |
| 平野学 | 249頁右 | |
| 平山省斎 | 96〜98 | |
| 広池千九郎 | 43,44 | |
| 広岡宇一郎 | 254頁右 | |
| 広沢知慎（勝） | 2125 | |
| 広沢安任 | 2342 | |
| 広瀬旭荘（謙） | 940 | |
| 広瀬憙六 | 250頁右 | |
| 広瀬武夫 | 1148 | |
| 広瀬乗信 | 415 | |
| 広田金兵衛（常善） | 1360 | |
| 弘田長 | 2027 | |
| 弘田直衛 | 247頁右 | |
| 弘津説三（黙地説三） | 810 | |
| 広成 | 65 | |

## 【ふ】

| | |
|---|---|
| フエロノサ, エルネスト・エフ | 2119 |
| 深井英五 | 1611 |
| 深井鑑一郎 | 271 |
| 福井茂兵衛 | 2176 |
| 福沢諭吉 | 1120, 1124, 1529, 1620, 1664, 1665, 2239, 2279 |
| 福島安正 | 1147 |
| 福住正兄 | 333, 1057, 1186, 1858 |
| 福田滋次郎 | 274 |
| 福地家良 | 1783 |
| 福地源一郎（桜痴居士） | 851, 867, 2065 |
| 福地万世 | 742 |
| 福羽逸人 | 1332 |
| 福羽美静（硯堂） | 73, 348, 898, 1220, 1305, 1728 |
| 福本誠 | 2273 |
| 藤長年 | 903 |
| 藤井乙男 | 1169 |
| 藤井清司 | 59 |
| 藤井徹 | 1938 |
| 藤井誠 | 251頁左 |
| 藤岡作太郎 | 1530 |
| 藤沢南岳 | 1108 |
| 藤沢恒 | 587 |
| 藤沢利喜太 | 252頁左 |
| 藤田一郎 | 92, 287, 1514, 1556, 1592, 1865 |
| 藤田誠之進 | 655 |
| 富士谷御杖 | 1138 |

| | |
|---|---|
| 藤野房次郎 | 731, 2106 |
| 伏見釻之助 | 909 |
| 藤森天山 | 728 |
| 藤原明衡 | 1429 |
| 藤原葛満 | 1241 |
| 藤原定家 | 1352, 1353 |
| 藤原時平 | 466 |
| 藤原冬嗣 | 492 |
| 藤原正臣 | 715 |
| 藤原通俊 | 1344 |
| 藤原基経 | 503 |
| 藤原守光（桂花園） | 1048 |
| 藤原良房 | 471 |
| 布施矩道 | 304 |
| 仏教大系刊行会 | 153 |
| 船曳鉄門 | 625 |
| プラサルタイトラル, アレキサンダル（辣撒載多拉） | 749 |
| プラン, ゼヨン（約翰布蘭） | 1666 |
| フランツ（仏郎都） | 1772 |
| ブリッジマン（裨治文） | 1125 |
| 古川茂正 | 1065 |
| 古河辰 | 1136 |
| 古川宣誉 | 1153 |
| 古沢滋 | 1550 |
| 古田新六 | 253頁右 |
| ブルンチュリー（ブルンチェリー, ブルンチリ） | 1534, 1558, 1768, 1773, 1774, 1814, 251頁左 |
| 貌羅撒 | 1908 |
| ブロケット, エル・ピー | 747 |
| ブロッホ | 2042 |
| 文震孟 | 220 |

## 【へ】

| | |
|---|---|
| 薛応旂 | 728 |
| 逸見仲三郎 | 795, 1239, 1185, 1229〜1231 |
| 米国聖書会社 | 172 |
| ベリーム | 1776 |
| ベルク（珀爾偦） | 745 |
| ベンサム | 1777 |
| ヘンリー | 1531 |

## 【ほ】

| | |
|---|---|
| ボアソナード（傑・博散徳） | 1741, 1752, 1760, 1784, 1828〜1831, 1932 |
| 茅坤 | 263 |

| | |
|---|---|
| 法雨庵（老仙生） | 1350 |
| 法制局 | 1714 |
| ホーセット, ヘヌリ | 1487 |
| 北豊山人 | 575 |
| 保勲会 | 607, 2107 |
| 星松三郎 | 1569 |
| 星島良平 | 90 |
| 細井徳昌 | 2236 |
| 細井平洲 | 328 |
| 細井肇 | 247頁右, 253頁左 |
| 細川潤次郎（十洲） | 174, 428, 747, 806, 1515, 1523, 1650, 1716, 2184, 2185, 252頁左, 255頁左 |
| 細川広世 | 249頁左 |
| 細川幽斎（玄旨） | 1382 |
| ホッブス（払波士） | 1694 |
| 穂積八束 | 264, 1737 |
| 堀真琴 | 247頁右 |
| 堀江八郎 | 2097 |
| ボルク, エドマンド | 1535 |
| ポルセール | 1598 |
| ボローウェー, シー | 115 |
| 本因坊元丈 | 2166 |
| 本因坊秀和 | 2158 |
| 本因坊丈策 | 2167 |
| 本願寺室内部 | 1411 |
| 本松斎一得 | 2145 |
| 本田豊 | 1041 |
| 本間酉水 | 322 |
| 翻訳委員社中米国聖書会社 | 173 |

## 【ま】

| | |
|---|---|
| マーチン | 253頁右 |
| マイエット, ペ（マエット, ペ） | 1499, 1887 |
| 前田慧雲 | 124 |
| 前田正名 | 1964 |
| 曲木如長 | 1785, 1800 |
| 牧金之助 | 1296 |
| マキアヴェリ | 753 |
| 蒔田愛敬 | 1094 |
| マクラウド | 1852 |
| マクラレン, エス・ジイ | 169 |
| 升形活字所 | 1075 |
| 馬杉繁 | 724, 768 |
| 益子忠信 | 1998 |
| 増田于信 | 1239 |
| 増田希哲 | 723 |
| 増田貢 | 727 |
| 又間安次郎 | 1608 |

| | | |
|---|---|---|
| 町田能雄 | 1877 | |
| 町田柳塘（楓村居士） | 1272 | |
| 松井広吉 | 472 | |
| 松石安治 | 2097 | |
| 松井鐙三郎 | 1042 | |
| 松井広吉 | 246頁右 | |
| 松浦道輔 | 593 | |
| 松浦詮 | 596, 1407 | |
| 松浦厚 | 703, 1972, 1973 | |
| 松浦静山 | 2213 | |
| 松隈義旗 | 608 | |
| 松江顕三 | 1422 | |
| 松岡康毅 | 1736 | |
| 松岡広之 | 1897 | |
| 松木董宣 | 1292 | |
| 松崎尭臣 | 2225 | |
| マツサビヲ | 1823 | |
| 松下郡高 | 104 | |
| 松下見林 | 509 | |
| 松島剛 | 996 | |
| 松田晋斎 | 1620 | |
| 松田敏足 | 39, 1577 | |
| 松平定信（楽翁） | 1315, 1316, 1317, 2209, 2221 | |
| 松平直亮 | 1148, 2195 | |
| 松平頼亮 | 516 | |
| 松平頼寛 | 516 | |
| 松永昌易 | 181, 198, 215, 257 | |
| 松並正名 | 1333 | |
| 松野尾章行 | 842 | |
| 松野尾儀行 | 842 | |
| 松原新之助 | 1948 | |
| 松村操 | 501 | |
| 松本愚山（慎） | 194 | |
| 松本順 | 2033 | |
| 松本正之介 | 1859 | |
| 松本弘蔭 | 1385 | |
| 松本万年 | 528, 1504 | |
| 松本貢 | 302 | |
| 松本愛重 | 612 | |
| 馬屋原二郎 | 1793, 1803 | |
| 繭糸織物陶漆器共進会 | 1977〜1979 | |
| 丸毛直利 | 1771 | |
| 丸山正彦 | 866 | |
| 万多親王 | 903 | |

【み】

| | |
|---|---|
| 三浦茂正 | 604 |
| 三浦竹渓 | 228 |
| 三浦千春 | 1100 |
| 三浦浩天 | 1608 |
| 三上参次 | 437, 567, 812, 875 |
| 三神礼次開雲 | 337 |
| 美甘政和 | 34 |
| 御巫清直 | 28 |
| 三木（三樹）五百枝 | 573, 2207 |
| 三木光斎 | 966, 985, 2110 |
| 三樹胖 | 849 |
| 御子柴留三郎（龍城） | 1470 |
| 三崎民樹 | 83 |
| 三島毅（中洲） | 736, 1451 |
| 三島通良 | 2027 |
| 水田南陽（南陽外史, 水田栄雄） | 2281 |
| 水野正連 | 1958 |
| 三井家編纂室 | 2180 |
| 箕作阮甫 | 1125 |
| 箕作麟祥 | 267〜269, 1806, 1817, 1826, 1832〜1836 |
| 三土忠造 | 1189 |
| 三橋淳 | 947 |
| 光増重健 | 1825 |
| 光吉荒次郎 | 2305 |
| 水戸市教育会 | 1249 |
| 南里俊陽 | 1039 |
| 南橋散史 | 1047 |
| 源稲彦 | 903 |
| 源順 | 1173 |
| 源隆国 | 1238 |
| 源忠彦 | 895 |
| 源世昭 | 1469 |
| 源頼矩 | 467 |
| 峰村源助 | 784 |
| 宮川建雄 | 78 |
| 宮城三平（盛至） | 1109 |
| 三宅観瀾（緝明） | 1582 |
| 三宅虎太 | 248頁右 |
| 三宅秀 | 2018, 2033 |
| 宮崎幸麿 | 771, 923 |
| 宮崎三之介 | 249頁右 |
| 宮崎晴瀾 | 948 |
| 宮沢六郎 | 1502 |
| 宮地厳夫 | 12, 1557, 2053, 2271 |
| 宮島幹之助 | 2015 |
| 宮本元球（仲笏） | 561, 1090 |
| 宮本俊又 | 1998 |
| 宮脇通赫 | 979, 1442, 1449, |
| 茗荷房吉 | 253頁左 |
| ミル（弥爾） | 1563, 1810 |

| | |
|---|---|
| 三輪義方 | 428, 1644 |
| 民友社 | 1607 |
| 明有文長良 | 629 |

【む】

| | |
|---|---|
| ムールロン | 1837 |
| 夢花居士 | 1473 |
| 無何有郷主人 | 782 |
| 無声洞山人 | 2285 |
| 夢窓疎石 | 143 |
| 牟田口元学 | 1585 |
| 陸奥宗光 | 1616 |
| 村井正宣 | 2109 |
| 村岡美麻（穀城） | 2257 |
| 村岡良臣 | 2257 |
| 村岡良弼（櫟斎） | 1129, 1134, 1463, 2257, 2259 |
| 村垣素行 | 1998 |
| 村上忠浄 | 1356 |
| 村上忠順 | 1326, 1356, 1400, 1410 |
| 村上円方 | 1395 |
| 村上義茂（茂亭） | 744 |
| 村上義徳（明堂） | 744 |
| 村越宝林 | 1527 |
| 紫式部 | 1235 |
| 村瀬誨輔（季徳） | 718, 1440, 1455, 1458 |
| 村瀬兼太郎 | 2215 |
| 村瀬秀甫 | 2148, 2174 |
| 村田保 | 1754, 1787 |
| 村田峰次郎 | 770, 2198 |
| 村田良穂 | 1032 |
| 村山政栄（延長） | 1420 |
| 村山恒二郎 | 1358 |
| 村山松根 | 1322 |
| 室田義雄 | 1903 |
| 室松岩雄 | 1222, 1223, 2207, 2215 |

【め】

| | |
|---|---|
| メイ, トマス・オルスキン（多摩斯阿爾斯京理） | 1788, 1789, 252頁左 |
| 明義雑誌社 | 1859 |
| 明治皇后 | 1365 |
| 明治天皇 | 1365 |
| 明法寮 | 1640, 1805 |
| 目賀田種太郎 | 1866 |
| メストル, ジョセフ・ド | 1775 |

【も】

| | | |
|---|---|---|
| 茂木充実 ····· 7,95 | 矢野顕蔵 ····· 820 | 湯浅常山（新兵衛元禎）· 554,555 |
| 物集高量 ····· 469 | 矢野政二 ····· 255頁右 | 結城顕彦 ····· 1457 |
| 物集高見 ····· 498,1528 | 矢野達太郎 ····· 1452 | ユーゴー，ビクトル ····· 1476 |
| 望月二郎 ····· 2302 | 矢部積蔵 ····· 253頁右 | 弓削元直 ····· 1066 |
| 望月馬太郎 ····· 2112 | 山井道子 ····· 309 | 湯本武比古 ····· 289, |
| 本居内遠 ····· 1642 | 山内岩雄 ····· 280 | 319,358,359,2240 |
| 本居豊穎 ····· 83,1222 | 山鹿素行（高祐）····· 2056, | 湯本文彦 ····· 888 |
| 本居宣長 ····· 37,459,1187,1188 | 2057,2067,2068,2222 | 湯山成三 ····· 2254 |
| 元田永孚 ····· 351 | 山県昌蔵 ····· 831,877 | 【よ】 |
| 本野一郎 ····· 252頁右 | 山口笑昨 ····· 2294 | |
| 百島冷泉 ····· 1482 | 山口惣兵衛 ····· 1551 | 楊亭 ····· 1426 |
| 森鷗外（林太郎）····· 1553 | 山口珠一 ····· 677 | 姚培謙 ····· 737 |
| 森熊五郎 ····· 978 | 山口造酒 ····· 2050 | 楊倞 ····· 212 |
| 森慶造（大狂）····· 125 | 山越忍空 ····· 157 | 横井顕行 ····· 960 |
| 森晋太郎 ····· 2095,2096 | 山崎闇斎（嘉）····· 201, | 横井時雄 ····· 2204 |
| 森順正 ····· 1760 | 233,241,245,253 | 横山由清 ···· 898,1367,1650,1728 |
| 守川捨魚 ····· 1350 | 山崎金吾 ····· 1098 | 吉岡徳明 ····· 1525 |
| 森口繁治 ····· 247頁右, | 山崎直方 ····· 2010 | 吉岡頼教 ····· 2243 |
| 248頁右 | 山崎直胤 ····· 255頁左 | 吉川賢太郎 ····· 42 |
| 森田思軒 ····· 1476 | 山崎美成 ····· 761,2128 | 芳川俊雄 ····· 747 |
| 森本厚吉 ····· 949 | 山路愛山 ····· 606,613 | 吉田清成 ····· 1782 |
| 森本駿 ····· 748 | 山階宮晃親王 ····· 1327 | 吉田庫三 ····· 2203 |
| 文部省 ····· 283, | 山科道安 ····· 642 | 吉田東伍 ····· 582 |
| 284,312,313,390,392,394,406, | 山田安栄 ····· 2308 | 吉田豊吉 ····· 1479 |
| 1772 | 山田稲子 ····· 539 | 吉田寅次郎 ····· 705 |
| 文部省直轄大坂中学校 ····· 410 | 山田維則 ····· 1197 | 吉田徳明 ····· 86 |
| 文部省普通学務局 ····· 403 | 山田準（済斎）····· 1450 | 吉野作造 ····· 245頁左, |
| 文部大臣官房図書課 ····· 1194 | 山田武太郎 ····· 758 | 247頁左 |
| 文部大臣官房報告課 ····· 391 | 山田伯竜 ····· 2110 | 芳村正秉 ····· 89,912,935 |
| | 山田準 ····· 880 | 吉村正義 ····· 1667 |
| 【や】 | 山田徳明 ····· 2280 | 依田貞継 ····· 826 |
| 矢尾板梅雪 ····· 2233 | 山中古洞 ····· 837 | 依田百川（学海）····· 785,826 |
| 柳下士興 ····· 2020 | 山内豊房 ····· 1347 | 依田美狭古 ····· 377 |
| 矢嶋椿齢 ····· 1651,1652 | 山内豊敷 ····· 1347 | 米津鎌次郎 ····· 1097 |
| 八代国治 ····· 430 | 山内豊雍 ····· 1347 | 【ら】 |
| 矢代操 ····· 1825 | 山内規重 ····· 365 | |
| 安井息軒（衡）····· 184,2219 | 山桝儀重 ····· 252頁右 | 喇沙里 ····· 186 |
| 安江信 ····· 183 | 山本育太郎 ····· 1630 | 頼山陽（頼襄子成）····· 227, |
| 安川繁成 ····· 1666 | 山本喜六 ····· 2168 | 497,1447 |
| 安田照矩（源照矩）····· 467 | 山本邦彦 ····· 1422 | 洛下百芽 ····· 967 |
| 保田東潜 ····· 1965 | 山本惟孝 ····· 1564 | ラードゲン ····· 1856 |
| 安永梧郎 ····· 853 | 山本修三 ····· 1224 | ラヘリエル（ラフエル・エール， |
| 八宮斎 ····· 304 | 山本勝月 ····· 453 | ラヘリモル） |
| 八名賢逸 ····· 569 | 山本比呂伎 ····· 1,74,350 | ····· 1796,1785,255頁左 |
| 柳河春蔭 ····· 742,1851,1943 | 山本政之助 ····· 785 | ランマン，チャールス ····· 1782 |
| 柳田幾作 ····· 1667 | 山本由方 ····· 1959 | 【り】 |
| 柳田友広 ····· 1464,1465 | 山脇玄 ····· 1768,1814 | |
| 柳瀬貞重 ····· 694 | 【ゆ】 | 李賢 ····· 717 |
| 矢野龍渓 ····· 1593 | | 李光縉 ····· 720 |
| 矢野口三郎 ····· 1206 | | 李光祚 ····· 1432 |

| | | |
|---|---|---|
| 李鴻藻・・・・・・・・・・・・・・・ 209 | 呂元調・・・・・・・・・・・・・・・ 1162 | 亜力）・・・・・・・・・・・・・・・ 2001 |
| 李光地・・・・・・・・・・・・・・・ 210 | 呂祖謙・・・・・・・・・・・・ 185,739 | 若山儀一・・・・・・・・・・ 112,1818 |
| 李贄・・・・・・・・・・・・・・・・・ 945 | 呂耀曽・・・・・・・・・・・・・・・ 1118 | 脇田順和・・・・・・・・・・・・・ 2129 |
| 李春芳・・・・・・・・・・・・・・・ 1431 | 凌稚隆・・・・・・・・ 711,712,720 | 脇田堯惇・・・・・・・・・・・・・ 130 |
| 李善蘭・・・・・・・・・・・・・・・ 2001 | 了慧・・・・・・・・・・・・・・・・・ 129 | 鷲雄左衛門・・・・・・・・・・・ 217 |
| 李廷機・・・・・・・・・・・ 1442,1449 | 良野平助（良芸之）・・・・・ 1162 | 早稲田大学編集部・・・・・・・ 732 |
| 李鳳苞・・・・・・・・・・・・・・・ 415 | 緑亭主人・・・・・・・・・・・・・ 789 | 渡瀬常吉・・・・・・・・・・・・・ 161 |
| 李幼武・・・・・・・・・・・・ 938,941 | 林雲銘・・・・・・・・・・・・・・・ 225 | 渡辺重石丸（豊城）・・・・・ 1198 |
| リーバー（李抜）・・・・・・・ 1687 | 林鉞国・・・・・・・・・・・・・・・ 1162 | 渡辺伊豆太郎・・・・・・・・・ 1198 |
| 陸賈・・・・・・・・・・・・・・・・・ 221 | 臨時台湾旧慣調査会・・・ 1605,1807 | 渡辺市太郎・・・・・・・・・・・ 1626 |
| 陸奎勳・・・・・・・・・・・・・・・ 737 | 【れ】 | 渡辺元吉・・・・・・・・・・・・・ 383 |
| 陸徳明・・・・・・・・・・・・ 214,259 | レオン，レブィー・・・・・・・ 1931 | 渡辺修二郎・・・・・・・・ 559,584 |
| 陸務観・・・・・・・・・・・・・・・ 1155 | レザム，ベーリー・アルザル 1851 | 渡辺醇之助・・・・・・・・・・・ 1499 |
| 栗園主人・・・・・・・・・・・・・ 116 | レロアボーリュー・・・・・・・ 1882 | 渡辺正順・・・・・・・・・・・・・ 1898 |
| 陸軍省・・・・・・・ 954,2073〜2075 | 【ろ】 | 渡辺刀根次郎・・・・・・・・・ 1198 |
| 陸軍部・・・・・・・・・・・・・・・ 2049 | ロエスレル（リヨースレル）・ 751 | 渡辺村男・・・・・・・・・・・・・ 1413 |
| 陸地測量部・・・・・・・・・・・ 987 | 六条定光・・・・・・・・・・・・・ 1216 | 渡辺約郎・・・・・・・・・・・・・ 1780 |
| リトン・・・・・・・・・・・・・・・ 1483 | 露国政府・・・・・・・・・・・・・ 1607 | 渡辺世祐・・・・・・・・・・・・・ 763 |
| 劉義慶・・・・・・・・・・・・・・・ 945 | ロリュー・・・・・・・・・・・・・ 1771 | 渡六之助・・・・・・・・・・・・・ 752 |
| 劉向・・・・・・・・・・・・・・ 224,943 | ロング・・・・・・・・・・・・・・・ 1795 | |
| 劉孝標・・・・・・・・・・・・・・・ 945 | 【わ】 | |
| 柳斎重春・・・・・・・・・・・・・ 597 | ワイスマン・・・・・・・・・・・ 2013 | |
| 劉昭・・・・・・・・・・・・・・・・・ 717 | ワイリー，アレクサンダー（偉烈 | |
| 劉辰翁・・・・・・・・・・・・・・・ 945 | | |
| 立知静・・・・・・・・・・・・・・・ 1115 | | |
| 柳亭種彦・・・・・・・・・・・・・ 1273 | | |

## 佐佐木高美旧蔵洋書索引

書　名　索　引……*295*
編著者名索引……*300*
行忠旧蔵洋書索引……*303*

# 佐佐木高美旧蔵洋書

# 書名索引

・本索引は、書名（タイトル）をアルファベット順に配列した。
・全集については、各巻の書名（タイトル）も記した。

## 【A】

A.L.Lyrico and Poem Lord ················ I-44
The Adventure of Oliver Twist also Pictures from Italy and American Notes ················ I-11
The Adventure of Philip ················ I-40
Adventures of Don Quixote ················ I-9
The Adventures of Joseph Andrews ········ I-23
Advice to a Wife on the Management of Her own Health ················ T-1
An Almanack ················ Q-2
An Analysis of Austin's Lectures on Jurisprudence ················ O-31
Analysis of Civil Government ················ N-41
Ancient Law ················ O-17
Appleton's European Guide Book ············ G-6
Augustes Rodin ················ F-15
Austen,Jane ················ I-5

## 【B】

Baffled or English and Romantic Drama ····· I-30
Baker's Trade and Finance Annual,1886-1887 ················ P-6
Barnaby Rudge and Edwin Drood ·········· I-11
The Beginners of a Nation ················ P-7
A Biographical Dictionary vol.1～2 ········ F-1
Biographies of Celebrities for the people ····· F-2
The Black Dwarf and Old Mortality, Quentin Durward ················ I-37
Black's Guide to Paris and the Exhibiton of 1878 ················ G-5
Bleak House ················ I-11
Brasch and Rothenstein's Dictionary of Berlin 1883 ················ G-7
The Bride of Lammermoor and a Legend of Montrose, the Chronicles of the Canongate ················ I-37
A Brief Exposition of the Constitution of the United States ················ O-27
Brief German Grammar ················ H-8
British Constitution its History,Structure and Working ················ O-7
Burke Select Works ················ N-6

## 【C】

Called Back ················ I-10
Canada and the States Recollections 1851 to 1886. ················ A-11
Cardinal Wolsey ················ F-6
A Child's History of England ················ I-11
The Christmas Book of Mr.M.A.Titmarsh ···· I-40
Christmas stories and Reprinted Pieces ······ I-11
Collection of British Authors ················ I-36
Commentaries of the Constitution of the Empire of Japan ················ O-28
Commentaries on American Law vol.1～2 ················ O-30
Commentaries on the Lams of England vol.1～4 ················ O-6
Communism and Socialism in Their History and Theory ················ M-4
Considerations of Representative Government ················ N-29
Constitution of Canada ················ O-11
The Constitution of England ················ O-15
The Constitution of England ················ O-16
The Co-operative Commonwealth in It's Outlines;An Exposition of Modern Socialism ················ P-3
Cornell's High School Geography ············ G-1
Cosmopolitan Essays ················ A-10
Crown wild olive ················ I-43

## 【D】

Daniel Deronda ················ I-15
David Copperfield vol.1～2 ················ I-12
The Decameron ················ I-6
Democracy in America vol.1～2 ············ N-40
Democracy in Europe vol.1～2 ············ N-27
A Devoult Lover, a Novel ················ I-8
Diary and Letters of Madame D'Arblay I ···· I-1
A Diary of Two Parliaments 1874-1880 ····· N-24
A Diary of Two Parliaments 1880-1885 ····· N-25
Dictionary of Idiomatic English Phrases ····· H-4
Dombey and Son ················ I-11
Dora Thorne ················ I-13

A Dream and a Forgetting ･････････････････ I-24

【E】

East and West, A journey in the recess ･････ G-9
East Lynne ･･････････････････････････････････ I-42
The Elementary Education Act Popularly Explained ････････････････････････････････････ D-1
Elementary Politics ･･････････････････････ N-31
Elementary Treatise on Logic ･･････････････ C-4
Elements of International Law ･････････････ O-22
Elements of Moral Science ･････････････････ C-3
The Elements of Political Economy ･･････････ P-1
The Elements of Politics ･･･････････････････ N-36
Emma, a Novel ･･････････････････････････････ I-3
Encyclopaedia Britannica ･･････････････････ A-1
England and Russia in Asia ･･････････････ N-43
England Its People,Polity,and Pursuits. ･･････ A-5
England under Gladston ･･･････････････････ N-28
An English and Chinese Dictionary ･･･････････ H-2
The English Citizen, Foreign Relations ･･････ A-4
The English Citizen,Local Government ･･････ A-4
The English Citizen,the Electorate and Legislature ･･････････････････････････････････････ A-4
The English citizen,the National Debt and Taxes and Rates ･････････････････････････････ A-4
The English Citizen,the Poor Law ･･････････ A-4
The English Citizen,the State and Education ･･････････････････････････････････････ A-4
The English Citizen, the State in Its Relation with Trade ･････････････････････････････････ A-4
The English Citizen,the State in Relation to Labour ････････････････････････････････ A-4
The English Citizen,theLand Laws ････････ A-4
English Constitutional History ･････････････ N-38
English Grammar Including Grammatical Analysis ･･････････････････････････････････ H-6
The English Parliament in its transformations through a thousand years ････････････････ N-18
Epitome of Allison's History of Europe ･･････ E-4
An Epitome of History Ancient,Medieval,Modern ･･････････････････････････････････ E-2
Essays Introductory to the Study of English Constitutional History ････････････････ O-21
Europe in the Nineteenth Century ･････････ E-20
The Expansion of England,Two Courses of Lectures ･････････････････････････････ N-34

【F】

The Fair Maid of Perth, The Antiquary ･････ I-37
Familiar Latin Quotations and Proverbs ･････ H-7

The Federal Government ･･･････････････････ N-17
Felix Holt,the Radical ･････････････････････ I-16
The First History of Rome ･････････････････ E-34
First Lessons in Geography for Young Children ･････････････････････････････････ G-2
Fifty Years of the English Constitution 1830-1880 ･････････････････････････････････ N-1
First Platform of International Law ･････････ O-8
The Foreign Office List 1887, Forming a complete British Diplomatic and Consular Handbook with Maps ････････････････････････ N-45
The Fortunes of Nigel, Count Robert of Paris ･････････････････････････････････ I-37
The Free Trade Speeches of the Right Hon. Charles Pelham Villiers,M.P. ････････････ P-5
The French Revolutionary Epoch, Being a History of France vol.1 ～ 2 ････････････････ E-23

【G】

General History of Civilization in Europe ････ M-7
Germany Present and Past ･･････････････････ A-2
Goethe's Faust ････････････････････････････ I-34
The Government Class Book ･･･････････････ N-42
Great Expectations ････････････････････････ I-11
The Greville Memoirs vol.1 ～ 5 ･････････････ F-9
The Growth of British Policy vol.1 ～ 2 ･････ N-35
The Growth of the English Constitution from the Earliest Times ･･････････････････････ N-16
Guide to Iceland; a Useful Handbook for Travellers and Sportsmen ･････････････････････ G-8
Guide to the Royal Botanic Gardens and Pleasure Grounds, Kew ･････････････････････ R-2
Guy Mannering, Anne of Geiersten ･･･････ I-37

【H】

Handbook for Travellers in Scotland Fifth Edition ･････････････････････････････････ G-11
Handbook for Travellers in Turkey in Asia including Constantinople ･･････････････ G-12
Handbook of Republican Institutions in the United States of America ･････････････････････ N-4
A Handbook to Political Questions of the Day ･････････････････････････････････ N-7
Handbook to the Mediterranean ･････････････ G-13
Handelsgeschichte der Romanischen Völker des Mittelmeergebiets Bis Zum Ende der Kreuzzuge ･･････････････････････････ P-8
"Haydn's Dictionary of Dates and Universal Information relating to all ages and nations Nineteenth edition" ･････････････････････ E-1

Henry and Seventh ·················· F-7
Henry Esmond.Catherine Denis Duval and Lovel the Widower ················ I-40
Historical Course for Schools General Sketch of European History ·················· E-11
Historical Sketches of Statesmen who flourished in the time of George Ⅲ ············· F-4
History of Civilization in England vol.1 ～ 2 ·············································· M-6
The History of England from the Accession of James Ⅱ vol.1 ～ 3 ··············· E-25
The History of England from The Revolution to The Death of George the Second vol.1 ～ 5 ·············································· E-35
The History of England,from the invation of Julius Ceasar to the Revolution in 1688 vol.1 ～ 8 ·············································· E-18
A History of English Literature ········· I-2
The History of Florence and other works ··· E-26
History of France ··················· E-37
A History of Governments ············ N-11
A History of Governments ············ N-13
History of Greece ··················· E-36
History of India ···················· E-38
History of Liberty the Ancient Romans ···· E-10
A History of Modern Europe vol.2 ～ 3 ····· E-12
A History of Modern Europe, From the capture of Constantinople,1453,to the Treaty of Berlin,1878. ·············································· E-24
A History of Our Own Times vol.1 ～ 2 ····· E-30
The History of Pendennis ·············· I-40
History of The British Empire Ⅰ ············ E-8
History of The British Empire Ⅱ ············ E-9
The History of the English Constitution vol.1 ～ 2 ·············································· O-12
History of the French Revolution, From 1789 to 1814 ··························· E-31
History of the Jesuits ················· B-1
History of the Origin of Representative Government in Europe ·········· N-19
History of The Reign of George Ⅲ. to The Termination of The Late War vol.1 ～ 6 ········ E-6
A History of Thirty Year's Peace A.D.1816-1846 vol.1 ～ 4 ······················· E-29
A History of Toryismn ················ N-21
Holly Bible ························· B-2
The Holly Bible containing the Old and New Testaments ······················ B-5
How to read the money article, 1915 ······· P-10
How we are governed ················ N-15

【I】

The Imperial Parliament ·············· N-23
ImperialCollege of Engineering(Kobu-Dai-Gakko) Calendar ······················· D-2
International Law ··················· O-14
International Law ··················· O-18
International Policy, Essays of the Foreign Relations of England ··············· N-44
Interpretation of the life of Viscount Shibusawa, Tokyo ·························· F-14
Introduction to the Study of International Law ·············································· O-23
Italy,Present and Future Vol.2 in two volumes ·············································· A-6

【J】

John Halifax,Gentleman ··············· I-35

【K】

Kenilworth ························· I-37
Kent's Commentary on International Law ···· O-1
Key to the Progressive Practical Arithemetic ·············································· R-1

【L】

Latin-English and English-Latin Dictionary ··· H-1
The Law and Custom of the Constitution ···· O-3
Laws of the United States vol.1 ～ 2 ········ O-26
Leading Cases in Constitutional Law ······· O-20
Leasehold Enfranchisement ············ N-5
Lectures Introductory to the Study of the Law of the Constitution ·················· O-10
Ledge and Sons 1889 ················· I-4
The Life and Adventures of Baron Trenck ·· F-10
The Life and Adventures of Martin Chuzzlewit ·············································· I-11
Life and Times of Sir Robert Peel vol.1 ～ 4 ·············································· F-12
The Life of Edward Earl of Clarendon ······· F-5
Life of Mahomet ···················· B-4
The life of the bee ··················· R-3
Little Dorrit ························ I-11
Local Government and Taxation ·········· P-4
Local Option ······················· N-8
Lord Beaconsfield on the Constitution ······ N-12
Lord Lytton's Novels vol.1 ～ 24 ········· I-32,I-33

## 【M】

The Man Who Laughs vol.1k～2 ………… I-27
Manual of Latin Grammar and Composition ‥ H-5
A Manual of Parliamentary Practice ……… O-29
Map of Europe to accompany Appletons European Guidebook ………………… G-3
Memoirs of the Court of Elizabeth, Queen of England …………………………… F-3
The Memories of Barry Lyndon ………… I-40
The Merchant of Venice ………………… I-37
The Merchant of Venice ………………… I-38
Middlemarch A study of provincial life …… I-17
Mill of the Floss ………………………… I-18
Mill on the Floss ………………………… I-21
The Monastery, The Abbot ……………… I-37
Mrs.Putnam's Receipt Book ……………… P-9

## 【N】

Neuester Plan von Graz 1887 …………… G-4
The New British Constitution …………… N-3
New Guide to Modern Conversations in English ……………………………… H-3
The New Parliament ……………………… N-33
The Newcomes …………………………… I-40
The 19th Century, a History …………… E-27
Ninety-three ……………………………… I-25
Notes on England ………………………… A-9
Notre-Dame de Paris vol.1～2 ………… I-26
Novels of George Eliot, Adam Bede …… I-17
The Novels of Le Sage and Johnston …… I-29

## 【O】

The Old Curiosity Shop ………………… I-11
On Civil Liberty and Self-Government …… N-22
On Liberty ………………………………… N-30
Our Mutual Friend ……………………… I-11
Outlines of History Geographical and Historical notes and maps ………………… E-3
Outlines of the Mahayana as taught by Buddha ……………………………… B-3

## 【P】

The Paris Sketch Book of Mr.M.A.Titmarsh ‥ I-40
The Personal history of David Copperfield … I-11
Peveril of the Peak,The Betrothed ……… I-37
The Philosophy of Law …………………… O-25
A Pictorial History of Ancient Rome with sketches of the History of Modern Italy ………… E-13
A Pictorial History of France …………… E-14

The Politics Contract or Principles of Political Right ……………………………… N-32
The Posthumous Papers of the Pickwick Club I-11
Principles of Social science ……………… M-1
A Premier of the English Constitution and Government ……………………… O-2
The principals of Political Economy and Taxation ……………………………… P-11
Principles of the Law of Nations ………… O-19
Psychical Phenomana and the War ……… C-5

## 【R】

The Radical Programme ………………… N-9
The Revolutionary Movement of 1848-9 in Italy,Austria-Hungary and Germany …… M-2
The Rise and Progress of the English Constitution ……………………… O-9
The Rivals of the School for Scandal …… I-39
Rob Roy, The Heart of Mid-Lothian …… I-37
Romola …………………………………… I-19
Rousseau ………………………………… F-8
Rousseau vol.1～2 ……………………… F-11
Russia,Political and Social vol.1 ………… N-39
The Russian Government in Poland …… N-10

## 【S】

The Science of Politics …………………… N-2
Secret History of the Court of England …… E-22
Seven Weeks' War It's Antecedents and It's Incidents …………………………… E-17
A Short Constitutional History of England ……………………………… N-14
A Short History of Parliament …………… N-37
A Short History of the English People …… E-15
Side Lights on English Society Sketches from Life, Social and Satirical ………………… M-5
Social Statics of The Conditions Essential to Human Happiness Specifide,and The First of Them Developed ………………… C-2
The Spirit of Laws vol.1～2 …………… O-24
The Statesmen's Year-Book ……………… Q-1
The Story of the Nations, Russia ………… E-33
The Story of the Nations,Poland ………… E-32
The Story of the Nations,Scotland ……… E-28
The Student's home History of England …… E-7
Students Manual of the History,Laws and Constitution of England ……………… E-21
A System of Elocution …………………… A-3

## 【T】

Takashima Ekidan ･･････････････････ C-1
A Tale of Two Cites and Sketches by Boz ･･･ I-11
Ten Centuries of European Progress ･･････ E-19
The English Constitution, 1882 ････････ O-4
The Lifted Veil, Brother Jacob and Scenes of Clerical Life ･････････････････････ I-20
Theophrastus such, Jubal and other poems ･･･ I-22
Theory of Legislation by Jeremy Bentham ･･･ O-5
Thirty two views of Eastbourne ･･････････ J-1
Thoughts upon Government ･････････ N-20
Three Musketeers ･････････････････ I-14
The Toilers of the Sea vol.1 〜 2 ･･･････ I-28
Travels in England ･･････････････････ G-10
Turkey in Europe ･･････････････････ E-5
Twenty Years' Recollections of an Irish Police Magistrate. ････････････････ A-8

## 【V】

Vanity Fair ･･･････････････････ I-40
View of The State of Europe During The Middle Ages vol.2 〜 3 ･･････････････････ E-16
The Virginians ････････････････ I-40
A Visit to India,China and Japan ･･･････ G-15
Voltaire's Candide or the Optimist and Rasselas Prince of Abyssinia ････････････ I-41
Voyages and Travels of Marco Polo ･･････ G-14

## 【W】

Waverley or Tis Sixty Years Since, Woodstock or the Cavalier ･･････････････････ I-37
The Ways and Means of Payment ･･････ P-2
Wharton's Law-Lexicon ･･････････････ O-13
William the Third ･････････････････ F-13
A woman's Thoughts about Women ･･････ M-3
Women's Suffrage ･････････････ N-11
Won by Waiting ･････････････････ I-31
The Works of Charlotte Bronte vol.1 〜 4 ･････ I-7

# 佐佐木高美旧蔵洋書

## 編著者名索引

・本索引は、編著者名（姓 Last Name）をアルファベット順に配列した。

### 【A】

| | |
|---|---|
| A Member of the Cobden Club | P-5 |
| Adby,J.T. | O-1 |
| Aikin,Lucy | F-3 |
| Alison,A. | E-4 |
| Amos,Sheldon | N-1,N-2,O-2 |
| Anson,William R. | O-3 |
| Anster, John | I-34 |
| Anthon,Charles | H-1 |
| Austen,Jane | I-3,I-5 |

### 【B】

| | |
|---|---|
| Bagehot,W | O-4 |
| Baker,James | E-5 |
| Bannatyne,Dugald J. | N-4 |
| Baring-Gould, S | A-2 |
| Barrett,Charlotte | I-1 |
| Bellenger | H-3 |
| Bisset,Robert | E-6 |
| Boccaccio,Giovanni | I-6 |
| Boxter,W.E. | N-43 |
| Brewer,J.S. | E-7 |
| Brightly, Frederic C. | O-26 |
| Broadhurst,Henry and Reid,Robert T. | N-5 |
| Brougham,Henry | C-5,F-4 |
| Buckle,Henry Thomas | M-6 |
| Buxton,Sydney | N-7,N-23 |

### 【C】

| | |
|---|---|
| Caine,W.S.Caine,Hoyle,William and Burns,Rev. Dawson | N-8 |
| Cameron,H.Lovett | I-8 |
| Campbell, Gordon | O-31 |
| Carey, H.C. | M-1 |
| Carrington,Hereward | C-4 |
| Chalmers,M.D | A-4 |
| Chamberlain,J. | N-9 |
| Chavesse,Henry | T-1 |
| Clarendon,E.A | F-5 |
| Collier,William Francis | E-8,E-9,I-2 |
| Colwell,Stepehen | P-2 |
| Comstock, Andrew | A-3 |
| Conway,Huge | I-10 |
| Cooper,Thompson | F-1 |
| Cornell,S.S | G-1 |
| Craik,Henry | A-4 |
| Creasy, Edward S. | O-8,O-9 |
| Creighton,Mandell | F-6 |

### 【D】

| | |
|---|---|
| De Lolme, J.L | O-15,O-16 |
| Dicey, A.V. | O-10 |
| Dickens,Charles | I-11,I-12 |
| Dilke,Ashton,Mrs | N-11 |
| Dircks,R | F-15 |
| Dora Thorne | I-13 |
| Doutre, Joseph | O-11 |
| Duganne,Aug.J.H. | N-13 |
| Duguid,C | P-10 |
| Duke of Argyll | N-3 |
| Dumas,Alexandre | I-14 |

### 【E】

| | |
|---|---|
| Eggleston,Edward | P-7 |
| Eliot,George | I-15 〜 I-22 |
| Eliot,Samuel | E-10 |
| Escott, T.H.S | A-5 |

### 【F】

| | |
|---|---|
| Farrer,T.H | A-4 |
| Fielding, Henry | I-23 |
| Fischer,Gustavus | H-5 |
| Fonblanque,Albany de | N-15 |
| Fowle,T.W | A-4 |
| Freeman,Edward A. | E-11,N-16 |
| Fyfee,C.A. | E-12 |

### 【G】

| | |
|---|---|
| Gairdner,James | F-7 |
| Gallenga, A | A-6 |
| Gillet,Ransom H. | N-17 |
| Gneist, Rudolph | O-12 |
| Gneist,Rudolf | N-18 |
| Goodrich,S.G. | E-13,E-14 |
| Gowland, T.S. | J-1 |

| | |
|---|---|
| Graham,Henry Grey | F-8 |
| Green,John Richard | E-15 |
| Griesinger,Theodor | B-1 |
| Gronlund, Laurence | P-3 |
| Guizot,M. | M-7,N-19 |

**【H】**

| | |
|---|---|
| Hallam,Henry | E-16 |
| Hamilton,Anne | E-22 |
| Hart, John S. | O-27 |
| Hawthorne, Julian | I-24 |
| Helps,Arthur | N-20 |
| Hertslet,Edward | N-45 |
| Hildreth,R | O-5 |
| Hitchman,Francis | N-12 |
| Holcroft,Thomas | F-10 |
| Holdsworth,W.A. | D-1 |
| Hozier,H.M. | E-17 |
| Hugo, Victor | I-25 〜 I-28 |
| Hume,David | E-18 |

**【I】**

| | |
|---|---|
| Ito, Hirobumi | O-28 |

**【J】**

| | |
|---|---|
| Jackson,Lowis | E-19 |
| Jarvis,Charles | I-9 |
| Javons,W.Stanley | A-4 |
| Jefferson, Thomas | O-29 |
| John Halifax,Gentleman | I-35 |
| Johnson, Samuel | I-41 |
| Judson,Harry Pratt | E-20 |

**【K】**

| | |
|---|---|
| Kant, Immanuel | O-25 |
| Kebbel,T.E. | N-21 |
| Keltie, J.Scott | Q-1 |
| Kent, James | O-30 |
| Klein, J. | E-21 |
| Kuroda,S. | B-3 |

**【L】**

| | |
|---|---|
| Laun,Henri | E-23 |
| Le Sage and Johnston | I-29 |
| Lely, J.M. | O-13 |
| Levi, Leone | O-14 |
| Lieber,Francis | N-22 |
| Listelle, Julia Peyton, Edward G. | I-30 |
| Lodge,Richard | E-24 |
| Lucy,Henry W. | G-9,N-24,N-25 |

| | |
|---|---|
| Lyall, Edna | I-31 |

**【M】**

| | |
|---|---|
| Macaulay,Thomas Babington | E-25 |
| Machiavelli, Niccolo | E-26 |
| Machiavelli, Nicolo | I-33 |
| Mackenzie,Robert | E-27 |
| Mackintosh,John | E-28 |
| Maetertinch,M | R-3 |
| Maine, Henry Sumner | O-17,O-18 |
| Marshman,John Clark | E-38 |
| Martineau,Harriet | E-29 |
| Mason,C.P. | H-6 |
| Maurice, C.Edmund | M-2 |
| May,Thomas Erskine | N-27 |
| McCarthy,Justin | E-30 |
| McCarthy,Justin Huntly | N-28 |
| Mignet,F.A. | E-31 |
| Mill,John Stuart | N-29,N-30 |
| Mitchell,S.Augusts | G-2 |
| Morfill,W.R. | E-32,E-33 |
| Moritz | G-10 |
| Morley,Bentry | A-7 |
| Morley,John | F-11 |
| Murray,E.C.Grenville | M-5 |

**【N】**

| | |
|---|---|
| Nugent, Thomas | O-24 |

**【O】**

| | |
|---|---|
| Obata,K | F-14 |
| Oliver,Daniel | R-2 |

**【P】**

| | |
|---|---|
| Payne,E.J. | N-6 |
| Pixon,James Main | H-4 |
| Ploetz,Carl | E-2 |
| Pollock,Frederick | A-4 |
| Polson, Arsher | O-19 |
| Porter, Frank Thorpe | A-8 |
| Prideaux,Humphrey | B-4 |

**【R】**

| | |
|---|---|
| Raleigh,Thomas | N-31 |
| Rathbone,William,Pell Montague | P-4 |
| Resident Member of the University of Oxford | O-21 |
| Ricard, David | P-11 |
| Rousseau,Jean Jacques | N-32 |
| Ruskin,J | I-43 |

## 【S】

| | |
|---|---|
| Saunders,William | N-33 |
| Schaube,Adolf | P-8 |
| Scott, Walter | I-37 |
| Seeley,J.R. | N-34,N-35 |
| Sewell,E.M. | E-34 |
| Shakespeare,William | I-38 |
| Sheridan, Richard Brinsley | I-39 |
| Sidgwick,Henry | N-36 |
| Sir Bart Richard Temple | A-10 |
| Sir Bart, E.W.Watkin | A-11 |
| Skottowe,B.C. | N-37 |
| Smollett,T. | E-35 |
| Spencer,Herbert | C-2 |
| St.Clair Feilden,Henry | N-14 |
| Stewart,James | O-6 |
| Sugiura,Shigetaka | C-1 |

## 【T】

| | |
|---|---|
| Taine,H | A-9 |
| Taswell-Langmead,Thomas Pitt | N-38 |
| Taylor,Bayard | G-15 |
| Taylor,W.C. | E-36 |
| Taylor,W.Cooke | F-12 |
| Thackeray, William Makepeace | I-40 |
| The REV.W.Lobscheid | H-2 |
| Thomas, Ernest C. | O-20 |
| Tikhomirov,L. | N-39 |
| Tocqueville,Alexis de | N-40 |
| Townsend,Calvin | N-41 |
| Traill,H.D. | F-13 |

## 【V】

| | |
|---|---|
| Villette 他 | I-7 |
| Vincent,Benjamin | E-1 |

## 【W】

| | |
|---|---|
| Walpole,Spencer | A-4 |
| Wayland,Francis | C-3,P-1 |
| Wheaton, Henry | O-22 |
| Whitaker,Joseph | Q-2 |
| White,James | E-37 |
| Whitney,W.D | H-8 |
| Willson,Marcius | E-3 |
| Wilson,A.J | A-4 |
| Wilson,W.D. | C-3 |
| WM.GEO.Lock,F.RG.S | G-8 |
| Wood, Henry | I-42 |
| Woolsey,Theodore D. | M-4,O-23 |

## 【Y】

| | |
|---|---|
| Young,Andrew W. | N-42 |

【注】以下の書は、破損などのために編著者名が不詳である。
A-1,B-2,B-5,D-2,F-2,F-9,G-3,G-4,G-5,G-6,G-11,G-12,G-13,G-14,H-7I-4,I-32,I-36,I-44,M-3,N-10,N-44,P-6,P-9,R-1

# 佐佐木行忠旧蔵書洋書索引

## 書　　名

**【E】**

The Europa Year-book ‥‥‥‥‥ 059.3/E85/(1929)

**【F】**

The French Parliamentary Committee System ‥‥ 314.635/G64

**【I】**

An Introduction to the Procedure of the House of Commons ‥‥‥‥‥‥‥‥‥ 323.63/C14/1-B

**【N】**

The National Union of Conservative and Unionist Associations ‥‥‥‥ 314.633/C86/(1927)～(1939)

**【P】**

Parliamentary reform ‥‥‥‥‥‥‥ 314.633/J37

**【R】**

The Reform of the House of Lords ・ 314.633/Ma21

**【S】**

The Stateman's Year-Book ‥‥‥ 059.3/St2/(1932)
Studies in Law and Politics ‥‥‥‥‥‥ 311.1/L33

## 編著者名

**【C】**

Campion,G ‥‥‥‥‥‥‥‥‥‥ 323.63/C14/1-B

**【E】**

Epstein,M. ‥‥‥‥‥‥‥‥‥‥‥ 059.3/St2/(1932)

**【F】**

Farbman,Michael ‥‥‥‥‥‥‥‥ 059.3/E85/(1929)

**【G】**

Gooch,R.K ‥‥‥‥‥‥‥‥‥‥‥‥ 314.635/G64

**【J】**

Jennings,W,Ivor ‥‥‥‥‥‥‥‥‥‥‥ 314.633/J37

**【L】**

Laski,Harold J. ‥‥‥‥‥‥‥‥‥‥‥‥ 311.1/L33

**【M】**

McKechnie,William Sharp ‥‥‥‥‥‥ 314.633/Ma21

**【N】**

National　U.C.　U.A. ed. ・ 314.633/C86/(1927)～(1939)

| 國學院大學図書館所蔵 佐佐木高行家旧蔵書目録 |

平成20年3月21日発行

| 編　者 | 國　學　院　大　學 |
| 発行者 | 石　坂　叡　志 |
| 製版印刷 | モ　リ　モ　ト　印　刷 |
| 発行所 | 汲　古　書　院 |

〒102-0072 東京都千代田区飯田橋2-5-4
電話03(3265)9764　　FAX03(3222)1845

ISBN978-4-7629-1218-4　C3000
KOKUGAKUIN-Univ.©2008
KYUKO-SHOIN, Co., Ltd. Tokyo.